캐드 실전서 (초보~응용까지)
ARES CAD

박승훈, 한명기 지음

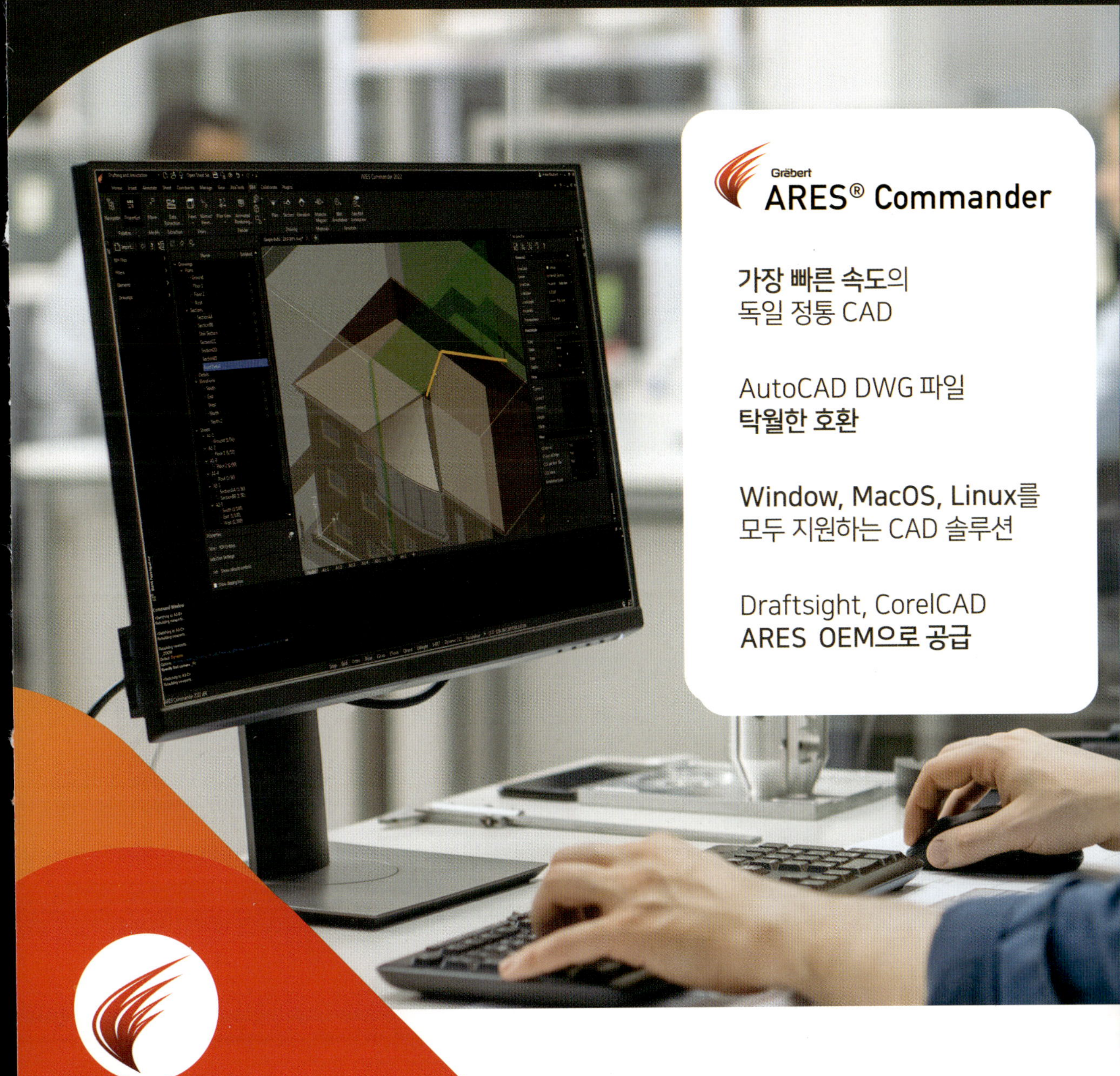

ARES® Commander

가장 빠른 속도의
독일 정통 CAD

AutoCAD DWG 파일
탁월한 호환

Window, MacOS, Linux를
모두 지원하는 CAD 솔루션

Draftsight, CorelCAD
ARES OEM으로 공급

3개의 CAD를 하나로
비대면 CAD 협업 솔루션

도서출판 UNIQUE

ARES CAD

인 사 말

우리나라 설계 엔지니어들에게 ARES CAD를 소개하기 위하여, 교재 집필을 시작할 때의 흥분을 마무리하는 이 순간에도 생생하게 느끼며 인사드립니다.

지구촌 설계 엔지니어들은 오랜 기간 동안 미국 Autodesk의 AutoCAD라는 특정 CAD를 애용해 왔으며, 대다수 CAD 교육기관도 AutoCAD 위주로 훈련시켜 왔습니다.
건축/토목/GIS, 플랜트/설비, 가구/인테리어, 기계/금형, 전기/전자 등 거의 모든 설계 엔지니어들이 AutoCAD 위주로 작도함에 따라 3rd Party(응용 프로그램) 역시 AutoCAD 기반으로 개발되어 배포되기에 이르렀습니다.
이러한 쏠림 현상은 부담스런 구매가격, 강제적 라이선스 정책과 독단적 운영 방식 등 상당한 부작용을 낳게 됨에 따라 수많은 엔지니어들은 대안CAD를 찾기 위해 오토캐드와 비교하기 시작했으나, 상당수는 여전히 오토캐드를 사용하고 있는 실정입니다.

필자는 "과연 AutoCAD라는 특정 CAD를 대체할 완벽한 솔루션은 없을까?"를 오랫동안 고민했고, 그 결과가 이번에 소개드리는 독일 정통 CAD 솔루션인 ARES CAD 입니다.

최초의 AutoCAD 호환 툴인 ARES CAD(1995년 출시)를 개발한 독일 Graebert는 1977년에 설립된 이래, 빠른 속도로 AutoCAD 시장을 대체하여 왔습니다. 2021년, 글로벌 CAD 시장 점유율 2위를 기록하면서 AutoCAD와도 어깨를 나란히 하고 있습니다.

ARES CAD 무료 평가판을 30분만 사용해 보시면, ARES CAD가 왜 AutoCAD에 버금가는 지를 느낄 수 있습니다. AutoCAD보다 빠른 작업속도, 안정성, 탁월한 성능은 기본이며, 특장점으로는 삼위일체(Trinity) 기반의 캐드 솔루션이라는 것입니다.

최근 제품 및 건축물의 설계도에는 고객의 니즈부터 마케팅, 상품 기획, 설계, 제조(시공), 유지관리에 이르기까지 많은 아이디어가 녹아들어야 합니다. 하지만 수많은 도면을 실시간으로 업데이트하기 어렵기 때문에 납기(공기) 지연 및 리비전 작업이 빈번히 발생합니다. 따라서 설계실과 현장 간의 실시간 협업 필요성은 아무리 강조해도 지나침이 없습니다. 이런 문제를 일거에 해결할 수 있는 획기적인 방안이 바로 삼위일체 솔루션을 지원하는 ARES CAD 입니다. ARES CAD는 아래와 같이 3가지 CAD 플랫폼으로 구성되어 있으며, 실시간으로 동기화 됩니다.

인사말

삼위일체 솔루션, ARES CAD 구성
- 데스크탑 CAD : ARES Commander (AutoCAD를 대체)
- 모바일 CAD : ARES Touch (AutoCAD 360 Mobile 앱을 대체)
- 클라우드 웹 CAD : ARES Kudo (AutoCAD Web을 대체)

ARES Commander, Touch, Kudo는 타사의 툴처럼 단순한 dwg 뷰잉 기능이 아닌, 독립적으로 설계·편집도 가능한 CAD이며 서로 하나의 저장소를 기반으로 동기화되므로, 시공간 제약 없이 본사 설계실과 국내외 현장, 타 부서(또는 협력사) 간에 높은 수준의 협업을 가능하게 합니다. 사진, 음성 녹음, 메시지, 코멘트 등 다양한 의견을 실시간으로 반영하고 전달하며 커뮤니케이션이 가능하므로, 도면 리비젼 걱정에서 해방될 수 있습니다.

비대면(Untact) 시대.
설계실과 떨어져 있는 국내외 건설현장/제조공장 간에 소통의 공백을 완벽하게 메울 수 있는 유일한 삼위일체 CAD 솔루션, ARES CAD! 지금 평가판을 다운로드 받아 보세요!

ARES CAD, 설계 엔지니어를 위한 가장 강력하고 착한 도면 설계 도구가 되겠습니다.

끝으로 ARES CAD 교재 집필에 많은 도움을 준 인텔리코리아 솔루션사업본부 직원들에게 감사드립니다.

2021년 3월

박 승 훈 드림

ARES CAD

목 차

CHAPTER 01　ARES CAD 소개   11
   1. ARES Commander 소개   12
   2. ARES Touch 소개   13
   3. ARES Kudo 소개   14
   4. ARES CADs Trinity 솔루션 이란?   14
   5. ARES Commander 권장 사양   15

CHAPTER 02　ARES Commander 살펴보기   17
   1. 시작 화면   18
   2. 응용 프로그램 아이콘   20
   3. 빠른 실행 도구 모음   21
   4. 리본 메뉴   27
   5. 도면 탭   28
   6. 그래픽 영역   31
   7. 팔레트   33
   8. 모델 및 시트 탭   37
   9. 명령 창   39
   10. 상태막대   39

CHAPTER 03　명령 입력과 실행   41
   1. 명령 및 데이터 입력   42
   2. 마우스 제스처   44
   3. 시작하기   46

CHAPTER 04　정확한 도면 작성   51
   1. 좌표 지정 및 좌표계 사용   52
   2. 도면 도구 및 방법 사용   59
   3. 도면요소의 표시 순서 변경   74
   4. 측정 및 계산   74

목차

CHAPTER 05　도면 파일 작업　　77
　1. 새 도면 시작　　78
　2. 도면 열기　　79
　3. 도면 저장　　80
　4. 다른 이름으로 저장　　80
　5. 종료　　81
　6. 내보내기 및 가져오기　　81
　7. 인증을 위한 디지털 서명 적용　　88
　8. 도면 유틸리티　　90

CHAPTER 06　도면 보기　　95
　1. 초점이동 및 줌　　96
　2. 도면요소 격리 및 숨기기　　99
　3. 표시 옵션 설정　　100

CHAPTER 07　도면 형식　　103
　1. 도면 형식이란?　　104
　2. 도면요소 속성변경　　104
　3. 도면층 0 : 표준 도면층　　105
　4. 도면층 관리　　106
　5. 도면층 도구　　112
　6. 선 색상 설정　　119
　7. 선 스타일 로드 및 설정　　120
　8. 활성 선 가중치 설정　　123
　9. 단위와 정밀도 지정　　124
　10. 도면 한계 설정　　125
　11. 스타일 및 도면요소 이름 바꾸기　　126

ARES CAD

CHAPTER 08 도면요소 작성 — 127
1. 선 작성 — 128
2. 중심선 작성 — 135
3. 다중선 작성 — 136
4. 폴리선 작성 — 137
5. 다각형 작성 — 139
6. 직사각형 작성 — 142
7. 호 작성 — 145
8. 원 작성 — 148
9. 링 작성 — 153
10. 타원 및 타원형 호 작성 — 154
11. 스플라인 작성 — 157
12. 2D 나선형 작성 — 158
13. 점 작업 — 159
14. 영역 경계 작성 — 162
15. 영역 작성 — 163
16. 마스크 작성 — 163
17. 수정 기호 작성 — 164
18. 스케치 — 165
19. 쉐이프 삽입 — 165

CHAPTER 09 도면요소 수정 — 167
1. 수정을 위한 도면요소 선택 — 168
2. 도면요소 그립 사용 — 177
3. 실수 수정 — 183
4. 클립보드 사용 — 185
5. 속성 편집 — 188
6. 빠른 수정 — 189
7. 도면요소 복사 — 190
8. 도면요소 이동 — 192
9. 도면요소 증분 이동 — 192
10. 도면요소 회전 — 195
11. 도면요소 축척 조정 — 199

12. 도면요소 대칭 이미지 작성	203
13. 도면요소 뒤집기	206
14. 도면요소 오프셋	207
15. 도면요소 패턴	210
16. 도면요소 늘이기	217
17. 도면요소 길이 변경	218
18. PowerTrim으로 도면요소 자르기	219
19. 도면요소 자르기	221
20. 도면요소 분할	223
21. 도면요소 연장	227
22. 도면요소 용접	229
23. 도면요소 모따기	230
24. 도면요소 필렛	233
25. 도면요소 정렬	236
26. 폴리선 편집	237
27. 다중선 수정	238
28. 복잡한 개체 분해	241
29. 중복 도면요소 제거	243

CHAPTER 10 블록 속성, 도면요소 그룹 및 참조   247

1. 블록 정의 및 삽입	248
2. 블록 속성 작업	252
3. 도면요소 그룹 작업	258
4. 참조 도면 및 이미지 작업	262
5. PDF 파일을 언더레이로 사용	270
6. DGN 파일을 언더레이로 사용	275
7. 블록과 참조 바로 편집	278
8. 블록 동작 및 모양 사용자 정의	281
9. 동적 블록 작업	297
10. 디자인 리소스 사용	299

ARES CAD

CHAPTER 11 해치, 문자, 표 작업 — 303
1. 해치 및 영역 채우기 작업 — 304
2. 문자 작업 — 314
3. 테이블 작업 — 332
4. 음성 노트 삽입 — 342
5. 도면요소에 하이퍼링크 추가 — 343

CHAPTER 12 치수 작성 및 수정 — 345
1. 치수 스타일 작업 — 346
2. 지시선 및 기하 공차 작업 — 358
3. 치수 수정 및 편집 — 367

CHAPTER 13 구속 작업 — 377
1. 기하 구속 적용 — 378
2. 치수 구속 적용 — 387
3. 기하 및 치수 구속 삭제 — 400
4. 구속 설정 정의 — 401

CHAPTER 14 레이아웃 시트 작성 및 도면 인쇄 — 403
1. 시트에서 도면 레이아웃 — 404
2. 주석 축척 조정 작업 — 411
3. 도면 인쇄 및 플로팅 — 417

CHAPTER 15 도면 창 배열 — 435
1. 도면 창 계단식 배열 — 436
2. 도면 창 가로 바둑판식 배열 — 436
3. 도면 창 세로 바둑판식 배열 — 436

CHAPTER 16 사용자 정의 — 437
1. 사용자 인터페이스 사용자 정의 — 438
2. 도구 모음 표시 및 숨기기 — 448
3. 사용자 설정 및 시스템 옵션 설정 — 448

4. 시스템 언어 설정	462
5. 시스템 변수 설정	463
6. 응용프로그램 로드	464
7. 플러그인 팔레트 사용	464
8. VSTA 관리자의 사용	467
9. 작업 매크로 실행	468
10. 스크립트 실행	469
11. 매크로 기록	471
12. 선 스타일 사용자 정의	471
13. 해치 패턴 사용자 정의	473

CHAPTER 17 키보드 바로가기 키 — 475

1. 기능 키	476
2. 키보드 바로가기 키	476

ARES CAD 소개

CHAPTER 1

CHAPTER 1

ARES CAD 소개

01 ARES Commander 소개

ARES Commander는 독일 Graebert사에서 개발한 데스크탑 캐드(Computer Aided Design) 프로그램입니다. ARES Commander는 사용자에게 친숙한 Microsoft Windows GUI 환경을 사용해서 건축, 인테리어, 토목, 구조, 전기, 플랜트, 기계, 금형 설계 등 다양한 산업 분야의 도면(Drawing)들을 작성할 수 있는 범용 2D/3D CAD (컴퓨터 응용설계) 소프트웨어입니다.

설계 엔지니어들이 프로젝트를 수행할 때 가장 많이 사용하고 있는 미국 오토데스크(Autodesk, Inc.)사의 오토캐드(AutoCAD)와 동일한 파일 형식(.dwg)을 지원하기 때문에 상호 간에 탁월한 호환성을 유지할 뿐 아니라, 명령(Command), 선 종류, 해치 패턴, 문자 유형 또한 동일하므로 오토캐드에 익숙한 설계자라면 별도의 학습 없이 바로 사용 가능한 경제적인 대안 캐드입니다.

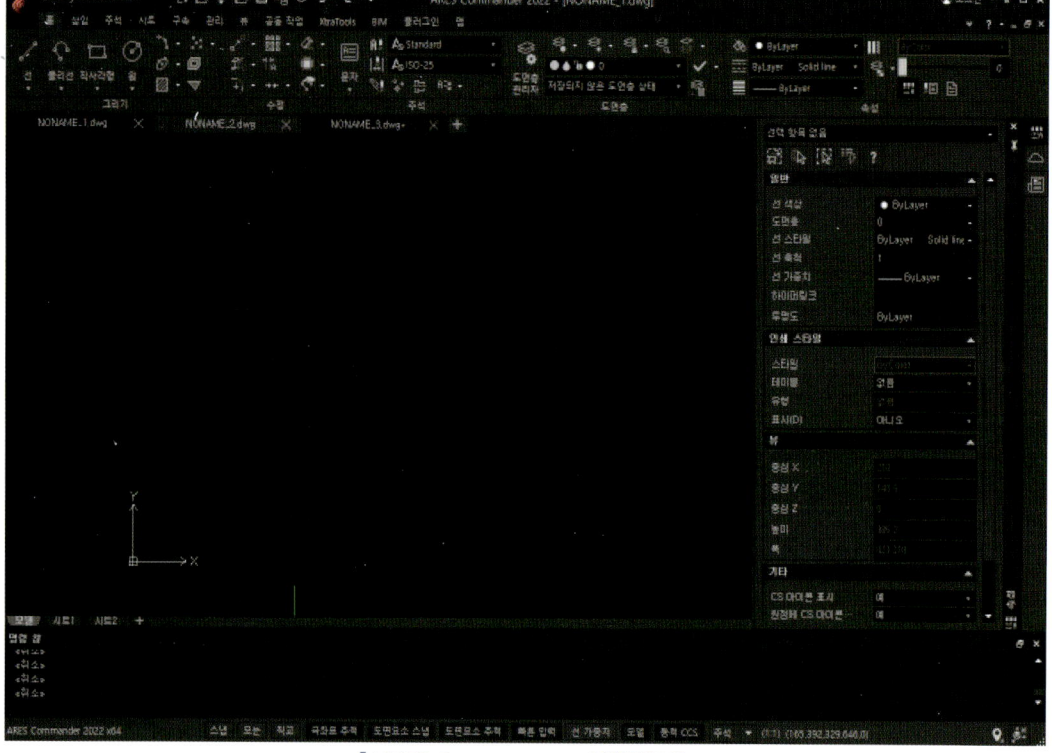

[ARES Commander 실행화면]

02 ARES Touch 소개

ARES Touch는 독일 Graebert사에서 개발한 모바일 캐드 프로그램입니다. 통상적으로 모바일 기기에서 사용되는 타 사의 제품들이 대부분 캐드라기보다는 도면 뷰어에 가깝다면 ARES Touch는 모바일 기기(스마트폰, 태블릿, 패드 등)를 이용하여 언제 어디서든지 설계 작업 및 검토 작업을 할 수 있는 이동형 캐드입니다. 또한 ARES Touch는 iOS와 안드로이드 두 환경에서 완벽하게 작동합니다.

설계는 단순히 책상에 앉아 제도를 하는 경우만 존재하는 것이 아니라 각종 현장을 이동하며 설계 도면에 따라 구현되었는지 확인을 해야 할 경우가 무지기수로 발생합니다. 이런 상황에서 이동 시 DWG와 완벽 호환되는 캐드 프로그램을 이용하여 도면을 확인하거나 설계를 수정하고 수정된 내용을 실시간으로 전달할 수 있는 캐드가 바로 **ARES Touch**입니다.

뷰어가 아닌 캐드이기 때문에 작은 화면에서 모든 명령을 사용하기 위하여 슬라이딩 기능과 다단 구조를 적용하여 화면의 효율성을 높였으며, 객체 생성, 변형, 수정은 물론 데스크탑 캐드에서 사용할 수 있는 대부분의 기능이 구현되어있습니다.

설치 및 사용은 APP 스토어에서 ARES Touch 앱을 다운받아 설치하고 ARES Commander 설치 시 등록한 아이디와 패스워드를 입력하여 접속할 수 있습니다.

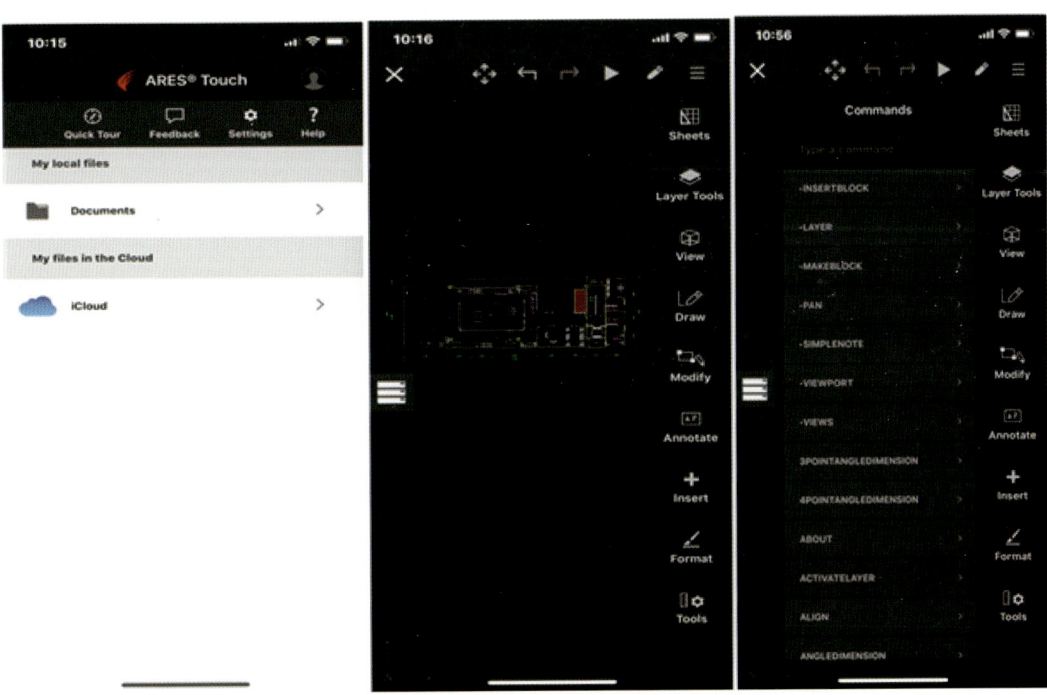

[ARES Touch 실행화면]

03 ARES Kudo 소개

ARES Kudo는 독일 Graebert사에서 개발한 클라우드 웹 캐드 프로그램입니다. 따라서 웹 캐드의 특성을 모두 가지고 있다고 할 수 있습니다. 어떤 장소와 단말기 든 인터넷만 가능하다면 인터넷에 접속하여 Graebert 홈페이지 "https://www.graebert.co.kr"에서 우측 상단 "**ARES Kudo**"를 클릭한 후 ARES Commander 설치 시 등록한 아이디와 패스워드를 입력하여 클라우드에서 구동되는 캐드 프로그램을 사용할 수 있습니다.

모바일 캐드를 사용하여 간단한 설계는 가능할 수 있으나 대량의 작업을 수행 또는 여러 사람들에게 보여주며 설명이 필요한 경우가 발생합니다. 이런 경우를 위하여 항상 데스크탑 컴퓨터나 고성능 노트북을 항상 휴대할 수도 없는 일입니다. ARES Kudo는 이러한 경우, 인터넷에 연결되어 있다면 어떤 단말기도 자신의 컴퓨터처럼 사용하여 설계 작업을 수행할 수 있습니다.

ARES Kudo 역시 뷰어가 아닌 캐드 프로그램으로 데스크탑 캐드에서 구현되는 대부분의 기능이 구현되며, 도면 형식도 DWG는 물론 데스크탑 캐드에 적용된 모든 형식을 동일하게 지원합니다.

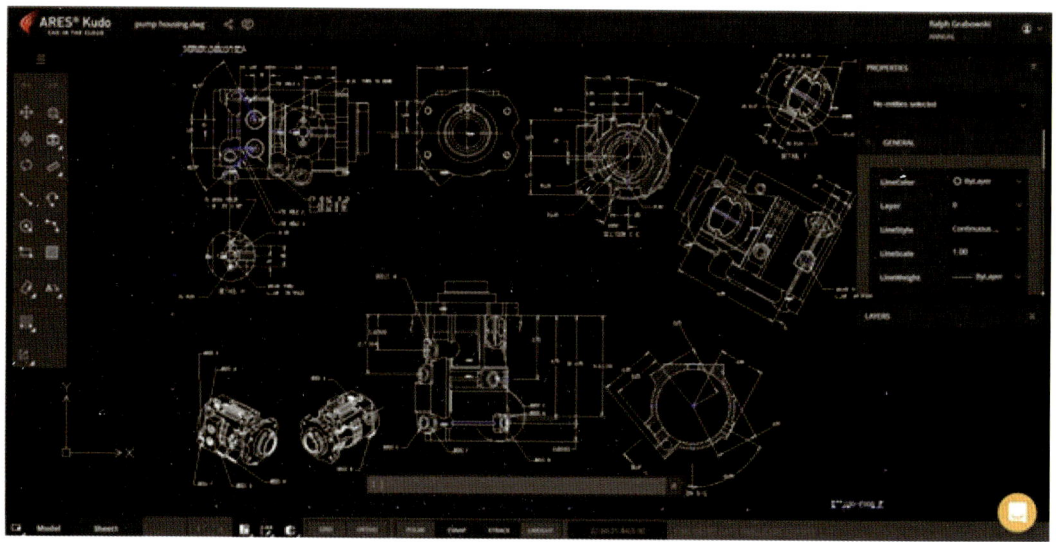

[ARES Kudo 실행화면]

04 ARES CADs Trinity 솔루션이란?

ARES CADs Trinity Solution은 독일 Graebert사에서 개발한 **비대면 협업 설계 솔루션**입니다. ARES CADs Trinity Solution은 ARES 제품군의 가장 큰 특징이라고 설명할 수 있는 협업용 설계 시스템입니다.

설계 도면은 고객의 욕구를 만족시키기 위해 기획, 설계, 제조(시공), 사후 관리까지의 모든 단계를 관통하는 의사 전달 수단으로서의 역할을 담당하고 있기 때문에 협업을 통하여 발생하는 의견 개진, 수정 등의 작업이 수시로 발생합니다. 이런 협업에는 막대한 비용이 소요되며, 특히 비대면 시대로의 이행이 빠르게 전개되고 있는 상황에서는 비용을 떠나 적절한 솔루션이 시급하다고 할 수 있습니다. 서로의 의사를 비대면 기반으로 명확하게 전달하고 소통할 수 있도록 개발된 것이 바로 **ARES CADs Trinity Solution**입니다.

ARES CADs Trinity Solution은 데스크탑 CAD(ARES Commander), 모바일 CAD(ARES Touch), 클라우드 웹 CAD(ARES Kudo)와 공용 저장소로 구성되어, 각 캐드로서의 기본 기능인 객체 생성, 편집, 수정 등은 물론 의견 소통을 위하여 도면을 기반으로 스탬프, 메시지, 사진, 음성 등을 저장하여 전송할 수 있으며, 같은 공용 저장소에 연결된 모든 사람들은 전송된 의견을 실시간으로 확인하고, 작성된 의견이나 자료를 확인하고 자신의 의견을 다시 전달할 수 있도록 구성되어 있습니다.

3개의 캐드 프로그램을 통하여 장소, 시간, 디바이스에 구애 받지 않고 작업을 수행할 수 있는 장점과 더불어 설계자, 시공자, 고객이 하나의 비대면 협업 설계 솔루션을 통하여 소통함으로써 업무의 효율성을 극대화하는 것은 물론 생산성 증대에 기여 하게 됩니다.

또한 복잡하거나 번거롭지 않고 간결하면서도 명확한 기능만 포함하며, 공용 저장소를 자유롭게 설정할 수 있도록 개발한 것이 저희 솔루션의 큰 장점입니다.

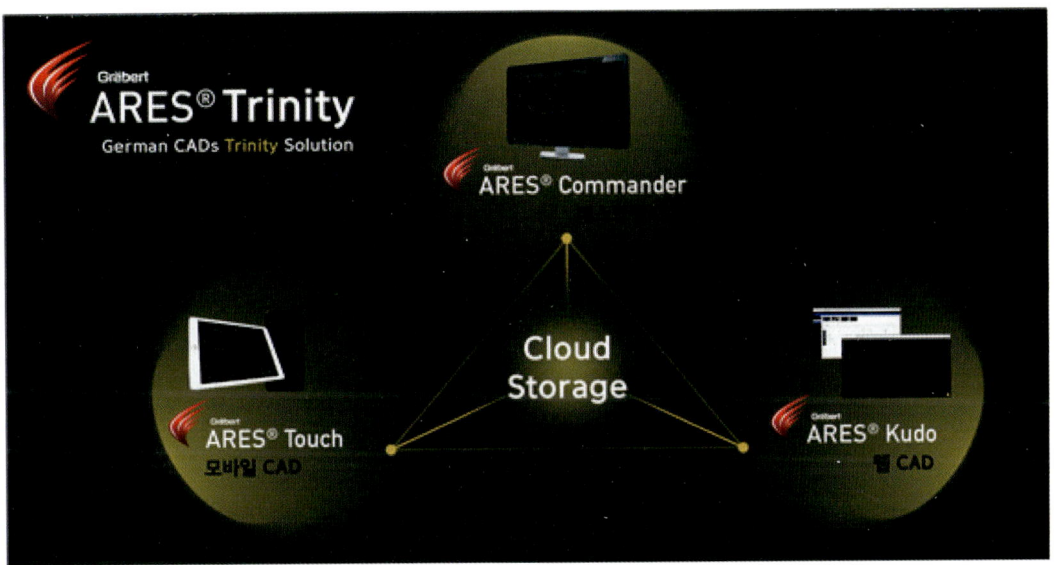

[ARES CADs Trinity Solution 구조]

05 ARES Commander 권장 사양

- 64비트 버전 : Microsoft Windows 7 서비스 팩 1, Windows 8.1 또는 Windows 10
- 32비트 버전 : Microsoft Windows 7 서비스 팩 1, Windows 8.1 또는 Windows 10
- Intel Core i5 프로세서, AMD Athlon/Phenom™ x4 프로세서 이상
- 보조 애플리케이션 설치에 따라 1GB의 하드디스크 여유 공간
- 8GB RAM 이상
- 3D 그래픽 가속카드(OpenGL 버전 3.2 이상)
- Full HD 모니터
- 휠 마우스 또는 3D 마우스

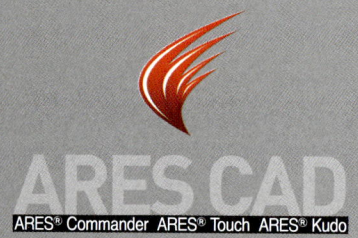

ARES Commander 살펴보기

CHAPTER 2

CHAPTER 2

ARES Commander 살펴보기

01 시작화면

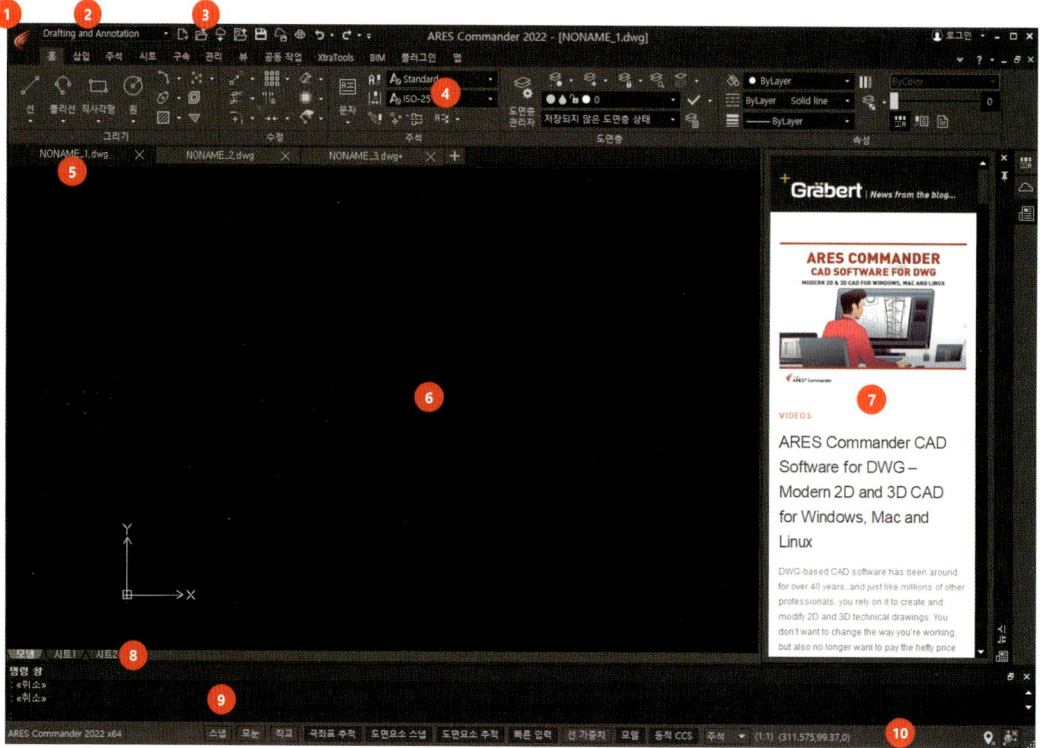

[ARES Commander 시작화면]

ARES Commander 기본화면 설정은 좌측 상단의 사용자 인터페이스 탭에서 볼 수 있듯이 **Drafting and Annotation**으로 설정되어 있으며 프로그램을 최초 실행 시 화면 중앙에 품질 개선을 위한 고객 참여 독려에 관한 창이 뜨는데 참여 의사에 따라 체크 하면 해당 창은 사라집니다.

위 이미지와 같이 **Drafting and Annotation** 인터페이스 화면 구성은 주요 항목 10개 부분으로 나누어져 있으며 해당 항목은 다음과 같습니다.

1.1 응용 프로그램 아이콘

응용 프로그램 아이콘 버튼은 파일 관련 명령, 모델 및 시트 작업 공간 관리, 인쇄 및 내보내기 명령, 도면 속성 관리, 감사 및 복구 도구 등 도면 조작에 관여하는 명령 메뉴를 제공합니다.

1.2 사용자 인터페이스 전환 탭

사용자가 원하는 작업화면을 빠르게 선택할 수 있도록 구성되어 있어 탭을 누르면 사용자 인터페이스 목록이 표시됩니다.

1.3 빠른 실행 도구 모음

빠른 실행 도구 모음은 자주 사용하는 명령(예: 열기, 저장, 실행 취소, 다시 실행)을 꺼내놓고 쉽게 사용할 수 있는 도구 모음입니다.

1.4 리본 메뉴

리본이란 응용 프로그램 창 위쪽에서 여러 기능을 일련의 탭으로 구성하는 명령 모음입니다. 탭은 유용한 명령을 제공하는 그룹으로 구성되어 있습니다.

1.5 도면 탭

현재 작업을 위하여 열어 놓은 도면의 이름을 표시하며, 도면을 빠르게 닫거나 위치를 바꿀 수도 있습니다.

1.6 그래픽 영역

설계자가 작업을 하는 모델링 영역으로 설계자에 의하여 시각적으로 확인되며, 객체 생성 및 수정 편집을 할 수 있는 영역입니다.

1.7 팔레트

뉴스나 클라우드 저장소, 도면 작업 중 필요한 도면요소, 속성, 리소스 등을 관리하는 영역입니다.

1.8 모델 및 시트 탭

모델 탭은 도면요소를 생성 또는 편집할 수 있는 그래픽 영역을 보여주며, 시트 (배치) 탭은 출력에 필요한 출력용 영역을 보여줍니다.

1.9 명령 창

도면 작업 시 명령을 입력하는 영역이며, 명령에 의하여 진행되는 순서나 결과를 확인할 수 있습니다.

1.10 상태 표시줄

상태 표시줄은 세 가지 영역으로 구분되며, 도면 작업 시 작업에 유용한 보조 도구들을 모아 두어 필요에 따라 토글 방식으로 On·Off 할 수 있습니다.

02 응용 프로그램 아이콘

ARES Commander 좌측 상단에 있는 응용 프로그램 버튼은 파일 관련 명령, 모델 및 시트 작업 공간 관리, 인쇄 및 내보내기 명령, 도면 속성 관리, 감사 및 복구 도구 등 도면 조작에 관여하는 명령 메뉴를 제공합니다.

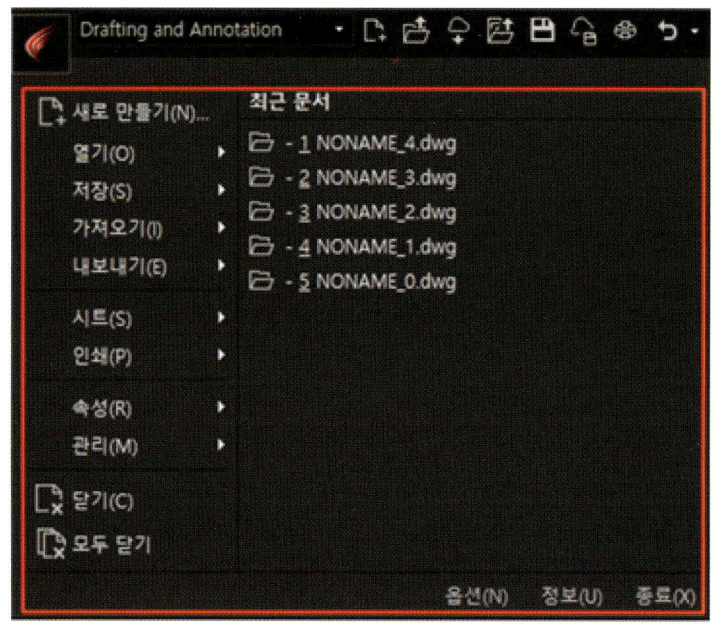

[응용 프로그램 메뉴]

응용 프로그램 메뉴를 사용하여 다음과 같은 파일 관련 기능 및 명령에 빠르게 액세스할 수 있습니다.

- **최근 문서** : 목록에서 최근에 사용한 파일에 액세스(최근에 사용한 파일이 위쪽에 표시됩니다.)
- **새로 만들기, 열기, 클라우드에서 열기, 저장 및 다른 이름으로 저장**
- **시트** : 페이지 레이아웃 관리자, 새 시트, 템플릿으로 새 시트 작성
- **인쇄** : 인쇄, 인쇄 미리보기, 일괄 인쇄, 기본 축척 목록
- **내보내기** : 내보내기(벡터 및 이미지 파일 형식으로), PDF 내보내기, 도면 내보내기(블록으로), 압축파일 만들기
- **속성** : 도면 속성, 도면 표준, 표준 확인
- **관리** : 오류 검사, 복구, 도면 복구 관리자

- 현재 도면 **닫기**
- **옵션 대화 상자** 액세스
- **정보 상자** 표시
- 프로그램 **종료**

03 빠른 실행 도구 모음

[빠른 실행 도구 모음]

ARES Commander 좌측 상단에 바 모양으로 존재하는 **빠른 실행 도구 모음**은 아래와 같이 2가지 기능이 포함되어 있습니다.

- **사용자 인터페이스 전환 탭** : ARES Commander의 화면 구성을 사용자의 목적에 맞게 선택할 수 있는 기능을 가진 탭입니다.
- **자주 사용하는 명령어 모음** : 자주 사용하는 명령에 액세스 시 사용할 수 있는 작은 도구 모음입니다.

3.1 사용자 인터페이스 전환 탭

빠른 실행 도구 모음 앞부분에 위치한 화살표를 클릭하면 사용자가 선택할 수 있는 4가지 인터페이스 구성이 나타나며, 4가지의 인터페이스는 다음과 같습니다.

1) Drafting and Annotation

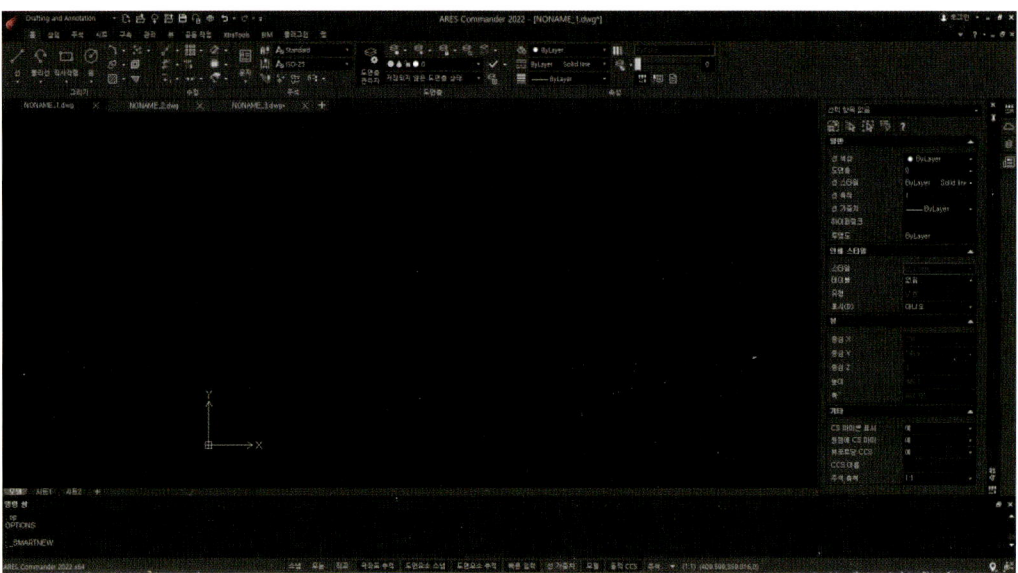

[Drafting and Annotation 화면구성]

Drafting and Annotation은 ARES Commander의 가장 기본적인 리본 메뉴 기반의 사용자 인터페이스입니다.

인터페이스 구성은 상단의 리본 탭 메뉴와 도면을 작성 및 수정할 수 있는 그래픽 영역, 명령과 옵션 설정 또는 오류 내용을 확인 할 수 있는 명령 창, 팔레트 영역으로 구성되어 있습니다.

[Drafting and Annotation 리본 탭]

Drafting and Annotation 인터페이스는 타 캐드 프로그램과 인터페이스 구성이 매우 유사하고, 명령어 버튼이 직관적인 아이콘으로 구성되어 있기 때문에 CAD 입문자가 사용하기에 가장 좋은 인터페이스입니다.

2) Classic

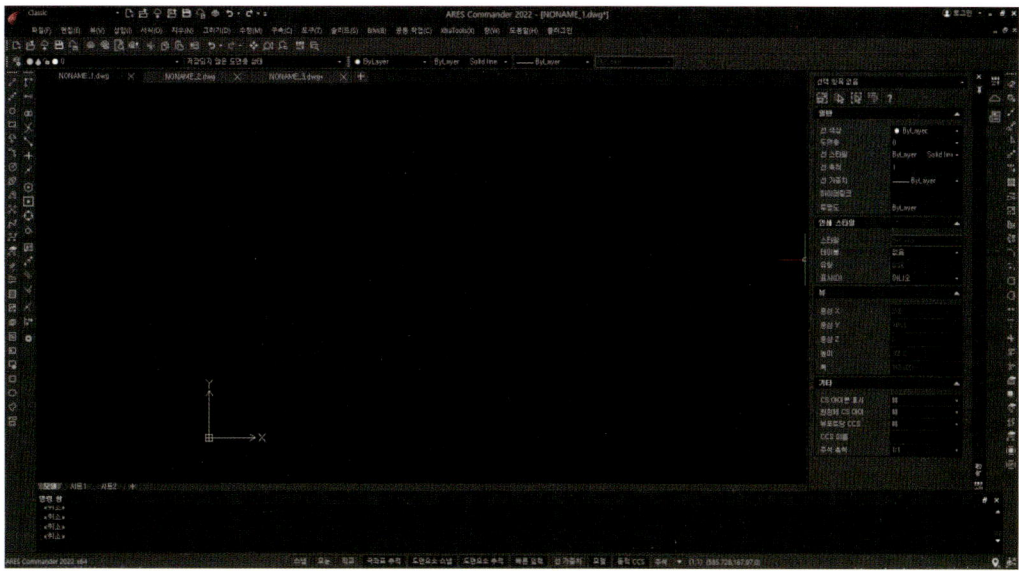

[Classic 화면구성]

Classic 인터페이스는 과거 CAD 사용자에게 익숙한 드롭다운 메뉴(상단)와 툴바 메뉴가 배치되어 비교적 빠르고 간편하게 명령을 실행할 수 있습니다.

또한, 다른 인터페이스에 비해 도면을 작성 및 수정을 할 수 있는 그래픽 영역의 크기가 상대적으로 크다는 장점을 가지고 있습니다.

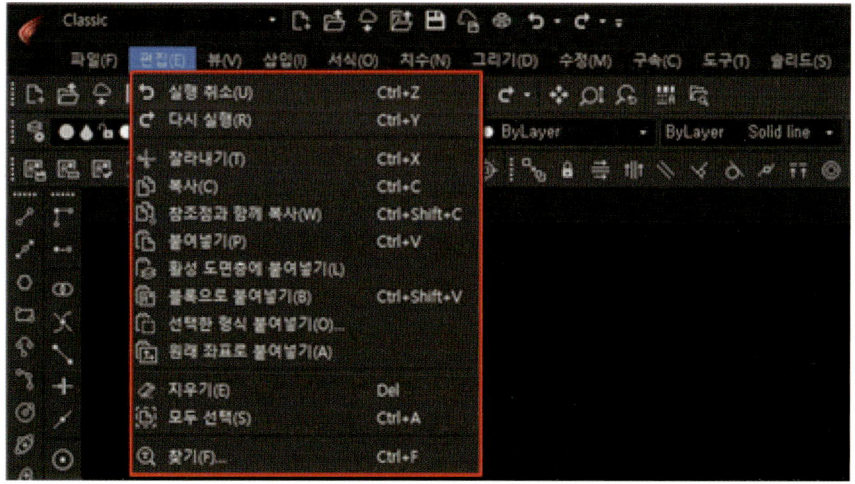

[Classic 드롭다운 메뉴]

그러나 리본 탭을 기본으로 하는 Drafting and Annotation 인터페이스와 비교 시 명령어 메뉴의 직관성이 부족하기 때문에 CAD를 처음 접하는 사용자 또는 명령어를 입력하여 작업을 하는 사용자에게는 드롭다운 메뉴가 비효율적일 수 있습니다.

3) 3D Modeling

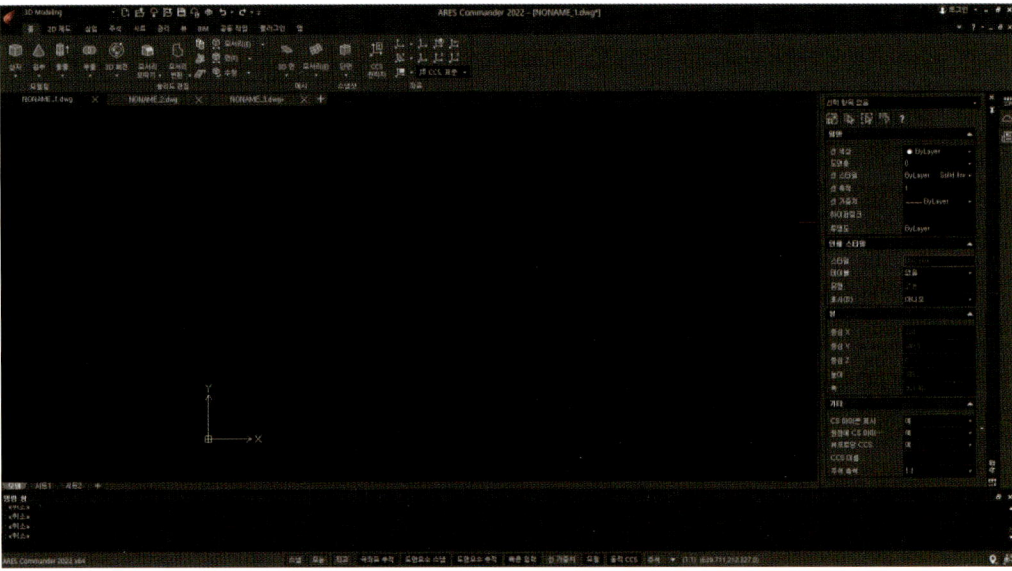

[3D Modeling 화면구성]

3D Modeling 인터페이스는 3D 객체(솔리드)를 생성 및 수정(모델링, 솔리드 편집, 메시 명령어 등)을 할 수 있는 작업 환경을 제공하며, 기존 2D 툴과 같이 주석 명령어도 제공하고 있습니다.

명령어는 Drafting and Annotation 인터페이스와 동일하게 리본 탭으로 구성되어 직관적으로 확인할 수 있기 때문에 3D 모델링에 익숙하지 않은 사용자라도 명령어를 쉽게 파악하여 작업을 할 수 있습니다.

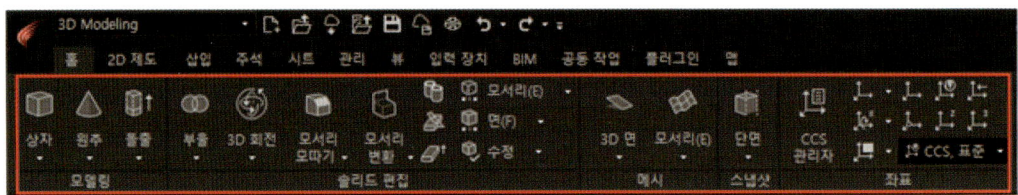

[3D Modeling 리본 탭]

4) CAD General

[CAD General 화면구성]

CAD General 인터페이스는 Drafting and Annotation과 같이 리본 탭 메뉴를 기본으로 그래픽 영역, 명령 창, 속성 창을 제공하고 있으나 기본적으로 제공하고 있는 리본 탭 메뉴의 명령어 구성 순서와 명령어의 용어(파라메트릭, 공동작업, 식 도구 등)가 타 캐드와 가장 유사하기 때문에 **표준 CAD 인터페이스** 화면이라고 볼 수 있습니다.

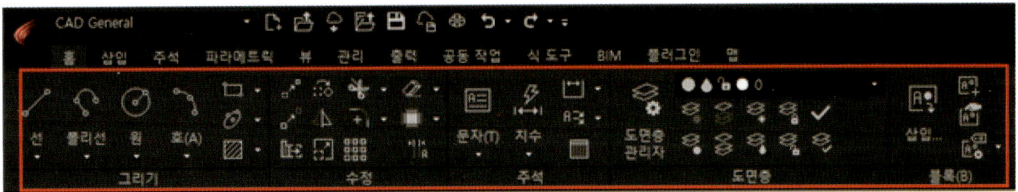

[CAD General 리본 탭]

CAD General 인터페이스는 리본 탭 메뉴를 기본으로 하는 타 캐드 프로그램을 사용했던 사용자가 사용하기에 가장 적합한 인터페이스입니다.

3.2 사용자 인터페이스 전환 방법

1) 빠른 실행 도구 모음에서 인터페이스 전환하기

① 빠른 실행 도구 모음에서 사용자 인터페이스 전환 탭을 클릭합니다.
② 빠른 실행 바의 작업 공간 목록에서 원하는 인터페이스를 클릭합니다.

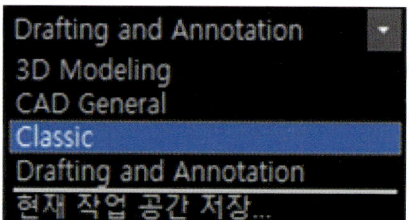

[작업 공간 목록]

2) 사용자 정의 UI 프로파일 기반 사용자 인터페이스 설정 방법

① 명령 프롬프트에 **UIPROFILE**를 입력하고 **Enter**를 누릅니다.
② 표시 항목에서 모든 UI 프로파일을 선택합니다.
③ UI 프로파일에서 UI 이름(사용자 인터페이스 이름)을 선택합니다.
④ **활성 열**을 더블클릭하여 UI를 활성화합니다.
⑤ **적용**을 클릭하고 이어서 **확인**을 클릭합니다.

3.3 빠른 실행 도구 모음

빠른 실행 도구 모음은 자주 사용하는 명령을 빠르게 액세스할 수 있도록 구성해 놓은 것으로, 도구 모음은 사용자가 직접 명령 메뉴를 정의하여 사용할 수 있습니다.

1) 빠른 실행 도구 모음 사용자화

① 빠른 실행 도구 모음의 오른쪽 끝 화살표를 클릭하여 사용자 정의 목록을 확장합니다.
② 목록에서 원하는 명령을 체크 또는 체크 해제합니다.

04 리본 메뉴

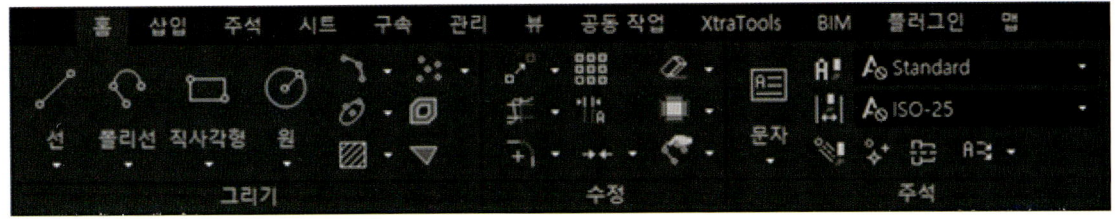

[리본 메뉴]

4.1 리본 메뉴의 기능과 구성

리본 메뉴는 통상의 CAD 프로그램들에서 적용하고 있는 기본 인터페이스 요소로서, 프로그램 상단에 위치해 있으며, 리본을 사용하면 최소한의 클릭만으로도 명령을 찾고 이해하여 사용할 수 있습니다.

리본이란 여러 기능을 일련의 탭으로 구성하는 명령 모음으로 각 탭을 클릭하면 해당하는 유용한 명령을 아래 창에서 제공합니다. 구성이 직관적이고 시각화되어 있으므로 기능을 더욱 쉽게 발견할 수 있습니다.

리본 메뉴의 구성은 제도 및 수정(홈 탭), 삽입 및 참조, 치수 작성 및 주석, 형식 지정, 보기 등 응용 프로그램 기능 범주를 구성하는 탭을 제공합니다.

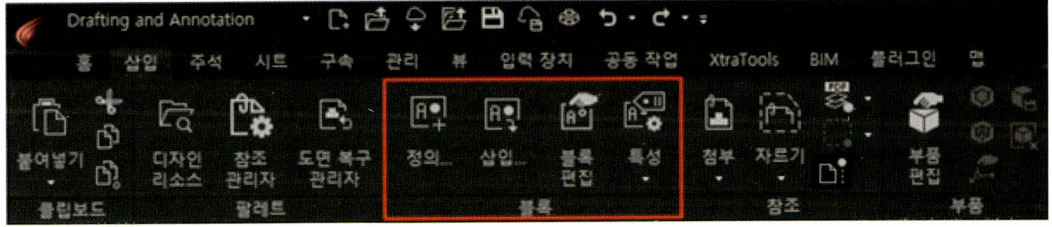

4.2 리본 메뉴 운영

1) 리본 메뉴에서 명령 호출하기

리본에서 탭 레이블을 클릭한 후, 탭 그룹에서 명령 아이콘을 클릭하여 명령을 실행할 수 있으며, 일부 명령과 옵션은 드롭다운 목록에서 선택할 수 있습니다.

2) 리본 메뉴 최소화/복원하기

리본 메뉴를 최소화하기 위해서는 오른쪽 상단 모서리의 화살표를 클릭하여 최소화하며, 리본 메뉴 복원은 다시 화살표를 눌러 복원할 수 있습니다.

> **참고**
> 리본을 최소화하거나 복원하려면 Ctrl + F1을 누릅니다.

05 도면 탭

그래픽 영역 상단에 위치하며, 현재 작업을 위해 열어둔 도면들의 이름과 형식이 탭으로 표시되어 있습니다.

[도면 탭]

5.1 도면 탭 관련 명령

도면 탭 관련 명령은 다음과 같습니다.

- **도면 탭 활성화시키기** : DrawingTabs
- **도면 탭 숨기기** : HideDrawingTabs
- **새 도면 열기** : 마지막 도면 탭 옆의 추가 버튼을 클릭합니다.
- **열린 도면 닫기** : 도면 탭의 닫기(X) 버튼을 클릭하면 도면이 닫힙니다.

5.2 열려 있는 도면 제어

도면 탭은 현재 열려 있는 도면들을 각각 제어할 수 있습니다. 즉, 여러 도면 중 어떤 도면을 작업 창으로 호출할지를 도면 탭을 클릭하여 결정할 수 있으며, 활성화된 도면은 어두운 색상으로 표시됩니다.

5.3 도면 탭의 활용

탭 위로 포인터를 이동하면 도구 설명에 도면 파일의 전체 경로 및 파일 이름과 도면의 각 작업공간(모델 또는 레이아웃 시트)에 대하여 썸네일로 미리보기 패널이 나타납니다.

단, 파일의 전체 경로 및 파일 이름의 경우 저장된 도면에 한하여 확인 가능합니다.

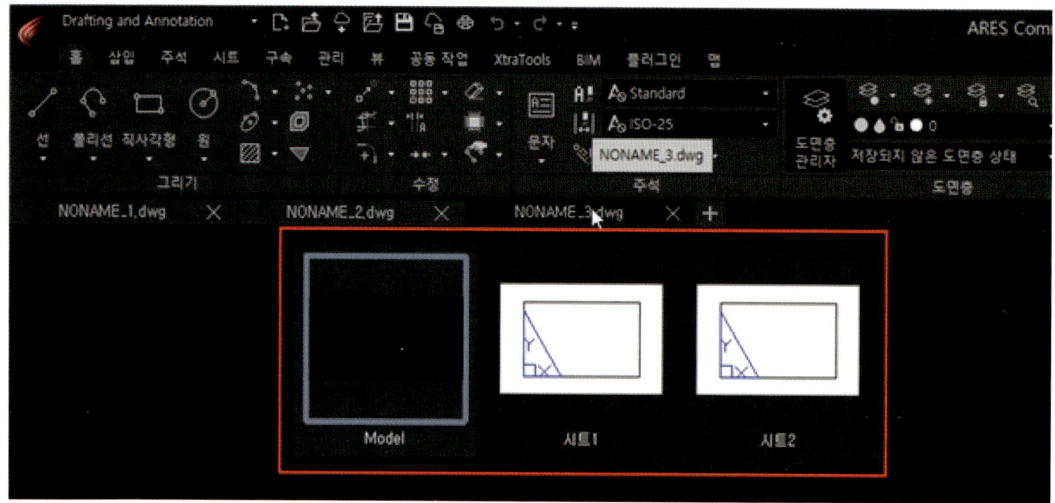

[작업공간 미리보기]

도면 탭 위에서 마우스 오른쪽을 클릭하면 바로가기 메뉴가 표시되며, 탭 표시줄의 바로가기 메뉴는 탭을 제어하기 위한 파일 명령과 옵션을 제공합니다.

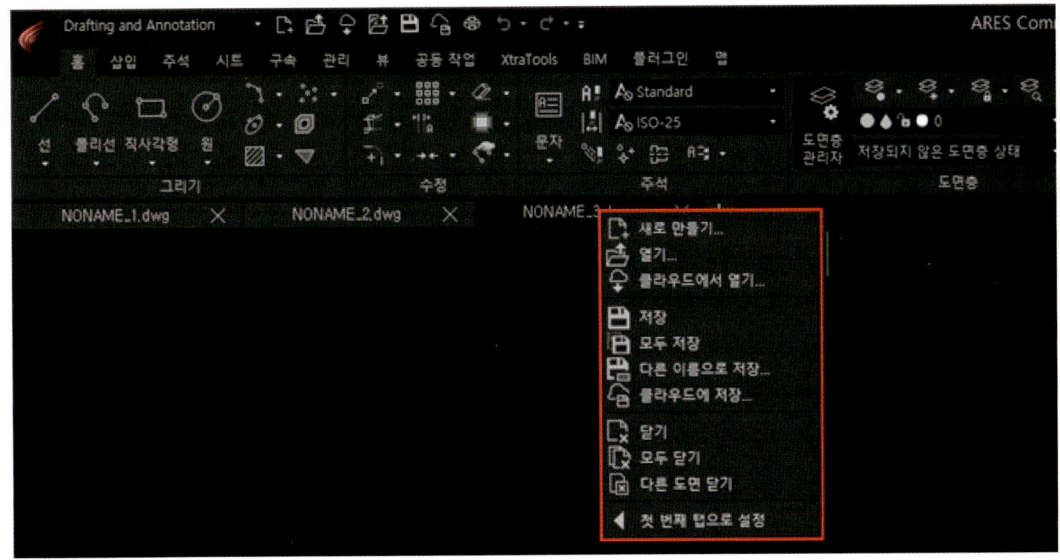

[도면 바로가기 메뉴]

- **새로 만들기** : 템플릿 도면으로 새 도면을 시작합니다.
- **열기** : 기존 도면을 엽니다.
- **저장** : 현재 파일 이름으로 도면을 저장합니다.
- **모두 저장** : 열려 있는 모든 도면을 저장합니다.
- **다른 이름으로 저장** : 다른 이름 및 파일 형식으로 도면을 저장합니다.
- **닫기** : 활성 도면을 닫습니다.
- **모두 닫기** : 열려 있는 모든 도면을 닫지만 프로그램은 종료하지 않습니다.
- **다른 도면 닫기** : 활성 도면을 제외한 열려 있는 모든 도면을 닫습니다.
- **첫 번째 탭 만들기** : 오른쪽 클릭한 탭을 첫 번째 도면 탭(활성 탭)으로 만듭니다.
- **마지막 탭 만들기** : 오른쪽 클릭한 탭을 마지막 도면 탭(활성 탭)으로 만듭니다.
- **포함된 폴더 열기** : 선택한 도면 탭의 파일이 있는 폴더를 가리키는 운영 체제의 파일 관리자를 별도의 창에 표시합니다.
- **상위 폴더 열기** : 해당 도면이 저장된 폴더를 엽니다.

5.4 도면 탭의 기본 설정 지정

1) 도면 탭의 기본 설정 지정하기

① 명령 프롬프트에 **SystemOptions**를 입력합니다.
② **표시 > 도면 탭**을 확장하여 다음을 설정합니다.

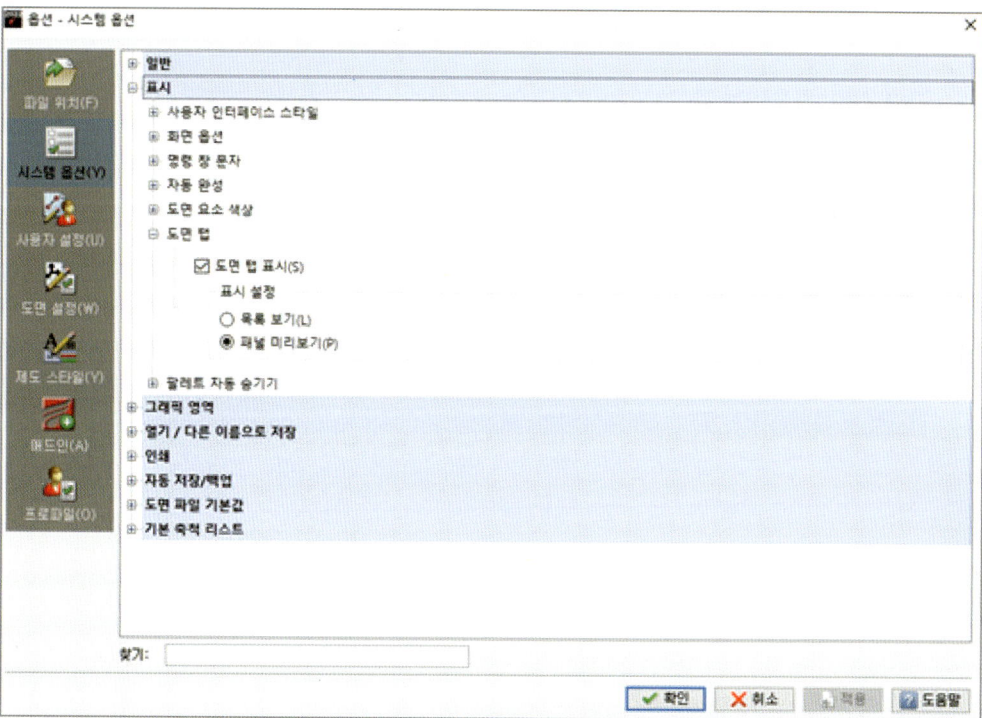

③ **도면 탭 표시** : 도면 창 영역의 상단에 있는 도면 탭의 표시를 제어합니다.
④ **표시 설정**에서 다음 중 하나를 선택합니다.
  · **목록 보기** : 작업공간의 목록을 도면 이름으로 표시합니다.
  · **패널 미리보기** : 탭 아래의 각 도면 작업공간(모델 및 레이아웃 시트)에 대한 썸네일이 표시됩니다.
⑤ **적용**을 클릭하고 이어서 **확인**을 클릭합니다.

06 그래픽 영역

그래픽 영역은 설계자가 도면요소를 작성하고 수정하는 부분으로 모델링이 진행되는 영역이라 하여 모델링 영역이라고도 부릅니다.

해당 영역은 여러 개의 도면이 동시에 열려 있을 경우 하나만 활성화되어 있습니다.

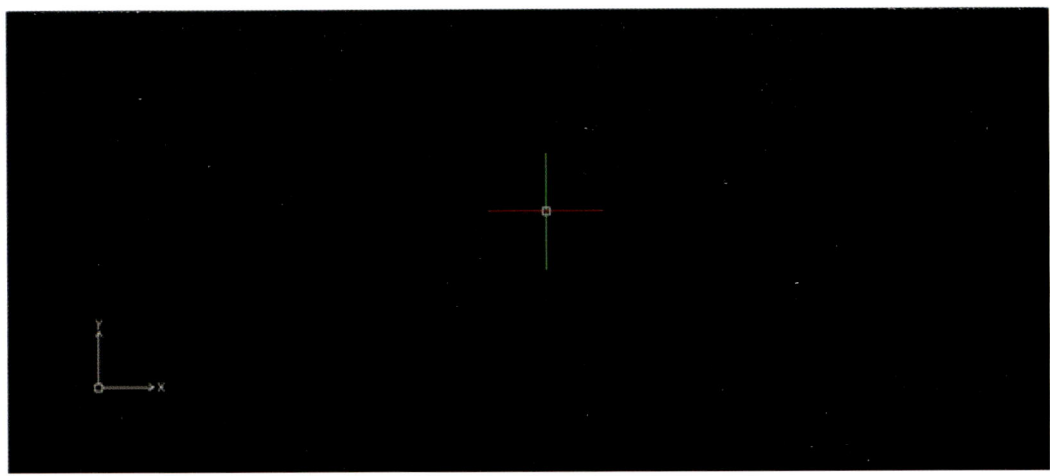

[그래픽 영역]

6.1 좌표 기호

좌표 기호는 작업 창의 왼쪽 아래 구석에 있으며 현재 좌표계의 축 위치와 정렬 방향을 나타내고 보여줍니다. **CSIcon** 명령을 사용하여 좌표 기호를 나타나게 하거나 사라지게 할 수 있습니다.

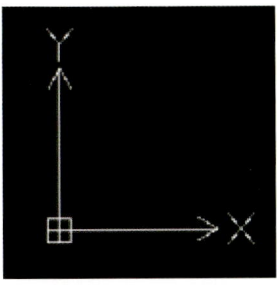   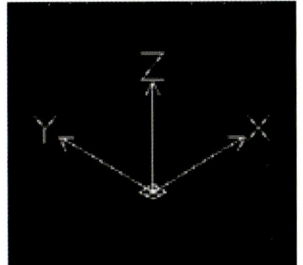

[2차원 뷰 좌표 기호]   [3차원 뷰 좌표 기호]

위 그림에서 왼쪽에 있는 좌표 기호는 도면의 표준 2차원 평면 뷰를 나타내며 오른쪽에 있는 기호는 3차원 뷰를 나타냅니다.

6.2 십자선(포인터)

마우스가 작업 창 위에 존재하면 현재 위치를 나타내는 십자선이 표시됩니다.

좌표 기호와 같이, 도면 뷰가 2차원 뷰 또는 3차원 뷰에 따라 다음과 같이 십자선 포인터의 모양이 바뀝니다.

[2차원 뷰 십자선]　　　　　　　　[3차원 뷰 십자선]

십자선(포인터)을 사용해 작업창 영역에 클릭함으로써 명령에 점, 벡터, 각도를 지정할 수 있습니다.

6.3 포인터 설정 및 크기 설정

1) 포인터 설정 및 크기 설정하기

① 명령 프롬프트에 **SystemOptions**를 입력합니다.
② **그래픽 영역**을 확장합니다.

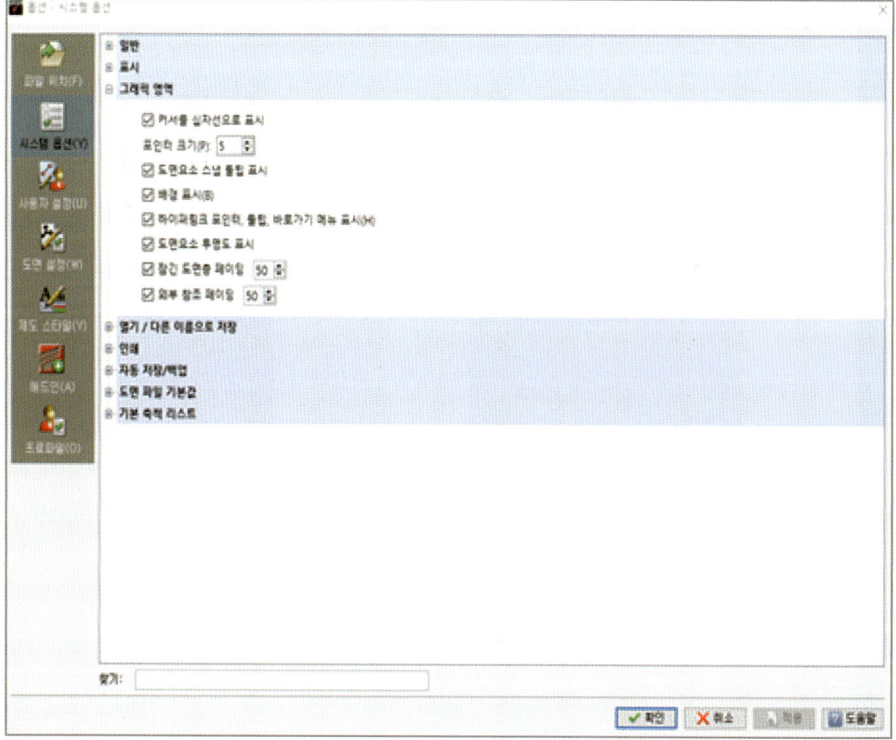

③ **포인터 크기**를 설정합니다. (1~100 사이의 정수)
④ **적용**을 클릭하고 이어서 **확인**을 클릭합니다.

또는

① 명령 프롬프트에 **CursorSize**를 입력합니다.
② **커서 (포인터) 크기**를 설정 후 Enter를 입력합니다. (1~100 사이의 정수)

07 팔레트

팔레트는 도면요소, 속성 및 리소스를 관리하는 팔레트와 뉴스 창 또는 클라우드 저장소를 확인할 수 있는 팔레트 등이 있으며, 기본적으로 그래픽 영역 우측에 위치하고 있습니다.

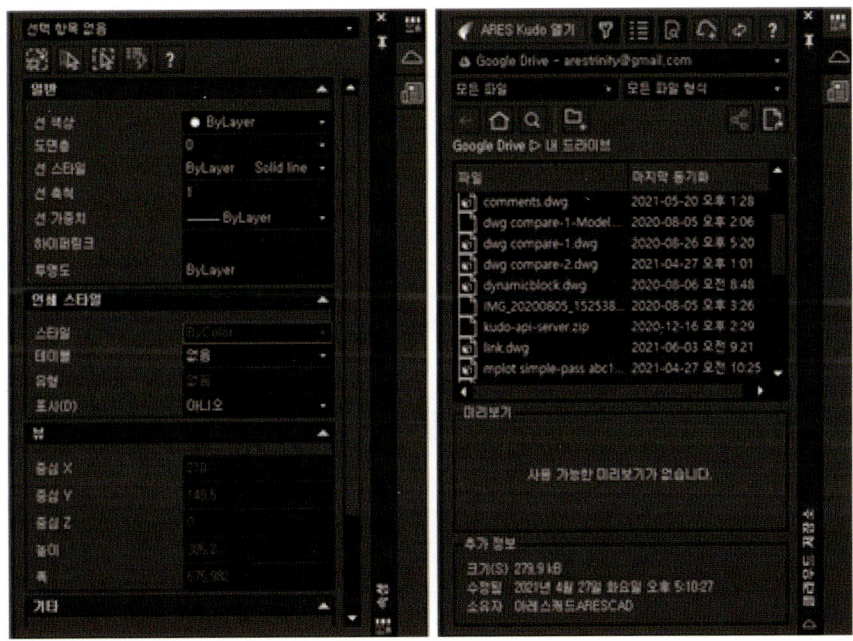

[팔레트]

7.1 팔레트 종류

ARES Commander에는 다음과 같이 다양한 팔레트 창이 존재합니다.

구분	팔레트	명령어	기능 상세
기본	속성	PROPERTIES	도면요소 속성을 확인 및 변경할 수 있습니다.
	뉴스	NEWS	Graebert나 ARES CAD 관련 뉴스 기사나 신기술 동향 등의 소식을 확인할 수 있습니다.
도면층	도면층 관리자	LAYER	도면층과 도면층 속성을 제어하고, 도면층 그룹 또는 속성 필터를 적용할 수 있습니다.
삽입	디자인리소스	DESIGNRESOURCES	컴퓨터 또는 네트워크 위치에 있는 다른 도면의 리소스 및 콘텐츠에 액세스할 수 있습니다.
	참조관리자	REFERENCES	도면에 참조된 도면 및 이미지의 목록을 표시하고 관리합니다.
	도면복구 관리자	DRAWINGRECOVERY	예상치 못한 시스템 오류 발생 후 도면을 복구할 수 있습니다.
시트	시트세트 관리자	SHEETSET	시트 세트를 작성하고 관리합니다.
구속	매개변수	PARAMETERS	치수 구속 매개변수를 보고 수정할 수 있습니다.
관리	도면비교	DRAWINGCOMPARE	현재 도면을 다른 도면 파일과 비교하고 결과 값을 도면 형태로 내보낼 수 있습니다.
BIM	BIM탐색기	BIMNAVIGATOR	IFC, RVT 등의 BIM 데이터를 불러와 BIM 요소의 데이터를 조회하고, 결과를 테이블 형태로 도면에 삽입하거나 엑셀로 내보낼 수 있습니다.
공동작업	클라우드 저장소	CLOUDSTORAGE	클라우드 저장소와 연동되어 작업된 도면을 확인하거나 ARES Kudo와 연결합니다.
	설명	COMMENTS	코멘트를 추가, 편집 및 삭제할 수 있습니다.
플러그인	플러그인	PLUGINS	타사 공급업체에서 제공하는 애플리케이션 플러그인을 관리할 수 있습니다.
맵	로케이터	GIS_LOCATE	GEO MAP 사용을 위한 위치를 조회하고, 해당 위치를 확대하거나, 마커를 삽입할 수 있습니다.
기타	조명	LIGHTLIST	더 사실적인 렌더링을 작성하기 위해 도면에 삽입된 조명의 목록을 표시하고 제어합니다.
	좌표계	CSSTYLE	사용자 정의 좌표계(CCS)를 관리합니다.
	도구 매트릭스	TOOLMATRIX	패널에 도구 모음을 추가하거나 정렬할 수 있습니다.
	옵션 도구 모음	-	현재 상태에서 사용할 수 있는 명령 옵션을 표시합니다.

7.2 팔레트 이동 및 고정

팔레트는 유동이거나 고정되어 있을 수 있습니다. 유동은 사용자가 원하는 위치 어디든지 배치된 상태를 의미하며, 일반적으로 고정은 팔레트가 도면 창의 상하좌우 지정된 고정 위치에 도킹되어 있는 상태를 의미합니다.

팔레트의 이동이 필요할 경우 팔레트의 제목 표시줄을 클릭한 상태에서 드래그하여 이동하면 됩니다.

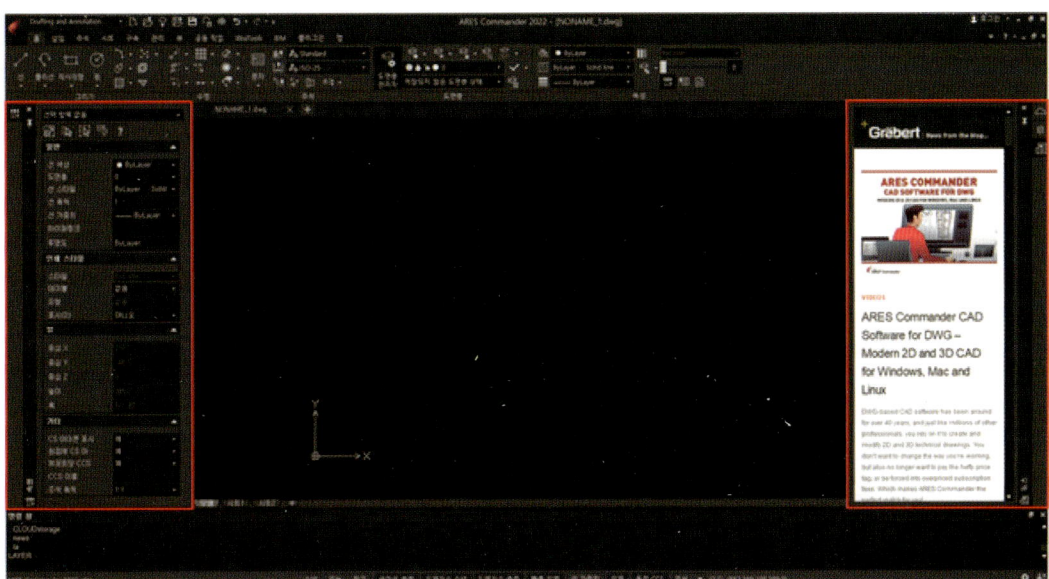

그래픽 영역의 공간을 확보하기 위해 왼쪽 또는 오른쪽 고정 위치에 여러 개의 팔레트가 겹쳐 있을 수도 있습니다.

여러 개의 팔레트가 겹쳐 있을 경우, 팔레트의 고정 위치에 따라 우측 또는 좌측에 겹쳐진 팔레트들을 탭으로 표시하고 필요에 따라 표시된 팔레트 탭을 클릭하면 활성화 됩니다.

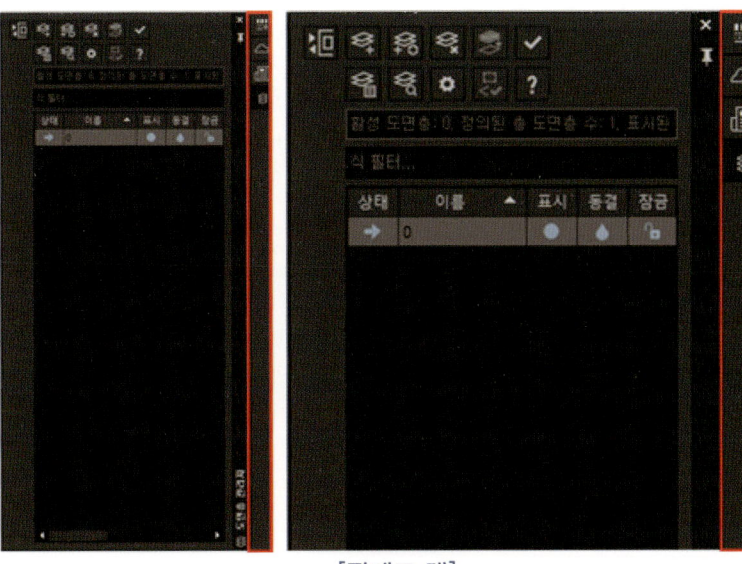

[팔레트 탭]

CHAPTER 02 ARES Commander 살펴보기

팔레트의 크기는 다음과 같이 변경할 수 있습니다.

- **팔레트 고정 상태 :** (팔레트가 그래픽 영역 오른쪽에 고정되어 있을 경우) 팔레트의 좌측 모서리를 클릭한 상태로 마우스를 드래그하면 팔레트의 크기가 조절됩니다.
- **팔레트 유동 상태 :** 팔레트 상하좌우 중 한곳을 클릭한 상태로 마우스를 이동하면 팔레트가 이동하는 방향으로 크기가 조절됩니다.

7.3 고정된 팔레트를 유동 상태로 변경

다음과 같이 고정된 상태의 팔레트를 유동 상태로 변경할 수 있습니다.

- 팔레트의 제목 표시줄을 두 번 클릭합니다.
- 팔레트의 제목 표시줄을 클릭한 상태로 새 위치로 드래그 합니다.

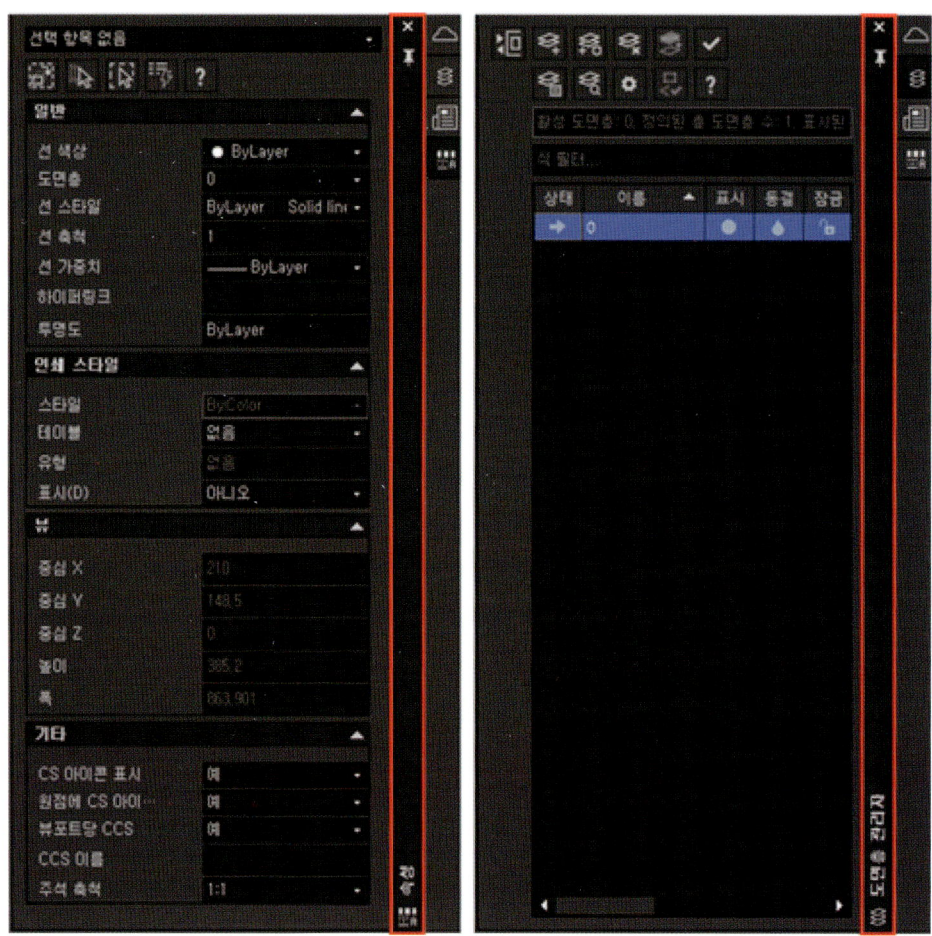

[팔레트 제목 표시줄]

7.4 유동 상태 팔레트를 고정 상태로 변경

다음과 같이 유동 상태의 팔레트를 고정 상태로 변경할 수 있습니다.

- 팔레트의 제목 표시줄을 두 번 클릭합니다.
- 팔레트의 제목 표시줄을 클릭한 상태로 작업 창의 좌우 또는 상하로 움직이면 파란색으로 고정 위치가 표시되고, 표시된 상태에서 클릭을 해제하면 고정 위치로 도킹 됩니다.

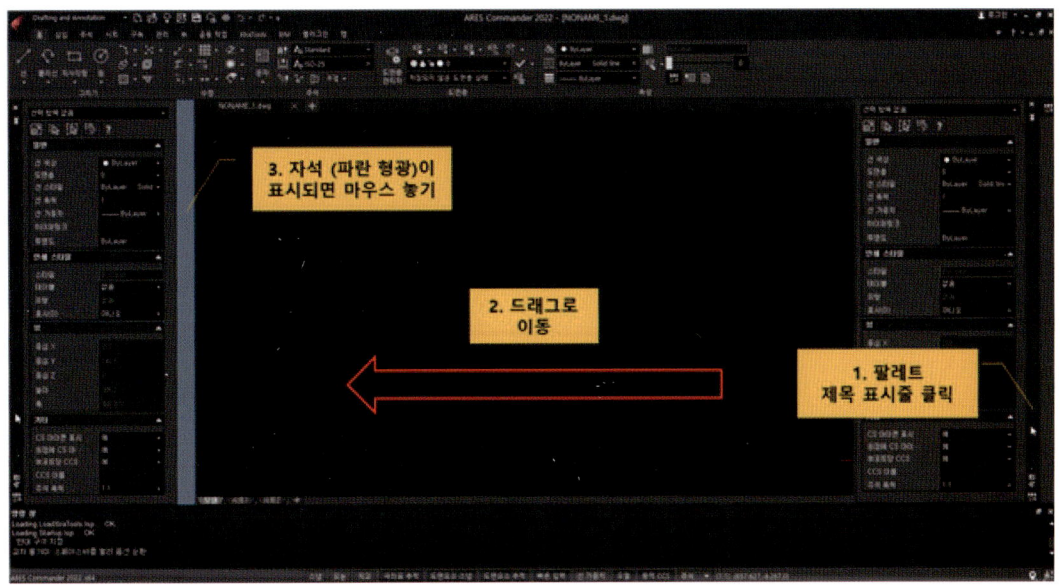

08 모델 및 시트 탭

작업 창 하단에 모델 및 시트 탭이 있습니다.
통상적인 CAD 프로그램과 동일하게 도면을 모델 영역과 시트 (배치) 영역으로 표시합니다.

[모델 및 시트 탭]

8.1 모델 영역

모델 영역은 설계 작업을 하는 곳으로 각 도면은 하나의 모델 탭을 가질 수 있습니다. 대부분의 설계 작업이 모델 영역에서 이루어집니다.

8.2 시트 영역

시트는 인쇄용 페이지로 프레임과 제목 블록, 개요 및 세부, 모델 뷰와 같은 도면요소가 포함됩니다.

모델 영역에서 설계된 객체를 종이로 출력 할 때 축척 및 배치 등을 고려하여 출력할 수 있도록 만들어진 영역입니다.

시트 영역은 모델 영역과 달리 다중으로 사용할 수 있습니다.

8.3 시트 영역의 생성과 삭제

Sheet 명령을 사용하여 시트 추가, 복사, 삭제, 이름 지정, 이름 바꾸기 등의 작업을 함으로써 여러 개의 시트로 작업할 수 있으며, 시트 탭을 마우스 오른쪽 클릭하여 다양한 옵션들을 액세스할 수 있습니다.

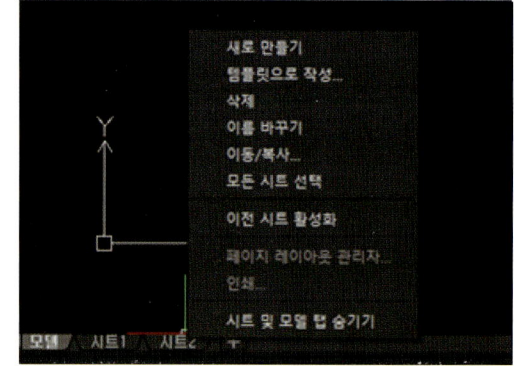

[시트 탭 옵션]

8.4 모델 및 시트 탭 표시 켜기/끄기

1) 모델 및 시트 탭 표시 켜기/끄기

① 명령 프롬프트에 **Options**를 입력합니다.
② **도면 설정**을 클릭합니다.
③ **표시**를 확장합니다.
④ **모델 및 시트 탭 표시**를 선택하거나 선택 해제합니다.

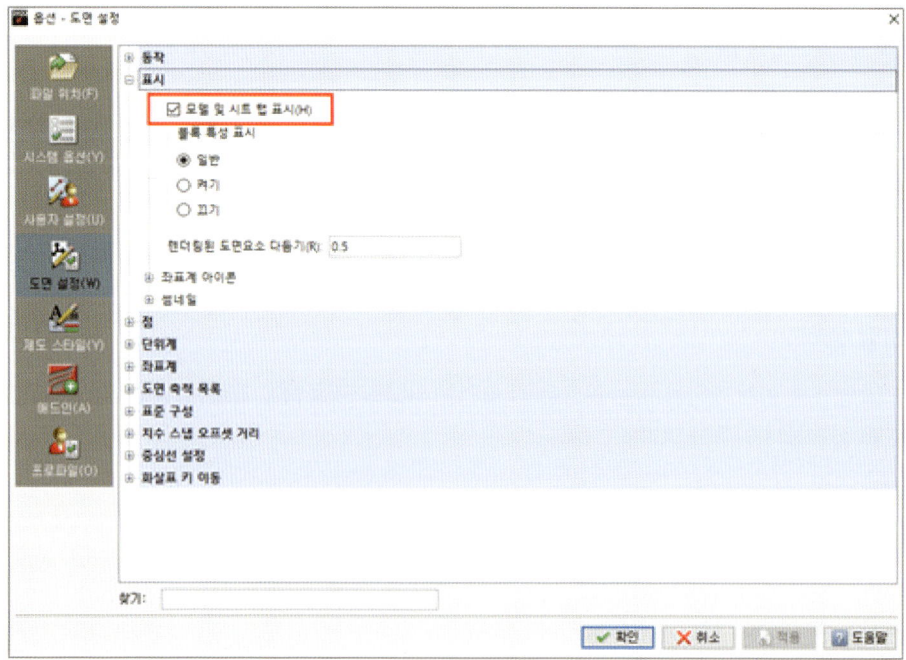

09 명령 창

명령 창은 설계 작업 중 발생하는 모든 일(명령 프롬프트에 명령을 입력하여 점과 값을 지정하고 도면요소 선택, 선택 확인 또는 단계 입력, 메시지, 지시, 또는 경고 보기 등)을 표시합니다. 따라서 명령 창과 지속적으로 소통하는 것은 설계 작업 중 매우 중요한 요소입니다.

명령 창 내역은 F2를 눌러 별도의 창에 명령 내역을 표시하거나 숨길 수 있습니다.

명령 창 표시/끄기 : **Ctrl +9**

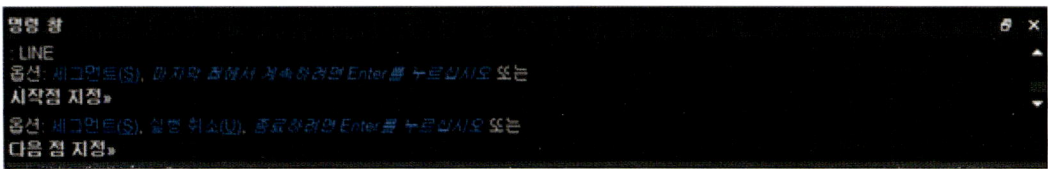

[명령 창]

10 상태 막대

상태막대는 명령 창 하단에 있으며, 현재 사용하려는 도구의 설명, 설계 보조 도구들의 설정, 좌표계 등 도면 작업 시 필요한 상황들을 나타내는 역할을 하여 상태막대의 적절한 참조나 운영은 도면 작업을 효율적으로 운영하는데 중요한 역할을 합니다.

상태막대는 다음과 같이 **세 가지 영역**(도구 설명, 제도 설정, 좌표계 표시)으로 구분됩니다.

10.1 도구 설명

상태막대의 왼쪽 부분에는 도구 설명이 표시됩니다. 포인터를 도구 모음 아이콘이나 메뉴 항목으로 이동하면 해당 명령이나 기능에 대한 설명이 도구 설명 부분에 표시됩니다.

[도구 설명]

10.2 제도 설정

상태막대의 가운데 부분에는 제도 옵션을 켜고 끄는 버튼이 포함되어 있으며, 해당 버튼의 종류와 기능은 아래와 같습니다. (짙은 회색 : 켜기 상태, 연한 회색 : 끄기 상태)

[제도 설정]

- **스냅** [F9] : 모눈 스냅이나 방사형 스냅을 끄거나 켭니다.
- **모눈** [F7] : 설정된 모눈 표시를 끄거나 켭니다.
- **직교** [F8] : 명령 진행 시, 포인터의 이동 방향을 0도부터 90도 간격으로 제한합니다.
- **극좌표 추적** [F10] : 명령 진행 시 설정해 놓은 각도로 무한선이 생성되는 표시를 끄거나 켭니다.
- **도면요소 스냅** : 도면요소 스냅 설정
- **도면요소 추적** : 3D 도면요소 스냅 설정
- **빠른 입력** : 마우스 포인터 주변에 표시되는 빠른 입력 표시를 켜고 끕니다.
- **선 가중치** : 선 가중치 표시를 끄거나 켭니다.
- **모델/시트** : 모델 탭이 활성화되어 있으면 최근에 사용한 레이아웃 시트로 전환됩니다.
- **동적 CCS** : 특정 명령 사용 시, 동적 사용자 지정 좌표계를 끄거나 켭니다.
- **주석** : 현재 주석 축척 (축척)을 선택할 수 있습니다.

10.3 좌표 표시

상태막대의 오른쪽 부분에는 포인터의 X, Y, Z 좌표가 실시간으로 표시됩니다.

ARES CAD

명령입력과 실행

CHAPTER

3

CHAPTER 03 명령입력과 실행

3 CHAPTER
명령입력과 실행

01 명령 및 데이터 입력

1.1 명령 입력

1) 리본 메뉴에서 명령 선택하기
리본 메뉴에서 원하는 탭을 누른 뒤, 해당 명령의 아이콘을 클릭하여 빠르게 명령을 실행할 수 있습니다.

2) 명령 창에 명령어 입력하기
명령 창에서 원하는 명령어나 단축키를 입력합니다. 기본적으로 명령어 자동 완성 기능이 적용됩니다.

명령어가 입력이 완료되면 명령 창에 나타나는 메시지를 기준으로 작업을 진행하며, 상황에 따라 옵션을 지정하라는 메시지가 표시됩니다.

선택 가능한 옵션은 명령 창에 나타나며 명령 창에서 밑줄 친 대문자는 옵션 바로가기 키를 의미합니다.

[명령 창 옵션 메시지]

> **참고**
> 방금 실행한 명령어의 반복은 Enter 또는 Space 키를 누르면 재실행이 가능하며, Esc 키를 눌러 명령을 종료할 수 있습니다.

1.2 빠른 입력 방법 사용
빠른 입력은 포인터 근처에 명령을 입력할 수 있는 인터페이스를 제공합니다. 이를 통해 시선의 분산 없이 작업하고 있는 형상에 지속적으로 초점을 맞출 수 있습니다.

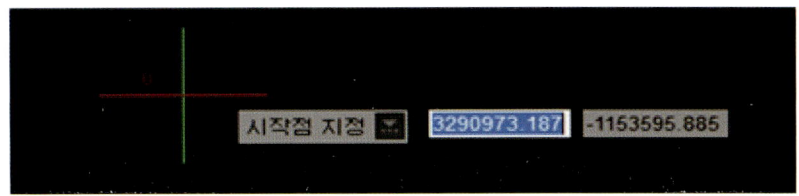

[빠른 입력]

빠른 입력 방법에 익숙해지면 명령 창을 숨길 수 있으나, 빠른 입력은 명령 창 모든 기능을 완전하게 대체하지는 않습니다.

빠른 입력 방법은 다음과 같이 3가지 순서로 구성되어 있으며, 키보드 **F12** 키를 눌러 빠른 입력을 켜거나 끌 수 있습니다.

1) 빠른 프롬프트

명령을 입력할 때 십자선(포인터) 근처에 명령 입력 상자가 표시 됩니다.

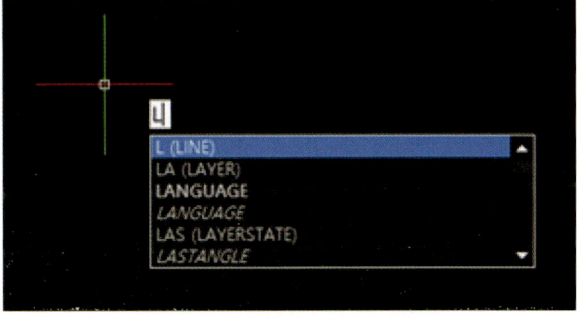

[빠른 프롬프트 명령 입력]

2) 좌표 입력

입력 상자에서 점의 좌표를 지정할 수 있습니다.

[좌표 입력]

3) 치수 입력

도구 설명은 사용자의 포인터 이동에 따라 거리 및 각도를 표시하며 두 번째 점 또는 거리를 입력할 때 해당 값의 입력 상자 역할을 하며 키보드 **Tab** 키를 눌러 입력 상자를 이동할 수 있습니다.

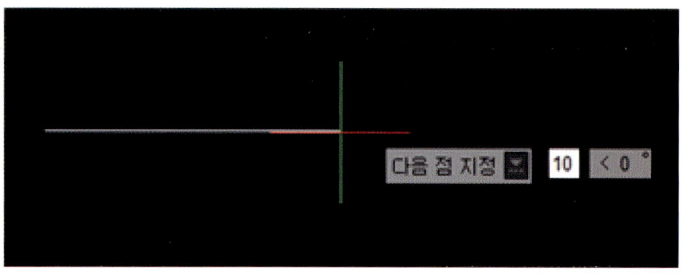

[치수 입력]

02 마우스 제스처

2.1 마우스 제스처 명령 사용

마우스 제스처를 바로가기로 사용하여 키보드 바로가기 키를 사용하는 것과 같이 자주 사용하는 명령이나 기능을 등록 후 빠르게 해당 명령을 실행할 수 있습니다.

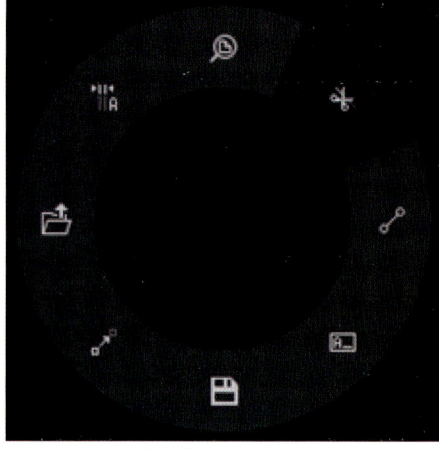

[마우스 제스처]

2.2 마우스 제스처 사용

1) 마우스 제스처 사용하기

① 그래픽 영역 또는 시트 영역에서 **마우스 오른쪽**을 누른 채로 조금 움직이면 링(Ring) 모양의 바로가기 가이드가 나타납니다.

② 원하는 기능이나 명령이 표시된 아이콘 쪽으로 마우스를 옮기면 해당 방향에 위치해 있는 명령이 실행됩니다.

[마우스 제스처 사용법]

2.3 마우스 제스처 설정

마우스 제스처는 마우스가 움직이는 각 방향에 명령이 하나씩 등록되어, 4개에서 최대 8개까지 명령을 등록할 수 있습니다.

마우스 제스처의 명령은 사용자 정의를 통하여 원하는 방향에 명령을 설정할 수 있습니다.

1) 마우스 제스처 설정하기

① **관리 〉 사용자 지정 〉 마우스 제스처**를 클릭합니다.
② 마우스 제스처 대화 상자에서 **마우스 제스처 사용**을 선택합니다.

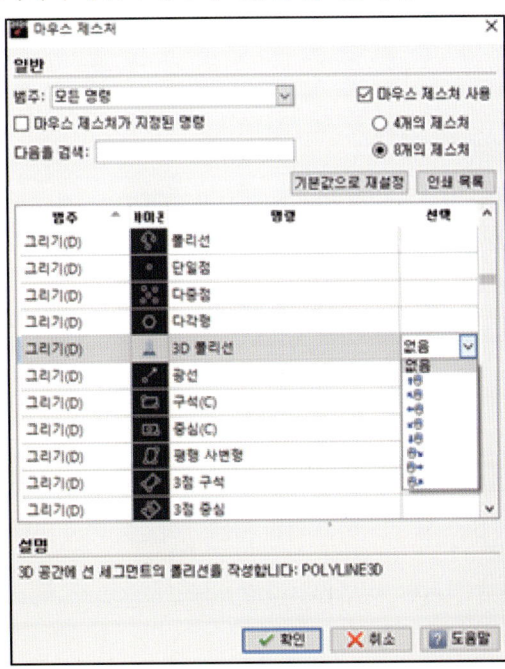

③ 4개 또는 8개의 제스처 중 하나를 선택합니다.
④ 원하는 명령이 있는 줄을 클릭합니다.
⑤ 선택된 줄 끝의 **선택** 열의 드롭다운 버튼을 클릭하여, 원하는 마우스 제스처를 선택합니다.
- 4개의 마우스 제스처를 사용하면, 네 방향(위, 아래, 왼쪽, 오른쪽)에 명령을 등록할 수 있습니다.
- 8개의 마우스 제스처를 사용하면, 여덟 개 방향에 명령을 등록할 수 있습니다.

⑥ **확인** 버튼을 누릅니다.

03 시작하기

3.1 도면 작성, 열기, 닫기, 저장

1) 새 도면 작성하기

다음 중 하나를 진행합니다.

- 표준 도구 모음에서 **새로 만들기**를 클릭합니다.
- **Ctrl + N**을 누릅니다.
- 명령 프롬프트에 **New**를 입력합니다.

2) 기존 도면 열기

다음 중 하나를 진행합니다.

- 표준 도구 모음에서 **열기**를 클릭합니다.
- **Ctrl + O**를 누릅니다.
- 명령 프롬프트에 **Open**을 입력합니다.

3) 도면 닫기

다음 중 하나를 진행합니다.

- 도면 탭의 X (닫기) 버튼을 클릭합니다.
- **Ctrl + F4**를 누릅니다.
- 명령 프롬프트에 **Close**를 입력합니다.

4) 저장하기

다음 중 하나를 진행합니다.

- 표준 도구 모음에서 **저장**을 클릭합니다.
- **Ctrl + S**를 누릅니다.
- 명령 프롬프트에 **Save**를 입력하고 **파일 저장** 대화 상자에서 이름을 입력합니다.

3.2 도면 환경 설정

도면 환경을 설정하기 위해 단위, 도면 한계(경계), 모눈, 스냅 설정을 적용할 수 있으며, 설정한 내용을 도면 템플릿에 저장할 수 있습니다.

1) 도면 단위

도면을 작성할 때 사용할 단위를 결정합니다. 하나의 도면 단위를 설정하여 1mm, 1cm, 1m 등을 나타낼 수 있습니다.

2) 선형 단위 및 각도 단위

선형 단위와 각도 단위를 입력하고 표시하기 위한 형식을 설정할 수 있으며, 소수점 자릿수를 지정하여 단위의 정확도를 설정할 수도 있습니다.

선형 단위에는 십진수 단위, Imperial 건축 인치 및 피트, Imperial 공학 인치 및 피트, 분수 단위, 과학 기호법과 같은 형식이 포함되며 각도 단위에는 십진 도수, 도/분/초, 그래드, 라디안, 측량사 사분면 각도와 같은 형식이 포함됩니다.

3) 단위 형식 설정하기

① 명령 프롬프트에 **UnitSystem**을 입력합니다.

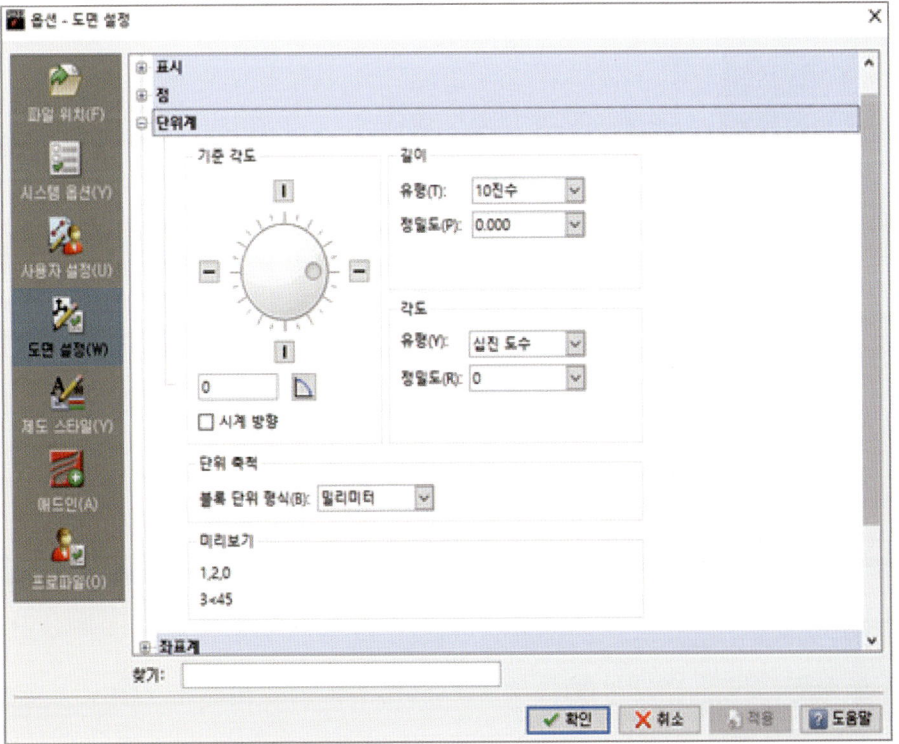

② 기준 각도, 길이, 각도 등 옵션을 설정합니다.
③ **적용**을 클릭하고 이어서 **확인**을 클릭합니다.

4) 도면 한계 설정하기

DrawingBounds 명령을 사용하여 다음과 같이 도면 한계를 설정합니다.

- 도면 한계 지정
- 지정한 영역 밖으로 도면요소가 연장되지 않도록 도면요소의 작성 범위 제어
- 모눈 표시 범위를 지정

도면 한계는 도면을 인쇄할 때의 용지 크기에 직접적으로 영향을 줍니다.

도면 작성 시 경계(한계) 검사는 기본적으로 꺼져 있기 때문에, 도면요소를 작성할 수 있는 위치에 제한이 없습니다.

5) 모눈

모눈은 시각적 거리 참조 역할을 하는 균등 간격의 점 패턴이며, 모눈은 인쇄된 출력물에 나타나지 않습니다.

6) 모눈 표시/숨기기

① 명령 프롬프트에 **DraftingOptions**를 입력합니다.
② **제도 옵션 〉 표시 〉 모눈 설정**을 확장합니다.
③ **모눈 사용**을 선택합니다.

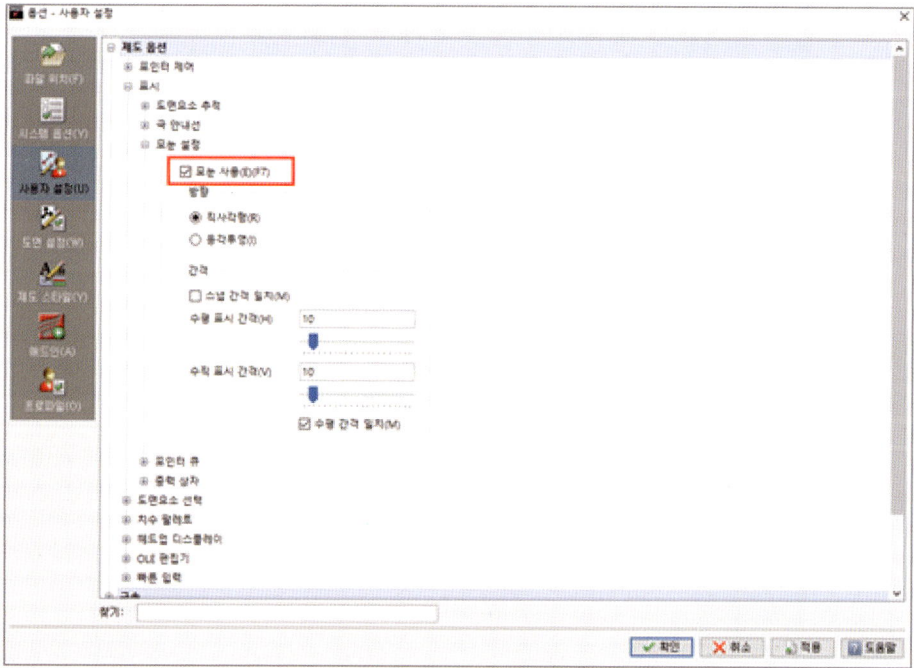

④ **적용**을 클릭하고 이어서 **확인**을 클릭합니다.

7) 모눈 표시 설정 조정하기

① 명령 프롬프트에 **DraftingOptions**를 입력합니다.
② **제도 옵션 〉 표시 〉 모눈 설정**을 확장합니다.
③ **방향과 간격 옵션**을 설정합니다.

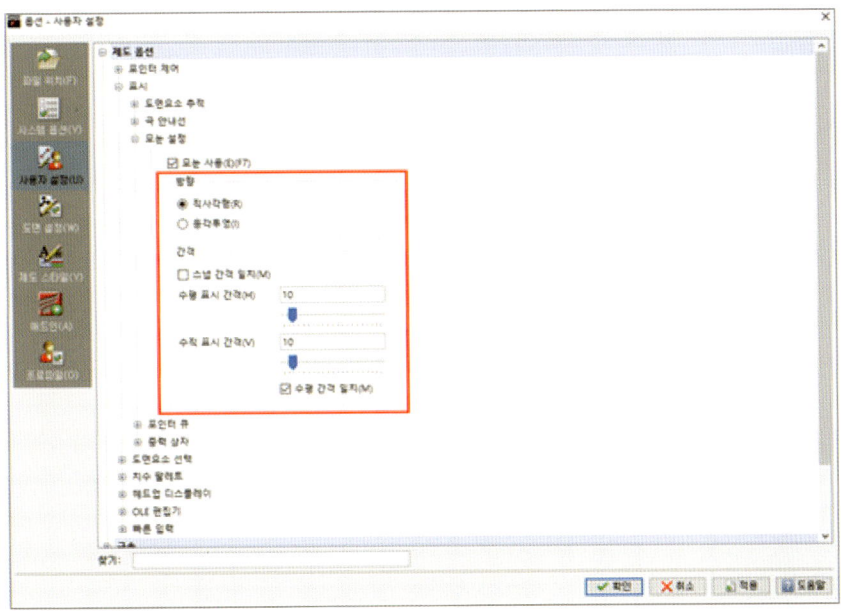

④ **적용**을 클릭하고 이어서 **확인**을 클릭합니다.

8) 스냅 기능 켜기/끄기

① 명령 프롬프트에 **DraftingOptions**를 입력합니다.
② **제도 옵션 > 포인터 제어 > 스냅 설정**을 확장합니다.
③ **스냅 사용**을 선택합니다.

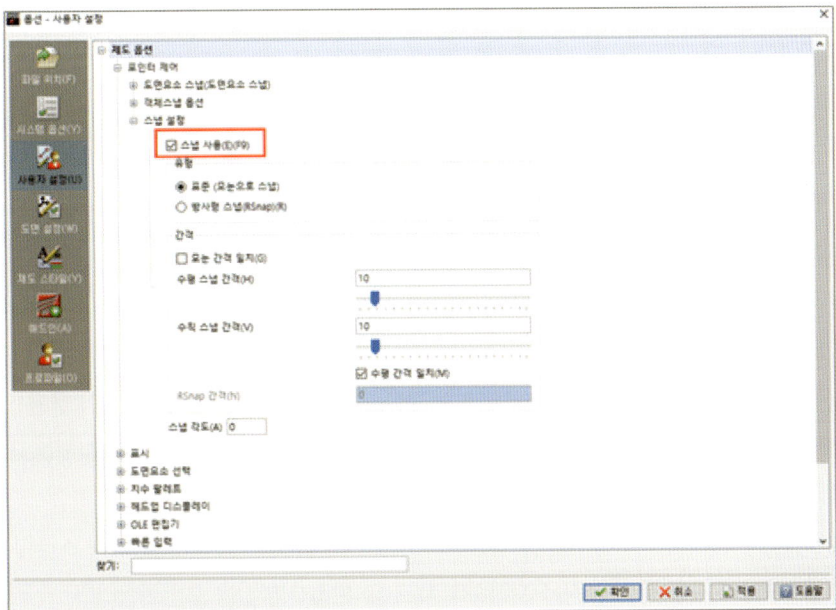

④ **적용**을 클릭하고 이어서 **확인**을 클릭합니다.

9) 스냅 설정 조정하기

① 명령 프롬프트에 **DraftingOptions**를 입력합니다.
② **제도 옵션 > 포인터 제어 > 스냅 설정**을 확장합니다.
③ **유형과 간격** 옵션을 설정합니다.

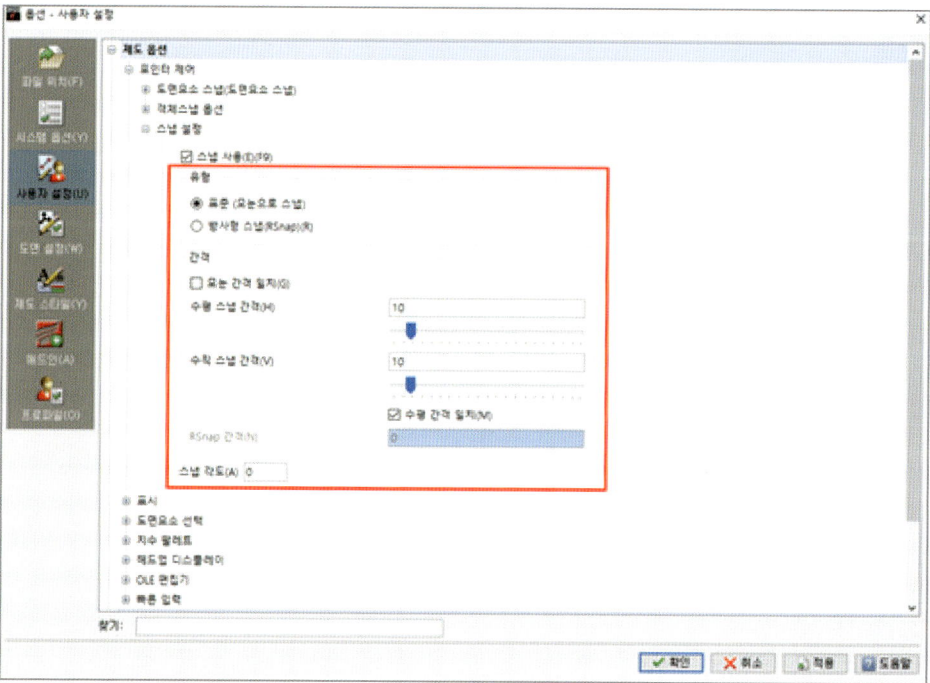

④ **적용**을 클릭하고 이어서 **확인**을 클릭합니다.

3.3 템플릿 사용

미리 정의된 템플릿을 사용하여 도면을 작성할 수 있습니다. 템플릿은 완료된 작업의 기초 역할을 하며 필요한 도면 환경을 설정합니다.

도면 템플릿을 사용하면 이미 작성한 기존 도면의 요소 및 설정을 다시 사용할 수 있으므로 시간을 절약할 수 있습니다.

- 템플릿은 로고, 제목 블록, 프레임, 경계, 눈금자, 안내선, 뷰와 같은 도면요소에 유용합니다.
- 모든 도면에는 단위, 스냅 및 모눈, 도면 한계의 특정 설정이 필요합니다. 템플릿에서 도면 환경 설정에 설명된 특정 요구 사항에 따라 이러한 설정을 결정할 수 있습니다.
- 템플릿을 사용하여 치수 스타일을 설정하고 자주 사용하는 선 스타일 및 문자 스타일을 로드합니다.
- 템플릿으로 로드된 로컬 설정을 지정하여 제도 및 편집 기본값을 표준화합니다.
- 템플릿에서 도면층을 작성하여 도면요소를 그룹화하고 그룹별로 색상, 선 스타일, 선 가중치를 지정합니다.

이러한 요소와 매개 변수들로 템플릿을 작성하면 새 도면을 회사, 조직, 또는 산업 규격에 맞춰 작업할 수 있습니다.

ARES CAD

정확한 도면 작성

CHAPTER

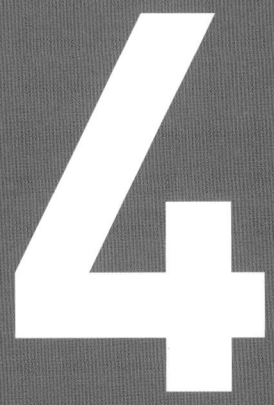

CHAPTER 04 정확한 도면 작성

4 CHAPTER
정확한 도면 작성

01 좌표 지정 및 좌표계 사용

1.1 좌표 지정

모든 도면은 3개의 수직 축인 X, Y, Z가 사용되는 데카르트식 좌표계를 기준으로 합니다. 모든 축은 좌표계의 원점에서 시작되며, X축과 Y축은 수평 평면을 X축과 Z축, Y축과 Z축은 수직 평면을 정의합니다.

데카르트식 좌표 형식에서 점은 XY-, XZ-, YZ-평면에 대한 거리로 정의되고 이 거리를 점의 XYZ-좌표라고 합니다.

CAD에서 고정 데카르트식 좌표계를 표준 좌표계(WCS)라고 하며, 새 도면은 WCS를 기반으로 작성합니다.

1) 절대 좌표

좌표 유형	입력	예
데카르트식(2D / 3D)	X,Y / X,Y,Z	3,5,8.2,6.7
극(2D)	거리<각도	7.5<45

2) 상대 좌표

좌표 유형	입력	예
데카르트식(2D / 3D)	@X,Y / @X,Y,Z	@3,5,8.2,6.7
극(2D)	@거리<각도	@7.5<45

3) 절대 데카르트식 좌표 지정하기

① 좌표가 필요한 명령을 입력합니다.
② X-, Y-, Z- 좌표를 쉼표로 구분하여 지정합니다.
③ 다음 좌표를 지정하여 명령을 완료합니다.

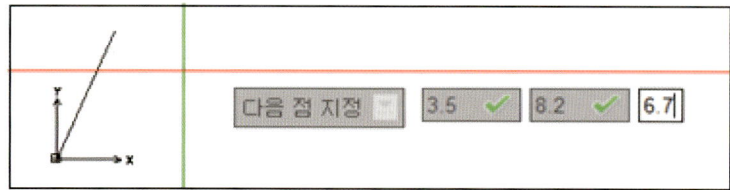

4) 상대 데카르트식 좌표 지정하기

① 좌표가 필요한 명령을 입력합니다.
② 첫 번째 점을 지정합니다.
③ 첫 번째 점에 상대적인 두 번째 점을 지정하려면 좌표 값 앞에 @를 입력합니다.

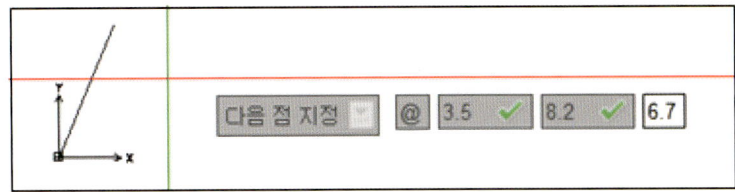

5) 절대 극좌표 지정하기

① 좌표가 필요한 명령을 입력합니다.
② 첫 번째 점을 지정합니다.
③ 2D 형식, 거리<알파_각도를 사용하여 두 번째 점을 지정합니다.

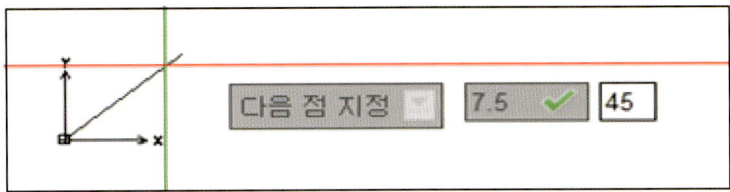

6) 상대 극좌표 지정하기

① 좌표가 필요한 명령을 입력합니다.
② 첫 번째 점을 지정합니다.
③ 2D 형식, @거리<알파_각도를 사용하여 첫 번째 점에 상대적인 두 번째 점을 지정합니다.

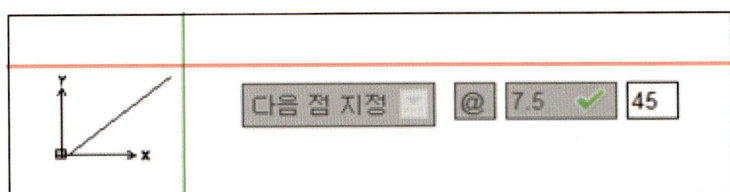

1.2 좌표 필터를 사용하여 점 지정

좌표 필터(XYZ 점 필터)를 사용하여 다음과 같이 합니다.

- 점 입력을 기존 도면요소의 좌표계와 연관
- 점 지정을 별도의 X, Y, Z 좌표 분산

점 지정 프롬프트가 나타날 때마다 좌표 필터 조합(x, y, z, xy, xz, yz, xyz)을 입력할 수 있습니다.

좌표 필터는 2D 도면을 작성할 경우 특히, 도면요소 스냅(ESnaps) 방법과 함께 사용할 때 유용합니다. ESnaps을 사용하여 기존 도면요소의 중요 점으로부터 별도 X, Y, Z 값을 구할 수 있습니다.

1) 좌표 필터를 사용하여 점 지정하기

① 좌표가 필요한 명령을 입력합니다.
② 좌표 필터를 지정합니다.
③ 기존 형상을 기준으로 점의 X 또는 Y 값을 별도로 입력하여 필터를 적용할 도면요소를 지정합니다.
④ 필요에 따라 점을 추가로 지정합니다.

1.3 사용자 정의 좌표계 설정

CCS 명령을 사용하여 좌표계를 설정하고 저장하고 복원하고 이름을 바꾸고 삭제합니다. 현재 좌표계의 이름을 지정함으로써 좌표계 파라미터를 적용하지 않고 사용할 수 있습니다.

도면에 사용할 여러 개의 명명된 좌표계를 작성하고 이름이 없는 임시 좌표계를 사용할 수 있습니다.

하나의 도면에 여러 개의 사용자 정의 좌표계를 정의할 수 있으나, 단 하나만 활성 좌표계로 사용할 수 있습니다.

1) 좌표계 설정하기

① **뷰 〉 좌표 〉 CCS**를 클릭하거나 **CCS**를 입력합니다.
② 사용자 정의 좌표계의 원점을 지정합니다.
③ 양의 X축이 지나는 점을 지정합니다.
④ XY 평면의 양의 영역에서 점을 지정합니다. 이 점은 Y축 상에 있지 않아도 됩니다.
⑤ 필요한 경우, 도면요소 스냅을 사용하여 공간에 작성한 도면요소에 좌표계를 조정합니다.

2) 좌표계 저장하기

① **뷰 〉 좌표 〉 CCS**를 클릭하거나 **CCS**를 입력합니다.
② **명명** 옵션을 지정합니다.
③ **저장** 옵션을 지정합니다.
④ CCS의 **이름**을 입력합니다.

3) 좌표계 삭제하기

① **뷰 〉 좌표 〉 CCS**를 클릭하거나 **CCS**를 입력합니다.
② **명명** 옵션을 지정합니다.
③ **삭제** 옵션을 지정합니다.
④ 삭제할 **좌표계**를 지정합니다.

4) 저장된 좌표계 복원하기

① **뷰 〉 좌표 〉 CCS**를 클릭하거나 **CCS**를 입력합니다.
② **명명** 옵션을 지정합니다.
③ **복원** 옵션을 지정합니다.
④ 복원할 **좌표계**를 지정합니다.

5) 좌표계를 도면요소에 맞추기

① **뷰 〉 좌표 〉 CCS**, 요소를 클릭하거나 **CCS**를 입력합니다.
② **도면요소에 정렬(E)** 옵션을 지정합니다.
③ CCS와 맞추려는 **도면요소**를 선택합니다.

6) 좌표계를 활성 뷰 평면에 맞춰 정렬하기

① 명령 프롬프트에 **CCS**를 입력하고 **뷰** 옵션을 지정합니다.

> **엑서스**
> 명령 : CCS
> 메뉴 : 뷰 〉 좌표 〉 CCS

1.4 사용자 정의 좌표계 관리

CSStyle 명령을 사용하여 좌표계를 관리합니다.

- 좌표계 보기, 활성화, 이름 바꾸기 또는 삭제로 좌표계 관리
- 직교 좌표계 선택
- 좌표계 설정 조정

1) 저장된 좌표계 확인

① **뷰 〉 좌표 〉 CCS 관리자**를 클릭하거나 **CSStyle**을 입력합니다.
② **뷰 관리자**를 확장합니다.
③ 좌표계 위로 포인터를 이동하여 원점과 X, Y, Z 좌표를 확인합니다.

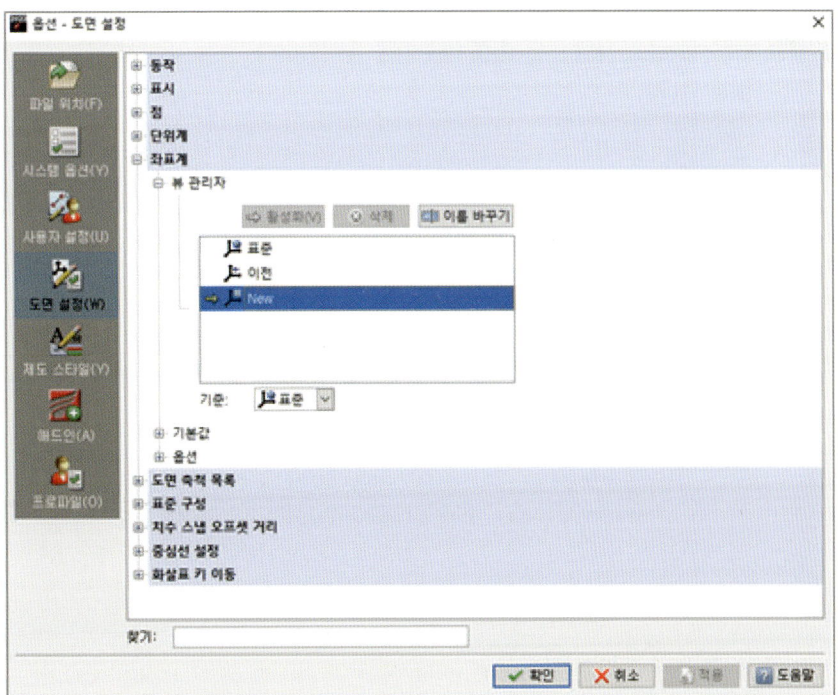

2) 좌표계 활성화하기

① **뷰 > 좌표 > CCS 관리자**를 클릭하거나 **CSStyle**을 입력합니다.
② **뷰 관리자**를 확장합니다.
③ 좌표계를 선택하고 **활성화**를 클릭합니다. 화살표가 활성 좌표계 옆에 표시됩니다.

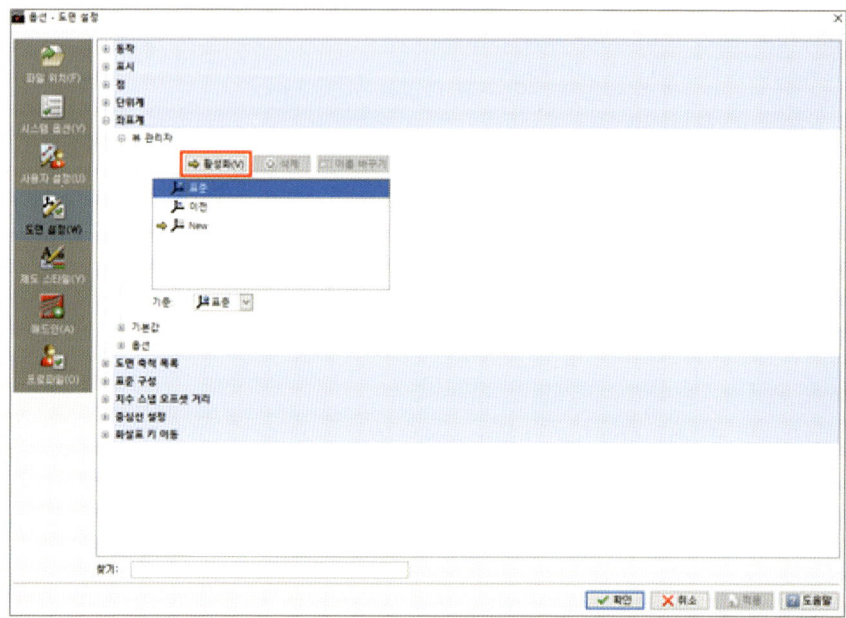

3) 좌표계 삭제 또는 이름 바꾸기

① **뷰 > 좌표 > CCS 관리자**를 클릭하거나 **CSStyle**을 입력합니다.
② **뷰 관리자**를 확장합니다.
③ 좌표계를 선택하고 **삭제** 또는 **이름 바꾸기**를 클릭합니다.

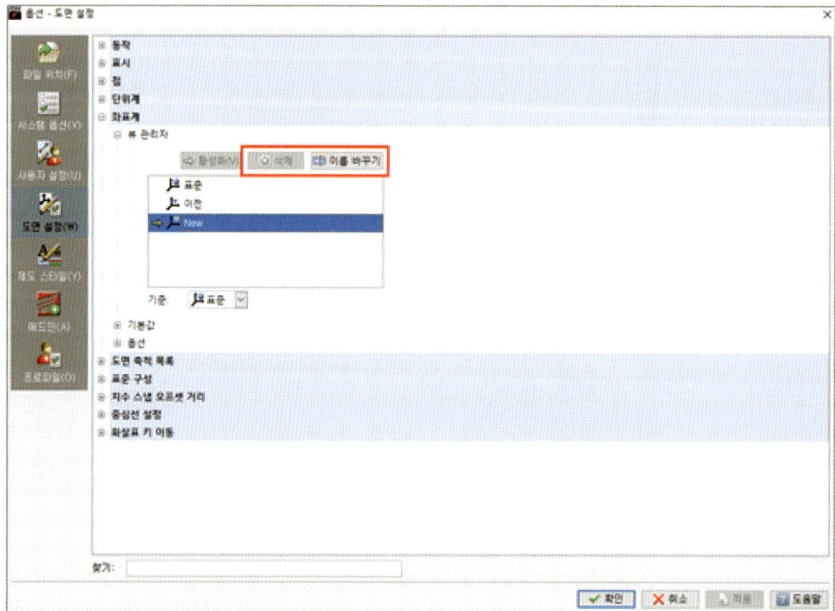

4) 좌표계 설정하기

① **뷰 > 좌표 > CCS 관리자**를 클릭하거나 **CSStyle**을 입력합니다.
② **옵션**을 확장 후 옵션을 설정합니다.

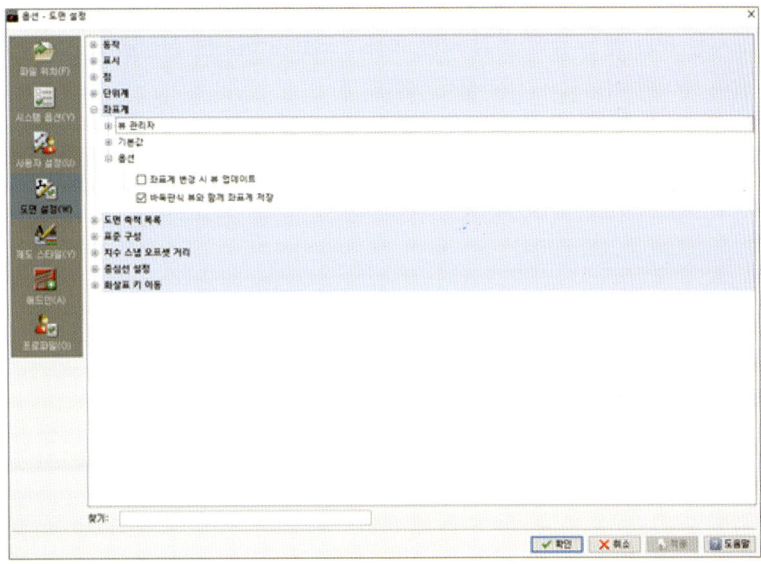

- **좌표계 변경 시 뷰 업데이트** : 좌표계가 변경되면 활성 바둑판식 뷰에서 좌표계에 대한 평면 뷰가 자동으로 표시됩니다.
- **바둑판식 뷰와 함께 좌표계 저장** : 모든 바둑판식 뷰에 해당 활성 좌표계가 반영되게 합니다.

5) 좌표계 아이콘 설정하기

① 명령 프롬프트에 **Options**를 입력합니다.
② 옵션 대화 상자에서 **도면 설정**을 클릭 후 **표시 > 좌표계 아이콘**을 확장합니다.

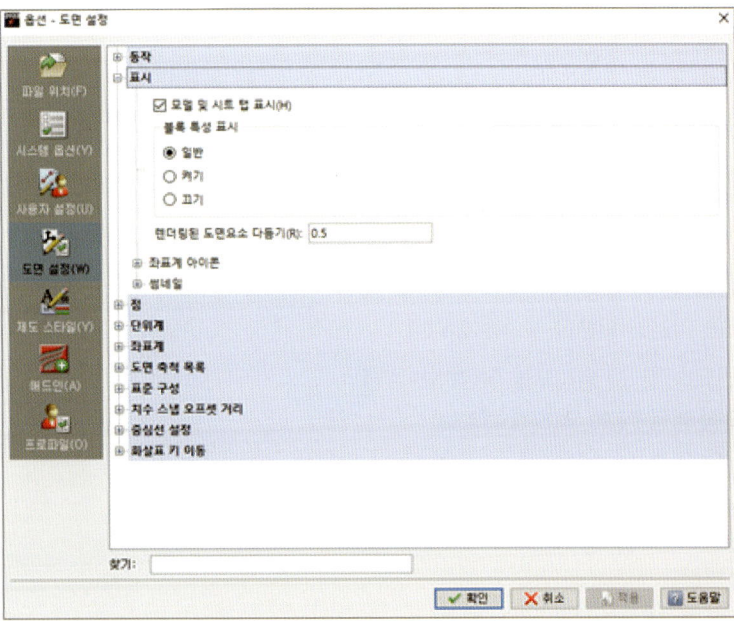

③ **옵션**을 설정합니다.
- **아이콘 표시** : 좌표계 아이콘을 표시합니다.
- **원점에 아이콘 표시** : 활성 좌표계의 원점(0,0,0)에 좌표계 아이콘을 표시합니다. 원점 표시 범위를 벗어난 경우 좌표계 아이콘이 뷰의 왼쪽 하단에 표시됩니다.
- **표시된 모든 활성 뷰에 변경 사항 적용** : 좌표계 아이콘 설정을 모든 활성 뷰에 적용할 지, 현재 활성 뷰에만 적용할 지 여부를 결정합니다.

엑서스
명령 : CSStyle
메뉴 : 뷰 〉 좌표 〉 CCS 관리자

1.5 평면 뷰의 좌표계 지정

PlanView 명령을 사용하여 평면 뷰의 좌표계를 지정할 수 있습니다.

1) 평면 뷰의 좌표계 지정하기

① 명령 프롬프트에 **PlanView**를 입력합니다.
② **옵션**을 입력하여 좌표계를 지정합니다.
- **활성 CCS** : 평면 뷰를 활성 좌표계로 설정합니다.
- **CCS** : 평면 뷰를 이전에 저장한 사용자 정의 좌표계(CCS)로 설정합니다. CCS 이름을 입력하거나 ? 옵션을 지정하여 명명된 좌표계의 목록을 봅니다.
- **표준** : 평면 뷰를 표준 좌표계(WCS)로 설정합니다.

엑서스
명령 : PlanView

1.6 동적 사용자 정의 좌표계 적용

동적 사용자 정의 좌표계(동적 CCS)는 3D 솔리드 개체의 평면에 임시 XY 평면을 생성하여 해당 평면에 도면을 작성할 수 있도록 합니다.

이 좌표계는 자동으로 작동하며 CCS 명령을 사용하여 새 CCS를 작성하는 것을 방지합니다.

동적 CCS는 다음을 실행할 때 적용됩니다.
- 2D 도면요소 및 3D 솔리드를 작성하는 명령
- 문자 작성 명령 (Note 및 SimpleNote)
- 블록 삽입 명령 (InsertBlock)
- 도면 첨부 명령 (AttachDrawing)

1) 동적 CCS 켜기 및 끄기

① 다음 중 하나를 수행합니다.
- 상태 표시줄에서 동적 CCS 버튼을 클릭합니다.
- Ctrl + D를 누릅니다.
- F6 키를 누릅니다.

02 도면 도구 및 방법 사용

2.1 제도 옵션 지정

DraftingOptions 명령을 사용하여 도면요소 스냅, 모눈 표시, 도면요소 그립, 도면요소 선택 등의 도면 환경을 설정합니다.

1) 제도 도구 및 기본 설정 설정하기

① 명령 프롬프트에 **DraftingOptions**를 입력합니다.
② 포인터 제어, 표시, 도면요소 선택, 치수 팔레트, 헤드업 디스플레이를 확장합니다.
다른 트리 뷰 항목을 확장하여 제도 도구와 기본 설정을 지정할 수도 있습니다.

2) 도면요소 추적(ETrack) 안내선 설정하기

① 명령 프롬프트에 **DraftingOptions**를 입력합니다.

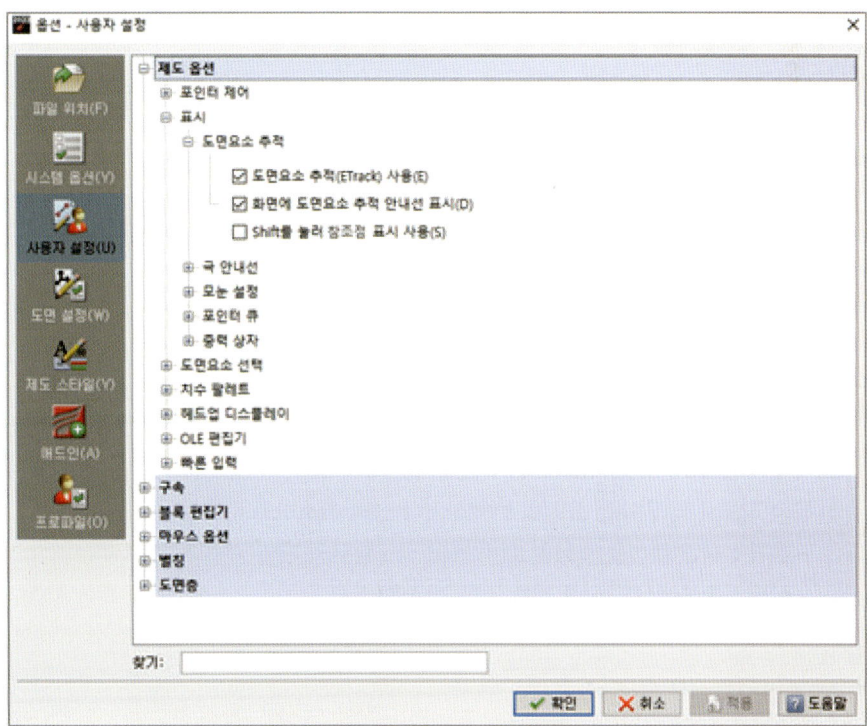

② **표시 〉 도면요소 추적**을 확장하고 다음을 설정합니다.
- **도면요소 추적(ETrack) 사용** : 포인터가 도면요소 스냅점으로 이동할 때 직교 추적 안내선을 표시합니다.
- **화면에 도면요소 추적 안내선 표시** : 추적 안내선을 표시합니다.
- **Shift를 눌러 참조점 표시 사용** : Shift 키를 누른 채 포인터를 도면요소 스냅점으로 이동하면 추적 안내선을 표시합니다.

3) 극 안내선 설정하기
① 명령 프롬프트에 **DraftingOptions**를 입력합니다.
② **표시 〉 극 안내선**을 확장합니다.

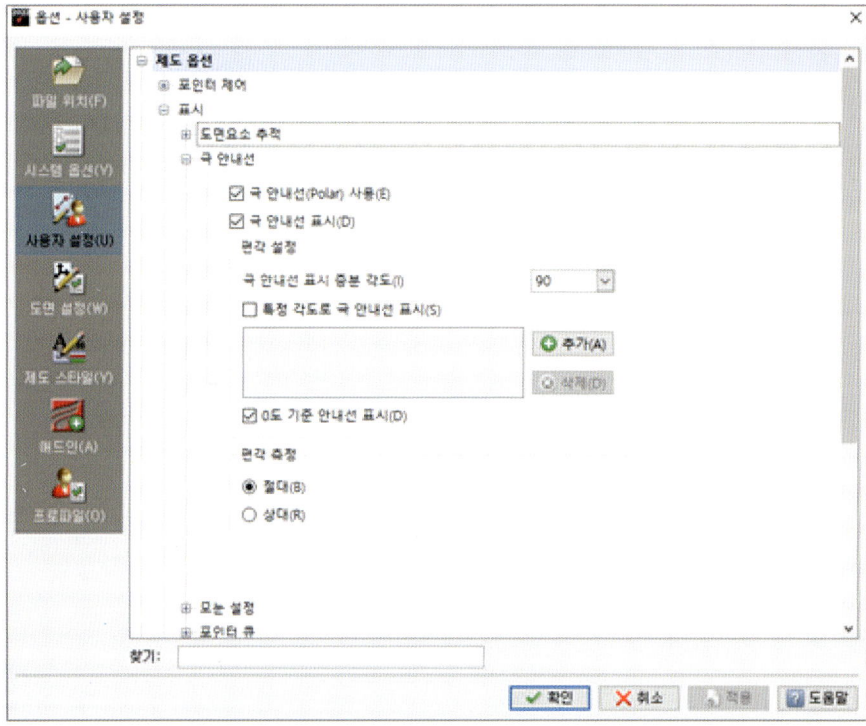

③ 극 안내선을 사용하려면 **극 안내선(Polar) 사용**을 선택합니다.
   이 옵션은 극 안내선 설정을 도면요소 스냅 포인터에 적용합니다.
④ 극 안내선을 표시하려면 **극 안내선 표시**를 선택합니다.
   이 옵션을 설정하면 정렬 경로가 표시됩니다.
⑤ **극 안내선 표시 증분 각도**에서 극 안내선을 표시하고 적용할 각도증분을 선택합니다.
⑥ 특정 각도로 극 안내선 표시를 **선택**하거나 선택 **취소**하고 다음을 클릭합니다.
- **추가** : 극 안내선을 사용할 때 적용할 각도증분의 개별 값을 지정합니다.
- **삭제** : 목록에서 지정한 개별 값을 제거합니다.

4) 모눈 설정 설정하기

① 명령 프롬프트에 **DraftingOptions**를 입력합니다.
② **표시 > 모눈 설정**을 확장합니다.

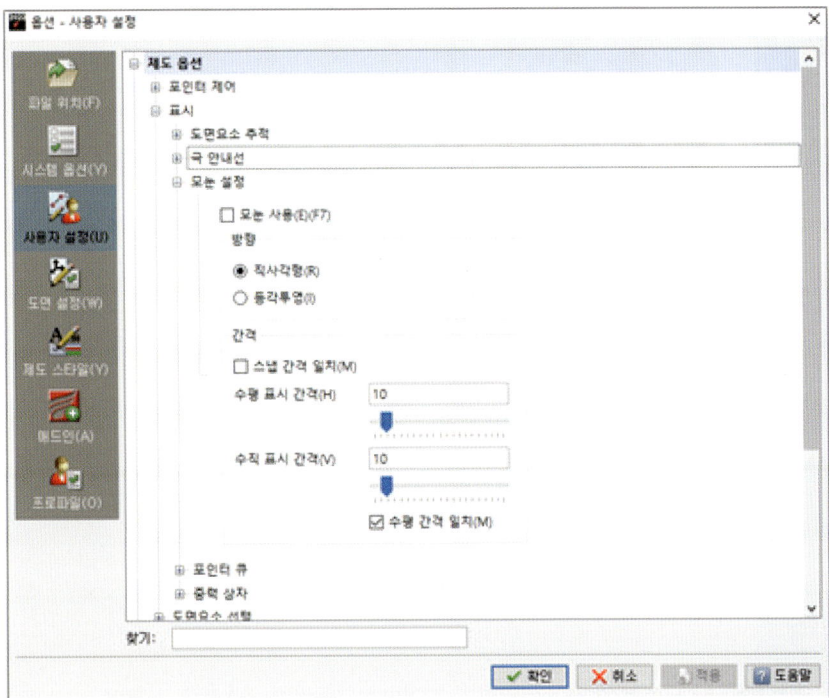

③ **모눈 사용**을 선택하여 시각적 거리 참조 역할을 하는 균등 간격 점 패턴 표시 사용여부를 설정합니다.
④ **방향**에서 다음을 설정합니다.
- **직사각형** : 스냅 모눈과 모눈 표시를 직사각형 방향으로 합니다.
- **등각투영** : 스냅 모눈과 모눈 표시를 60 각도 방향으로 합니다.

⑤ **간격**에서 다음을 설정합니다.
- **스냅 간격 일치** : 모눈 간격을 스냅 설정과 일치되게 설정합니다.
- **수평 표시 간격** : 모눈의 가로(수평) 간격을 설정합니다.
- **수직 표시 간격** : 모눈의 세로(수직) 간격을 설정합니다.
- **수평 간격 일치** : 가로 간격의 값을 세로 간격의 값으로 전환하여 모눈 표시가 X, Y 방향으로 균일하게 표시되게 합니다.

5) 제도 설정 설정하기

① 명령 프롬프트에 **DraftingOptions**를 입력합니다.

② **표시 > 포인터 큐**를 확장하고 다음을 설정합니다.

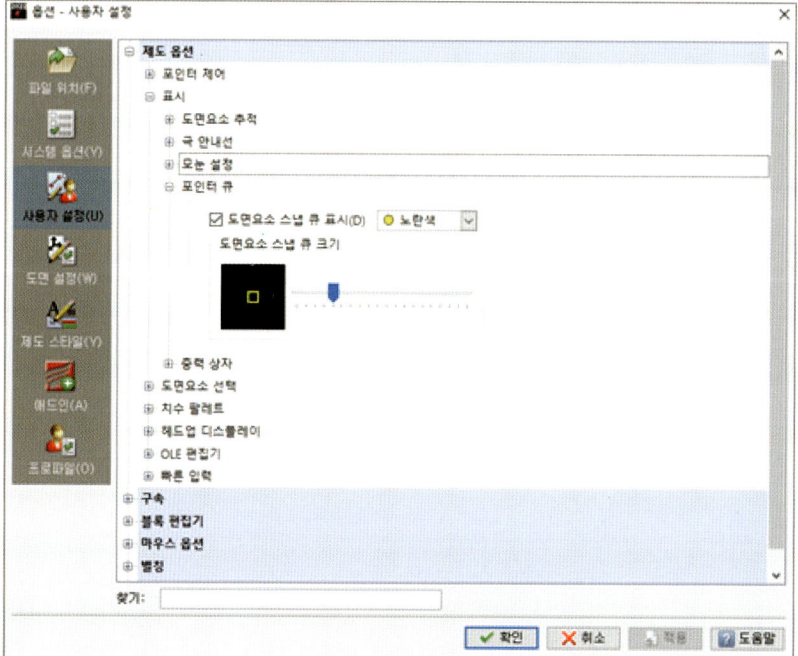

- **도면요소 스냅 큐 표시** : 포인터가 도면요소 스냅(ESnap) 점에 이르면 스냅 큐 표시가 나타납니다.
- **도면요소 스냅 큐 크기** : 도면요소 스냅(ESnap) 표시의 크기를 설정합니다.

③ **표시 > 중력 상자**를 확장하고 다음을 설정합니다.

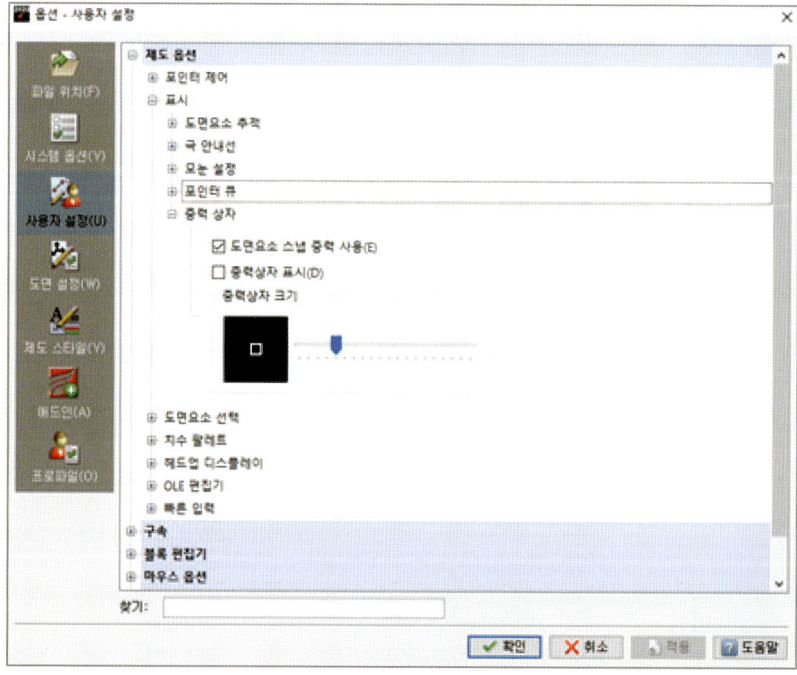

- **도면요소 스냅 중력 사용** : 포인터를 도면요소 스냅점 근처로 이동하면 포인터가 스냅점으로 당겨집니다.
- **중력상자 표시** : 도면요소로 스냅할 때 십자선 안쪽에 중력상자가 표시됩니다.

6) 도면요소 선택 방법 설정하기

① 명령 프롬프트에 **DraftingOptions**를 입력합니다.
② **도면요소 선택 > 선택 설정**을 확장합니다.

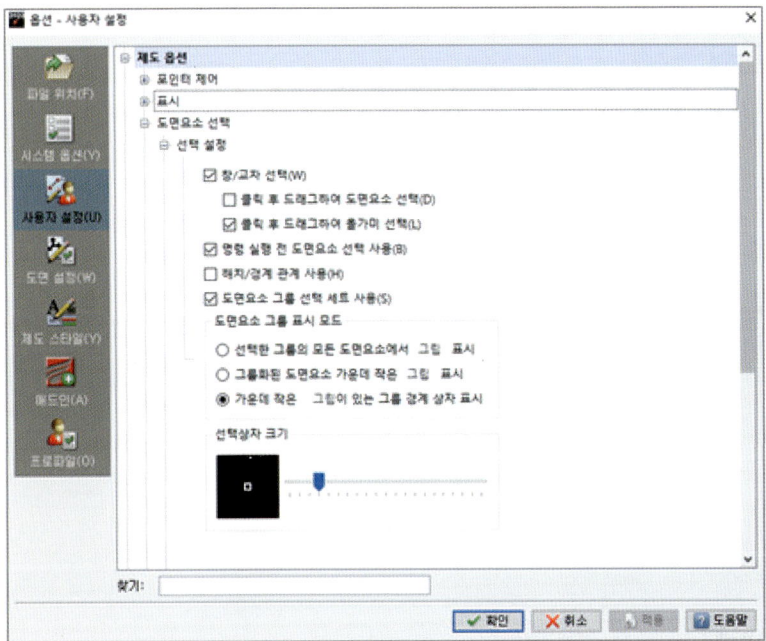

③ **옵션**을 지정합니다.
- **창/교차 선택** : 도면요소 밖에 있는 점을 지정할 때 선택창이 나타납니다.
- **명령 실행 전 도면요소 선택 사용** : 도면요소를 선택한 후 선택 세트에서 수정 명령을 실행할 수 있습니다.
- **해치/경계 관계 사용** : 해치를 선택할 때 해치 도면요소와 관련된 경계 도면요소가 선택됩니다.
- **도면요소 그룹 선택 세트 사용** : 도면요소 그룹에서 하나의 도면요소를 선택하면 해당 도면요소 그룹 내 모든 도면요소가 선택됩니다.
- **도면요소 그룹 표시 모드** : 도면요소 그룹 선택항목에 표시되는 도면요소 그립을 제어합니다.

구분	내용
선택한 그룹의 모든 도면요소에서 그립 표시	지정된 도면요소 그룹에 해당하는 모든 도면요소에 그립을 표시합니다.
그룹화된 도면요소 가운데 작은 그립 표시	지정된 도면요소 그룹 중심에 도면요소 그립 한 개를 표시합니다.
가운데 작은 그립이 있는 그룹 경계 상자 표시	지정된 도면요소 그룹 중심에 도면요소 그립 한 개가 표시되며, 그룹 주변에 경계 상자가 표시됩니다.

④ **적용**을 클릭하고 이어서 **확인**을 클릭합니다.

7) 도면요소 선택 강조 표시 설정하기

① 명령 프롬프트에 **DraftingOptions**를 입력합니다.
② **도면요소 선택 〉 미리 선택 강조 표시**를 확장합니다.

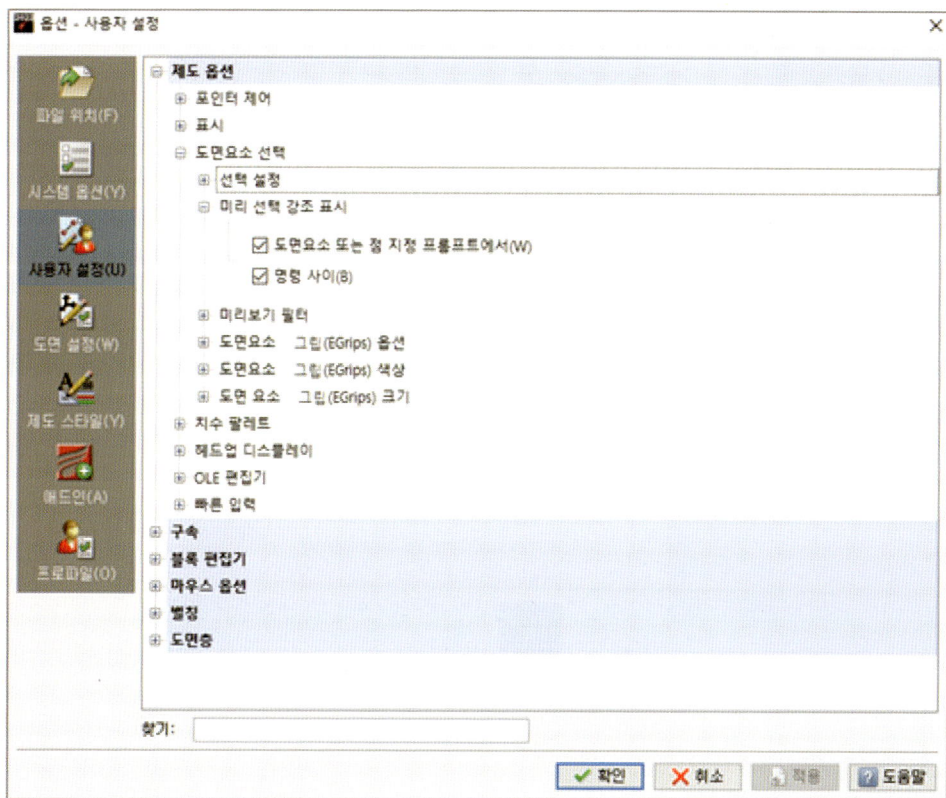

- **도면요소 또는 점 지정 프롬프트에서** : 명령이 활성화되고 도면요소 지정 프롬프트가 나타나면 **도면요소 선택 강조 표시**가 나타납니다.
- **명령 사이** : 활성화된 명령이 없을 시 **도면요소 선택 강조 표시**가 나타납니다.

③ **적용**을 클릭하고 이어서 **확인**을 클릭합니다.

8) 미리보기 필터 설정하기

① 명령 프롬프트에 **DraftingOptions**를 입력합니다.
② **도면요소 선택 > 미리보기 필터**를 확장합니다.

③ **제외** 항목에서 다음 도면요소 유형을 선택하여 미리보기에서 제외합니다.

- **잠긴 도면층의 도면요소** : 잠긴 도면층의 도면요소를 미리보기에서 제외합니다.
- **노트** : 노트를 미리보기에서 제외합니다.
- **참조** : 외부 참조 도면의 도면요소를 미리보기에서 제외합니다.
- **해치** : 해치 및 그라데이션을 미리보기에서 제외합니다.
- **테이블** : 테이블(표 형식)을 미리보기에서 제외합니다.
- **그룹** : 도면요소 그룹의 도면요소를 미리보기에서 제외합니다.

④ **적용**을 클릭하고 이어서 **확인**을 클릭합니다.

CHAPTER 04 정확한 도면 작성

9) 치수 팔레트 설정하기

① 명령 프롬프트에 **DraftingOptions**를 입력합니다.

② **치수 팔레트**를 확장합니다.

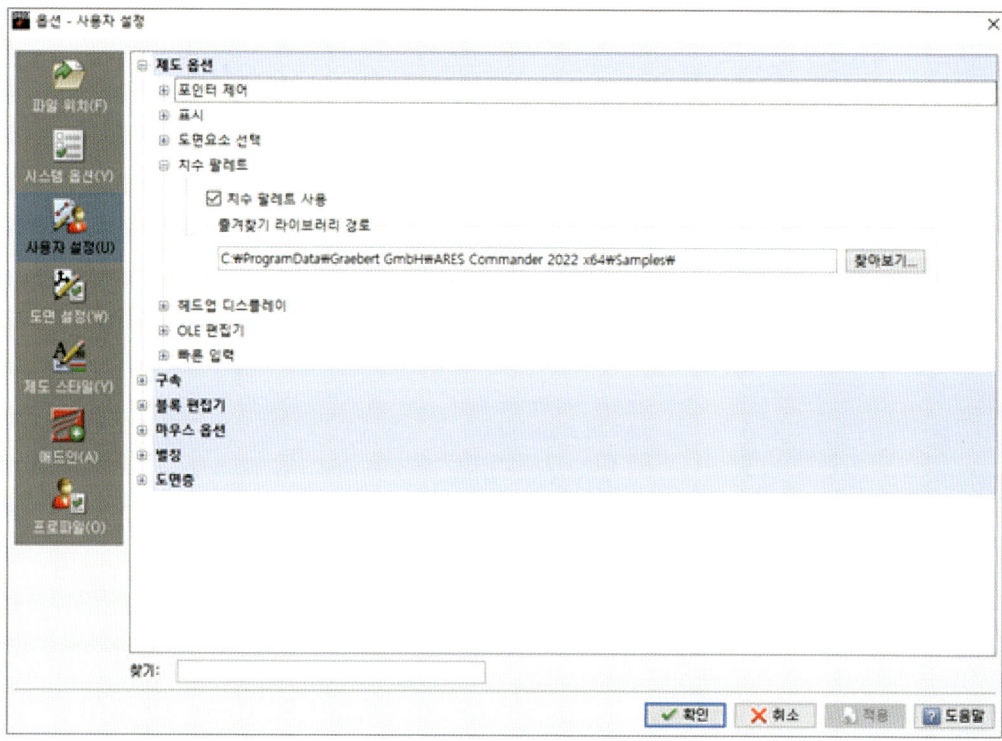

③ **치수 팔레트 사용**을 클릭하여 치수 팔레트를 켜고 끌 수 있습니다.

④ **즐겨찾기 라이브러리 경로**에서 치수 문자 즐겨찾기 파일(.dimfvt)의 경로를 설정합니다.

⑤ **적용**을 클릭하고 이어서 **확인**을 클릭합니다.

10) OLE 편집기 옵션 설정하기

① 명령 프롬프트에 **DraftingOptions**를 입력합니다.
② **OLE 편집기**를 확장합니다.

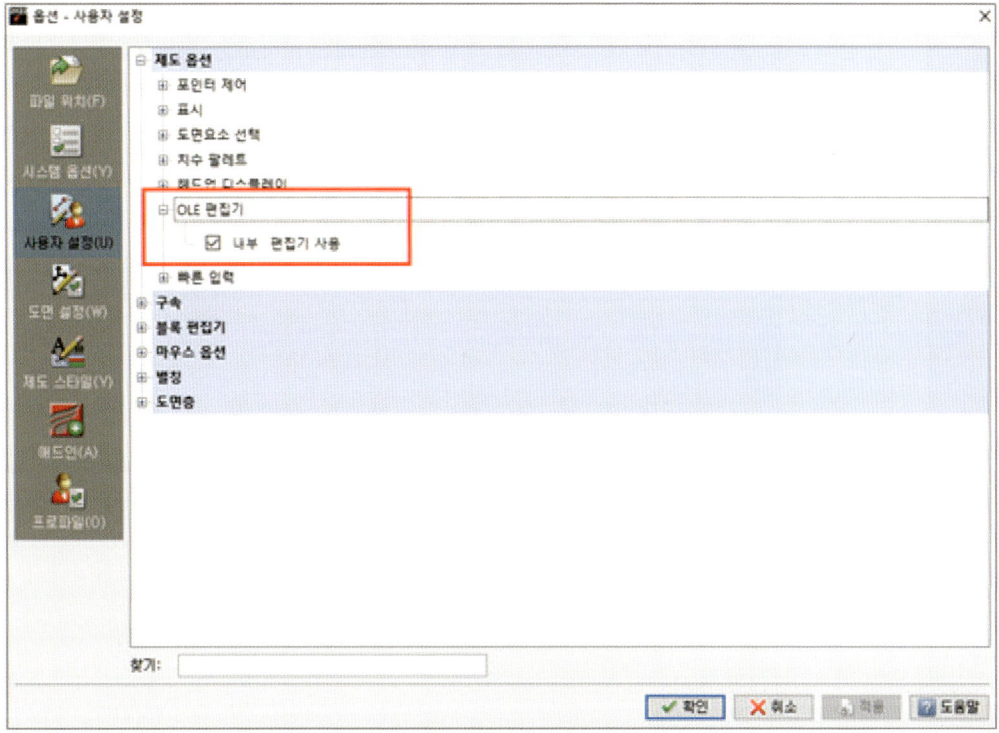

③ **내부 편집기 사용**을 선택 또는 선택 취소하여 도면 내·외부에서 OLE(Objects Linking and Embedding) 개체편집 여부를 지정합니다.
④ **적용**을 클릭하고 이어서 **확인**을 클릭합니다.

명령 : DraftingOptions

2.2 스냅 설정

Snap 명령을 사용하여 스냅 사이의 간격을 지정할 수 있으며 스냅 모눈은 현재 좌표계의 축을 따릅니다. 스냅 활성화 상태에서는 포인터가 바로 스냅 모눈에 놓인 점만 선택되며 시작점, 끝점, 중심점, 그 외 특정한 점이 스냅 모눈에 정확히 작성됩니다.

1) 스냅 켜기/끄기

① 상태막대에서 **스냅**을 클릭하거나 키보드 **F9** 키를 누릅니다.

2) 스냅 설정하기

① 명령 프롬프트에 **Snap**을 입력합니다.

② 스냅 간격을 지정하려면 양수를 입력하거나 스냅 간격을 결정할 두 점을 선택합니다.
③ 스냅을 켜거나 끄려면 **켜기** 또는 **끄기** 옵션을 지정합니다.
④ **간격** 옵션을 지정하고 가로 및 세로 간격 값을 지정하여 스냅 모눈의 X, Y 간격을 설정합니다.
⑤ **모눈 스타일** 옵션을 지정하고 모눈 스타일을 선택합니다.
- **등각투영** : 수평축에서 30°, 90°, 150° 선을 따라 정렬된 등각투영 스냅 모눈을 설정합니다.
- **직사각형** : 현재 좌표계의 X, Y 축에 평행하게 정렬된 직교 스냅 모눈을 설정합니다.

⑥ **방향** 옵션을 지정하여 스냅 유형을 설정하고 다음 옵션을 지정합니다.
- **모눈** : 표준 스냅으로 전환합니다.
- **방사** : 방사형 스냅 모눈은 극 각도 증분으로 정렬됩니다.

> **엑서스**
> 명령 : Snap
> 키보드 바로가기 : F9
> 상태막대 : 스냅

2.3 모눈 표시

Grid 명령을 사용하여 모눈을 표시할 수 있으며 거리, 각도, 도면요소 관계를 시각화합니다.
표시된 모눈은 출력 시 나타나지 않습니다.

1) 모눈 표시 설정하기

① 명령 프롬프트에 **Grid**를 입력하거나 키보드 **F7** 키를 누릅니다.
② 간격 값을 입력하거나 옵션을 지정합니다.
- **도면 경계** : 도면 경계로 정의된 영역 밖의 모눈을 표시합니다.
- **스냅 일치** : 모눈 간격을 현재 스냅 간격으로 설정합니다.
- **끄기** : 모눈 표시를 끕니다.
- **켜기** : 현재 모눈 간격을 사용하여 모눈 표시를 켭니다.
- **간격** : 수평 및 수직 간격을 설정할 수 있습니다.

> **엑서스**
> 명령 : Grid
> 키보드 바로가기 : F7
> 상태막대 : 모눈

2.4 직교 모드 설정

직교 모드는 포인터가 현재 좌표계의 축과 평행하게 이동하도록 포인터 이동을 제한합니다.
표준 좌표계에서 직교선은 기준점에서 수직 또는 수평으로 정의됩니다.

1) 직교 모드 켜기/끄기

① 명령 프롬프트에 **Ortho**를 입력하거나 키보드 **F8** 키를 누릅니다.

② **옵션**을 지정합니다.
- **예** : 직교 모드를 켭니다.
- **아니오** : 직교 모드를 끕니다.

엑서스
명령 : Ortho
키보드 바로가기 : F8
상태막대 : 직교

2.5 도면요소 스냅 사용

도면요소 스냅(ESnap)을 사용하여 도면요소의 특정한 점(예 끝점, 교차점, 중심점 등)을 빠르고 정확하게 지정할 수 있습니다.

1) 점 선택 프롬프트가 나타날 때 도면요소 스냅 사용하기
① 점 선택이 필요한 **명령**을 실행합니다.
② **마우스 오른쪽**을 클릭합니다.
③ **도면요소 스냅 무시**를 클릭합니다.
④ 스냅 모드를 선택합니다.
⑤ 도면요소에 표시된 **스냅**을 클릭합니다.

2) 도면요소 스냅 설정하기
① 명령 프롬프트에 **DraftingOptions**를 입력합니다.
② **제도 옵션 > 포인터 제어 > 도면요소 스냅**을 클릭합니다.
③ **도면요소 스냅(ESnaps) 사용**을 선택합니다.

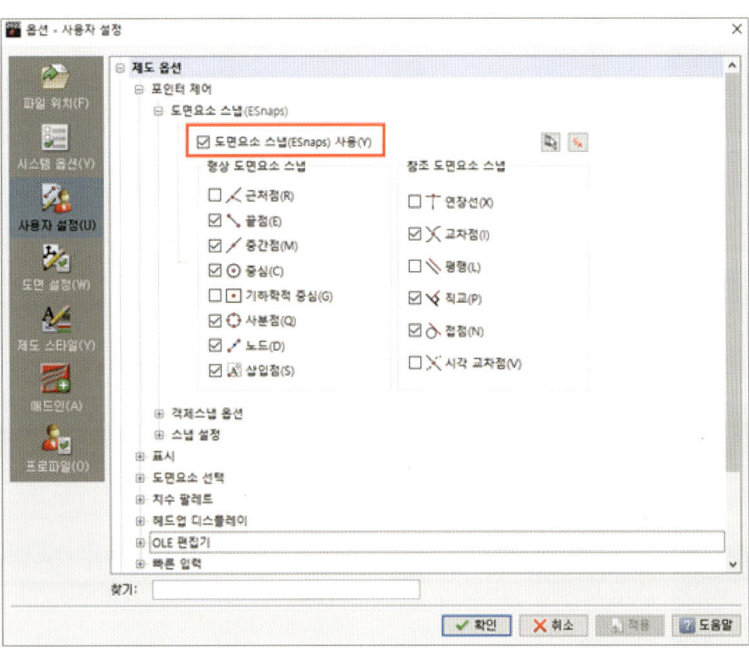

④ **형상 도면요소 스냅**과 **참조 도면요소 스냅**에서 스냅 모드를 선택합니다.
⑤ **적용**을 클릭하고 이어서 **확인**을 클릭합니다.

> **엑서스**
> 명령 : EntitySnap

2.6 도면요소 스냅 모드 이해

예제	도면요소 스냅 모드	약어	표식	설명
	중심	cen		원, 타원, 링 또는 호의 중심에 스냅합니다.
	끝점	end		선, 호 또는 기타 도면요소의 끝점에 스냅합니다. 평면이나 솔리드의 모서리도 선으로 해석되고 평면과 솔리드의 끝점은 끝점 모드로 인식될 수 있습니다.
	연장점	ext	-	도면요소의 연장점이나 두 도면요소의 연장 점의 교차점에 스냅합니다. 도면요소의 끝점 위로 포인터를 이동하면 임시 연장선이나 호가 점선으로 표시되어 연장 점을 지정할 수 있습니다.
	삽입점	ins		블록 삽입, 속성 또는 문자 요소의 삽입점에 스냅 합니다.
	교차점	int		선, 호, 원 또는 이들 조합의 교차점에 스냅 합니다.
	중간점	mid		선이나 호의 중간점에 스냅 합니다. 평면 또는 솔리드의 모서리도 선으로 해석되어 중간 점 모드로 스냅 될 수 있습니다.
	노드	nod		점 요소, 치수 정의 점 또는 치수 문자 원점에 스냅 합니다.
	근처점	nea		한 개 이상의 도면요소 점이 중력 상자의 경계 내에 있으면 도면요소의 다음 위치에 있는 점에 스냅 합니다.
	평행	par		선형 도면요소를 다른 선형 도면요소에 평행하게 구속합니다. 벡터를 작성할 때 두 번째 또는 다음 점을 지정하라는 프롬프트가 나타나면 평형 도면요소 스냅 표식이 표시될 때까지 기존 선형 도면요소 위로 포인터를 이동합니다.
	직교	per		이 모드는 시작점을 선택해야 사용할 수 있습니다. 도면요소 스냅 모드 활성화는 이 점을 스냅 되는 점과 연관시킵니다.

	사분점	qua		원이나 호의 가장 가까운 사분점에 스냅 합니다. 사분점은 원이나 호의 원주 상에서 0°, 90°, 180°, 270° 점을 뜻합니다.
	접점	tan		이 모드는 시작점을 선택해야 사용할 수 있습니다. 도면요소 스냅 모드 활성화는 이 점을 스냅 되는 점과 연관시킵니다.
	시각 교차점	appint		두 개의 도면요소가 평면 뷰에 투영될 경우 교차되는 현재 좌표계의 평면 뷰 위치에 스냅 합니다. 스냅 할 때 중력 상자로 도면요소가 하나만 지정된 경우 두 번째 도면요소를 선택하라는 프롬프트가 나타납니다.

2.7 도면요소 스냅 큐 표시

도면요소 스냅(ESnap) 큐는 도면요소 스냅 점 위로 포인터를 이동할 때 기호와 도구 설명을 표시해줌으로써 도면요소에서 중요한 기하점을 감지할 수 있게 해줍니다.

도면요소 스냅 큐는 도면요소 스냅에 바로 작동되며 적용할 도면요소 스냅 모드를 설정할 수 있습니다.

포인터를 포인터 스냅 상자(사각형 표시) 안의 선 세그먼트 끝점으로 이동할 때 활성 도면요소 스냅과 그 위치를 나타내주며, 끝점 도구 설명이 표시되어 적용 가능한 도면요소 스냅을 알려줍니다.

1) ESnap 큐 켜기/끄기

① 명령 프롬프트에 **Options**를 입력합니다.
② **제도 옵션 > 표시 > 포인터 큐**를 확장합니다.

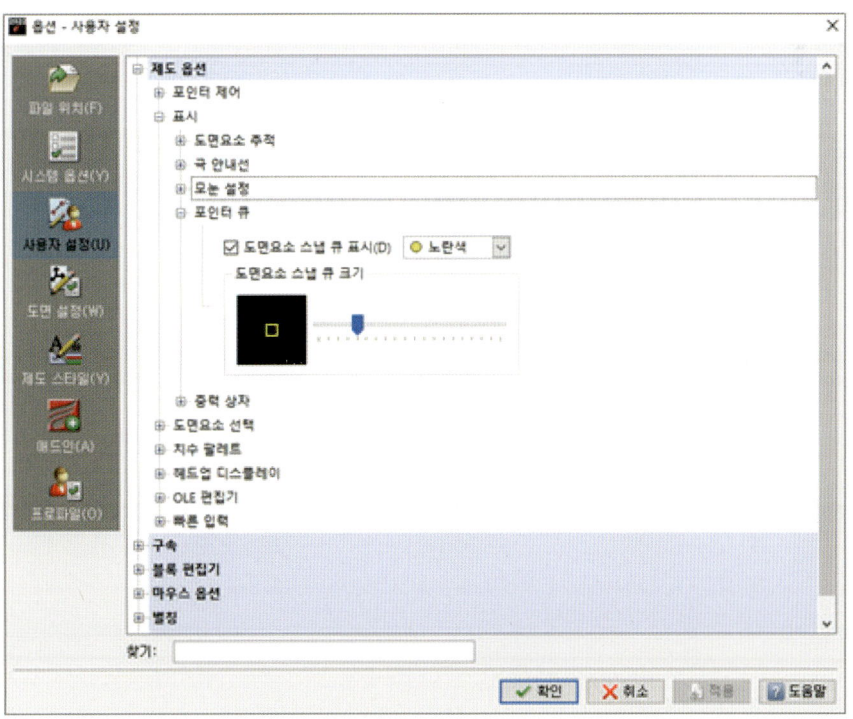

③ **도면요소 스냅(ESnap) 큐 표시**를 선택하거나 선택 취소합니다.
④ **적용**을 클릭하고 이어서 **확인**을 클릭합니다.

2) ESnap 큐 색상 설정하기

① 명령 프롬프트에 **Options**를 입력합니다.
② **제도 옵션 〉 표시 〉 포인터 큐**를 확장합니다.
③ **선 색상 목록**에서 색상을 선택합니다.

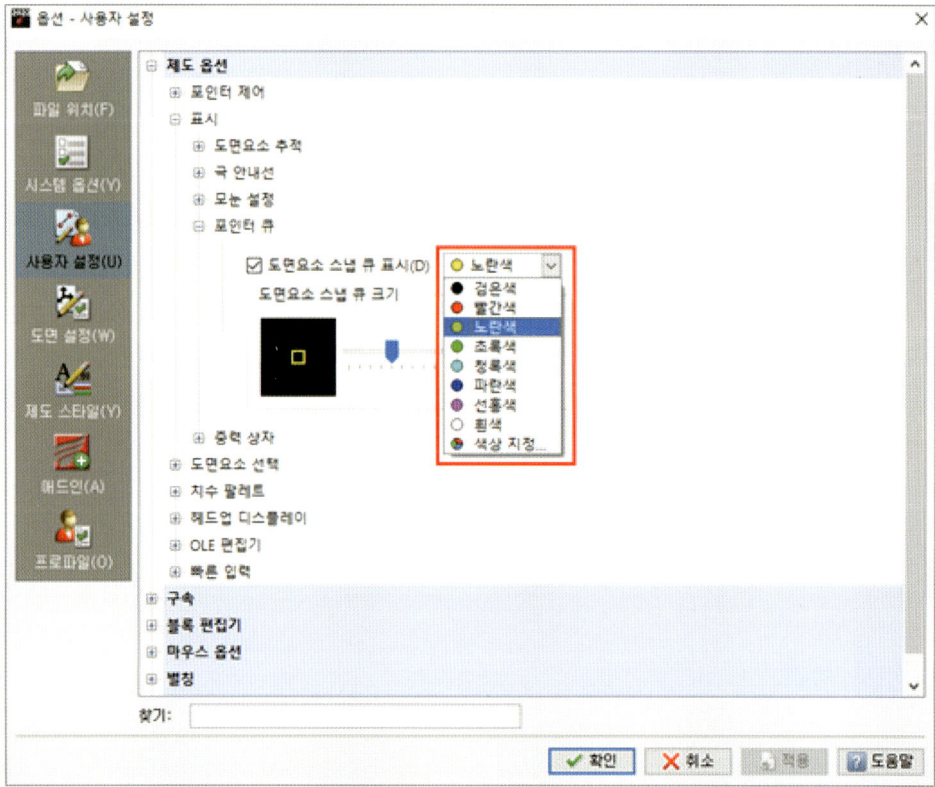

④ **적용**을 클릭하고 이어서 **확인**을 클릭합니다.

3) ESnap 큐 크기 설정하기

① 명령 프롬프트에 **Options**를 입력합니다.
② **제도 옵션 〉 표시 〉 포인터 큐**를 확장합니다.
③ **도면요소 스냅 큐 크기** 슬라이더를 이동하여 포인터 스냅 상자 크기를 설정합니다.

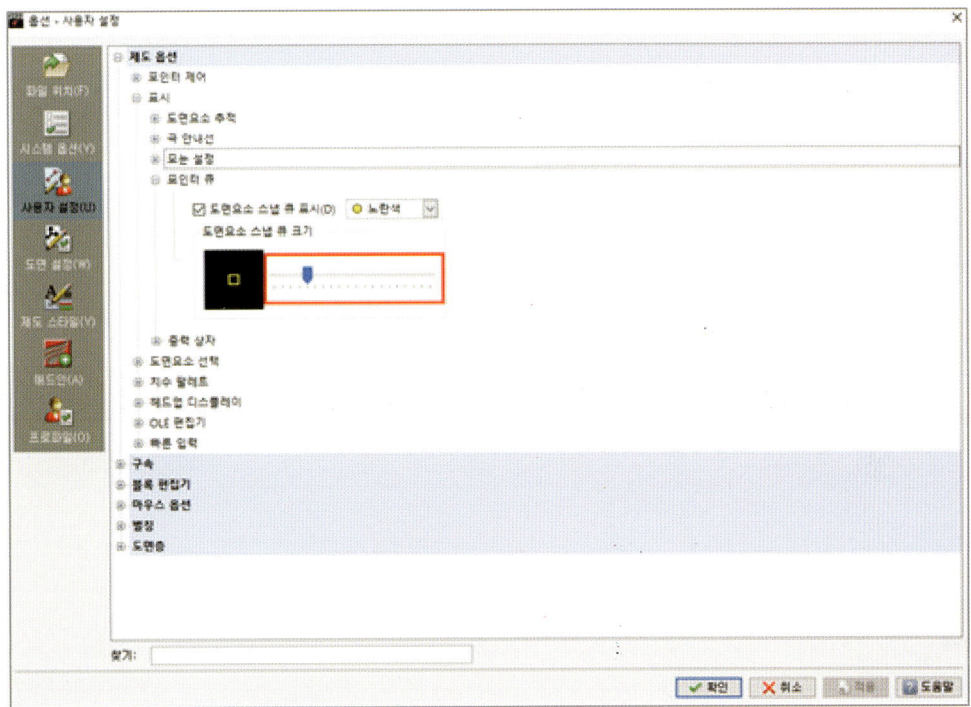

④ **적용**을 클릭하고 이어서 **확인**을 클릭합니다.

2.8 임시 점 설정

명령을 진행하는 동안 다음 명령 실행에 참조할 수 있는 임시 점을 작성할 수 있습니다. 이 기능은 다른 도면요소의 형상과 관련된 임시 점을 설정하여 작업 과정에 유용하게 사용할 수 있습니다.

1) 임시 점 설정하기

① 점을 입력해야 하는 명령을 실행합니다.
② 점 지정 프롬프트가 나타나면 **tt**를 입력하고 **Enter**를 누르거나 오른쪽 클릭하고 상황 메뉴에서 **도면요소 스냅 무시 (도면요소 스냅 재지정) 〉 추론점**을 선택합니다.
③ **임시 점**을 지정합니다.
④ 필요한 경우 ②, ③을 반복하여 임시 점을 추가로 작성합니다.

03 도면요소의 표시 순서 변경

DisplayOrder 명령은 그래픽 영역에서 도면요소의 표시를 변경하거나 플로팅 (Plotting) 순서를 변경합니다.

1) 도면요소의 표시 순서 변경하기

① 명령 프롬프트에 **DisplayOrder**를 입력합니다.
② 도면요소 표시 순서 변경을 적용할 도면요소를 지정합니다.
③ 옵션을 지정합니다.
- **도면요소 앞(F)** : 지정한 도면요소를 도면 순서의 맨 앞으로 이동합니다.
- **도면요소 뒤(B)** : 지정한 도면요소를 도면 순서의 맨 뒤로 이동합니다.
- **도면요소 위(A)** : 지정한 도면요소를 지정한 참조 도면요소 위로 이동합니다.
- **도면요소 아래(U)** : 지정한 도면요소를 지정한 참조 도면요소 아래로 이동합니다.

> **엑서스**
> 명령 : DisplayOrder

04 측정 및 계산

4.1 거리 측정

GetDistance 명령을 사용하여 거리 또는 두 점 사이 각도를 측정합니다.

1) 점 사이 거리 측정하기

① **관리 > 유틸리티 > 거리**를 클릭하거나 **GetDistance**를 입력합니다.
② 그래픽 영역에서 사이 거리를 측정할 시작점과 끝점을 지정합니다.

> **엑서스**
> 명령 : GetDistance
> 메뉴 : 관리 > 유틸리티 > 거리

4.2 면적 측정

GetArea 명령을 사용하여 도면요소를 지정하거나 측정할 영역을 지정하여 면적과 둘레를 측정할 수 있습니다.

1) 도면요소의 면적과 둘레 측정하기

① 관리 > 유틸리티 > 영역을 클릭하거나 **GetArea**를 입력합니다.

② **도면요소 지정** 옵션을 지정합니다.
③ 그래픽 영역에서 **도면요소**를 선택합니다.

2) 점을 지정하여 면적과 둘레 측정하기

① **관리 〉 유틸리티 〉 영역**을 클릭하거나 **GetArea**를 입력합니다.
② 그래픽 영역에서 둘레를 측정할 **첫 번째 점**을 지정합니다.
③ **다음 점**을 지정합니다.
④ **Enter**를 누릅니다.

> **엑서스**
> 명령 : GetArea
> 메뉴 : 관리 〉 유틸리티 〉 영역

4.3 스마트 계산기 사용

SmartCalculator 명령을 사용하여 계산 및 공학 함수 사용과 측정 단위 변환을 수행할 **계산기** 대화 상자를 표시합니다.

1) 스마트 계산기 사용하기

① 명령 프롬프트에 **SmartCalculator**를 입력합니다.

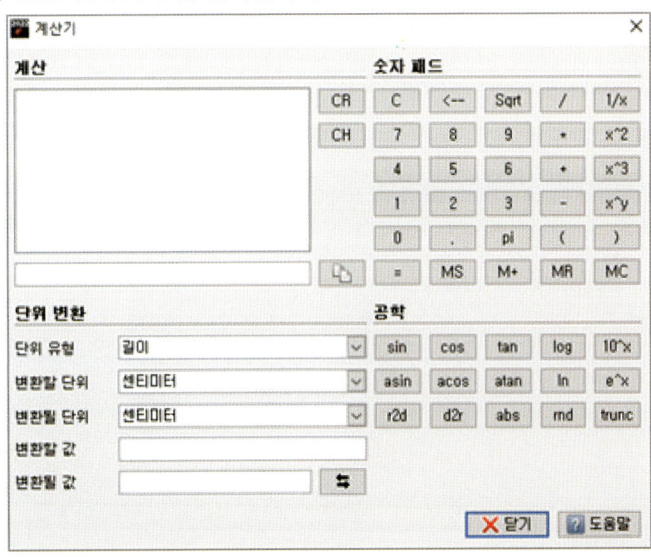

② **숫자 패드**를 사용하여 계산을 수행합니다.

2) 공학 함수 사용하기

① **SmartCalculator**를 입력합니다.
② **공학**에서 함수를 선택합니다.
③ **괄호**에 숫자를 입력합니다.
④ **숫자 패드**의 등호(=)를 클릭하여 계산을 수행합니다.

3) 측정 단위 변환하기

① **SmartCalculator**를 입력합니다.
② 단위 변환에서 **단위 유형**(길이, 영역, 볼륨, 각도)을 선택합니다.
③ **변환할 단위**(센티미터, 피트, 인치, 킬로미터, 미터 등)를 선택합니다.
④ **변환될 단위**(센티미터, 피트, 인치, 킬로미터, 미터 등)를 선택합니다.
⑤ **변환할 값**을 선택합니다.
⑥ **평가**를 클릭합니다.

엑서스
명령 : SmartCalculator

ARES CAD

도면 파일 작업

CHAPTER

5

CHAPTER 04 도면 파일 작업

5 CHAPTER

도면 파일 작업

01 새 도면 시작

1) 새 도면 시작하기

① 다음 중 하나를 진행합니다.
- **응용 프로그램 아이콘**에서 새로 만들기를 클릭합니다.
- **빠른 실행 도구 모음**에서 새로 만들기를 클릭합니다.
- 명령 프롬프트에 **New**를 입력합니다.

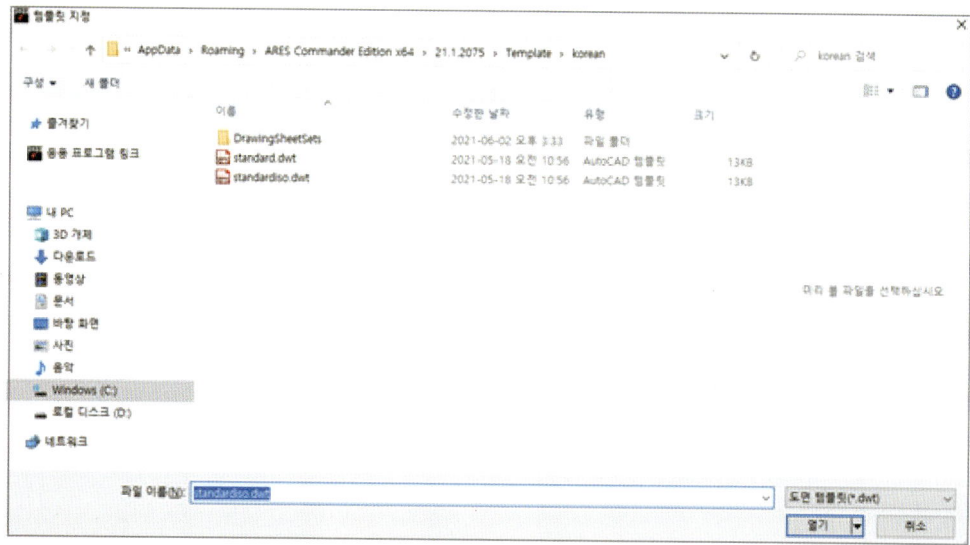

② **템플릿 지정** 대화 상자에서 도면 템플릿 파일(.dwt)을 선택하고 **열기**를 클릭합니다.

엑서스
명령 : New

02 도면 열기

1) 도면 열기

① 다음 중 하나를 진행합니다.
- **응용 프로그램 아이콘**에서 열기를 클릭합니다.
- **빠른 실행 도구 모음**에서 열기를 클릭합니다.
- 명령 프롬프트에 **Open**을 입력합니다.

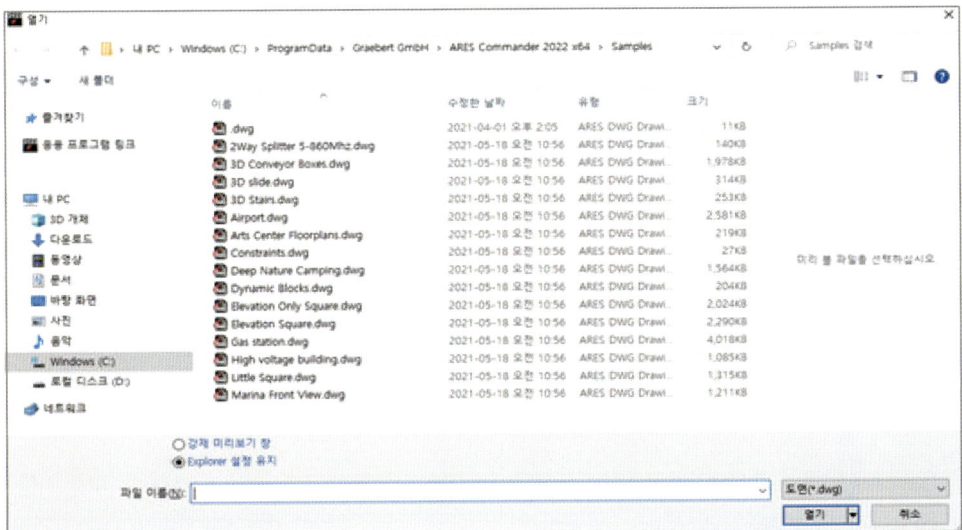

② **파일 유형**에서 파일 형식을 선택합니다.

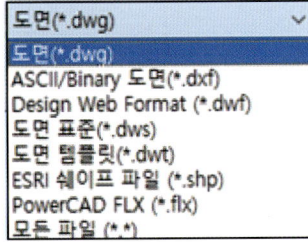

③ **도면 목록**에서 도면을 선택합니다.
④ **열기**를 클릭합니다.

명령 : Open

CHAPTER 04 도면 파일 작업

03 도면 저장

Save 명령을 사용하여 현재 파일 이름으로 도면을 저장할 수 있습니다.

1) 도면 저장하기

① 다음 중 하나를 진행합니다.

- **응용 프로그램 아이콘**에서 저장을 클릭합니다.
- **빠른 실행 도구 모음**에서 저장을 클릭합니다.
- 명령 프롬프트에 **Save**를 입력합니다.
  마지막으로 열었을 때 지정한 위치, 이름, 파일 형식으로 도면이 저장됩니다.

> **엑서스**
> 명령 : Save

04 다른 이름으로 저장

SaveAs 명령을 통해 이름이 없는 도면에 이름을 지정하여 저장하거나 현재 도면의 이름을 변경하여 저장할 수 있습니다.

1) 다른 이름으로 저장하기

① 다음 중 하나를 진행합니다.

- **응용 프로그램 아이콘**에서 다른 이름으로 저장을 클릭합니다.
- 명령 프롬프트에 **SaveAs**를 입력합니다.

② **다른 이름으로 저장** 대화 상자에서 다음을 지정합니다.

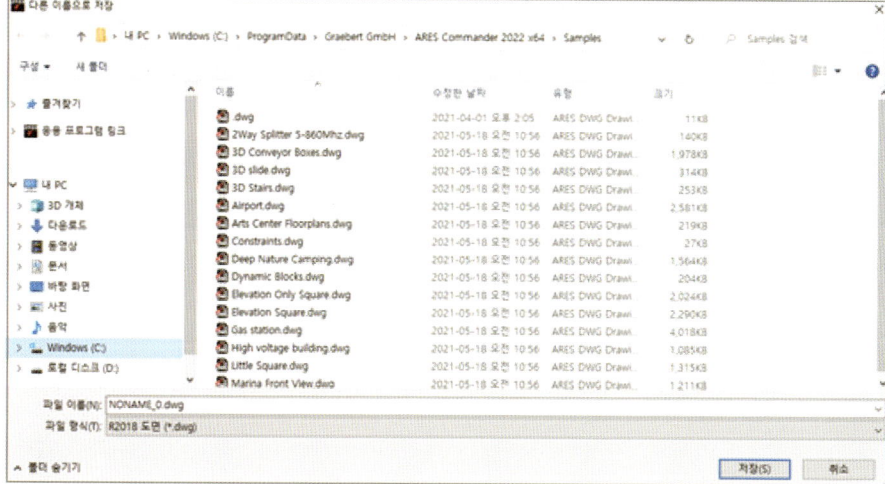

- **저장 위치** : 도면 파일을 저장할 폴더를 지정합니다.
- **파일 이름** : 파일 이름을 입력합니다.
- **파일 형식** : 파일 형식을 선택합니다.

③ **저장**을 클릭합니다.

엑서스
명령 : SaveAs

05 종료

Exit 명령을 실행하여 모든 작업을 안전하게 종료할 수 있습니다.

1) 종료하기

① 명령 프롬프트에 **Exit**를 입력합니다.

엑서스
명령 : Exit

06 내보내기 및 가져오기

6.1 내보내기

Export 명령을 사용하여 도면 파일을 다음 형식으로 저장할 수 있습니다.

```
Stereolithography (*.stl)
Bitmap (*.bmp)
DWF 파일 (*.dwf)
DWFx 파일 (*.dwfx)
Windows Enhanced 메타파일 (*.emf)
Windows 메타파일 (*.wmf)
JPEG (*.jpg)
PNG (*.png)
Slide (*.sld)
Scalable Vector Graphics Format (*.svg)
Encapsulated PostScript (*.eps)
TIFF(Tag Image File Format) (*.tif)
Stereolithography (*.stl)
```

1) 도면 파일 내보내기

① 다음 중 하나를 진행합니다.
- **응용 프로그램 아이콘**에서 내보내기를 클릭합니다.
- 명령 프롬프트에 **Export**를 입력합니다.

② **파일 저장** 대화 상자에서 다음을 지정합니다.

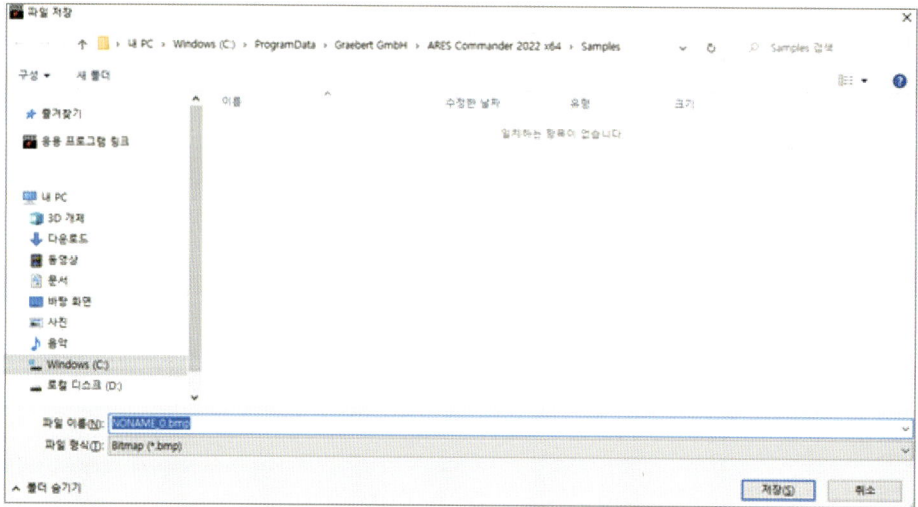

- **저장 위치** : 파일을 저장할 폴더를 지정합니다.
- **파일 이름** : 파일 이름을 입력합니다.
- **파일 형식** : 파일 형식을 선택합니다.

③ **저장**을 클릭합니다.

6.2 DXF 파일 내보내기

ExportDXF 명령을 사용하여 현재 도면을 CAD 도면의 모든 도면요소와 개체에 대한 전체 정보가 포함된 DXF(Drawing Exchange File) 파일로 내보낼 수 있습니다.

1) DXF 파일로 내보내기

① 명령 프롬프트에 **ExportDXF**를 입력합니다.

② **다른 이름으로 저장** 대화 상자에서 다음을 지정합니다.

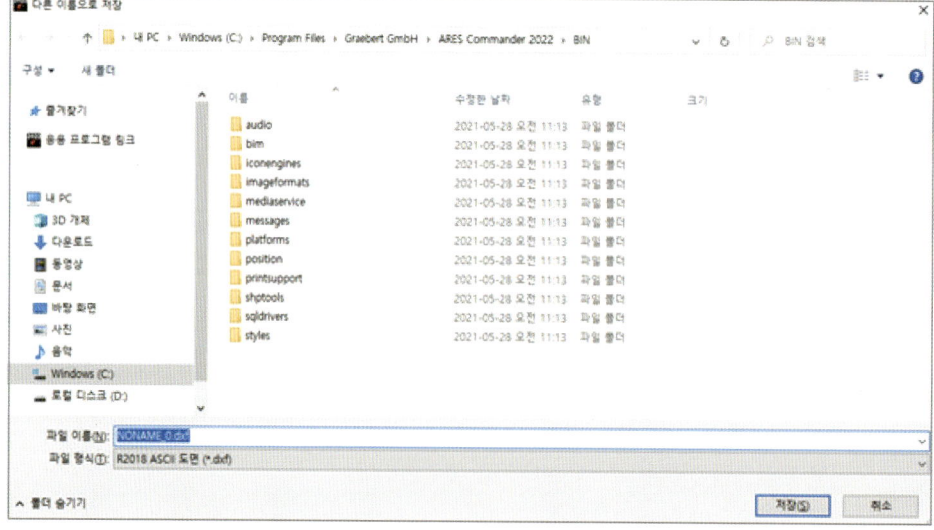

- **저장 위치** : 파일을 저장할 폴더를 지정합니다.
- **파일 이름** : 파일 이름을 입력합니다.

③ **저장**을 클릭합니다.

> 👉 **참고**
> DXF 파일 형식은 사용하는 버전 또는 프로그램마다 서로 다르므로 일부 프로그램에서는 DXF 파일을 열 수 없습니다.

> **엑서스**
> 명령 : ExportDXF

6.3 ACIS SAT 파일 내보내기

ExportSAT 명령을 사용하여 현재 도면에서 선택한 영역이나 솔리드 모델링 요소를 SAT 파일로 내보낼 수 있습니다.

1) ACIS SAT 파일로 내보내기

① 명령 프롬프트에 **ExportSAT**를 입력합니다.

② 도면요소를 선택하고 **Enter**를 누릅니다.

③ **ACIS 파일 작성** 대화 상자에서 다음을 지정합니다.

- **저장 위치** : 파일을 저장할 폴더를 지정합니다.
- **파일 이름** : 파일 이름을 입력합니다.

④ **저장**을 클릭합니다.

> **엑서스**
> 명령 : ExportSAT

6.4 PDF 파일 내보내기

ExportPDF 명령을 사용하여 현재 뷰를 PDF(Portable Document Format) 파일로 내보낼 수 있습니다.

1) PDF 파일로 내보내기

① 명령 프롬프트에 **ExportPDF**를 입력합니다.

② **찾아보기**를 클릭하여 저장할 폴더와 파일 이름을 지정합니다.
③ **시트**에서 시트를 선택합니다.
④ **용지 크기**에서 다음 중 하나를 선택합니다.
  - **표준** : 용지 크기 목록에서 표준 형식이 선택됩니다.
  - **사용자 정의** : 원하는 단위를 사용해 사용자 정의 형식의 폭과 높이를 지정할 수 있습니다.
⑤ PDF 파일 작성과 관련된 **옵션**을 지정합니다.
  - **인쇄 스타일 테이블 사용** : 도면층 색상 또는 도면요소 색상을 인쇄 스타일 테이블 파일에 정의된 사양으로 지정합니다.
  - **PDF 파일에 도면층 사용(PDF v1.5)** : 도면층에 따라 PDF 파일에 도면층을 사용합니다.
  - **사용자 정의 비트맵 해상도** : 도면의 뷰 포트와 그라데이션 채우기 및 음영 처리된 개체는 DPI(최고 600DPI)로 지정되는 인치당 도트 수 해상도로 출력됩니다.
  - **트루타입 글꼴**에서 다음 트루타입 글꼴 중 하나를 사용해 주석 처리 방법을 지정합니다.

구분	내용
포함됨	출력 파일에 도면 주석에 사용된 트루타입 글꼴을 포함합니다.
형상으로	PDF 파일에서 윤곽선 처리된 형상으로 변환합니다.
최적화됨	PDF 파일을 작성할 때 트루타입 글꼴 관련 최적화 사용 여부를 지정합니다.

- **형상으로 SHX 문자 설정** : SHX 글꼴에 기반을 둔 주석은 선과 호로 출력됩니다.

⑥ **문서 속성**에서 해당 문서에 관한 정보를 지정합니다.
- **만든 이** : 문서를 만든 사람의 이름을 입력합니다.
- **키워드** : 이 PDF 문서에 관한 연관 검색어를 입력합니다.
- **제목** : 문서 제목을 입력합니다.
- **주제** : 문서의 주제를 입력합니다.

⑦ **확인**을 클릭합니다.

> **엑서스**
> 명령: ExportPDF

6.5 STL 파일 내보내기

ExportSTL 명령을 사용하여 3D 솔리드 개체를 STL(Stereolithography) 파일로 내보낼 수 있습니다.

1) STL 파일로 내보내기

① 명령 프롬프트에 **ExportSTL**을 입력합니다.
② **그래픽 영역**에서 솔리드 개체를 지정합니다.
③ **Stereolithography(STL)** 대화 상자에서 다음을 지정합니다.

- **저장 위치** : 파일을 저장할 폴더를 지정합니다.
- **파일 이름** : 파일 이름을 입력합니다.

④ **저장**을 클릭합니다.

엑서스
명령 : ExportSTL

6.6 DXF 파일 가져오기

ImportDXF 명령을 사용하여 DXF 파일을 별도의 도면창에 가져옵니다.

DXF(Drawing Exchange File) 파일은 CAD 도면의 도면요소와 개체 정보가 포함된 표준 SCII 텍스트 파일입니다.

1) DXF 파일 가져오기

① 명령 프롬프트에 **ImportDXF**를 입력합니다.
② **열기** 대화 상자에서 가져올 DXF 파일을 지정합니다.

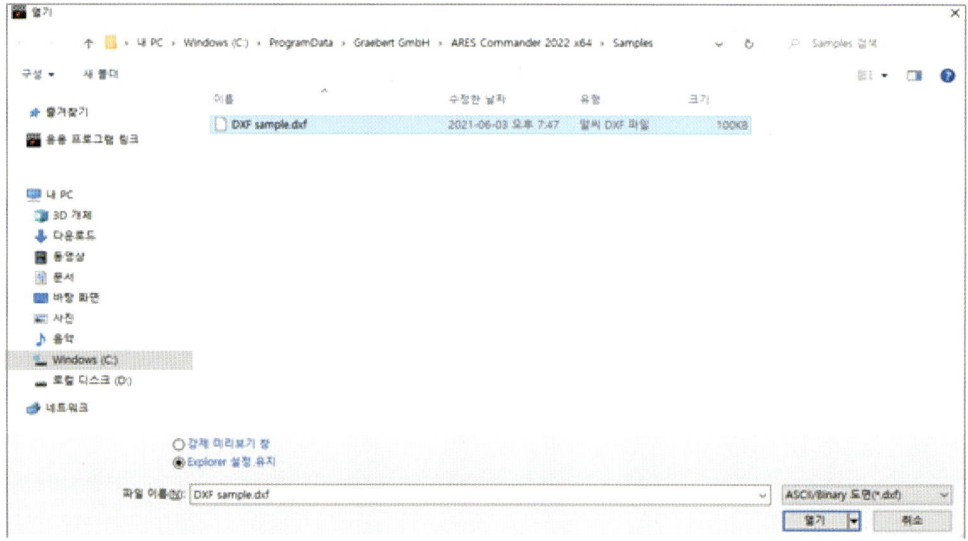

③ **열기**를 클릭합니다.

엑서스
명령 : ImportDXF

6.7 ACIS SAT 파일 가져오기

ImportSAT 명령을 사용하여 SAT 파일을 읽고 파일에 포함된 ACIS 솔리드 요소를 현재 도면창에 가져옵니다.

1) ACIS SAT 파일 가져오기

① 명령 프롬프트에 **ImportSAT**를 입력합니다.
② **ACIS 파일 저장** 대화 상자에서 가져올 **ACIS** 파일을 지정합니다.

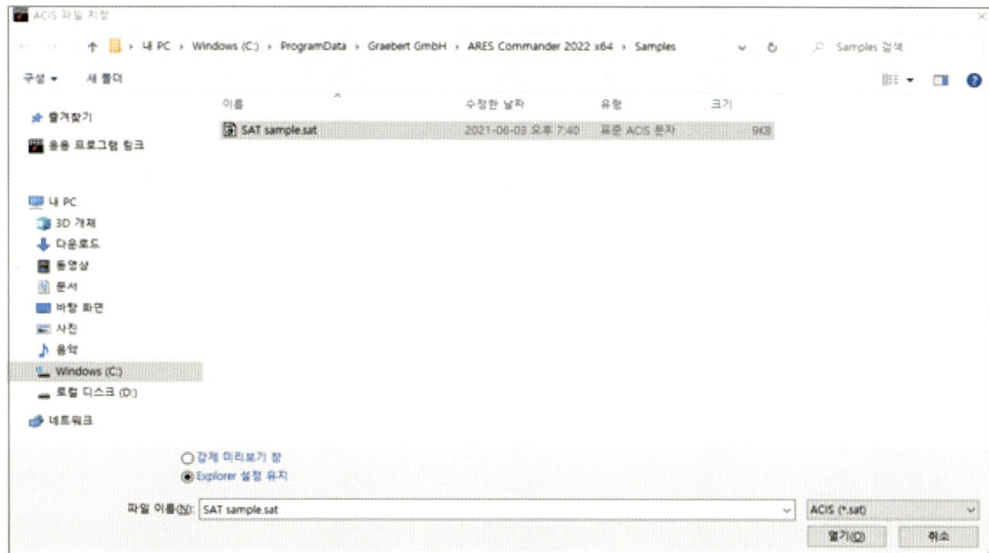

③ **열기**를 클릭합니다.

엑서스
명령 : ImportSAT

6.8 Stereolithography 파일 가져오기

ImportSTL 명령을 사용하여 STL(Stereolithography) 파일을 가져오고 해당 파일에 포함된 ACIS 솔리드 개체를 도면창에 가져옵니다.

1) STL 파일 가져오기

① 명령 프롬프트에 **ImportSTL**을 입력합니다.
② **STL 파일 지정** 대화 상자에서 가져올 STL 파일을 지정합니다.

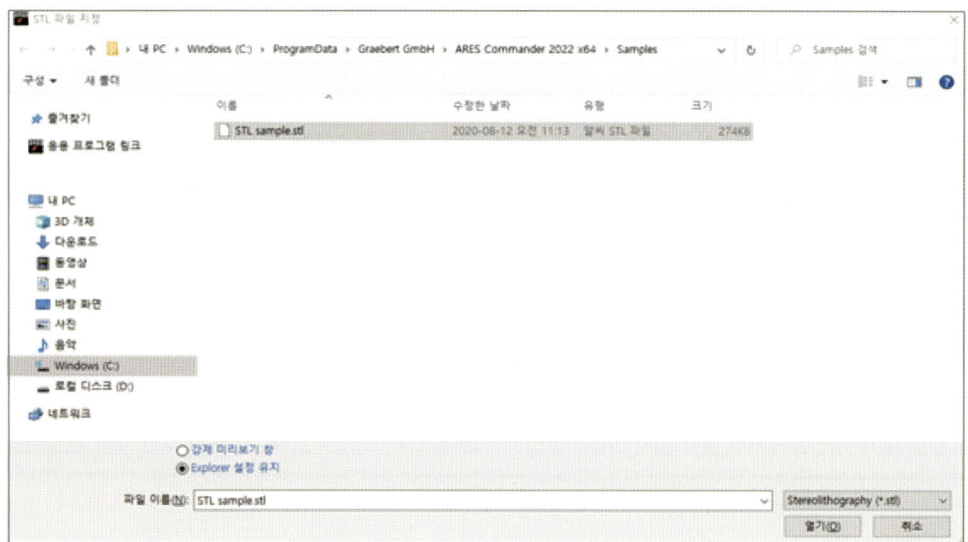

③ **열기**를 클릭합니다.

> **엑서스**
> 명령 : ImportSTL

07 인증을 위한 디지털 서명 적용

인증을 위해 도면 파일에 디지털 서명을 적용할 수 있습니다.

도면 파일에 서명하려면 신뢰할 수 있는 CA(인증기관)의 서비스에서 발급한 서명 인증서를 구매해야 합니다.

디지털 서명은 작성자를 전자적으로 식별하기 위해 파일에 첨부된 암호화된 정보의 블록이며, 서명이 적용된 이후 파일의 수정 여부를 안전하게 표시합니다.

7.1 인증을 위한 도면 파일 서명

SignFile 명령으로 디지털 서명을 지정된 도면 파일에 안전하게 연결합니다.

도면 파일 서명은 도면 파일(.dwg), 도면 템플릿 파일(.dwt) 및 도면 표준 파일(.dws)에 적용할 수 있습니다.

1) 도면 파일에 디지털 서명 적용하기

① 명령 프롬프트에 **SignFile**를 입력합니다.
② 대화 상자의 **서명할 파일** 아래에서 서명할 도면 파일을 지정합니다.
③ **옵션**을 지정합니다.
- **하위 폴더의 파일 포함** : 현재 도면 파일의 위치를 기준으로 하위 폴더에 있는 도면 파일을 목록에 추가합니다.
- **파일 추가** : 목록에 도면 파일을 추가합니다.
- **폴더 추가** : 지정된 폴더의 모든 도면 파일을 목록에 추가합니다.
- **제거** : 목록에서 선택한 파일을 제거합니다.
- **목록 지우기** : 목록에서 모든 파일을 제거합니다.

④ **디지털 ID(인증서)** 선택 목록에서 신분을 증명하는 데 사용할 디지털 ID를 지정합니다.
시스템에 사용 가능한 유효한 디지털 인증서 파일(.pxf)이 하나 이상 있어야 합니다.
⑤ 선택적으로 서명 정보에 세부 정보를 추가합니다.
⑥ **파일 서명**을 클릭합니다.
⑦ 서명한 파일을 **저장**합니다.

> **참고**
> 상태 표시줄 오른쪽의 아이콘은 도면 파일의 서명 여부를 표시합니다.
> 서명이 유효하면 스탬프 아이콘이 나타나고, 유효하지 않으면 스탬프 아이콘에 취소선이 표시됩니다.

> **엑서스**
> 명령 : SignFile

7.2 도면에서 디지털 서명 검증

VerifySignature 명령을 사용하여 현재 도면에 첨부된 디지털 서명을 검증합니다.

디지털 서명 검증 대화 상자에서 디지털 서명의 유효성과 서명된 이후 도면 파일의 변경 여부를 확인할 수 있습니다.

디지털 서명 세부 정보 대화 상자에서 디지털 서명에 대한 세부 정보(파일 이름 및 경로, 서명 상태, 디지털 ID 세부 정보)를 확인할 수 있습니다.

1) 도면에서 디지털 서명 검증하기

① 명령 프롬프트에 **VerifySignature**를 입력합니다.

② **디지털 서명 검증** 대화 상자에서 다음 옵션을 사용합니다.

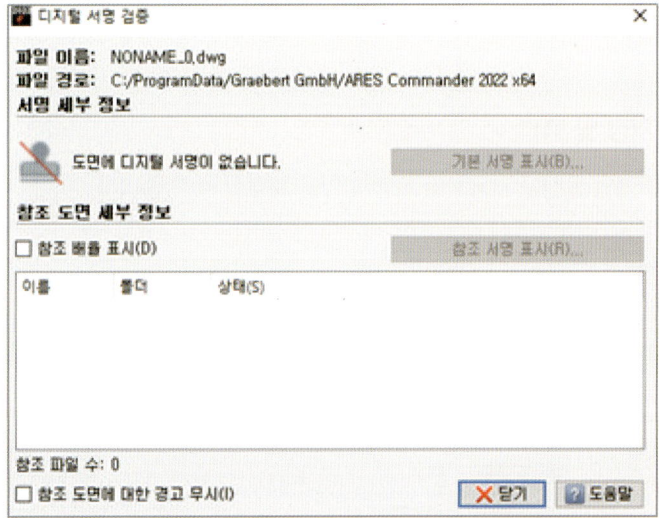

- **기본 서명 표시** : 디지털 서명 세부 정보 대화 상자에서 현재 도면의 디지털 서명에 대한 정보를 표시합니다.
- **참조 서명 표시** : 디지털 서명 세부 정보 대화 상자에서 현재 도면에 첨부된 외부 참조 도면(참조)의 디지털 서명에 대한 정보를 표시합니다.
- **참조 도면에 대한 경고 무시** : 이 옵션을 선택하지 않으면 현재 도면에 대한 참조로 유효한 디지털 서명이 있는 외부 도면을 첨부할 때마다 디지털 서명 검증 대화 상자가 나타납니다.

③ 확인을 클릭합니다.

> **엑서스**
> 명령: VerifySignature

7.3 도면에서 디지털 서명 제거

RemoveSignature 명령을 사용하여 현재 도면 또는 다른 도면 파일에서 디지털 서명을 제거합니다.

1) 도면에서 디지털 서명 제거하기

① 명령 프롬프트에 **RemoveSignature**를 입력합니다.

② **옵션**을 지정합니다.
- **현재 도면** : 현재 도면에서 디지털 서명을 제거합니다.
- **파일 지정** : 대화 상자에서 디지털 서명을 제거할 도면 파일을 선택합니다.

③ **예**를 입력합니다.

> **엑서스**
> 명령 : RemoveSignature

08 도면 유틸리티

8.1 도면 자동 저장 및 백업

자동 저장 및 백업 옵션을 사용하여 도면 파일을 보호할 수 있습니다.

1) 자동 저장 및 백업 옵션 설정하기

① 명령 프롬프트에 **SystemOptions**를 입력합니다.
② **자동 저장/백업 〉 자동 저장 파일 위치**를 확장하여 자동 저장될 폴더를 지정합니다.
③ **자동 저장/백업**을 확장하여 옵션을 지정합니다.

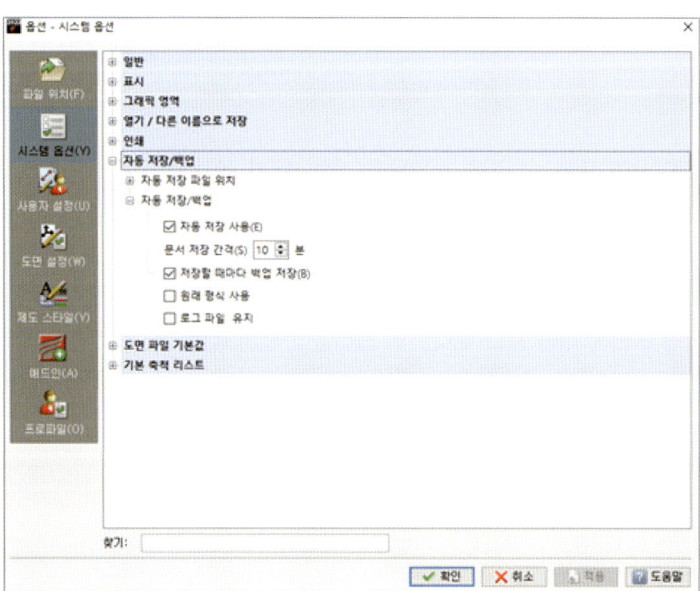

- **자동 저장 사용** : 도면 자동 저장 여부와 자동 저장 간격(분 단위)을 지정합니다.
- **저장할 때마다 백업 저장** : 도면을 저장할 때마다 백업 사본의 생성 여부를 지정합니다.
- **원래 형식 사용** : 백업 파일을 원본 도면 파일 버전으로 저장할지, 현재 파일 버전으로 저장할지 여부를 지정합니다.

④ **확인**을 클릭합니다.

8.2 도면의 오류 검사

Check (Audit) 명령을 사용하여 현재 도면을 검사하고 오류를 수정할 수 있으며, 오류 발견 시 명령 창에 설명이 나타납니다.

엑서스
명령 : Check (Audit)

8.3 도면 복구

Recover 명령을 사용하여 손상된 도면 파일을 부분적으로 복구할 수 있습니다.

1) 손상된 도면 복구하기

① 명령 프롬프트에 **Recover**를 입력합니다.
② **열기** 대화 상자에서 손상된 도면 파일을 선택합니다.

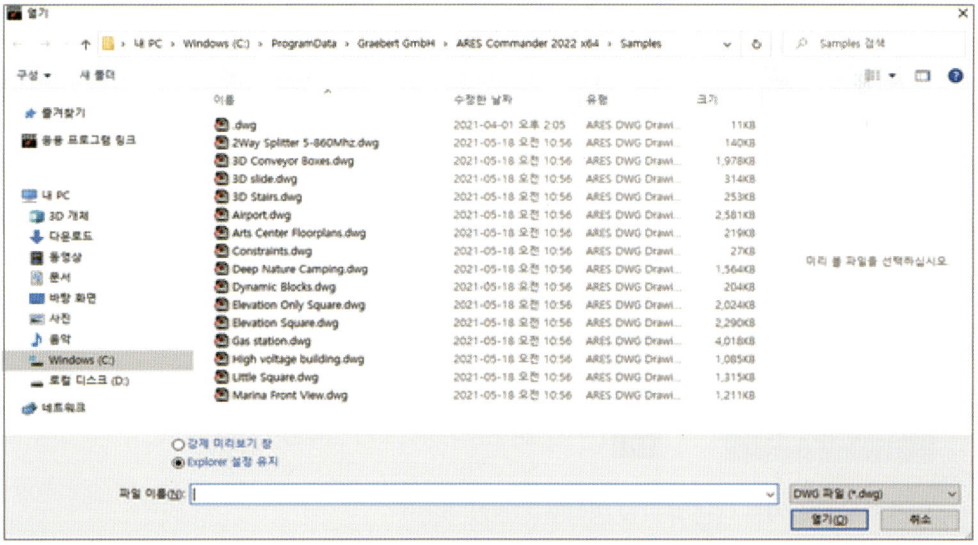

③ **열기**를 클릭합니다.

엑서스
명령 : Recover

8.4 도면 복구 관리자 팔레트로 도면 복구

도면 복구 관리자 팔레트는 전원 장애, 하드웨어 문제 또는 소프트웨어 문제와 같이 시스템에 문제가 생겨 종료될 경우 도면 파일을 복구할 수 있습니다.

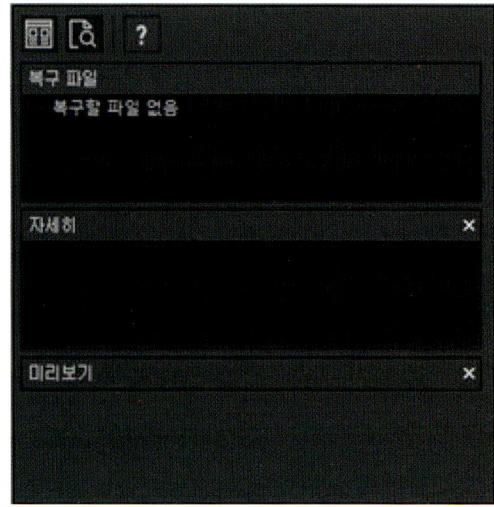

[도면 복구 관리자]

도면 복구 관리자 팔레트는 다음과 같이 세 개의 영역이 있습니다.

팔레트 영역	설명
복구 파일	복구할 파일 목록을 표시합니다. 각 파일에 대해 사용 가능한 자동 저장 및 백업 파일이 표시됩니다.
자세히	도면 파일에 대한 세부 정보 (파일 이름, 폴더, 작성 날짜 및 시간, 마지막 저장한 날짜 및 시간, 파일 크기) 및 파일을 표시합니다.
미리보기	도면 파일의 미리보기를 표시합니다.

도면 복구 관리자 팔레트 상단에 도구 모음 버튼을 사용할 수 있습니다.

도구 모음 버튼	아이콘	설명
상세 뷰 전환		팔레트의 자세히 영역을 켜고 끕니다.
미리 보기 전환		팔레트의 미리보기 영역을 켜고 끕니다.

도면 복구 관리자는 다음의 파일 형식을 지원합니다.

파일 형식	설명
.dwg, .dws, .dwt	도면 파일, 도면 표준 파일, 도면 템플릿 파일
.ds$	자동 저장 파일 : 이 파일은 자동으로 생성된 백업 파일입니다. Options 명령을 사용하여 자동 저장 간격(분)과 자동 저장 파일 확장자를 지정합니다. 옵션 대화 상자에서 **시스템 옵션 > 자동 저장/백업**을 클릭합니다.

.bak	백업 파일 : 이 파일은 도면 파일을 수동으로 저장할 때마다 현재 도면 파일과 같은 폴더에 작성됩니다. Options 명령을 사용하여 백업 파일 생성을 켜거나 끕니다. 옵션 대화 상자에서 **시스템 옵션 〉 자동 저장/백업**을 클릭합니다.
filename_recover_yyyy-mm-dd.dwg	복구 파일 : 이 파일은 예상치 못한 오류나 충돌이 발생하면 생성됩니다. 여기서, filename은 원래 파일 이름이고 yyyy-mm-dd는 문제가 발생한 날짜를 지정합니다.

1) 도면 복구 관리자로 도면 복구하기

① 명령 프롬프트에 **DrawingRecovery**를 입력합니다.
② 팔레트의 **복구 파일**에서 다음 옵션을 사용합니다.

실행	설명
루트 파일 이름 항목 선택 〉 모두 열기를 오른쪽 클릭	루트 항목으로 존재하는 모든 파일을 엽니다. 열린 파일 중 하나를 복구하려면 .dwg 파일로 저장합니다.
루트 항목 아래 파일 이름 선택 〉 열기를 오른쪽 클릭	지정한 파일을 엽니다. 파일을 복구하려면 .dwg 파일로 저장합니다.
루트 항목 아래 파일 이름 선택 〉 속성을 오른쪽 클릭	운영 체제에서 제공하는 도면 파일 속성 대화 상자를 표시합니다.
루트 파일 이름 항목 선택 〉 제거를 오른쪽 클릭	복구 목록에서 파일 항목을 제거합니다. 자동 저장 및 백업파일이 유지되며, 복구 파일이 삭제됩니다.

2) 도면 복구 관리자 팔레트 숨기기

① 다음 중 하나를 진행합니다.
- 명령 프롬프트에 **HideDrawingRecovery**를 입력합니다.
- 도면 복구 관리자 팔레트 **닫기** 버튼을 클릭합니다.

> **참고**
> 영향을 받는 모든 도면을 해결하기 전에 도면 복구 관리자를 닫은 경우 DrawingRecovery 명령을 사용하여 팔레트를 다시 엽니다.

> **엑서스**
> 명령 : DrawingRecovery

ARES CAD

도면 보기

CHAPTER

6

CHAPTER 06 도면 보기

도면 보기

본 챕터는 그래픽 영역 및 뷰를 제어하는 방법을 설명합니다.
그래픽 영역은 도면요소를 작성하는 공간이며, 뷰는 화면에 나타나는 그래픽 영역입니다.

01 초점이동 및 줌

도면 뷰를 변경하는 가장 기본적인 기능은 초점이동과 줌입니다.
- 초점이동 : 뷰를 그 크기를 변경하지 않고 다른 위치로 이동할 수 있습니다.
- 줌 : 더 크거나 작은 크기로 도면을 볼 수 있습니다. 줌 기능은 뷰를 도면 안쪽이나 바깥쪽으로 이동합니다.

1.1 동적 초점이동

초점이동은 크기를 변경하지 않고 도면 표시를 이동합니다.

1) 동적 초점 이동하기
① **뷰 〉 탐색 〉 동적 초점이동**을 클릭하거나 **Pan**을 입력합니다.
② 그래픽 영역의 아무 곳에나 포인터를 위치시킵니다.
③ 마우스를 클릭하고 이동할 방향으로 마우스를 움직입니다.

2) 동적 초점이동 끝내기
① 키보드 **Enter, Esc** 또는 **스페이스 바**를 누르거나 마우스 오른쪽 클릭 후 종료를 선택합니다.

> **엑서스**
> 명령 : Pan
> 메뉴 : 뷰 〉 탐색 〉 동적 초점이동

1.2 점을 사용하여 초점 이동

−**Pan** 명령을 사용하여 도면의 현재 뷰의 변위(벡터)를 지정하여 지정한 방향으로 이동할 수 있습니다.

이 명령은 두 점을 지정하여 변위를 정의하며, 점들은 초점이동의 거리와 방향을 정의하는 벡터를 결정합니다.

> **엑서스**
> 명령 : –Pan

1.3 위, 아래, 왼쪽, 오른쪽으로 초점이동

PanUP, PanDown, PanLeft, PanRight 명령을 사용하여 각각 도면의 위, 아래, 왼쪽, 오른쪽으로 초점을 이동할 수 있습니다.

> **엑서스**
> 명령 : PanUP, PanDown, PanLeft, PanRight

1.4 동적 줌

ZoomDynamic 명령을 사용하여 현재 도면 창을 확대 또는 축소할 수 있습니다.

1) 동적 줌 사용하기

① 다음 중 하나를 진행합니다.
- **마우스 오른쪽** 클릭하고 줌을 클릭합니다.
- **뷰 > 탐색 > 동적 줌**을 클릭합니다.
- 명령 프롬프트에 **ZoomDynamic**을 입력합니다.

② 마우스 휠을 위(확대) 또는 아래(축소)로 움직입니다.

2) 동적 줌 종료하기

① 키보드 **Enter** 또는 **Esc**를 누르거나 오른쪽 클릭하고 **종료**를 클릭합니다.

> **엑서스**
> 명령 : ZoomDynamic
> 메뉴 : 뷰 > 탐색 > 동적 줌

1.5 줌

Zoom 명령을 사용하여 도면 표시 배율을 변경할 수 있으며, 다음 옵션을 지정할 수 있습니다.

- **동적** : 한 번의 작업으로 확대 또는 축소할 수 있습니다.
- **중심** : 새 뷰의 중심점 및 크기 값이나 높이를 지정할 수 있습니다.
- **비율** : 지정한 배율 인수로 표시를 줌할 수 있습니다.
- **이전** : 마지막으로 실행한 줌 작업을 취소할 수 있습니다.
- **선택 영역** : 선택한 도면요소를 포함한 영역의 경계를 계산하고 도면요소가 화면에 보이도록 확대하거나 축소합니다.
- **창** : 도면의 선택한 부분을 최대한 큰 배율로 표시합니다.

- **한계** : 도면의 일부에만 도면요소가 있어도 전체 도면을 표시합니다.
- **맞춤** : 도면을 최대한 크게 표시하지만 줌 경계를 계산할 때는 도면 한계가 무시됩니다.
- **왼쪽** : 새 뷰의 왼쪽 아래 구석 점 및 크기 값이나 높이를 지정할 수 있습니다.

> **엑서스**
> 명령 : Zoom

1.6 전체 보기

전체 보기는 도면과 그 구성 요소들을 최대 화면 크기로 표시하며, 줌 한계와는 달리 전체 보기는 **도면 한계**를 무시합니다.

전체 보기에는 동결된 도면층의 도면요소는 포함되지 않습니다.

1) 전체 보기 사용하기

① 명령 프롬프트에 **ZoomFit**을 입력합니다.

> **엑서스**
> 명령 : ZoomFit

1.7 창 줌

창 줌을 사용하여 도면의 선택한 부분을 최대한 큰 배율로 표시할 수 있습니다.

1) 창 줌 사용하기

① **뷰 〉탐색 〉창 줌**을 클릭하거나 **ZoomIn**을 입력합니다.
② 그래픽 영역을 클릭하여 창의 왼쪽 위 구석을 설정합니다.
③ 그래픽 영역에서 클릭하여 창의 오른쪽 아래 구석을 설정합니다.

> **엑서스**
> 명령 : ZoomIn
> 메뉴 : 뷰 〉탐색 〉창 줌

1.8 비율 줌

비율 줌을 사용하여 지정한 배율로 줌을 적용할 수 있습니다. 이 기능은 시트에서 작업할 때나 도면을 플롯 또는 인쇄 시 유용합니다.

1) 비율 줌 사용하기

① **뷰 〉탐색 〉비율 줌을 클릭**합니다.
② **배율 인수**를 지정합니다.

구분	내용
1	전체 도면 표시
2	도면요소를 두 배로 표시
0.5	도면요소를 1/2로 표시

- 숫자 뒤에 x를 입력할 경우 배율이 현재 뷰를 기준으로 지정됩니다.
- 숫자 뒤에 xp를 입력할 경우 배율이 시트 단위를 기준으로 지정됩니다.

③ **Enter**를 누릅니다.

엑서스
메뉴 : 뷰 〉 탐색 〉 비율 줌

02 도면요소 격리 및 숨기기

2.1 도면요소 격리

IsolateEntities 명령을 사용하여 선택한 도면요소 외 다른 도면요소를 격리할 수 있습니다. 이 명령은 복잡한 형상을 편집할 때 유용합니다.

1) 도면요소 격리하기

① 명령 프롬프트에 **IsolateEntities**를 입력합니다.
② 그래픽 영역에서 표시할 도면요소를 선택하고 **Enter**를 누릅니다.
   지정한 도면요소 외 다른 도면은 격리됩니다.

엑서스
명령 : IsolateEntities

2.2 도면요소 숨기기

HideEntities 명령을 사용하여 선택한 도면요소를 숨길 수 있습니다.

1) 도면요소 숨기기

① 명령 프롬프트에 **HideEntities**를 입력합니다.
② 그래픽 영역에서 숨길 도면요소를 지정하고 **Enter**를 누릅니다.

엑서스
명령 : HideEntities

CHAPTER 06 도면 보기

2.3 격리 또는 숨기기 해제

UnisolateEntities 명령을 사용하여 도면요소에 적용 중인 격리 또는 숨기기 명령을 해제합니다.

1) 격리 또는 숨기기 해제하기

① 명령 프롬프트에 **UnisolateEntities**를 입력합니다.

격리 또는 숨기기 명령이 적용된 도면요소가 나타납니다.

엑서스
명령 : UnisolateEntities

03 표시 옵션 설정

3.1 명령 내역 표시/숨기기

그래픽 영역에 명령 내역을 확인할 수 있는 창을 표시합니다.

1) 명령 내역 창 표시하기

① 다음 중 하나를 실행합니다.
- 명령 프롬프트에 **CommandHistory**를 입력합니다.
- F2를 누릅니다.

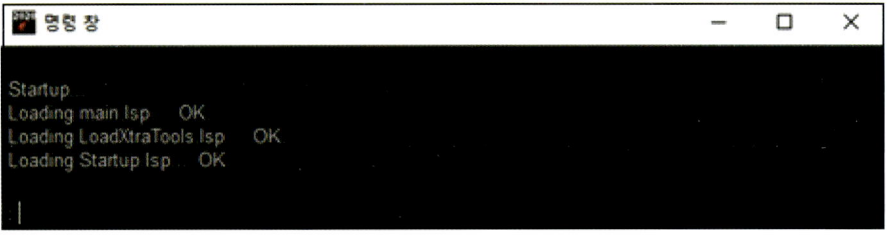

[명령 내역 창]

2) 명령 내역 창 숨기기

① **HideCommandHistory**를 입력하거나 F2를 누릅니다.

엑서스
명령 : CommandHistory
키보드 바로가기 : F2

3.2 좌표계 아이콘 표시

좌표 아이콘 표시를 켜거나 끄고 아이콘 위치를 조정할 수 있습니다. 좌표계 아이콘은 좌표 기호라고도 합니다.

[2D 좌표계]   [3D 좌표계]

현재 좌표계의 원점에 아이콘의 밑 부분을 놓았을 때 여기에 플러스 기호(+)가 나타납니다.

[표준 좌표계(WCS)]   [사용자 정의 좌표계(CCS)]

1) 좌표계 아이콘의 표시 제어하기

① **뷰 〉좌표 〉CS 아이콘 표시 모드**를 클릭하거나 **CSIcon**을 입력합니다.
② **켜기** 및 **원점**을 선택합니다.
③ **옵션**을 지정합니다.
- **모두** : 모든 뷰의 좌표계에 변경 사항을 적용합니다. 원점 없음, 끄기, 켜기, 원점 중에 선택할 수 있습니다.
- **원점 없음** : 좌표계 아이콘을 현재 좌표계의 원점과는 별도로 왼쪽 아래 부분에 표시합니다.
- **끄기** : 좌표계 아이콘을 숨깁니다.
- **켜기** : 좌표계 아이콘을 표시합니다.
- **원점** : 현재 좌표계의 원점(0, 0, 0)에 좌표계 아이콘을 표시합니다.

> **엑서스**
> 명령 : CSIcon
> 메뉴 : 뷰 〉표시 〉CS 아이콘 표시 모드

3.3 채우기 가시성 제어하기

다양한 폴리선, 솔리드, 추적, 해치, 및 그라데이션에 대한 채우기 가시성을 제어할 수 있습니다.

1) 채우기 가시성 제어하기

① 명령 프롬프트에 **DisplayFills**를 입력합니다.

② 다음 옵션을 지정합니다.
- **켜기** : 채우기를 켭니다.
- **끄기** : 채우기를 끄며, 도면요소의 윤곽선만 표시됩니다.

> **엑서스**
> 명령 : DisplayFills

3.4 문자 대치 상자 모드

문자 대치 상자 모드는 문자를 직사각형 상자로 대치해 도면 재생성 시간을 단축할 수 있습니다.

1) 문자 대치 상자 모드 켜기

① 명령 프롬프트에 **BoxText**를 입력합니다.
② **예** 옵션을 지정합니다.
　문자 대치 상자 모드의 결과를 보려면 **Rebuild**를 입력합니다.

2) 문자 대치 상자 모드 끄기

① 명령 프롬프트에 **BoxText**를 입력합니다.
② **아니오** 옵션을 지정합니다.

> **엑서스**
> 명령 : BoxText

ARES CAD

도면 형식

CHAPTER

7

CHAPTER 07 도면 형식

01 도면 형식이란?

도면 형식이란 속성을 도면요소와 연관시키고 도면요소에 각기 다른 범주 스타일을 사용하는 것을 뜻합니다.

1.1 도면요소 속성

모든 도면요소는 도면층, 선 색상, 선 스타일, 선 축척, 선 가중치, 두께, 투명도와 같은 몇 가지 공통된 속성을 가지며, **속성 팔레트**와 **도면층 관리자**로 속성을 설정하고 변경할 수 있습니다.

1.2 도면요소 스타일

스타일 도구 모음에는 스타일을 작성, 수정, 관리하는 명령어가 포함되어 있으며 이를 통하여 문자 스타일, 치수 스타일, 표 스타일, 점 스타일, RichLine 스타일과 같은 특정 도면요소 유형의 스타일을 변경할 수 있습니다.

02 도면요소 속성변경

도면요소 속성은 도면을 작성할 때 자동으로 도면요소와 연관되며 그래픽 영역에서 도면요소를 선택하고 속성 팔레트, 도면층, 도면층 도구, 속성 도구 모음을 사용하여 속성을 변경할 수 있습니다.

03 도면층 0 : 표준 도면층

새 도면을 작성할 때, 표준 도면층인 **도면층 0**이 자동으로 작성되며, 이 도면층은 검은색 배경에 흰색 선 색상과 연속선 스타일이 자동으로 설정됩니다.

도면층 0은 삭제하거나 이름을 바꿀 수 없습니다.

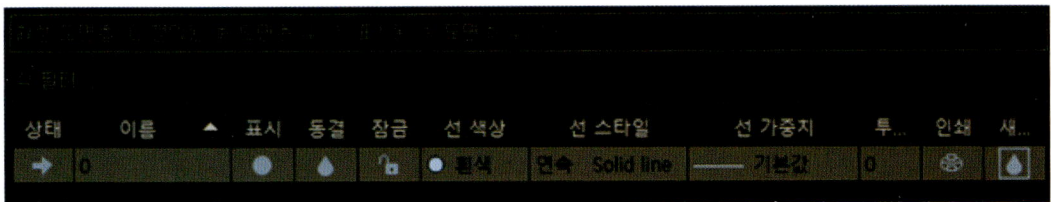

3.1 레이어 속성

각 도면층에는 선 색상, 선 스타일, 선 가중치 속성이 있습니다.

도면층에 작성하는 모든 요소는 활성 도면층 속성 이외의 선 색상, 선 스타일, 또는 선 가중치를 달리 설정하지 않는 경우 도면층의 설정된 기본값이 적용됩니다.

도면층 속성 목록은 다음과 같습니다.

구 분		내 용
상태	상태	도면층의 활성 상태를 설정할 수 있습니다.
이름	이름 도면층 1	글자, 숫자, 또는 기호가 포함된 도면층 이름을 설정하고 확인할 수 있습니다.
표시	표시	도면층을 표시하거나 숨길 수 있습니다.
동결	동결	도면층을 동결시켜 표시하지 않고 보호할 수 있습니다. 활성 도면층은 동결할 수 없습니다.
잠금	잠금	도면층을 잠금 설정할 수 있습니다. 잠금 상태는 도면요소가 잘못 수정되지 않게 보호하며, 도면요소를 변경, 추가, 또는 삭제할 수 없습니다.
선 색상	선 색상 흰색	각 도면층에 사용할 선 색상을 설정하거나 기본값(흰색)을 사용할 수 있으며, 도면층 관리자 대화 상자에서 선 색상을 변경하면 도면층 별 선 색상을 지정한 도면층의 모든 도면요소에 새 색상이 적용됩니다.
선 스타일	선 스타일 연속 Solid line	선 스타일을 설정할 수 있습니다.
선 가중치	선 가중치 기본값	도면층의 포함된 도면요소에 적용할 선 가중치를 설정할 수 있습니다.

투명도	투명도 0	도면층의 도면요소에 대한 투명도를 설정할 수 있습니다.
인쇄	인쇄	도면층의 인쇄 여부를 설정할 수 있습니다.
설명	설명	도면층 설명을 입력할 수 있습니다.

04 도면층 관리

Layer 명령을 사용하여 새 도면층을 작성하고 활성 도면층을 설정할 수 있으며, 도면층 속성 및 동작을 지정합니다.

해당 명령어 사용 시 도면층 관리자 팔레트를 열 수 있습니다.

4.1 도면층 관리자 팔레트 액세스하기

다음 중 하나를 수행하여 도면층 관리자 팔레트를 액세스할 수 있습니다.
- **홈 〉 도면층 〉 도면층 관리자**를 클릭합니다.
- 명령 프롬프트에 **Layer**를 입력합니다.

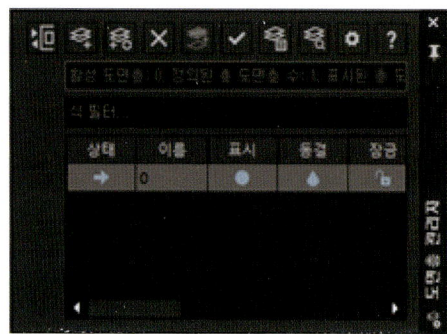

4.2 새 도면층 만들기

도면층을 새로 만들 수 있으며, 작업의 효율을 위해 도면층을 미리 계획하는 것이 좋습니다.
① **도면층 관리자** 팔레트에서 **새로 만들기**를 클릭합니다.
② 도면층 이름을 입력하고 **Enter**를 누릅니다.

> 👉 참고
>
> 기존 도면층 속성과 비슷한 속성의 새 도면층을 만들려면 도면층 관리자에서 해당 도면층을 선택한 다음 새로 만들기를 클릭합니다.

4.3 도면층 삭제하기

사용하지 않는 도면층을 삭제할 수 있습니다.

① **도면층 관리자** 팔레트에서 도면층을 선택합니다.
② **삭제**를 클릭합니다.

> **참고**
> 도면요소, 활성 도면층, 도면층 0, 또는 참조 도면의 종속 도면층이 포함된 도면층은 삭제할 수 없습니다.

4.4 활성 도면층 설정하기

선택한 도면층을 활성화할 수 있습니다.

① **도면층 관리자** 팔레트에서 도면층을 선택합니다.
② **활성화**를 클릭하거나 활성화하려는 도면층의 **상태** 셀을 두 번 클릭합니다.

4.5 도면층 상태 적용하기

도면층 상태를 저장, 복원 및 관리할 수 있습니다.

① **도면층 관리자** 팔레트에서 **도면층 상태**를 클릭합니다.
② **도면층 상태 관리자** 대화 상자에서 도면층 상태를 저장하거나 복원할 도면층 속성을 선택합니다.

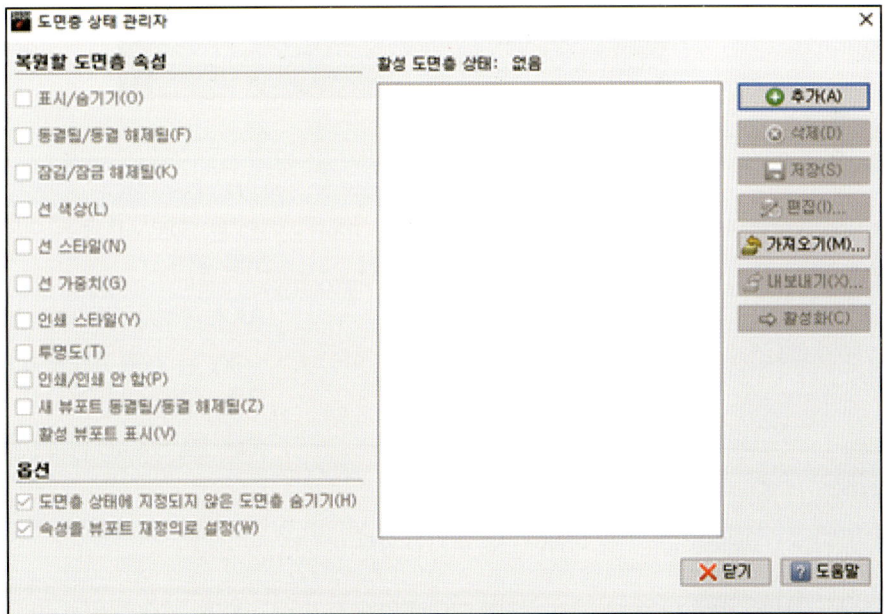

4.6 도면층 선택 항목 미리보기

도면층의 콘텐츠를 하나씩 또는 일련의 지정된 도면층별로 빠르게 미리 볼 수 있습니다.
① **도면층 관리자** 팔레트에서 도면층을 선택합니다.
② **도면층 미리보기**를 클릭합니다.

> **참고**
> 도면층 관리자와는 별도로 LayerPreview 명령을 사용하여 지정된 도면층을 미리 볼 수 있습니다.

4.7 도면층 이름 변경하기

기존 도면층 이름을 변경할 수 있습니다.
① **도면층 관리자** 팔레트에서 **이름** 셀을 두 번 클릭합니다.
② 새 이름을 입력하고 **Enter** 키를 누릅니다.

4.8 도면층 검색하기

여러 도면층이 있을 시 도면층을 검색하거나 도면층 팔레트에 표시된 도면층 목록을 줄일 수 있습니다.
① **도면층 관리자** 팔레트에서 **식 필터** 상자에 일치하는 도면층을 검색하기 위한 와일드카드를 입력합니다.

와일드카드 목록은 다음과 같습니다.

와일드카드	의미	예시
*(별표)	임의의 문자열과 일치하며, 검색 문자열 어디에서나 사용할 수 있음	2D*는 2D로 시작하는 모든 도면층 이름 표시
?(물음표)	모든 단일 문자와 일치	?BC는 ABC, BBC, CBC 등과 일치
~(물결표)	패턴을 제외한 모든 항목과 일치	~*XY*는 XY를 포함하지 않는 모든 도면층 이름과 일치
#(파운드)	임의의 숫자와 일치	#D는 2D, 3D, 4D 등과 일치
@(at)	임의의 영문자와 일치	–
.(마침표)	영문자를 제외한 모든 문자와 일치	–
`(시작 작은따옴표)	다음에 나오는 문자를 그대로 읽음	`~XY는 ~XY와 일치
[]	포함된 문자 중 하나와 일치	[AB]C는 AC 및 BC와 일치합니다.
[~]	포함되지 않은 모든 문자와 일치	[~AB]C가 XC와 일치하지만 AC와 일치하지 않음

4.9 도면층 선 색상 설정하기

지정한 도면층 선 색상을 도면층에 작성된 도면요소에 적용합니다.
① **도면층 관리자** 팔레트에서 **선 색상** 셀을 두 번 클릭합니다.
② 선 색상을 선택하거나 더 많은 색상 중에서 지정하려면 **색상 지정**을 선택합니다.

4.10 도면층 선 스타일 설정하기

지정한 도면층 선 스타일을 도면층에 작성된 도면요소에 적용합니다.
① **도면층 관리자** 팔레트에서 **선 스타일** 셀을 클릭하고 **기타**를 선택합니다.
② 선 스타일 대화 상자에서 로드를 클릭하여 새 선 스타일을 로드합니다.

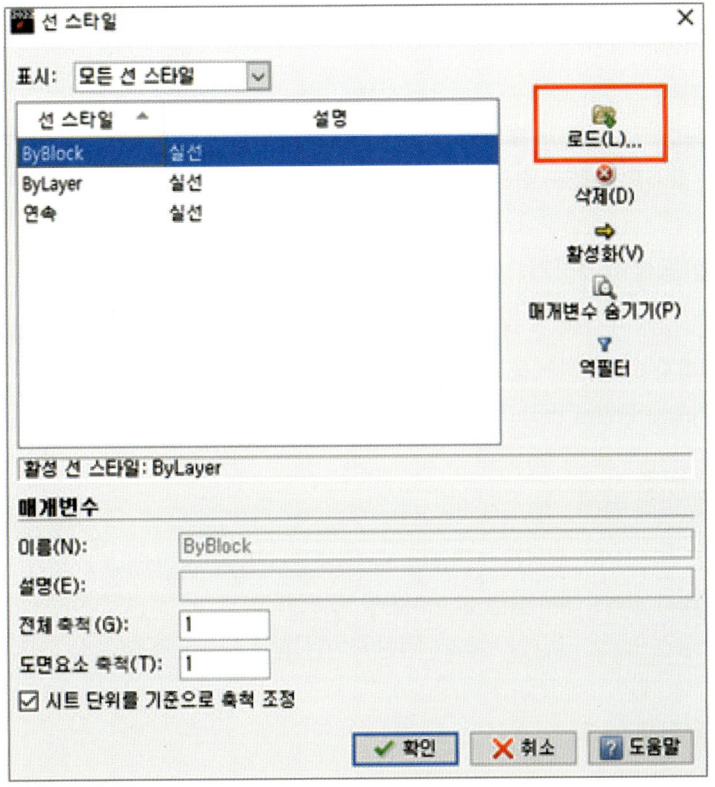

4.11 도면층 선 가중치 설정하기

지정한 도면층 선 가중치를 도면층에 작성된 도면요소에 적용합니다.
① **도면층 관리자** 팔레트에서 **선 가중치** 셀을 두 번 클릭합니다.
② **선 가중치**를 선택합니다.

4.12 도면층 투명도 설정하기

지정한 도면층 투명도를 도면층에 작성된 도면요소에 적용합니다.
① **도면층 관리자** 팔레트에서 **투명도** 셀을 두 번 클릭합니다.
② 0%와 90% 사이의 값을 지정합니다.

4.13 도면층 설명 추가하기

필요한 경우 각 도면층에 대한 설명을 추가할 수 있습니다.
① **도면층 관리자** 팔레트에서 **설명** 셀을 두 번 클릭합니다.
② 설명을 입력한 후 **Enter** 키를 누릅니다.

4.14 도면층 숨기기/표시하기

도면층을 숨길 수 있으며, 숨겨진 도면층의 도면요소는 보이지 않습니다.
① **도면층 관리자** 팔레트에서 **표시** 셀 아이콘을 클릭합니다.
　흰색 점은 표시를 뜻하고, 회색 점은 숨김을 뜻합니다.

4.15 도면층 동결/동결 해제하기

도면층을 동결할 수 있으며, 동결된 도면층의 도면요소는 보이지 않고 도면 재생성 시 무시됩니다.
① **도면층 관리자** 팔레트에서 **동결** 셀 아이콘을 클릭합니다.
　눈 모양 기호는 동결을 뜻하고, 물 모양 기호는 동결 해제를 뜻합니다.

4.16 도면층 잠금/잠금 해제

도면층을 잠글 수 있으며, 잠겨진 도면층의 도면요소는 수정할 수 없습니다.
① **도면층 관리자** 팔레트에서 **잠금** 셀 아이콘을 클릭합니다.
　자물쇠가 잠긴 모양은 잠금을 뜻하고, 열린 모양은 잠금 해제를 뜻합니다.

4.17 도면층 인쇄/인쇄 안 함

도면층의 인쇄 여부를 설정할 수 있으며, 도면층을 인쇄 안 함으로 설정해도 도면층의 도면요소는 도면층에 표시됩니다.
① **도면층 관리자** 팔레트에서 **인쇄** 셀 아이콘을 클릭합니다.
　프린터 아이콘은 인쇄를 뜻하고, 취소된 프린터 아이콘은 인쇄 안 함을 뜻합니다.

4.18 레이아웃 시트의 새 뷰포트에서 도면층 동결

레이아웃 시트의 새 뷰포트에서 도면층의 동결 또는 동결 해제 여부를 미리 설정할 수 있습니다.
① **도면층 관리자** 팔레트에서 **새 뷰포트** 셀 아이콘을 클릭합니다.
　얼음 아이콘은 동결을 뜻하고, 물방울 아이콘은 동결 해제를 뜻합니다.

4.19 시트 탭 뷰포트에 대한 도면층 속성 덮어쓰기 지정

시트 탭 뷰포트에서 특정 도면층 설정을 추가로 사용할 수 있으며, 이러한 설정은 레이아웃 시트 자체에도 지정할 수 있습니다.

시트 탭 활성 뷰포트에 대해 도면층 관리자에 다음과 같은 추가 열이 표시됩니다.
- **활성 뷰포트** : 활성 레이아웃 뷰포트에서만 선택한 도면층을 동결합니다.
- **VIP 색상** : 활성 뷰포트의 선택한 도면층에 있는 도면요소에서 지정된 선 색상을 사용합니다.
- **VIP 선 스타일** : 활성 뷰포트의 선택한 도면층에 있는 도면요소에서 지정된 선 스타일을 사용합니다.
- **VP 선 가중치** : 활성 뷰포트의 선택한 도면층에 있는 도면요소에서 지정된 선 가중치를 사용합니다.
- **VP 투명도** : 활성 뷰포트의 선택한 도면층에 있는 도면요소에서 지정된 투명도 레벨을 사용합니다.
- **VP 인쇄 스타일** : 활성 뷰포트의 선택한 도면층에 있는 도면요소에서 지정된 인쇄 스타일을 사용합니다.

> **참고**
> 뷰포트의 설정이 모델의 도면층에 대한 기본 설정과 다를 경우 해당 셀이 도면층 목록에서 강조 표시됩니다.

4.20 도면층 그룹 필터를 작성하고 도면층 지정하기

지정한 도면층을 포함한 필터를 작성할 수 있으며, 이 방식으로 도면층을 그룹화하여 그룹 필터를 설정합니다.
① **도면층 관리자 팔레트**에서 도면층 필터패널을 확장합니다.
② 도면층 필터 편집 섹션의 트리 뷰에서 새 필터를 작성하려는 노드를 클릭합니다.
③ **새 그룹 필터 추가**를 클릭합니다.
④ 새 필터를 두 번 클릭하고 이름을 입력합니다.
⑤ 도면층 목록에서 한 개 이상의 도면층을 선택하고 필터 트리 뷰에서 작성한 필터 이름으로 드래그합니다.

4.21 도면층 속성 필터를 작성하고 도면층 지정하기

지정된 속성 및 설정의 도면층으로 도면층 목록을 줄이도록 속성 필터를 작성할 수 있습니다.
① **도면층 관리자 팔레트**에서 도면층 필터패널을 확장합니다.
② 도면층 필터 편집 섹션의 트리 뷰에서 새 필터를 작성하려는 노드를 클릭합니다.
③ **새 속성 필터 추가**를 클릭합니다.
④ 도면층 속성 필터 대화 상자의 속성 영역에서 필터를 정의하는 속성을 설정합니다.
⑤ 필요한 경우 행 추가를 클릭하여 다른 속성 세트에 다른 행을 추가합니다.
⑥ 도면층 목록에서 한 개 이상의 도면층을 선택하고 필터 트리 뷰에서 작성한 필터 이름으로 드래그합니다.

4.22 필터 삭제하기

지정한 필터를 삭제합니다.

① **도면층 관리자 팔레트**에서 도면층 필터패널을 확장합니다.

② 삭제할 필터를 오른쪽 클릭합니다.

③ **필터 삭제**를 클릭합니다.

> **엑서스**
> 명령 : Layer
> 메뉴 : 홈 〉 도면층 〉 도면층 관리자

05 도면층 도구

5.1 도면층 상태 저장 및 복원

LayerState 명령을 사용하여 도면층 속성 및 상태의 구성을 저장, 복원 및 관리할 수 있습니다.

도면층 상태 내에서 도면층 속성을 편집하여 도면과 함께 저장할 수 있습니다.

1) 도면층 상태 저장하기

① **홈 〉 도면층 〉 도면층 상태 관리자**를 클릭하거나 **LayerState**를 입력합니다.

② **도면층 상태 관리자** 대화 상자에서 **추가**를 클릭합니다.

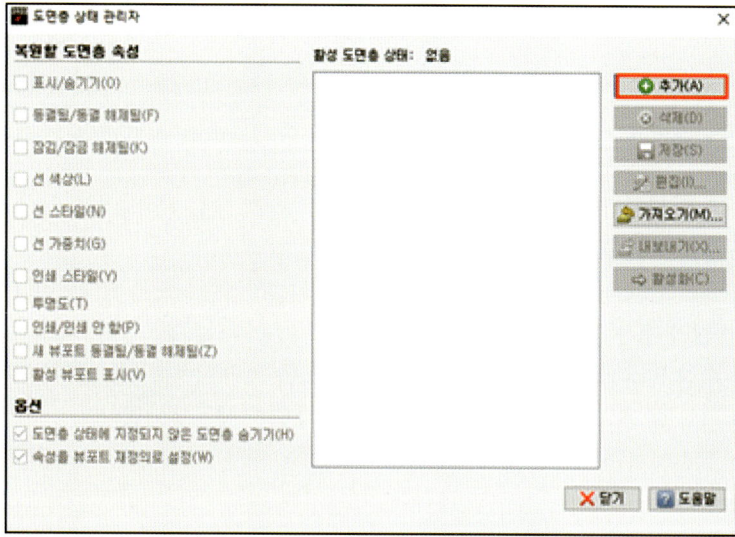

③ 필요에 따라 **도면층 상태 이름**과 **설명**을 입력합니다.

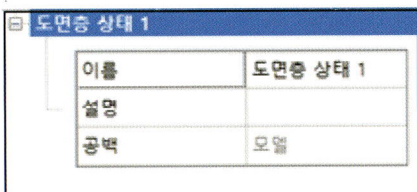

④ 복원할 도면층 속성에서 도면층 상태와 함께 저장할 도면층 속성을 선택하거나 선택 취소합니다.
⑤ **옵션**에서 **다음**을 설정합니다.
  • **도면층 상태에 지정되지 않은 도면층 숨기기** : 도면층 상태 복원 시 도면층 상태가 마지막으로 저장된 이후로 사용자가 추가한 모든 도면층을 숨깁니다.
  • **뷰포트 재정의로 속성 설정** : 도면층 속성 재정의가 현재 뷰포트에 적용되는지 여부를 지정합니다.
⑥ **저장**을 클릭합니다
⑦ **닫기**를 클릭합니다.

2) 도면층 상태 복원하기

① **홈 > 도면층 > 도면층 상태 관리자**를 클릭하거나 LayerState를 입력합니다.
② **도면층 상태 관리자** 대화 상자에서 **도면층 상태**를 클릭합니다.
③ 활성화를 클릭합니다.
④ 닫기를 클릭합니다.

> **참고**
> 도면층 상태 복원 시 도면층 상태가 마지막으로 저장된 이후로 사용자가 추가한 도면층은 영향을 받지 않습니다.

3) 도면층 상태 편집하기

① **홈 > 도면층 > 도면층 상태 관리자**를 클릭하거나 LayerState를 입력합니다.
② **도면층 상태 관리자** 대화 상자에서 **도면층 상태**를 클릭합니다.
③ 편집을 클릭하여 도면층 상태 편집 대화 상자를 나타냅니다.
④ 도면층 상태가 마지막으로 저장된 이후로 사용자가 추가한 도면층을 추가하려면 다음을 진행합니다.
  a. 삭제된 도면층 표시를 클릭해 도면층 상태에 속하지 않은 도면층의 목록을 표시합니다.
  b. 도면층을 선택한 후 추가를 클릭합니다.
⑤ 도면층 상태에서 도면층을 삭제하려면 도면층 표에서 도면층 항목을 선택한 후 삭제를 클릭합니다.
⑥ 도면층 상태에서 다른 도면층을 활성 도면층으로 설정하려면 도면층 표에서 도면층 항목을 선택한 후 활성화를 클릭합니다.
⑦ 도면층 상태에서 도면층 속성을 변경하려면 도면층 표에서 속성을 선택하고 수정합니다.
⑧ 모든 작업을 마친 후 확인을 클릭하고 닫기를 클릭합니다.

> **참고**
> 수정된 도면층 상태를 복원하기 전까지 도면층 상태 편집 대화 상자에서의 변경 사항은 도면층 설정에 영향을 미치지 않습니다.

4) 도면층 상태 삭제하기

① **홈 〉도면층 〉도면층 상태 관리자**를 클릭하거나 **LayerState**를 입력합니다.
② **도면층 상태 관리자** 대화 상자에서 **도면층 상태**를 클릭합니다.
③ 삭제를 클릭하고 닫기를 클릭합니다.

5) 도면층 상태 가져오기

① **홈 〉도면층 〉도면층 상태 관리자**를 클릭하거나 **LayerState**를 입력합니다.
② **가져오기**를 클릭합니다.
③ 대화 상자에서 도면층 상태를 가져오려는 파일 이름을 선택하여 다음 도면층 상태를 가져옵니다.
  - 도면 파일(.dwg), 도면 템플릿 파일(.dwt) 및 도면 표준 파일(.dws)
  - 도면 상태 파일(.las)
④ **도면층 상태 가져오기** 대화 상자에서 가져올 **도면층 상태**를 선택합니다.
⑤ **확인**을 클릭하고 **닫기**를 클릭합니다.

6) 도면층 상태 내보내기

① **홈 〉도면층 〉도면층 상태 관리자**를 클릭하거나 **LayerState**를 입력합니다.
② **도면층 상태 관리자** 대화 상자에서 **도면층 상태**를 클릭합니다.
③ **내보내기**를 클릭합니다.
④ 대화 상자에서 기록할 도면층 상태 파일(.las)의 폴더와 이름을 지정합니다.
⑤ **확인**을 클릭하고 **닫기**를 클릭합니다.

> **엑서스**
> 명령 : LayerState
> 메뉴 : 홈 〉도면층 〉도면층 상태 관리자

5.2 도면층 숨기기

HideLayer 명령을 사용하여 도면층을 숨길 수 있으며 숨겨진 도면층의 도면요소는 표시되지 않습니다. 숨겨진 도면층에 포함된 도면요소는 선택할 수 없습니다.

1) 도면층 숨기기

① **홈 〉도면층 〉도면층 숨기기**를 클릭하거나 **HideLayer**를 입력합니다.
② 그래픽 영역에서 숨기려는 도면요소를 도면층에서 선택합니다.
③ 옵션 예를 지정하여 도면층 숨기기를 진행합니다.

> **엑서스**
> 명령 : HideLayer
> 메뉴 : 홈 〉도면층 〉도면층 숨기기

5.3 모든 도면층 표시

ShowLayers 명령을 사용하여 모든 도면층을 표시할 경우 도면에서 억제된 도면층을 제외한 모든 도면층이 보이게 됩니다.

1) 모든 도면층 표시하기

① **홈 〉 도면층 〉 모든 도면층 표시**를 클릭하거나 **ShowLayers**를 입력합니다.

> **엑서스**
> 명령 : ShowLayers
> 메뉴 : 홈 〉 도면층 〉 모든 도면층 표시

5.4 도면층 동결

FreezeLayer 명령을 사용하여 도면층을 동결시킬 수 있으며, 동결된 도면층은 보호되고 보이지 않게 됩니다.

1) 도면층 동결하기

① **홈 〉 도면층 〉 도면층 동결**을 클릭하거나 **FreezeLayer**를 입력합니다.
② 동결하려는 도면층에서 도면요소를 선택한 후 **Enter**를 누릅니다.
  지정한 도면층이 모든 도면요소가 보이지 않는 상태로 보호됩니다.

> **엑서스**
> 명령 : FreezeLayer
> 메뉴 : 홈 〉 도면층 〉 도면층 동결

5.5 모든 도면층 동결 해제

현재 동결된 모든 도면층을 동결 해제하여 다시 보고 편집할 수 있게 할 수 있습니다.

1) 모든 도면층 동결 해제하기

① **홈 〉 도면층 〉 모든 도면층 동결 해제**를 클릭하거나 **ThawLayers**를 입력합니다.

> **엑서스**
> 명령 : ThawLayers
> 메뉴 : 홈 〉 도면층 〉 모든 도면층 동결 해제

5.6 도면층 잠금

LockLayer 명령을 사용하여 도면층을 선택하여 잠그면 선택 또는 수정할 수 없습니다.

1) 도면층 잠그기

① **홈 〉 도면층 〉 도면층 잠금**을 클릭하거나 **LockLayer**를 입력합니다.

② 그래픽 영역에서 잠그려는 도면층의 도면요소를 선택합니다.
　　잠겨있는 도면층을 수정하려는 경우 잠금 표시가 나타납니다.

> **엑서스**
> 명령 : LockLayer
> 메뉴 : 홈 〉 도면층 〉 도면층 잠금

5.7 도면층 잠금 해제

UnlockLayer 명령을 사용하여 도면층을 잠금 해제하여 편집할 수 있습니다.

1) 도면층 잠금 해제하기

① **홈 〉 도면층 〉 도면층 잠금 해제**를 클릭하거나 UnlockLayer를 입력합니다.
② 그래픽 영역에서 잠금 해제하려는 도면층의 도면요소를 선택합니다.

> **엑서스**
> 명령 : UnlockLayer
> 메뉴 : 홈 〉 도면층 〉 도면층 잠금 해제

5.8 도면층 활성화

ActivateLayer 명령을 사용하여 지정한 도면요소를 지정하여 활성화할 수 있습니다.

1) 격리 후 도면층 복원하기

① **홈 〉 도면층 〉 도면층 활성화**를 클릭하거나 ActivateLayer를 입력합니다.
② 그래픽 영역에서 활성화하려는 도면층의 도면요소를 선택합니다.

> **엑서스**
> 명령 : ActivateLayer
> 메뉴 : 홈 〉 도면층 〉 도면층 활성화

5.9 도면요소를 활성 도면층으로 변경

ToActiveLayer 명령을 사용하여 선택한 도면요소의 도면층을 활성 도면층으로 변경합니다.

1) 도면요소를 활성 도면층으로 변경하기

① **홈 〉 도면층 〉 활성 도면층으로**를 클릭하거나 ToActiveLayer를 입력합니다.
② 그래픽 영역에서 활성 도면층으로 변경할 도면요소를 선택하고 **Enter**를 누릅니다.

> **엑서스**
> 명령 : ToActiveLayer
> 메뉴 : 홈 〉 도면층 〉 활성 도면층으로

5.10 도면층 병합

MergeLayer 명령을 사용하여 도면층을 대상 도면층에 병합할 수 있으며, 대화 상자에서 이름을 사용하거나 그래픽 영역에서 원본 도면층과 대상 도면층을 지정할 수 있습니다.

1) 도면층 병합하기

① 다음 중 하나를 진행합니다.
- **홈 > 도면층 > 도면층 병합**을 클릭합니다.
- 명령 프롬프트에 **MergeLayer**를 입력합니다.

② 대화 상자의 병합할 도면층 목록에서 도면층 이름을 하나 이상 선택 시 선택한 도면층이 강조 표시되며, 선택적으로 다음을 수행할 수 있습니다.
- 식 필터에서 하위 문자열을 입력하고 와일드카드를 사용하여 표시된 도면층 이름 수를 줄입니다.
- 병합된 도면층 삭제를 선택하여 도면에서 중복 병합된 도면층을 제거합니다.
- 선택한 도면층만 표시를 활성화하여 병합하기 위해 선택한 도면층만 그래픽 영역에 표시합니다.
- 그래픽 영역에 지정을 클릭하여 도면층을 병합할 요소를 지정합니다.

③ 대상 도면층 목록에서 도면층을 선택하여 원본 도면층 병합을 진행합니다.
④ **확인**을 클릭합니다.

> **엑서스**
> 명령 : MergeLayer
> 메뉴 : 홈 > 도면층 > 도면층 병합

5.11 도면층 삭제

DeleteLayer 명령을 사용하여 지정한 도면층에서 모든 도면요소를 삭제하고 해당 도면층을 도면에서 제거할 수 있습니다.

1) 도면층 삭제하기

① **홈 > 도면층 > 도면층 삭제**를 클릭하거나 **DeleteLayer**를 입력합니다.
② 그래픽 영역에서 삭제할 도면요소를 도면층에서 선택하거나 다음 옵션을 지정합니다.
- **이름** : 삭제할 도면층의 이름을 입력하거나 ?를 사용해 도면에 정의된 도면층 이름 목록을 가져옵니다.
- **실행 취소** : 이전 도면층 삭제를 하나 이상 취소합니다.

③ 삭제를 확인하려면 **예** 옵션을 지정하여 선택한 도면층과 모든 도면요소를 삭제합니다.

> **엑서스**
> 명령 : DeleteLayer
> 메뉴 : 홈 > 도면층 > 도면층 삭제

5.12 이전 도면층 설정 복원

UndoLayer 명령을 사용하여 도면층 설정에 이전에 변경한 사항을 실행 취소할 수 있습니다.

1) 이전 도면층 설정 복원하기

① **홈 〉 도면층 〉 도면층 상태 복원**을 클릭하거나 **UndoLayer**를 입력합니다.

> **엑서스**
> 명령 : UndoLayer
> 메뉴 : 홈 〉 도면층 〉 도면층 상태 복원

5.13 도면층 미리보기

LayerPreview 명령을 사용하여 도면층의 콘텐츠를 하나씩 또는 일련의 지정된 도면층별로 빠르기 미리보기를 사용할 수 있습니다.

1) 도면층 미리보기

① **홈 〉 도면층 〉 도면층 미리보기**를 클릭하거나 **LayerPreview**를 입력합니다.

② 다음과 같이 도면층을 미리 볼 수 있습니다.

- 도면층 이름을 클릭하여 단일 도면층의 콘텐츠를 볼 수 있습니다.
- Ctrl을 누르고 도면층 이름을 클릭하여 지정된 도면층의 콘텐츠를 볼 수 있습니다.
- 도면층 이름을 클릭하고 Shift를 누른 다음 다른 도면층 이름을 클릭하여 일련의 인접한 도면층을 볼 수 있습니다.
- Ctrl + A를 눌러 모든 도면층 이름을 선택한 다음 Shift를 누르고 다른 도면층 이름을 클릭하여 도면층을 지웁니다.
- 종료 시 도면층 상태 복원을 활성화 또는 비활성화하여 도면층을 명령을 시작한 상태로 복원하거나 미리보기 설정으로 인한 상태를 유지합니다.
- 종료 시 뷰 복원을 활성화 또는 비활성화하여 명령 시작 시 종료한 뷰를 복원하거나 미리보기 명령으로 도면층 검사 시 줌 및 초점이동 후 종료한 뷰를 유지합니다.
- 삭제를 클릭해 도면에서 지정한 도면층을 제거합니다.
- 미리보기를 클릭해 일시적으로 대화 상자를 닫아 맨 위에 대화 상자를 표시하지 않고 도면층 미리보기를 볼 수 있습니다.

③ **닫기**를 클릭합니다.

> **엑서스**
> 명령 : LayerPreview
> 메뉴 : 홈 〉 도면층 〉 도면층 미리보기

06 선 색상 설정

6.1 새 도면요소의 색상 지정

LineColor 명령을 사용하여 새 도면요소의 선 색상을 설정할 수 있으며 도면요소에 직접 지정하거나 도면층을 통해 색상을 지정할 수도 있습니다.

1) 새 도면요소의 색상 지정하기

① **홈 > 속성 > 선 색상**을 클릭하거나 **LineColor**를 입력합니다.

② 선 색상 대화 상자에서 **색상**을 선택합니다.
   - **표준 색** : 255개의 일반 색상이 포함되어 있으며, 도면층에 지정된 색상을 사용하는 **도면층에 맞추기** 또는 블록 색상을 사용하는 **블록에 맞추기** 옵션을 사용할 수 있습니다.
   - **사용자 색** : RGB(빛의 삼원색) 또는 HSL(색상, 채도, 명도) 값을 지정할 수 있는 다양한 색상이 포함되어 있습니다.

③ **확인**을 클릭합니다.

> **엑서스**
> 명령 : LineColor
> 메뉴 : 홈 > 속성 > 선 색상

6.2 기존 도면요소의 색상 변경

ModifyProperties 명령을 사용하여 기존 도면의 색상을 설정할 수 있습니다.

1) 기존 도면요소의 색상 지정하기

① 명령 프롬프트에 **ModifyProperties** 명령을 입력합니다.
② 색상을 변경할 도면요소를 지정합니다.
③ **선 색상** 옵션을 지정합니다.
④ 색상을 지정합니다.

> **엑서스**
> 명령 : ModifyProperties

07 선 스타일 로드 및 설정

7.1 선 스타일 로드

LineStyle 명령을 사용하여 선 스타일을 로드하고 설정할 수 있으며, 도면의 현재 활성 세그먼트에 표시할 선 스타일을 선택합니다.

1) 선 스타일 로드하기

① **홈 > 속성 > 선 스타일**을 클릭하거나 **LineStyle**을 입력합니다.

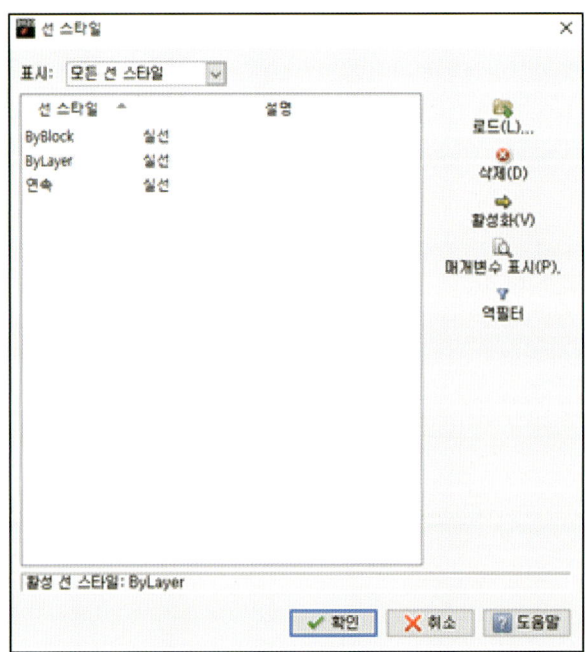

② **선 스타일** 대화 상자에서 **로드**를 클릭하여, **선 스타일 로드** 대화 상자를 엽니다.

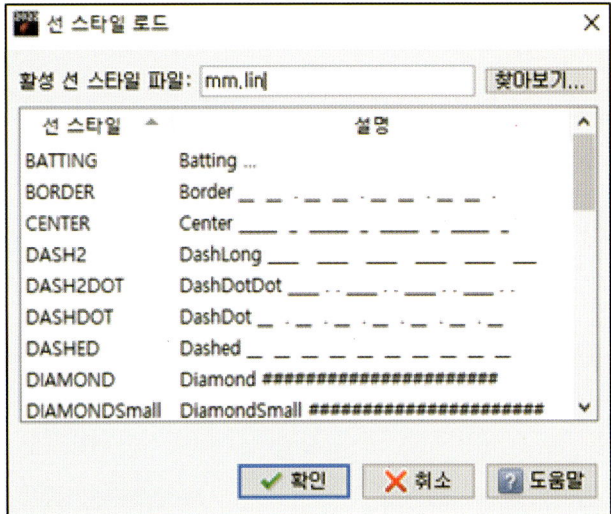

③ **찾아보기**를 클릭하여 선 스타일 파일을 선택하고 **열기**를 클릭합니다.

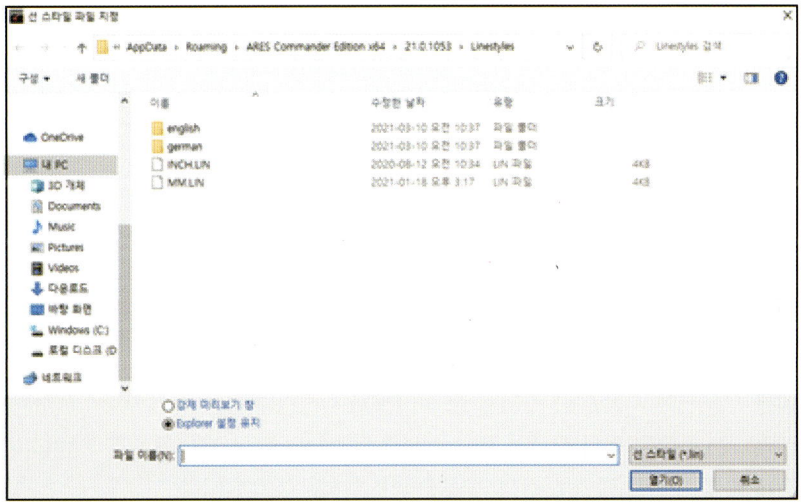

④ 목록에서 선 스타일을 선택합니다. 선 스타일을 하나 이상 선택하고 싶은 경우 **Ctrl**을 누른 상태에서 여러 개의 선 스타일을 선택합니다.

⑤ **확인**을 클릭하여, 선택한 선 스타일을 대화 상자에 추가합니다.

⑥ **확인**을 클릭하여 **선 스타일** 대화 상자를 닫습니다.

2) 활성 선 스타일 설정하기

① **홈 〉 속성 〉 선 스타일**을 클릭하거나 **LineStyle**을 입력합니다.

② 표시에서 대화 상자에 표시하려는 선 스타일을 선택합니다.

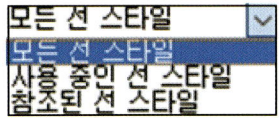

③ 활성화하려는 선 스타일을 선택하고 활성화를 클릭합니다.

3) 선 스타일 삭제하기

① **홈 〉 속성 〉 선 스타일**을 클릭하거나 **LineStyle**을 입력합니다.
② 목록에서 하나 이상의 선 스타일을 선택합니다.
③ 삭제를 클릭합니다.

4) 선 스타일 편집하기

① **홈 〉 속성 〉 선 스타일**을 클릭하거나 **LineStyle**을 입력합니다.
② 목록에서 선 스타일을 선택합니다.
③ **매개변수 표시**를 클릭하고 매개변수에서 옵션을 편집합니다.

 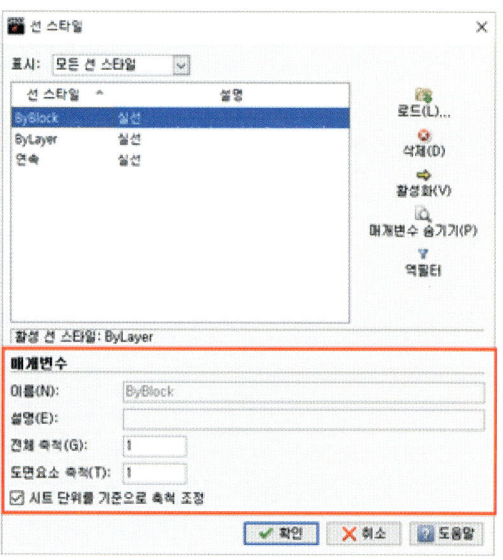

- **이름** : 도면에 저장할 선 스타일 정의 이름을 지정합니다.
- **설명** : **선 스타일** 대화 상자에 표시할 선 스타일의 노트나 기호 표시를 지정합니다.
- **전체 축척** : 선 스타일을 측정 단위에 맞게 축척을 조정합니다.
- **도면요소 축척** : 일반 선 스타일 축척 인수를 기준으로 새 도면요소의 선 스타일 축척 인수를 설정합니다.
- **시트 단위를 기준으로 축척 조정** : 선 스타일이 뷰포트 축척과 같은 축척으로 작성되게 합니다.

5) 기존 도면요소의 선 스타일 수정하기

① 다음 중 하나를 수행합니다.
- **속성 팔레트**에서 선 스타일 속성을 변경합니다.
- 도면에서 도면요소를 한 개 이상 선택하고 속성 도구 모음에서 다른 선 스타일을 선택합니다.
- 명령 프롬프트에 **ModifyProperties** 명령을 사용합니다.

> **엑서스**
> 명령 : LineStyle
> 메뉴 : 홈 〉 속성 〉 선 스타일

08 활성 선 가중치 설정

8.1 선 가중치 설정

LineWeight 명령을 사용하여 새 도면요소의 선 가중치를 설장할 수 있으며, 선 가중치는 도면요소의 두께를 정의합니다.

설정한 선 가중치는 확대, 축소 시에도 바뀌지 않고 선 가중치는 실제 단위를 나타내지 않습니다.

1) 선 가중치 설정하기

① **홈 〉 속성 〉 선 가중치**를 클릭하거나 **LineWeight**을 입력합니다.

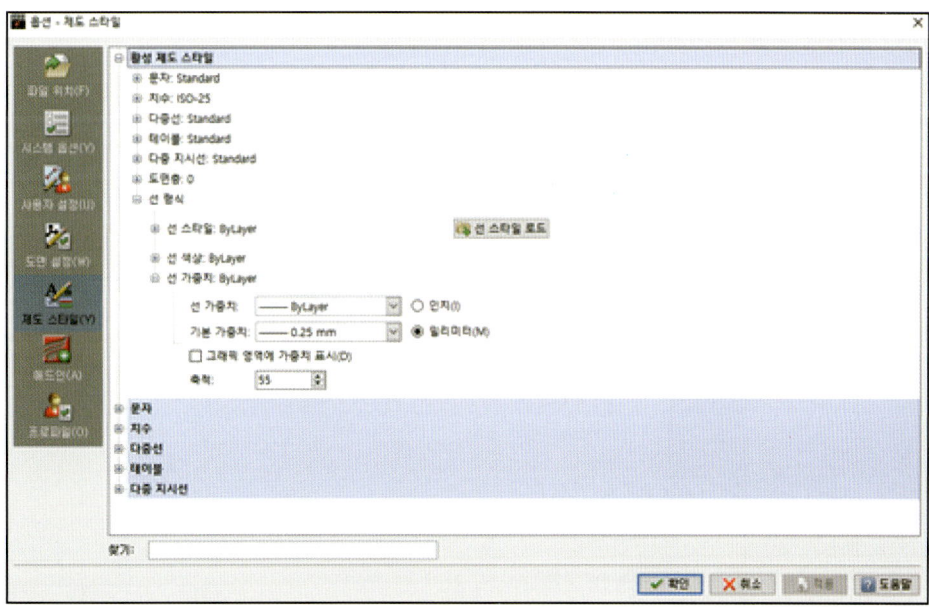

② **선 가중치**에서 **수치 값**을 선택하거나 다음을 선택합니다.
- **블록별** : 새 도면요소의 선 가중치를 블록에 포함할 때까지 기본 선 가중치로 설정합니다.
- **도면층별** : 활성 도면층의 선 가중치를 기반으로 선 가중치를 설정합니다.
- **기본값** : 선 가중치를 **기본 선 가중치**로 설정합니다.

③ 기본 선 가중치에서 도면층에 적용할 기본 선 가중치를 선택합니다.
④ 그래픽 영역에 가중치 표시를 선택하여 선 가중치를 확인합니다.

⑤ 축척을 설정하여 선 가중치의 축척을 조정합니다.
⑥ 선 가중치 단위로 인치 또는 밀리미터를 선택합니다.

> **엑서스**
> 명령 : LineWeight
> 메뉴 : 홈 〉 형식 〉 선 가중치

09 단위와 정밀도 지정

UnitSystem 명령을 사용하여 다음을 설정할 수 있으며, 선형 단위 및 각도 단위 형식과 정밀도를 별도로 설정할 수 있습니다.

- 선형 단위 및 각도 단위의 형식
- 소수점 자릿수를 지정하여 나타내는 정확도
- 도면에서 블록과 도면의 측정 참조 단위

1) 단위와 정밀도 지정하기

① **관리 〉 도면 〉 단위계**를 클릭하거나 **UnitSystem**을 입력합니다.

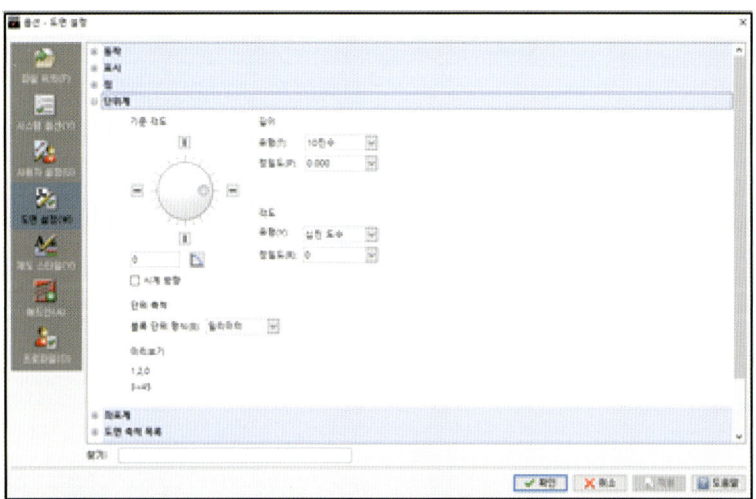

② **기준각도**에서 다음을 설정합니다.
- 0의 방향을 지정하는 기준 각도를 설정합니다.
- 각도를 시계 방향으로 증가하려면 시계 방향을 선택합니다.
- 회전 각도를 설정하거나 그래픽 영역에서 선택을 클릭하여 그래픽 영역에서 회전 각도와 두 번째 점을 설정합니다.

③ **길이**에서 다음을 설정합니다.
- 선형 단위의 **유형**
- 소수점 자릿수 0에서 8까지의 정밀도

④ **각도**에서 다음을 설정합니다.
- 각도 단위의 **유형**
- 소수점 자릿수 0에서 8까지의 정밀도

⑤ 단위 축척의 블록 단위 형식에서 도면에서의 블록과 도면의 측정 참조 단위를 선택합니다.

⑥ **확인**을 클릭합니다.

> **엑서스**
> 명령 : UnitSystem
> 메뉴 : 관리 〉 도면 〉 단위계

10 도면 한계 설정

DrawingBounds 명령을 사용하여 모눈 표시 범위를 정의하고 그래픽 영역을 제한합니다.

그래픽 영역을 표준 도면 시트에 대해 바로 축척이 조정되게 설정한 경우 현재 도면 창에 표시된 것과 상관없이 인쇄를 도면 한계로 지정하기만 하면 전체 도면의 플롯을 할 수 있습니다.

1) 도면 경계 설정하기

① 명령 프롬프트에 **DrawingBounds**를 입력합니다.
② 그래픽 영역의 왼쪽 아래 구석을 나타낼 점을 지정합니다.
③ 그래픽 영역의 오른쪽 위 구석을 나타낼 점을 지정합니다.

2) 경계 검사 켜기/끄기

① 명령 프롬프트에 **DrawingBounds**를 입력합니다.
② 켜기 옵션 또는 끄기 옵션을 지정합니다.
  켜기 옵션을 지정한 경우 도면 경계 밖으로 점이 벗어나지 못하게 경계 검사를 시행합니다.

> **엑서스**
> 명령 : DrawingBounds

11 스타일 및 도면요소 이름 바꾸기

Rename 명령을 사용하여 블록, 도면층, 선 스타일, RichLine 스타일, 문자 스타일, 표 스타일, 치수 스타일, 사용자 정의 좌표계, 뷰와 연관된 이름을 바꿉니다.

특정 도면요소의 경우, 다음 유형에 대해 도면에 최소 한 개의 기본 항목이 포함되어있어야 하므로 표준 항목의 이름을 바꾸거나 삭제할 수 없습니다.

- 도면층 0
- 선 스타일 블록별, 도면층별 또는 연속
- RichLine 스타일 표준
- 문자 스타일 표준
- 표 스타일 표준
- 인쇄 스타일 일반

1) 스타일 및 도면요소 이름 바꾸기

① 명령 프롬프트에 **Rename**을 입력합니다.
② **이름 바꾸기** 대화 상자에서 해당 항목을 찾아 이름을 바꿉니다.

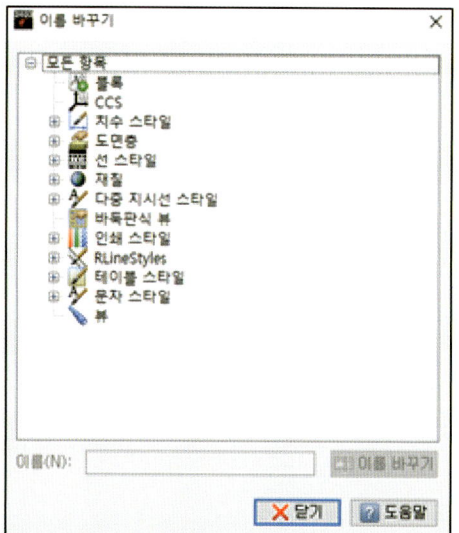

③ 항목을 선택합니다.
④ 이름에 새 이름을 입력합니다.
⑤ **이름 바꾸기**를 클릭합니다.
⑥ **닫기**를 클릭합니다.

엑서스
명령 : Rename

ARES CAD

도면요소 작성

CHAPTER

CHAPTER 08 도면요소 작성

도면요소 작성

도면요소 도구를 사용하여 선, 호, 원과 같은 도면요소를 작성할 수 있으며 명령 창, 도면 메뉴, 또는 도면 도구 모음을 사용하여 도면 도구를 실행할 수 있습니다.

도면요소를 작성할 때 원의 중심점 또는 선의 시작점 및 끝점과 같은 점을 지정하는 프롬프트가 나타나는 경우 프롬프트나 도면 내에서 좌표 값을 입력할 수 있습니다.

도면 도구를 효율적으로 사용하려면 좌표계 입력 및 도면요소 스냅 옵션을 사용하고 도면요소를 수정하려면 수정 메뉴나 도구 모음을 사용합니다.

01 선 작성

Line 명령을 사용하여 도면에 선 도면요소를 작성합니다.

1) 선 또는 연결된 선 시리즈 작성하기

① **홈 〉 그리기 〉 선**을 클릭하거나 Line을 입력합니다.
② 그래픽 영역에서 선 세그먼트의 **시작점**을 지정합니다.
③ **다음 점**을 지정합니다.
④ **다음 점**을 계속 지정하거나 Enter를 눌러 명령을 마칩니다.

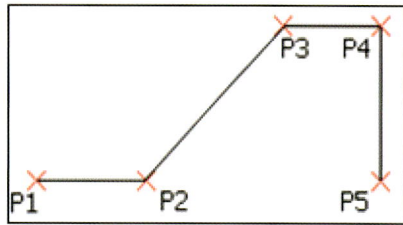

> 참고
>
> 연결된 선 시리즈의 각 세그먼트는 개별 요소입니다.
> Line 명령을 사용하여 선을 기존 선이나 호에 추가할 수도 있습니다.

2) 선 세그먼트 작성 취소하기

① **Ctrl + Z**를 누르거나 **Undo**를 입력합니다.

3) 선 세그먼트를 기존 선이나 호에 추가하기

① **홈 〉 그리기 〉 선**을 클릭하거나 **Line**을 입력합니다.

② **Enter**를 누릅니다.

　추가된 연속선이 마지막으로 작성한 선이나 호의 끝에 부착됩니다.

③ 점을 클릭하여 추가된 선 세그먼트를 정의하고 **Enter**를 눌러 명령을 마칩니다.

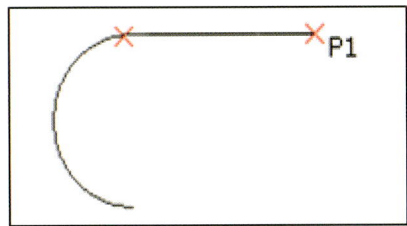

엑서스

명령 : Line
메뉴 : 홈 〉 그리기 〉 선

4) 예제 연습 – 선(Line) 작성

Line 명령을 사용하여 아래 도면을 작성하시오.

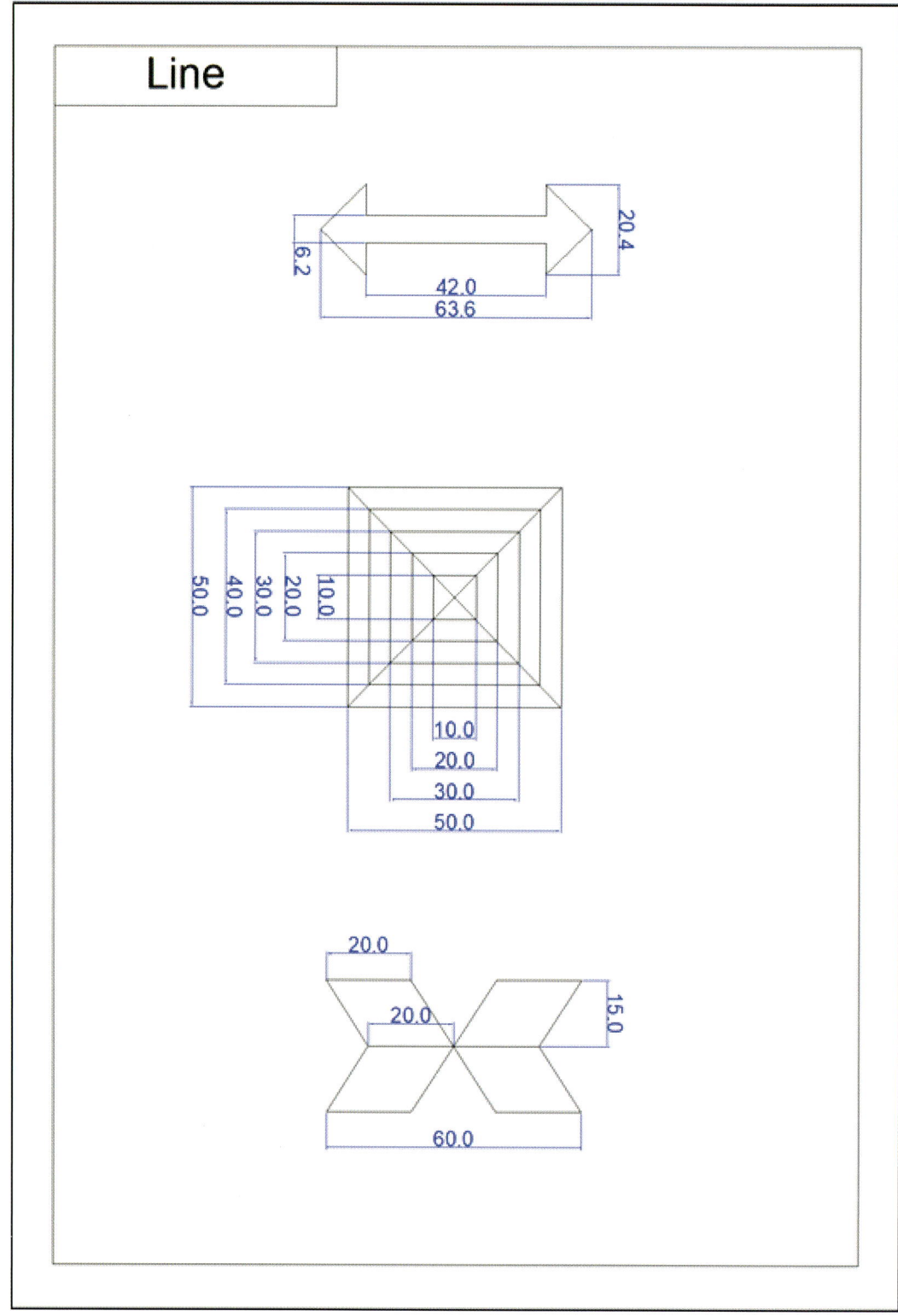

Line

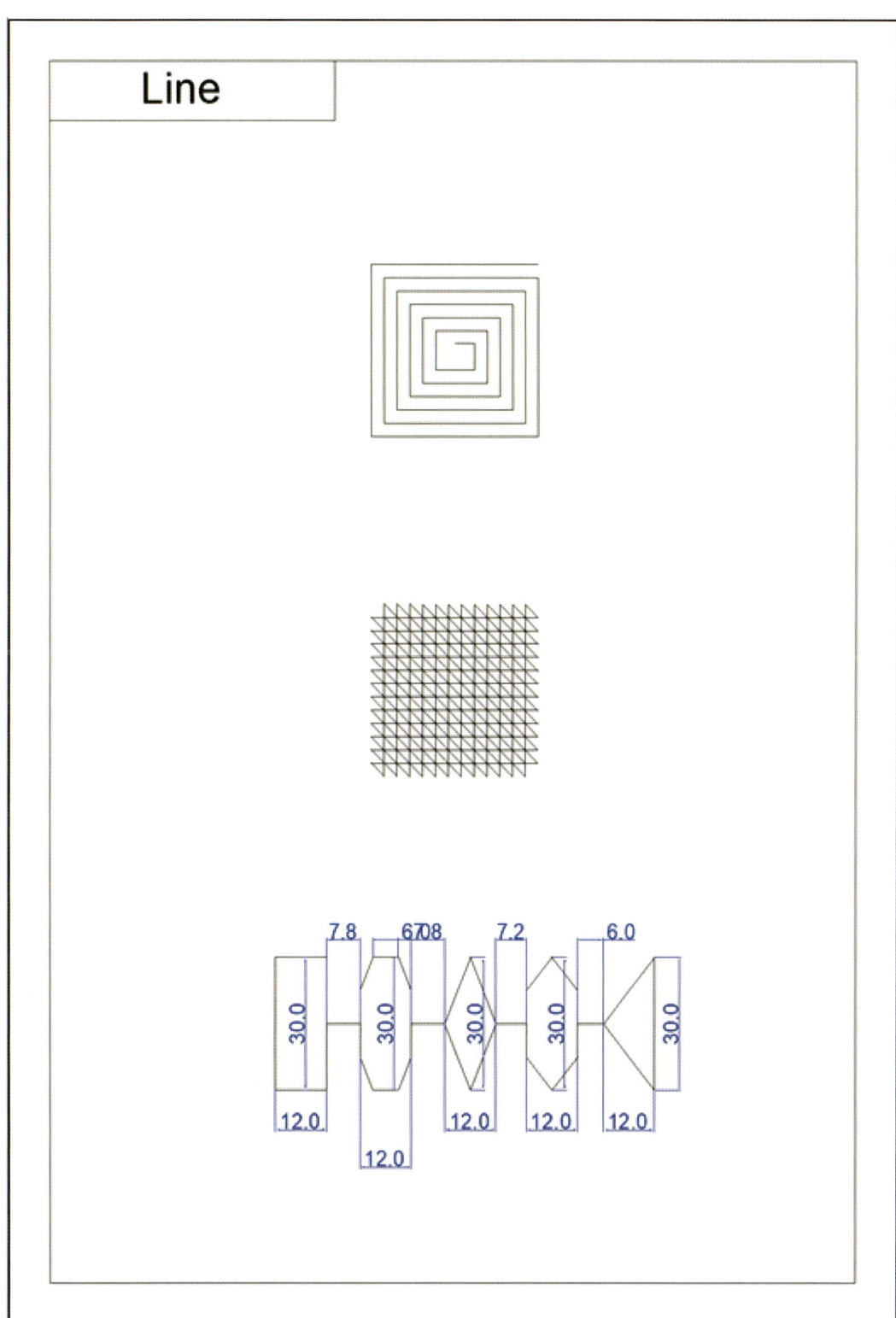

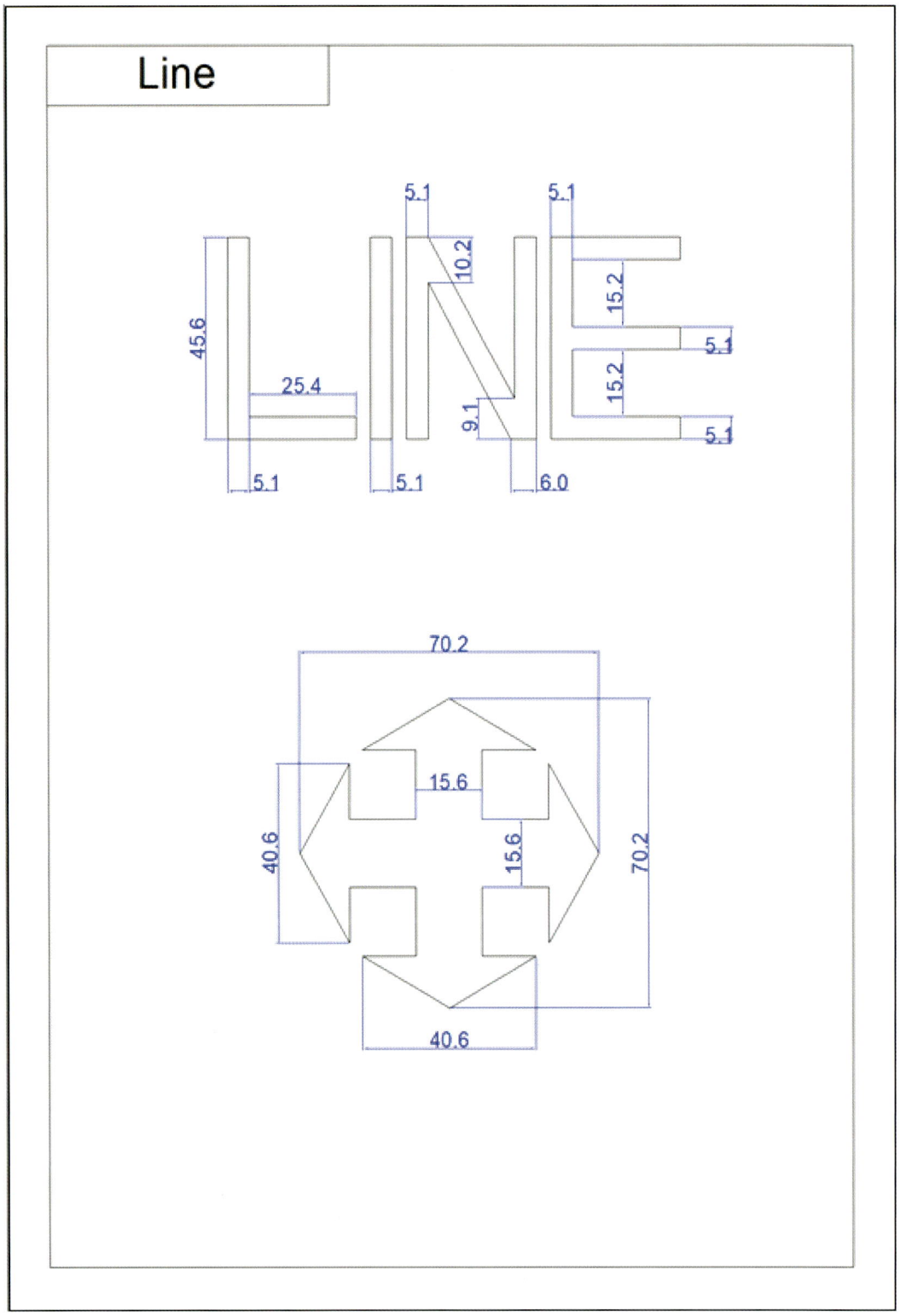

5) 예제 실습 - 선(Line) 작성

Line 명령을 사용하여 아래 도면을 작성하시오.

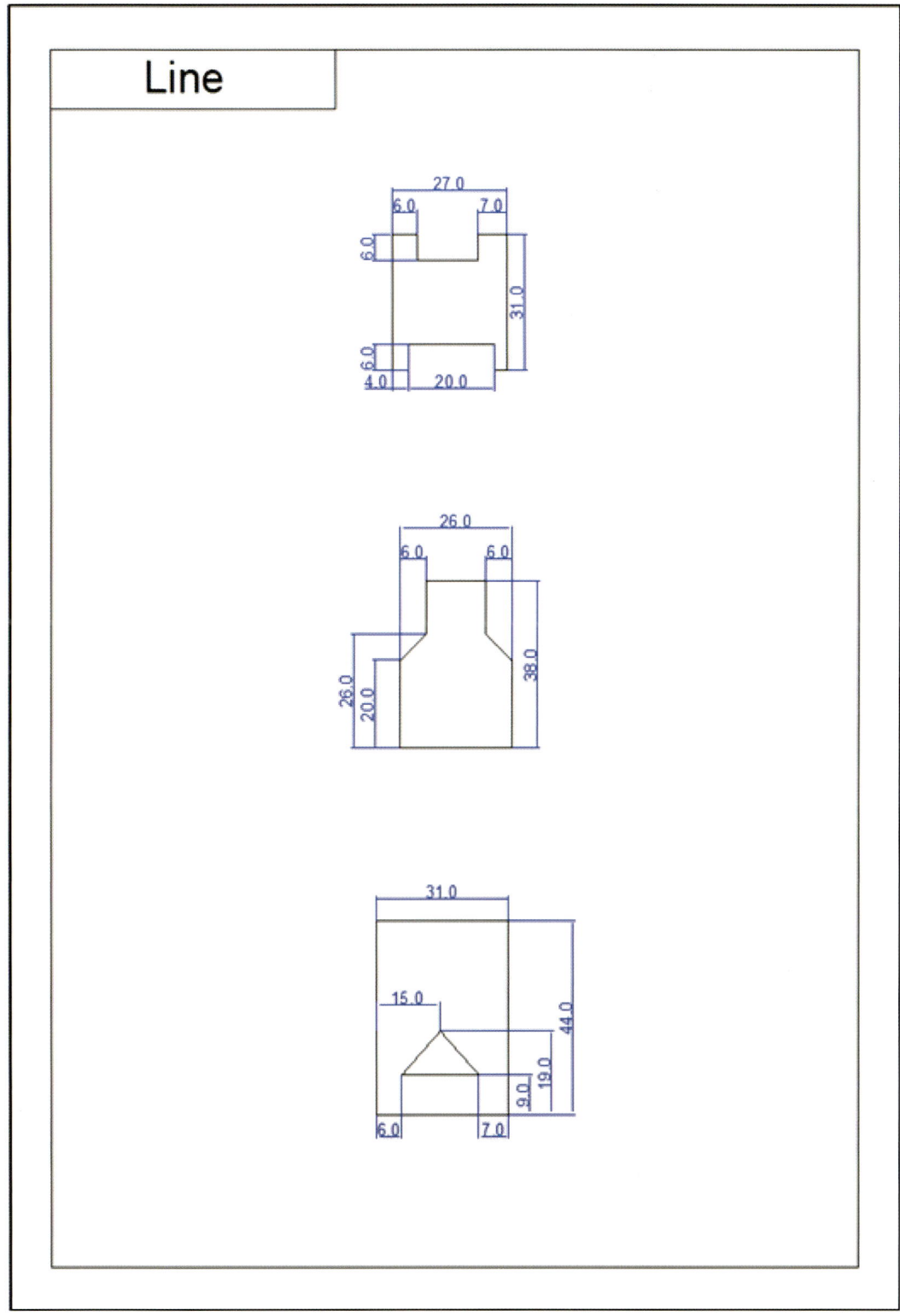

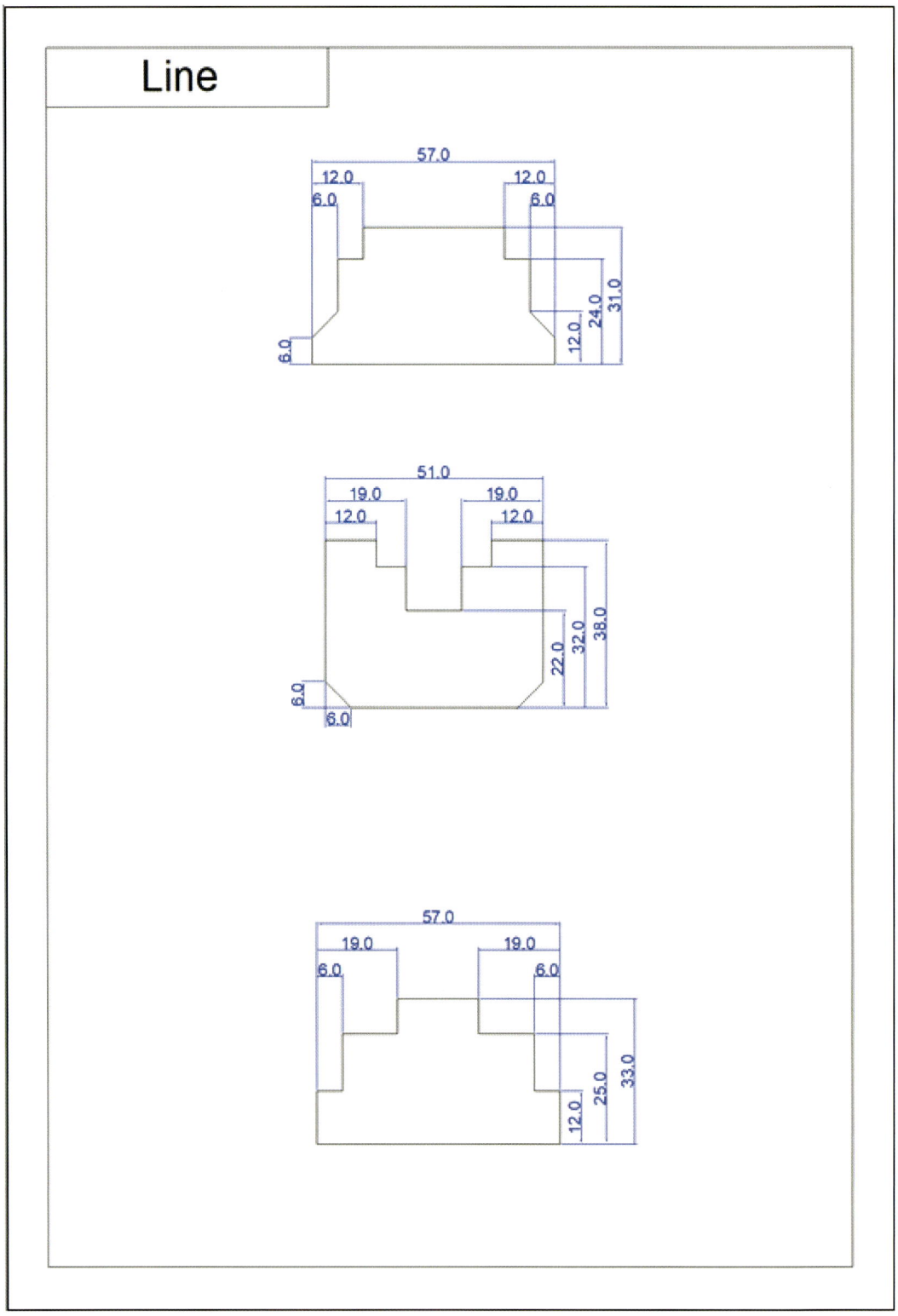

02 중심선 작성

Centerline 명령을 사용하여 중심선을 작성합니다. 중심선의 특정 선 스타일이 자동으로 지정되며 선, 호 및 폴리선 세그먼트 쌍 사이에 작성됩니다.

1) 중심선 작성하기

① **홈 〉 주석 〉 중심선**을 클릭하거나 **Centerline**을 입력합니다.
② 첫 번째 도면요소를 지정합니다.
③ 동일한 유형의 두 번째 도면요소(직선 또는 곡선)를 지정합니다.
④ 선, 호 또는 폴리선 세그먼트 쌍을 추가하려면 ②와 ③을 반복합니다.
   이전에 작성한 중심선을 실행 취소하려면 **실행 취소** 옵션을 지정합니다.
⑤ Enter를 눌러 명령을 마칩니다.

2) 중심선 확장 설정하기

① 명령 프롬프트에 **Options**를 입력합니다.
② **도면 설정 〉 중심선 설정**을 선택합니다.
③ **확장**에서 확장할 값을 지정합니다.

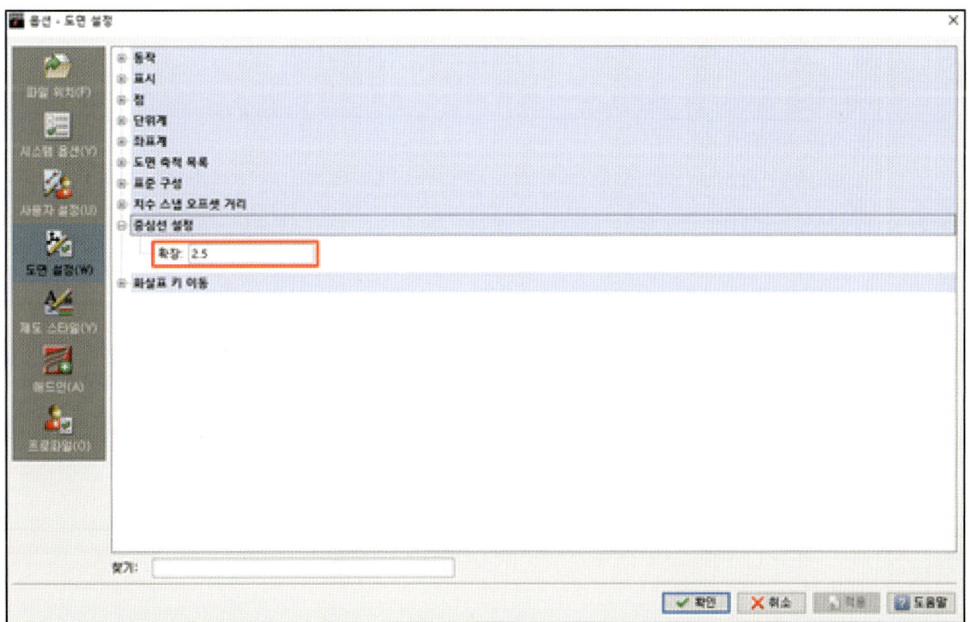

④ **적용 〉 확인**을 클릭합니다.

> **엑서스**
> 명령 : Centerline
> 메뉴 : 홈 〉 그리기 〉 중심선

03 다중선 작성

RichLine을 사용하여 2-6개의 평행 선형 도면요소를 작성할 수 있습니다. **RichLineStyle**에서 RichLine의 스타일을 작성하고 설정 할 수 있습니다.

1) 다중선 도면요소 작성하기

① **홈 〉 그리기 〉 다중선**을 클릭하거나 **RichLine**을 입력합니다.
② 그래픽 영역에서 **시작점**과 **다음 점**을 순서대로 클릭하여 지정합니다.
③ **Enter**를 눌러 명령을 마칩니다.

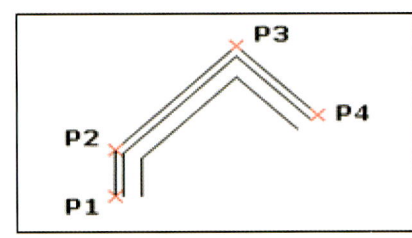

2) 다중선 작성 시 자리맞춤 옵션 포함하기

자리맞춤 옵션을 설정하면 RichLine이 활성 RichLine 스타일에서 설정한 오프셋을 기준으로 작성됩니다.

① **홈 〉 그리기 〉 다중선**을 클릭하거나 **RichLine**을 입력합니다.
② **자리맞춤** 옵션을 지정합니다.
③ 옵션을 지정합니다.
  - **맨 아래** : 지정한 정점에서 가장 음으로 오프셋 된 선 요소로, 선택한 점 위에 RichLine 세그먼트를 작성합니다.
  - **맨 위** : 지정한 정점에서 가장 양으로 오프셋 된 선 요소로, 선택한 점 아래 RichLine 세그먼트를 작성합니다.
  - **0** : 선택한 세그먼트 점을 통과하는 중심선을 정의합니다.
④ 그래픽 영역에서 **시작점**과 **다음 점**을 순서대로 클릭하여 지정합니다.
⑤ **Enter**를 눌러 명령을 마칩니다.

3) 다중선의 폭 수정하기

① **홈 〉 그리기 〉 다중선**을 클릭하거나 **RichLine**을 입력합니다.
② **배율** 옵션을 지정합니다.
③ 배율 인수 값을 입력합니다.
④ 그래픽 영역에서 **시작점**과 **다음 점**을 순서대로 클릭하여 지정합니다.
⑤ **Enter**를 눌러 명령을 마칩니다.

4) RichLine 작성 시 스타일 선택하기

① **홈 〉 그리기 〉 다중선**을 클릭하거나 **RichLine**을 입력합니다.
② **스타일** 옵션을 지정합니다.

③ 스타일 이름을 입력하거나 옵션을 지정하여 **RichLine 스타일** 목록을 표시합니다.
④ 그래픽 영역에서 **시작점**과 **다음 점**을 순서대로 클릭하여 지정합니다.
⑤ **Enter**를 눌러 명령을 마칩니다.

> **엑서스**
> 명령 : RichLine
> 메뉴 : 홈 〉그리기 〉다중선

5) RichLineStyle 작성하기

① **홈 〉주석 〉RichLine 스타일**을 클릭하거나 **RichLineStyle**을 입력합니다.
② **스타일**에서 **새로 만들기**를 클릭합니다.

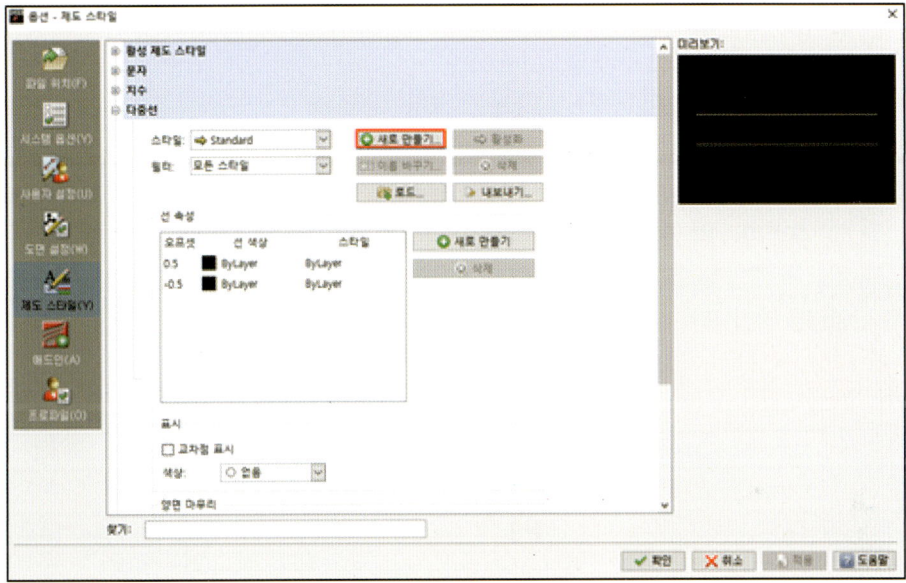

③ 새 **RichLineStyle** 작성 대화 상자에서 새 이름을 입력합니다.
④ **확인**을 클릭합니다.

04 폴리선 작성

폴리선은 선이나 연결된 호 세그먼트로 구성된 도면요소입니다.

폭과 채우기 설정이 각기 다른 세그먼트로 폴리선을 작성할 수 있으며 폴리선의 기본 세그먼트 유형은 선형 세그먼트입니다.

1) 폴리선 작성하기

① **홈 > 그리기 > 폴리선**을 클릭하거나 **PolyLine**을 입력합니다.
② 그래픽 영역에서 클릭하여 폴리선의 첫 번째 세그먼트의 **시작점**을 설정합니다.
③ 다음 세그먼트에 대한 옵션을 지정합니다.
- **호** : 세그먼트 유형을 호로 변경합니다.
- **각도** : 호 세그먼트를 시작점으로부터의 그 각도를 통해 정의합니다.
- **중심** : 호 세그먼트를 그 중심으로부터 정의합니다.
- **방향** : 호 세그먼트를 시작점의 접선 방향을 통해 정의합니다.
- **반폭** : 세그먼트 끝점을 기준으로 대칭으로 폭을 지정합니다.
- **선** : 세그먼트 유형을 선으로 변경합니다.
- **반지름** : 호 세그먼트를 그 반지름으로부터 정의합니다.
- **실행 취소** : 이전 세그먼트를 취소합니다.
- **폭** : 다음 폴리선 세그먼트의 시작 및 끝 폭을 지정하여 두꺼운 선이나 호를 작성합니다.

④ 그래픽 영역을 클릭하여 세그먼트 **끝점**을 지정합니다.
⑤ 다음 중 하나를 수행합니다.
- ③, ④에 따라 각 연속 세그먼트를 지정합니다.
- 최소 두 개의 세그먼트를 지정한 후 **닫기** 옵션을 사용하여 닫힌 폴리선을 작성하거나 **Enter**를 눌러 명령을 마칩니다.

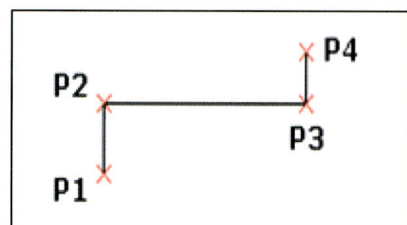

2) 폴리선을 작성하는 동안 채워진 세그먼트 작성하기

① **홈 > 그리기 > 폴리선**을 클릭하거나 **PolyLine**을 입력합니다.
② 그래픽 영역에서 클릭하여 폴리선의 첫 번째 세그먼트의 **시작점**을 지정합니다.
③ 폭 옵션을 지정합니다.
④ 세그먼트의 **시작 폭**을 입력합니다.
⑤ 세그먼트의 **끝 폭**을 입력합니다.
⑥ 그래픽 영역을 클릭하여 세그먼트 **끝점**을 지정합니다.

> **엑서스**
> 명령 : PolyLine
> 메뉴 : 홈 > 그리기 > 폴리선

05 다각형 작성

Polygon 명령을 사용하여 3개에서 1024개까지의 균등 길이 변으로 이루어진 폴리선을 작성합니다.

1) 다각형 작성하기

① **홈 > 그리기 > 다각형**을 클릭하거나 Polygon을 입력합니다.
② 다각형의 **변 개수**를 입력합니다.
③ 그래픽 영역에서 다각형의 중심을 클릭합니다.
④ 거리 옵션 **구석** 또는 **측면** 옵션을 지정합니다.
   - 구석(내접) : 구석에서 접하는 원 안에 다각형을 둘러쌉니다.
   - 측면(외접) : 변에서 원과 접하는 다각형으로 원을 둘러쌉니다.

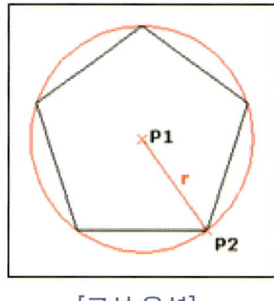 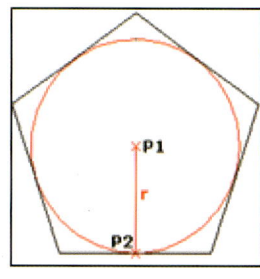

[구석 옵션]　　　　　　　　[측면 옵션]

⑤ 그래픽 영역에서 점을 지정하여 반지름을 정의하거나 명령 프롬프트에 점을 입력합니다.
⑥ 변 시작점과 변 길이를 지정합니다.

> **엑서스**
> 명령 : Polygon
> 메뉴 : 홈 > 그리기 > 다각형

2) 예제 연습 – 다각형(Polygon) 작성

Polygon 명령을 사용하여 아래 도면을 작성하시오.

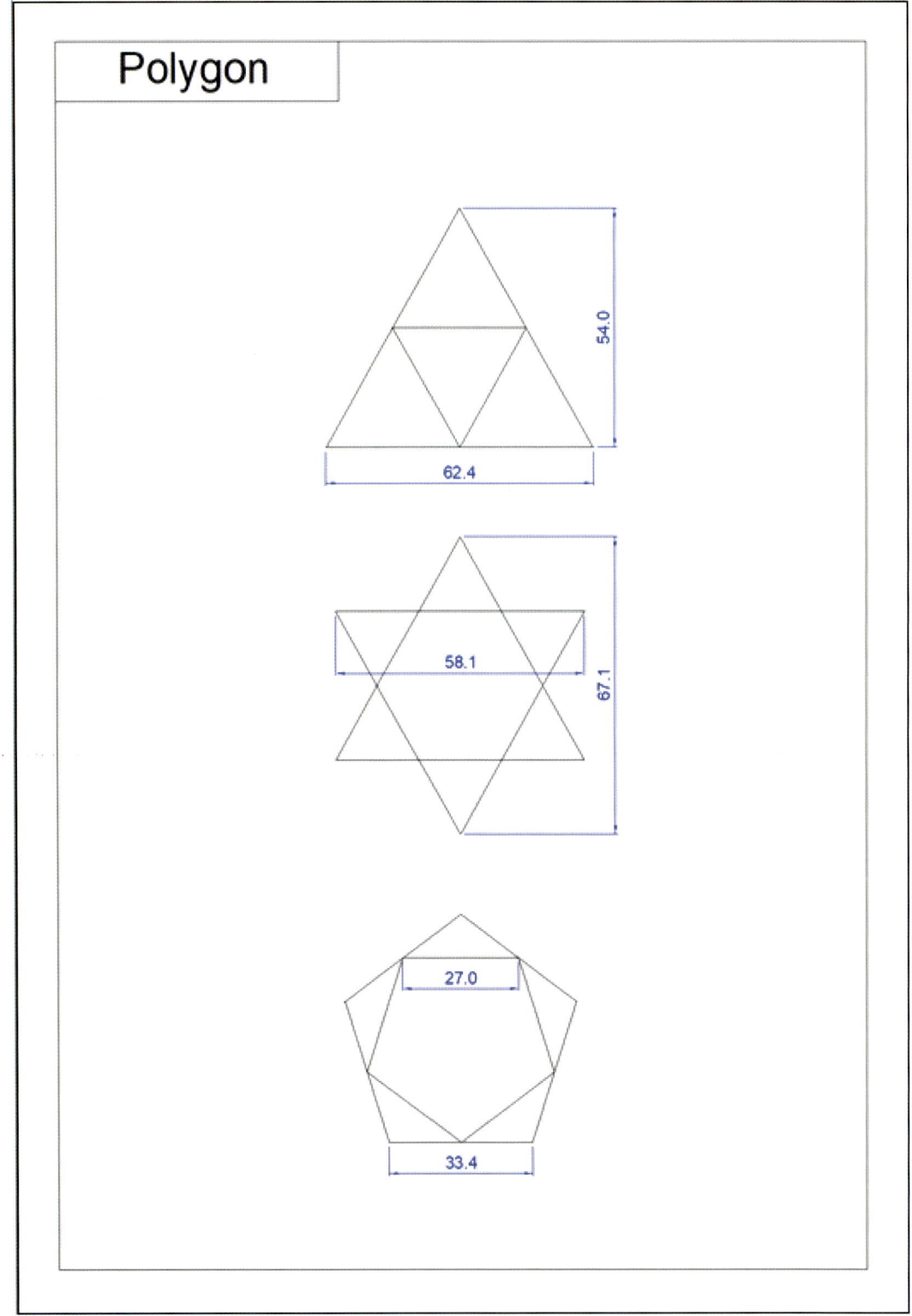

Polygon

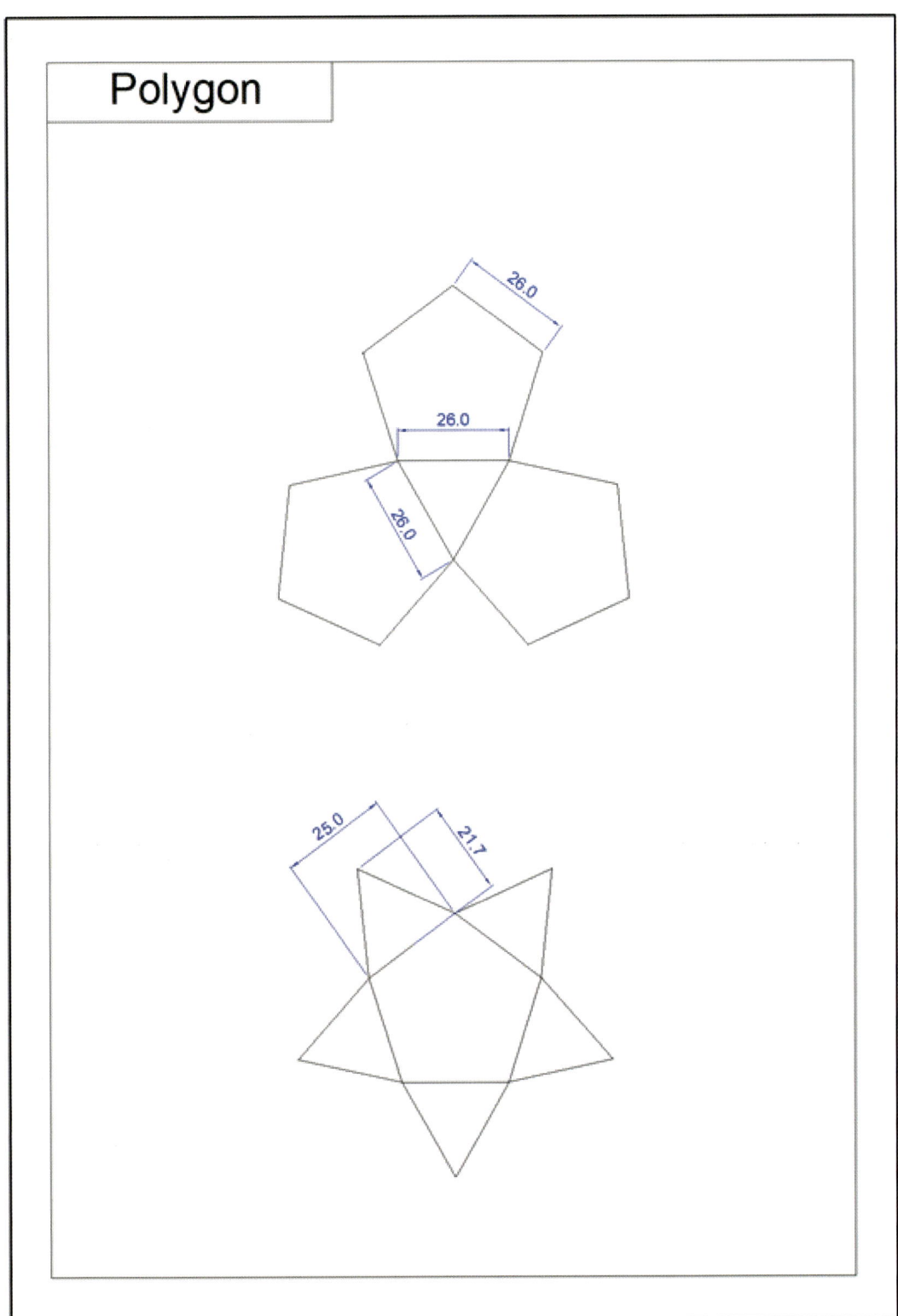

06 직사각형 작성

Rectangle 명령을 사용하여 평면에서 원하는 크기와 방향으로 구석을 직각의 형태로 하거나 필렛(Fillet), 또는 모따기(Chamfer)를 하여 직사각형을 작성할 수 있습니다.

1) 직사각형 작성하기

① **홈 〉 그리기 〉 직사각형**을 클릭하거나 **Rectangle**을 입력합니다.

② 그래픽 영역을 클릭하여 직사각형의 **시작점**을 정의하거나 다음 옵션을 지정합니다.

- **모따기** : 각 구석의 모따기 거리를 지정할 수 있습니다.
- **고도** : 직사각형의 3D 고도를 지정할 수 있습니다.
- **필렛** : 각 구석의 필렛 반지름을 지정할 수 있습니다.
- **두께** : 직사각형 벽의 3D 두께를 지정할 수 있습니다.
- **선 폭** : 직사각형 벽의 2D 선의 폭을 지정할 수 있습니다.

③ 그래픽 영역을 클릭하여 직사각형의 **반대 점**을 선택하거나 다음 옵션을 지정합니다.

- **면적** : 직사각형을 면적과 길이 또는 폭으로 정의합니다.
- **치수** : 길이와 폭으로 직사각형을 정의합니다.
- **회전** : 반대 구석을 지정하기 전에 각도를 지정하여 직사각형의 길이 변을 회전합니다.

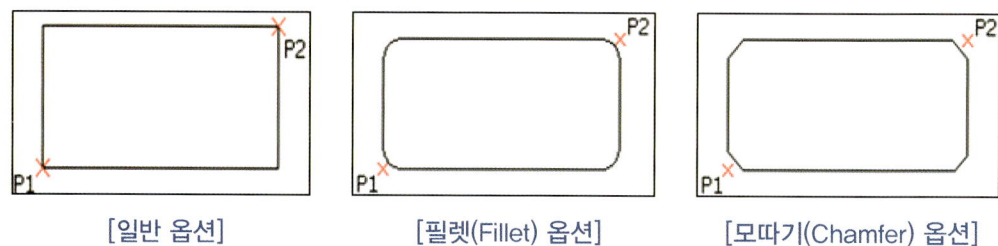

[일반 옵션]   [필렛(Fillet) 옵션]   [모따기(Chamfer) 옵션]

엑서스

명령 : Rectangle
메뉴 : 홈 〉 그리기 〉 직사각형

2) 예제 연습 – 직사각형(Rectangle) 작성

Rectangle 명령을 사용하여 아래 도면을 작성하시오.

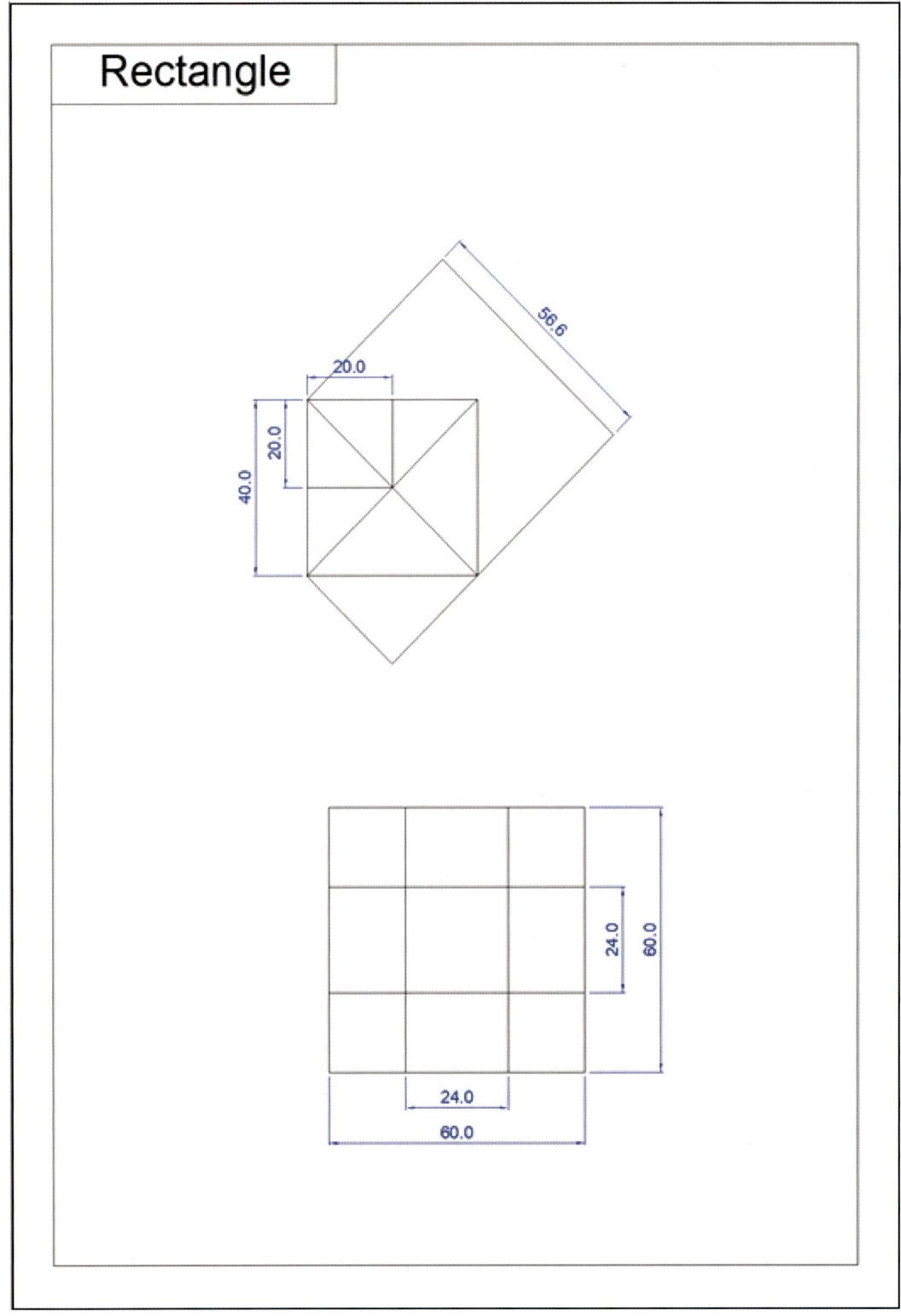

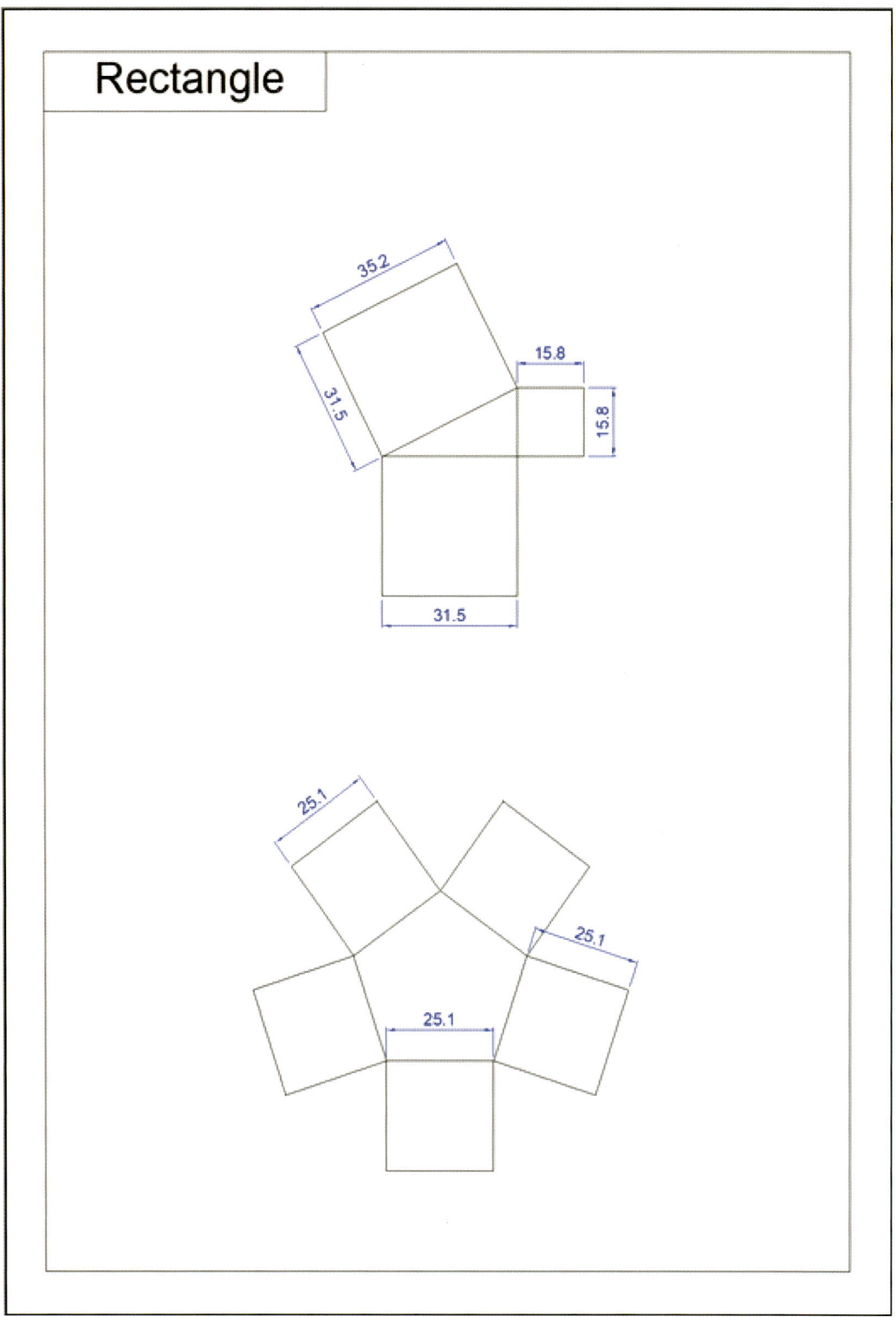

07 호 작성

Arc 명령을 사용하여 원하는 길이나 반지름을 지정하여 호를 작성할 수 있습니다.

호를 다른 선, 폴리선, 또는 호 요소에 추가할 수도 있으며, 모든 호는 시작점으로부터 양의 수평 방향으로 작성합니다.

1) 세 점을 지정하여 호 작성하기

① **홈 〉 그리기 〉 호**를 클릭하거나 **Arc**를 입력합니다.
② 그래픽 영역을 클릭하여 **시작점, 통과점, 끝점**을 순서대로 클릭하여 호를 작성합니다.

2) 중심점을 지정하여 호 작성하기

① 홈 〉 그리기 〉 호를 클릭하거나 Arc를 입력하고 중심 옵션을 지정합니다.
② 그래픽 영역을 클릭하여 **중심점, 시작점, 끝점**을 순서대로 클릭하여 호를 작성합니다.

> **엑서스**
> 명령 : Arc
> 메뉴 : 홈 〉 그리기 〉 호

3) 예제 연습 - 호(Arc) 작성

Arc 명령을 사용하여 아래 도면을 작성하시오.

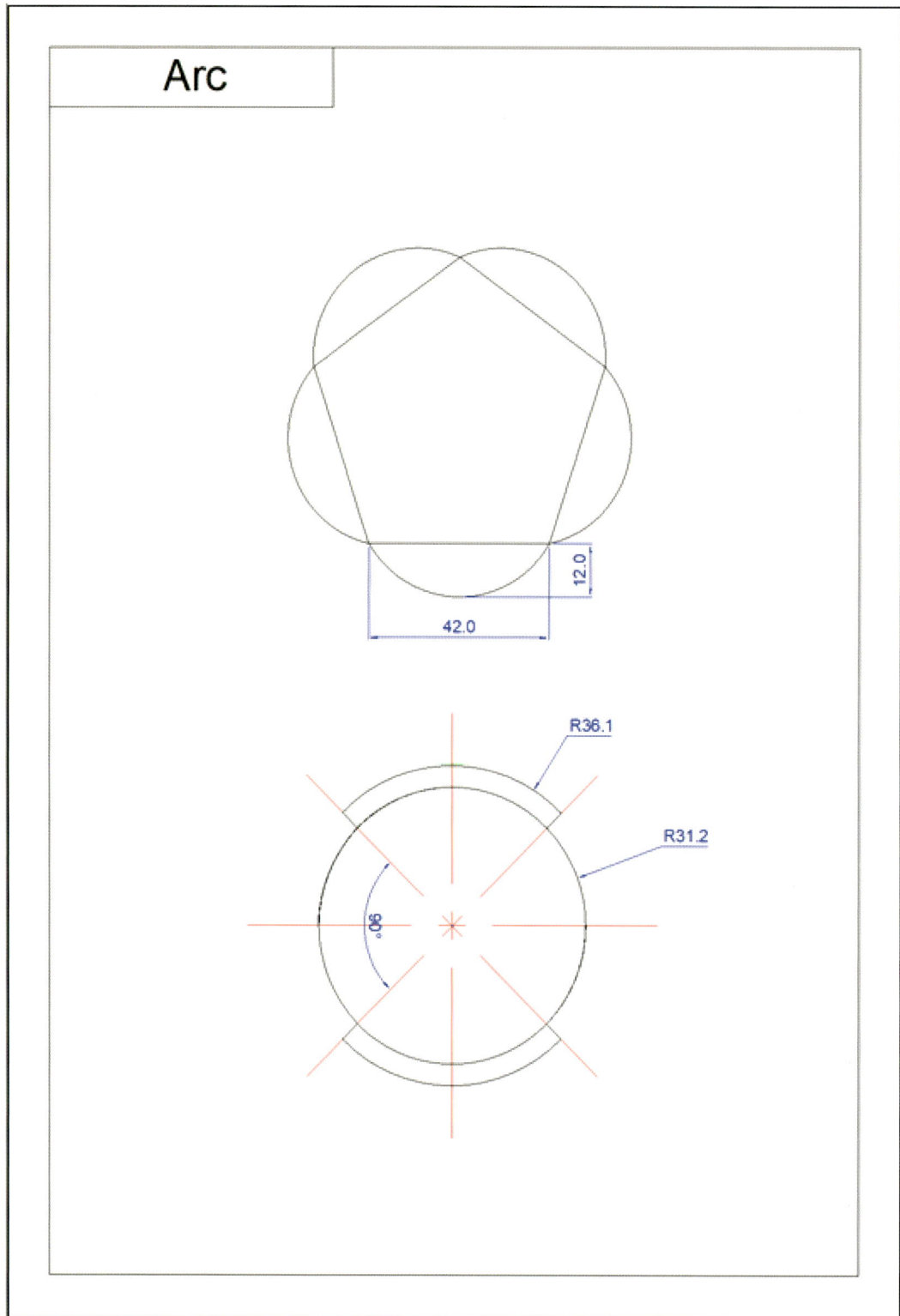

4) 예제 실습 - 호(Arc) 작성

Arc 명령을 사용하여 아래 도면을 작성하시오.

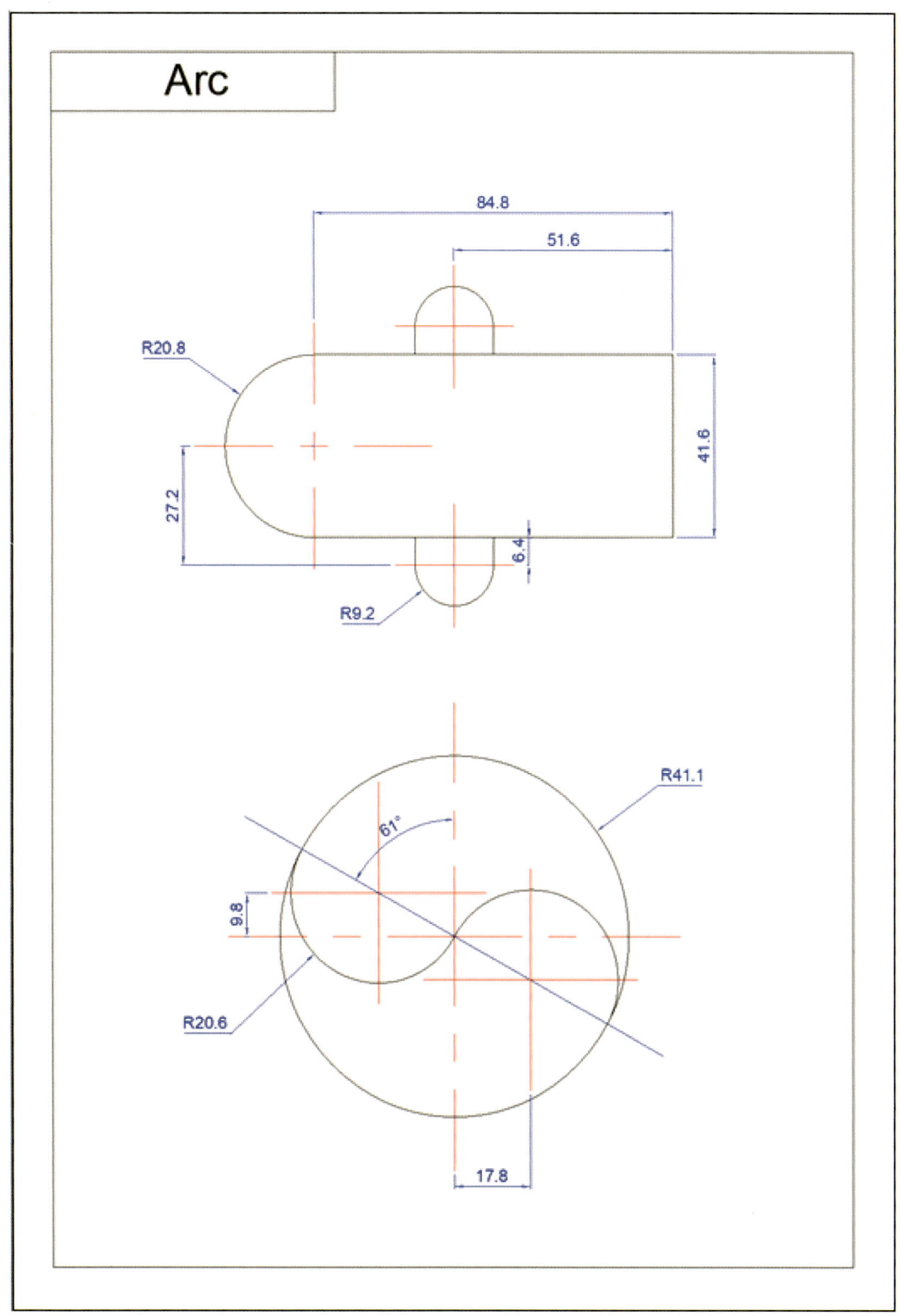

08 원 작성

Circle 명령을 사용하여 원을 작성할 수 있으며, 작성 방법에는 다음과 같은 방법이 있습니다.

1) 중심점과 반지름을 지정하여 원 작성하기

① **홈 > 그리기 > 원**을 클릭하거나 Circle을 입력합니다.
② 그래픽 영역에서 원의 **중심점**과 **반지름**을 순서대로 명령 프롬프트에 입력합니다.

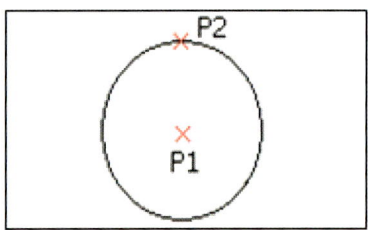

2) 중심점과 지름을 지정하여 원 작성하기

① **홈 > 그리기 > 원 > 중심, 지름**을 클릭합니다.
② 그래픽 영역에서 원의 **중심점**과 **지름**을 순서대로 명령 프롬프트에 입력합니다.

3) 세 점을 지정하여 원 작성하기

① **홈 > 그리기 > 원 > 3 점**을 클릭하거나 Circle을 입력한 후 **3점** 옵션을 지정합니다.
② 그래픽 영역에서 원의 점을 정의하는 세 점을 선택합니다.

4) 지름을 정의하는 두 점을 지정하여 원 작성하기

① **홈 > 그리기 > 원 > 2 점**을 클릭하거나 Circle을 입력한 후 **2점** 옵션을 지정합니다.
② 그래픽 영역에서 지름을 정의하는 두 점을 선택합니다.

5) 두 개의 대상 도면요소와 반지름을 정의하여 원 작성하기

① **홈 > 그리기 > 원 > 접점, 접점, 반지름**을 클릭하거나 Circle을 입력한 후 **TTR** 옵션을 지정합니다.
② 그래픽 영역에서 원에 접한 선을 정의하는 두 개의 선형 도면요소에서 각각 점을 선택합니다.
③ 반지름이 되는 두 점을 클릭하거나 명령 프롬프트에 반지름을 입력합니다.

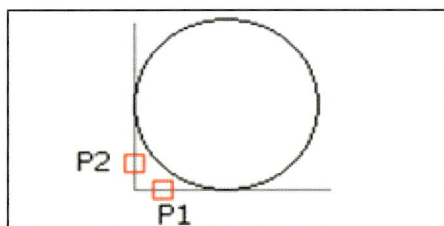

6) 세 개의 선에 접한 원 작성하기

① **홈 〉그리기 〉원 〉접점, 접점, 접점**을 클릭하거나 **Circle**을 입력한 후 **TTT** 옵션을 지정합니다.

② 그래픽 영역에서 원에 접한 선을 정의하는 세 개의 선형 도면요소에서 점을 선택합니다.

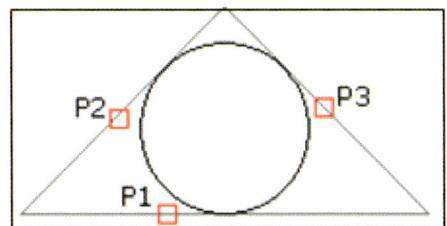

엑서스
명령 : Circle
메뉴 : 홈 〉그리기 〉원

7) 예제 연습 - 원(Circle) 작성

Circle 명령을 사용하여 아래 도면을 작성하시오.

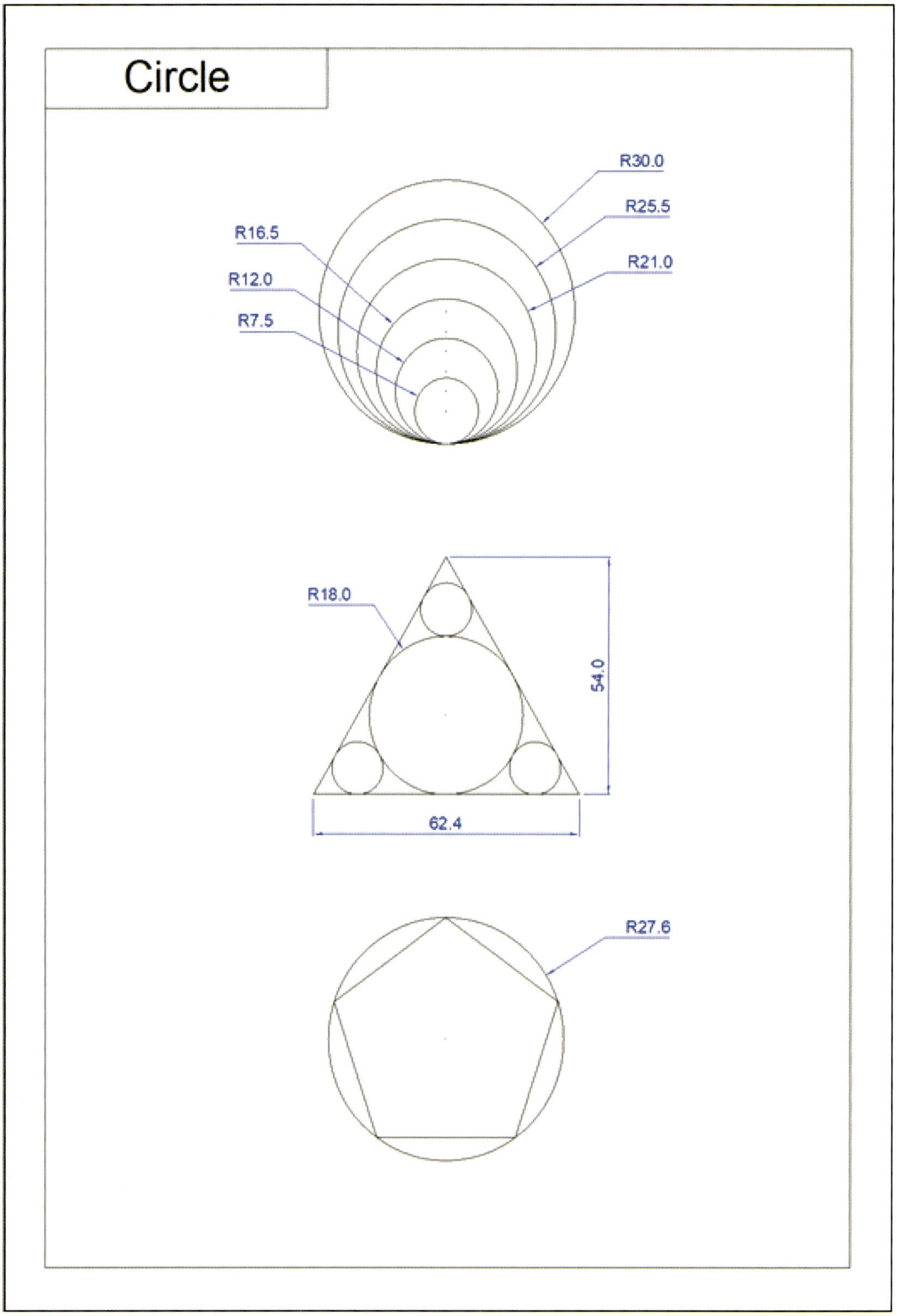

Circle

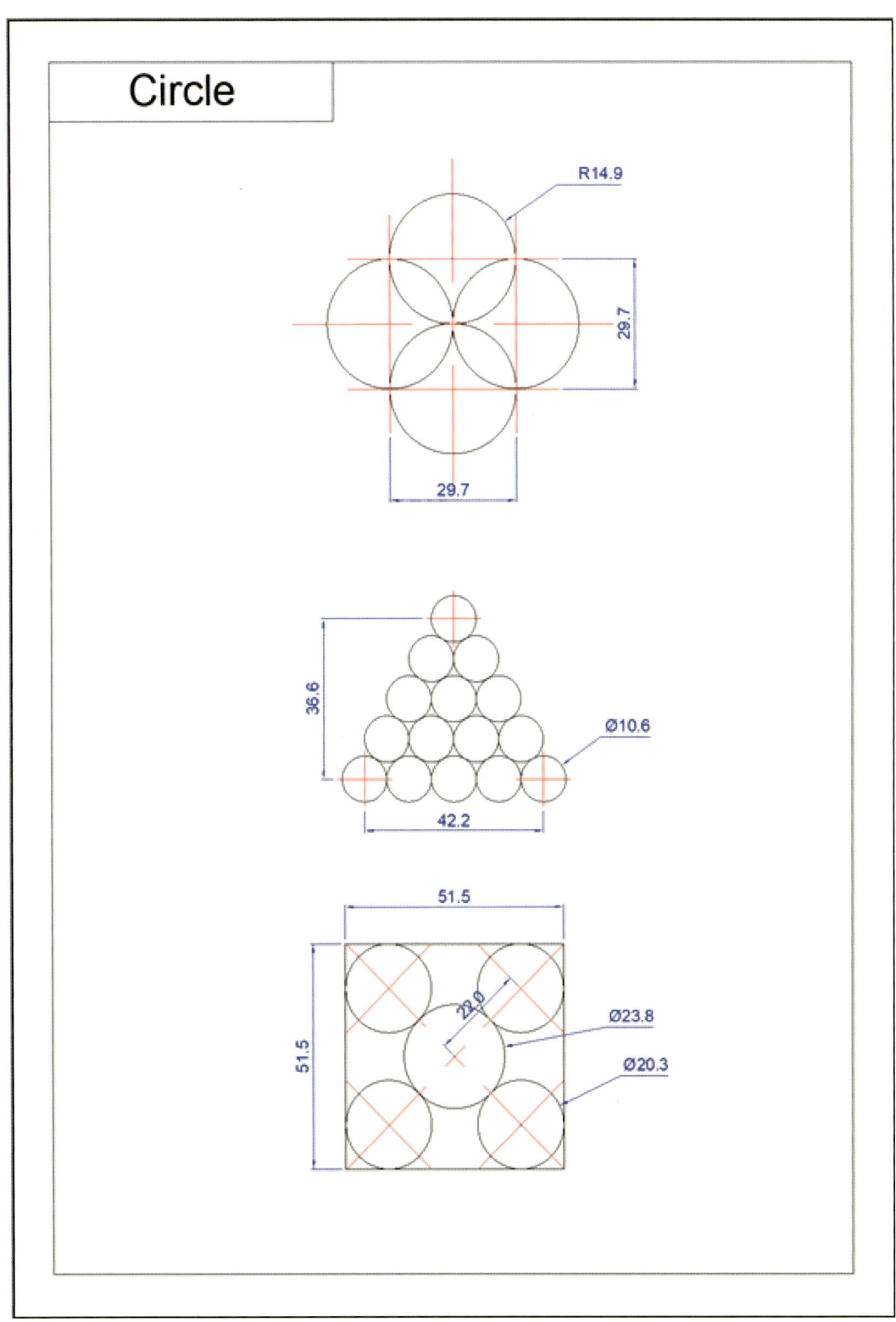

8) 예제 실습 - 원(Circle) 작성

Circle 명령을 사용하여 아래 도면을 작성하시오.

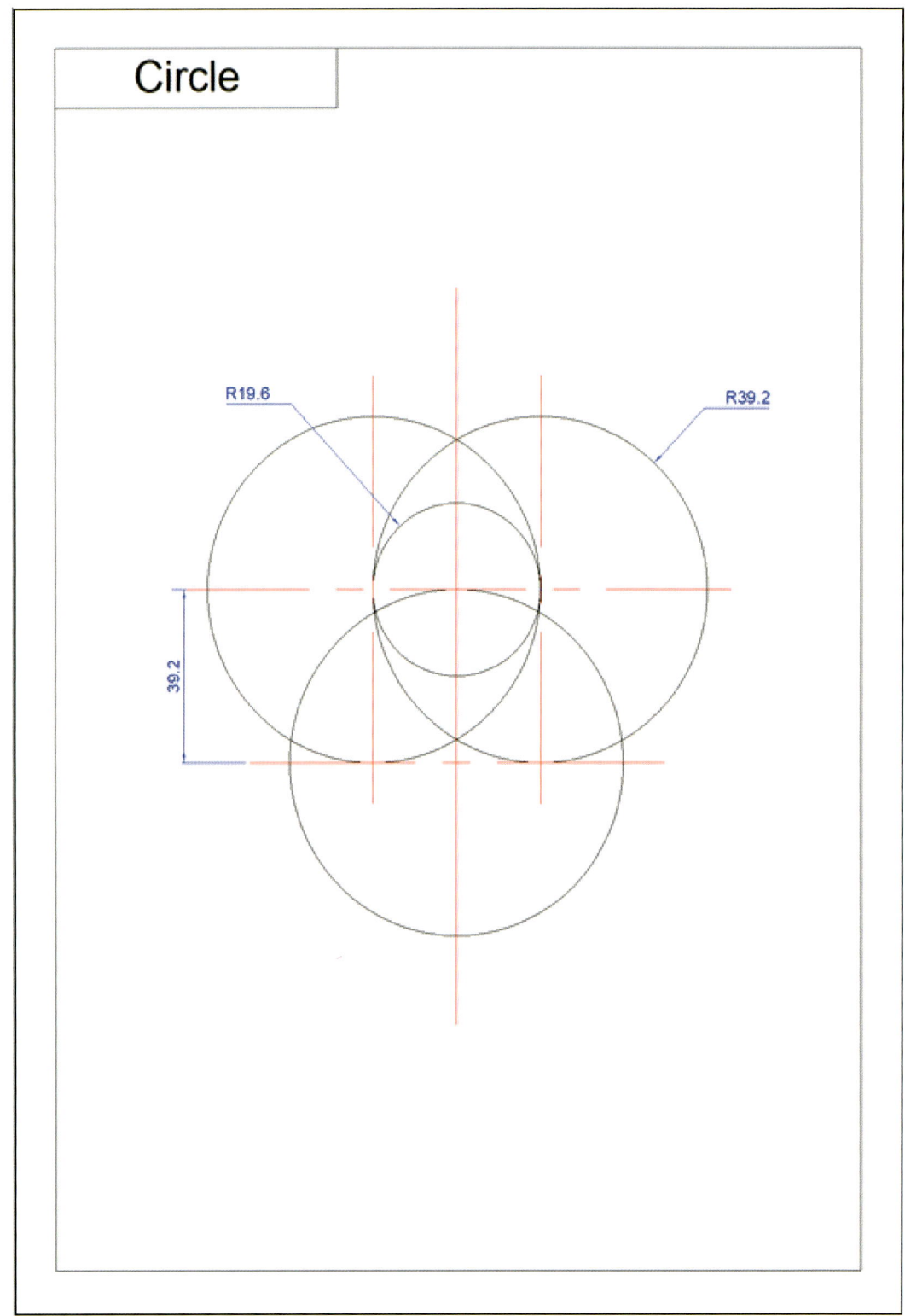

09 링 작성

Ring 명령을 사용하여 두 동심원의 지름을 지정하고 원 사이의 영역을 채워 임의의 두께의 링을 작성할 수 있습니다.

1) 링과 채워진 원 작성하기

① **홈 〉 그리기 〉 링**을 클릭하거나 **Ring**을 입력합니다.
② 내부 지름 값을 지정합니다. 채워진 원을 정의하려면 **0**을 입력합니다.
③ 외부 지름 값을 입력합니다.
④ 그래픽 영역에서 클릭하여 링의 중심점을 지정합니다.
⑤ **Enter**를 눌러 명령을 끝내거나 다음 중 하나를 수행합니다.

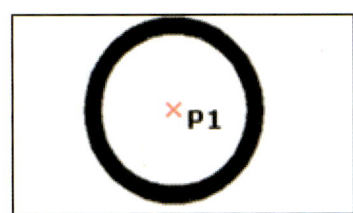

엑서스
명령 : Ring
메뉴 : 홈 〉 그리기 〉 링

10 타원 및 타원형 호 작성

Ellipse 명령을 사용하여 원하는 크기로 타원이나 타원형 호를 작성할 수 있습니다.

1) 중심점과 수직축의 반지름을 지정하여 타원 작성하기

① **홈 〉그리기 〉타원 〉중심**을 클릭하거나 **Ellipse**를 입력한 후 **중심** 옵션을 지정합니다.
② 그래픽 영역에서 타원의 **중심점**과 **축 끝점**을 순서대로 명령 프롬프트에 입력합니다.
③ 다른 축 끝점(수직축의 반지름)을 지정하거나 **회전 옵션**을 지정합니다.
   - **회전** : 단축에 대한 장축의 비율로 정의한 각도를 통해 타원 지정을 지정합니다.

2) 끝점으로 정의한 축과 수직축의 반지름을 지정하여 타원 작성하기

① **홈 〉그리기 〉타원 〉축, 끝**을 클릭하거나 **Ellipse**를 입력합니다.
② 그래픽 영역에서 타원의 **축 시작점**과 **축 끝점**을 순서대로 명령 프롬프트에 입력합니다.
③ 다른 축 끝점(수직축의 반지름)을 지정하거나 **회전 옵션**을 지정합니다.

3) 타원형 호 작성하기

① **홈 〉그리기 〉타원 〉타원형 호**를 클릭하거나 **Ellipse**를 입력한 후 **타원형 호** 옵션을 지정합니다.
② 그래픽 영역에서 타원의 **축 시작점**과 **축 끝점**을 순서대로 명령 프롬프트에 입력합니다.
③ 다른 축 끝점(수직축의 반지름)을 지정합니다.
④ 호의 끝점 또는 타원 중심의 광선부터 타원과 광선의 교차점까지의 각도를 입력합니다.
⑤ 호의 다른 끝점에서 타원과 교차하는 타원 중심의 광선 축을 정의하는 각도 또는 **다음 옵션**을 지정합니다.
   - **파라메트릭 벡터** : 전체 타원 영역에 대한 비율을 정의하는 인수로 호를 지정합니다.
   - **각도 합계** : 타원 축으로 정의한 내각에 의해 정의된 광선 기반 타원에서 호의 다른 끝점을 지정합니다.

> **엑서스**
> 명령 : Ellipse
> 메뉴 : 홈 〉그리기 〉타원

4) 예제 연습도면 - 타원형 호(Ellipse) 작성

Ellipse 명령을 사용하여 아래 도면을 작성하시오.

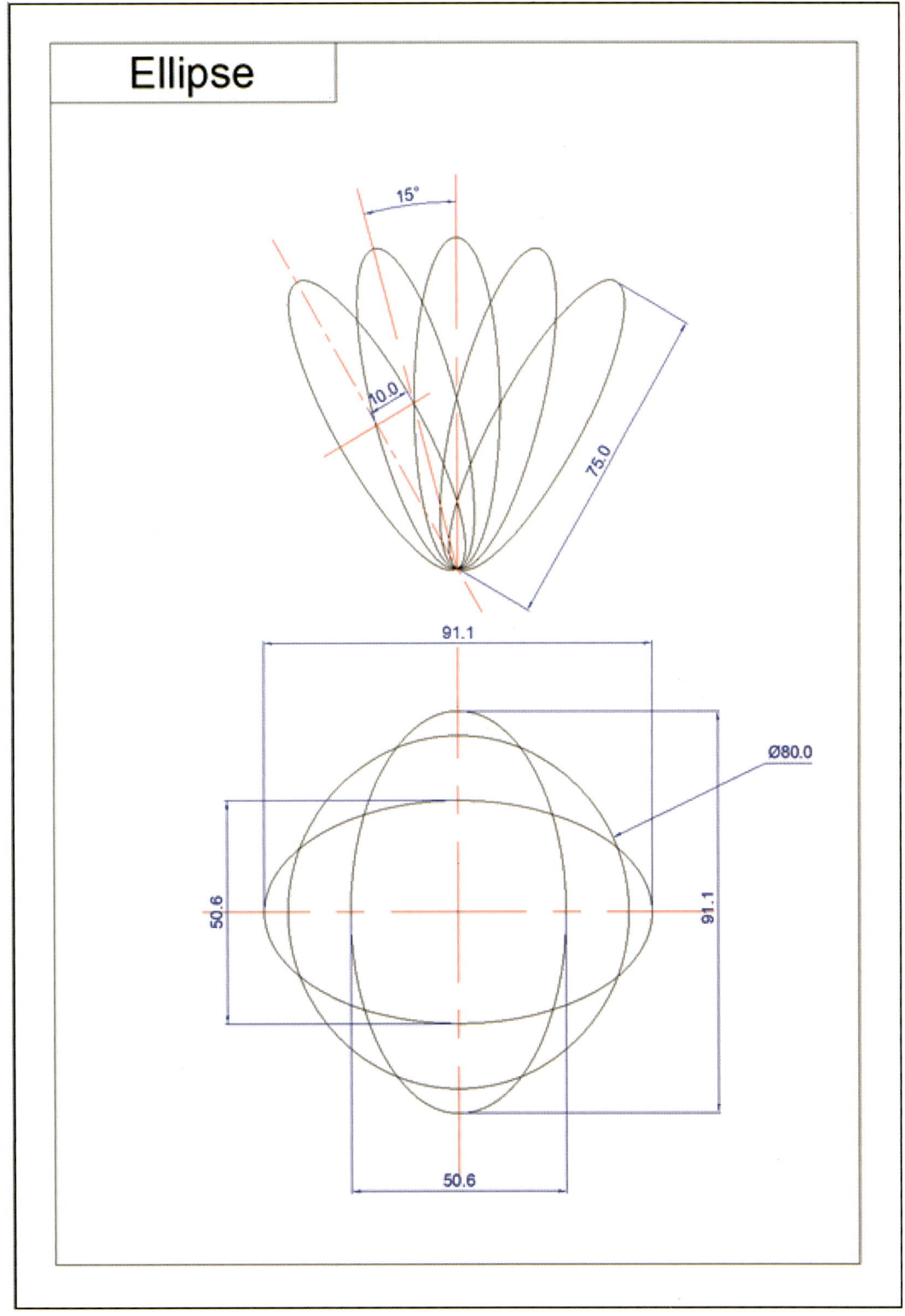

5) 실습연습 - 타원형 호(Ellipse) 작성

Ellipse 명령을 사용하여 아래 도면을 작성하시오.

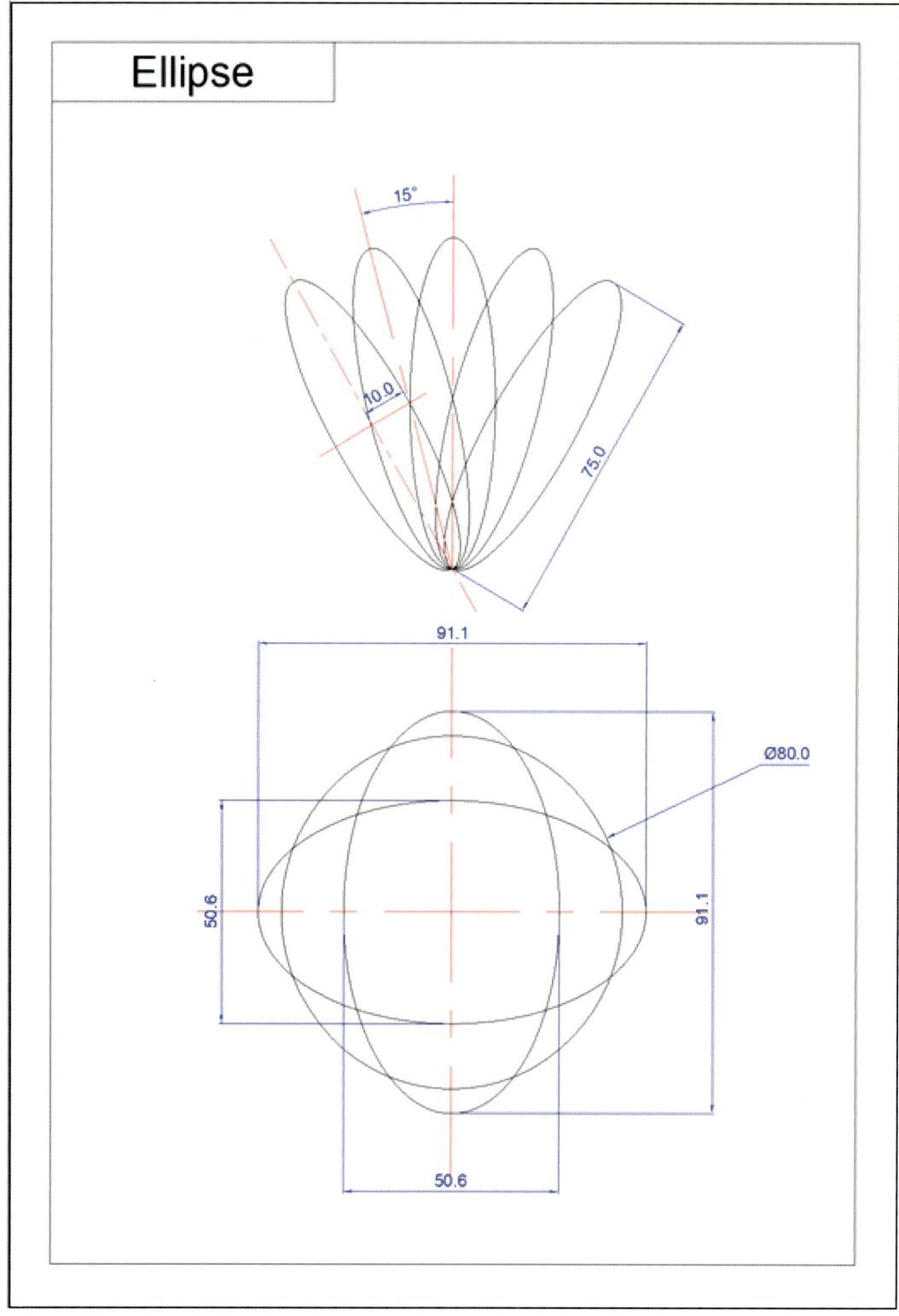

11 스플라인 작성

Spline 명령은 점 세트에 맞는 완만한 곡선으로, 맞춤점 개수가 정해지지 않은 스플라인 또는 NURBS 곡선을 작성할 수 있습니다.

스플라인을 지정한 공차 값 내의 지정한 점으로 맞출 수도 있습니다.

1) 스플라인 작성하기

① **홈 > 그리기 > 스플라인**을 클릭하거나 **Spline**을 입력합니다.
② 그래픽 영역에서 클릭하여 스플라인의 **시작점**과 다음 **맞춤점**을 순서대로 지정합니다.
③ 다음 중 하나를 수행합니다.
- 그래픽 영역에서 연속 점을 클릭하여 스플라인을 이어갑니다.
- **맞춤 공차** 옵션을 지정하여 맞춤 공차를 정의하고 다른 스플라인 점을 클릭하거나 입력합니다.

④ 스플라인을 끝내려면 다음 중 하나를 수행합니다.
- **Enter**를 누르고 그래픽 영역에서 클릭하여 곡선의 시작점과 끝점에 접점을 정의합니다.
- **닫기** 옵션을 지정하여 스플라인 곡선을 닫고 그래픽 영역에서 클릭하여 닫기 점에서 곡선에 대한 접점을 정의합니다.

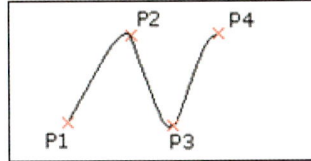 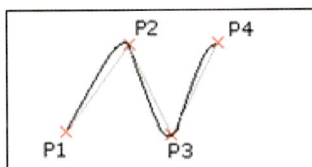 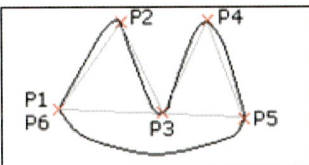

> **참고**
> 맞춤 공차 지정 후 변경하기 전까지는 지정한 맞춤 공차가 모든 맞춤점에 적용됩니다. 맞춤 공차를 0으로 설정하면 스플라인이 맞춤점을 지나치게 됩니다.

> **엑서스**
> 명령 : Spline
> 메뉴 : 홈 > 그리기 > 스플라인

12 2D 나선형 작성

Helix 명령을 사용하여 2D 나선형을 작성합니다.

나선형과 나선은 고유한 도면요소이며, 2D 나선형 경로로 사용하여 나사산, 스프링 및 나선형 계단을 작성할 수 있습니다.

1) 2D 나선형 작성하기

① **홈 〉 그리기 〉 나선**을 클릭하거나 Helix를 입력합니다.
② 그래픽 영역에서 밑면 중심점(P1)을 지정하여 2D 나선형 **중심점**을 정의합니다.
③ 점(P2)을 지정하여 **밑면 반지름**을 정의합니다.
   이 점은 시작점을 정의합니다.
④ **윗면 반지름**(P3)을 지정합니다.
⑤ 나선 **높이**를 0으로 지정합니다.

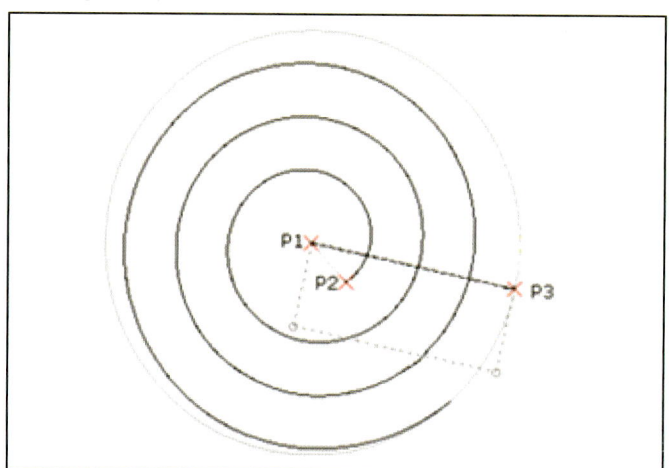

참고
나선형을 작성한 후에는 도면요소 그립이나 속성 팔레트를 사용하여 수정할 수 있습니다.

엑서스
명령 : Helix
메뉴 : 홈 〉 그리기 〉 나선

13 점 작업

점(Point)은 주로 무한선 및 광선과 같이, 도면 보조 도구로 사용되며 **단일 점** 또는 **다중 점** 명령을 사용하여 도면에 점을 추가합니다.

점은 삽입하고 난 후에는 식별이 쉽지 않아, 도면에 점을 삽입하기 전에 점 형식을 설정해야 합니다.

13.1 점 형식 설정

점의 표시 형식과 크기를 설정할 수 있으며 수학적으로는 점은 크기가 없지만, 표시 크기를 지정할 수 있습니다.

1) 점 형식 설정하기

① **홈 > 주석 > 점 스타일**을 클릭하거나 **PointFormat**를 입력합니다.

옵션 대화 상자에서 **도면 설정** 페이지가 열리고 **점**이 확장됩니다.

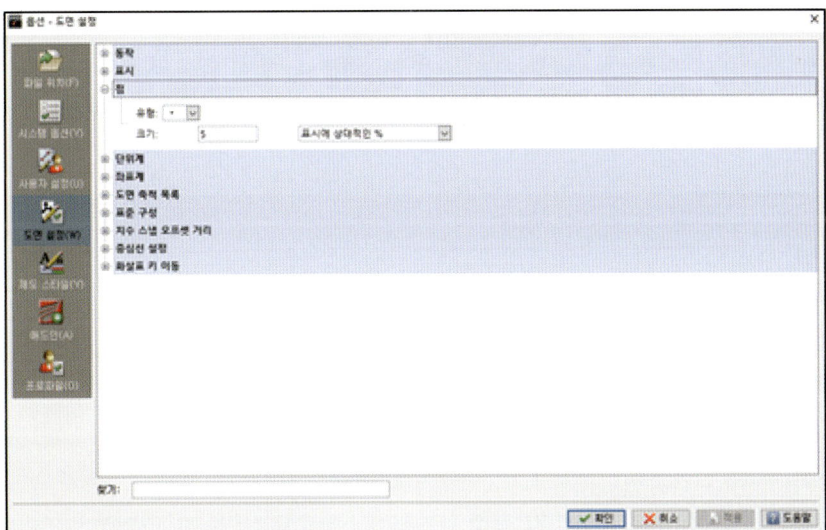

② **유형**에서 점의 표시 형식을 선택합니다.
③ **크기**에서 점의 크기 값을 입력합니다.
④ 다음과 같이 **크기** 옵션을 선택합니다.
  • **절대 단위** : 점 크기가 도면 단위 값으로 설정됩니다.
  • **표시에 상대적인 %** : 점 크기가 표시된 도면 평면에 대한 상대 비율로 설정됩니다.
⑤ **확인**을 클릭합니다.

> **엑서스**
> 명령 : PointFormat
> 메뉴 : 홈 > 주석 > 점 스타일

13.2 점 삽입

Point 명령은 일반적으로 도면의 참조로 사용되는 점을 작성하며 나중에 점이 필요하지 않으면 삭제할 수 있습니다.

점을 다양한 스타일과 크기로 표시할 수 있으며 도면에서 점을 기호로 사용할 수 있습니다.

1) 한 개의 점 삽입하기

① **홈 〉그리기 〉점 〉단일점**을 클릭하거나 **Point**를 입력합니다.
② 그래픽 영역에서 점을 삽입할 위치를 **클릭**하거나 **좌표 값**을 입력합니다.

2) 여러 개의 점 삽입하기

① **홈 〉그리기 〉점 〉다중점**을 클릭하거나 **Point**를 입력한 후 **다중** 옵션을 지정합니다.
② 그래픽 영역에서 점을 삽입할 위치를 클릭하거나 **좌표 값**을 입력합니다.
③ 점 삽입을 마칠 때까지 ②를 반복하고 **Enter**를 눌러 명령을 마칩니다.

> **참고**
> 점을 임시 참조로 사용할 경우에는 도면을 인쇄하거나 플롯하기 전에 점을 삭제하는 대신, 점 스타일을 점 없음으로 설정할 수 있습니다.

> **엑서스**
> 명령 : Point
> 메뉴 : 홈 〉그리기 〉점

13.3 도면요소를 점이나 블록으로 세그먼트별로 표식

MarkDivisions 명령은 도면요소의 길이나 둘레를 따라 균일 간격의 점이나 블록을 삽입합니다.

이 명령을 사용하여 선, 폴리선, 원, 호를 보조점이나 블록을 삽입하고, 균일한 길이의 세그먼트로 **분할**할 수 있습니다.

1) 도면요소를 점으로 세그먼트별로 표식 추가하기

① **홈 〉그리기 〉점 〉마크분할**을 클릭하거나 **MarkDivisions**를 입력합니다.
② 그래픽 영역에서 세그먼트별로 분할할 **도면요소**를 선택합니다.
③ 원하는 세그먼트 개수를 입력합니다. 2 – 32767 사이의 정수 값을 사용합니다.

2) 도면요소를 블록으로 세그먼트별로 표식 추가하기

① **홈 〉그리기 〉점 〉마크분할**을 클릭하거나 **MarkDivisions**를 입력합니다.
② 그래픽 영역에서 세그먼트별로 분할할 도면요소를 선택합니다.
③ **블록** 옵션을 지정합니다.
④ 블록 이름을 입력합니다.

⑤ **예** 또는 **아니오**를 입력하여 표식을 추가할 도면요소에 블록을 정렬합니다.
⑥ 원하는 분할 개수를 입력합니다. 2 – 32767 사이의 정수 값을 사용합니다.

> **엑서스**
> 명령 : MarkDivisions
> 메뉴 : 홈 〉 그리기 〉 점 〉 마크분할

13.4 도면요소를 점이나 블록으로 길이별로 표식

MarkLengths 명령은 도면요소에 측정된 간격으로 점이나 블록을 삽입합니다.

이 명령을 사용하여 선, 폴리선, 원, 호, 기타 도면요소를 보조점이나 블록을 삽입하여 특정 길이의 세그먼트로 분할합니다.

1) 도면요소를 점으로 길이별로 표식 추가하기

① **홈 〉 그리기 〉 점 〉 마크길이**를 클릭하거나 **MarkLengths**를 입력합니다.
② 그래픽 영역에서 표식을 추가할 도면요소를 선택합니다.
③ 값을 입력하여 세그먼트의 길이를 설정하거나 그래픽 영역에서 세그먼트의 **시작점**과 **끝점**을 클릭합니다.

2) 도면요소를 블록으로 길이별로 표식 추가하기

① **홈 〉 그리기 〉 점 〉 마크길이**를 클릭하거나 **MarkLengths**를 입력합니다.
② 그래픽 영역에서 표식을 추가할 도면요소를 선택합니다.
③ **블록** 옵션을 지정합니다.
④ 블록 **이름을** 입력합니다.
⑤ **예** 또는 **아니오**를 입력하여 도면요소에 블록을 정렬합니다.
⑥ 값을 입력하여 세그먼트의 길이를 설정하거나 그래픽 영역에서 세그먼트의 **시작점**과 **끝점**을 클릭합니다.

> **엑서스**
> 명령 : MarkLengths
> 메뉴 : 홈 〉 그리기 〉 점 〉 마크길이

CHAPTER 08 도면요소 작성

14 영역 경계 작성

AreaBoundary 명령을 사용하여 면적 계산, 해치 작성, 임시 구성에 기반을 둔 윤곽선 추출 작업 시 닫힌 2D 영역을 이루는 기존 도면요소를 사용하여 영역 경계를 작성할 수 있습니다.

1) 영역 경계 작성하기

① **홈 > 그리기 > 영역 경계**를 클릭하거나 **AreaBoundary**를 입력합니다.
② **영역 경계 삽입** 대화 상자에서 다음 옵션을 설정합니다.

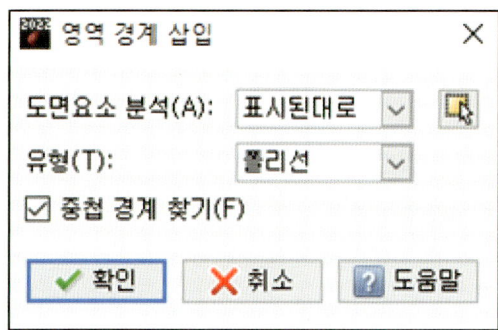

- **중첩 경계 찾기** : 완전히 경계 영역 내에 있는 닫힌 내부 영역을 자동으로 찾을 지 여부를 지정합니다.
- **작업 성능** 아래, **도면요소 분석**에서 지정한 점을 사용해 경계를 정의할 때 분석할 도면요소 세트를 선택합니다.
   a. 표시된 대로 : 현재 도면 화면에 표시된 모든 요소를 사용해 경계를 작성합니다.
   b. 선택한 도면요소 : 도면요소 지정을 클릭하여 화면에서 경계 세트를 구성할 도면요소를 선택한 후 지정된 도면요소 개수를 표시합니다.
- **유형**에서 경계를 **폴리선**으로 정의할 지, **영역**으로 정의할 지 여부를 선택합니다.

③ **확인**을 클릭합니다.
④ 닫힌 영역 안의 아무 점이나 클릭하여 경계 도면요소로 지정하거나 다른 경계 도면요소를 선택하려면 내부 점을 더 클릭합니다.
⑤ **Enter**를 눌러 명령을 마칩니다.

> **엑서스**
> 명령 : AreaBoundary
> 메뉴 : 홈 > 그리기 > 영역 경계

15 영역 작성

Region 명령은 닫힌 형상을 이루는 도면요소를 2D 영역 요소로 변환합니다. 이 명령을 사용하여 닫힌 폴리선, 원, 타원, 닫힌 스플라인과 같은 닫힌 루프의 모든 도면요소를 하나의 도면요소로 합칩니다.

영역의 원본 도면요소에 해치가 작성된 경우 해치는 경계와의 연결성을 잃기 때문에 해치를 영역 도면요소에 다시 적용해야 합니다.

1) 영역 작성하기

① **홈 〉 그리기 〉 영역**을 클릭하거나 **Region**을 입력합니다.
② 그래픽 영역에서 닫힌 도면요소를 선택합니다.
③ **Enter**를 눌러 명령을 마칩니다.

> **엑서스**
> 명령 : Region
> 메뉴 : 홈 〉 그리기 〉 영역

16 마스크 작성

현재 배경색으로 기존 형상을 중첩하는 그림인 마스크를 작성할 수 있으며, 기존 형상은 지워지지 않습니다.

Mask 명령을 사용하면 다각형 스냅을 작성하거나 기존 다각형을 선택하여 기반 도면요소에 마스크를 작성할 수 있으며, 도면의 한 부분에 다각형을 배치한 후 그 다각형 위에 도면요소를 추가할 수 있습니다.

마스크가 작성된 영역을 불투명한 문자를 근처에 배치하거나 더 상세화해야 할 도면 영역을 강조 표시하여 주석을 답니다.

1) 점을 지정하여 마스크 작성하기

① **주석 〉 개정 〉 마스크**를 클릭하거나 **Mask**를 입력합니다.
② 그래픽 영역에서 마스크를 작성할 영역의 윤곽선을 정의하는 일련의 점을 지정합니다.
③ **Enter**를 눌러 명령을 마칩니다.

2) 폴리선으로 마스크 작성하기

① **주석 〉 개정 〉 마스크**를 클릭하거나 **Mask**를 입력합니다.
② **폴리선** 옵션을 지정합니다.
③ 그래픽 영역에서 **폴리선**을 선택합니다.
④ **예** 옵션을 지정합니다.

3) 마스크 프레임 표시/숨기기

① **주석 > 개정 > 마스크**를 클릭하거나 **Mask**를 입력합니다.
② **프레임** 옵션을 지정합니다.
③ 마스크 프레임을 표시하려면 **예** 옵션을 지정하고 프레임을 숨기려면 **아니오** 옵션을 지정합니다.

> **엑서스**
> 명령 : Mask
> 메뉴 : 주석 〉 개정 〉 마스크

17 수정 기호 작성

Cloud 명령을 사용하여 수정 기호를 작성할 수 있으며, 수정 기호는 도면에서 특정 영역에 수정이 필요하거나 수정 사항이 포함되어 있음을 나타내는 데 사용됩니다.

도면 영역을 강조하기 위해 직사각형, 타원형 및 프리핸드 기호를 작성할 수 있으며 기호의 순차적 호 반지름을 조정할 수도 있습니다.

1) 직사각형 기호 작성하기

① **주석 > 개정 > 클라우드**를 클릭하거나 **Cloud**를 입력합니다.
② **직사각형** 옵션을 지정합니다.
③ 그래픽 영역에서 직사각형의 첫 번째 구석점을 지정합니다.
④ 직사각형의 반대 구석점을 지정합니다.

2) 타원형 기호 작성하기

① **주석 > 개정 > 클라우드**를 클릭하거나 **Cloud**를 입력합니다.
② **타원형** 옵션을 지정합니다.
③ 그래픽 영역에서 타원형의 첫 번째 축의 시작 구석을 지정합니다.
④ 타원형의 축 끝점을 지정합니다.
⑤ 다른 축의 끝점을 지정합니다.

3) 프리핸드 기호 작성하기

① **주석 > 개정 > 클라우드**를 클릭하거나 **Cloud**를 입력합니다.
② **프리핸드** 옵션을 지정합니다.
③ 그래픽 영역에서 프리핸드 시작점을 지정합니다.
④ 프리핸드의 다음 점을 지정합니다.
  새 시작점을 지정하려면 **Enter**를 눌러 다시 시작합니다.
⑤ 계속해서 프리핸드 쉐이프의 추가 정점을 지정하거나 다음 옵션을 지정합니다.
  • **실행 취소** : 이전 세그먼트를 취소합니다.
  • **닫기** : 윤곽선을 닫고 명령을 종료합니다.

⑥ **Enter**를 눌러 명령을 마칩니다.

> **엑서스**
> 명령 : Cloud
> 메뉴 : 주석 〉 개정 〉 클라우드

18 스케치

Sketch 명령을 사용하여 프리핸드 선을 작성합니다. 스케치는 여러 개의 직선 세그먼트로 구성됩니다.

1) 스케치하기

① 명령 프롬프트에 **Sketch**를 입력합니다.
② **기록 증분**(스케치 세그먼트의 길이)을 지정합니다.
③ 시작 **위치**를 지정하여 스케치를 시작(펜 내림)하거나 다음 **옵션**을 지정합니다.
  • **지우기** : 이전에 작성한 임시 스케치 선을 삭제합니다.
  • **연결** : 펜을 내려 마지막으로 스케치한 선 또는 마지막 **지우기** 작업의 끝점에서 스케치를 이어서 합니다.
  • **펜** : 스케치 펜을 내리거나 올립니다.
  • **끝내기** : 명령 시작 이후, 또는 마지막 기록 옵션 사용 이후의 모든 임시 스케치 세그먼트를 삭제합니다. 명령이 끝납니다.
  • **기록** : 임시 세그먼트를 영구적으로 기록합니다.
④ 다시 클릭하면 스케치가 중단(펜 올림)됩니다. 계속 클릭하여 펜을 내리고 올립니다.
⑤ 임시 스케치를 영구적으로 하고 명령을 끝내려면 **Enter**를 누릅니다.

> **엑서스**
> 명령 : Sketch

19 쉐이프 삽입

컴파일 된 쉐이프 파일(.shx 파일)에 정의된 쉐이프를 도면에 삽입할 수 있습니다. 쉐이프를 사용하려면 먼저 사용할 쉐이프를 로드해야 합니다.

19.1 쉐이프 로드

LoadShape 명령을 **InsertShape** 명령과 함께 사용하여 컴파일 된 쉐이프 파일(.shx 파일)에 정의된 쉐이프를 사용합니다.

1) 쉐이프 로드하기

① 명령 프롬프트에 **LoadShape**를 입력합니다.
② 쉐이프 파일 지정 대화 상자에서 쉐이프가 포함된 .shx 파일을 찾아 **열기**를 클릭합니다.

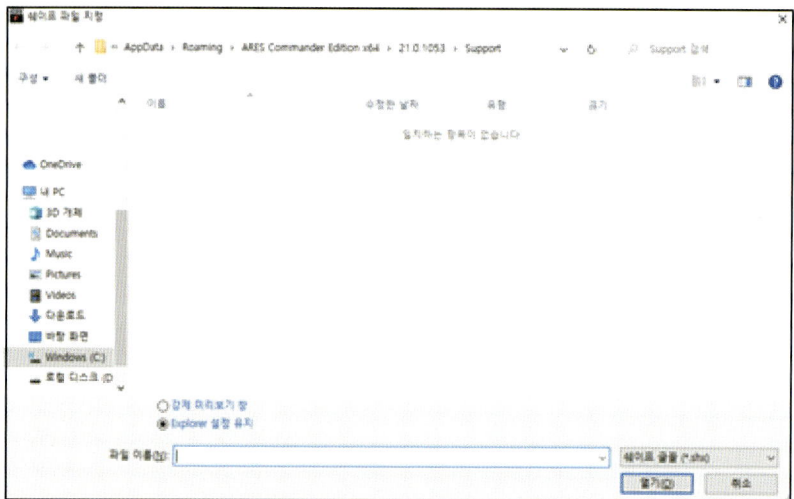

엑서스
명령 : LoadShape

19.2 쉐이프 삽입

InsertShape 명령은 컴파일된 쉐이프 파일(.shx 파일)로부터 쉐이프를 삽입합니다.

1) 쉐이프 삽입하기

① 삽입할 쉐이프가 포함된 파일을 도면에 **로드**(LoadShape)합니다.
② 명령 프롬프트에 **InsertShape**를 입력합니다.
③ 쉐이프 **이름**을 입력하거나 **옵션**을 지정하여 쉐이프 목록을 표시합니다.
④ 좌표를 입력하거나 그래픽 영역을 클릭하여 **삽입점**을 정의합니다.
⑤ 값을 입력하거나 그래픽 영역에서 클릭하여 **높이** 또는 **회전 각도**를 설정합니다.

엑서스
명령 : InsertShape

ARES CAD

도면요소 수정

CHAPTER

CHAPTER 09 도면요소 수정

도면요소 수정

01 수정을 위한 도면요소 선택

대부분의 편집 명령에서는 한 개 이상의 도면요소를 지정해야 하며, 도면요소를 효과적으로 선택하면 효율적으로 도면요소를 수정하는 데 도움이 됩니다.

도면요소를 더욱 직접적으로 조작하는 방법은 명령을 입력하는 대신 도면요소 그립을 사용하는 것으로 도면요소 그립은 도면요소를 클릭할 때 나타나는 작은 핸들을 의미합니다.

1.1 도면요소 선택

도면요소를 수정하고 편집하는 명령을 실행하기 위해서는 도면요소를 선택해야 합니다.

도면요소를 선택하기 위해 별도의 명령을 입력하지 않아도 선택 도구를 사용하여 도면요소를 선택할 수 있습니다.

1) 도면요소 선택하기

① 도면요소를 선택해야 하는 명령을 입력합니다.
   명령 프롬프트에 **도면요소 지정** 명령 문구가 나오며, 도면요소 선택에 대한 모든 옵션을 보려면 **?** 옵션을 지정합니다.
② 그래픽 영역에서 도면요소를 선택합니다.
③ 도면요소를 추가적으로 선택하거나 **Shift** 키를 누르고 도면요소를 선택하여 **제거**합니다.
④ 필요한 도면요소를 모두 선택한 후 **Enter**를 눌러 선택을 마칩니다.

2) 도면요소 선택 방법 적용

도면요소를 지정하는 프롬프트가 나타나면 다음 표에 나와 있는 옵션 중 하나를 입력합니다.

창(w)	두 개의 반대 점으로 정의한 사각형 안에 완전히 포함되어 있는 모든 도면요소를 지정합니다.
	사각형 선택창은 두 개의 반대 구석 점으로 정의합니다. 선택창의 첫 번째 구석에 포인터를 놓고 그 점을 클릭합니다. 두 번째 구석 점을 클릭하여 창 안에 완전히 포함되어 있는 모든 도면요소를 지정합니다.

교차(C)	두 개의 반대 점으로 정의한 사각형 안에 걸쳐 있는 모든 도면요소를 지정합니다. 도면요소는 사각형 밖으로 연장될 수 있습니다.
	교차 방법을 사용하여 도면요소를 지정할 때는 윤곽선이 교차되거나 창 안에 있는 도면요소가 선택됩니다. 원하는 도면요소가 창에 포함되거나 교차되는 지점에 포인터를 놓습니다.
WPolygon(WP)	지정한 점으로 정의한 다각형 안에 완전히 포함되어 있는 도면요소를 지정합니다.
	창 모드와 같이, WPolygon 모드는 선택창 안에 완전히 포함된 모든 도면요소를 지정합니다. WPolygon 모드가 창 모드와 다른 점은 구석 점을 제한 없이 지정하여 불규칙한 창을 스케치할 수 있다는 것입니다. WPolygon을 사용하려면 선택창의 구석 점을 지정합니다. 다각형 선은 자체 교차할 수 있고 루프를 형성할 수 있습니다. 선택창을 완료하려면 Enter를 누릅니다. 완전히 창 안쪽에 있는 모든 도면요소가 선택됩니다.
CPolygon(CP)	지정한 점으로 정의한 다각형 안에 있는 도면요소를 지정합니다. 도면요소는 다각형 밖으로 연장될 수 있습니다.
	CPolygon 선택 모드는 또한, 제한 없는 구석 점으로 불규칙한 형태의 창을 생성합니다. 선택 다각형 안에 있거나 교차되는 모든 도면요소가 지정됩니다. 선택창의 구석 점을 지정합니다. 미리보기 모드는 새로 생성된 다각형을 보여줍니다. 다각형 선은 자체 교차할 수 있고 루프를 형성할 수 있습니다. 선택창을 완료하려면 Enter를 누릅니다. 교차 다각형 안에 있거나 교차하는 모든 도면요소가 수정 대상으로 지정됩니다.
울타리(F)	사용자가 지정한 울타리를 통과하는 모든 도면요소를 지정합니다. 울타리 선택 방법은 울타리가 닫힌 형상이 아니라는 것을 제외하고는 CPolygon과 유사합니다.
	울타리 모드는 교차 선택의 효과적인 변형 방법입니다. 사용자가 지정하는 도면요소는 창 안에 포함되거나 교차되지는 않지만, 선으로 "통과"되거나 "울타리"가 형성됩니다. 제한 없는 점을 지정해 울타리를 정의합니다. 울타리는 자체 교차할 수 있습니다. Enter를 눌러 울타리 지정을 완료합니다. 선과 교차되는 모든 도면요소가 선택 세트에 추가됩니다.
이전(P)	최근의 도면요소 선택 세트를 다시 지정합니다.

이전 옵션은 이전 선택 세트를 복원합니다.
  ☞ **참고** : 마지막(L)과 모두(ALL) 방법과 같이, 동결된 도면층 상의 도면요소는 선택되지 않고 잠긴 도면층 상의 도면요소가 선택되지만 처리 대상될 수는 없습니다.

마지막(L)	최근에 생성된 표시 상태의 도면요소를 지정합니다.

마지막 옵션은 마지막으로 작성된 도면요소를 선택 세트에 추가합니다.
  ☞ **참고** : 마지막으로 작성된 도면요소가 동결된 도면층에 있으면 도면요소가 선택되지 않습니다.

CHAPTER 09 도면요소 수정

| 도면요소 그룹(EG) | 지정된 도면요소 그룹의 도면요소를 지정합니다. |

도면요소 그룹 옵션은 그룹 이름으로 지정된 도면요소 그룹의 도면요소를 선택합니다.
EntityGroup 명령을 사용하여 도면요소 그룹을 작성합니다.

| 추가(A)/제거(R) | 기본 추가/제거 모드 간을 전환합니다. |

추가 옵션은 기본 모드로, 도면요소를 지정하여 언제든지 선택 세트에 추가할 수 있게 해줍니다.
반면, 제거 옵션은 선택 세트에서 이전에 선택한 도면요소를 제거합니다. 제거 모드로 전환하면 도면요소 선택 프롬프트가 도면요소 제거로 바뀝니다.
이미 선택된 도면요소를 다시 선택하면 선택 세트에서 제거됩니다.

| 실행 취소(U) | 최근에 선택된 도면요소를 선택 취소합니다. |

실행 취소 옵션은 최근의 선택을 반전합니다.

| 모두(ALL) | 모든 도면층의 모든 도면요소를 지정합니다. |

모두 옵션은 도면에서 동결된 도면층에 있는 도면요소를 제외한 모든 도면요소를 선택합니다.

| 단일(SI)/다중(M) | 단일/다중 선택 방법 간을 전환합니다. |

단일 모드에서는 한 개의 도면요소를 지정하면 도면요소 선택이 완료됩니다.
다중 모드에서는 도면요소를 강조 표시하지 않고 여러 개의 점을 지정하여 도면요소를 선택합니다.
다중 모드는 또한, 교차점을 두 번 선택하는 경우라도 두 개의 교차되는 도면요소를 선택합니다.

| 자동(AU) | 도면요소를 가리키면 도면요소가 선택되는 자동 모드로 전환합니다. 빈 공간을 가리키면 도면요소 선택 상자가 시작됩니다. |

자동과 모두는 기본 도면요소 선택 모드입니다.

| 상자(BOX) | 창과 교차 선택 방법이 혼합된 포인터 선택 방법으로 도면요소를 지정합니다. 선택 사각형의 반대 점을 오른쪽에서 왼쪽으로 지정하면 상자 선택과 교차 선택 방법이 동일해집니다. 이와 반대면, 상자 선택이 창 선택과 동일해집니다. |

창을 왼쪽에서 오른쪽으로 지정하면 선택창 안의 도면요소가 지정됩니다.

창을 오른쪽에서 왼쪽으로 지정하면 선택창 안에 있고 교차되는 도면요소가 지정됩니다.

1.2 도면요소 선택 미리보기 및 강조 표시

도면요소 위로 **커서**를 이동하거나(미리보기 강조 표시) 도면요소를 **선택**하면(선택 강조 표시) 해당 도면요소가 강조 표시가 되며, 다음을 수행하여 미리보기 강조 표시와 선택 강조 표시를 사용자 정의할 수 있습니다.

- 명령이 활성 또는 비활성 상태일 때 미리보기 강조 표시를 개별적으로 제어합니다.
- 강조 표시에서 특정 명령 유형은 제외됩니다.

1) 미리보기 강조 표시 및 선택 강조 표시의 색상 설정하기

① 명령 프롬프트에 **SystemOptions**를 선택합니다.
② **표시 > 도면 요소 색상**을 확장합니다.

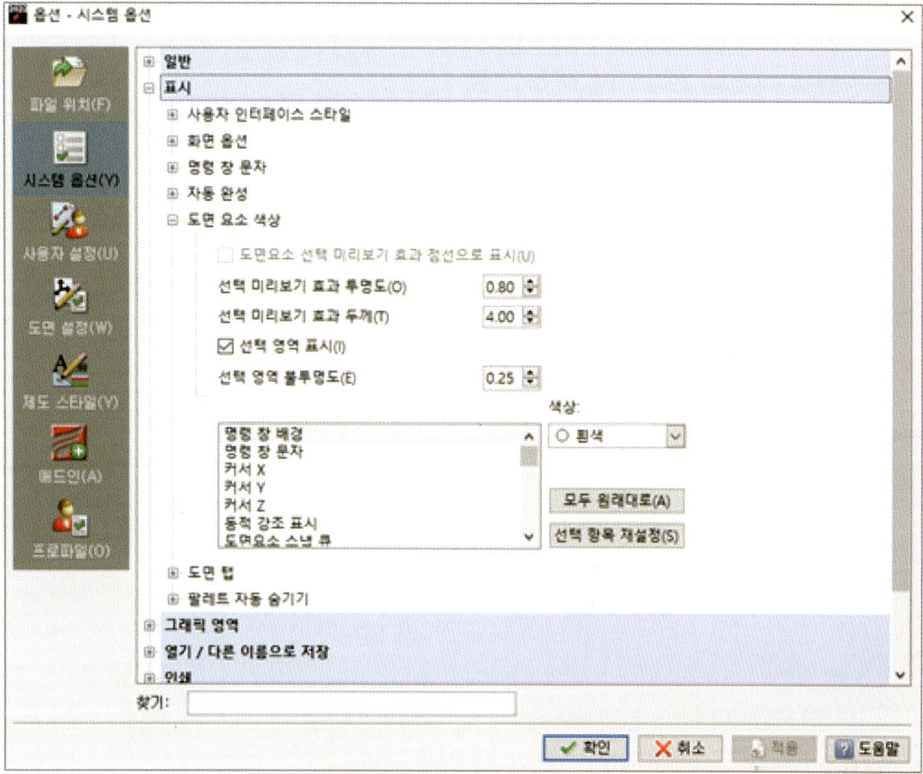

③ 목록에서 **동적 강조 표시**를 클릭합니다.
④ **색상**에서 미리보기 강조 표시의 색상을 지정합니다.
⑤ 목록에서 **선택한 도면요소**를 클릭합니다.
⑥ **색상**에서 선택 강조 표시의 색상을 지정합니다.
⑦ **적용**을 클릭합니다.

2) 미리보기 강조 표시 옵션 설정하기

① 명령 프롬프트에 **UserPreferences**를 선택합니다.
② **제도 옵션 > 도면요소 선택 > 미리 선택 강조 표시**를 확장하고 다음을 설정합니다.
- **도면요소 또는 점 지정 프롬프트에서** : 명령 실행 중 도면요소를 지정하라는 메시지가 나타날 때 도면요소 위로 커서를 이동하면 도면요소를 강조 표시합니다.
- **명령 사이** : 활성 상태인 명령이 없는 경우 도면요소 위로 커서를 이동하면 도면요소를 강조 표시합니다.

③ 적용을 클릭합니다.

3) 강조 표시에서 도면요소 제외하기

① 명령 프롬프트에 **UserPreferences**를 선택합니다.

② **제도 옵션 〉 도면요소 선택 〉 미리보기 필터**를 확장합니다.
③ 제외에서 강조 표시에서 제외할 도면요소 유형을 선택합니다.
- **잠긴 도면층의 도면요소** : 잠긴 도면층의 도면요소를 제외합니다.
- **노트** : 노트를 제외합니다.
- **참조** : 외부 참조 도면(참조)의 도면요소를 제외합니다.
- **해치** : 해치 및 그라데이션 색 채우기를 제외합니다.
- **테이블** : 테이블을 제외합니다.
- **그룹** : 도면요소 그룹의 도면요소를 제외합니다.

④ **적용**을 클릭합니다.

1.3 선택 중 도면요소 순환

선택 순환을 사용하면 다른 도면요소 위에 또는 가까이 있는 도면요소를 선택적으로 지정할 수 있습니다. 이 방법으로 도면요소를 미리 선택하거나 그래픽 영역에서 도면요소를 지정하라는 프롬프트를 표시할 때 이 기능을 사용할 수 있습니다.

1) 선택 중 요소 순환하기

① 미리 선택된 항목이 강조 표시되었는지 확인합니다.
② 서로 인접하거나 중첩된 도면요소 위에 포인터를 둡니다.
③ **Shift** 키를 누른 채 스페이스 바를 반복해서 눌러 원하는 요소가 강조 표시될 때까지 한 도면요소를 강조 표시합니다.
④ **Shift** 키를 떼고 강조 표시된 도면요소를 클릭합니다.
⑤ 필요에 따라 ② ~ ④를 반복하여 서로 인접하거나 중첩된 여러 개의 도면요소를 지정합니다.

1.4 도면요소 미리 선택

Select 명령을 사용하여 다음 수정 명령에 사용할 도면요소를 선택합니다.

1) 선택 세트 작성하기

① 명령 프롬프트에 **Select**를 입력하거나 속성 팔레트 도구 모음에서 **도면요소 선택**을 클릭합니다.
② 선택 세트에 추가할 도면요소를 클릭하거나 **도면요소 선택 모드**를 사용하여 선택 세트를 조정한 후 **Enter**를 누릅니다.
③ 수정하는 명령을 실행합니다.
④ **도면요소 지정** 프롬프트에 **이전**을 입력하여 최근 선택 세트를 적용합니다.

> **엑서스**
> 명령 : Select

1.5 모든 도면요소 미리 선택

SelectAll 명령을 사용하여 다음 수정 명령에 사용할 모든 도면요소를 선택할 수 있습니다.

1) 모든 도면요소 미리 선택하기

① 명령 프롬프트에 **SelectAll**를 입력합니다.

　동결되거나 잠긴 도면층을 제외한 모든 도면요소가 선택됩니다.

② 수정하는 명령을 실행합니다.

> **엑서스**
>
> 명령 : SelectAll

1.6 동일한 유형 및 공통 속성의 도면요소 선택

SelectMatching 명령을 사용하여 동일한 유형 및 공통 속성의 도면요소를 선택할 수 있으며, 이 명령은 도면요소 그룹에서 후속 명령을 사용하는 데 도움이 됩니다.

선택 기준으로 적용할 수 있는 속성은 도면요소 스타일, 도면층, 선 색상, 선 스타일, 선 축척, 선 가중치, 인쇄 스타일 및 이름이며, 도면요소 스타일에는 문자 스타일, 표 스타일 및 치수 스타일, 이름에는 블록 이름과 참조된 개체의 이름이 있습니다.

1) 동일한 유형 및 공통 속성의 도면요소 선택하기

① 명령 프롬프트에 **SelectMatching**을 입력합니다.
② 그래픽 영역에서 일치시키려는 유형 및 속성의 도면요소를 하나 이상 지정합니다.
③ 필요에 따라 대화 상자에서 속성을 선택하거나 취소하여 선택 기준을 정의하여 설정 옵션을 지정합니다.
④ **Enter**를 누른 후 수정 명령을 실행합니다.

　Enter를 누르면 도면요소의 유형 및 속성이 일치하는 도면요소가 강조 됩니다.

⑤ 도면요소 지정 프롬프트에 이전을 입력하여 최근 선택 세트를 적용합니다.

> **엑서스**
>
> 명령 : SelectMatching

1.7 기준 필터를 사용하여 도면요소 선택 세트 작성

SmartSelect 명령을 사용하여 기준 필터를 사용하여 선택 세트를 작성합니다.

1) 기준 필터를 사용하여 선택 세트 작성하기

① 명령 프롬프트에 **SmartSelect**를 입력하거나 속성 팔레트 도구 모음에서 지능 선택을 클릭합니다.
② 대화 상자의 적용 대상에서 전체 도면에 기준을 적용할지, 선택 세트에 기준을 적용할지 여부를 선택합니다. 또는 그래픽 영역에서 도면요소를 지정 후 **Enter**를 누릅니다.

③ **도면요소**에서 기준을 특정 도면요소 유형에 적용할지, **다중**을 선택하여 전체 유형에 기준을 적용할지 선택합니다.
④ **속성**에서 필터 식을 정의할 속성을 선택합니다.
⑤ **연산자**에서 필터 식에 사용할 연산자를 선택합니다.
⑥ **값**에 필터 값을 입력합니다. 사용 가능한 값은 도면에서 추출됩니다. 예를 들어, **속성**을 **도면층**, **값**으로 설정하면 모든 도면층 이름이 포함된 목록이 표시됩니다.
⑦ 다음과 같이 **선택 결과**를 설정합니다.
  - **선택 세트에 추가** : 기준에 맞는 도면요소 선택 세트를 작성합니다.
  - **선택 세트에서 제거** : 기준에 맞지 않는 도면요소 선택 세트를 작성합니다.
⑧ 선택 세트를 기존 선택 세트에 추가하려면 기존 선택 세트에 추가를 선택합니다.
⑨ **확인**을 클릭하여 필터를 적용합니다.
⑩ 수정하는 명령을 실행합니다.
⑪ 명령 프롬프트에 이전 옵션을 지정하여 작성한 선택 세트를 적용합니다.

> **엑서스**
> 명령 : SmartSelect

1.8 선택 필터

SelectionFilter 명령을 사용하여 선택하려는 도면요소를 필터링하여 다음과 같이 사용할 수 있습니다.
- 관계 및 논리 연산자를 사용하여 복잡한 선택 필터를 만듭니다.
- 수정 명령을 실행하는 중에 선택 필터를 투명하게 적용합니다.
- 명명된 필터를 적용하고 저장합니다.

필터를 기준으로 도면요소를 선택한 후 수정 명령이나 속성 팔레트를 사용하여 도면요소를 수정합니다.

1) 선택 필터를 만들고 적용하기

① 명령 프롬프트에 **SelectionFilter**를 입력합니다.

② 대화 상자의 필터 유형에서 도면요소 유형, 속성이 있는 도면요소 유형 또는 속성을 선택합니다.
③ 속성이 있는 도면요소를 선택한 경우 대화 상자에서 다음을 진행합니다.
- 관계 연산자(*, =, !=, >, >=, <, <=) 또는 값을 지정합니다.
- 확인을 클릭합니다.
④ **추가**를 클릭하여 필터 목록에 항목을 추가합니다.
⑤ 필요시 다음 옵션을 사용합니다.
- **도면요소 추가**를 클릭하고 그래픽 영역에서 클릭하여 선택 필터에 도면요소를 추가합니다.
- 선택적으로 필터 목록 항목을 제거하려면 삭제를 클릭합니다.
- 선택 필터 목록을 지우려면 목록 지우기를 클릭합니다.
⑥ 확인을 클릭하여 선택 필터를 활성화합니다.
⑦ 그래픽 영역에서 선택 필터를 적용할 도면요소를 지정합니다.
⑧ Enter를 눌러 도면요소 선택 완료 후 수정 명령을 실행합니다.

2) 다음 수정 명령 실행 시 선택 필터 다시 적용하기

① 수정 명령을 실행합니다.
② 다음 **도면요소 지정** 프롬프트에서 **이전** 옵션을 지정합니다.

3) 투명하게 선택 필터 사용하기

① 도면요소를 수정할 **명령**을 호출합니다.
② 도면요소 지정 프롬프트에 **SelectionFilter**를 입력합니다.
③ 선택 필터 대화 상자에서 새 필터를 정의하거나 기존의 명명된 필터를 선택합니다.
④ **확인**을 클릭합니다.
⑤ 그래픽 영역에서 선택 필터를 적용할 도면요소를 지정하고 Enter를 누릅니다.
⑥ **수정** 명령에 대한 프롬프트를 따릅니다.

4) 저장된 선택 필터 적용하기

① 명령 프롬프트에 **SelectionFilter**를 입력합니다.
② 명명된 필터에서 적용할 **선택 필터 이름**을 선택합니다.
③ 확인을 클릭하고 수정 명령을 호출합니다.
④ 그래픽 영역에서 선택 필터를 적용할 도면요소를 지정합니다.

엑서스
명령 : SelectionFilter

1.9 헤드업 디스플레이 도구 모음을 사용하여 도면요소 수정

그래픽 영역에서 도면요소를 선택할 때 나타나는 헤드업 디스플레이 도구 모음을 사용할 수 있습니다.

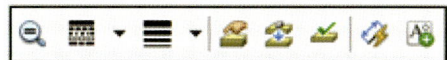

[헤드업 디스플레이 도구 모음]

헤드업 디스플레이를 사용하면 지정한 도면요소를 확대하거나 축소할 수 있고, 도면요소의 도면층, 선 스타일, 선 가중치 및 치수 요소를 변경할 수 있으며, 도면요소에서 블록을 작성할 수 있습니다.

1) 헤드업 디스플레이 도구 모음 켜기/끄기

① 명령 프롬프트에 **Options**를 입력합니다.
② 대화 상자에서 **사용자 설정 > 제도 옵션 > 헤드업 디스플레이**를 확대합니다.

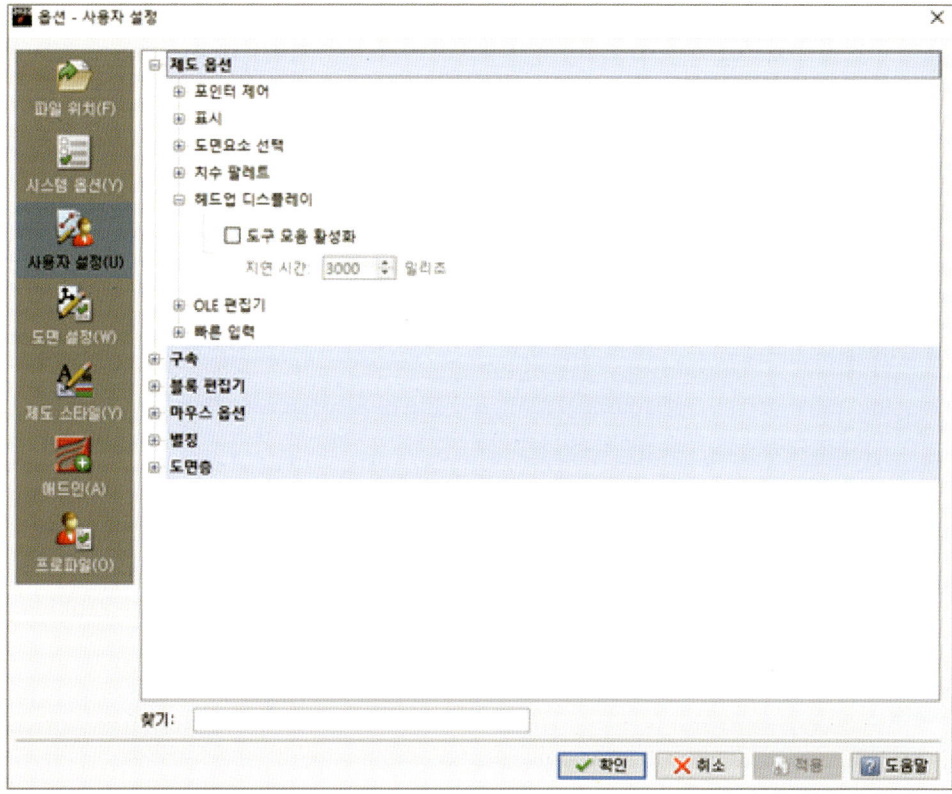

③ 다음 중 하나를 진행합니다.
  • 도면요소를 선택할 때 헤드업 디스플레이 도구 모음을 자동으로 표시하려면 **도구 모음 활성화**를 체크합니다.
  • 헤드업 디스플레이 도구 모음을 표시하지 않으려면 **도구 모음 활성화**를 체크 해제합니다.
④ **확인**을 클릭합니다.

2) 헤드업 디스플레이 도구 모음을 사용하여 도면요소 수정하기

① 그래픽 영역에서 한 개 이상의 도면요소를 지정합니다.
② 옵션을 지정합니다.

옵션	버튼	설명	참고
선택 항목 줌		선택한 도면요소의 경계 상자로 확대/축소됩니다.	선택한 도면요소 줌
선 스타일		선택한 도면요소에 대한 선 스타일을 설정합니다. 선 스타일을 로드하려면 LineStyle 명령을 사용합니다.	선 스타일 로드 및 설정
선 가중치		선택한 도면요소에 대한 선 가중치를 설정합니다.	활성 선 가중치 설정
도면층 관리자		도면층 관리자 대화 상자를 표시합니다. 도면층을 작성하거나 수정할 수 있습니다.	도면층 관리
활성 도면층으로		선택한 도면요소의 도면층을 활성 도면층으로 변경합니다.	도면요소를 활성 도면층으로 변경
도면요소의 도면층 변경		선택한 도면요소의 도면층을 대상 도면층에 맞춰 변경합니다. 대상 도면층의 도면요소를 지정하거나 도면층 이름 옵션을 지정하고 새 도면층 선택 대화 상자에서 도면층을 선택합니다.	도면층 맞추기
Smart Dimension		선택한 도면요소에 따라 선형, 반지름 또는 지름 치수를 작성합니다. 이 옵션은 SmartDimension 명령을 실행합니다.	SmartDimensions 사용
블록 작성		선택한 도면요소에서 블록을 작성합니다. 이 옵션은 MakeBlock 명령을 실행합니다.	블록 정의

02 도면요소 그립 사용

도면요소 그립(EGrips) 수정은 도면요소를 조작하는 직접적인 방법으로 그래픽 영역에서 도면요소를 선택하고 도면요소 그립 중 하나를 선택한 다음 도면요소를 수정할 수 있습니다.

도면요소 그립을 사용하여 도면요소의 점을 새로운 위치로 드래그 하거나(연장), 전체 도면요소를 이동, 회전, 축척 조정, 대칭 이미지 작성 또는 복사할 수 있으며 다기능 도면요소 그립을 사용하는 경우 도면요소를 편집하는 데 사용할 수 있는 추가 옵션이 있습니다.

2.1 도면요소 그립으로 수정

활성화된 명령이 없는 경우 도면요소 그립으로 도면요소를 수정할 수 있으며, 편집 옵션을 지정하기 전에 도면요소를 선택합니다.

CHAPTER 09 도면요소 수정

도면요소 그립(EGrips)은 끝점, 중심점, 정점, 삽입점 및 그 외 도면요소 기하 점의 선택 가능한 핸들(작은 사각형)로 표시되고 도면요소 그립의 위치는 도면요소에 따라 다릅니다.

1) 도면요소 그립으로 도면요소 늘이기 및 이동하기

① 그래픽 영역에서 수정하려는 도면요소를 선택합니다.
② 도면요소 그립을 클릭합니다.
  도면요소 그립 색상이 빨간색으로 바뀌고 명령 창에 도면요소 그립 옵션이 표시됩니다.

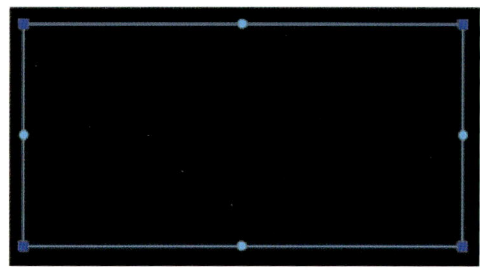
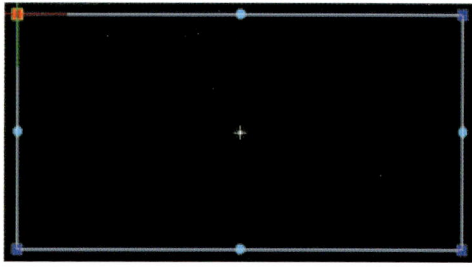

[도면요소 그립 클릭 전]   [도면요소 그립 클릭 후]

③ 활성화된 도면요소 그립을 다른 위치로 이동하여 도면요소를 연장하고 도면에서 클릭합니다.
④ 도면요소 그립 편집 모드에서 다음을 설정할 수 있습니다.
  • **기준점(B)** : 강조 표시된 기준 도면요소 그립 이외의 기준점을 지정합니다.
  • **복사(C)** : 복사본을 수정할 때 지정한 도면요소를 현재 위치에 둡니다.
  • **실행 취소(U)** : 한 개 이상의 도면요소 그립이 강조 표시된 동안 이전 도면요소 그립 편집 작업을 취소합니다.
  • **종료(X)** : 도면요소 그립 편집을 종료합니다.

> 👉 **참고**
> 지정한 도면요소 또는 도면요소 세트에서 도면요소 그립 표시를 없애려면 Esc를 누릅니다.

2) 도면요소 그립으로 도면요소 수정하기

① 그래픽 영역에서 수정하려는 도면요소를 선택합니다.
② 도면요소 그립을 클릭합니다.
③ **스페이스 바**를 반복적으로 눌러 다음 명령을 반복 실행합니다.
  • **STRETCH** : 선택한 도면요소 그립 위치에서 지정한 대상점으로 도면요소를 늘입니다.(최초)
  • **MOVE** : 도면요소 그립 위치에서 지정한 대상점으로 도면요소를 이동합니다.
  • **MIRROR** : 도면요소 그립에서 정의한 축과 지정한 두 번째 점을 기준으로 대칭 이미지를 작성합니다.
  • **ROTATE** : 축인 도면요소 그립을 기준으로 지정한 회전 각도로 도면요소를 회전합니다.
  • **SCALE** : 선택한 도면요소 그립을 기준점으로 사용하여 지정한 축척 인수로 도면요소의 축척을 조정합니다.
④ 선택한 명령에 따라 수정점, 회전 각도 또는 축척 인수를 지정합니다.

3) 도면요소 그립을 사용하여 여러 개의 도면요소 늘이기

① 그래픽 영역에서 수정하려는 **도면요소**를 선택합니다.
② **Shift** 키를 누른 상태로 여러 개의 도면요소 그립을 선택한 후 Shift 키를 놓습니다.
③ 옵션 키워드에서 **기준점**을 지정합니다.
④ 기준 그립을 다른 위치로 이동하고 도면에서 클릭합니다.

4) 다기능 도면요소 그립으로 추가 옵션 사용하기

① 그래픽 영역에서 수정하려는 도면요소를 선택합니다.
② 도면요소 그립 위로 포인터를 이동합니다.
③ 바로가기 메뉴가 나타나면 옵션을 클릭하여 도면요소를 편집합니다.

> **참고**
> 도면요소 그립을 클릭한 다음 Ctrl 키를 반복적으로 눌러 바로가기 옵션을 순환할 수 있습니다.

2.2 도면요소 그립 노드 적용

도면요소 그립(EGrips)은 끝점, 중심점, 정점, 삽입점, 그 외 도면요소 기하 점의 선택 가능한 핸들로, 작은 사각형으로 표시됩니다. 이를 사용하여 도면요소를 연장, 이동 및 복사할 수 있습니다.

다음 표에는 도면요소 그립이 표시될 수 있는 도면요소, 도면요소 그립 위치 및 도면요소 그립으로 도면요소를 수정하는 방법이 나와 있습니다.

도면요소	노드	결과
선	시작점, 끝점	현재 점 수정, 선 늘이기
	중간점	선 이동
폴리선	정점	현재 점 이동
광선	시작점	현재 점 수정, 광선 이동
	통과점	현재 점 수정, 광선 회전
무한선	원점	현재 점 수정, 무한선 이동
	통과점	현재 점 수정, 무한선 회전
서식 있는 선	시작점, 끝점	현재 점 수정, 서식 있는 선 늘이기
	정점	현재 점 이동
호	중심점	호 이동
	끝점	호 늘이기
	중간점	호 늘이기
원	중심점	원 이동
	네 개의 원주 점	반경 수정

타원	중심점	타원 이동
	네 개의 원주 점	장반경 또는 단반경 수정
타원형 호	중심점	타원 이동
	끝점	점 늘이기
	네 개의 원주 점	장반경 또는 단반경 수정
스플라인	정점	현재 점 이동
삽입(블록)	삽입점	현재 점 이동
블록 속성	삽입점	현재 점 이동
블록 속성 정의	기준점	현재 점 이동
점	점	현재 점 이동
기본 노트	기준점	현재 점 이동
노트	기준점	현재 점 이동
치수	보조선의 원점	현재 점 및 보조선 이동
	치수선의 끝점	치수선 및 문자 이동
	치수점 문자 중간점	치수선 및 문자 이동
지시선	삽입점	삽입점: 점 이동
공차	삽입점	점 이동
표	구석 점	표 크기 조정
표 셀	가로 경계선의 중간점	표 행 크기 조정
	세로 경계선의 중간점	표 열 크기 조정
3D 면	3개 또는 4개의 정점	현재 점 이동
2D 솔리드	3개 또는 4개의 정점	현재 점 이동
뷰포트 (시트 상)	네 개의 구석 점	뷰포트 크기 조정

2.3 다기능 도면요소 그립 적용

일부 도면요소 그립은 다기능으로 상황별 바로가기 메뉴에서 또는 옵션을 순환하여 특정 도면요소를 편집할 수 있습니다.

다음 표에는 다기능 도면요소 그립이 표시될 수 있는 도면요소, 도면요소 위치, 바로가기 메뉴에서 사용 가능한 추가 옵션 및 도면요소 그립으로 도면요소를 수정하는 방법이 나와 있습니다.

도면요소	도면요소 그립 위치	추가 옵션	결과
선	끝점	길이 편집	선의 길이를 늘입니다. 새 길이를 입력하거나 점을 지정합니다.
호	중심점	길이 편집	호의 길이를 늘입니다. 새 길이를 입력하거나 점을 지정합니다.
	원주 중간점	반경	반경을 수정합니다. 새 반경을 입력하거나 통과점을 지정합니다.
폴리선	정점	정점 삽입	새 정점을 삽입합니다. 새 정점의 위치를 지정합니다.
		정점 삭제	강조 표시된 정점을 삭제합니다.
	두 정점 사이의 중간점	정점 삽입	새 정점을 삽입합니다. 새 정점의 위치를 지정합니다.
		호로 변환/ 선으로 변환	선형 세그먼트를 곡선 세그먼트 또는 곡선 세그먼트를 선형 세그먼트로 변경합니다.
치수	치수선의 끝점	치수 계속	선형, 각도 또는 세로좌표 치수를 계속합니다. 후속 보조선 원점을 지정합니다.
		기준선 치수	같은 기준선을 공유하는 일련의 평행 선형 치수를 작성합니다. 후속 보조선 원점을 지정합니다.
		화살표 뒤집기	치수선 끝점에서 치수 화살표 위치를 변경합니다.
	치수 문자 삽입점	치수선으로 이동	치수 문자와 치수선을 함께 이동합니다.
		문자만 이동	치수 문자는 이동하고 치수선과 보조선은 변경되지 않은 상태로 그대로 둡니다.
		지시선으로 이동	치수 문자는 이동하고 지시선은 치수선과 치수 문자 사이에 둡니다. 치수 문자의 새 위치를 지정합니다.
		치수선 위	치수 문자를 치수선 위에 배치합니다.
		수직 중앙	치수 문자를 보조선 사이에 수직으로 중앙에 배치합니다.
		문자 위치 재설정	치수 문자를 원 위치로 되돌립니다.

2.4 도면요소 그립 설정

EntityGrips 명령을 사용하여 도면요소 그립(EGrips)을 사용하거나 사용하지 않고, 도면요소 그립의 크기를 설정하고, 도면요소 그립의 특성 상태에 대한 색상을 설정합니다.

일부 도면요소 그립은 다기능으로 도면요소 늘이기나 이동 외에 다른 수정 옵션도 제공합니다. 또한, 상황별 바로가기 메뉴에서 또는 옵션을 순환하여 추가 옵션을 선택하는 기능을 사용하거나 사용하지 않을 수 있습니다.

1) 도면요소 그립 설정하기

① 명령 프롬프트에 **EntityGrips**를 입력합니다.
② 옵션 대화 상자에서 **사용자 설정**을 클릭합니다.
③ **제도 옵션 > 도면요소 선택**을 확장합니다.
④ **도면요소 그립 옵션**을 확장하여 다음을 설정합니다.

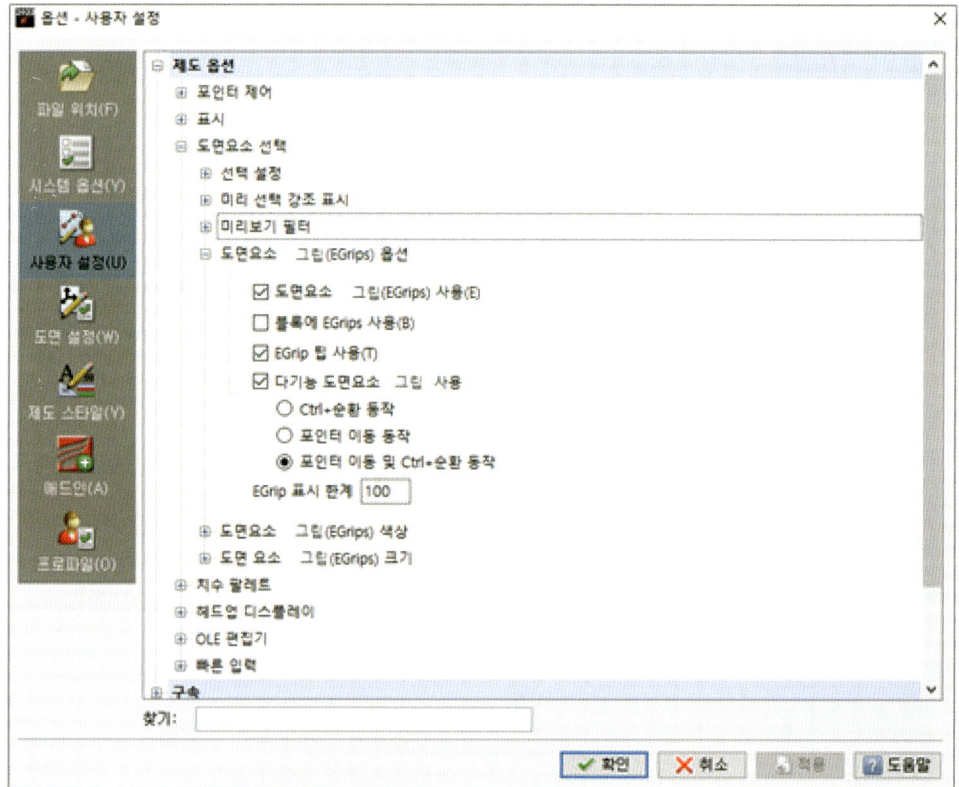

- **도면요소 그립(EGrips) 사용** : 그래픽 영역에서 도면요소의 도면요소 그립을 표시합니다.
- **블록에 EGrips 사용** : 블록의 각 요소에 대해 도면요소 그립을 표시합니다.
- **EGrip 팁 사용** : 도면요소 그립에 도구 설명을 표시합니다.
- **다기능 도면요소 그립 사용** : 상황별 바로가기 메뉴에서 또는 옵션(아래 옵션 참조)을 순환하여 추가 옵션을 선택할 수 있습니다.
    a. Ctrl + 순환동작 : 도면요소 그립을 선택할 때 Ctrl 키를 반복적으로 눌러 옵션을 순환하면 여러 수정 옵션에 액세스할 수 있습니다.

b. 포인터 이동 동작 : 도면요소 그립 위로 포인터를 이동하면 바로가기 메뉴에서 여러 수정 옵션에 액세스할 수 있습니다.

c. 포인터 이동 동작 및 Ctrl + 순환동작 : 두 방법을 모두 적용할 수 있습니다.

- **EGrip 표시 한계** : 도면요소 그립으로 표시할 최대 도면요소 개수를 지정하며, 지정한 도면요소의 개수가 최대 한계(32,767,)를 초과하면 도면요소 그립이 사용되지 않습니다.

⑤ **도면요소 그립 색상**을 확장하여 다음 상태의 색상을 설정합니다.

- **활성 EGrips** : 도면요소를 클릭할 때의 도면요소 그립 색상을 설정합니다.
- **비활성 EGrips** : 도면요소 그립 사용을 설정한 상태로 선택 세트에 도면요소를 추가할 때의 도면요소 그립 색상을 설정합니다.
- **마우스 오버 EGrips** : 포인터를 도면요소 그립 위로 이동할 때의 도면요소 그립 색상을 설정합니다.

⑥ **도면요소 그립 크기**를 확장하여 도면요소 그립의 표시 크기를 설정합니다.

⑦ **확인**을 클릭합니다.

엑서스
명령 : EntityGrips

03 실수 수정

3.1 도면요소 삭제

Delete 명령을 사용하여 도면을 작성, 편집, 또는 세부화 할 동안 지정한 도면요소를 제거합니다.

1) 도면요소 삭제하기

① **홈 〉 수정 〉 삭제**를 클릭하거나 **Delete**를 입력합니다.
② 삭제할 **도면요소**를 선택합니다.
③ **Enter**를 눌러 명령을 마칩니다.

2) 삭제한 도면요소 복원하기

① **편집 〉 실행 취소**를 클릭하거나 **Undelete**를 입력합니다.

엑서스
명령 : Delete
메뉴 : 홈 〉 수정 〉 삭제
키보드 바로가기 : Delete

3.2 편집 작업 실행 취소

Undo 명령을 사용하여 마지막으로 실행한 명령을 취소할 수 있으며, **취소할 명령 없음** 메시지가 나타나면서 모든 단계가 취소될 때까지 반복할 수 있습니다.

실행 취소 제어 설정을 통해 실행 취소할 명령 개수를 제어하고 Undo로 처리되는 명령을 그룹화합니다.

1) 편집 작업 실행 취소하기

① 명령 프롬프트에 **U**를 입력합니다.
② 실행 취소 작업을 필요한 만큼 반복합니다.

> **엑서스**
> 명령 : Undo
> 메뉴 : 편집 〉 실행 취소
> 키보드 바로가기 : Ctrl + Z

3.3 실행 취소 작업 다시 실행

Redo 명령은 이전 **Undo** 작업을 번복합니다. 마지막 Undo 명령 실행 이후 도면을 변경한 다른 명령이 없을 경우에만 Redo 명령을 사용할 수 있습니다.

1) 실행 취소 작업 다시 실행하기

① 명령 프롬프트에 **Redo**를 입력합니다.

> **엑서스**
> 명령 : Redo
> 메뉴 : 편집 〉 다시 실행
> 키보드 바로가기 : Ctrl + Y

3.4 삭제 실행 취소

Undelete 명령을 사용하여 실수로 삭제한 도면요소를 복원할 수 있습니다.

MakeBlock 명령을 사용하여 블록을 작성한 후 도면요소를 복원할 경우에도 Undelete 명령을 사용합니다.

1) 삭제 실행 취소하기

① 명령 프롬프트에 **Undelete**를 입력합니다.

> **엑서스**
> 명령 : Undelete

04 클립보드 사용

4.1 클립보드로 복사

ClipboardCopy 명령을 사용하여 도면에서 선택한 도면요소를 운영체제의 클립보드로 복사하거나 다른 도면으로 도면요소를 복사할 수 있습니다.

클립보드에서 Paste 및 PasteAsBlock 명령을 사용하여 열려 있는 도면에 도면요소를 붙여넣을 수 있으며, 새 도면요소를 클립보드에 추가할 때까지 그대로 유지됩니다.

1) 클립보드로 복사하기

① 명령 프롬프트에 **ClipboardCopy**를 입력합니다.
② 그래픽 영역에서 복사할 도면요소를 선택합니다.
③ **Enter**를 누릅니다.

> **엑서스**
> 명령 : ClipboardCopy
> 키보드 바로가기 : Ctrl + C

4.2 참조점과 함께 클립보드로 복사

Copy@ 명령을 사용하여 도면에서 선택한 도면요소와 참조점을 운영체제의 클립보드로 복사합니다.

클립보드에서 Paste 및 PasteAsBlock 명령을 사용하여 열려 있는 도면에 도면요소를 붙여넣을 수 있으며, 새 도면요소를 클립보드에 추가할 때까지 그대로 유지됩니다.

1) 클립보드로 복사하기

① 명령 프롬프트에 **Copy@**를 입력합니다.
② **참조점** 좌표를 지정합니다.
③ 복사할 도면요소를 선택합니다.
④ **Enter**를 누릅니다.

> **엑서스**
> 명령 : Copy@
> 키보드 바로가기 : Ctrl + Shift + C

4.3 현재 뷰를 클립보드로 복사

CopyLink 명령을 사용하여 현재 뷰에 있는 모든 도면요소를 클립보드로 복사합니다.

클립보드 내용을 대상 응용 프로그램에 붙여 넣으면 개체 프레임이 도면요소를 둘러싸며, 해당 내용은 도면요소가 복사되었을 당시 도면의 뷰포트 표시를 나타냅니다.

1) 현재 뷰를 클립보드로 복사하기

① 명령 프롬프트에 **CopyLink**를 입력합니다.

> **엑서스**
> 명령 : CopyLink

4.4 클립보드로 잘라내기

Cut 명령은 ClipboardCopy 및 Copy@ 명령과 같이, 선택한 도면요소를 운영체제 클립보드에 추가 하지만 이 명령들과는 달리, Cut은 선택한 도면요소를 도면에서 삭제합니다.

클립보드에서 Paste 및 PasteAsBlock 명령을 사용하여 열려 있는 도면에 도면요소를 붙여넣을 수 있으며, Cut 명령으로 선택한 도면요소는 새 도면요소를 클립보드에 추가할 때까지 그대로 유지됩니다.

1) 클립보드로 잘라내기

① 명령 프롬프트에 **Cut**을 입력합니다.
② 그래픽 영역에서 잘라낼 **도면요소**를 선택합니다.
③ **Enter**를 누릅니다.

> **엑서스**
> 명령 : Cut
> 키보드 바로가기 : Ctrl + X

4.5 클립보드에서 붙여넣기

Paste 명령을 사용하여 운영체제의 클립보드에서 도면으로 도면요소를 붙여 넣습니다.

Cut, ClipboardCopy, 또는 Copy@ 명령을 사용하여 도면요소를 클립보드로 복사한 후 열려 있는 다른 도면으로 복사본을 붙여 넣습니다.

1) 클립보드에서 붙여넣기

① 명령 프롬프트에 **Paste**를 입력합니다.
② 클립보드 내용을 붙여 넣을 좌표를 입력하거나 **삽입점**을 클릭합니다.
③ 활성 도면층 옵션을 지정하여 도면요소를 활성 도면층으로 강제 설정한 후 삽입점을 지정합니다.

> **참고**
> 도면 내의 도면요소를 복사하려면 Copy 또는 Pattern 명령을 사용합니다.

> **엑서스**
> 명령 : Paste
> 키보드 바로가기 : Ctrl + V

4.6 클립보드에 있는 도면요소를 블록으로 붙여넣기

PasteAsBlock 명령을 사용하여 클립보드에서 도면으로 도면요소를 블록으로 붙여 넣으며, Block은 도면요소들을 결합해 단일 요소를 형성합니다.

1) 클립보드에 있는 도면요소를 블록으로 붙여넣기

① 명령 프롬프트에 **PasteAsBlock**을 입력합니다.
② 클립보드 내용을 붙여 넣을 좌표를 입력하거나 삽입점을 클릭합니다.
③ 블록 삽입에 적용할 X, Y 축척을 지정합니다.
④ 삽입 각도를 지정합니다.

> **참고**
> PasteAsBlock 명령을 사용하여 작성한 블록은 임의의 이름이 지정됩니다. 클립보드에서 삽입한 블록의 이름을 바꾸려면 Rename 명령을 사용합니다.

> **엑서스**
> 명령 : PasteAsBlock
> 키보드 바로가기 : Ctrl + Shift + V

4.7 클립보드에서 원래 좌표로 도면요소 붙여넣기

Paste@SourcePosition 명령을 사용하면 원본 도면의 좌표를 사용하여 운영 체제의 클립보드에서 도면요소를 붙여 넣을 수 있습니다.

1) 클립보드에서 원래 좌표로 도면요소 붙여넣기

① 명령 프롬프트에 **Paste@SourcePosition**을 입력합니다.

> **엑서스**
> 명령 : Paste@SourcePosition

4.8 형식 선택을 사용하여 클립보드에서 붙여넣기

PasteSelected 명령을 사용하면 삽입할 형식을 지정하여 운영 체제의 클립보드에서 도면으로 붙여 넣을 수 있습니다.

1) 형식 선택을 사용하여 클립보드에서 도면요소 붙여넣기

① 명령 프롬프트에 PasteSelected를 입력합니다.
② 대화 상자에서 클립보드 내용의 유형을 나타내는 형식을 선택하고 확인을 클릭합니다.
③ 그래픽 영역에서 클립보드의 내용을 저장할 위치를 지정합니다.

> **엑서스**
> 명령 : PasteSelected

05 속성 편집

도면요소의 속성을 수정하려면 다음 도구를 사용합니다.
- **속성 팔레트** : 한 개 이상 선택한 도면요소의 모든 속성 설정을 확인, 변경합니다.
- **속성 복사 도구** : 원본 도면요소의 속성을 다른 대상 도면요소에 그대로 적용합니다.

5.1 속성 보기 및 수정

Properties 명령을 사용하여 속성 팔레트를 표시할 수 있으며 속성 팔레트를 통해 도면요소 속성을 확인하고 수정할 수 있습니다.

1) 속성 팔레트를 사용하여 속성 확인 및 수정하기

① **홈 > 속성 > 속성**을 클릭하거나 **Properties**를 입력합니다.
② 그래픽 영역에서 한 개 이상의 도면요소를 선택합니다.
  속성 팔레트에 좌표계 및 형상 정의 데이터를 비롯한 도면요소 속성이 표시됩니다.
  - 도면요소를 선택하지 않으면 팔레트는 일반적인 도면요소 속성만을 표시합니다.
  - 단 하나의 도면요소만 선택하면 해당 도면요소의 속성을 수정할 수 있습니다.
  - 두 개 이상의 도면요소 선택 시 선택한 모든 도면요소에 공통된 속성이 팔레트에 표시되며, 선택한 모든 도면요소에서 공통 속성이 동일하지 않을 경우 팔레트의 해당 드롭다운 목록이나 필드에 **《《다양함》》**이 표시됩니다.
③ 드롭다운 목록을 클릭하거나 새 값을 입력하여 선택한 도면요소의 속성을 업데이트합니다.

2) 속성 팔레트 숨기기

① 속성 팔레트에서 닫기를 클릭하거나 명령 프롬프트에 **HideProperties**를 입력합니다.

3) 속성 팔레트에서 그룹을 축소/확장하기

① 속성 팔레트에 포함 된 그룹의 **축소** 또는 **확장** 화살표를 클릭합니다.

4) 그림 아이콘 또는 설명 레이블 표시/숨기기

① 팔레트를 오른쪽 클릭하고 옵션을 지정합니다.
  - 아이콘만 표시
  - 레이블만 표시
  - 아이콘과 레이블 표시

> **참고**
> Ctrl + 1을 눌러 속성 팔레트를 켜거나 끌 수 있습니다.
> 속성 팔레트를 드래그 하여 별도의 창을 작성하거나 그래픽 영역의 왼쪽 또는 오른쪽 여백에 고정할 수도 있습니다.

> **엑서스**
> 명령 : Properties
> 메뉴 : 홈 > 속성 > 속성

5.2 도면요소 간 속성 복사

PropertyPainter 명령은 특정 도면요소 속성을 다른 도면요소에 적용합니다.

모든 속성과 선택한 속성을 복사할 수 있으며, 설정 옵션을 사용하여 복사할 속성만 별도로 지정하지 않는 한 적용 가능한 모든 속성이 복사됩니다.

모든 도면요소는 도면층, 선 색상, 선 스타일, 선 축척, 선 가중치 등 기본 속성을 복사하고 붙여넣을 수 있습니다.

1) 도면요소 간 속성 복사하기

① **홈 〉 속성 〉 속성 복사**를 클릭하거나 **PropertyPainter**를 입력합니다.
② 복사할 속성을 가진 원본 도면요소를 지정합니다.
③ 복사할 속성의 하위 세트를 지정하려면 명령 프롬프트에 설정을 입력합니다.
④ 속성 복사 대화 상자에서 복사할 속성을 선택하고 복사하지 않을 속성은 지운 후 확인을 클릭합니다.
⑤ 속성을 복사할 대상 도면요소를 지정합니다.

> **엑서스**
> 명령 : PropertyPainter
> 메뉴 : 홈 〉 속성 〉 속성 복사

06 빠른 수정

6.1 한 번의 작업으로 복사, 이동, 회전 및 축척 조정

QuickModify 명령을 사용하여 도면요소를 복사, 이동, 회전 및 축척 조정할 수 있습니다.

1) 한 번의 작업으로 복사, 이동, 회전 및 축척 조정

① **홈 〉 수정 〉 빠른 수정**을 클릭하거나 **QuickModify**를 입력합니다.
② 이후 수정에 대한 기준점을 지정합니다.
③ 그래픽 영역에서 수정할 도면요소를 지정합니다.
④ Enter를 누릅니다.
⑤ 옵션을 지정합니다.
  • **기준(B)** : 이후 수정에 대한 새 기준점을 지정합니다.
  • **복사(C)** : 지정된 도면요소의 복사본을 배치할 하나 이상의 대상점을 지정하고 Enter를 누릅니다.
  • **이동(M)** : 대상점을 지정합니다.
  • **회전(R)** : 회전 각도를 지정합니다.
  • **축척(S)** : 축척 인수를 지정합니다.
  • **실행 취소(U)** : 마지막 작업을 취소합니다.

⑥ 추가 수정 작업을 수행하려면 이전 단계를 반복합니다.
⑦ 반복 작업의 루프를 끝내려면 종료(X)를 선택합니다.

> **엑서스**
> 명령 : QuickModify
> 메뉴 : 수정 〉 빠른 수정

07 도면요소 복사

7.1 그래픽 영역에서 도면요소 복사

Copy 명령을 사용하여 도면요소를 복사하고 지정한 위치에 붙여넣을 수 있습니다.

복사한 도면요소는 윤곽선과 도면층, 선 색상, 선 스타일, 선 가중치와 같은 모든 도면요소 속성을 원본과 똑같이 복사됩니다.

1) 도면요소 복사하기

① **홈 〉 수정 〉 복사**를 클릭하거나 **Copy**를 입력합니다.
② 복사할 도면요소를 지정하고 **Enter**를 눌러 선택을 마칩니다.
③ 복사본의 원본 **기준점**을 지정합니다.
④ **대상점**을 지정하여 특정 거리만큼 복사본을 이동합니다.
⑤ 여러 개의 복사본을 작성하려면 다음 **대상점**을 지정합니다.
⑥ **Enter**를 눌러 명령을 마칩니다.

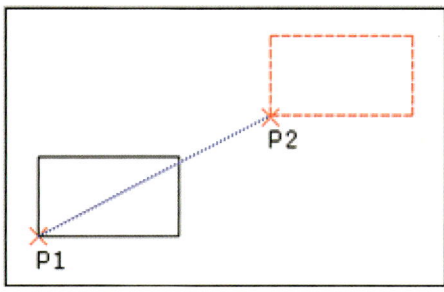
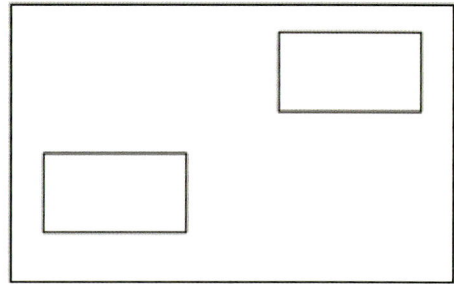

기준점(P1)과 대상점(P2)을 지정하여 원본 도면요소를 기준으로 복사한 도면요소의 거리와 방향을 지정합니다.

> **참고**
> Pattern 명령은 여러 개의 복사본을 선형 또는 원형 패턴으로 작성하는 데 효과적인 명령입니다.

> **엑서스**
> 명령 : Copy
> 메뉴 : 홈 〉 수정 〉 복사

2) 예제 연습도면 - 복사(Copy) 작성

Copy 명령을 사용하여 아래 도면을 작성하시오.

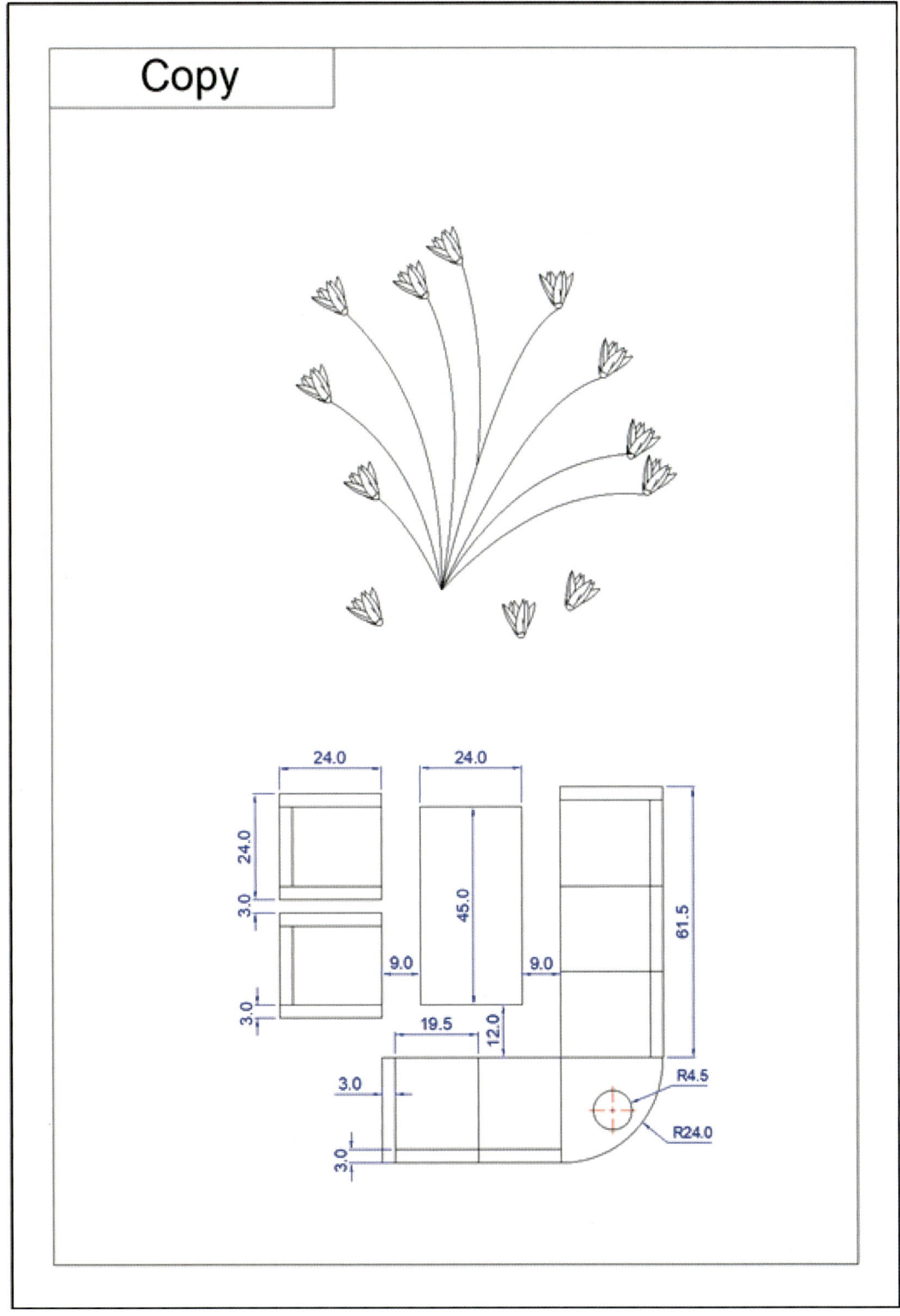

08 도면요소 이동

8.1 그래픽 영역에서 도면요소 이동

Move 명령을 사용하여 도면요소를 모양과 크기를 변경하지 않고 좌표계 내에서 위치를 바꿀 수 있습니다.

1) 도면요소 이동하기

① **홈 〉 수정 〉 이동**을 클릭하거나 **Move**를 입력합니다.
② 이동할 도면요소를 한 개 이상 지정하고 **Enter**를 눌러 선택을 마칩니다.
③ **시작점**과 **대상점**을 지정하여 도면요소를 지정한 거리만큼 이동합니다.

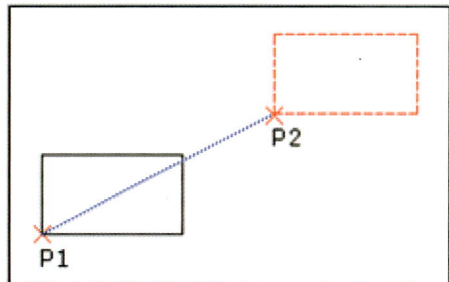 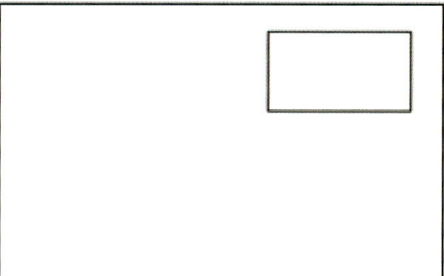

> **엑서스**
> 명령 : Move
> 메뉴 : 홈 〉 수정 〉 이동

09 도면요소 증분 이동

9.1 그래픽 영역에서 도면요소 증분 이동

1) **Shift + 화살표** 키를 사용하여 선택한 도면요소를 지정된 증분에 따라 이동합니다. 증분 이동 동작은 스냅 모드에 따라 달라집니다.

- **스냅 꺼짐** : 도면요소는 CCS 방향이나 보기 방향에 상관없이 화살표 키 이동에 대해 지정된 증분에 따라 직각으로 이동합니다.
  옵션 대화 상자의 **도면 설정 〉 화살표 키 이동**에서 화살표 키 증분을 지정할 수 있습니다.
- **스냅 켜짐** : 도면요소는 CCS 방향 및 보기 방향에 상대적으로 스냅 간격으로 결정된 증분만큼 이동합니다.
  옵션 대화 상자의 **사용자 설정 〉 제도 옵션 〉 포인터 제어 〉 스냅 설정**에서 스냅 간격을 지정할 수 있습니다.

2) 예제 연습도면 - 이동(Move) 작성

Move 명령을 사용하여 아래 도면을 작성하시오.

3) 예제 실습 - 복사(Copy), 이동(Move) 작성

Copy, Move 명령을 사용하여 아래 도면을 작성하시오.

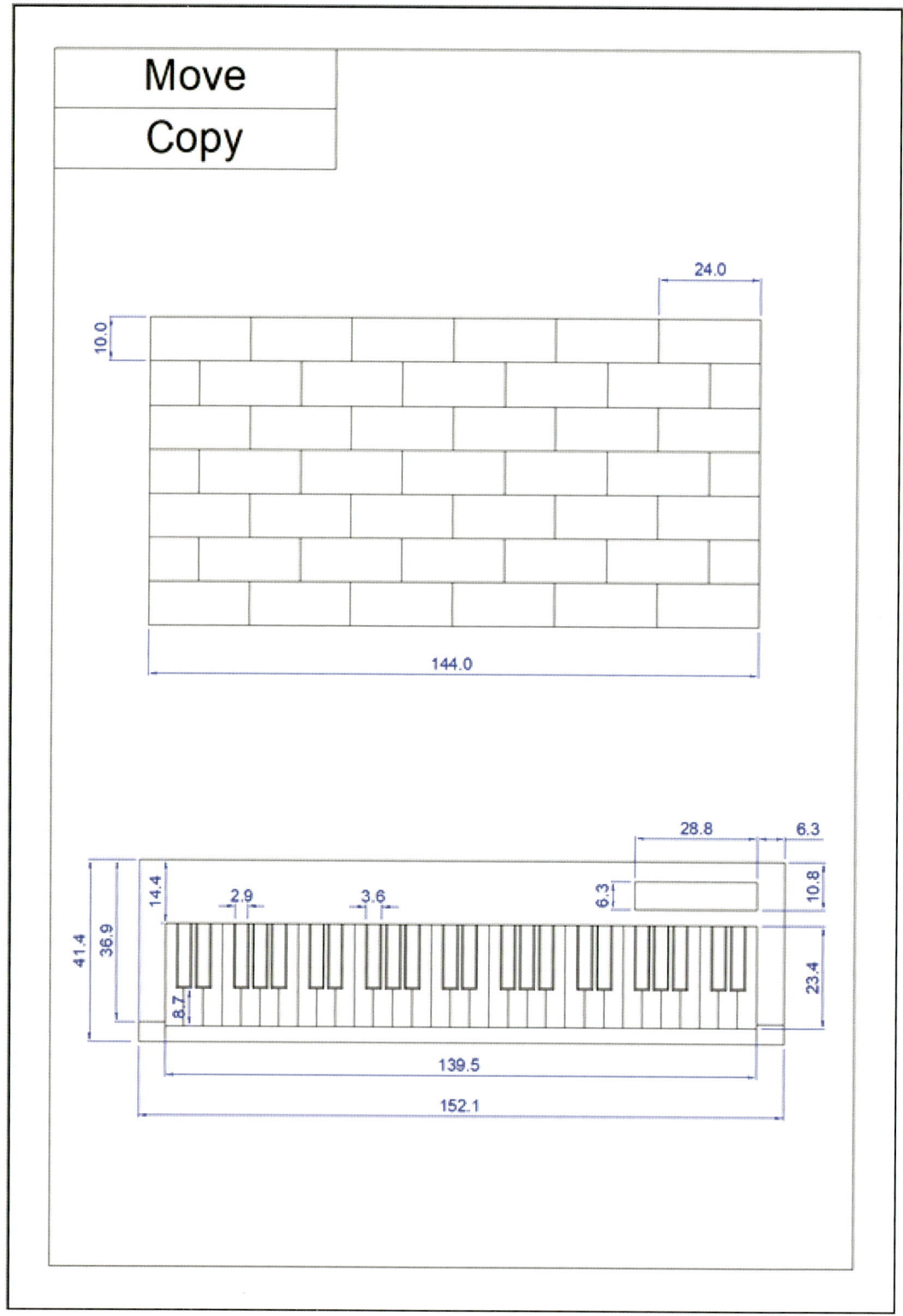

10 도면요소 회전

10.1 그래픽 영역에서 도면요소 회전

Rotate 명령을 사용하여 지정한 각도로, 기준점을 기준으로 도면요소를 회전합니다.

1) 도면요소 회전하기

① **홈 〉 수정 〉 회전**을 클릭하거나 **Rotate**를 입력합니다.
② 그래픽 영역에서 회전할 도면요소를 선택합니다.
③ **Enter**를 누릅니다.
④ **피벗 점**을 지정합니다.
   피벗 점은 회전 기준점이며, 대개 도면요소의 구석이나 중심입니다
⑤ 회전 각도를 입력하거나 참조 옵션을 지정하여 참조 각도를 입력한 후 새 각도를 입력합니다.
   회전 시 직교 모드를 설정하여 회전 각도를 90° 간격으로 제한할 수 있습니다.

> **엑서스**
> 명령 : Rotate
> 메뉴 : 홈 〉 수정 〉 회전

2) 예제 연습도면 - 회전(Rotate) 작성

Rotate 명령을 사용하여 아래 도면을 작성하시오.

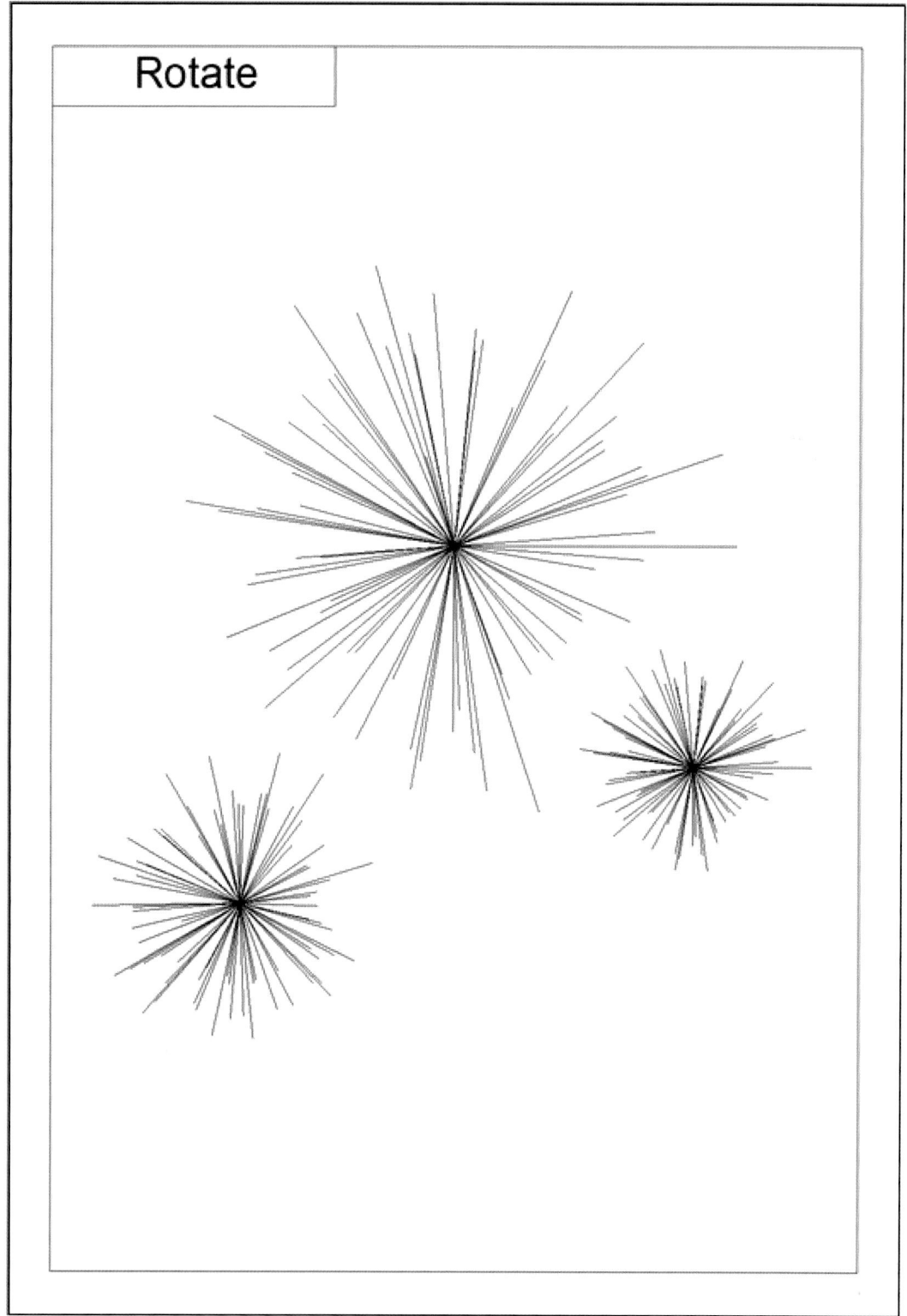

Rotate

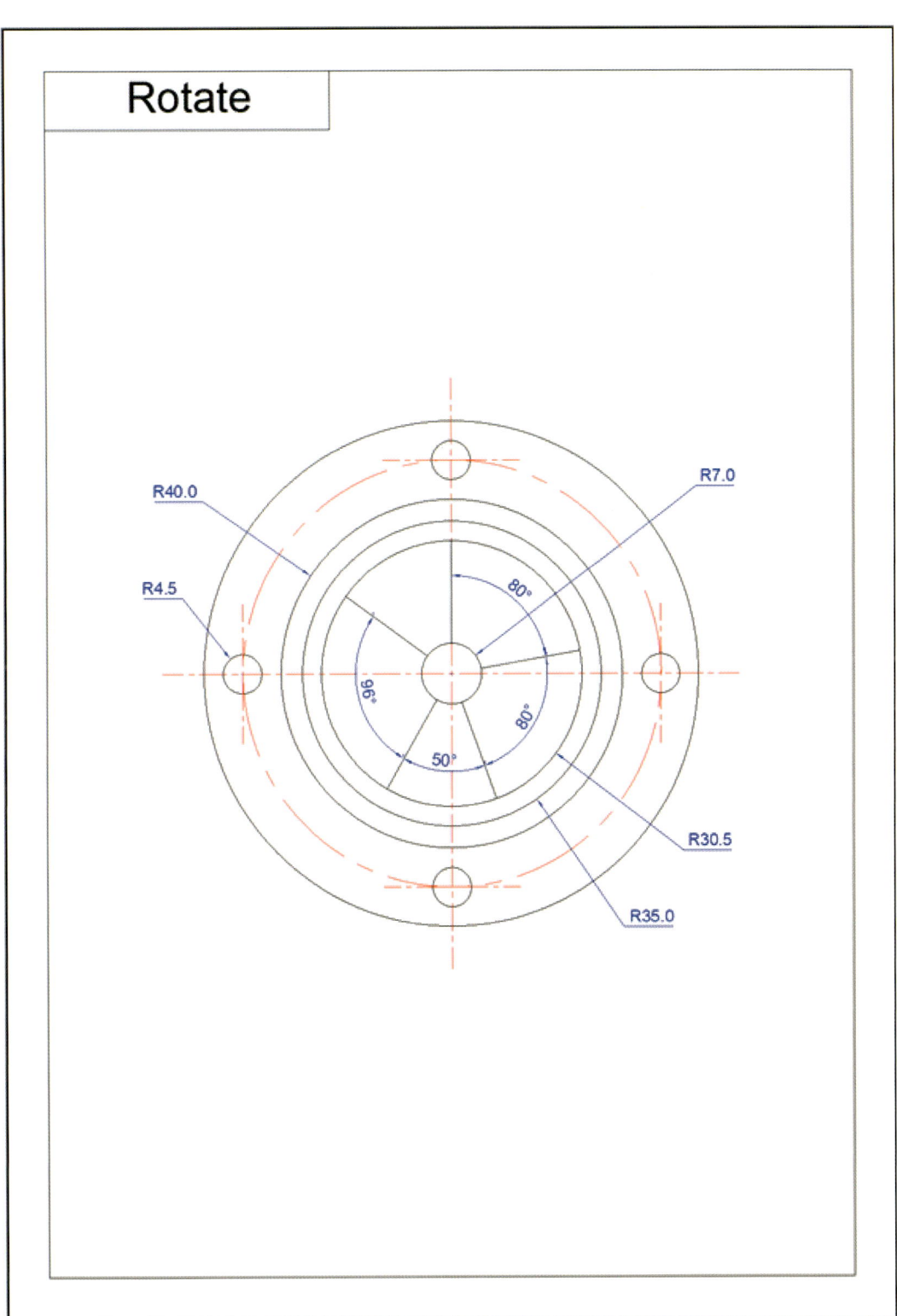

3) 예제 실습 - 회전(Rotate) 작성

Rotate 명령을 사용하여 아래 도면을 작성하시오.

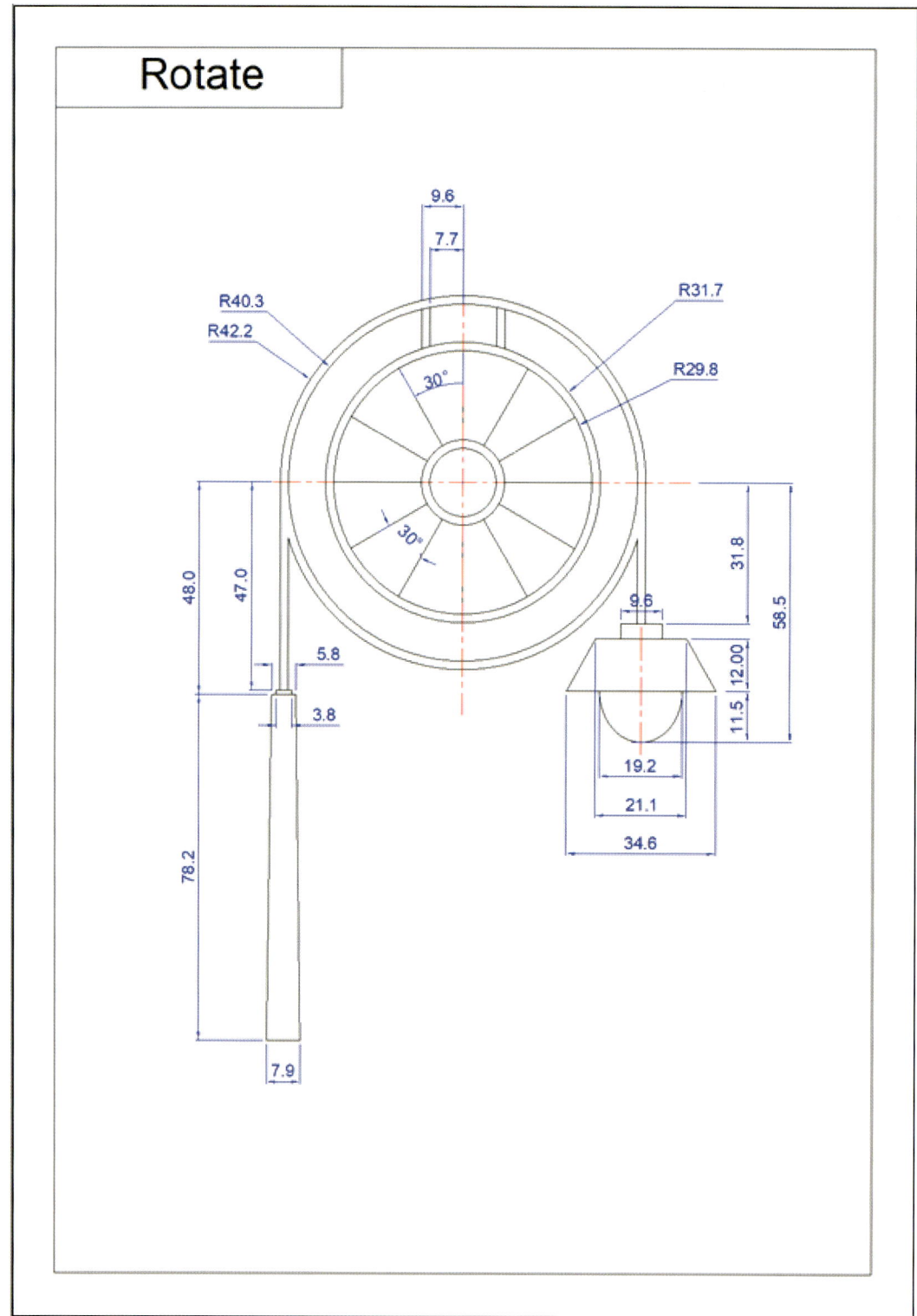

11 도면요소 축척 조정

11.1 그래픽 영역에서 도면요소 축척 조정

Scale 명령을 사용하여 도면요소를 동일한 비율로 확대하거나 축소할 수 있습니다.

1) 도면요소 축척 조정하기

① **홈 > 수정 > 축척**을 클릭하거나 **Scale**를 입력합니다.
② 그래픽 영역에서 축척을 조정할 도면요소를 선택합니다.
③ **Enter**를 누릅니다.
④ **기준점**을 입력합니다.
   기준점이 지정한 도면요소의 일부이면, 축척 조정 시 다른 모든 점은 X, Y, Z축(선택적)의 방향으로 동일한 상대 값만큼 이동하지만 기준점은 그 원래 위치가 유지됩니다.
⑤ 축척 인수를 입력하거나 참조를 사용하여 정확한 도면요소 길이 변경을 지정합니다.

> **엑서스**
> 명령 : Scale
> 메뉴 : 홈 > 수정 > 축척

2) 예제 연습도면 – 축척(Scale) 작성

Scale 명령을 사용하여 아래 도면을 작성하시오.

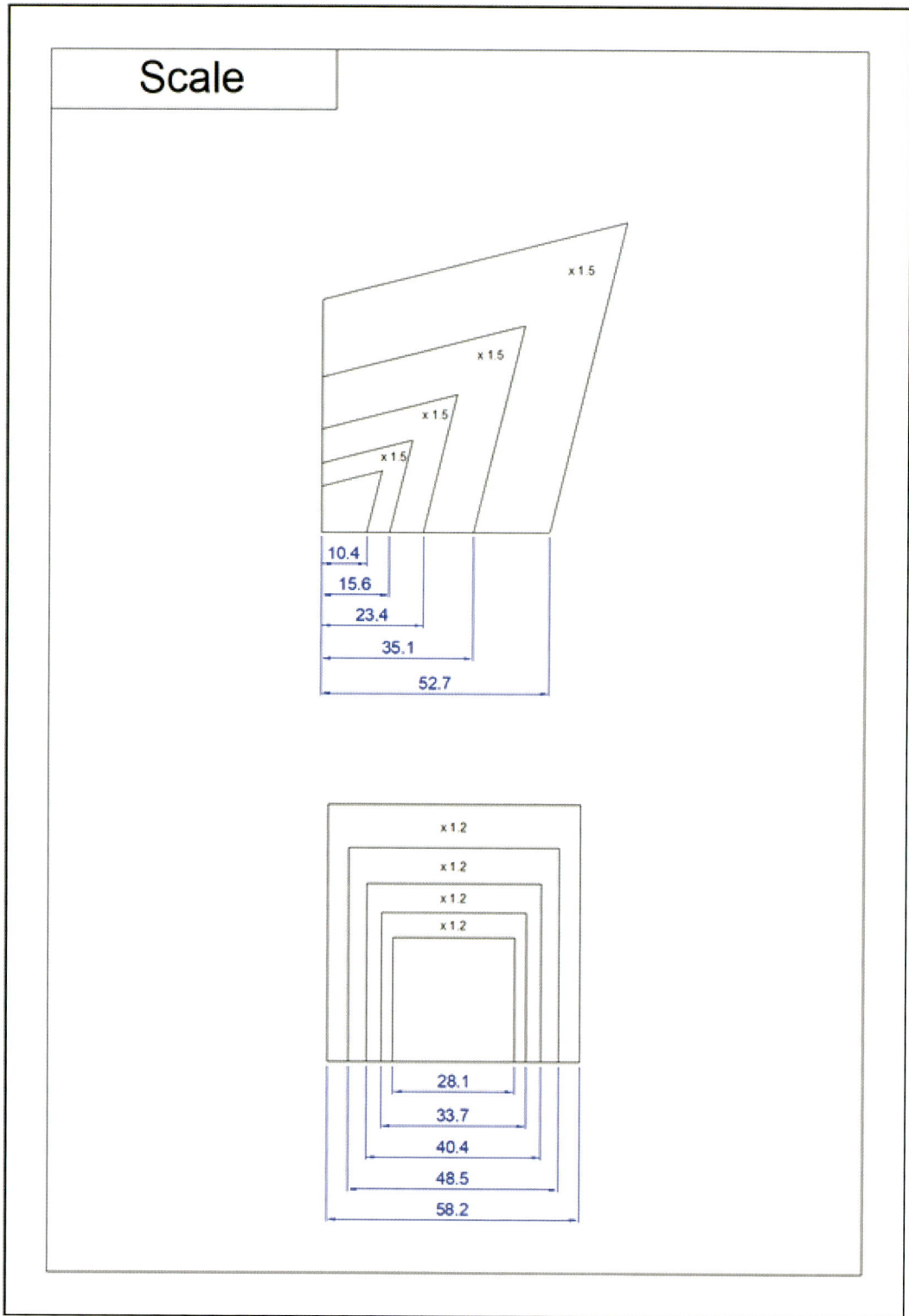

Scale

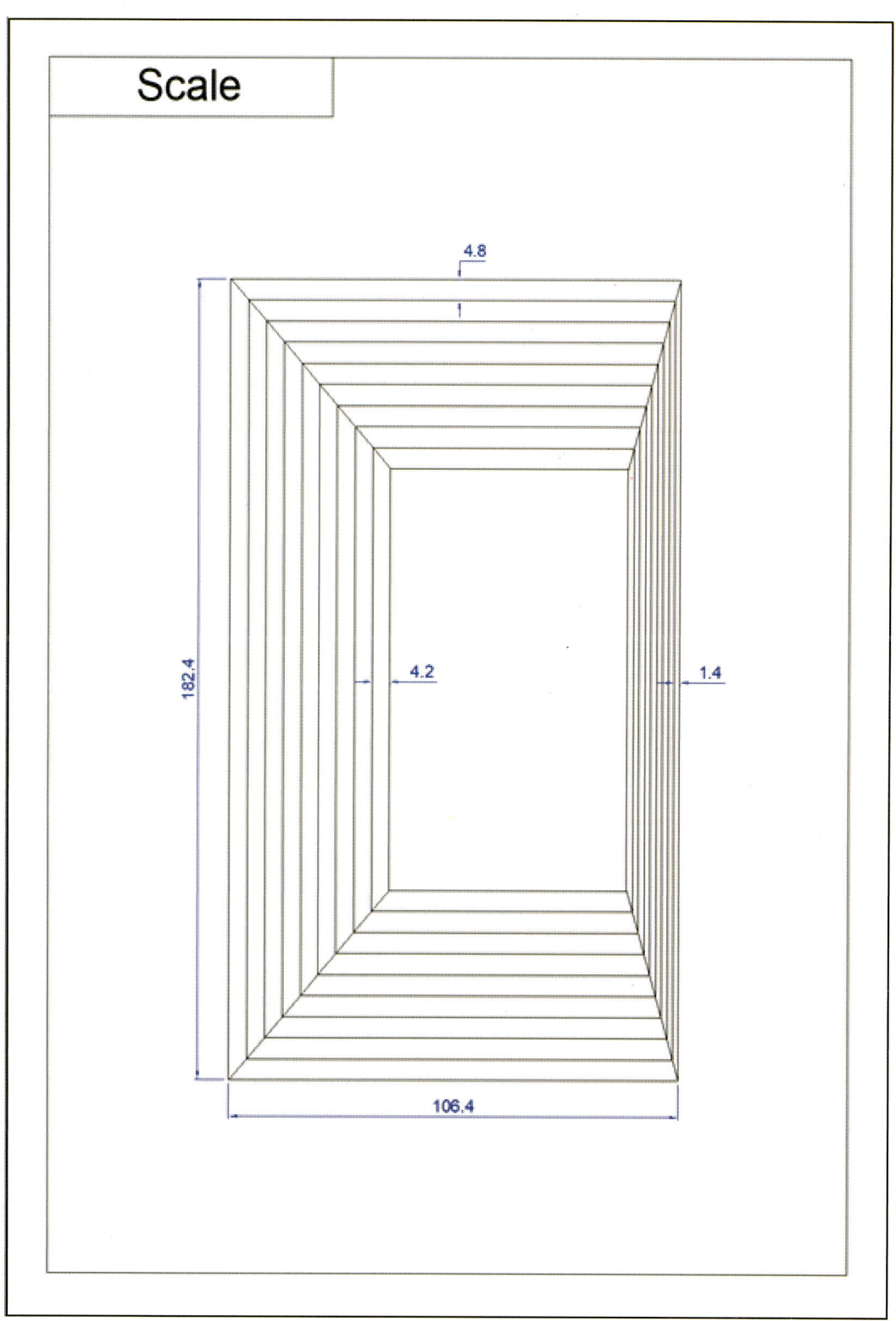

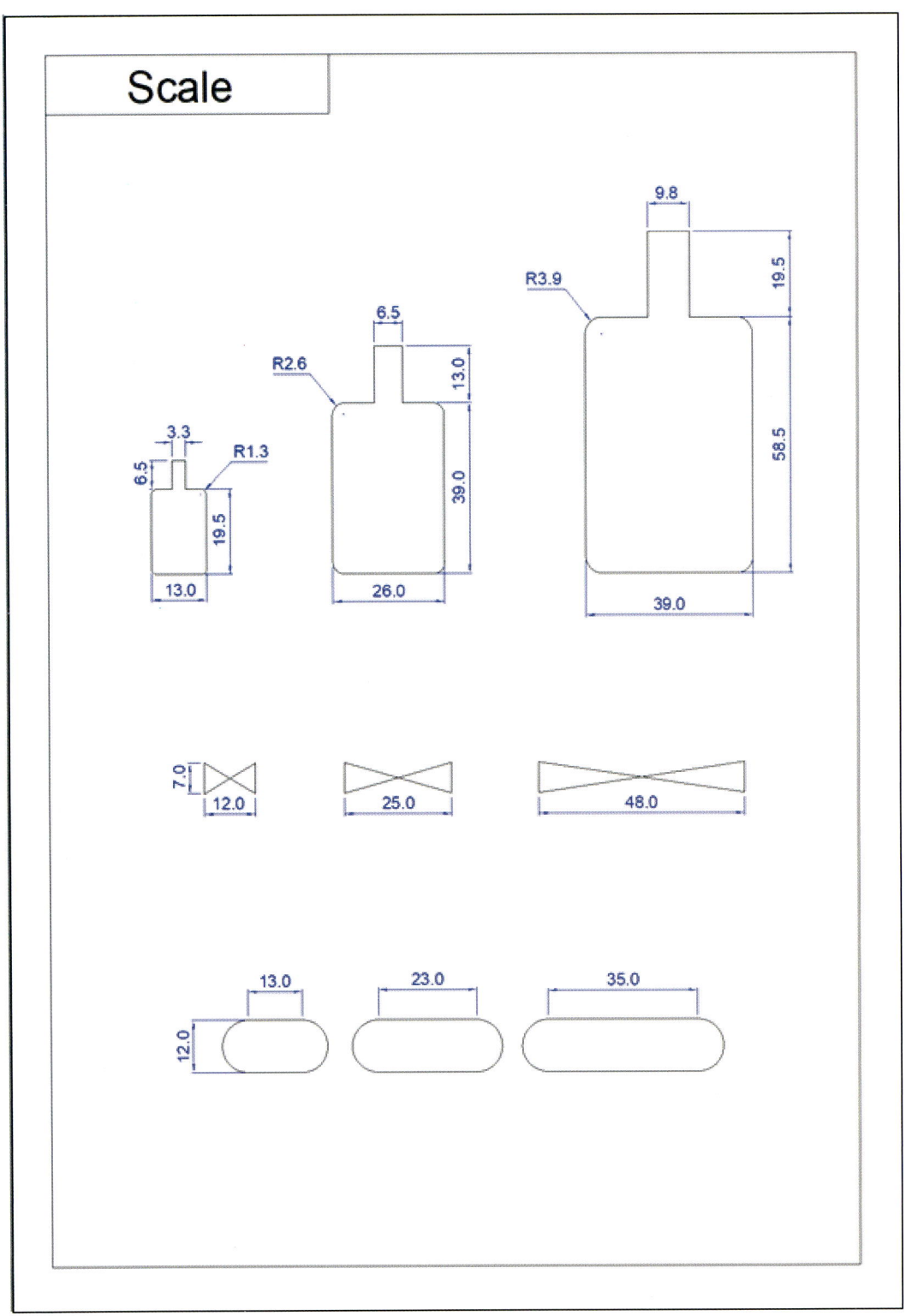

12 도면요소 대칭 이미지 작성

12.1 그래픽 영역에서 도면요소 대칭 이미지 작성

Mirror 명령을 사용하여 선택한 도면요소를 지정한 대칭축의 반대편으로 복사합니다.

1) 도면요소 대칭 이미지 작성하기

① **홈 > 수정 > 대칭**을 클릭하거나 **Mirror**를 입력합니다.
② 그래픽 영역에서 복사할 도면요소를 선택합니다.
③ **Enter**를 누릅니다.
④ 대칭축을 정의할 **시작점**과 **끝점**을 지정합니다.
⑤ 프롬프트에서 **아니오** 옵션을 지정하여 원본 도면요소를 유지하거나 **예** 옵션을 지정하여 원본 도면요소를 삭제합니다.

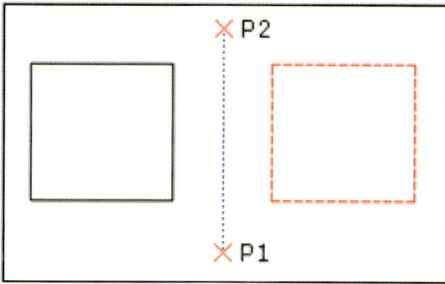 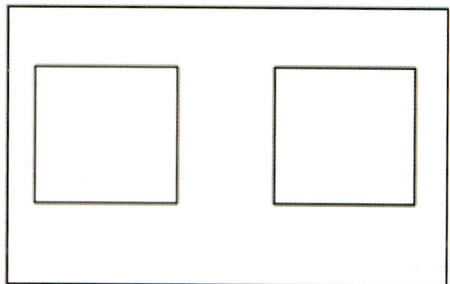

엑서스
명령 : Mirror
메뉴 : 홈 > 수정 > 대칭

2) 예제 연습도면 - 대칭(Mirror) 작성

Mirror 명령을 사용하여 아래 도면을 작성하시오.

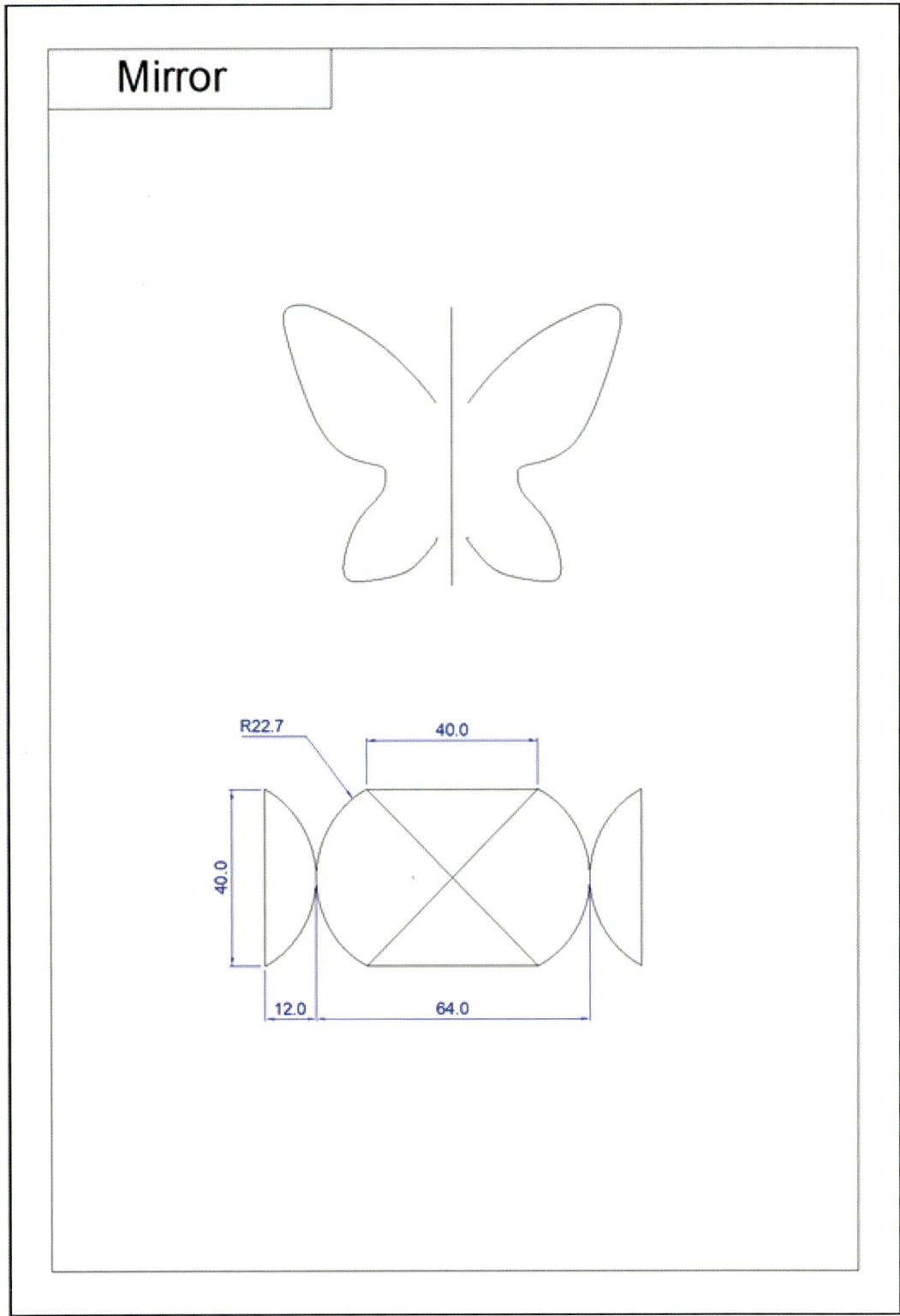

Mirror

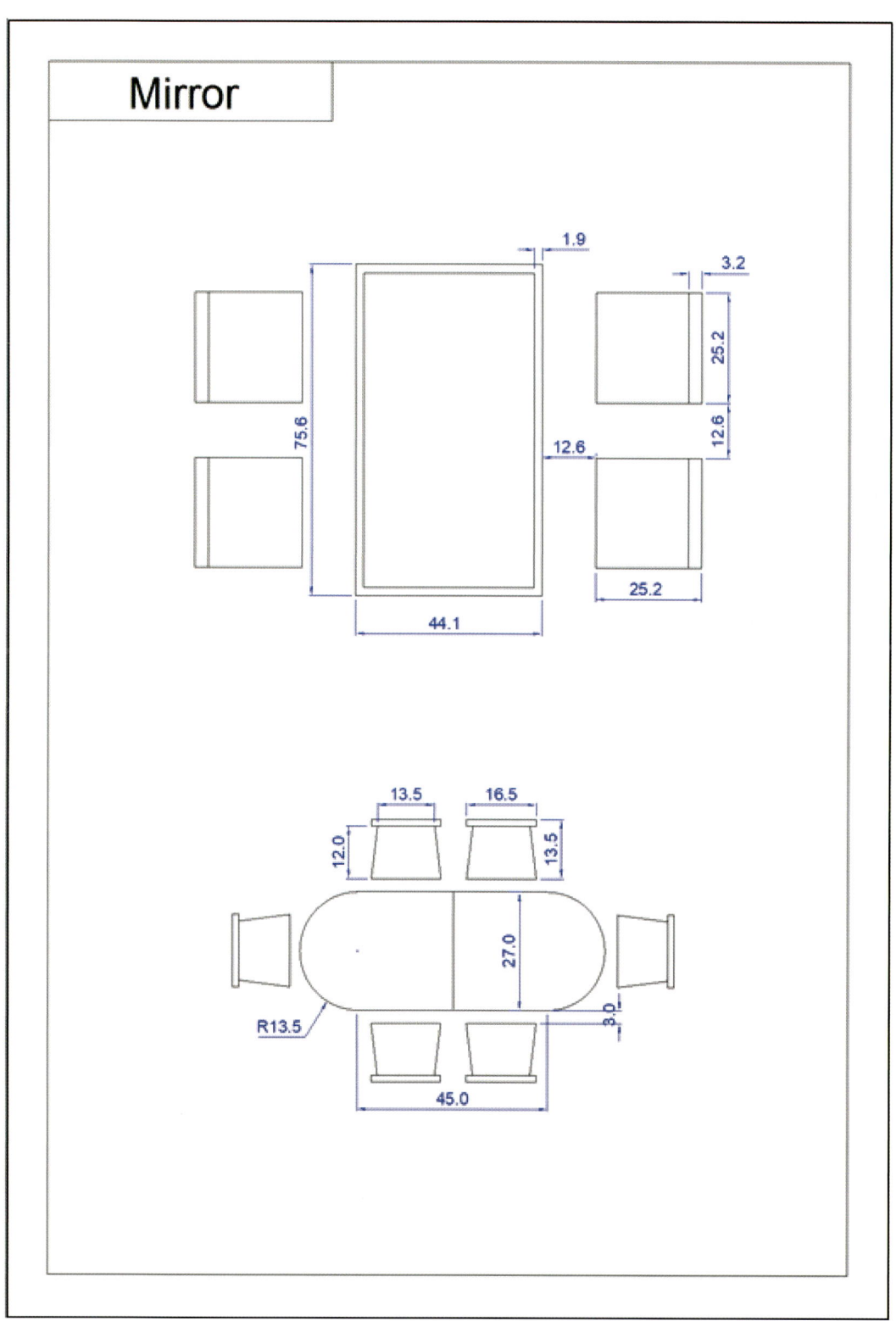

13 도면요소 뒤집기

13.1 그래픽 영역에서 도면요소 뒤집기

Flip 명령을 사용하여 도면요소의 대칭 복사본을 작성하고 원본 도면요소를 삭제합니다.

1) 도면요소 뒤집기

① 명령 프롬프트에 **Flip**을 입력합니다.
② 그래픽 영역에서 뒤집을 도면요소를 선택합니다.
③ **Enter**를 누릅니다.
④ **대칭축**을 정의할 두 점을 지정합니다.

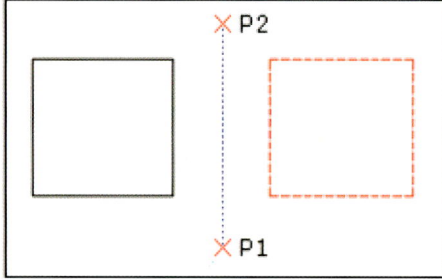 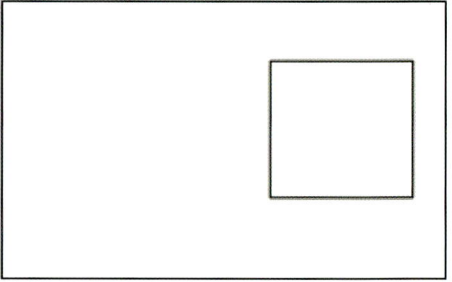

엑서스

명령 : Flip

14 도면요소 오프셋

14.1 그래픽 영역에서 도면요소 오프셋 작성

Offset 명령을 사용하여 선, 원, 호, 타원, 스플라인, 무한선의 평행한 형상을 작성합니다. 선택한 도면요소의 복사본이 원본 도면요소로부터 지정한 거리만큼 떨어진 위치에 놓입니다.

1) 도면요소 오프셋 하기

① **홈 〉 수정 〉 오프셋**을 클릭하거나 **Offset**를 입력합니다.
② 원본과 대상 도면요소 간의 오프셋 거리를 입력하거나 옵션을 지정합니다.
   - **삭제** : 도면요소의 복사본을 배치할 때 원본 도면요소를 삭제합니다.
   - **거리** : 첫 번째 거리와 두 번째 점을 지정하여 추가 오프셋을 작성합니다.
   - **대상 도면층** : 도면요소를 활성 도면층으로 복사할 지, 원본 도면층으로 복사할 지 여부를 지정합니다.
   - **통과점** : 지정한 점을 통과하는 오프셋 도면요소를 작성합니다.
③ 오프셋 할 도면요소를 선택합니다.
④ **Offset** 명령 실행을 끝내지 않고 이전 오프셋 작성을 취소하려면 실행 취소 옵션을 지정합니다.
⑤ 오프셋을 더 지정하거나 **Exit** 옵션을 지정하여 명령을 끝냅니다.

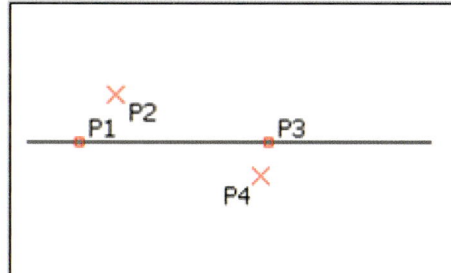
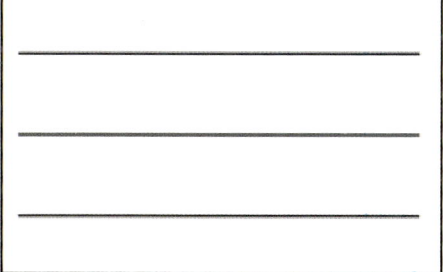

엑서스
명령 : Offset
메뉴 : 홈 〉 수정 〉 오프셋

2) 예제 연습도면 - 오프셋(Offset) 작성

Offset 명령을 사용하여 아래 도면을 작성하시오.

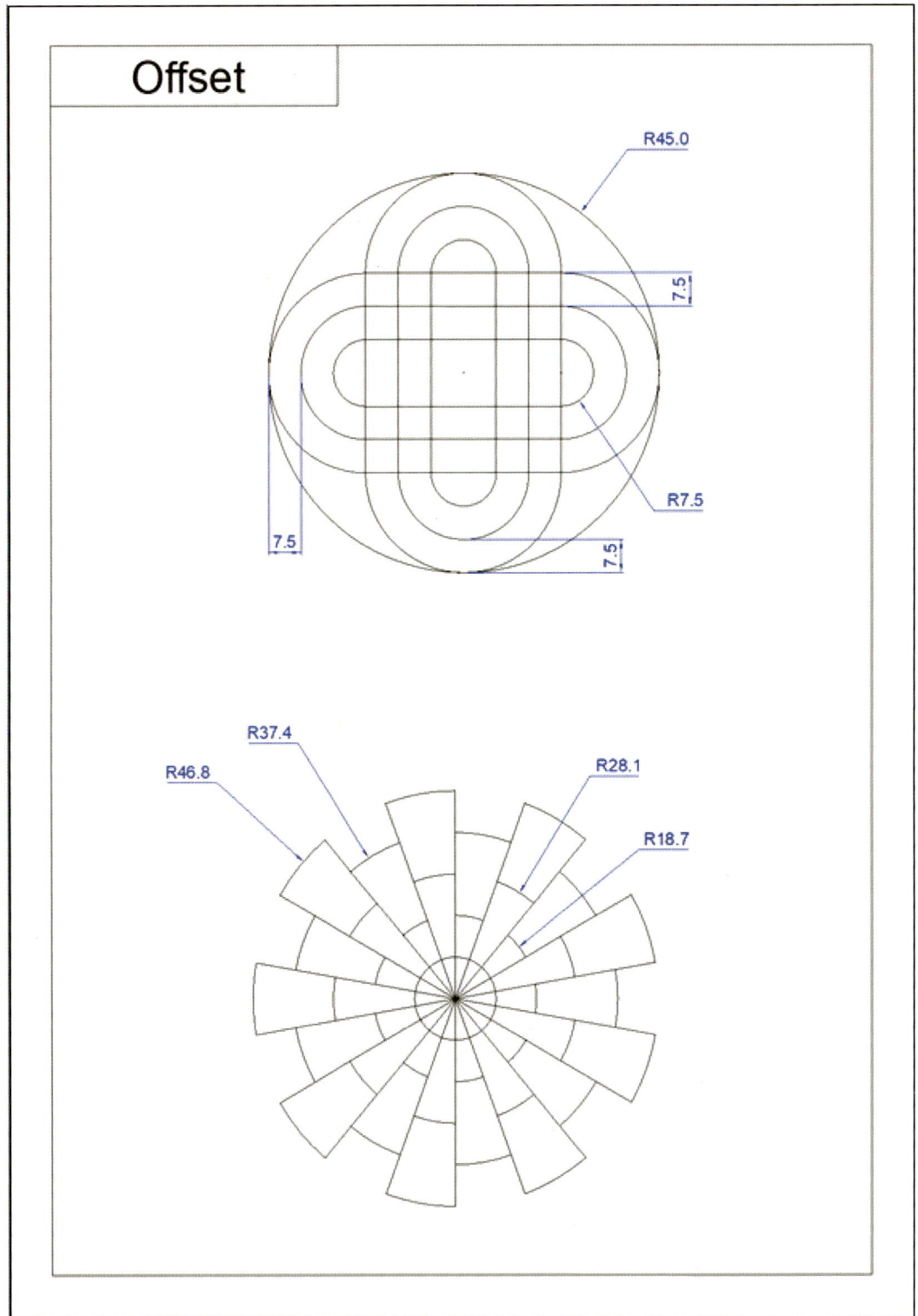

3) 실습연습 - 오프셋(Offset) 작성

Offset 명령을 사용하여 아래 도면을 작성하시오.

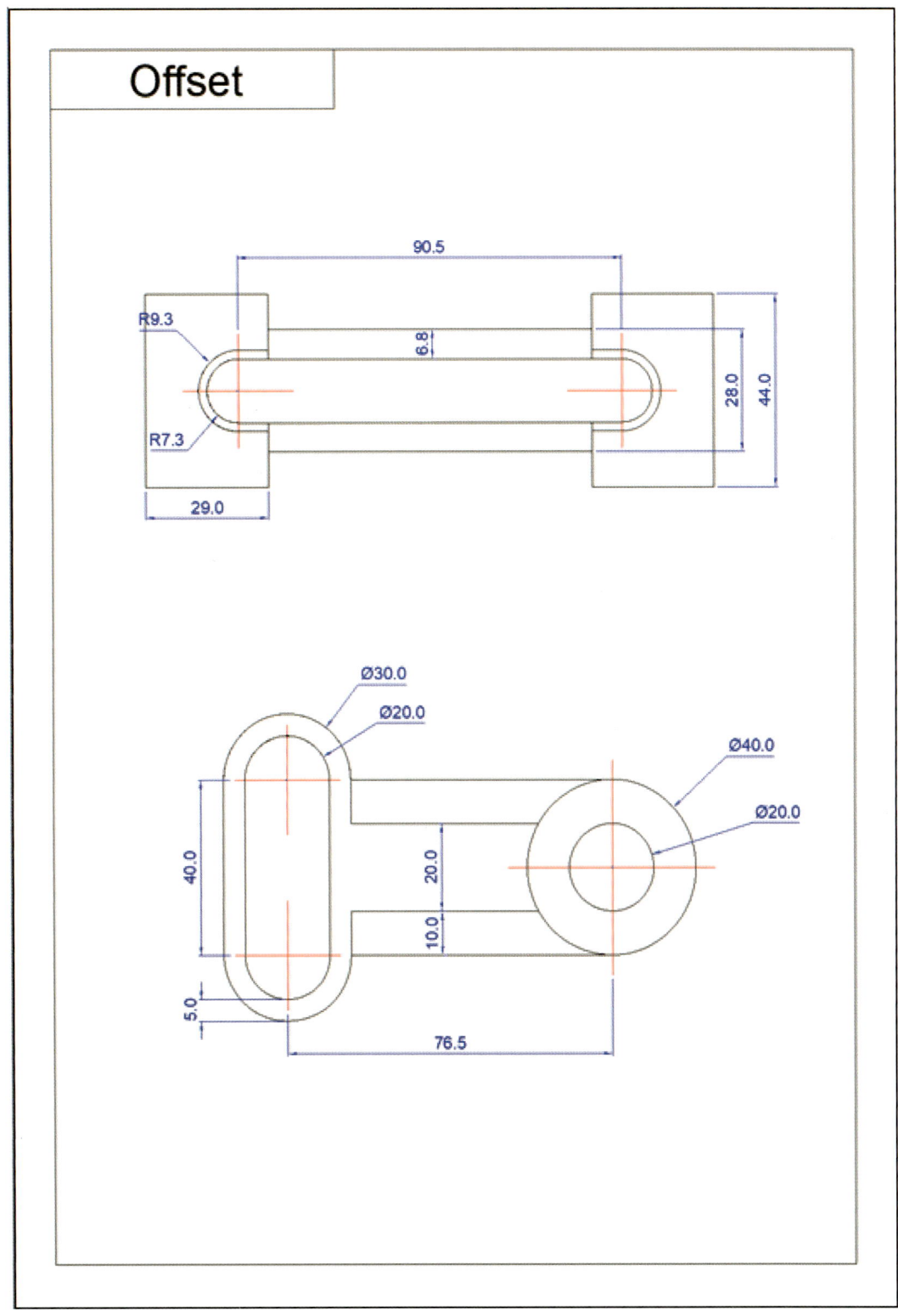

15 도면요소 패턴

15.1 그래픽 영역에서 도면요소 패턴 작성

Pattern (Array) 명령을 사용하여 원형 패턴 또는 선형 매트릭스로 경로를 따라 지정한 도면요소의 사본을 만들 수 있습니다.

복사된 도면요소는 도면층, 선 색상, 선 스타일, 선 가중치와 같은 속성이 원본 도면요소와 동일합니다.

1) 도면요소 원형 패턴 작성하기

① **홈 〉 수정 〉 패턴**을 클릭하거나 **Pattern**을 입력합니다.
② 대화 상자의 패턴 유형에서 **원형**을 선택합니다.

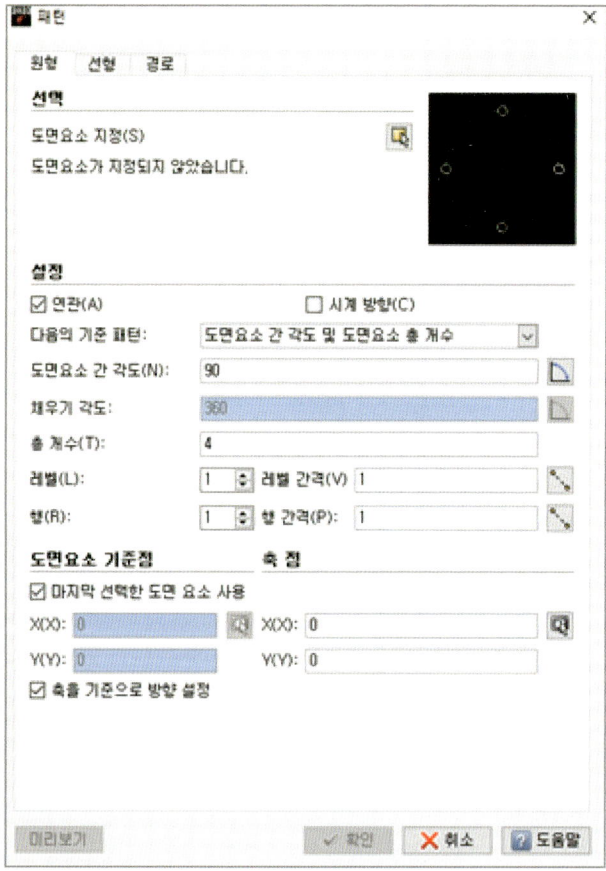

③ **도면요소 지정**을 클릭하고 패턴을 생성할 도면요소를 선택한 후 **Enter**를 누릅니다.
④ 다음을 설정합니다.
 - **다음의 기준 패턴** : 도면요소 간 각도 및 도면요소 총 개수, 도면요소 간 각도, 채우기 각도 및 총 도면요소 개수 중 옵션을 선택합니다.
 - **도면요소 간 각도** : 필요한 경우 패턴 도면요소의 기준점과 패턴의 중심 사이의 사이각을 지정하여, 양수 값을 입력하거나 항목 사이 각도 선택을 클릭합니다.

- **채우기 각도** : 필요한 경우 양수 또는 음수 값을 입력하거나 채우기 각도 선택을 클릭합니다.
- **총 개수** : 필요한 경우 원형 패턴에서 사본의 결과 개수를 지정합니다.

⑤ **도면요소 기준점**에서 다음을 설정합니다.
- **마지막 선택한 도면요소 사용** : 마지막으로 지정한 도면요소의 기준점을 사용합니다.
- X 및 Y 값을 입력하거나 **기준점 선택**을 클릭하여 그래픽 영역의 기준점을 지정합니다.

⑥ 축 점에서 X와 Y에 패턴의 **중심점 값**을 입력하거나 **중심점 선택**을 클릭합니다.

⑦ 축을 기준으로 방향 설정을 선택하여 사본을 패턴대로 회전합니다. 선택하지 않으면 원본 도면요소의 배열을 유지합니다.

⑧ **확인**을 클릭합니다.

2) 도면요소 선형 패턴 작성하기

① **홈 〉 수정 〉 패턴**을 클릭하거나 **Pattern**을 입력합니다.

② 대화 상자의 패턴 유형에서 **선형**을 선택합니다.

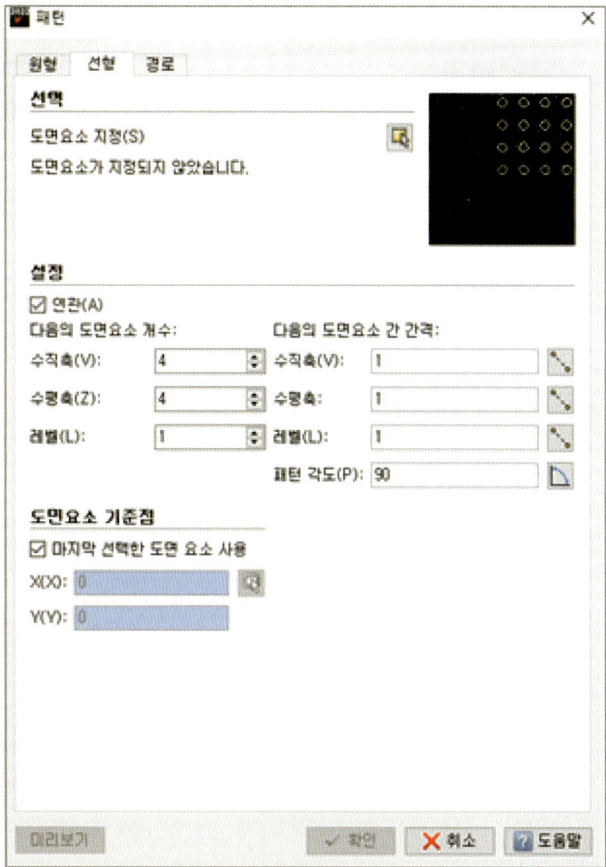

③ 도면요소 지정 을 클릭하고 패턴을 생성할 도면요소를 선택한 후 Enter를 눌러 선택을 완료합니다.

④ 설정에서 다음을 설정합니다.
- 수직축과 수평축에 사본 개수를 입력합니다.
- **수직축** : 행 간 거리를 지정합니다. 행 오프셋 선택을 클릭하고 도면에서 두 점을 사용하여 오프셋을

식별합니다. 행 오프셋이 음수 값이면 행이 아래로 추가됩니다.
- **수평축** : 열 간 거리를 지정합니다. 열 오프셋 선택을 클릭하고 도면에서 두 점을 사용하여 오프셋을 식별합니다. 열 오프셋이 음수 값이면 열이 왼쪽에 추가됩니다.
- **패턴 각도** : 사본의 배열 방식을 제어할 각도를 지정합니다. 각도 선택을 클릭하고 포인터를 사용하여 각도를 지정합니다.

⑤ **확인**을 클릭합니다.

3) 도면요소 경로를 따라 패턴 작성하기

① **홈 〉 수정 〉 패턴**을 클릭하거나 **Pattern**을 입력합니다.
② 대화 상자의 패턴 유형에서 **경로**를 선택합니다.

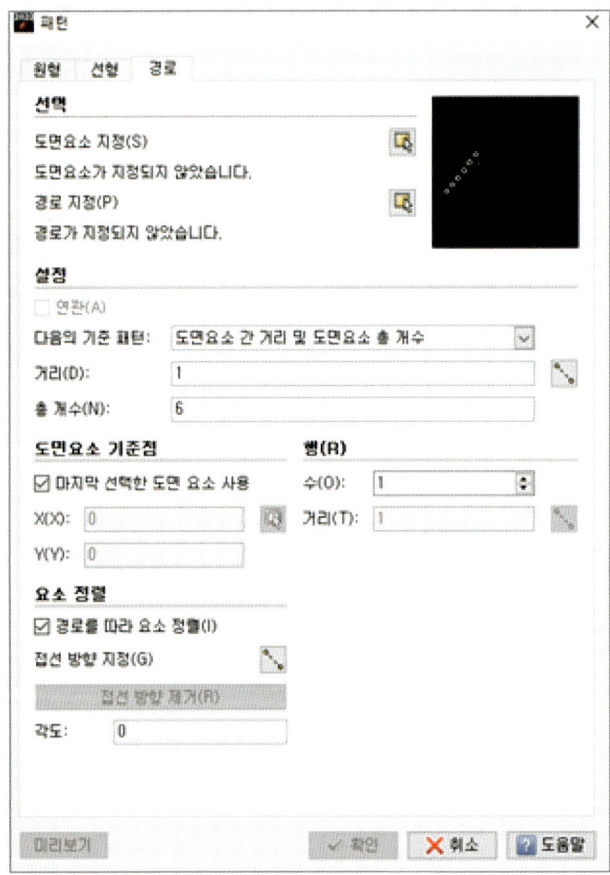

③ **도면요소 지정**을 클릭하고 패턴을 생성할 도면요소를 선택한 후 **Enter**를 눌러 선택을 완료합니다.
④ **경로 지정**을 클릭하고 지정된 도면요소와 함께 정렬할 경로를 정의하는 도면요소를 선택합니다.
⑤ **설정**에서 다음을 설정합니다.
- **다음의 기준 패턴** : 도면요소 간 거리 및 도면요소 총 개수, 동일하게 분할, 동일하게 측정 중 옵션을 선택합니다.
- **거리** : 필요한 경우 사본 간 간격을 지정합니다. 도면요소 간 간격 지정을 클릭하여 그래픽 영역의 거리를 확인합니다.
- **총 개수** : 필요한 경우 경로 패턴에서 패턴 사본의 결과 개수를 지정합니다.

⑥ **도면요소 기준점**에서 다음을 설정합니다.
  - **마지막 선택한 도면요소 사용** : 마지막으로 지정한 도면요소의 기준점을 사용합니다.
  - X 및 Y 값을 입력하거나 **기준점 선택**을 클릭하여 그래픽 영역의 기준점을 지정합니다.
⑦ 행에서 다음을 설정합니다.
  - **수** : 패턴의 행 개수를 지정합니다.
  - **거리** : 행 간 거리를 지정합니다. 거리가 음수 값이면 행이 아래로 추가됩니다. 도면요소 간 간격 지정을 클릭하여 그래픽 영역의 거리를 확인합니다.
⑧ **요소 정렬**에서 다음을 설정합니다.
  - **경로를 따라 요소 정렬** : 경로 방향에 접하도록 각 패턴 사본을 정렬합니다.
  - **접선 방향 지정** : 그래픽 영역에서 경로를 기준으로 사본의 접선을 나타내는 두 점을 지정합니다.
  - **각도** : 지정된 접선 방향을 기준으로 사본의 회전 각도를 지정합니다.
⑨ **확인**을 클릭합니다.

> **참고**
> 패턴 대화 상자에서 미리보기를 클릭하여 결과 패턴을 작성하기 전에 확인합니다.

> **엑서스**
> 명령 : Pattern
> 메뉴 : 홈 〉 수정 〉 패턴

4) 예제 연습도면 - 패턴(Pattern) 작성

Pattern 명령을 사용하여 아래 도면을 작성하시오.

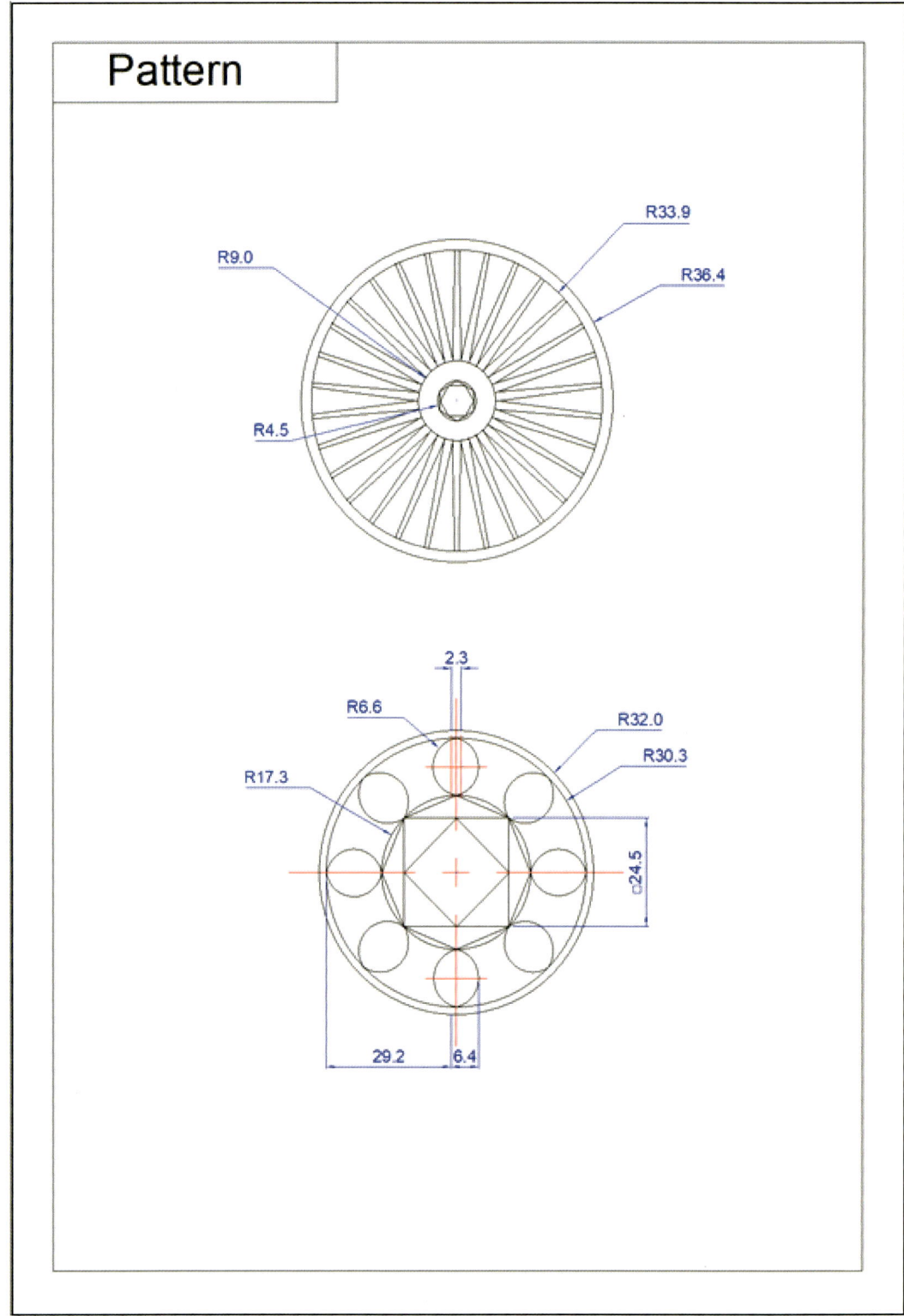

Pattern

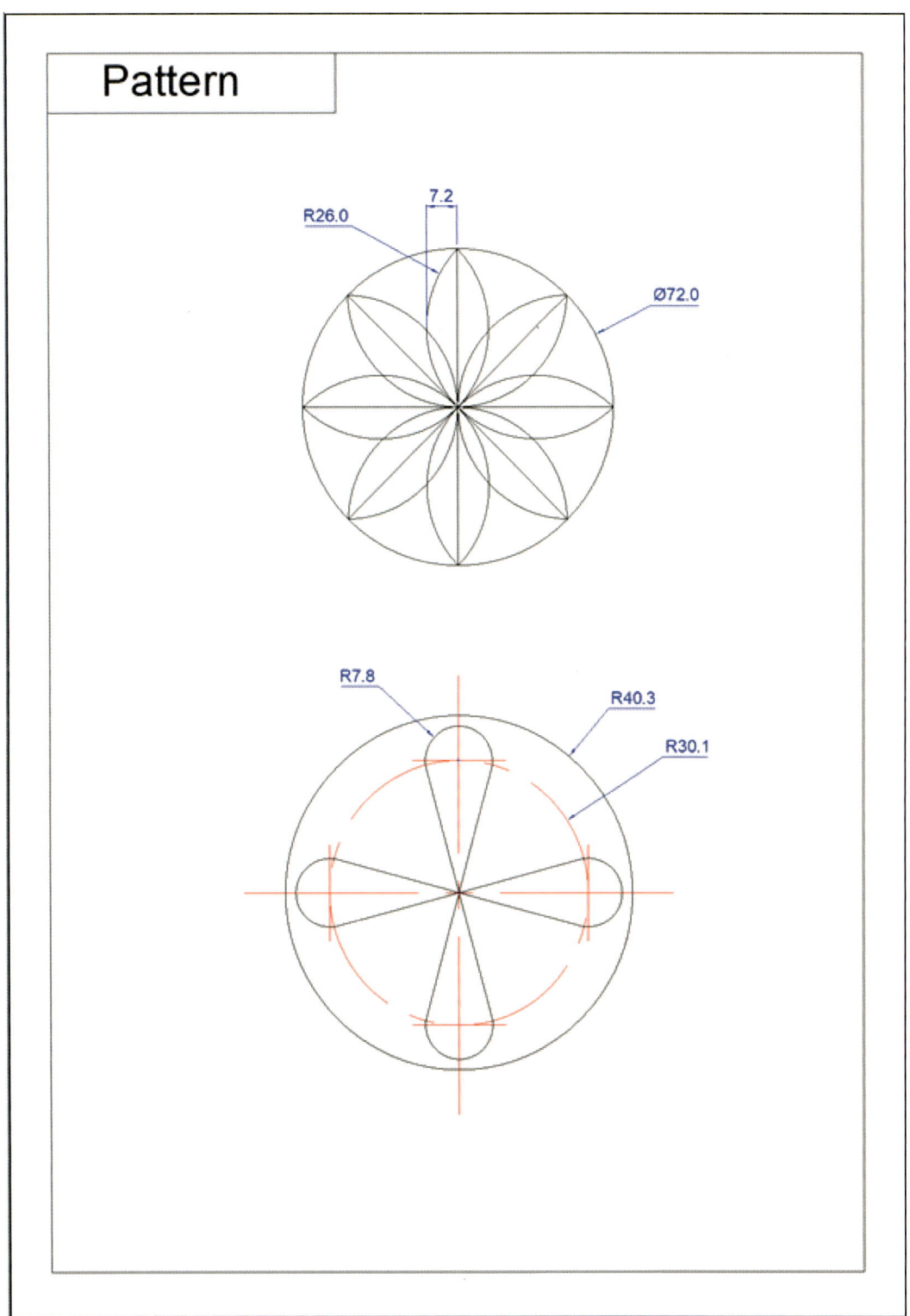

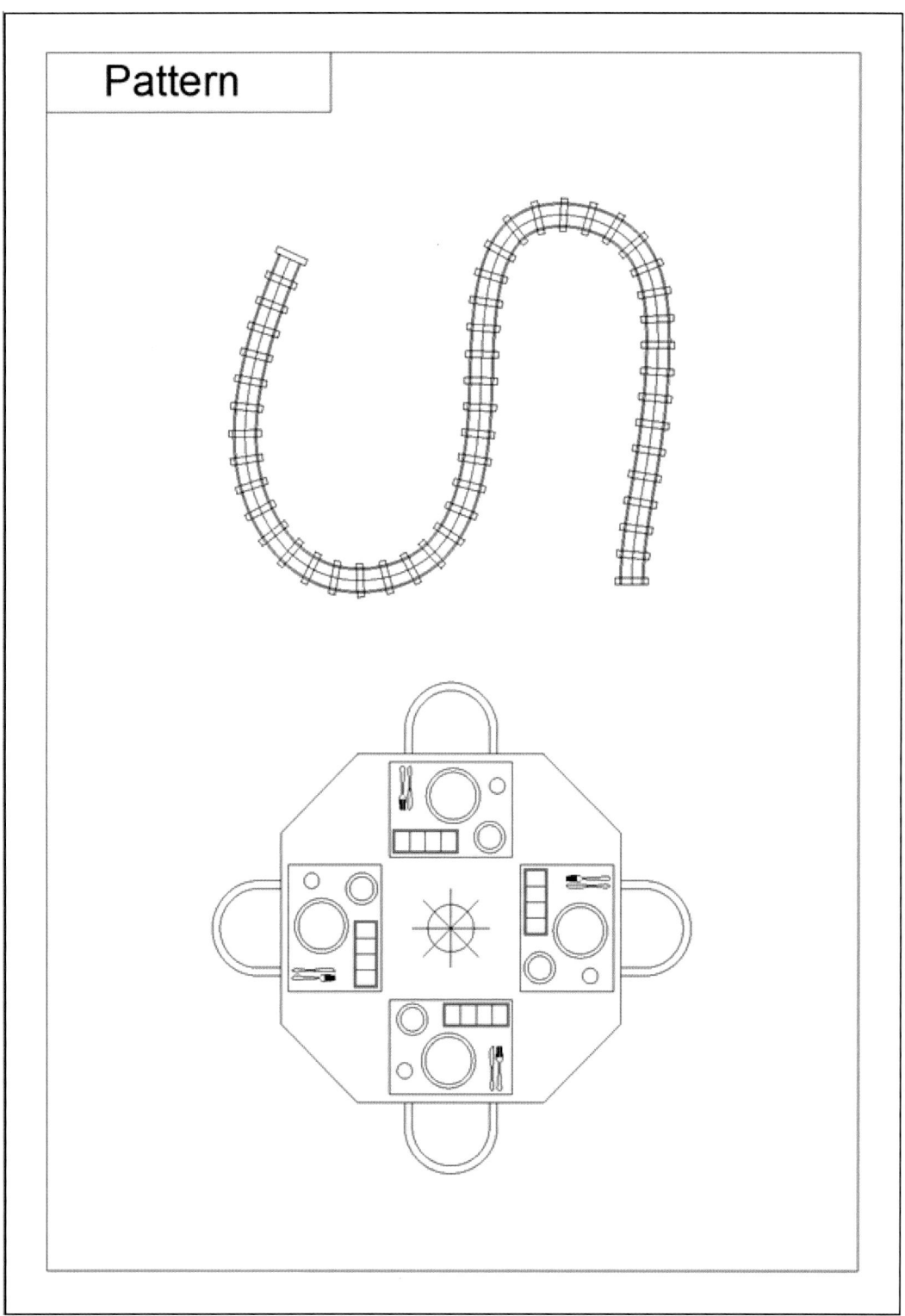

16 도면요소 늘이기

16.1 그래픽 영역에서 도면요소 늘이기

Stretch 명령을 사용하여 도면요소의 위치를 유지하면서 길이를 한 방향으로 늘이거나 축소할 수 있습니다. 이 명령을 사용하여 윤곽선 내의 단일 도면요소를 이동할 수도 있습니다.

1) 도면요소 늘이기

① **홈 〉 수정 〉 늘이기**를 클릭하거나 **Stretch**를 입력합니다.
② 그래픽 영역에서 늘이려는 **도면요소**를 선택합니다.
③ **Enter**를 누릅니다.
④ **시작점**과 **대상점**을 지정하여 도면요소를 연장할 거리를 정의합니다.

2) 변위를 사용하여 도면요소 늘이기

① **홈 〉 수정 〉 늘이기**를 클릭하거나 **Stretch**를 입력합니다.
② 그래픽 영역에서 늘이려는 **도면요소**를 선택합니다.
③ **Enter**를 누릅니다.
④ **변위** 옵션을 지정하여 지정한 도면요소를 벡터로 연장하거나 시작점을 지정한 후 **Enter**를 눌러 시작점을 변위로 사용합니다.

3) 도면요소 그립을 사용하여 단일 도면요소 늘이기

① 그래픽 영역에서 늘이려는 **도면요소**를 선택합니다.
② 도면요소 **그립** 중 하나를 클릭합니다.
③ 포인터를 다른 위치로 이동하고 클릭합니다.

4) 도면요소 그립을 사용하여 여러 개의 도면요소 늘이기

① 그래픽 영역에서 늘이려는 **도면요소**를 선택합니다.
② **Shift** 키를 누른 채 몇 개의 도면요소 그립을 클릭합니다.
③ **Shift** 키를 놓고 도면요소 그립 한 개를 기준 그립으로 클릭합니다.
④ 포인터를 다른 위치로 이동하고 **클릭**합니다.

엑서스

명령 : Stretch
메뉴 : 홈 〉 수정 〉 늘이기

17 도면요소 길이 변경

17.1 그래픽 영역에서 도면요소 길이 변경

EditLength 명령을 사용하여 선형 또는 곡선 요소의 길이와 호의 사이각을 변경하여 선, 열린 폴리선, 호, 타원형 호, 열린 스플라인을 늘이거나 줄일 수 있습니다.

Extend 및 Trim 명령과는 달리, **EditLength**는 경계 모서리 없이 실행되며, 이 명령은 도면요소를 특정 값이나 그 원래 크기에 대한 비율로 연장하거나 자를 수 있습니다.

1) 도면요소 길이 변경하기

① **홈 〉 수정 〉 길이 변경**을 클릭하거나 **EditLength**를 입력합니다.
② 그래픽 영역에서 도면요소를 선택하거나 옵션을 지정합니다.
- **동적(D)** : 도면요소를 지정하고 새 길이로 드래그 하고 클릭하여 길이를 고정합니다.
- **증분(I)** : 키보드 또는 두 점을 사용하여 지정한 거리로 도면요소의 끝점을 연장하거나 줄입니다.
- **백분율(P)** : 원래 크기에 대한 비율을 정의하여 늘이거나 줄입니다. 호의 경우, 백분율은 그 둘레를 기준으로 합니다.
- **합계(T)** : 선이나 호의 총 길이를 지정한 치수로 변경합니다.

③ 도면요소를 길이를 더 변경하고 **Enter**를 누릅니다.

> **엑서스**
> 명령 : EditLength
> 메뉴 : 홈 〉 수정 〉 길이 변경

18 PowerTrim으로 도면요소 자르기

18.1 그래픽 영역에서 PowerTrim으로 도면요소 자르기

PowerTrim 명령은 포인터를 각 도면요소 위로 드래그하여 인접한 여러 도면요소를 자를 수 있으며, 기본 경로를 따라 도면요소를 연장한 다음 가상 구석에서 교차하는 두 도면요소를 연장하거나 자를 수도 있습니다.

PowerTrim 명령 사용 시 다음과 같은 사항을 고려해야 합니다.

- 선, 폴리선, 호, 원, 타원, 스플라인, 광선, 무한선, 해치 및 그라데이션을 자를 수 있습니다.
- 잘려진 해치는 해치가 작성된 다른 영역으로 분할된 경우에도 변경된 경계 도면요소와의 연결성을 유지합니다.
- 블록 내에 있는 치수, 노트, 기본 노트, 영역 또는 도면요소는 자를 수 없습니다.
- 넓은 폴리선에서 자르면 명령이 그 중심선에서 잘립니다.

1) PowerTrim으로 도면요소 자르기

   ① **홈 〉 수정 〉 고급 자르기**를 클릭하거나 **PowerTrim**을 입력합니다.
   ② 그래픽 영역에서 포인터를 클릭하여 자를 도면요소로 드래그 합니다.
   ③ 자르기를 마치면 마우스 버튼을 놓습니다.
   ④ **Enter**를 누릅니다.

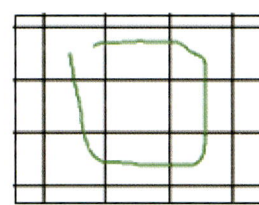 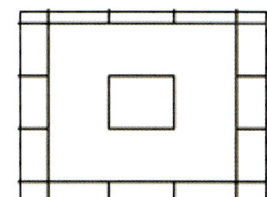

2) PowerTrim으로 도면요소 연장하기

   ① **홈 〉 수정 〉 고급 자르기**를 클릭하거나 **PowerTrim**을 입력합니다.
   ② **Shift** 키를 누른 다음 첫 번째 도면요소 옆에 있는 그래픽 영역을 클릭하여 연장할 도면요소 위로 드래그 합니다.
   ③ 연장하기를 마치면 포인터를 놓습니다.
   ④ **Enter**를 누릅니다.

3) PowerTrim으로 도면요소 늘이기 및 줄이기

   ① **홈 〉 수정 〉 고급 자르기**를 클릭하거나 **PowerTrim**을 입력합니다.
   ② 선택 상자가 나타나도록 포인터를 도면요소로 이동한 다음 도면요소를 클릭합니다.
   ③ 도면요소를 새 길이로 드래그 한 다음 길이를 클릭하여 고정시킵니다.
   ④ **Enter**를 누릅니다.

4) PowerTrim으로 도면요소를 경계 모서리로 늘이기 및 줄이기

① **홈 〉 수정 〉 고급 자르기**를 클릭하거나 **PowerTrim**을 입력합니다.
② 선택 상자가 나타나도록 포인터를 도면요소로 이동한 다음 도면요소를 클릭합니다.
③ 경계의 역할을 하는 다른 도면요소를 지정합니다.
④ **Enter**를 누릅니다.

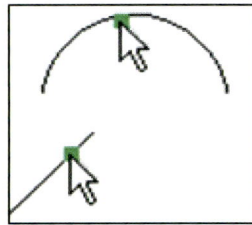 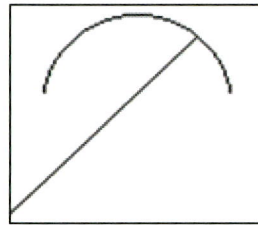

5) 구석 옵션으로 도면요소 자르기

① **홈 〉 수정 〉 구석 자르기**를 클릭하거나 **PowerTrim**을 입력합니다.
② 유지할 쪽에서 결합할 첫 번째 도면요소를 지정합니다.
③ 결합할 두 번째 도면요소를 지정합니다.
④ **Enter**를 누릅니다.

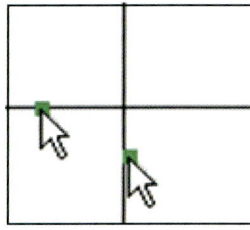 

참고
실행 취소 옵션을 사용하여 가장 최근 자르기 작업을 취소합니다.
실행 취소 옵션은 반복 사용할 수 있습니다.

엑서스
명령 : PowerTrim
리본 : 홈 〉 수정 〉 고급 자르기 또는 구석 자르기

19 도면요소 자르기

19.1 그래픽 영역에서 Trim으로 도면요소 자르기

Trim 명령을 사용하여 한 개 이상의 도면요소로 정의된 모서리에서 도면요소를 정확하게 자를 수 있습니다.

Trim 명령 사용 시 다음과 같은 사항을 고려해야 합니다.

- 선, 무한선, 광선, 폴리선, 원, 호, 타원, 스플라인 및 해치를 절단 모서리로 사용하여 선택한 도면요소를 자릅니다.
- 해치를 절단 모서리로 사용할 수 있지만 해치에서 해치를 자를 수는 없습니다.
- 치수, 노트, 기본 노트, 영역 또는 블록은 자를 수 없지만 절단 모서리로 사용할 수는 있습니다.
- 교차하거나 인접하는 서식 있는 선을 자르려면 EditRichLine 명령을 사용합니다.
- 폴리선을 절단 모서리로 선택하면 그 중심선에서 잘려집니다.
- 시트에서는 뷰포트가 절단 모서리가 될 수 있습니다.

1) 도면요소 자르기

① **홈 〉 수정 〉 자르기**를 클릭하거나 **Trim**을 입력합니다.
② 그래픽 영역에서 절단 모서리로 구성할 도면요소를 선택합니다.
③ **Enter**를 누릅니다.
④ 그래픽 영역에서 잘라낼 쪽의 도면요소를 선택하거나 다음 옵션을 지정합니다.
- **교차** : 두 개의 반대 점으로 정의한 사각형 안에 있고 교차하는 도면요소를 선택합니다.
- **교차선** : 울타리 선택 방법을 사용하여 울타리 선이 교차하는 쪽에서 도면요소를 자릅니다.
- **모서리** : 연장되면 도면요소와 교차되는 자르기 모서리까지 자릅니다.
- **지우기** : Trim 명령을 끝내지 않고 불필요한 도면요소를 삭제합니다.
- **실행 취소** : 최근 실행한 자르기 작업을 취소합니다.
- **Shift + 선택** : Shift를 누른 채로 도면요소를 선택하면 도면요소가 확장됩니다.

⑤ **Enter**를 누릅니다.

> **엑서스**
> 명령 : Trim
> 메뉴 : 홈 〉 수정 〉 자르기

2) 예제 연습도면 – 자르기(Trim) 작성

Trim 명령을 사용하여 아래 도면을 작성하시오.

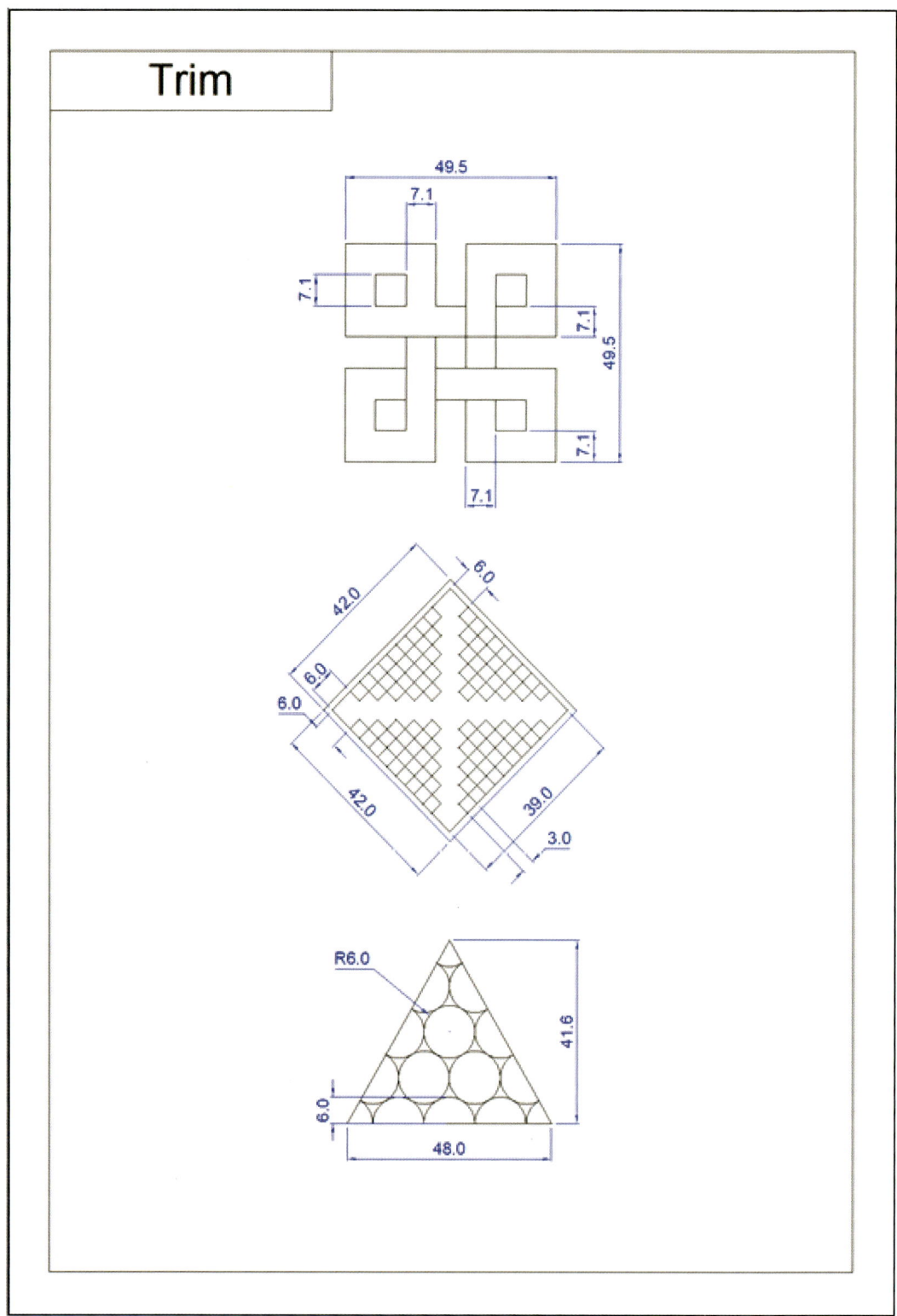

20 도면요소 분할

20.1 그래픽 영역에서 도면요소 분할하기

Split 명령을 사용하여 도면요소에 두 점을 지정하면 두 점 사이의 도면요소를 지울 수 있습니다.

1) 도면요소 일부 지우기

① **홈 〉 수정 〉 분할**을 클릭하거나 **Split**을 입력합니다.
② 그래픽 영역에서 도면요소를 선택합니다. ③ 두 번째 분할점을 클릭하여 삭제할 부분을 지정합니다.

2) 도면요소의 한쪽 끝 자르기

① **홈 〉 수정 〉 분할**을 클릭하거나 **Split**을 입력합니다.
② 도면요소에서 새로운 끝점으로 지정할 점을 클릭합니다. ③ 도면요소의 현재 끝점을 지나 다른 점을 클릭합니다.

3) 한 개의 도면요소를 두 개의 도면요소로 분할하기

① **홈 〉 수정 〉 분할**을 클릭하거나 **Split**을 입력합니다.
② 도면요소에서 도면요소를 분할할 점을 클릭합니다. ③ 최초 지정 점을 반복하려면 @를 입력합니다.

> **엑서스**
> 명령 : Split
> 메뉴 : 홈 〉 수정 〉 분할

4) 예제 연습도면 - 분할(Split) 작성

Line 명령을 사용하여 아래 도면을 작성하시오.

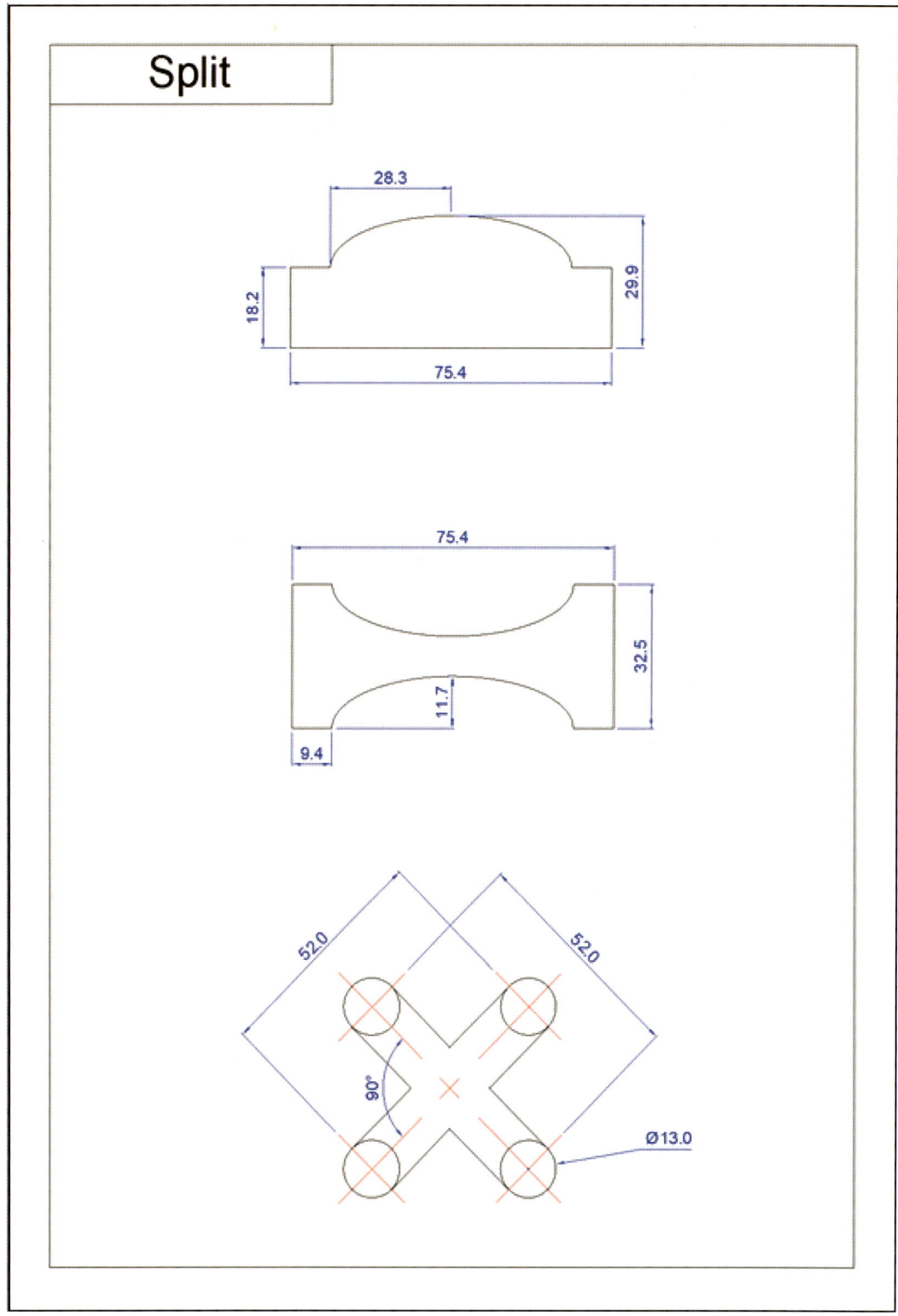

5) 실습연습 – 자르기(Trim), 분할(Split) 작성

Trim, Split 명령을 사용하여 아래 도면을 작성하시오.

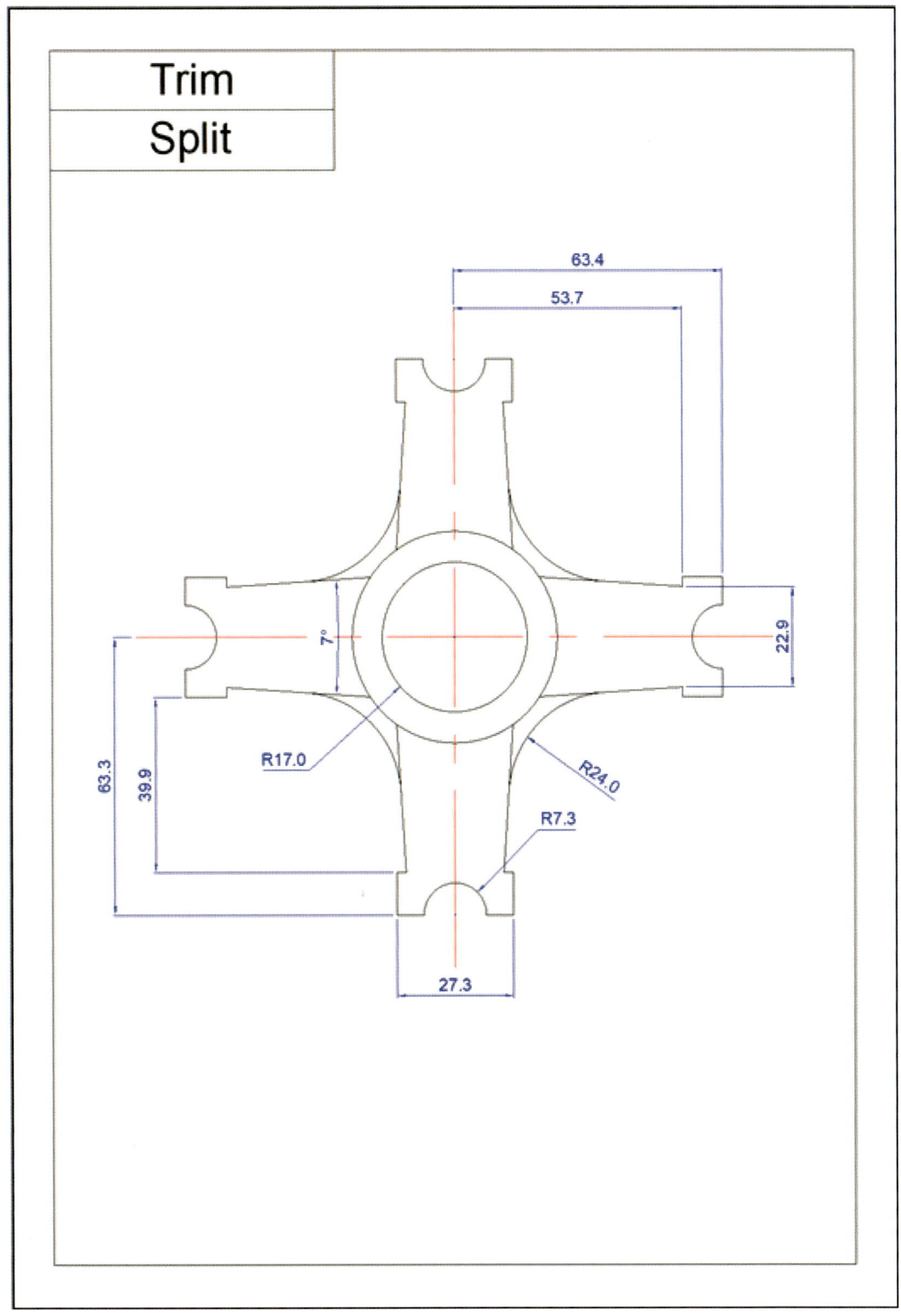

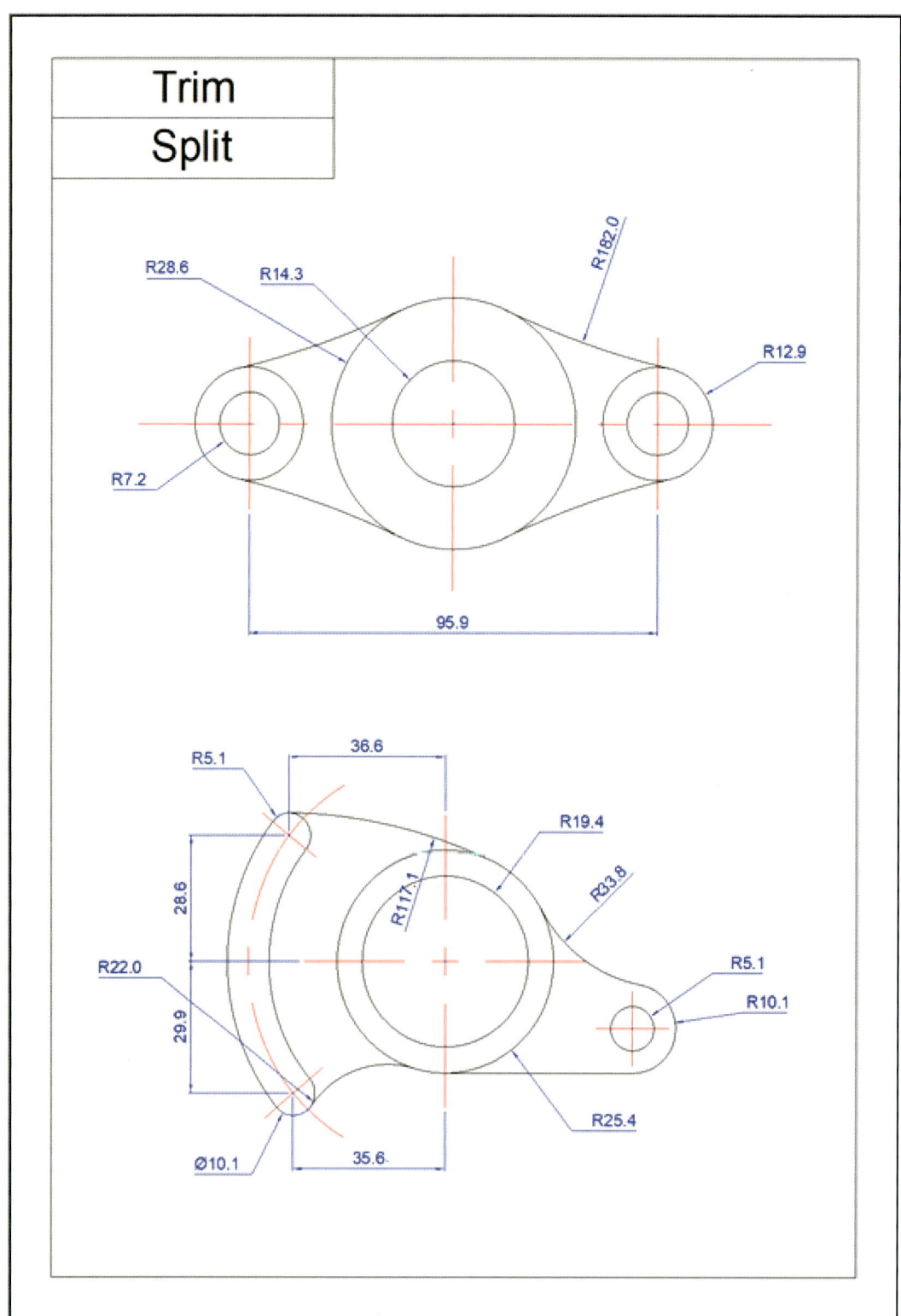

21 도면요소 연장

21.1 그래픽 영역에서 도면요소 연장하기

Extend 명령을 사용하여 도면요소의 일부를 지정한 경계까지 길이를 연장할 수 있습니다.

이 명령을 사용하여 다각형을 정확하게 닫거나 도면요소를 적절한 경계로 연장할 수 있습니다.

1) 도면요소 연장하기

① **홈 〉 수정 〉 연장**을 클릭하거나 **Extend**를 입력합니다.
② 그래픽 영역에서 경계를 이룰 도면요소를 선택합니다.
③ **Enter**를 누릅니다.
④ 그래픽 영역에서 연장할 도면요소를 선택하거나 옵션을 지정합니다.
- **교차** : 두 개의 반대 점으로 정의한 사각형 안에 있고 교차하는 도면요소를 선택합니다.
- **교차선** : 울타리 선택 방법을 사용하여 선택한 도면요소를 연장합니다.
- **모서리** : 연장되면 도면요소와 교차되는 경계를 연장합니다.
- **지우기** : Extend 명령을 끝내지 않고 불필요한 도면요소를 삭제합니다.
- **실행 취소** : 최근 실행한 자르기 작업을 취소합니다.
- **Shift + 선택** : Shift 키를 누른 채 자를 도면요소를 선택하여 도면요소를 자를 수 있습니다.

⑤ 도면요소를 선택하고 나면 선택한 도면요소가 연장됩니다.
⑥ 도면요소를 연장할 방법이 한 가지 이상 있을 경우 도면요소를 선택할 때 포인터에 가장 가까이 있는 끝점에서부터 선택한 도면요소의 연장이 실행됩니다.
⑦ **Enter**를 누릅니다.

> **엑서스**
> 명령 : Extend
> 메뉴 : 홈 〉 수정 〉 연장

2) 예제 연습도면 – 연장(Extend) 작성

Extend 명령을 사용하여 아래 도면을 작성하시오.

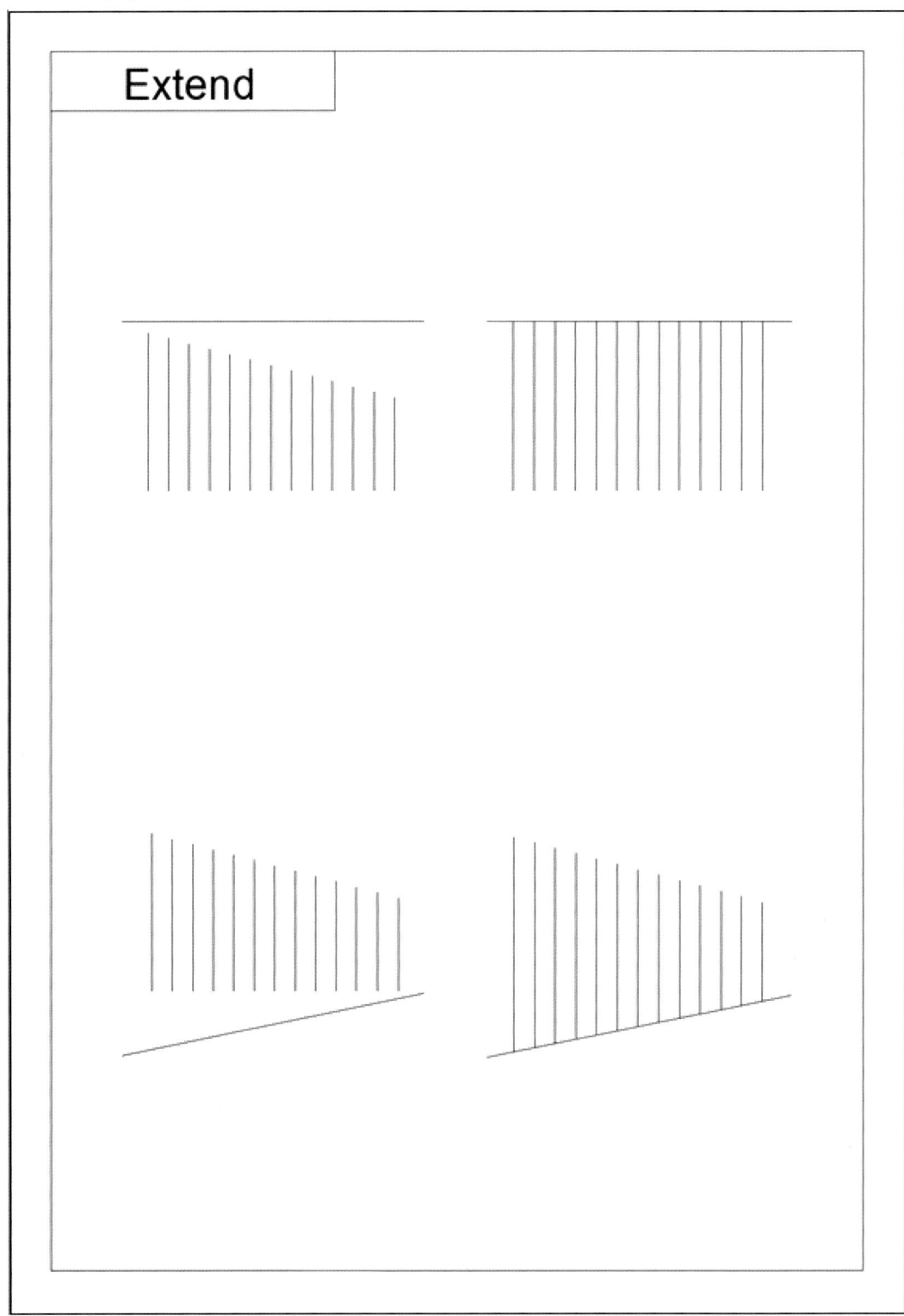

22 도면요소 용접

22.1 그래픽 영역에서 도면요소 용접하기

Weld 명령을 사용하여 떨어진 두 개의 도면요소를 하나로 용접할 수 있습니다.

선, 열린 폴리선, 호, 타원형 호, 열린 스플라인을 합칠 수 있으며, 호를 원으로, 타원형 호를 타원으로 변환할 수도 있습니다.

1) 도면요소 용접하기

① **홈 〉 수정 〉 용접**을 클릭하거나 **Weld**을 입력합니다.
② 기준 도면요소를 선택합니다.
③ 원본 도면요소와 합칠 도면요소를 지정합니다.
④ **Enter**를 누릅니다.

> **엑서스**
> 명령 : Weld
> 메뉴 : 홈 〉 수정 〉 용접

CHAPTER 09 도면요소 수정

23 도면요소 모따기

23.1 그래픽 영역에서 도면요소 모따기

Chamfer 명령을 사용하여 도면요소의 모서리 또는 구석을 비스듬하게 깎을 수 있습니다.

이 명령은 선택한 도면요소의 모서리 또는 구석이 서로 교차하지 않아도 명령을 사용할 수 있습니다.

1) 도면요소 모따기

① **홈 > 수정 > 모따기**를 클릭하거나 **Chamfer**를 입력합니다.
② 그래픽 영역에서 첫 번째 선을 선택하거나 다음 옵션을 지정합니다.
- **각도** : 첫 번째로 선택한 선에 모따기 길이를 설정하고 두 번째 선에 대해 각도를 설정하여 모따기 선을 작성합니다.
- **거리** : 모따기 거리를 설정합니다. 첫 번째 모따기 거리의 기본값은 최근에 사용된 거리이며, 두 번째 거리의 기본값은 첫 번째 모따기 거리로 지정한 값입니다.
- **방법** : 모따기 작성의 기본값으로 두 거리를 사용할 것인지(거리 옵션으로 지정), 길이와 각도를 사용할 것인지(각도 옵션으로 지정)를 지정합니다.
- **다중** : 여러 개의 도면요소에 모따기를 적용할 수 있습니다.
- **폴리선** : 단일 요소로 취급된 폴리선을 모따기 할 수 있습니다.
- **자르기 모드** : 모따기 범위를 벗어난 선 세그먼트의 삭제 여부를 지정합니다.
- **실행 취소** : 다중 모드가 활성화된 경우에만 이전 모따기가 취소됩니다.

③ 두 번째 선을 선택합니다.

> **참고**
> Shift 키를 누르고 두 번째 도면요소를 지정하여 각진 구석에 모따기를 적용할 수 있습니다.

> **엑서스**
> 명령 : Chamfer
> 메뉴 : 홈 > 수정 > 모따기

2) 예제 연습도면 - 모따기(Chamfer) 작성

Chamfer 명령을 사용하여 아래 도면을 작성하시오.

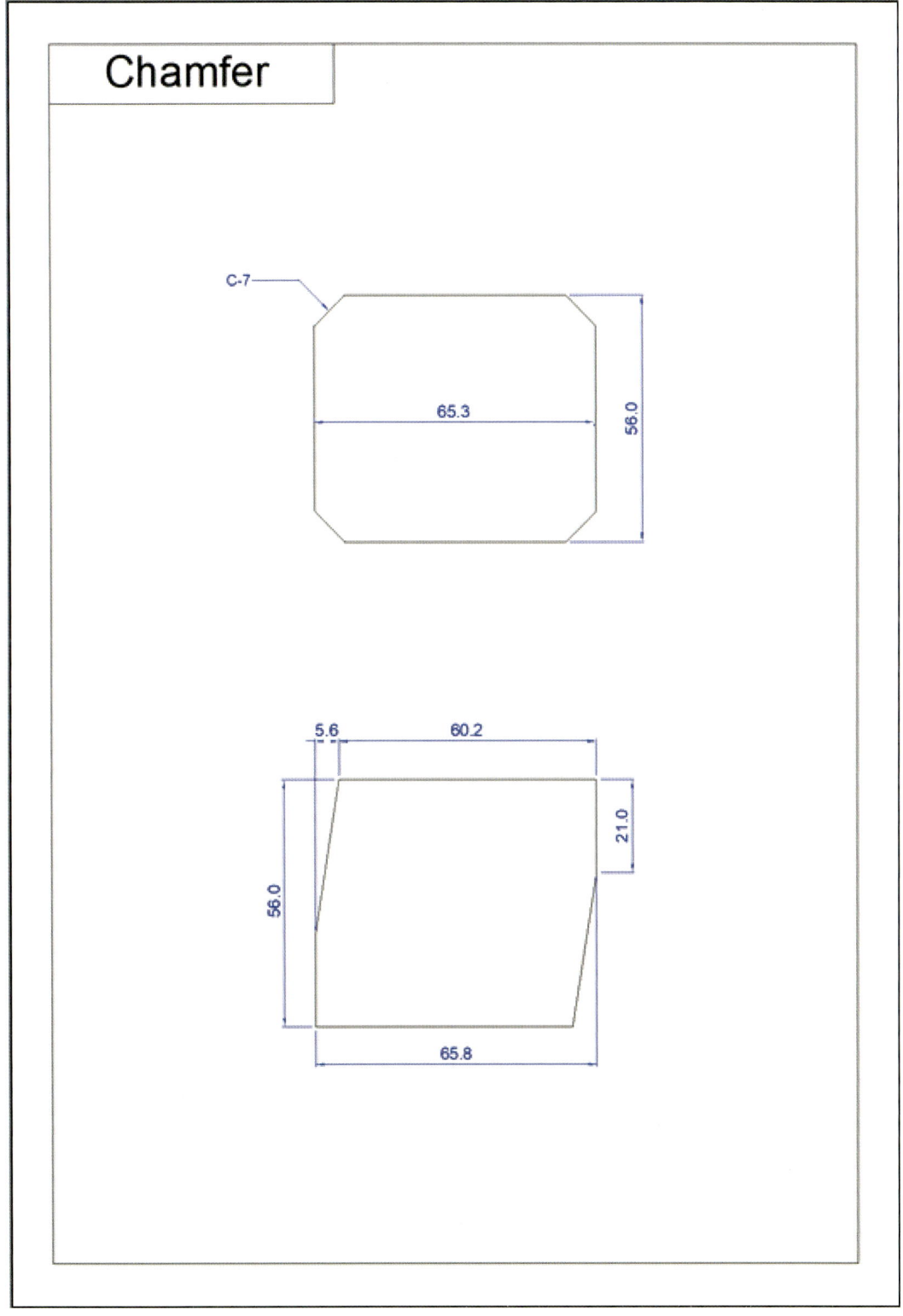

3) 실습연습 - 모따기(Chamfer) 작성

Chamfer 명령을 사용하여 아래 도면을 작성하시오.

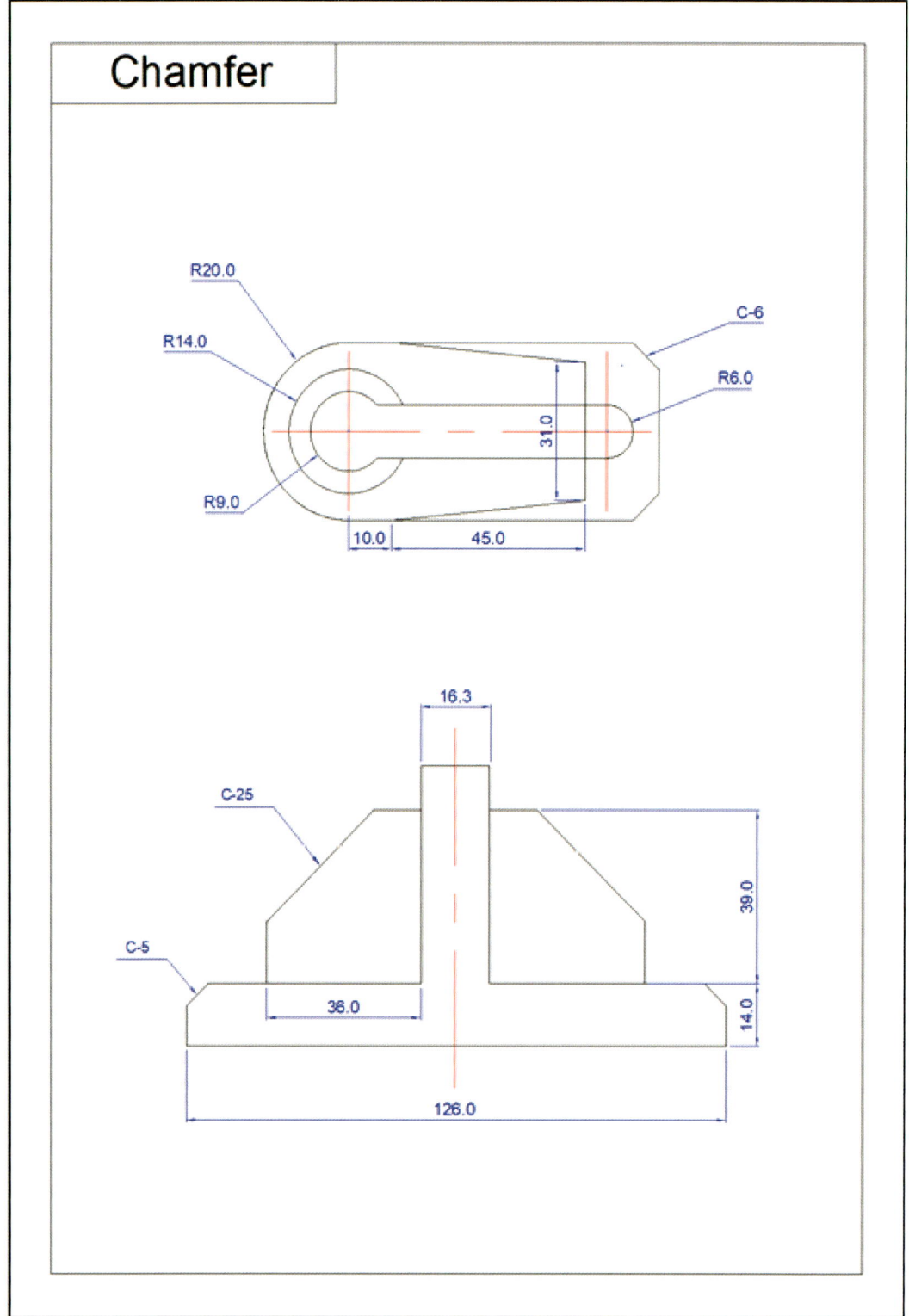

24 도면요소 필렛

24.1 그래픽 영역에서 도면요소 필렛 적용

Fillet 명령을 사용하여 도면요소의 모서리 또는 구석의 일부를 호로 대치하여 원형 모서리를 작성할 수 있습니다.

이 명령은 선택한 도면요소의 모서리 또는 구석이 서로 교차하지 않아도 명령을 사용할 수 있습니다.

필렛 반지름을 0으로 설정하거나 도면요소를 선택할 동안 키보드 Shift 키를 각진 모서리가 만들어집니다.

1) 도면요소 필렛 적용하기

① **홈 〉수정 〉필렛**을 클릭하거나 **Fillet**을 입력합니다.
② 그래픽 영역에서 교차 부분을 필렛할 첫 번째 도면요소를 선택하거나 다음 옵션을 지정합니다.
- **다중** : 여러 개의 도면요소에 필렛을 적용할 수 있습니다.
- **폴리선** : 단일 요소로 취급된 폴리선을 필렛할 수 있습니다.
- **반지름** : 필렛 호의 반지름을 정의합니다. 반지름을 변경해도 이전에 작성한 필렛 호에는 반영되지 않습니다.
- **자르기 모드** : 필렛 호 범위를 벗어난 선 세그먼트의 삭제 여부를 지정합니다.
- **실행 취소** : 다중 모드가 활성화된 경우에만 이전 필렛 작업이 취소됩니다.

③ 두 번째 도면요소를 선택하거나 **Shift** 키를 누른 채 모서리를 선택하여 각진 모서리를 만듭니다.

엑서스
명령 : Fillet
메뉴 : 홈 〉수정 〉필렛

2) 예제 연습도면 - 필렛(Fillet) 작성

Fillet 명령을 사용하여 아래 도면을 작성하시오.

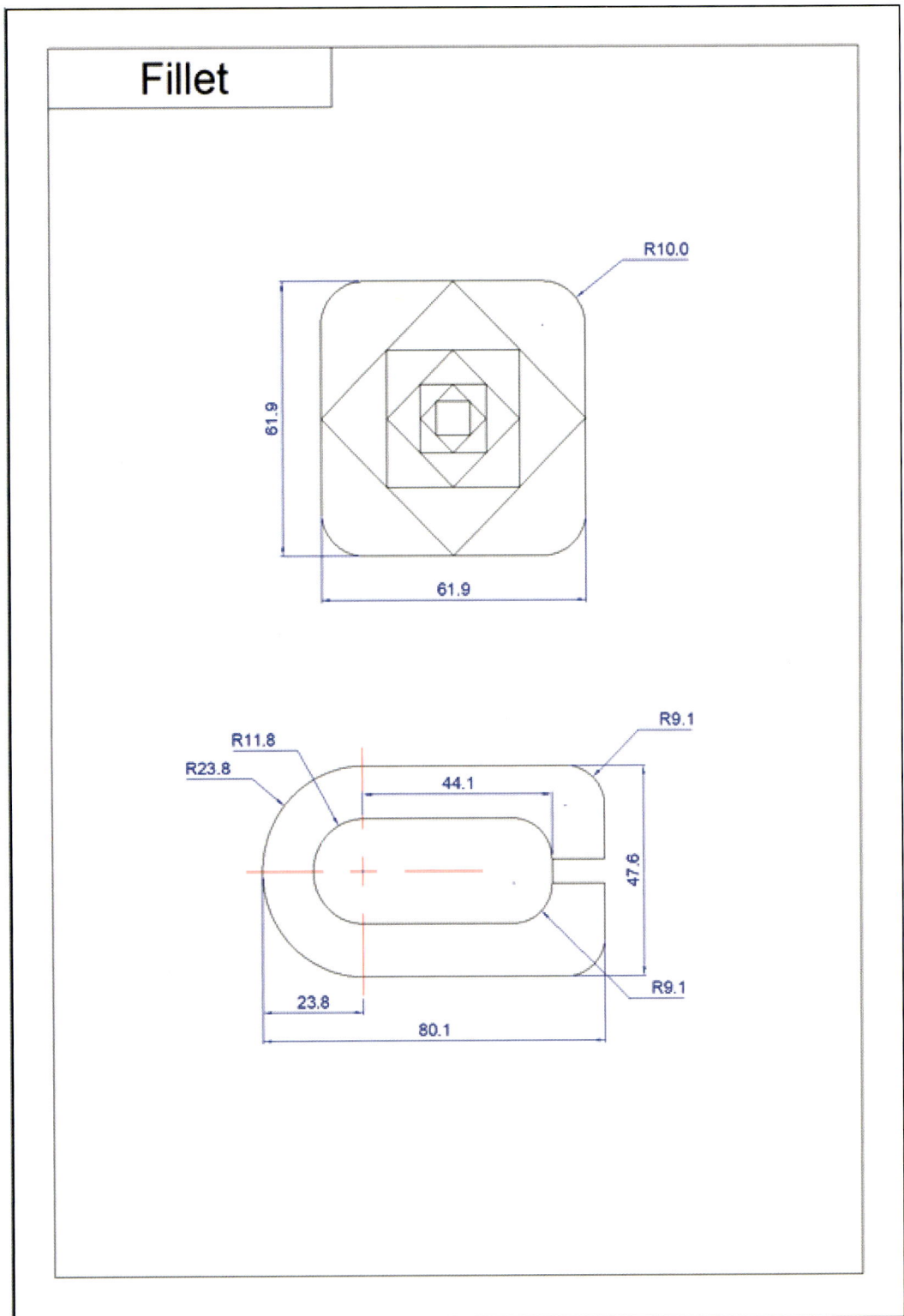

3) 실습연습 - 필렛(Fillet) 작성

Fillet 명령을 사용하여 아래 도면을 작성하시오.

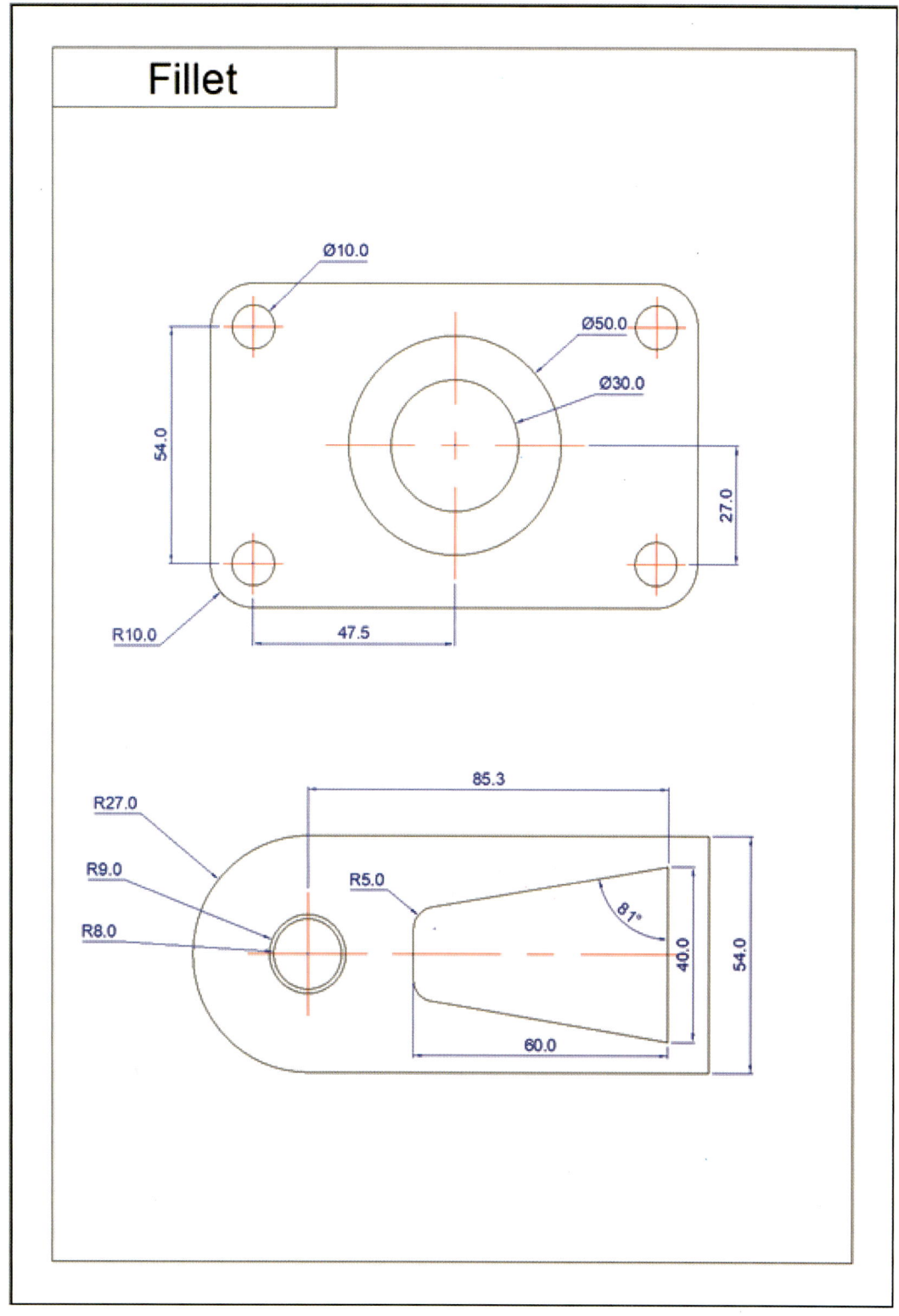

25 도면요소 정렬

25.1 그래픽 영역에서 도면요소 정렬하기

Align 명령은 2D 평면이나 3D 공간에서 도면요소를 다른 도면요소나 다른 타겟점을 기준으로 정렬합니다.

1) 한 쌍의 점을 사용하여 도면요소 정렬하기

① **홈 〉수정 〉정렬**을 클릭하거나 **Align**을 입력합니다.
② 그래픽 영역에서 정렬할 도면요소를 선택합니다.
③ **Enter**를 누릅니다.
④ 그래픽 영역에서 클릭하여 첫 번째 원점과 대상점을 선택하거나 값을 입력하여 점을 설정합니다. 적절한 경우 도면요소 스냅을 사용합니다.
⑤ **Enter**를 누릅니다.

2) 두 쌍의 점을 사용하여 도면요소 정렬하기

두 쌍의 점을 지정하면 현재 좌표계를 기준으로 이동과 회전이 이루어집니다. 첫 번째 원점과 대상점 쌍은 이동 벡터를 정의하고 두 번째 점 쌍은 회전 각도를 정의합니다.

① **홈 〉수정 〉정렬**을 클릭하거나 **Align**을 입력합니다.
② 그래픽 영역에서 정렬할 도면요소를 선택합니다.
③ **Enter**를 누릅니다.
④ 그래픽 영역에서 클릭하여 첫 번째 원점과 대상점을 선택하거나 값을 입력하여 점을 설정합니다.
⑤ 두 번째 점 세트에 대해 4단계를 반복합니다.
⑥ **Enter**를 누릅니다.
⑦ 정렬점을 기준으로 도면요소의 축척을 조정할 지 여부를 지정합니다.
⑧ **Enter**를 누릅니다.

3) 세 쌍의 점을 사용하여 도면요소 정렬하기

① **홈 〉수정 〉정렬**을 클릭하거나 **Align**을 입력합니다.
② 그래픽 영역에서 정렬할 도면요소를 선택합니다.
③ **Enter**를 누릅니다.
④ 그래픽 영역에서 클릭하여 첫 번째 원점과 대상점을 선택하거나 값을 입력하여 점을 설정합니다. 적절한 경우 도면요소 스냅을 사용합니다.
⑤ 두 번째, 세 번째 점에 대해 ④를 반복합니다.

> **엑서스**
> 명령 : Align
> 메뉴 : 홈 〉수정 〉정렬

26 폴리선 편집

26.1 그래픽 영역에서 도면요소 폴리선 편집하기

EditPolyLine 명령을 사용하여 폴리선, 폴리선 정점, 3D 다각형 메시를 다음과 같이 편집합니다.

- 닫힌 폴리선 열기 또는 열린 폴리선 닫기
- 폴리선을 선, 호, 또는 폴리선과 같은 다른 도면요소와 결합
- 전체 폴리선의 폭 수정 및 전체 폴리선의 경사 지정
- 개별 폴리선 세그먼트의 조정점(정점) 편집

1) 폴리선 편집하기

① **홈 〉 수정 〉 폴리선 편집**을 클릭하거나 **EditPolyLine**을 입력합니다.
② 그래픽 영역에서 폴리선을 선택하거나 다중 옵션을 지정하여 폴리선 그룹을 선택하고 **Enter** 키를 누릅니다.
③ 다음 옵션을 지정합니다.

- **결합(J)** : 선, 호, 다른 폴리선을 선택한 폴리선과 합칩니다. 결합할 도면요소를 선택합니다.
- **닫기(C)/열기(O)** : 폴리선이 열려 있으면 닫기가 표시되고 폴리선이 닫혀 있으면 열기가 표시됩니다.
- **반전(R)** : 폴리선의 방향을 반전시킵니다. 즉, 끝점이 시작점이 되고 마지막에서 두 번째 점이 두 번째 정점이 됩니다.
- **맞춤(F)** : 폴리선을 각 정점 쌍을 결합하는 호로 구성된 완만한 곡선으로 바꿔 호 맞춤 폴리선을 생성합니다.
- **비곡선화(D)** : 맞춤 또는 스플라인을 사용하여 작성한 폴리선 곡선을 원래의 정점으로 되돌립니다.
- **선 작성(L)** : 비실선 스타일의 폴리선에서 정점 주위에 실선 스타일을 사용할지 아니면 파선 스타일을 사용할지 여부를 지정합니다.
- **스플라인(S)** : 정점을 제어점으로 사용하여 폴리선을 곡선으로 변경합니다. 맞춤 옵션과 달리 곡선은 일반적으로 정점을 통과하지 않습니다.
- **실행 취소(U)** : 명령을 끝내지 않고 최근 작업을 취소합니다.
- **정점 편집(E)** : 정점 편집 옵션을 사용하여 표시된 정점을 편집할 수 있습니다.
- **종료(X)** : EditPolyLine 명령을 종료합니다.
- **테이퍼(T)** : 시작점에서 끝점까지 폴리선 폭의 경사를 만듭니다.
- **폭(W)** : 폭을 하나로 지정해 시작 폭과 끝 폭이 다른 세그먼트를 포함해, 폴리선의 모든 세그먼트가 균일하게 합니다.

> **엑서스**
> 명령 : EditPolyLine
> 메뉴 : 홈 〉 수정 〉 폴리선 편집

27 다중선 수정

27.1 그래픽 영역에서 도면요소 RichLine 수정하기

EditRichLine 명령을 사용하여 교차 및 인접 RichLine을 편집하고 RichLine을 분할하고 용접하며, 기존 RichLine에 정점을 추가하거나 삭제할 수 있습니다.

1) 교차 다중선 편집하기

① **홈 > 수정 > 다중선 편집**을 클릭하거나 **EditRichLine**을 입력합니다.
② 대화 상자에서 **닫힌 교차, 열린 교차** 또는 **병합된 교차**를 선택합니다.
③ **확인**을 클릭합니다.
④ 그래픽 영역에서 두 교차 다중선 중 첫 번째 다중선을 지정합니다.
⑤ 두 번째 **다중선**을 지정합니다.

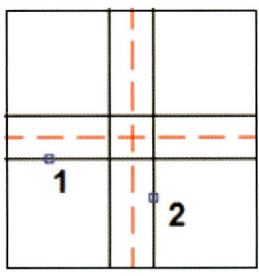

두 RichLine 사이의 교차는 다음 중 하나에 속합니다.

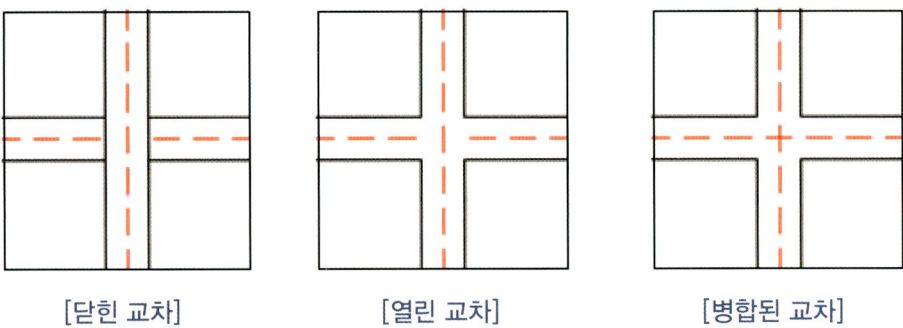

[닫힌 교차]   [열린 교차]   [병합된 교차]

⑥ 필요한 경우 ④와 ⑤를 반복합니다.
⑦ **Enter**를 누릅니다.

2) 두 다중선으로 티(T)자 연결 생성하기

① **홈 > 수정 > 다중선 편집**을 클릭하거나 **EditRichLine**을 입력합니다.
② 대화 상자에서 **닫힌 티, 열린 티** 또는 **병합된 티**를 선택합니다.
③ **확인**을 클릭합니다.
④ 그래픽 영역에서 자르거나 연장할 다중선을 지정합니다.
⑤ 경계선으로 사용할 **다중선**을 지정합니다.

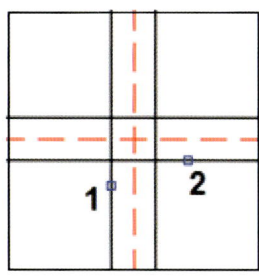

두 다중선 사이의 티 연결은 다음 중 하나에 속합니다.

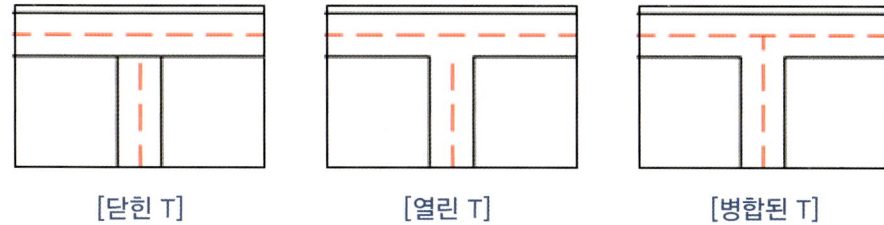

[닫힌 T]　　　　　　　[열린 T]　　　　　　　[병합된 T]

⑥ 필요한 경우 ④와 ⑤를 반복합니다.

⑦ **Enter**를 누릅니다.

3) 두 다중선으로 구석 조인트 생성하기

① **홈 〉 수정 〉 다중선 편집**을 클릭하거나 **EditRichLine**을 입력합니다.

② 대화 상자에서 **구석 조인트**를 선택합니다.

③ **확인**을 클릭합니다.

④ 그래픽 영역에서 다중선을 지정합니다.

⑤ 첫 다중선을 교차하는 다중선을 지정합니다.

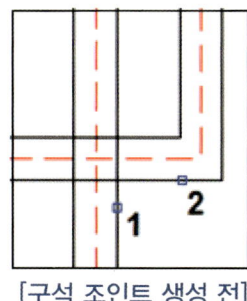 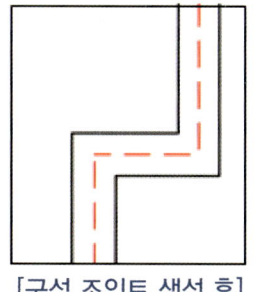

[구석 조인트 생성 전]　　　　　　　[구석 조인트 생성 후]

다중선은 교차점에서 잘려지거나 연장됩니다.

⑥ 필요한 경우 ④와 ⑤를 반복합니다.

⑦ **Enter**를 누릅니다.

4) 다중선 자르기

① **홈 〉 수정 〉 다중선 편집**을 클릭하거나 **EditRichLine**을 입력합니다.

② 대화 상자에서 다중선의 단일 요소에서 섹션을 잘라내려면 **단일 잘라내기**, 전체 다중선에서 섹션을 잘라내려면 **모두 잘라내기**를 선택합니다.

③ **확인**을 클릭합니다.
④ 그래픽 영역에서 다중선을 지정합니다.
⑤ 삭제할 섹션을 정의하려면 두 번째 점을 지정합니다.

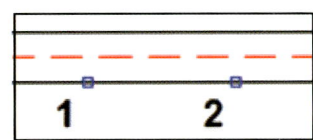

선택한 두 점 사이의 부분이 제거됩니다.

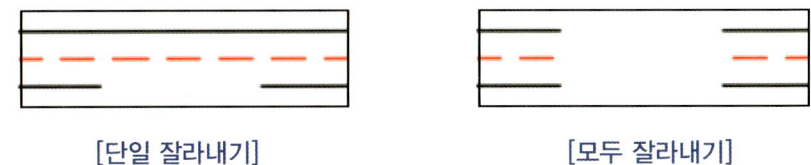

[단일 잘라내기]   [모두 잘라내기]

⑥ 필요한 경우 ④와 ⑤를 반복합니다.
⑦ **Enter**를 누릅니다.

5) 정렬된 다중선 용접하기

① **홈 > 수정 > 다중선 편집**을 클릭하거나 **EditRichLine**을 입력합니다.
② 대화 상자에서 **모두 용접**을 선택합니다.
③ **확인**을 클릭합니다.
④ 그래픽 영역에서 다중선을 지정합니다.
⑤ 다시 연결할 다중선을 지정합니다.

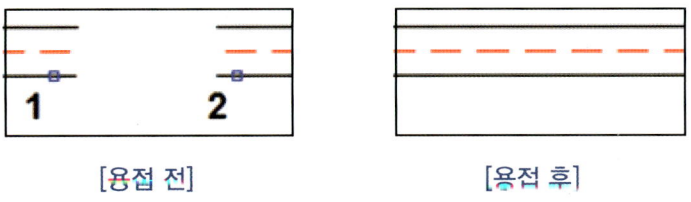

[용접 전]   [용접 후]

⑥ 필요한 경우 ④와 ⑤를 반복합니다.
⑦ **Enter**를 누릅니다.

6) 다중선에 정점 추가하기

① **홈 > 수정 > 다중선 편집**을 클릭하거나 **EditRichLine**을 입력합니다.
② 대화 상자에서 **정점 추가**를 선택합니다.
③ **확인**을 클릭합니다.
④ 그래픽 영역에서 새 정점을 넣으려는 다중선을 클릭하여 정점을 추가합니다.
⑤ **Enter**를 누릅니다.

7) 다중선에 정점 삭제하기

① **홈 > 수정 > 다중선 편집**을 클릭하거나 **EditRichLine**을 입력합니다.
② 대화 상자에서 **정점 삭제**를 선택합니다.

③ **확인**을 클릭합니다.
④ 그래픽 영역에서 삭제할 정점 근처의 다중선을 클릭하여 정점을 삭제합니다.
⑤ **Enter**를 누릅니다.

> **엑서스**
> 명령 : EditRichLine
> 메뉴 : 홈 〉 수정 〉 다중선 편집

28 복잡한 개체 분해

28.1 블록, 폴리선, 해치 및 치수 분해

Explode 명령을 사용하여 복잡한 개체를 그 구성 도면요소로 분해할 수 있으며, 블록과 폴리선, 해치, 치수와 같은 다른 복잡한 개체를 분해할 수 있습니다.

1) 복잡한 개체 분해하기

① **홈 〉 수정 〉 분해**를 클릭하거나 **Explode**를 입력합니다.
② 그래픽 영역에서 분해할 개체를 선택하고 **Enter**를 누릅니다.

> **엑서스**
> 명령 : Explode
> 메뉴 : 홈 〉 수정 〉 분해

28.2 블록, 폴리선, 해치 및 치수 분해

ExplodeX 명령을 사용하여 타원 및 스플라인을 폴리선으로 변환할 수 있습니다.

이 명령은 타원 또는 스플라인을 지원하지 않는 다른 소프트웨어 프로그램으로 내보내도록 도면을 준비하는 데 유용합니다.

1) 타원 및 스플라인 분해하기

① 명령 프롬프트에 **ExplodeX**를 입력합니다.
② 그래픽 영역에서 분해할 개체를 선택하고 **Enter**를 누릅니다.
③ 선택 항목에 타원 및 스플라인이 포함되어 있는 경우 분해할 도면요소 유형을 설정하는 옵션을 지정합니다.
- **타원** : 타원 및 타원형 호를 분해합니다.
- **스플라인** : 닫힌 스플라인과 열린 스플라인을 분해합니다.
- **모두** : 타원 및 스플라인을 분해합니다.

④ 선택 항목에 스플라인이 포함되어 있는 경우 폴리선으로 스플라인 변환의 정밀도를 지정합니다.

> **엑서스**
> 명령 : ExplodeX

28.3 주석 분해

ExplodeText 명령을 사용해 주석을 문자 윤곽선을 나타내는 폴리선으로 변환할 수 있으며, 노트, 기본 노트, 지시선 도면요소의 문자, 블록 속성 정의를 분해할 수 있습니다.

1) 주석 분해하기

① 명령 프롬프트에 **ExplodeText**를 입력합니다.
② 분해할 주석을 지정하여 닫힌 폴리선으로 변환 합니다.

> **엑서스**
> 명령 : ExplodeText

28.4 블록 분해 및 문자로 블록 속성 변화

ExplodeBlockX 명령을 사용하여 블록을 분해하고 블록 속성 값을 기본 노트로 변환합니다.

1) 블록을 분해하고 문자로 블록 속성 변환하기

① **홈 〉 수정 〉 문자로 블록 속성 분해**를 클릭하거나 **ExplodeBlockX**를 입력합니다.
② 그래픽 영역에서 분해할 블록 속성으로(또는 블록 속성 제외) 블록을 지정하고 **Enter**를 누릅니다.

> **엑서스**
> 명령 : ExplodeBlockX
> 메뉴 : 홈 〉 수정 〉 문자로 블록 속성 분해

29 중복 도면요소 제거

29.1 중복 도면요소 제거

DiscardDuplicates 명령을 사용하여 도면에서 중복 도면요소 또는 겹치는 파트를 제거합니다.

1) 중복 도면요소 제거하기

① **홈 〉 수정 〉 중복 제거**를 클릭하거나 **DiscardDuplicates**를 입력합니다.
② 그래픽 영역에서 검사할 도면요소를 선택 후 Enter를 누릅니다.
③ 대화 상자의 **도면요소 속성 무시**에서 비교하는 동안 무시할 속성을 선택하거나 선택을 취소합니다.
④ 대화 상자의 **옵션**에서 선, 원호 및 폴리선에 대한 옵션을 설정합니다.
   • **폴리선 중복 정점 및 세그먼트 제거** : 각 정점과 선택된 폴리선의 각 선형 및 곡선 세그먼트를 검사하고 중복 정점 및 세그먼트를 제거합니다.
   • **중첩 도면요소를 하나로 합치기** : 부분적으로 겹치는 도면요소에서 단일 도면요소를 작성합니다.
   • **끝끼리 정렬된 동일선 도면요소 합치기** : 공통 끝점을 가지는 도면요소에서 단일 도면요소를 작성합니다.
   • **연관 도면요소 수정 안 함** : 연관 도면요소를 그대로 둡니다.
⑤ **확인**을 클릭합니다.

> **엑서스**
> 명령 : DiscardDuplicates
> 메뉴 : 홈 〉 수정 〉 중복 제거

2) 실전 예제 - 스케치, 편집 명령을 사용하여 아래 도면을 작성하시오.

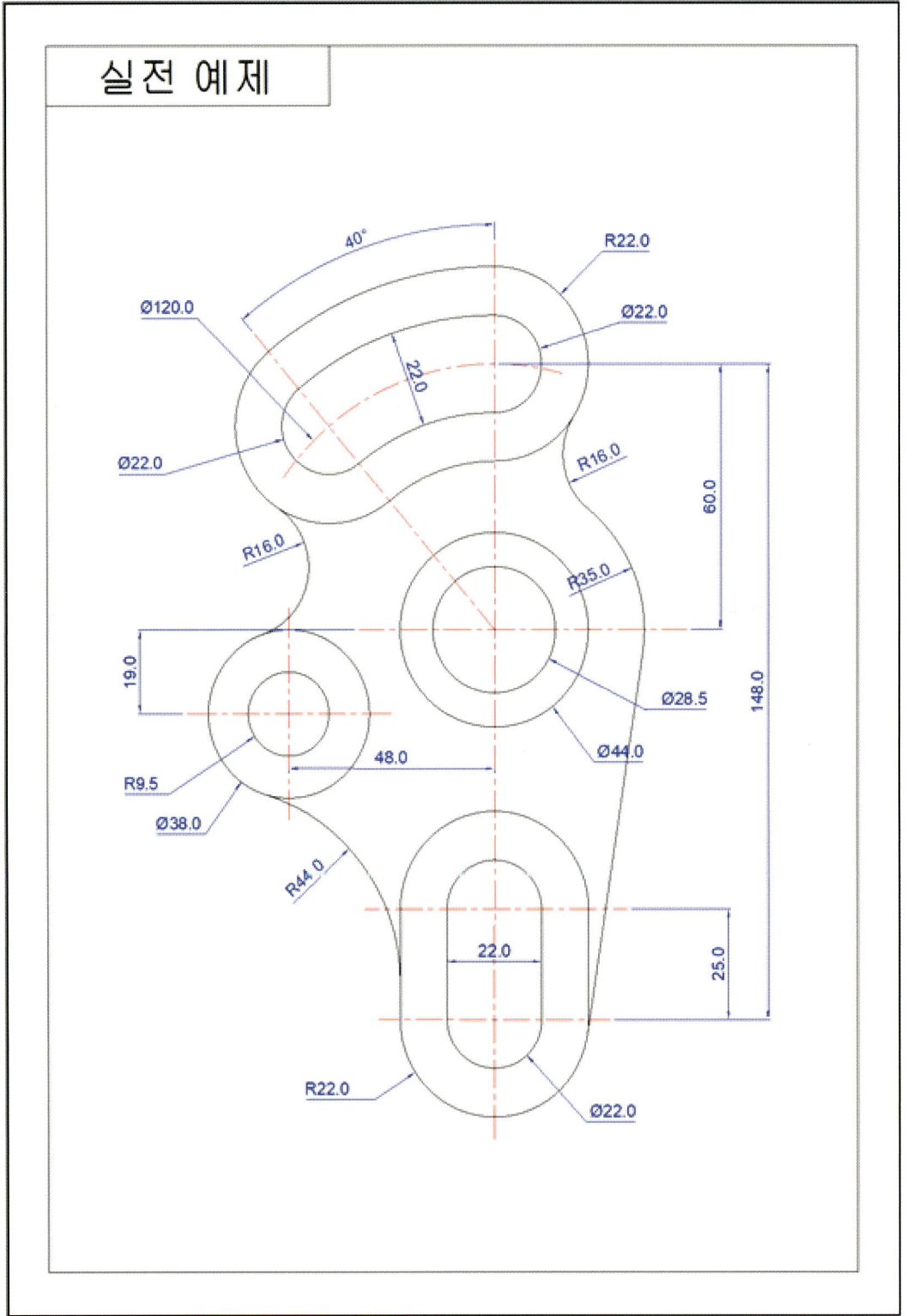

실전 예제

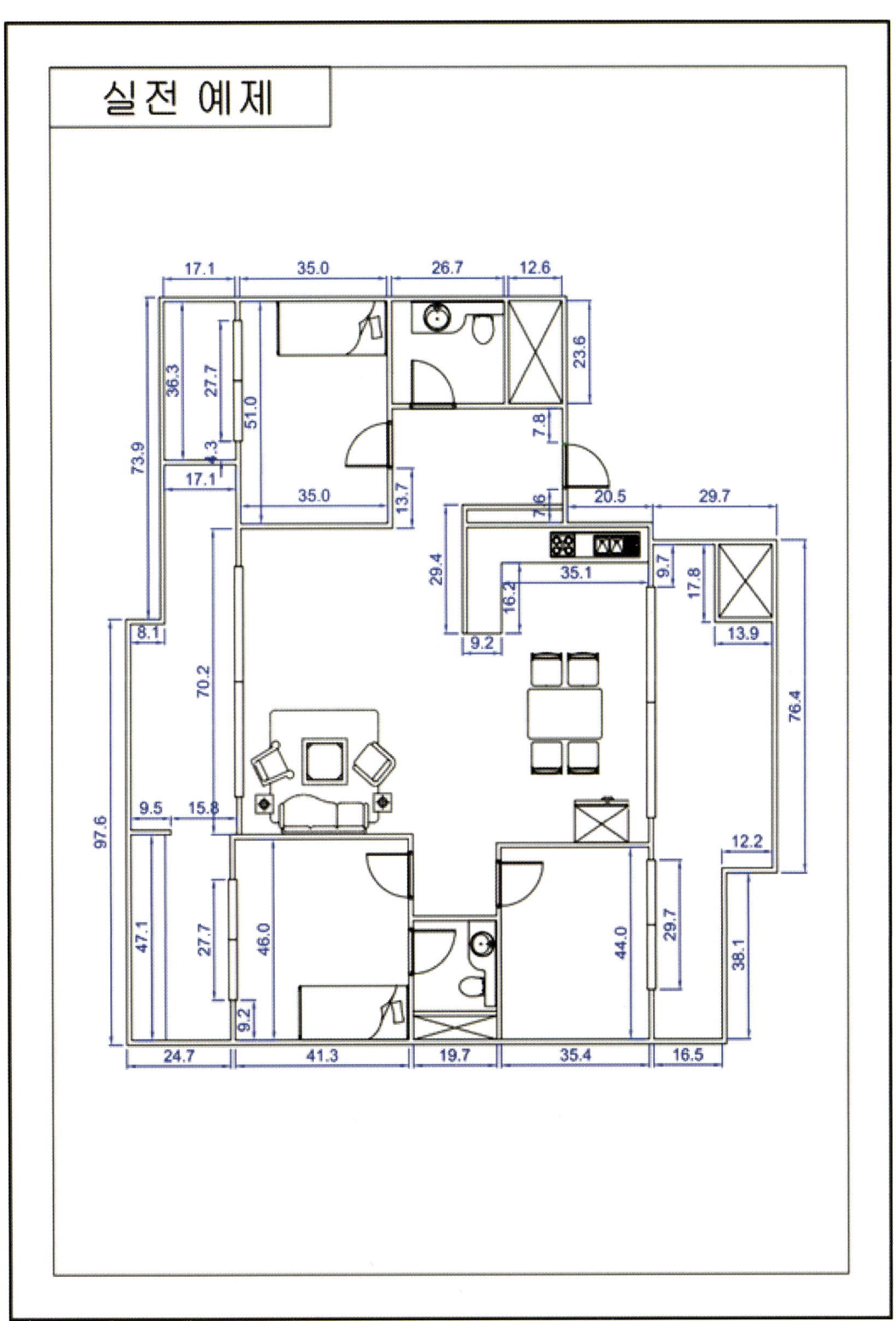

CHAPTER 09 도면요소 수정

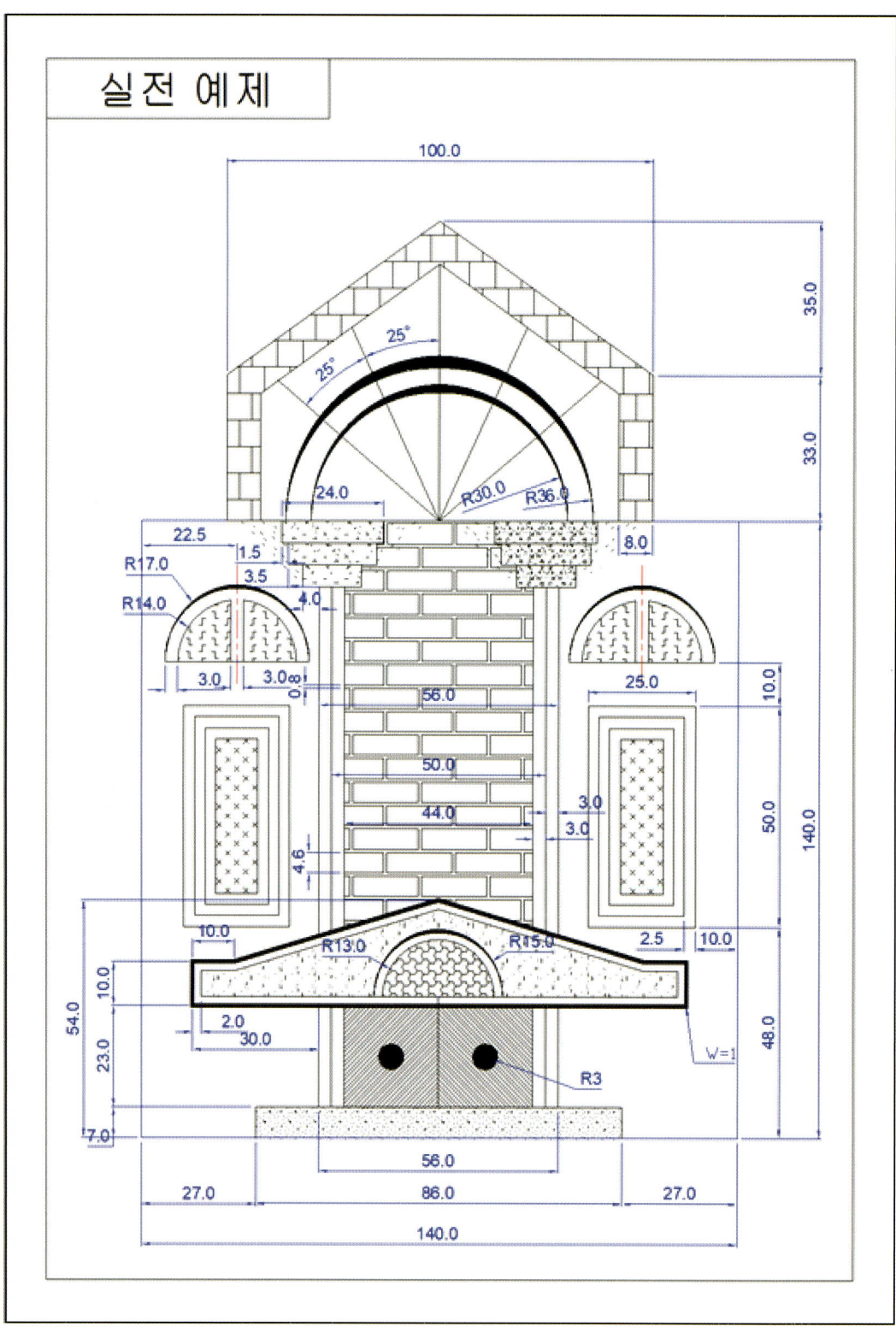

ARES CAD

블록 속성, 도면요소 그룹 및 참조

CHAPTER

10

CHAPTER 10 블록 속성, 도면요소 그룹 및 참조

10 CHAPTER

블록 속성, 도면요소 그룹 및 참조

01 블록 정의 및 삽입

블록은 요소들을 결합하여 하나의 요소를 형성하며, 내부 블록과 외부 도면을 도면에 블록으로 삽입할 수 있습니다.

1.1 블록 정의

블록은 단일 요소로 결합된 도면요소 세트입니다. 블록을 작성한 후 필요할 때마다 도면에 삽입할 수 있습니다.

MakeBlock 명령을 사용하면 블록이 현재 도면에서만 인식되며, **ExportDrawing** 명령을 사용하면 블록을 다른 도면에서도 사용할 수 있는 외부 도면 파일로 작성할 수 있습니다.

1) 블록 정의하기

　① **삽입 > 블록 > 정의**를 클릭하거나 **MakeBlock**을 입력합니다.
　② 블록 정의 대화 상자의 **이름**에서 블록 이름을 입력하거나 기존 블록을 선택하여 블록을 덮어씁니다.

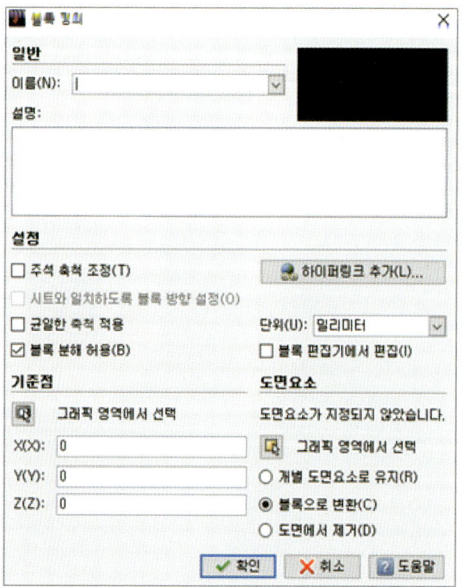

③ **설명**에 블록 설명을 입력합니다.
④ **설정**에서 다음 옵션을 선택합니다.
- **주석 축척 조정** : 블록을 삽입할 때 주석 축척 조정을 적용하는지 여부를 지정합니다.
- **시트와 일치하도록 블록 방향 설정** : 뷰포트에서 블록의 방향이 레이아웃 시트의 방향을 따르는지 여부를 지정합니다.
- **균일한 축척 적용** : 블록을 삽입할 때 균일한 축척으로 블록을 제한합니다.
- **블록 분해 허용** : 삽입 시 블록 분해를 할 수 있습니다.
- **단위** : 현재 도면의 단위와 다른 단위를 선택할 수 있습니다.
- **하이퍼링크 추가** : 블록의 하이퍼링크를 지정할 수 있습니다.

⑤ 블록을 삽입할 때 삽입점 역할을 하는 기준점을 설정합니다.
⑥ 그래픽 영역에서 선택을 클릭하여 블록을 구성할 도면요소를 지정하고 다음 옵션을 선택합니다.
- **개별 도면요소로 유지** : 원본 도면요소를 그 상태대로 유지합니다.
- **블록으로 변환** : 원본 도면요소를 블록 정의의 참조로 대치합니다.
- **도면에서 제거** : 원본 도면요소를 도면에서 제거합니다.

⑦ **확인**을 클릭합니다.

> **엑서스**
> 명령 : MakeBlock
> 메뉴 : 삽입 〉 블록 〉 정의

1.2 블록 삽입

InsertBlock 명령을 사용하여 도면에 블록이나 도면 파일을 삽입할 수 있습니다.

1) 블록 삽입하기

① 삽입 〉 블록 〉 삽입을 클릭하거나 InsertBlock을 입력합니다.
② 블록 삽입 대화 상자의 **이름**에서 블록을 선택하거나 **찾아보기**를 클릭하여 외부 도면을 찾습니다.

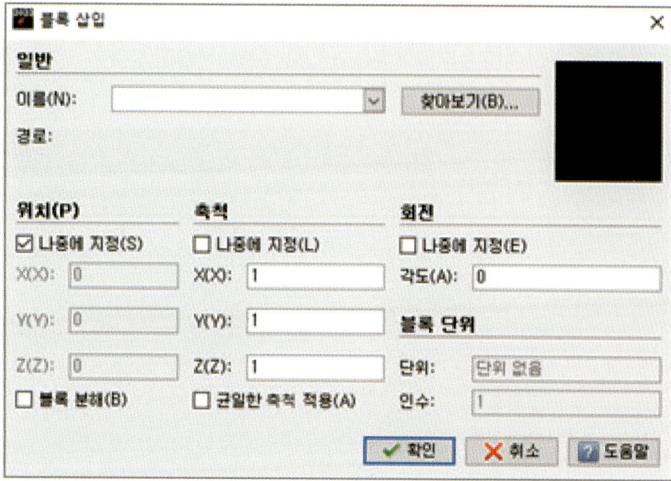

③ 위치에서 X, Y, Z에 좌표 값을 입력하거나 나중에 지정을 선택하여 대화 상자를 닫은 후 화면에서 삽입점을 지정합니다.

④ 축척에서 다음 중 하나를 진행합니다.
- X, Y, Z 각 축에 대한 축척 인수를 입력합니다.
- 나중에 지정을 클릭하여 삽입 중 블록 크기를 정의합니다.
- 균일한 축척 적용을 클릭하고 X에 축척 인수를 입력합니다.

⑤ 회전에서 각도 값을 입력하거나 나중에 지정을 선택하여 삽입 중 그래픽 영역에서 회전 각도를 설정합니다.

⑥ **확인**을 클릭합니다.

> **엑서스**
> 명령 : InsertBlock
> 메뉴 : 삽입 > 블록 > 삽입

1.3 직사각형 패턴으로 블록 삽입

InsertBlockN 명령을 사용하여 여러 개의 블록 또는 외부 도면 복사본을 행과 열로 정렬해 패턴으로 삽입할 수 있습니다.

1) 여러 개의 블록 또는 도면 복사본을 직사각형 패턴으로 삽입하기

① 명령 프롬프트에 **InsertBlockN**을 입력합니다.
② 삽입할 블록 또는 도면의 이름을 지정하거나 ? 옵션을 지정하여 현재 도면에 정의된 블록을 봅니다.
③ 삽입 기준점을 입력합니다.
④ X 축척을 입력하거나 그래픽 영역에서 클릭하여 반대 구석을 설정합니다. 축척 인수로 1.0을 사용하려면 Enter를 누릅니다.
⑤ Y 축척을 입력합니다. X 축척 인수와 같은 값을 사용하려면 Enter를 누릅니다.
⑥ 회전 각도를 입력합니다. 회전 각도로 0을 사용하려면 Enter를 누릅니다.
⑦ 삽입할 행 개수와 열 개수를 입력합니다.
⑧ 행간 간격과 열간 간격을 입력하거나 두 반대 점을 지정하거나 X, Y 값을 입력하여 그래픽 영역에서 단위 셀을 지정합니다.

> **엑서스**
> 명령 : InsertBlockN

1.4 블록의 기준점 수정

RedefineBasePoint 명령을 사용하여 모든 블록 객체의 새 삽입 기준점을 설정합니다.

1) 블록의 기준점 수정하기

① 그래픽 영역에서 블록 객체를 선택합니다.

② 다음 중 하나를 수행합니다.
- 오른쪽 클릭하고 블록 기준점 재정의를 클릭합니다.
- RedefineBasePoint를 입력합니다.

③ 새 기준점을 지정합니다.

> **엑서스**
>
> 명령 : RedefineBasePoint

1.5 블록을 파일로 저장

ExportDrawing 명령을 사용하여 도면요소, 블록, 또는 전체 도면을 새 도면 파일로 작성할 수 있으며, 블록이나 도면요소를 다른 도면에 삽입할 수 있는 별도의 도면으로 저장할 수 있습니다.

ExportDrawing 명령은 MakeBlock 명령과 유사하지만, 주로 도면에서 블록을 정의하는 것이 아닌 블록을 내보내는 데 사용됩니다.

1) 블록을 파일로 저장하기

① 명령 프롬프트에 **ExportDrawing**을 입력합니다.
② 파일 저장 대화 상자의 일반에서 파일로 작성할 원본을 선택합니다.

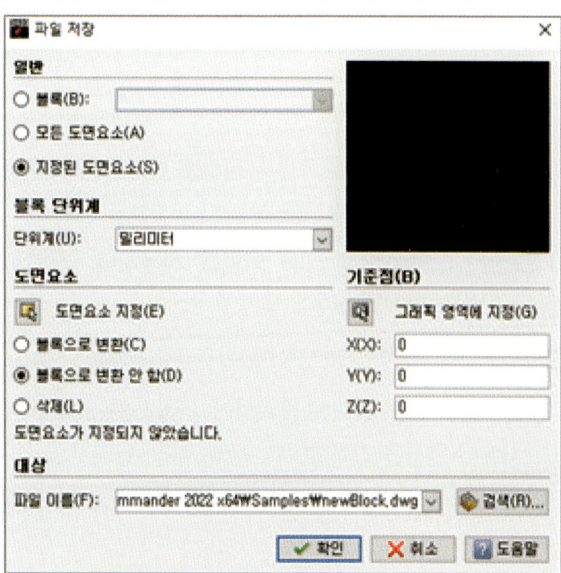

- **블록** : 파일로 작성할 기존 블록을 도면에서 선택할 수 있습니다.
- **모든 도면요소** : 전체 도면을 파일로 작성합니다.

- **지정된 도면요소** : 선택한 도면요소를 작성합니다.

③ 블록 단위계에서 다른 단위를 사용하는 도면에 파일을 삽입할 때 자동 축척 조정에 사용할 단위를 설정합니다.

④ 도면요소에서 도면요소 지정을 클릭하고 그래픽 영역에서 도면요소를 선택하여 블록을 구성하고 다음 옵션을 선택합니다.
- **블록으로 변환** : 원본 도면요소를 블록 정의의 참조로 대치합니다.
- **블록으로 변환 안 함** : 도면에서 원본 도면요소를 변환하지 않고 그대로 놔둡니다.
- **삭제** : 도면에서 원본 도면요소를 제거합니다.

⑤ 기준점 아래, X, Y, Z에 좌표 값을 입력하거나 그래픽 영역에서 지정을 클릭하여 그래픽 영역에서 삽입 기준점을 지정합니다.

⑥ 대상에서 블록이나 도면요소를 저장할 파일 이름과 경로를 선택하거나 검색을 클릭하여 대상 폴더 위치를 찾고 파일 이름을 입력합니다.

⑦ **확인**을 눌러 명령을 마무리합니다.

> **엑서스**
> 명령 : ExportDrawing

02 블록 속성 작업

블록에 속성을 첨부하여 블록에 대한 정보를 포함할 수 있습니다.

2.1 블록 속성 정의

블록 속성 정의를 사용하여 블록에 변수나 상수 문자를 첨부할 수 있습니다. 블록 속성이 포함된 블록을 삽입할 때 각 블록 속성의 값을 지정하는 프롬프트가 나타납니다.

블록 참조의 블록 속성은 EditBlockAttribute 명령을 사용하여 편집할 수 있으며, 블록의 이름, 값은 EditAnnotation 명령으로 편집할 수 있습니다.

1) 블록 속성 정의하기

① **삽입 > 블록 정의 > 블록 특성 정의**를 클릭하거나 **MakeBlockAttribute**을 입력합니다.
② 대화 상자의 표시에서 옵션을 입력합니다. 공백, 밑줄, 달러 기호 같은 문자가 허용됩니다.

- **이름** : 블록 속성 이름을 정의합니다. 문자 수 제한이 없습니다.
- **캡션** : 블록 속성 삽입 시 명령 창에 문자를 표시합니다. 최대 256자까지 입력할 수 있습니다.
- **기본값** : 도면에서 보이는 블록 속성의 구성 요소를 표시합니다. 최대 256자까지 입력할 수 있고 상수나 변수일 수 있습니다.

③ **문자 설정**에서 다음을 설정합니다.
- **문자 스타일** : 문자 스타일을 설정합니다. TextStyle 명령을 사용하여 새 문자 스타일을 작성할 수 있습니다.
- **자리맞춤** : 삽입점을 기준으로 한 블록 속성 문자의 위치 및 정렬을 설정합니다.
- **주석 축척 조정** : 사용자가 정의하는 블록 속성으로 블록을 삽입할 때 주석 축척 조정을 적용하는지 여부를 지정합니다.
- **높이** : 문자 크기를 지정합니다. 화면상에서 문자 높이를 지정하려면 그래픽 영역에서 선택을 클릭합니다.
- **회전** : 블록 속성 삽입 각도를 지정합니다. 0°에서 360° 사이의 값을 입력합니다. 화면상에서 회전을 지정하려면 그래픽 영역에서 선택을 클릭합니다.
- **폭** : 다중행 블록 속성에서 다음 줄로 넘어가기 전의 문자 줄의 최대 폭을 정의합니다. 화면에서 폭을 지정하려면 그래픽 영역에서 선택을 클릭합니다.

④ **위치**에서 X, Y, Z 좌표 값을 입력하거나 다음을 지정합니다.
- 나중에 지정을 선택하여 대화 상자를 닫은 후 화면상에서 삽입점을 지정합니다.
- 그래픽 영역에서 선택을 클릭하여 삽입점을 즉시 지정합니다.

⑤ **동작**에서 다음을 선택합니다.
- **고정** : 상수와 변수 블록 속성 값 간을 전환할 수 있습니다. 이 옵션을 선택하면 기본값의 문자는 도면에서 상수 블록 속성 값입니다.
- **숨김** : 블록 참조에 블록 속성 값의 표시 여부를 제어합니다. 이 옵션을 선택하면 도면에 블록을 삽입할 때 값이 표시되지 않습니다.
- **미리 정의** : 지정한 기본값을 적용하는 블록 속성을 작성할 수 있습니다. 이 옵션을 선택하면 값 지정 프롬프트가 나타나지 않습니다.
- **유효성 검사** : 블록을 삽입할 때 블록 속성 값이 올바른 지 검사할 것을 요청하는 프롬프트가 나타납니다.
- **다중행** : 블록 속성이 단일행 또는 다중행인지 여부를 지정합니다. 다중행 블록 속성인 경우 문자 줄의 최대 폭을 지정합니다.

⑥ 추가 옵션을 설정합니다.
- **블록 잠금** : 블록 참조 내에서 블록 속성의 잠금 여부를 결정합니다. 잠금을 해제하면 도면요소 그립으로 블록 속성을 이동할 수 있습니다.
- **마지막 정의 아래 위치** : 현재 블록 속성 정의를 이전 블록 속성 정의 아래 배열할 수 있습니다.

> **엑서스**
> 명령 : MakeBlockAttribute
> 메뉴 : 삽입 〉 블록 정의 〉 블록 특성 정의

2.2 블록 속성 정의 편집

EditBlockAttributeDefinition 명령을 사용하여 선택한 블록 속성 정의 및 위치, 문자 옵션, 속성 모드의 매개변수를 수정할 수 있습니다.

1) 블록 속성 정의 편집하기

① 명령 프롬프트에 **EditBlockAttributeDefinition**을 입력합니다.
② 그래픽 영역에서 블록 속성 정의를 선택합니다.
③ 블록 속성 정의 대화 상자에서 옵션을 설정합니다.

> **엑서스**
> 명령 : EditBlockAttributeDefinition

2.3 블록 속성 편집

EditBlockAttribute 명령을 사용하여 블록의 속성 값을 수정할 수 있습니다.

도면층 및 문자 스타일과 같은 블록 속성을 수정하려면 EditBlockAttribute 명령을 사용합니다.

1) 블록 속성 편집하기

① 명령 프롬프트에 EditBlockAttribute를 입력한 다음 그래픽 영역에서 블록 참조를 선택합니다.

② 대화 상자의 값에서 항목을 선택합니다.
③ 값을 편집합니다.
- 블록 속성이 단일행 블록 속성인 경우 새 값을 입력합니다.
- 블록 속성이 다중행 블록 속성인 경우 다중행 편집기 열기를 클릭하고 다중행 블록 속성 형식 지정 팝업 도구 모음을 사용하여 그래픽 영역에서 문자를 편집합니다.

④ 기타 블록 속성에 대해 필요에 따라 3단계와 4단계를 반복합니다.
⑤ **확인**을 클릭합니다.

엑서스

명령 : EditBlockAttribute

2.4 블록 속성 표시

DisplayBlockAttributes 명령을 사용하여 도면의 블록 속성 표시를 제어할 수 있습니다.

1) 블록 속성 표시하기

① **삽입 > 블록 정의 > 블록 속성 표시**를 클릭하거나 **DisplayBlockAttributes**를 입력합니다.
② 다음 옵션을 지정합니다.
- **일반** : 블록 속성 정의를 기준으로 표시합니다.
- **켜기** : 모든 블록 속성을 표시합니다.
- **끄기** : 모든 블록 속성을 숨깁니다.

엑서스

명령 : DisplayBlockAttributes
메뉴 : 삽입 > 블록 정의 > 블록 속성 표시

2.5 블록 속성 업데이트

UpdateBlockAttributes 명령을 사용하여 새 블록 속성 또는 수정된 블록 속성으로 모든 블록을 업데이트할 수 있습니다.

* MakeBlock 명령으로 블록을 다시 정의하면 블록 속성을 변경하거나 기존 블록 정의에 블록 속성을 추가할 수 있으나 수정된 블록 속성을 자동으로 업데이트하지는 않습니다.

1) 블록 속성 업데이트하기

① 명령 프롬프트에 **UpdateBlockAttributes**를 입력합니다.
② 다음 옵션을 지정합니다.
- **목록을 보려면 ? 입력** : 도면에 정의된 블록 속성이 포함된 모든 블록의 목록을 봅니다.
- **이름** : 업데이트할 블록의 이름을 지정합니다.
- **선택** : 그래픽 영역에서 블록 속성이 포함된 블록을 지정한 다음 업데이트를 확인합니다.

> **엑서스**
>
> 명령 : UpdateBlockAttributes

2.6 블록 속성 및 설정 관리

BlockAttributeManager 명령을 사용하여 블록 속성 및 설정을 편집하거나 다음을 수행할 수 있습니다.
- 블록을 삽입할 때 블록 속성 값에 대한 프롬프트가 나타나는 순서를 변경합니다.
- 블록 속성 관리자의 설정에 따라 모든 블록 인스턴스를 동기화합니다.
- 블록에서 블록 속성을 삭제합니다.

1) 블록 속성 및 설정 관리하기

① **삽입 〉 블록〉 특성**을 클릭하거나 **BlockAttributeManager**를 입력합니다.
② 대화 상자에서 **드롭다운 목록 〉 블록** 이름을 선택하거나 **블록 지정**을 클릭하여 그래픽 영역에서 블록을 지정합니다.
③ 도면의 변경 사항에 대한 기본 설정을 지정하고 선택한 블록 속성에 기능을 적용한 후 목록에 대한 표시 옵션을 설정합니다.
- **기존 참조에 변경 사항 적용** : 도면의 모든 기존 인스턴스를 선택한 블록 속성에 대해 지정된 변경 사항으로 업데이트합니다.
- **중복 태그 강조** : 블록에 같은 이름의 블록 속성이 여러 개 있을 수 있습니다.
- **동기화** : 선택한 블록의 모든 인스턴스에 있는 블록 속성을 정의된 설정으로 업데이트합니다.
- **위로 이동/아래로 이동** : 프롬프트 시퀀스에서 선택한 블록 속성을 위/아래로 이동합니다.
- **편집** : 선택한 블록 속성을 전체적으로 변경할 수 있는 대화 상자를 표시합니다.
- **삭제** : 블록 정의에서 선택한 블록 속성을 제거합니다. 선택한 블록에 블록 속성이 하나만 있는 경우에는 삭제할 수 없습니다.
- **표시 옵션** : 블록 속성 목록의 열에 표시할 항목을 결정합니다.

④ **편집**을 클릭하여 선택한 블록 속성의 특성과 속성을 편집합니다.
⑤ 대화 상자에서 각각의 탭을 선택하고 편집합니다.
- **블록 속성 설정 탭** : 기본 블록 속성(이름, 캡션, 값, 동작) 설정을 수정할 수 있습니다.
- **문자 설정 탭** : 블록 속성의 문자 속성(문자 스타일, 자리맞춤, 간격, 기울기 각도, 문자 높이, 회전 각도)을 수정할 수 있습니다.
- **속성 탭** : 블록 속성의 일반 속성(도면층, 선 스타일, 선 색상, 선 가중치, 인쇄 스타일)을 수정할 수 있습니다.

⑥ **확인**을 클릭하여 편집 옵션 대화 상자를 닫습니다.
⑦ **적용**을 클릭하여 변경 사항을 적용하거나 **확인**을 클릭합니다.

> **엑서스**
>
> 명령 : BlockAttributeManager
> 메뉴 : 삽입 〉 블록〉 특성

2.7 블록 속성을 텍스트 파일로 추출

ExtractBlockAttribute 명령을 사용하면 블록 속성 값을 다양한 형식의 텍스트 파일로 추출할 수 있습니다.

1) 블록 속성을 텍스트 파일로 추출하기

① 명령 프롬프트에 **ExtractBlockAttribute**를 입력합니다.
② 블록 특성 대화 상자의 템플릿에 추출할 데이터를 정의할 템플릿 이름을 입력하고, 파일을 찾습니다.

③ **도면요소 선택**을 클릭하여 블록 속성 데이터를 추출할 도면요소를 지정합니다.
④ 그래픽 영역에서 블록 속성이 있는 블록을 선택하고 **Enter**를 누릅니다.
⑤ 대화 상자의 출력에 출력 파일의 위치와 이름을 입력하고, 파일 이름을 선택합니다.
⑥ 형식에서 블록 속성 정보를 작성할 때 사용할 파일 형식을 선택합니다.
  • 쉼표 구분 파일(CDF) : 각 블록 속성 레코드의 필드를 쉼표로 구분합니다. 스트링에는 작은따옴표가 사용됩니다.
  • 공백 구분 파일(SDF) : 각 블록 속성 레코드의 필드를 공백으로 구분합니다. 스트링에는 작은따옴표가 사용됩니다.
⑦ **확인**을 클릭합니다.

2.8 블록 속성 내보내기

BlockAttributeOutput 명령을 사용하여 지정한 블록의 블록 속성 값을 텍스트 파일로 저장하여 스프레드시트 소프트웨어나 기타 응용프로그램에서 데이터를 검토하고 평가할 수 있습니다.

1) 블록 속성을 텍스트 파일로 저장하기

① 명령 프롬프트에 BlockAttributeOutput를 입력합니다.
② 그래픽 영역에서 블록 속성이 있는 블록을 선택합니다.
③ **Enter**를 누릅니다.
④ 출력 파일 대화 상자에서 .txt 파일의 위치와 파일 이름을 지정합니다.
⑤ **저장**을 클릭합니다.

엑서스
명령 : BlockAttributeOutput

2.9 블록의 위치를 포함하여 블록 속성 값 내보내기

BlockAttributePositionOutput 명령을 사용하면 블록 위치를 포함하여 지정된 블록의 블록 속성 값을 텍스트 파일에 저장할 수 있습니다.

저장한 파일은 탭으로 구분된 텍스트 파일로 출력 파일에는 다음 열이 포함됩니다.
- 도면에 있는 블록 도면요소의 고유한 식별자가 포함된 열
- 블록 이름 열
- X, Y, Z 좌표에 대한 각각의 열
- 지정된 블록의 각 블록 속성 정의에 대한 열

1) 블록 위치를 포함하여 블록 속성 값 내보내기

① 명령 프롬프트에 **BlockAttributePositionOutput**을 입력합니다.
② 그래픽 영역에서 블록 속성이 있는 블록을 선택 후 **Enter**를 누릅니다.
③ 출력 파일 대화 상자에서 .txt 파일의 위치와 파일 이름을 지정합니다.
④ **저장**을 클릭합니다.

> **엑서스**
> 명령 : BlockAttributePositionOutput

03 도면요소 그룹 작업

도면요소를 도면요소 그룹으로 합칠 수 있으며, 도면요소를 그룹화하면 그룹 내 모든 도면요소를 한 번의 작업으로 조작하거나 도면요소 그룹 내 개별 요소를 편집할 수 있습니다.

블록 vs 도면요소 그룹 차이점
- 블록에는 고유한 삽입점이 있고 도면요소 그룹에는 없습니다.
- 블록은 도면에서 여러 번 삽입할 수 있으며, 블록을 재정의하면 모든 항목이 업데이트됩니다. 도면요소 그룹은 이와 같은 방식으로 동작하지 않습니다.
- 그룹을 복사할 수 있습니다. 복사된 다른 도면요소 그룹으로부터 생성된 도면요소 그룹은 별도의 도면요소 그룹입니다.

3.1 빠르게 도면요소 그룹 지정

QuickGroup 명령을 사용하여 빠르게 도면요소 그룹을 생성할 수 있습니다.

1) 도면요소를 빠르게 그룹으로 지정하기

① 그래픽 영역에서 그룹 지정할 도면요소를 지정합니다.
② **마우스 오른쪽**을 클릭한 다음 **도면요소 그룹 > 빠른 그룹**을 클릭하거나 **QuickGroup**을 입력합니다.

2) 사전 선택된 도면요소 없이 빠르게 도면요소 그룹 지정하기

① 명령 프롬프트에 **QuickGroup**을 입력합니다.

② 다음 옵션을 지정합니다.
- **이름** : 도면요소 그룹의 이름을 지정할 수 있습니다. 이름에는 문자, 숫자 및 $, #, _ 등의 특수 문자를 포함할 수 있습니다.
- **설명** : 도면요소 그룹에 대한 짧은 설명을 입력할 수 있습니다.

③ 그룹 지정할 도면요소를 지정합니다.

④ **Enter**를 누릅니다.

> **엑서스**
> 명령 : QuickGroup

3.2 빠르게 도면요소 그룹 해제

QuickUngroup 명령을 사용하여 빠르게 도면요소 그룹을 그룹 해제할 수 있습니다.

1) 도면요소 그룹을 빠르게 그룹 해제하기

① 그래픽 영역에서 그룹 해제할 도면요소를 지정합니다.

② 마우스 오른쪽을 클릭한 다음 **도면요소 그룹 〉 빠른 그룹 해제**를 클릭하거나 **QuickUngroup**을 입력합니다.

2) 사전 선택된 도면요소 없이 빠르게 도면요소 그룹 해제하기

① 명령프롬프트에 **QuickUngroup**을 입력합니다.

② 그룹 해제할 도면요소를 지정하거나 **이름** 옵션을 지정한 다음 그룹 해제할 도면요소 그룹의 이름을 입력합니다.

> **엑서스**
> 명령 : QuickUngroup

3.3 도면요소 그룹 편집

EditEntityGroup 명령을 사용하여 **도면요소 그룹**에 도면요소를 추가 또는 삭제하거나 이름을 바꿀 수 있습니다.

1) 도면요소 그룹 편집하기

① 명령 프롬프트에 **EditEntityGroup**을 입력합니다.

② 편집할 도면요소 그룹에 속하는 도면요소를 지정하거나 이름 옵션을 지정한 다음 편집할 도면요소 그룹의 이름을 입력합니다.

③ 다음 옵션을 지정합니다.
- **도면요소 추가** : 도면요소 그룹에 추가할 도면요소를 지정합니다.

- **도면요소 제거** : 도면요소 그룹에서 제거할 도면요소를 지정합니다.
- **이름 바꾸기** : 도면요소 그룹에 사용할 새 이름을 지정합니다.

④ Enter를 누릅니다.

> **엑서스**
> 명령 : EditEntityGroup

3.4 도면요소 그룹 작성 및 편집

EntityGroup 명령을 사용하여 **도면요소 그룹**을 생성 및 관리할 수 있습니다.

1) 도면요소 그룹 작성하기

① 명령 프롬프트에 **EntityGroup**을 입력합니다.
② 도면요소 그룹 대화 상자에서 **새로 만들기**를 클릭합니다.

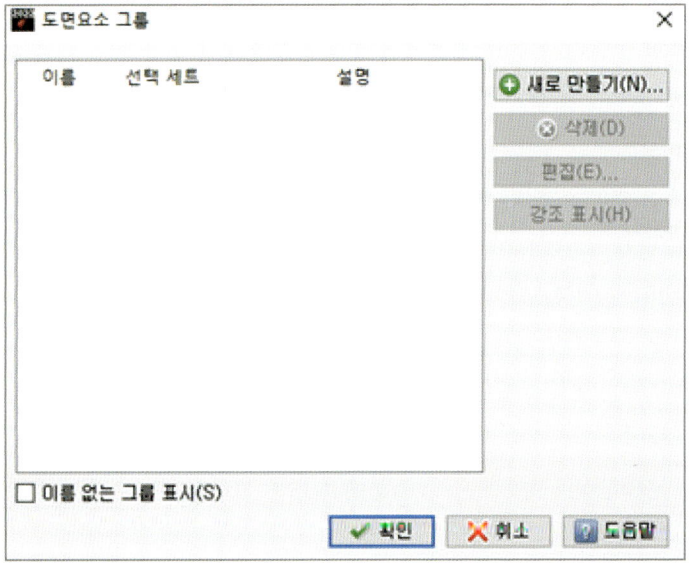

③ **도면요소 지정**을 클릭한 후 그래픽 영역에서 도면요소를 선택하여 도면요소 그룹에 추가합니다.

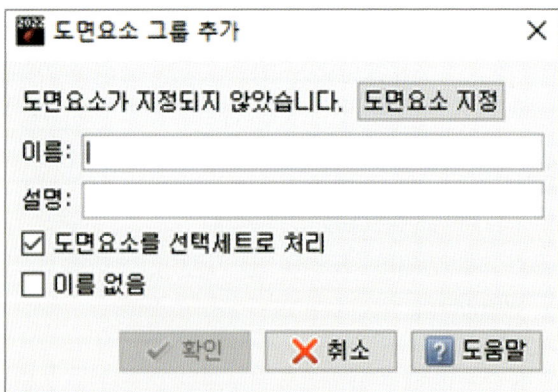

④ 도면요소 지정을 마치면 **Enter**를 누릅니다.
⑤ **이름**을 입력합니다. 이름은 문자, 숫자 및 $, #, _ 같은 특수 문자를 포함할 수 있습니다.
⑥ **설명**을 입력합니다.
⑦ 다음 옵션을 선택합니다.
   • **도면요소를 선택세트로 처리** : 그룹에서 한 개의 도면요소를 선택하면 전체 그룹이 선택됩니다.
   • **이름 없음** : 익명의 도면요소를 작성합니다.
⑧ **확인**을 클릭합니다.

2) 도면요소 그룹 편집하기

① 명령 프롬프트에 **EntityGroup**을 입력합니다.
② 도면요소 그룹 대화 상자에서 도면요소 그룹 이름을 선택합니다.

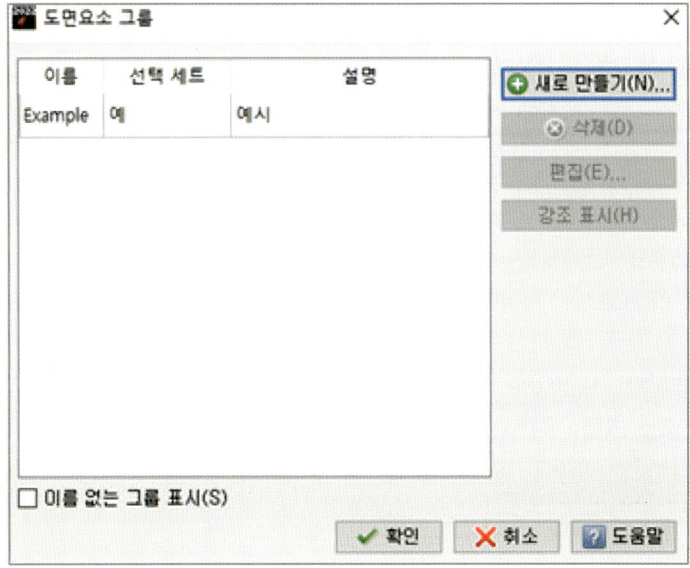

③ **편집**을 클릭합니다.
④ 필요에 따라 그룹을 편집합니다.
   • **도면요소 추가/제거** : 도면요소 추가 또는 제거를 클릭한 후 그래픽 영역에서 도면요소를 선택하여 도면요소 그룹에 추가하거나 그룹에서 제거합니다.
   • **그룹 이름 바꾸기** : 이름을 편집합니다.
   • **설명 변경** : 설명을 편집합니다.
   • **선택 가능 모드 변경** : 도면요소를 선택세트로 처리를 선택하거나 선택 취소합니다.
⑤ **확인**을 두 번 클릭합니다.

3) 도면요소 그룹 삭제하기

① 명령 프롬프트에 **EntityGroup**을 입력합니다.
② 대화 상자에서 도면요소 그룹 이름을 선택합니다.
③ **삭제**를 클릭합니다.

4) 도면요소 그룹 강조 표시하기

① 명령 프롬프트에 **EntityGroup**을 입력합니다.
② 대화 상자에서 도면요소 그룹 이름을 선택합니다.
③ **강조 표시**를 클릭합니다.

> **엑서스**
> 명령 : EntityGroup

3.5 도면요소 그룹 선택에 대한 옵션 설정

EntityGroupDisplayMode 명령을 사용하여 도면요소 그룹 선택에 대해 표시되는 도면요소 그립을 제어합니다.

하나의 도면요소 그립을 사용해 한 번의 작업으로 도면요소 그룹의 모든 도면요소를 편집할 수도 있으며, 해당 도면요소 그립을 사용해 도면요소 그룹 내 개별 도면요소를 편집할 수도 있습니다.

1) 도면요소 그룹 선택에 대한 옵션 설정하기

① 명령 프롬프트에 EntityGroupDisplayMode를 입력합니다.
② 다음 옵션을 지정합니다.
- **모든 도면요소** : 지정된 도면요소 그룹의 모든 도면요소에 그립을 표시합니다. 해당 도면요소 그립을 사용하여 각 도면요소를 수정할 수 있습니다.
- **경계 상자** : 도면요소 그룹 전체의 중심 도면요소 그립 한 개와 경계 상자를 함께 표시합니다.
- **도면요소 그룹** : 도면요소 그룹 전체의 중심 도면요소 그립 하나만 표시합니다.

> **엑서스**
> 명령 : EntityGroupDisplayMode

04 참조 도면 및 이미지 작업

도면 또는 래스터 이미지를 현재 도면에 참조로 첨부할 수 있으며, 여러 개의 도면에 동시에 첨부할 수도 있습니다.

다음 작업에 참조 도면을 사용합니다.
- 다른 파일로부터 어셈블리 도면 작성
- 완성된 도면에 상세도 삽입
- 현재 도면에서 다른 도면 임시 참조

참조 도면은 여러 사람이 여러 개의 도면으로 작업할 때 유용합니다. 참조 도면을 사용하면 현재 도면에 최신 버전의 참조 도면이 표시되도록 합니다.

4.1 도면 참조 기초 사항

1) 참조와 블록 삽입의 차이

참조 도면은 블록 삽입과 유사하지만 다음과 같은 차이가 있습니다.

- 도면을 참조하면 다른 도면으로 이동하는 링크가 설정되지만 현재 도면의 영구적인 일부가 되지 않으므로 파일 크기가 작게 유지됩니다.
- 참조 도면을 이동, 축척 조정, 회전, 복사할 수 있습니다. 블록은 분해가 가능하지만 참조는 분해할 수 없습니다.

2) 현재 도면에서 참조 제거하기

① 명령 프롬프트에 **References**를 입력합니다.

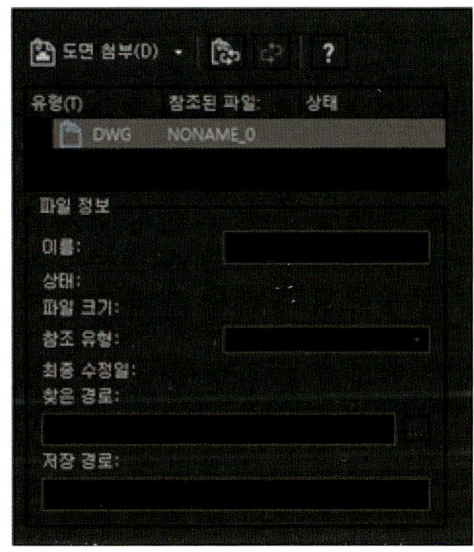

② 목록에서 참조 파일을 오른쪽 클릭하고 **분리**를 클릭합니다.

4.2 참조 팔레트 사용

References 명령을 사용하면 참조 도면이나 이미지 파일을 관리할 수 있는 **참조** 팔레트가 열리며, 참조 파일이 있는 도면을 열면 참조가 현재 상태로 표시됩니다.

여러 사람이 공동 작업을 할 때는 참조를 업데이트해야 합니다. 지정한 도면이 최근에 저장된 상태로 다시 로드됩니다.

1) 참조 팔레트를 사용하여 도면 첨부하기

① 명령 프롬프트에 **References**를 입력합니다.
② **도면 첨부**를 클릭합니다. 도면 첨부가 표시되지 않으면 이미지 첨부 옆의 화살표를 클릭하고 도면 첨부를 클릭합니다.
③ 대화상자에서 도면을 찾아 **열기**를 클릭합니다.
④ 참조 도면 첨부에서 **옵션**을 설정합니다.

2) 참조 팔레트를 사용하여 이미지 첨부하기

① 명령 프롬프트에 **References**를 입력합니다.
② 이미지 첨부를 클릭합니다. 이미지 첨부가 표시되지 않으면 도면 첨부 옆의 화살표를 클릭하고 이미지 첨부를 클릭합니다.
③ 대화상자에서 이미지를 찾아 **열기**를 클릭합니다.
④ 참조 첨부 : 이미지 대화상자에서 **옵션**을 설정합니다.

3) 참조 업데이트하기

① 명령 프롬프트에 **References**를 입력합니다.
② **새로 고침**을 클릭하여 참조를 업데이트합니다.
③ 모두 다시 로드를 클릭하여 마지막 업데이트 이후 외부 파일에서 변경된 사항을 업데이트합니다.

4) 참조 도면 열기

① **참조 팔레트**에서 참조를 마우스 오른쪽 버튼으로 클릭하고 열기를 클릭합니다.

5) 참조 언로드하기

① **참조 팔레트**에서 참조를 마우스 오른쪽 버튼으로 클릭하고 **언로드**를 클릭합니다.
  언로드한 참조는 도면에서 사라지지만 파일에 대한 링크는 유지됩니다. 언로드된 참조를 다시 표시하려면 다시 로드 옵션을 지정합니다.

6) 참조 다시 로드하기

① **참조 팔레트**에서 참조를 마우스 오른쪽 버튼으로 클릭하고 **다시 로드**를 클릭하여 언로드된 참조를 다시 로드합니다.

7) 참조 분리하기

① **참조 팔레트**에서 참조를 마우스 오른쪽 버튼으로 클릭하고 **분리**를 클릭합니다.
  참조 도면이 현재 도면에서 제거되며, 참조 도면의 도면층, 선 스타일 및 블록 정의 등의 종속 기호를 삭제합니다.

8) 참조를 영구적으로 결합하기

① **참조 팔레트**에서 참조를 마우스 오른쪽 버튼으로 클릭하고 **결합**을 클릭합니다.
② **결합 유형**을 지정합니다.
  - **결합** : 참조를 블록으로 변환하고 blockname$n$symbolname 구문을 사용하여 도면의 도면층 및 스타일 정의에 대한 고유의 기호 이름을 사용합니다.
  - **삽입** : 참조를 분리하고 참조 도면을 블록으로 삽입합니다.
③ **확인**을 클릭합니다.

9) 참조 유형 변경하기

① **참조 팔레트**에서 **참조**를 선택합니다.
② 파일 정보 영역에서 참조 유형을 선택합니다.
- **첨부** : 도면에 대한 링크를 생성하고 이 링크를 현재 도면에서 참조합니다.
- **오버레이** : 도면에 대한 링크를 생성하고 이 링크를 현재 도면에서 참조합니다. 오버레이 옵션은 외부 도면을 포함하지 않습니다.

10) 참조 경로 재설정하기

참조 도면의 위치가 변경되거나 참조 파일의 이름이 바뀌는 경우, 참조 경로를 재설정합니다.
① **참조 팔레트**에서 참조를 선택합니다.
② 파일 정보 영역에서 경로를 업데이트해야 하는 참조 파일에 대해 찾은 경로 상자 뒤에 있는 찾아보기를 클릭합니다.
③ 새 위치로 이동하여 참조 파일을 선택한 다음, 열기를 클릭합니다.

11) 참조를 위해 저장된 경로 설정 변경하기

① **참조 팔레트**에서 **참조**(도면 또는 이미지)를 오른쪽 클릭하고 **경로**를 클릭합니다.
② 다음 옵션을 지정합니다.
- **절댓값으로 설정** : 참조의 상대 경로를 절대 경로로 변경합니다.
- **상댓값으로 설정** : 참조의 절대 경로를 상대 경로로 변경합니다.
- **경로 제거** : 참조를 위한 경로 설정을 제거합니다. 참조가 도면과 동일한 폴더에 있는 경우에만 이 옵션을 사용합니다.

> **엑서스**
> 명령 : References

4.3 참조 팔레트 숨기기

HideReferences 명령을 사용하여 참조 팔레트를 닫습니다.

1) 참조 팔레트 숨기기

① 명령 프롬프트에 **HideReferences**를 입력합니다.

> **엑서스**
> 명령 : HideReferences

4.4 도면을 참조로 첨부

AttachDrawing 명령을 사용하여 현재 도면에 외부 도면을 첨부할 수 있습니다.

1) 도면을 참조로 첨부하기

① 명령 프롬프트에 **AttachDrawing**을 입력합니다.

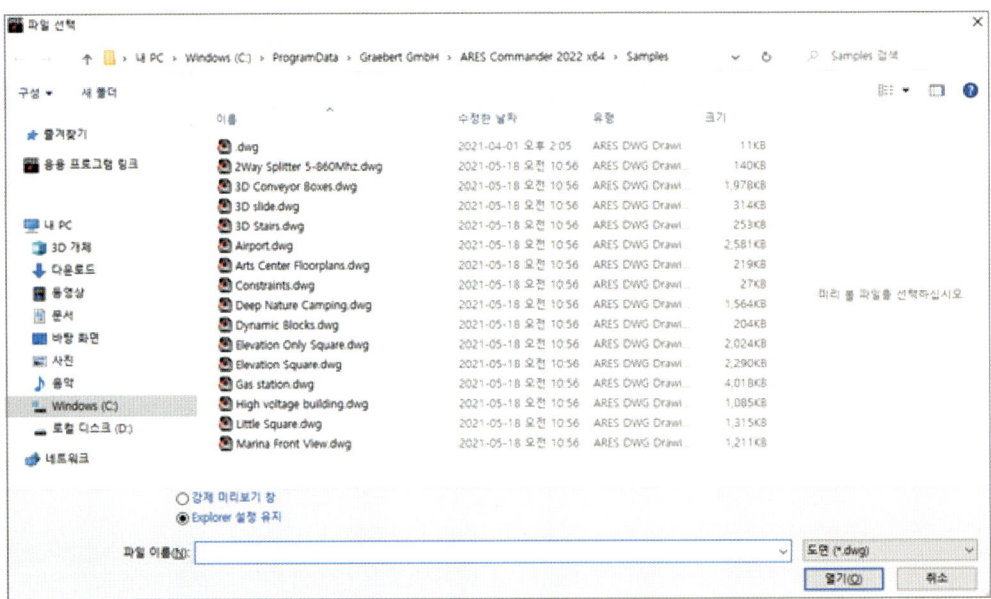

② 첨부할 도면을 선택하고 열기를 클릭합니다.

③ 참조 도면 첨부 대화상자에서 이름에 선택한 파일 이름이 표시되거나 이전에 첨부한 도면을 선택할 수 있습니다. 찾아보기를 클릭하여 다른 도면을 선택합니다.

④ 파일 정보를 지정합니다.
- **경로 유형** : 도면 경로를 표시할 방법을 지정합니다.
- **참조 유형** : 현재 도면이 다른 도면에 첨부되어 있는 경우 참조 도면을 포함할지 여부를 나타냅니다.

⑤ 다음과 같이 **삽입점 위치**를 설정합니다.
- **나중에 지정** : 대화상자가 닫힌 후 그래픽 영역에서 삽입점을 지정할 수 있습니다.
- **X, Y, Z** : 도면 위치에 대한 X, Y, Z 좌표를 지정합니다.

⑥ 다음과 같이 **축척** 지정을 설정합니다.
- **나중에 지정** : 대화상자가 닫힌 후 그래픽 영역에서 축척을 지정할 수 있습니다.
- **X, Y, Z** : 각 축에 대한 X, Y, Z 좌표를 개별적으로 지정합니다.
- **종횡비 고정** : X축을 입력하여 다른 좌표를 통일시킵니다.

⑦ 다음과 같이 **회전** 지정을 설정합니다.
- **나중에 지정** : 대화상자가 닫힌 후 그래픽 영역에서 각도를 지정할 수 있습니다.
- **각도** : 도면의 회전 각도를 설정합니다.

⑧ 다음과 같이 **블록 단위** 정보 확인을 합니다.
- **단위** : 지정한 도면의 단위계를 표시합니다.
- **인수** : 지정한 도면의 축척 인수를 표시합니다.

⑨ **확인**을 클릭합니다.

> **엑서스**
> 명령 : AttachDrawing

4.5 참조 도면 수정

ClipReference 명령을 사용하여 도면에 참조된 도면을 수정할 수 있습니다.

1) 참조 도면 수정하기

① 명령 프롬프트에 **OpenReference**를 입력합니다.
② 참조 도면을 지정합니다.
   해당 도면이 다른 도면 창에 열립니다. 도면을 편집하면 수정 사항이 참조로 첨부되는 도면에 반영됩니다.

> **엑서스**
> 명령 : OpenReference

4.6 참조 도면 분리

DetachDrawing 명령을 사용하여 AttachDrawing 명령으로 현재 도면에 첨부된 참조 도면을 분리할 수 있습니다.

1) 참조 도면 분리하기

① 명령 프롬프트에 **DetachDrawing**을 입력합니다.
② 분리할 도면의 이름을 입력합니다.

> **엑서스**
> 명령 : DetachDrawing

4.7 이미지 파일을 참조로 첨부

AttachImage 명령을 사용하여 이미지를 도면에 첨부할 수 있습니다. 지원되는 파일 유형으로는 .bmp, .png, .jpg, .jpeg, .png 등이 있습니다.

1) 이미지 파일 첨부하기

① **삽입 〉 참조 〉 이미지**를 클릭하거나 **AttachImage**를 입력합니다.

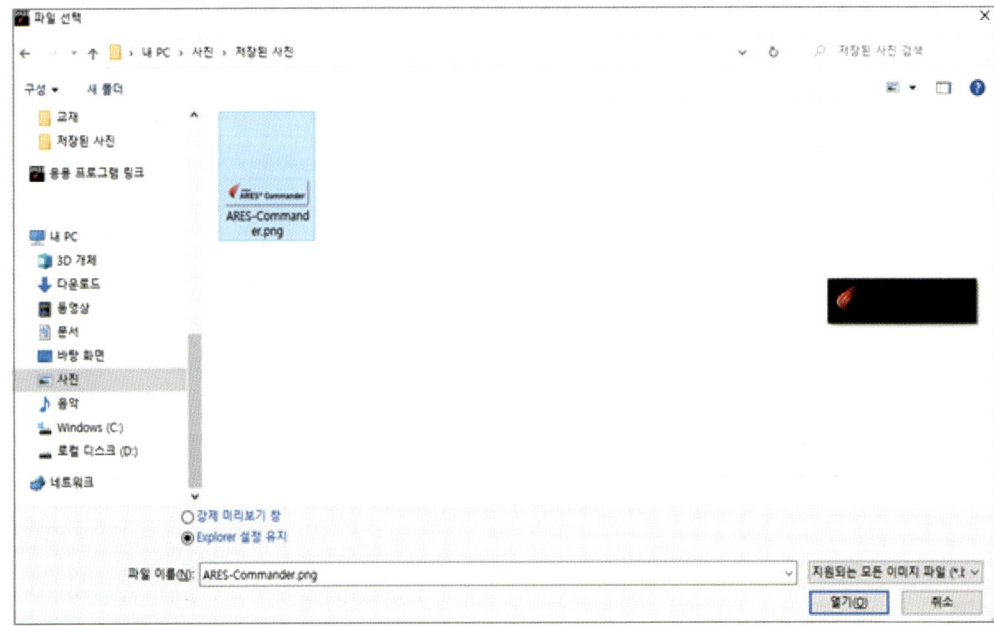

② 첨부할 이미지를 선택하고 **열기**를 클릭합니다.

③ 이미지 대화상자에서 이름에 선택한 파일 이름이 표시되거나 이전에 첨부한 이미지를 선택할 수 있습니다. **찾아보기**를 클릭하여 다른 이미지를 선택합니다.

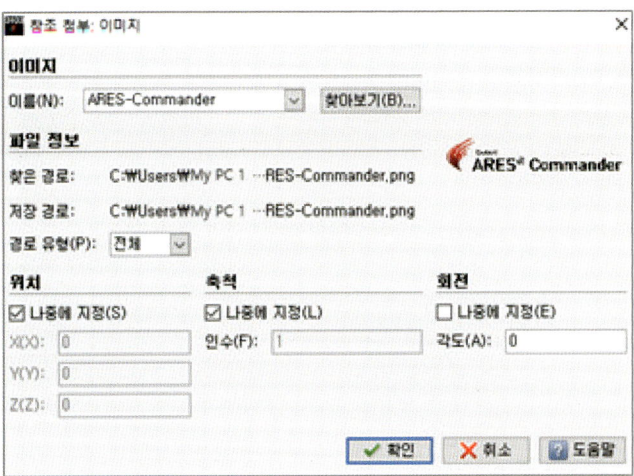

④ **파일 정보**에서 경로 유형을 선택하여 이미지 경로를 표시할 방법을 지정합니다.
- **전체** : 이미지의 전체 경로를 표시합니다.
- **없음** : 파일 이름만 표시합니다.
- **상대** : 이미지의 상대 경로를 표시합니다. 두 이미지가 모두 같은 폴더에 있을 경우 이미지의 파일 이름만 표시됩니다.

⑤ **위치**를 지정합니다.
- **나중에 지정** : 대화상자가 닫힌 후 그래픽 영역에서 삽입점을 지정할 수 있습니다.
- **X, Y, Z** : 이미지 위치에 대한 X, Y, Z 좌표를 지정합니다.

⑥ **축척**을 지정합니다.
- **나중에 지정** : 대화상자가 닫힌 후 그래픽 영역에서 축척을 지정할 수 있습니다.
- **인수** : 이미지 축척 인수를 지정합니다.

⑦ **회전**을 지정합니다.
- **나중에 지정** : 대화상자가 닫힌 후 그래픽 영역에서 각도를 지정할 수 있습니다.
- **각도** : 이미지의 회전 각도를 설정합니다.

⑧ **확인**을 클릭합니다.

> **엑서스**
> 명령 : AttachImage
> 메뉴 : 삽입 〉 참조 〉 이미지

4.8 참조 이미지 자르기

ClipImage 명령을 사용하여 참조 이미지의 일부만 표시할 수 있으며, 직접 작성하거나 지정한 경계로 이미지를 자릅니다.

참조 이미지 당 한 개의 자르기 경계를 작성할 수 있습니다.

1) 참조 이미지 자르기

① 명령 프롬프트에 **ClipImage**를 입력합니다.
② 자르기 경계를 적용할 참조 이미지를 지정합니다.
③ 다음 옵션을 지정합니다.
- **경계 작성** : 새 자르기 경계를 작성합니다. 참조 이미지에 대한 자르기 경계가 이미 있을 경우 이전 경계를 삭제하라는 프롬프트가 나타나면 다음 옵션을 지정합니다.
    a. **다각형** : 자르기 경계로 점을 지정하여 불규칙 다각형 형상을 정의합니다.
    b. **직사각형** : 직사각형 모양으로 자르기 경계를 정의할 수 있습니다.
    c. **폴리선 선택** : 기존 폴리선을 자르기 경계로 선택할 수 있습니다. 호 세그먼트는 비곡선화 됩니다.
- **삭제** : 자르기 경계를 제거합니다.
- **끄기** : 자르기 경계를 끄고 참조 이미지 전체를 표시합니다. 자르기 경계는 유지되므로 다시 활성화할 수 있습니다.

- **켜기** : 자르기 경계를 켜고 자르기 경계 내의 참조 이미지 부분만 표시합니다.

> **엑서스**
> 명령 : ClipImage

4.9 참조 이미지 분리

DetachImage 명령을 사용하여 AttachImage 명령으로 현재 도면에 첨부된 참조 이미지를 분해할 수 있습니다.

1) 참조 이미지 분리하기

① 명령 프롬프트에 **DetachImage**를 입력합니다.
② 분리할 이미지 이름을 입력합니다.

> **엑서스**
> 명령 : DetachImage

05 PDF 파일을 언더레이로 사용

하나 이상의 PDF(Portable Document Format) 문서 페이지를 도면에 언더레이로 첨부할 수 있으며, PDF 파일을 언더레이로 첨부하면 소프트웨어에서 해당 파일을 현재 도면에 대한 참조로 링크합니다.

첨부된 PDF가 도면층으로 구성된 경우 도면층 표시 여부를 제어할 수 있으며 PDF 언더레이를 잘라 PDF 문서의 일부만 표시할 수 있습니다.

PDF 언더레이 이름은 이름을 관리할 수 있는 참조 팔레트에 표시됩니다.

5.1 PDF 파일을 언더레이로 첨부하기

AttachPDF 명령을 사용하여 PDF 문서의 페이지를 도면에 첨부합니다.

이 명령은 지정한 파일을 참조로 현재 도면에 연결합니다.

1) PDF 파일을 언더레이로 첨부하는 방법

① **삽입 > 참조 > 첨부> PDF**를 클릭하거나 명령 프롬프트에 **AttachPDF**를 입력합니다.

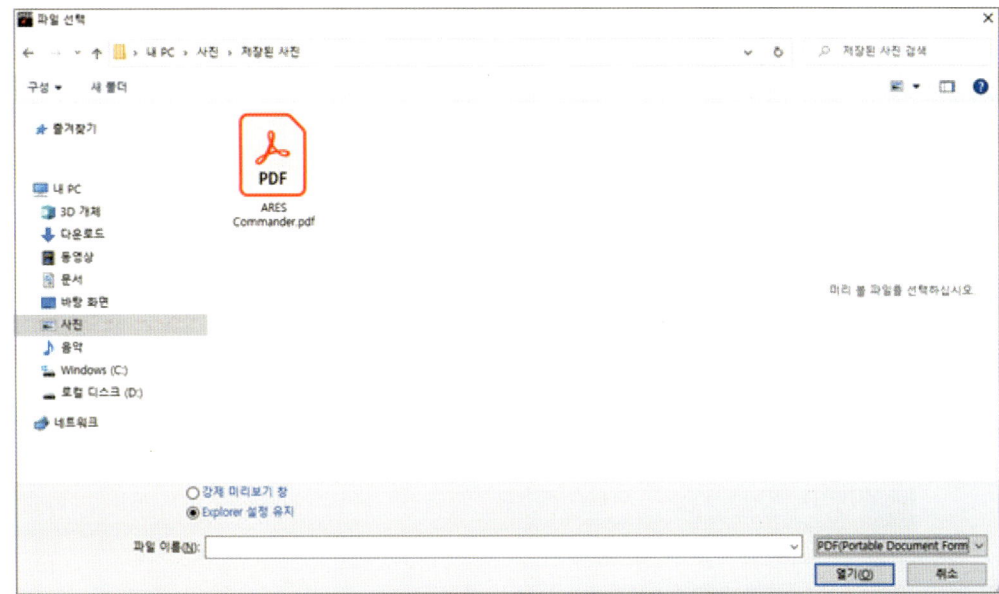

② 첨부할 PDF 파일을 선택하고 열기를 클릭합니다.

③ PDF 언더레이 대화상자에서 이름에 선택한 파일의 이름이 표시되거나, 목록에서 사용자가 이전에 첨부한 PDF 파일을 선택할 수 있습니다.

찾아보기를 클릭하여 다른 PDF 파일을 선택할 수 있습니다.

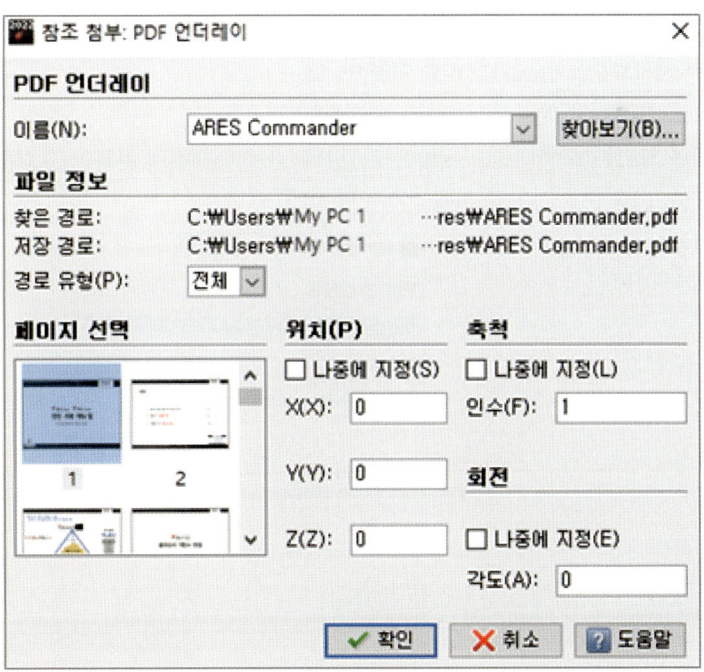

④ 파일 정보에서 다음 중 하나의 경로 유형을 지정합니다.
- **전체** : PDF 파일에 전체 경로를 표시합니다.
- **없음** : PDF 파일 이름만 표시합니다.

- **상대** : PDF 파일에 상대 경로를 표시합니다. 도면과 PDF 파일이 같은 폴더에 있을 경우 PDF 파일 이름만 표시됩니다.

⑤ PDF 파일에 여러 페이지가 포함된 경우 삽입할 PDF 파일의 페이지를 선택합니다.

⑥ 위치에서 X, Y, Z에 좌표 값을 입력하거나 나중에 지정을 선택하여 대화상자를 닫은 후 화면에서 삽입점을 지정합니다.

⑦ 축척에서 축척 인수를 입력하거나 나중에 지정을 선택하여 대화상자를 닫은 후 화면에서 축척을 지정합니다.

⑧ 회전에서 각도 값을 입력하거나 나중에 지정을 선택하여 삽입 중 그래픽 영역에서 회전 각도를 설정합니다. 시계 반대 방향으로 회전은 양수 값(+)을 입력하고 시계 방향으로 회전은 음수 값(-)을 입력합니다.

⑨ **확인**을 클릭합니다.

> **엑서스**
> 명령 : AttachPDF
> 메뉴 : 삽입 〉 참조 〉 첨부 〉 PDF

5.2 PDF 언더레이 도면층의 표시 여부 제어

LayersPDF 명령을 사용하여 도면에 참조된 PDF 언더레이 도면층의 표시 여부를 지정할 수 있습니다.

1) 첨부된 PDF 파일 도면층의 표시 여부 제어하기

① 명령 프롬프트에 **LayersPDF**를 입력합니다.
② 그래픽 영역에서 PDF 언더레이를 지정합니다.
③ 대화상자의 PDF 언더레이 목록에 지정한 PDF 언더레이의 이름이 표시됩니다. 이 목록에서 이전에 첨부한 다른 PDF 파일을 선택할 수 있습니다.

④ 도면층 목록에서 도면에 표시할 PDF 파일의 도면층을 활성화합니다.

지정한 PDF 언더레이가 도면층에서 구성되지 않은 경우 목록은 비어 있습니다.

⑤ **확인**을 클릭합니다.

> **엑서스**
> 명령 : LayersPDF

5.3 PDF 언더레이 자르기

ClipPDF 명령을 사용하여 PDF 언더레이의 일부만 표시할 수 있으며 직접 작성하거나 지정한 경계로 도면요소를 자릅니다.

PDF 언더레이 당 한 개의 자르기 경계를 작성할 수 있습니다.

1) PDF 언더레이 자르기

① 명령 프롬프트에 **ClipPDF**를 입력합니다.
② 자르기 경계를 적용할 PDF 언더레이를 지정합니다.
③ 다음 옵션을 지정합니다.
- **켜기** : 자르기 경계를 켜고 자르기 경계 내의 PDF 언더레이 부분만 표시합니다.
- **끄기** : 자르기 경계를 끄고 PDF 언더레이 전체를 표시합니다. 자르기 경계는 유지되므로 다시 활성화할 수 있습니다.
- **삭제** : 자르기 경계를 제거합니다.
- **새 경계** : 새 자르기 경계를 작성합니다. PDF 언더레이에 대한 자르기 경계가 이미 있을 경우 이전 경계를 삭제하라는 프롬프트가 나타납니다. 다음 옵션을 지정합니다.
    a. **다각형** : 자르기 경계로 점을 지정하여 불규칙 다각형 형상을 정의합니다.
    b. **직사각형** : 직사각형 모양의 자르기 경계를 정의할 수 있습니다.
    c. **폴리선 선택** : 기존 폴리선을 자르기 경계로 사용합니다. 호 세그먼트는 비곡선화 됩니다.

> **엑서스**
> 명령 : ClipPDF

5.4 PDF 언더레이 분리

DetachPDF 명령을 사용하여 AttachPDF 명령으로 현재 도면에 첨부된 PDF 언더레이를 분리할 수 있습니다.

1) PDF 언더레이 분리하기

① 명령 프롬프트에 **DetachPDF**를 입력합니다.
② 분리할 PDF 언더레이 이름을 입력합니다.

5.5 PDF 언더레이 옵션 설정

PDFUnderlayOptions 명령을 사용하여 PDF 언더레이 요소에 대한 도면요소 스냅 액세스를 설정하고 PDF 언더레이의 프레임 표시 여부를 제어합니다.

1) PDF 언더레이에 대한 도면요소 스냅 액세스 제어하기

   ① 명령 프롬프트에 **PDFUnderlayOptions**를 입력합니다.
   ② **ESnap** 옵션을 지정합니다.
   ③ 켜기 또는 끄기를 지정하여 PDF 언더레이에 대한 도면요소 스냅 액세스를 사용하거나 사용하지 않도록 설정합니다.

2) PDF 언더레이의 프레임 표시 여부 제어하기

   ① 명령 프롬프트에 **PDFUnderlayOptions**를 입력합니다.
   ② **프레임** 옵션을 지정합니다.
   ③ 켜기 또는 끄기를 지정하여 그래픽 영역 및 인쇄물의 PDF 언더레이 경계에 프레임을 표시하거나 숨깁니다.

> **엑서스**
> 명령 : PDFUnderlayOptions

5.6 참조 팔레트에서 PDF 언더레이 관리

도면에 첨부한 PDF 언더레이의 이름 목록이 참조 팔레트에 표시됩니다. 이 팔레트를 사용하여 PDF 언더레이를 관리합니다.

1) 참조 팔레트에서 PDF 언더레이 관리하기

   ① **삽입 〉 팔레트 〉 참조 관리자**를 클릭합니다.
   ② 참조 팔레트에서 첨부된 PDF 파일을 오른쪽 클릭하여 다음 옵션에 액세스합니다.
   - **열기** : 언더레이가 첨부된 PDF 파일을 엽니다.
   - **언로드** : 로드된 언더레이를 언로드합니다.
   - **다시 로드** : 언로드된 언더레이를 로드합니다.
   - **분리** : 언더레이를 분리합니다.

06 DGN 파일을 언더레이로 사용

DGN 도면 파일(DesiGN 파일)을 언더레이로 첨부할 수 있습니다. 해당 파일은 현재 도면에 참조로 링크됩니다.
DGN 파일 형식은 MicroStation®또는 기타 CAD 소프트웨어의 파일 형식입니다.
DGN 파일에서 도면은 디자인 형상이 정의되는 개별 작업 공간인 디자인 모델로 분할할 수 있습니다.

6.1 DGN 파일을 언더레이로 첨부하기

AttachDGN 명령을 사용하여 DGN 도면 파일(DesiGN 파일)을 도면에 언더레이로 첨부할 수 있습니다.
이 명령은 지정한 파일을 참조로 현재 도면에 연결합니다.

1) DGN 파일을 언더레이로 첨부하기

① **삽입 〉 참조 〉 첨부 〉 DGN**을 클릭하거나 명령 프롬프트에 **AttachDGN**를 입력합니다.
② 대화상자에서 첨부할 DGN 파일을 선택하고 열기를 클릭합니다.
③ 참조 첨부 : DGN 언더레이 대화상자에서 이름에 선택한 파일의 이름이 표시되거나, 목록에서 사용자가 이전에 첨부한 DGN 파일을 선택할 수 있습니다. 찾아보기를 클릭하여 다른 DGN 파일을 선택할 수 있습니다.
④ **파일 정보**에서 다음 경로 유형 중 하나를 지정합니다.
   - **전체** : DGN 파일의 전체 경로를 표시합니다.
   - **없음** : DGN 파일 이름만 표시합니다.
   - **상대** : DGN 파일의 상대 경로를 표시합니다. 도면과 DGN 파일이 같은 폴더에 있을 경우 DGN 파일 이름만 표시됩니다.
⑤ 설계 모델 선택에서 DGN 도면 파일에 정의된 디자인 모델 중 하나를 선택합니다.
   DGN 파일에서 도면은 디자인 형상이 정의되는 개별 작업 공간인 디자인 모델로 분할할 수 있습니다.
⑥ 위치에서 X, Y, Z에 좌표 값을 입력하거나 나중에 지정을 선택하여 대화상자를 닫은 후 화면에서 삽입점을 지정합니다.
⑦ 축척에서 축척 인수를 입력하거나 나중에 지정을 선택하여 대화상자를 닫은 후 화면에서 축척을 지정합니다.
⑧ 회전에서 각도 값을 입력하거나 나중에 지정을 선택하여 삽입 중 그래픽 영역에서 회전 각도를 지정합니다.
⑨ 변환 단위에서 단위 변환 시 기본 단위로 마스터 단위를 사용할 것인지, 하위 단위를 사용할 것인지 지정합니다.
⑩ **확인**을 클릭합니다.

> **엑서스**
> 명령 : AttachDGN
> 메뉴 : 삽입 〉 참조 〉 DGN

6.2 DGN 언더레이 도면층의 표시 여부 제어하기

LayersDGN 명령을 사용하여 도면에서 참조된 DGN 파일에 해당하는 DGN 언더레이의 도면층 표시 여부를 지정할 수 있습니다.

1) DGN 언더레이 도면층의 표시 여부 제어하기

① 명령 프롬프트에 **LayersDGN**를 입력합니다.
② 그래픽 영역에서 DGN 언더레이를 지정합니다.
　　대화상자의 DGN 언더레이에 지정한 DGN 언더레이의 이름이 표시됩니다. 이 목록에서 이전에 첨부한 다른 DGN 파일을 선택할 수 있습니다.
③ 도면층에서 도면에 표시할 DGN 파일의 도면층을 활성화합니다.
　　지정한 DGN 언더레이가 도면층에서 구성되지 않은 경우 목록은 비어 있습니다.
④ 확인을 클릭합니다.

> **엑서스**
> 명령 : LayersDGN

6.3 DGN 언더레이 자르기

ClipDGN 명령을 사용하여 DGN 언더레이의 일부만 표시할 수 있으며 직접 작성하거나 지정한 경계로 도면요소를 자릅니다.

DGN 언더레이 당 한 개의 자르기 경계를 작성할 수 있습니다.

1) DGN 언더레이 자르기

① 명령 프롬프트에 **ClipDGN**를 입력합니다.
② 자르기 경계를 적용할 DGN 언더레이를 지정합니다.
③ 다음 옵션을 지정합니다.
　　• **켜기** : 자르기 경계를 켜고 자르기 경계 내의 DGN 언더레이 부분만 표시합니다.
　　• **끄기** : 자르기 경계를 끄고 DGN 언더레이 전체를 표시합니다. 자르기 경계는 유지되므로 다시 활성화할 수 있습니다.
　　• **삭제** : 자르기 경계를 제거합니다.
　　• **경계 작성** : 새 자르기 경계를 작성합니다. DGN 언더레이에 대한 자르기 경계가 이미 있을 경우 이전 경계를 삭제하라는 프롬프트가 나타납니다.

> **엑서스**
> 명령 : ClipDGN

6.4 DGN 언더레이 분리

DetachDGN 명령을 사용하여 AttachDGN 명령으로 현재 도면에 첨부된 DGN 언더레이를 분리할 수 있습니다.

1) DGN 언더레이 분리하기

① 명령 프롬프트에 **DetachDGN**을 입력합니다.
② 분리할 DGN 언더레이 이름을 입력합니다.

> **엑서스**
> 명령 : DetachDGN

6.5 DGN 언더레이 옵션 설정

DGNUnderlayOptions 명령을 사용하여 DGN 언더레이 요소에 대한 도면요소 액세스를 설정하고 DGN 언더레이의 프레임 표시 여부를 제어할 수 있습니다.

1) DGN 언더레이에 대한 도면요소 스냅 액세스 설정하기

① 명령 프롬프트에 **DGNUnderlayOptions**를 입력합니다.
② **ESnap** 옵션을 지정합니다.
③ 켜기 또는 끄기를 지정하여 DGN 언더레이에 대한 도면요소 스냅 액세스를 사용하거나 사용하지 않습니다.

2) DGN 언더레이의 프레임 표시 여부 제어하기

① 명령 프롬프트에 **DGNUnderlayOptions**를 입력합니다.
② **프레임** 옵션을 지정합니다.
③ 다음 옵션을 지정합니다.
- **표시** : 그래픽 영역 및 출력의 DGN 언더레이 경계에 프레임을 표시합니다.
- **숨기기** : 그래픽 영역 및 출력에서 프레임을 숨깁니다.
- **인쇄 안 함** : 그래픽 영역에서는 프레임을 표시하지만 출력에서는 숨깁니다.

> **엑서스**
> 명령 : DGNUnderlayOptions

6.6 DGN 언더레이 조정

DGNadjust 명령을 사용하여 그래픽 영역 배경을 기준으로 DGN 언더레이의 모양을 조정합니다. 페이드, 대비 및 단색 값을 조정할 수 있습니다.

이러한 설정은 원본 파일에는 영향을 주지 않으며 도면을 인쇄할 때 설정이 인식됩니다.

1) DGN 언더레이 조정하기

① 명령 프롬프트에 **DGNadjust**를 입력합니다.
② 그래픽 영역에서 DGN 언더레이를 지정하고 Enter 키를 누릅니다.
③ 옵션을 지정합니다.
- **페이드** : 투명도를 설정합니다. 0(불투명)부터 100(완전 투명) 사이의 범위 값 지정
- **대비** : 대비 값을 설정합니다. 0(대비 없음)부터 100(완전 대비) 사이의 범위 값 지정
- **단색** : 언더레이가 단색으로 표시되는지 아니면 원래 색으로 표시되는지 지정합니다.

> **엑서스**
> 명령 : DGNadjust

6.7 참조 팔레트에서 DGN 언더레이 관리

도면에 첨부한 DGN 언더레이의 이름 목록이 참조 팔레트에 표시됩니다.

이 팔레트를 사용하여 DGN 언더레이를 관리합니다.

1) 참조 팔레트에서 DGN 언더레이 관리하기

① **삽입 〉 팔레트 〉 참조 관리자**를 클릭합니다.
② 참조 팔레트에서 첨부된 DGN 파일을 오른쪽 클릭하여 다음 옵션에 액세스합니다.
- **열기** : 언더레이가 첨부된 DGN 파일을 엽니다.
- **언로드** : 로드된 언더레이를 언로드합니다.
- **다시 로드** : 언로드된 언더레이를 로드합니다.
- **분리** : 언더레이를 분리합니다.

07 블록과 참조 바로 편집

바로 편집 기능을 사용하여 현재 도면의 블록 정의나 참조 도면인 구성 요소의 정의를 수정할 수 있습니다. 도면의 구성 요소 항목은 변경 사항을 즉시 반영합니다.

7.1 부품 바로 편집

EditComponent 명령을 사용하여 참조된 블록이나 도면 내 개별 요소를 현재 도면에서 바로 편집하여 블록이나 참조의 정의를 변경할 수 있습니다.

수정된 블록과 참조의 모든 인스턴스들은 도면에서 업데이트됩니다.

블록 삽입 및 첨부된 참조는 도면에서 단일 요소처럼 동작하며 이를 부품이라고 합니다. 부품을 이동, 복사, 대칭 복사, 회전, 또는 축척 조정할 수 있으나, 부품을 이루는 요소는 기본적으로 액세스할 수 없습니다.

1) 블록 정의 수정하기

① 명령 프롬프트에 **EditComponent**를 입력합니다.
② 그래픽 영역에서 편집할 블록이나 참조를 클릭합니다.
③ 부품 편집 대화상자의 목록에서 블록이나 참조의 이름을 선택합니다.
 • 블록이나 참조가 더 포함되어 있지 않은 블록이나 참조를 선택할 경우 목록에 해당 블록이나 참조만 포함됩니다.
 • 다른 블록이 포함된 블록이나, 블록 또는 다른 참조가 포함된 참조를 선택할 경우 계층 목록에 중첩이 표시됩니다.
④ 선택한 블록이나 참조 둘레의 가상 경계 상자 범위로 확대하려면 선택 표시나 확인을 클릭하기 전에 한계까지 확대를 클릭합니다.
⑤ 선택 표시를 클릭하여 편집을 시작하기 전에 도면에서 블록이나 참조를 강조 표시합니다. 그래픽 영역에서 클릭할 때까지 대화상자가 임시로 사라집니다. 대화상자로 돌아가려면 Esc 키를 누릅니다.
⑥ 확인을 클릭하여 선택한 블록이나 참조의 바로 편집 모드를 시작합니다. 블록이나 참조를 정의하는 요소를 제외하고는 도면이 흐릿해집니다.
⑦ 수정 도구 및 명령을 사용하여 블록 정의나 참조의 형상을 수정합니다. ChangeElements 명령을 사용하여 블록 정의나 참조에서 요소를 추가하거나 제거할 수 있습니다.
⑧ SaveComponent를 입력하여 부품 변경 사항을 적용하거나 CloseComponent를 입력하여 수정사항을 저장하거나 취소할 수 있습니다.

2) 중첩된 블록 계층 수정하기

① 명령 프롬프트에 **EditComponent**를 입력합니다.
② 그래픽 영역에서 **다른 블록이 포함된 블록**을 클릭합니다.
③ 부품 편집 대화상자의 목록에서 중첩된 블록을 선택합니다.
④ 위로 이동을 클릭하여 중첩된 블록을 한 수준 위로 이동하고 필요에 따라 반복합니다.
⑤ **확인**을 클릭합니다.
⑥ **SaveComponent**를 입력하여 부품 변경 사항을 적용하거나 **CloseComponent**를 입력하여 수정사항을 저장하거나 취소할 수 있습니다.

> **엑서스**
> 명령 : EditComponent

7.2 부품 편집 중 요소 추가 또는 제거

ChangeElements 명령을 사용하여 구성 요소 정의(블록 또는 참조)에서 도면요소를 추가하거나 제거합니다.

1) 바로 편집 모드 중 부품에 요소 추가하기

① 명령 프롬프트에 **EditComponent**를 입력합니다.
② 그래픽 영역에서 편집할 블록이나 참조를 클릭합니다.
③ 부품 편집 대화상자에서 수정할 블록이나 참조를 선택하고 확인을 클릭합니다.
④ 선택한 블록 정의나 참조에 추가할 요소를 작성하거나 삽입합니다.

⑤ 명령 프롬프트에 **ChangeElements**를 입력합니다.
⑥ 블록 정의나 참조에 추가할 요소를 작성하거나 선택합니다.
⑦ 명령 프롬프트에 **SaveComponent**를 입력합니다.

> **엑서스**
> 명령 : ChangeElements

7.3 블록 정의의 기준점 수정

EditBasePoint 명령을 사용하여 블록 정의의 새 기준점을 설정합니다.

EditComponent 명령을 사용하여 부품 편집 모드로 전환한 후 EditBasePoint 명령을 사용합니다.

1) 블록 정의나 참조의 기준점 수정하기

① 명령 프롬프트에 **EditComponent**를 입력하여 블록의 바로 편집 모드를 시작합니다.
② 부품 편집 대화상자에서 수정할 블록을 선택하고 확인을 클릭합니다.
③ 명령 프롬프트에 **EditBasePoint**를 입력합니다.
④ **새 기준점**을 지정합니다.
⑤ 명령 프롬프트에 **SaveComponent**를 입력하여 변경사항을 적용하고 블록 정의의 바로 편집을 완료합니다.

> **엑서스**
> 명령 : EditBasePoint

7.4 부품 편집 저장

SaveComponent 명령은 부품 편집 세션 중에 변경한 사항을 저장하고 세션을 끝냅니다. 블록 정의 또는 참조의 바로 편집은 EditComponent 명령으로 실행됩니다.

1) 바로 편집된 블록 정의 또는 참조 저장하기

① 명령 프롬프트에 **SaveComponent**를 입력합니다. 부품 정의 또는 참조 변경 사항이 저장되고 부품 편집 모드가 종료됩니다.

> **엑서스**
> 명령 : SaveComponent

7.5 부품 편집 종료

CloseComponent 명령은 EditComponent 명령으로 시작한 블록 정의 또는 참조의 바로 편집 모드를 종료합니다.

1) 블록 정의 또는 참조의 바로 편집 모드 종료하기

① **수정 〉 부품 〉 닫기**를 클릭하거나 명령 프롬프트에 **CloseComponent**를 입력합니다.
② 부품 대화상자에서 저장을 클릭하여 편집한 블록 정의 또는 참조의 변경 사항을 저장하거나 버리기를 클릭하여 변경 사항을 저장하지 않고 부품 편집을 끝냅니다.

> **엑서스**
> 명령 : CloseComponent
> 메뉴 : 삽입 〉 부품 〉 부품 닫기

08 블록 동작 및 모양 사용자 정의

기존 블록 정의에 대한 규칙 및 구속을 정의하여 도면에서 작업할 때 블록 참조 동작 및 모양을 제어할 수 있습니다. 이러한 규칙과 구속을 정의한 블록을 CustomBlock이라고 합니다.

CustomBlock을 사용하면 유사한 블록 정의 세트 대신, 그 형태, 크기 또는 모양을 변경할 수 있는 단일 블록을 사용할 수 있습니다.

8.1 CustomBlock 기본 사항

CustomBlock은 도면에 블록을 삽입할 때 크기, 회전, 모양을 빠르게 변경할 수 있는 규칙 및 구속을 정의할 수 있는 블록입니다.

프로젝트에 관리 및 유지할 블록이 많고 유사한 블록이 여러 개 있는 경우, 제도 시간을 많이 줄이려는 경우 CustomBlock을 사용합니다.

형상 도면요소 외에도 CustomBlock 정의에는 요소, 동작 및 구속과 같은 지정 기능이 포함되어 있습니다.
- **요소**는 CustomBlock에 대한 그립점 및 사용자 속성을 정의합니다.
- **동작**은 그립점을 조작하고 사용자 속성을 수정할 때 블록 참조가 이동하거나 변경하는 방법을 지정합니다.
- **구속**은 CustomBlock의 도면요소 간의 관계를 정의합니다.

CustomBlock 편집기에서 정의에 필요한 기능을 추가하여 기존 블록에서 CustomBlock을 작성할 수 있습니다.

CustomBlock 기능으로 다음을 수행할 수 있습니다.

도면에 CustomBlock을 삽입 한 후 그것을 선택하고 CustomBlock 정의에서 추가한 그립점과 사용자 속성을 사용하여 CustomBlock 모양을 수정할 수 있습니다.
- 특정 구속 내에서 블록 참조를 수정합니다.
- 하나의 블록에서 여러 변형을 선택합니다.
- 특정 도면요소를 설정하거나 해제하여 모양을 변경합니다.

- CustomBlock 삽입 시 기준점 세트를 순환합니다.
- 미리 정의된 세트 및 값에서 형식 및 크기를 지정합니다.

1) 단순 블록과 CustomBlock의 차이점

단순 블록과 CustomBlock의 차이점은 다음과 같습니다.

- 단순 블록의 참조는 항상 블록 기준점에서 하나의 그립점을 갖습니다. CustomBlock 참조는 추가 그립점들을 가지는데 이 점들은 CustomBlock 정의에서 지정되었습니다.
- 단순 블록의 모든 블록 참조는 완전히 동일해 보입니다. 또한 블록 참조를 변경하면 모든 블록 참조뿐만 아니라 블록 정의도 변경됩니다. CustomBlock 참조는 모양이 다를 수 있으며 CustomBlock 정의와 별도로 수정할 수 있습니다. CustomBlock 참조를 변경해도 모든 참조가 업데이트되는 것은 아닙니다.

8.2 CustomBlock 편집기

EditCustomBlock 명령을 사용하여 CustomBlock 편집기를 열 수 있습니다.

CustomBlock 편집기는 CustomBlock의 형상 도면요소를 그리고 수정할 수 있는 환경입니다. 또한 CustomBlock 편집기는 CustomBlock 정의에 구속, 요소 및 동작을 추가할 수 있는 도구도 제공합니다.

CustomBlock 정의 내에서 다음 도면요소를 추가, 삭제 및 수정할 수 있습니다.

- **구속**
- **요소**
- **동작**
- **표시상태**
- **값 테이블**
- **그립점**
- **사용자 속성**

CustomBlock 팔레트도 CustomBlock 편집기에서 사용할 수 있습니다. 그래픽 영역에서 형상 도면요소, 요소, 동작과 같은 노먼요소를 선택히고 해당 속성을 수전할 수 있습니다.

CustomBlock 편집기에서 다음과 같은 명령을 사용할 수 있습니다.

명령	설명
CBActivity	동작을 작성하고 CustomBlock 요소에 적용합니다.
CBActivityIcon	동작 아이콘의 표시 여부를 제어합니다.
CBActivityTool	동작을 작성하고 기존 CustomBlock 요소에 적용합니다.
CBClose	CustomBlock 편집기를 닫습니다.
CBOptions	CustomBlock 편집기 옵션을 표시합니다.
CBValueTable	속성 값 테이블 대화상자를 표시합니다.
CBElement	CustomBlock 요소를 작성합니다.
CBElementSet	요소 및 관련 동작을 한 번에 제작합니다.

CBSave	CustomBlock 정의를 현재 이름으로 저장합니다.
CBSaveAs	지정된 이름으로 CustomBlock 정의를 저장합니다.
CBHide	표시 상태에서 숨긴 도면요소를 설정합니다.
CBShow	표시 상태에서 표시되는 도면요소를 설정합니다.
CBVisibility	표시 상태 대화상자를 표시합니다.

8.3 구속 추가

CustomBlock 정의에서 구속을 사용하여 도면요소 간의 관계를 지정합니다.

CustomBlock 편집기는 CustomBlock 정의에 추가할 수 있는 형상 구속을 제공합니다.

1) 블록 정의에 차원 구속 조건 추가하기

① 명령 프롬프트에 **EditCustomBlock**을 입력합니다.

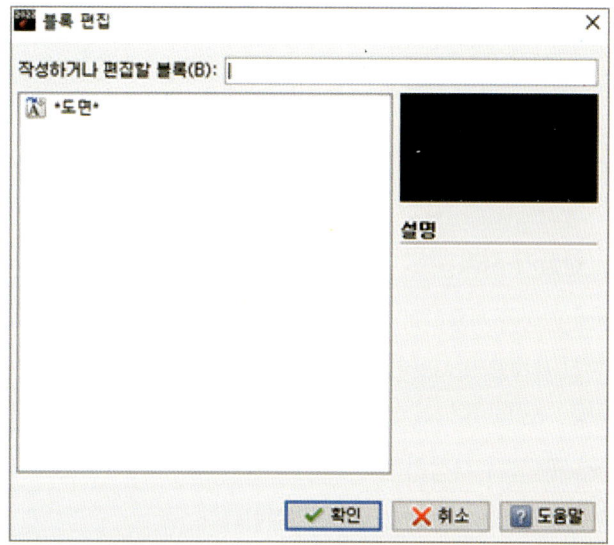

② 그래픽 영역에서 **블록**을 지정합니다.
③ 블록 편집 대화상자에서 확인을 클릭합니다.
④ 명령 프롬프트에 **DimensionalConstraint**를 입력합니다.
⑤ 명령 프롬프트를 따릅니다.
⑥ 명령 프롬프트에서 **CBSave**를 입력하여 CustomBlock을 저장합니다.

8.4 CustomBlock 작성

MakeBlock 명령을 사용하여 도면요소 그리기와 CustomBlock을 정의하거나 CustomBlock 편집기에서 기존 블록에 구속, 동작 및 요소를 추가하여 CustomBlock을 작성할 수 있습니다.

1) CustomBlock 작성하기

① 블록을 정의합니다.
그래픽 영역에서 도면요소를 그리고 MakeBlock 명령을 사용하여 블록을 정의합니다.

② CustomBlock 편집기에서 블록을 엽니다.
CustomBlock 편집기에서 정의에 필요한 기능을 추가하여 기존 블록에서 CustomBlock을 작성할 수 있습니다.

③ CustomBlock에 치수 구속을 적용합니다.
사용 가능한 도구를 사용하여 형상 및 치수 구속을 지정합니다.

④ CustomBlock에 요소를 추가합니다.
요소를 추가하여 변경할 도면요소를 지정합니다. 그립점의 위치와 개수를 지정합니다.

⑤ 요소에 동작을 적용합니다.
요소에 동작을 연결하여 변경 방법을 지정합니다.

⑥ CustomBlock을 저장합니다.
나중에 도면 내에서 사용할 수 있도록 지정된 이름으로 CustomBlock 정의를 저장합니다.

8.5 CustomBlock 편집기 시작

EditCustomBlock 명령을 사용하여 CustomBlock 편집기에서 지정된 CustomBlock을 편집합니다.

CustomBlock 편집 세션을 마치려면 CBClose 명령을 사용하고, CustomBlock을 저장하려면 CBSave 및 CBSaveAs 명령을 사용합니다.

1) CustomBlock 편집기 시작하기

① 명령 프롬프트에 **EditCustomBlock**을 입력합니다.

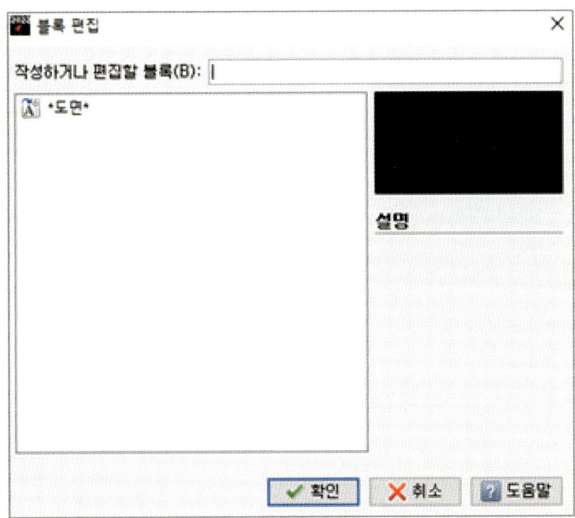

② 그래픽 영역에서 블록 참조를 클릭합니다.
③ 블록 편집 대화상자의 목록에서 블록의 이름을 선택합니다.
④ **확인**을 클릭합니다.

2) CustomBlock 편집기 닫기

① 명령 프롬프트에 **CBClose**를 입력합니다.
② 저장 또는 다른 이름으로 저장을 클릭하여 변경 사항을 저장합니다.

> **엑서스**
> 명령 : EditCustomBlock

8.6 요소 추가

요소를 사용하여 연결된 동작의 영향을 받는 CustomBlock의 도면요소를 지정합니다.

1) CustomBlocks 요소 정보

요소는 연결된 동작의 영향을 받는 CustomBlock의 도면요소를 지정합니다.
CustomBlock 편집기에서 사용할 수 있는 해당 도구를 사용하여 CustomBlock 정의에 요소를 추가할 수 있습니다.
CustomBlock 정의에서 요소는 블록 참조에서 수정하려는 점, 거리 및 각도를 지정합니다.
CustomBlock 요소를 정의할 때 다음을 지정할 수 있습니다.

- 블록 형상에 표시할 주요 그립점 : 그립점을 사용하면 CustomBlock 편집기 외부에서 블록 참조를 조작할 수 있습니다. 기본적으로 그립점은 요소의 주요 지점에 표시됩니다.
- 요소에 의해 정의 된 특성을 식별하기 위한 레이블 : 값을 수정하거나 옵션을 선택할 수 있는 속성 팔레트에서 사용자 정의 밑에 레이블이 표시됩니다.

요소와 동작은 특정 조합에서만 사용할 수 있습니다. 다음 요소는 CustomBlock 편집기에서 사용할 수 있으며 다음과 같이 동작을 연결할 수 있습니다.

요소	설명	사용 가능한 동작
점	블록 참조의 X, Y 속성을 정의합니다.	이동, 늘이기
선형	CustomBlock 정의에서 두 점 사이의 거리를 정의합니다.	이동, 늘이기, 축척 조정, 패턴
극좌표 추적	두 점 사이의 거리를 정의하고 각도값을 표시합니다.	이동, 늘이기, 축척 조정, 패턴, 극
Xy	요소의 기준점으로부터 X 거리와 Y 거리를 정의합니다.	이동, 늘이기, 축척 조정, 패턴
회전	CustomBlock 참조에 대한 각도를 정의합니다.	회전
대칭	CustomBlock 참조에 대한 대칭 복사 축을 정의합니다.	대칭
표시	표시 상태를 정의합니다. CustomBlock 정의에는 하나의 표시 요소만 추가할 수 있습니다.	–
테이블	다른 요소에 대해 정의된 값 목록과 연결할 수 있는 사용자 지정 속성을 정의합니다.	테이블 동작

2) CustomBlock 요소 표현

CustomBlock 편집기에서 요소는 치수와 매우 유사하게 생겼습니다. 요소의 기본 점과 연관된 그립점이 자동으로 추가됩니다.

CustomBlock 편집기에서 다음과 같은 그립점을 사용할 수 있습니다.

그립 유형	아이콘	수정
표준	■	블록 참조에서 독립적으로 도면요소를 이동하거나 늘이거나 축척을 조정하거나 패턴을 적용합니다.
선형	▶	요소에 지정된 방향으로 블록 참조의 도면요소를 늘이거나 확장하거나 축척 조정, 또는 패턴화합니다.
회전	●	블록 참조에서 도면요소를 축을 중심으로 회전합니다.
반전	➡	블록 참조에서 도면요소를 축을 중심으로 대칭 복사합니다.
테이블 / 표시	▼	미리 정의된 목록을 기반으로 형식이나 치수를 변경합니다. 또한, 찾기 목록을 기반으로 도면요소 하위 세트의 표시 여부를 제어합니다.

3) CustomBlock 정의에 요소 그립점 추가

CustomBlock의 경우 CustomBlock 편집기 외부에서 Block 참조의 치수를 수정하는 데 사용할 수 있는 그립점을 추가로 작성할 수 있습니다.

CustomBlock 정의에서 추가 그립점을 지정하려면 수정할 도면요소에 적절한 요소를 추가하고 사용할 그립점의 수를 지정합니다. CustomBlock 정의의 그립점 위치는 블록 참조에서 지정한 그립점 위치입니다.

속성 팔레트에서 그립점의 개수를 지정 또는 변경할 수 있습니다.

벽의 선형 요소에서는 기본적으로 두 개의 그립점을 사용할 수 있습니다. 하나 또는 양쪽의 그립점을 사용할 수 있습니다.

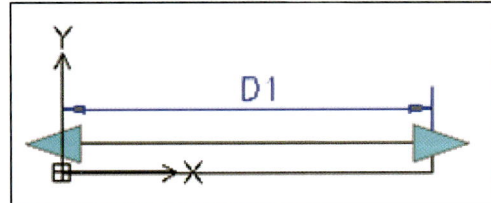 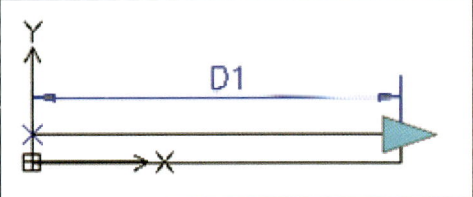

CustomBlock 정의에서 그립점 위치를 변경해도 기본 점 (원 중심)에 대한 링크에는 영향을 주지 않습니다. 블록 참조에서 그립점을 이동하면 오른쪽 원이 이동합니다.

· **기본 점 위치의 그립점** : 블록 참조에서 그립점을 이동하면 원이 이동합니다.
· **다른 위치의 그립점** : 블록 참조에서 그립점을 이동하면 원이 이동합니다.

8.7 CustomBlock에 대한 값 세트 지정

블록 참조를 도면에 삽입할 때 값 세트를 사용하여 요소를 특정 값으로 제한합니다.

선형, 극좌표 추적, 회전 요소에 대한 값 세트를 지정할 수 있습니다.

1) 요소에 대한 값 세트 지정하기
   ① **CustomBlock** 편집기에서 CustomBlock을 엽니다.
   ② 그래픽 영역에서 요소를 지정합니다.
   ③ 명령행에서 값 세트 (V) 아래 옵션을 선택합니다.
   - **목록 (L)** : 값 목록을 쉼표로 구분하여 지정합니다.
   - **증분 (I)** : 범위를 설정하고 증분 값을 지정합니다.

8.8 CustomBlock 정의에 요소 추가

CBElement 명령을 사용하여 수정할 CustomBlock 도면요소에 요소를 추가합니다.

요소는 CustomBlock 편집기 외부에서 사용자 정의할 수 있는 CustomBlock에 대한 추가 속성 및 그립점을 지정합니다. 요소를 추가한 후에는 요소에 동작을 적용해야 합니다.

1) 요소 추가하기
   ① **CustomBlock** 편집기에서 명령 프롬프트에 CBElement를 입력합니다.
   ② 다음 옵션을 지정합니다.
   - **정렬 (A)** : 한 점을 기준으로 블록 참조를 회전하여 도면의 다른 객체와 정렬합니다.
   - **기준 (B)** : 동적 블록 참조의 변경 가능한 기준점을 블록의 형상을 기준으로 정의합니다.
   - **점 (O)** : 블록 참조에 대한 X 및 Y 속성을 지정할 수 있습니다.
   - **선형 (L)** : CustomBlock 정의에서 두 점 사이의 거리를 지정할 수 있습니다.
   - **극좌표 추적 (P)** : CustomBlock 정의에서 두 점 사이의 거리와 각도를 지정할 수 있습니다.
   - **Xy (X)** : CustomBlock 정의의 기준점에서 X 및 Y 거리를 지정할 수 있습니다.
   - **회전 (R)** : CustomBlock 참조의 각도를 지정할 수 있습니다.
   - **대칭 (I)** : CustomBlock 정의에서 대칭 축과 그립점의 위치를 지정할 수 있습니다.
   - **가시성 (V)** : CustomBlock 정의에 표시 요소를 추가할 수 있습니다.
   - **테이블 (T)** : CustomBlock 정의에 테이블 요소를 추가할 수 있습니다.
   ③ 선택적으로 요소 속성을 지정하십시오. 속성 세트는 추가하려는 요소에 해당합니다.
   ④ 명령 프롬프트를 따릅니다.
   CBElement 명령의 이후 시퀀스는 개별적인 각 명령의 시퀀스와 동일합니다.

2) 점 요소 추가

   CBElement 명령을 **점 (O)** 옵션과 함께 사용하여 이동하거나 늘일 도면요소에 하나의 그립점을 정의합니다.

   ① 명령 프롬프트에 **CBElement**를 입력합니다.
   ② 점 옵션을 지정합니다.
   ③ 선택적으로 다음 속성을 지정하십시오.
      속성에는 이름 (N), 레이블 (L), 체인 (C), 설명 (D), 팔레트 (P), 값 세트 (V)가 있습니다.
   ④ 그래픽 영역에서 CustomBlock 정의의 요소 위치를 지정합니다. CustomBlock 정의에서 점 요소의 위치는 블록 참조의 그립점 위치입니다.

⑤ 레이블 위치를 지정합니다.
⑥ 그립점의 수를 지정합니다.
- **0** : 그립점이 없습니다.
- **1** : 하나의 그립점이 점 위치에 나타납니다.

3) 선형 요소 추가

CBElement 명령을 **선형 (L)** 옵션과 함께 사용하여 선형 요소를 CustomBlock 정의에 추가합니다.

선형 요소는 CustomBlock 정의에서 두 기본 점 사이의 거리를 지정합니다. 기본 점은 블록 참조의 그립점 위치를 결정합니다.

① 명령 프롬프트에 **CBElement**를 입력합니다.
② 선형 (L) 옵션을 지정합니다.
③ 선택적으로 속성을 지정하십시오.
  속성에는 이름 (N), 레이블 (L), 체인 (C), 설명 (D), 기준 (B), 팔레트 (P), 값 세트 (V)가 있습니다.
④ 그래픽 영역에서 요소의 기본 점을 지정합니다.
⑤ CustomBlock 정의에서 레이블 위치를 지정합니다.
⑥ 블록 참조에 나타날 그립점 수를 지정합니다.
- **0** : 그립점이 없습니다.
- **1** : 하나의 그립점이 요소의 끝점에 나타납니다.
- **2** : 시작점과 끝점 모두에 두 개의 그립점이 나타납니다.

4) 극좌표 추적 요소 추가

CBElement 명령을 극좌표 추적 옵션과 함께 사용하여 극 요소를 CustomBlock 정의에 추가합니다.

극좌표 추적 요소는 CustomBlock 정의의 두 기본 점 사이의 거리를 지정하고 각도 값을 표시합니다.

① 명령 프롬프트에 **CBElement**를 입력합니다.
② 극좌표 추적 (P) 옵션을 지정합니다.
③ 선택적으로 속성을 지정하십시오.
  속성에는 이름 (N), 레이블 (L), 체인 (C), 설명 (D), 팔레트 (P), 값 세트 (V)가 있습니다.
④ 그래픽 영역에서 요소의 기본 점을 지정합니다.
⑤ CustomBlock 정의에서 레이블 위치를 지정합니다.
⑥ 블록 참조에 나타날 그립점의 수를 지정합니다.
- **0** : 그립점이 없습니다.
- **1** : 하나의 그립점이 요소의 끝점에 나타납니다.
- **2** : 시작점과 끝점 모두에 두 개의 그립점이 나타납니다.

5) Xy 요소 추가

CBElement 명령을 **Xy** 옵션과 함께 사용하여 XY 요소를 CustomBlock 정의에 추가합니다.

XY 요소는 블록 참조의 X 및 Y 속성을 지정합니다.

① 명령 프롬프트에 **CBElement**를 입력합니다.

② Xy (X) 옵션을 지정합니다.
③ 선택적으로 속성을 지정하십시오.
　속성에는 이름 (N), 레이블 (L), 체인 (C), 설명 (D), 팔레트 (P), 값 세트 (V)가 있습니다.
④ 그래픽 영역에서 요소의 기본 점을 지정합니다.
⑤ CustomBlock 정의에서 레이블 위치를 지정합니다.
⑥ 블록 참조에 나타날 그립점 수를 지정합니다.
- 0 : 그립점이 없습니다.
- 1 : 요소 끝점의 그립점.
- 2 : 요소 기준 점과 끝점의 그립점.
- 3 : 요소의 네 모서리의 그립점.

6) 회전 요소 추가

CBElement 명령을 **회전** 옵션과 함께 사용하여 회전 요소를 CustomBlock 정의에 추가합니다. 회전 요소는 블록 참조에 대한 각도 속성을 지정합니다. 그립점이 지정된 각도로 추가됩니다.

지정된 각도로 요소에 단 하나의 그립점을 추가할 수 있습니다.

① 명령 프롬프트에 **CBElement**를 입력합니다.
② 회전 (R) 옵션을 지정합니다.
③ 선택적으로 속성을 지정하십시오.
　속성에는 이름 (N), 레이블 (L), 체인 (C), 설명 (D), 팔레트 (P), 값 세트 (V)가 있습니다.
④ 그래픽 영역에서 기준 점을 지정합니다.
⑤ 요소의 반지름을 지정합니다.
⑥ 회전 각도를 지정합니다.
⑦ 블록 참조에 나타날 그립점의 수를 지정합니다.
- 0 : 그립점이 없습니다.
- 1 : 하나의 그립점이 요소의 끝점에 나타납니다.

7) 대칭 요소 추가

CBElement 명령을 **대칭** 옵션과 함께 사용하여 CustomBlock 정의에 대칭 요소를 추가합니다.

CustomBlock 편집기에서 대칭 요소는 축과 그립점을 지정합니다. 그립점을 사용하여 이 축에 대한 블록 참조를 대칭 복사할 수 있습니다.

① 명령 프롬프트에 **CBElement**를 입력합니다.
② 대칭 (I) 옵션을 지정합니다.
③ 선택적으로 속성을 지정하십시오.
　속성에는 이름 (N), 레이블 (L), 설명 (D), 팔레트 (P)가 있습니다.
④ 그래픽 영역에서 대칭 축을 정의할 두 점을 지정합니다.
⑤ CustomBlock 정의에서 레이블 위치를 지정합니다.
⑥ 블록 참조에 나타날 그립점 수를 지정합니다.
- 0 : 그립점이 없습니다.
- 1 : 하나의 그립점이 요소의 중간점에 나타납니다.

8) 가시성 요소 추가

CBElement 명령을 **가시성** 옵션과 함께 사용하여 CustomBlock 정의에 가시성 요소를 추가합니다.

① 명령 프롬프트에 **CBElement**를 입력합니다.
② 가시성 (V) 옵션을 지정합니다.
③ 선택적으로 속성을 지정하십시오.
   속성에는 이름 (N), 레이블 (L), 설명 (D), 팔레트 (P)가 있습니다.
④ 그래픽 영역에서 CustomBlock 정의의 요소 위치를 지정합니다.
⑤ 그립점 수를 지정합니다.
   - 0 : 그립점이 없습니다.
   - 1 : 하나의 그립점이 요소 위치에 나타납니다.

9) 테이블 요소 추가

CBElement 명령을 **테이블** 옵션과 함께 사용하여 CustomBlock 정의에 테이블 요소를 추가합니다. 테이블 요소를 사용하여 정의된 값 목록과 연관된 사용자 정의 속성을 지정할 수 있습니다.

① 명령 프롬프트에 **CBElement**를 입력합니다.
② 테이블 (T) 옵션을 지정합니다.
③ 선택적으로 속성을 지정하십시오.
   속성에는 이름 (N), 레이블 (L), 설명 (D), 팔레트 (P)가 있습니다.
④ 그래픽 영역에서 CustomBlock 정의의 요소 위치를 지정합니다. CustomBlock 정의에서 테이블 요소의 위치는 블록 참조의 그립점 위치입니다.
⑤ 그립점의 수를 지정합니다.
   - 0 : 그립점이 없습니다.
   - 1 : 하나의 그립점이 요소 위치에 나타납니다.

8.9 CustomBlock 정의에 동작 적용

동작은 요소와 연관되며 도면에서 블록 참조를 조작할 때 CustomBlock 참조의 도면요소가 변경되는 방법을 정의합니다.

1) 동작 사용

동작은 요소와 연관되며 도면에서 블록 참조를 조작할 때 CustomBlock 참조의 도면요소가 변경되는 방법을 정의합니다.

CustomBlock 정의에 동작을 추가할 때 다음을 지정해야 합니다.

- **동작을 적용하려는 요소**
- **지정된 요소의 기본 점**
   기본 점은 블록 참조를 조작하는 데 사용할 수 있는 요소의 한 점입니다.
- **선택 세트**
   선택 세트는 동작이 블록 참조에서 발생할 때 이동하거나 변경할 도면요소로 구성됩니다.

동작은 해당 아이콘과 조명으로 표시됩니다.

한 요소에 둘 이상의 동작을 적용할 수 있습니다. 요소에 적용된 동작에 해당하는 모든 동작 아이콘은 동작 도구 모음으로 그룹화됩니다.

동작 아이콘에 커서를 놓으면 다음 항목이 강조 표시됩니다.

- **요소**
- **동작을 수행할 수 있는 요소 그립점**
- **늘이기 프레임**

또한 동작 아이콘을 클릭하면 선택 세트가 표시됩니다.

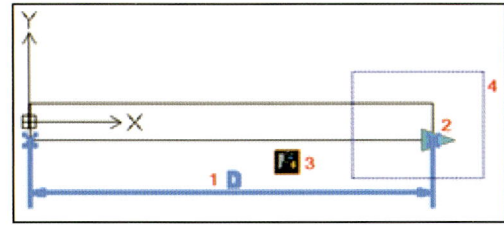

1. 선형요소
2. 동작을 수행할 수 있는 요소 그립점
3. 동작 아이콘
4. 늘이기 프레임

동작은 사용할 수 있는 요소에 따라 그룹화되어 있습니다.

다음 동작은 CustomBlock 편집기에서 사용할 수 있으며, 요소에 연결할 수 있습니다.

동작	변환	사용 가능한 요소
이동	평행 이동 적용	점, 선형, 극좌표 추적, XY
축척	축척 조정 적용	선형, 극좌표 추적, XY
늘이기	지정된 영역에서 신축 점을 사용하여 요소 늘이기	점, 선형, 극좌표 추적, XY
극좌표 추적 늘이기	늘이기 및 회전 모두 적용	극좌표 추적
회전	회전 적용	회전
대칭	대칭 이동 적용	대칭
패턴	지정한 오프셋만큼 요소 복사	선형, 극좌표 추적, XY
테이블	다른 요소에 값 세트 적용	테이블

2) 지정된 CustomBlock 요소에 사용 가능한 동작 적용하기

CBActivity 명령을 사용하여 CustomBlocks 요소에 동작을 적용합니다.

① 명령 프롬프트에 **CBActivity**를 입력합니다.
② 그래픽 영역에서 동작을 적용할 요소를 지정합니다.
③ 지정된 요소에 적용할 동작을 지정합니다. 사용 가능한 동작은 지정된 요소의 유형에 따라 다릅니다. 이 옵션은 CustomBlock 편집기에서 개별 동작이 제공하는 선택 항목에 해당합니다.

요소	사용 가능한 동작
점	이동, 늘이기
선형	이동, 늘이기, 축척 조정, 패턴
극좌표 추적	이동, 늘이기, 축척 조정, 패턴, 극
Xy	이동, 늘이기, 축척 조정, 패턴
회전	회전
대칭	대칭
테이블	테이블

8.10 요소 세트 사용

요소 세트는 함께 사용할 수 있는 요소와 동작의 미리 정의된 세트입니다. 요소 세트는 요소의 각 그립점에 연관된 동작과 함께 요소를 배치합니다.

다음 테이블은 CustomBlock 편집기에서 사용할 수 있는 요소 세트를 나열합니다.

요소 세트	설명
점 이동	하나의 그립점과 이동 동작이 있는 점 요소를 추가합니다.
선형 이동	한 개의 그립점과 이동 동작이 있는 선형 요소를 추가합니다.
선형 늘이기	하나의 그립점과 늘이기 동작이 있는 선형 요소를 추가합니다.
선형 패턴	하나의 그립점과 패턴 동작이 있는 선형 요소를 추가합니다.
선형 이동 쌍	두 개의 그립점 각각에 이동 동작이 연결된 선형 요소를 추가합니다.
선형 늘이기 쌍	두 개의 그립점 각각에 늘이기 동작이 연결된 선형 요소를 추가합니다.
극 이동	두 개의 그립점 각각에 이동 동작이 연결된 극좌표 추적 요소를 추가합니다.
극 늘이기	한 개의 그립점과 늘이기 동작이 있는 극좌표 추적 요소를 추가합니다.
극 패턴	한 개의 그립점과 패턴 동작이 있는 극좌표 추적 요소를 추가합니다.
극 이동 쌍	두 개의 그립점 각각에 이동 동작이 연결된 극좌표 추적 요소를 추가합니다.
극 늘이기 쌍	두 개의 그립점 각각에 늘이기 동작이 연결된 Xy 극좌표 추적 요소를 추가합니다.
XY 이동	한 개의 그립점과 이동 동작이 있는 Xy 요소를 추가합니다.
XY 이동 쌍	두 개의 그립점 각각에 이동 동작이 연결된 Xy 요소를 추가합니다.
XY 이동 복스 세트	네 개의 그립점 각각에 이동 동작이 연결된 Xy 요소를 추가합니다.
XY 늘이기 복스 세트	네 개의 그립점 각각에 늘이기 동작이 연결된 Xy 요소를 추가합니다.
XY 패턴 복스 세트	네 개의 그립점 각각에 패턴 동작이 연결된 Xy 요소를 추가합니다.
회전 세트	한 개의 그립점과 회전 동작이 있는 회전요소를 추가합니다.
대칭복사 세트	한 개의 그립점과 대칭 동작이 있는 대칭 요소를 추가합니다.
표시 세트	한 개의 그립점을 가진 가시성 요소를 추가합니다.
테이블 세트	한 개의 그립점과 테이블 동작을 가진 테이블 요소를 추가합니다.

8.11 CustomBlock 도면요소의 표시 제어

표시 요소 및 표시 상태를 사용하여 CustomBlock 참조에 표시되는 도면요소 세트를 수정할 수 있습니다.

1) 표시 상태 정보

가시성 요소 및 표시 상태를 사용하여 CustomBlock 참조에 표시되는 도면요소 세트를 수정할 수 있습니다.

표시 상태는 블록 참조에 표시할 CustomBlock의 도면요소를 지정하는 CustomBlock의 속성입니다.

각 표시 상태는 다음과 같이 해당 형상을 표시합니다.

- V1은 원을 표시함
- V2는 직사각형을 표시함

작성 시, 블록 참조는 기본 표시 상태로 도면요소를 표시합니다. 표시 그립점을 사용하여 다른 표시 상태를 지정할 수 있습니다.

2) CustomBlock 정의에서 새 표시 상태 정의하기

① CustomBlock 편집기의 명령 프롬프트에 **CBVisibility**를 입력합니다.
② 표시 상태 대화상자에서 새로 만들기를 클릭합니다.
③ 대화상자에서 다음을 수행합니다.
  - 표시 상태의 이름을 입력합니다.
  - 다음 옵션을 지정합니다.
    a. 새 상태의 모든 기존 도면요소 숨기기
    b. 새 상태의 모든 기존 도면요소 표시
    c. 활성 상태에서 기존 도면요소 표시를 사용합니다.
④ **확인**을 클릭합니다.

3) CustomBlock 정의에서 새 표시 상태 이름 바꾸기 또는 삭제하기

① CustomBlock 편집기의 명령 프롬프트에 **CBVisibility**를 입력합니다.
② 표시 상태 대화상자에서 이름을 바꾸거나 삭제할 표시 상태를 지정합니다.
③ **이름 바꾸기** 또는 **삭제**를 클릭합니다.

4) CustomBlock의 기본 표시 상태 지정하기

① CustomBlock 편집기의 명령 프롬프트에 **CBVisibility**를 입력합니다.
② 표시 상태 대화상자의 목록에서 표시 상태를 지정합니다.
③ 지정된 표시 상태가 목록 맨 위에 올 때까지 위로 이동을 클릭합니다.

5) 현재 표시 상태 지정하기

① CustomBlock 편집기의 명령 프롬프트에 **CBVisibility**를 입력합니다.
② 표시 상태 대화상자에서 표시 상태를 지정합니다.
③ **활성화**를 클릭합니다.

6) 표시 상태와 관련된 도면요소 세트 지정하기

① CustomBlock 편집기의 명령 프롬프트에 **CBVisibility**를 입력합니다.
② 대화상자에서 활성 표시 상태를 지정합니다.
③ **확인**을 클릭합니다.
④ 다음 중 하나를 수행합니다.
　• CBShow 명령을 사용하여 표시할 도면요소를 지정합니다.
　• CBHide 명령을 사용하여 숨길 도면요소를 지정합니다.

7) 표시 상태에 도면요소 추가하기

① CustomBlock 편집기에서 **활성 표시 상태**를 지정합니다.
② 명령 프롬프트에 **CBShow**를 입력합니다.
③ 그래픽 영역에서 표시할 도면요소를 지정합니다.
④ **Enter** 키를 누릅니다.

8) 표시 상태에 도면요소 숨기기

① CustomBlock 편집기에서 명령 프롬프트에 CBHide를 입력합니다.
② 그래픽 영역에서 숨길 도면요소를 지정합니다.
③ Enter 키를 누릅니다.

8.12 CustomBlock에 데이터 연결

값 테이블을 사용하여 사용자 정의 속성 값 목록을 CustomBlock에 연결할 수 있습니다.

1) 값 테이블 설명

값 테이블은 CustomBlock 속성 목록과 해당 값을 설명과 연결합니다. 속성은 열 머리글을 정의하고 각 행은 값 상태를 정의합니다.

블록 참조에서 테이블 그립점을 클릭하여 사용 가능한 설명 목록을 표시할 수 있으며, 테이블 동작과 연관된 값 테이블을 표시하려면 CBValueTable 명령을 사용합니다.

또한, 값 테이블에는 다음과 같이 두 가지 유형의 속성이 있습니다.

• **입력 속성** : 테이블 요소 외의 CustomBlock 요소
• **테이블 속성** : 테이블 요소

2) 테이블 동작용 값 테이블을 표시하거나 갱신하기

① CustomBlock 편집기의 명령 프롬프트에서 **CBValueTable**을 입력합니다.
② 그래픽 영역에서 테이블 요소를 지정합니다.
　속성 값 테이블 대화상자는 지정된 테이블 동작에 대한 기존 값 테이블을 표시합니다.
　다음을 수행할 수 있습니다.
　　• 값 테이블에 속성을 추가합니다.
　　• 값 테이블에 값 상태를 추가합니다.
　　• 값 테이블에서 값 상태를 삭제합니다.

③ **확인**을 클릭합니다.

3) 값 테이블에 속성을 추가하기

① 속성 값 테이블 대화상자에서 **속성 추가**를 클릭합니다.
② 요소 속성 추가 대화상자에서 다음을 수행합니다.
- 테이블에 추가할 속성의 유형을 지정합니다.
    a. 입력 속성 추가 : 요소 속성 목록에는 테이블에 추가할 수 있는 사용 가능한 입력 속성을 표시합니다.
    b. 테이블 속성 추가 : 요소 속성 목록에는 테이블에 추가할 수 있는 사용 가능한 테이블 속성이 표시됩니다.
- 목록에서 요소를 선택하고 **확인**을 클릭하여 테이블에 추가하십시오.

③ 속성을 더 추가하고 테이블을 완성하기 위해 ①, ②를 반복합니다.

4) 값 테이블에 값을 추가하기

① CustomBlock 편집기의 명령 프롬프트에서 **CBValueTable**을 입력합니다.
② 그래픽 영역에서 테이블 요소를 지정합니다.
③ 상태 열에서 각 값 상태의 이름을 입력합니다.
④ **빈 셀**을 클릭합니다.
⑤ 다음 중 하나를 수행합니다.
- 값을 입력합니다.
- 드롭다운 목록에서 값을 지정합니다.

⑥ 테이블을 완성하는 데 필요한 만큼 ④, ⑤를 반복합니다.
⑦ **확인**을 클릭합니다.

5) 값 테이블에 값 상태 삭제하기

① 속성 값 테이블 대화상자에서 삭제할 값 상태에 해당하는 행을 선택합니다.
② **삭제**를 클릭합니다.

6) 값 테이블에 오류 검사하기

① CustomBlock 편집기의 명령 프롬프트에서 **CBValueTable**을 입력합니다.
② 그래픽 영역에서 테이블 요소를 지정합니다.
③ **속성 값 테이블** 대화상자에서 **검사**를 클릭합니다.

8.13 CustomBlock 저장

CBSave 명령을 사용하여 현재 이름으로 **CustomBlock**을 저장합니다.

1) CustomBlock 저장하기

① 명령 프롬프트에 **CBSave**를 입력합니다.

8.14 CustomBlock 다른 이름으로 저장

CBSaveAs 명령을 사용하여 다른 이름으로 CustomBlock을 저장합니다.

1) CustomBlock 다른 이름으로 저장하기

① 명령 프롬프트에 **CBSaveAs**를 입력합니다.
② 대화상자에서 **새 이름**을 지정합니다.
③ **확인**을 클릭합니다.

8.15 CustomBlock 정의 편집

EditCustomBlock 명령을 사용하여 CustomBlock 편집기에서 CustomBlock 정의를 편집합니다. 편집 세션 중에 CustomBlock 도면요소에 요소와 동작을 추가할 수 있습니다.

1) CustomBlock 편집하기

① 명령 프롬프트에 **EditCustomBlock**을 입력합니다.
② 그래픽 영역에서 편집할 블록을 클릭합니다.
③ 블록 편집 대화상자의 목록에서 블록의 이름을 선택합니다.
④ 선택한 블록을 둘러싸는 가상의 경계 상자를 확대/축소하려면 경계까지 확대를 선택하여 CustomBlock 편집기에서 도면의 현재 경계까지 확대합니다.
⑤ 선택 표시를 클릭하여 편집을 시작하기 전에 도면에서 CustomBlock을 강조 표시합니다.
⑥ **확인**을 클릭합니다. CustomBlock 편집기가 열리면 CustomBlock 형상이 표시됩니다. 좌표계 원점은 블록 삽입점에 있습니다.
⑦ 필요한 대로 CustomBlock 정의를 변경합니다. 다음을 추가, 삭제 및 수정할 수 있습니다: 구속, 요소, 동작, 표시 상태, 값 테이블, 그립점, 사용자 정의 속성
⑧ **CBSave**를 입력하여 변경 내용을 **승인**합니다.
⑨ **CBClose**를 클릭하여 편집기를 **종료**합니다.

8.16 CustomBlock 참조 수정

그래픽 영역에서 CustomBlock 참조를 선택하는 경우.
- 블록 형상에서 정의된 요소 표시의 그립점
- **속성** 팔레트의 **사용자 정의** 범주에 있는 블록 표시의 추가 속성

그립점을 클릭하거나 끌면 블록 참조의 도면요소는 수정을 정의하는 동작에 따라 조정됩니다.

사용할 수 있는 그립점은 다음과 같습니다.

그립 유형	아이콘	수정
표준	■	블록 참조에서 독립적으로 도면요소를 이동하거나 늘이거나 축척을 조정하거나 패턴을 적용합니다.
선형	▶	블록 참조에서 벡터를 따라 도면요소 길이를 조정하거나 늘이거나 축척을 조정하거나 패턴을 적용합니다.
회전	●	블록 참조에서 도면요소를 축을 중심으로 회전합니다.
반전	⇨	블록 참조에서 도면요소를 축을 중심으로 뒤집습니다. (대칭 복사)
테이블 / 표시	▼	찾기 목록을 기반으로 도면요소 하위 세트의 표시 여부를 제어합니다.

언제든지 ResetBlock 명령을 사용하여 블록 참조를 재설정 할 수 있습니다. 블록 참조가 CustomBlock 정의에 지정된 기본값으로 다시 변경됩니다.

1) CustomBlock 참조 수정하기

① 그래픽 영역에서 **CustomBlock** 참조를 선택합니다.
② 그립을 클릭하거나 끕니다.
③ 속성 팔레트의 사용자 정의 아래에서 CustomBlock 요소를 편집합니다.

2) CustomBlock 참조 재설정하기

① 그래픽 영역에서 마우스 오른쪽 버튼을 클릭하고 **CustomBlock** 참조를 지정하고 블록 재설정을 선택합니다.

09 동적 블록 작업

도면에서 동적 블록을 삽입하여 사용할 수 있습니다. 예를 들어, 사용자 정의 도면 및 블록 라이브러리에서 동적 블록을 사용할 수 있습니다.

이 항목은 다음에 대해 설명합니다.
- 동적 블록 그립 사용
- 동적 블록 삽입

동적 블록 기능 및 구속으로 다음을 수행할 수 있습니다.
- 블록에서 도면요소의 하위 집합 조작(이동, 늘이기, 회전, 축척, 배열 및 대칭)
- 특정 구속에서 블록 참조 수정
- 블록 도면요소 수정 시 도면요소 간 관계 유지
- 블록에서 변형 간 선택
- 블록 참조에서 구성 요소 표시 또는 숨기기
- 미리 정의된 집합 및 값에서 형태 및 크기 지정

- 도면요소 치수를 특정 값 및 증분(값 세트)으로 제한
- 동적 블록을 삽입할 때 기준점 세트 전환

9.1 동적 블록 그립 사용

동적 블록을 선택할 경우 다음이 표시됩니다.
- 블록 형상에 특수 그립이 표시됨
- **속성** 팔레트에 블록에 대한 추가 옵션이 표시됨

그립을 클릭하거나 드래그하면 블록 참조의 도면요소가 수정을 정의하는 파라미터에 따라 조정됩니다.

각 동적 블록의 그립에는 레이블이 있습니다. 레이블은 값을 수정하거나 옵션을 선택할 수 있는 속성 팔레트의 사용자 정의 섹션에 표시됩니다.

동적 블록에서 기능 및 구속의 복잡성에 따라 대부분의 그립은 블록 참조가 표시되는 방식을 정의합니다.

동적 블록 참조에서 사용할 수 있는 그립은 다음과 같습니다.

그립 유형	아이콘	수정
표준	■	블록 참조에서 독립적으로 도면요소를 이동하거나, 늘이거나, 축척을 조정하거나, 패턴을 지정합니다.
선형	▶	벡터를 따라 블록 참조에서 도면요소를 길게 늘이거나, 당기거나, 축척을 조정하거나 패턴을 지정합니다.
회전	●	축을 중심으로 블록 참조에서 도면요소를 회전합니다.
반전	⇨	축을 중심으로 블록 참조에서 도면요소를 뒤집습니다.
정렬	▷	도면에서 다른 도면요소와 블록 참조의 도면요소를 접선 방향 또는 수직 방향으로 정렬합니다.
조회	▽	미리 정의된 목록을 기준으로 형식 또는 크기를 변경합니다. 또한, 조회 목록을 기준으로 도면요소의 하위 집합에 대한 가시성을 제어합니다.

1) 동적 블록 그립으로 작업하기

① 그래픽 영역에서 동적 **블록 참조**를 선택합니다.

② 그립을 클릭 또는 드래그합니다.

③ 속성 팔레트의 사용자 정의에서 동적 블록 파라미터를 편집합니다.

9.2 동적 블록 삽입

InsertBlock 명령을 사용하여 현재 도면에서 정의된 동적 블록을 삽입합니다.

대화상자에서 블록을 선택할 경우 미리보기 이미지에서 별표(*)는 해당 블록을 동적 블록으로 식별합니다.

1) 현재 도면에서 정의된 동적 블록 삽입하기

① **삽입 〉 블록 〉 삽입**을 클릭하거나 명령 프롬프트에 **InsertBlock**을 입력합니다.
② 대화상자의 이름에서 **동적 블록**을 선택합니다.
  미리보기 이미지 오른쪽 아래 모서리에 있는 별표(*)는 블록을 동적 블록으로 식별합니다.
③ 위치, 축척 및 회전에서 삽입 파라미터를 지정합니다.
④ 블록 단위계에서 분해를 선택 해제합니다.
⑤ **확인**을 클릭합니다.

2) 외부 도면에서 동적 블록 삽입하기

① **참조** 팔레트의 **폴더**에서 동적 블록이 포함된 도면을 찾습니다.
② **콘텐츠**에서 **블록**을 두 번 클릭합니다.
③ 동적 블록을 클릭합니다.
④ 블록을 그래픽 영역으로 드래그하거나 오른쪽 클릭 후 **블록 삽입**을 클릭합니다.

3) 동적 블록을 삽입할 때 기준점 세트 전환하기

① 블록에 대한 삽입점을 지정하라는 프롬프트가 나타나면 원하는 미리보기가 나타날 때까지 **Ctrl**을 누릅니다.

4) 동적 블록을 파일에 기록하기

① 명령 프롬프트에 **ExportDrawing**을 입력합니다.
② 대화상자의 일반에서 **블록**을 선택합니다.
③ 목록에서 파일에 기록할 블록을 선택합니다.
④ 대상에서 경로와 파일 이름을 지정하거나 검색을 클릭하여 대상 폴더를 찾아 파일 이름을 입력합니다.

10 디자인 리소스 사용

컴퓨터 또는 연결된 네트워크 위치에 있는 다른 도면의 리소스 및 콘텐츠에 액세스하려면 **DesignResources** 명령을 사용하십시오. 블록, 참조 도면, 도면층, 선 스타일, 치수 스타일, 문자 스타일, 표 스타일 및 레이아웃 시트를 현재 도면에 적용하고 가져올 수 있습니다.

디자인 리소스 팔레트에서 도면 콘텐츠를 끌어 놓고, 복사하여 붙여 넣고, 추가, 첨부 또는 삽입할 수 있습니다.

팔레트에는 다음 세 개의 섹션이 있습니다.

CHAPTER 10 블록 속성, 도면요소 그룹 및 참조

- **폴더 트리 뷰** : 디스크, 폴더, 네트워크 드라이브 및 도면 파일을 탐색합니다.
- **콘텐츠 목록** : 선택한 항목의 콘텐츠를 폴더 트리 뷰로 표시합니다.
- **미리보기 영역** : 도면 파일, 블록, 참조 및 이미지 파일의 미리보기를 표시합니다.

또한, 팔레트 맨 위에는 도구 모음, 맨 아래에는 상태 표시줄이 있습니다.

10.1 디자인 리소스 팔레트

1) 폴더 트리 뷰

폴더 트리 뷰를 사용하면 컴퓨터, 연결된 네트워크 위치, 시스템 바탕 화면에 있는 폴더 및 파일을 찾을 수 있습니다.

트리 뷰에 표시되는 파일 유형은 다음과 같습니다.
- 도면 파일(.dwg)
- DXF 파일(.dxf)
- 도면 템플릿 파일(.dwt)
- 도면 표준 파일(.dws)

폴더를 선택한 경우 콘텐츠는 폴더 및 하위 폴더에 포함된 도면과 이미지를 표시합니다.

도면 파일을 선택한 경우 콘텐츠는 도면에 포함된 명명된 개체의 모든 범주 목록을 표시합니다.

2) 미리보기 영역

미리보기 영역은 도면 파일, 블록, 참조 및 이미지의 미리보기를 표시합니다.

3) 도구 모음

탐색 및 액세스 옵션은 디자인 리소스 팔레트 맨 위의 도구모음 버튼을 사용하십시오.

구분	아이콘	내용
열기		도면 또는 이미지 파일을 열고 해당 파일의 폴더에 **폴더** 트리 뷰를 설정하고 **콘텐츠** 목록에서 파일 이름을 강조 표시합니다.
홈		**폴더** 트리 뷰에서 선택한 기본 폴더 또는 파일을 표시합니다.
즐겨찾기		즐겨 찾는 리소스를 **즐겨찾기** 폴더에 표시합니다. 자주 사용하거나 빨리 찾기 원하는 리소스를 북마크 할 수 있습니다.
뒤로		이전에 본 폴더 또는 파일을 표시합니다.
앞으로		**뒤로**를 클릭한 경우 이전에 본 폴더 또는 파일을 표시합니다.
위로		**폴더** 트리 뷰 계층에서 상위 폴더로 이동합니다.
보기		목록, 자세히, 썸네일 및 아이콘에서 **콘텐츠** 목록의 표시를 변경합니다. 표시 모드 중 하나를 선택하려면 화살표를 클릭하십시오.

트리 뷰 전환		폴더 트리 뷰를 표시하거나 숨깁니다.
미리보기 전환		미리보기 영역을 표시하거나 숨깁니다.

4) 상태 표시줄

상태 표시줄은 **폴더** 트리 뷰에서 선택한 항목의 전체 폴더 및 파일 이름과 **콘텐츠** 목록에 나와 있는 해당 항목의 수를 표시합니다.

10.2 디자인 리소스 사용 시 일반 절차

도면 콘텐츠를 끌어 놓고, 복사하여 붙여 넣고, 추가, 첨부 또는 삽입할 수 있습니다.

1) 다른 도면에서 그래픽 영역으로 콘텐츠 불러오기

　① **폴더** 트리 뷰에서 도면 파일을 찾습니다.
　② **콘텐츠** 목록에서 범주(블록, 도면층, 선 스타일, 치수 스타일, 문자 스타일, 표 스타일, 참조 또는 시트)를 두 번 클릭합니다.
　③ **콘텐츠** 목록에서 항목을 목록에서 도면으로 끌어다 놓습니다.
　④ 블록 또는 참조 도면을 끌 경우 블록 또는 참조의 위치를 지정합니다. 블록에 블록 속성이 포함되어 있는 경우 속성을 편집하십시오.

2) 다른 도면의 콘텐츠를 복사하여 도면에 붙여넣기

　① **폴더** 트리 뷰에서 도면 파일을 찾습니다.
　② **콘텐츠** 목록에서 범주를 두 번 클릭합니다.
　③ **콘텐츠** 목록에서 항목을 오른쪽 클릭하고 **복사**를 클릭합니다.
　④ 그래픽 영역에서 오른쪽 클릭하고 **붙여넣기**를 클릭합니다.
　⑤ 블록 또는 참조 도면을 붙여 넣을 경우 블록 또는 참조의 위치를 지정합니다.

3) 다른 도면의 블록을 도면에 삽입하기

　① **폴더** 트리 뷰에서 도면 파일을 찾습니다.
　② **콘텐츠** 목록에서 **블록** 범주를 두 번 클릭합니다.
　③ **콘텐츠** 목록에서 블록을 지정합니다. 블록이 **미리보기** 영역에 표시됩니다.
　④ 오른쪽 클릭하고 **블록 삽입**을 클릭합니다.
　⑤ **블록 삽입** 대화상자에서 InsertBlock 명령을 사용하는 것처럼 옵션과 값을 지정합니다.
　⑥ **확인**을 클릭합니다.

> 👆 참고
>
> 디자인 리소스의 블록을 삽입하려면 콘텐츠 목록에서 블록을 두 번 클릭합니다.

4) 다른 도면의 참조를 도면에 첨부하기

① **폴더 트리 뷰**에서 참조된 도면이 있는 도면 파일을 찾습니다.
② 콘텐츠 목록에서 참조 도면 범주를 두 번 클릭합니다.
③ 콘텐츠 목록에서 참조를 오른쪽 클릭하고 **참조 첨부**를 클릭합니다.
④ 참조 첨부 대화상자에서 AttachDrawing 명령을 사용하는 것처럼 옵션과 값을 지정합니다.
⑤ **확인**을 클릭합니다.

5) 다른 도면의 도면층을 도면에 첨부하기

이 절차는 선 스타일, 치수 스타일, 문자 스타일, 표 스타일 및 레이아웃 시트에도 적용됩니다.
① **폴더 트리 뷰**에서 도면 파일을 찾습니다.
② 콘텐츠 목록에서 도면층 범주를 두 번 클릭합니다.
③ 콘텐츠 목록에서 하나 이상의 도면층 이름을 선택하고 오른쪽 클릭한 후 **도면층 추가**를 클릭합니다.

6) 다른 도면의 레이아웃 시트 정의를 도면에 추가하기

① **폴더 트리 뷰**에서 도면 파일을 찾습니다.
② 콘텐츠 목록에서 시트 범주를 두 번 클릭합니다.
③ 콘텐츠 목록에서 하나 이상의 도면층 이름을 선택하고 오른쪽 클릭한 다음 **시트 추가**를 클릭합니다.

7) 도면을 블록으로 삽입하고, 도면을 참조로 첨부하거나 디자인 리소스 팔레트에서 도면 열기

① **폴더 트리 뷰**에서 도면 파일이 하나 이상 포함된 폴더를 찾습니다.
② 콘텐츠 목록에서 도면 파일을 선택합니다.
③ 오른쪽 클릭하고 옵션을 지정합니다.
- **참조로 첨부** : AttachDrawing 명령을 사용한 경우처럼 지정한 도면 파일을 첨부합니다.
- **블록으로 삽입** : InsertBlock 명령을 사용한 경우처럼 지정한 도면 파일을 삽입합니다.
- **응용 프로그램에서 열기** : Open 명령을 사용한 경우처럼 지정한 도면 파일을 엽니다.

8) 디자인 리소스 팔레트 숨기기

① 명령 프롬프트에 **HideDesignResources**를 입력합니다.

> **엑서스**
> 명령 : DesignResources

ARES CAD

해치, 문자, 표 작업

CHAPTER

11

CHAPTER

해치, 문자, 표 작업

지정한 도면요소의 닫힌 영역을 해치 패턴, 단색 또는 그라데이션으로 채울 수 있고, 도면에 문자 노트 및 테이블을 추가할 수 있습니다.

01 해치 및 영역 채우기 작업

도면의 닫힌 영역을 해치 패턴, 단색 또는 그라데이션으로 채울 수 있습니다.

1.1 해치 및 영역 채우기 작성 정보

1) 해치 및 영역 채우기 추가

다음 명령을 사용하여 해치 및 영역 채우기를 추가할 수 있습니다.

- **HATCH** : 지정한 도면요소의 닫힌 영역을 해치 패턴으로 채웁니다.
- **FILLAREA** : 지정한 도면요소의 닫힌 영역을 단색 또는 그라데이션으로 채웁니다.

2) 해치 패턴 및 채우기 선택

다양한 해치 패턴을 사용하여 영역에 해치를 작성하거나 지정된 색상으로 영역을 채울 수 있습니다.

해치 명령을 통해 사용할 수 있는 해치 옵션은 다음과 같습니다.

- **미리 정의됨** : ISO 및 ANSI 규격 패턴과 특정 산업에서 일반적으로 사용되는 패턴
- **사용자 정의** : 사용자가 작성한 패턴 또는 지정된 각도 및 간격으로 결정되는 패턴

3) 패턴 시작점 지정

기본적으로 닫힌 영역에 해치를 작성할 때는 해치 패턴이 도면의 원점에서 시작됩니다. 그 결과, 복잡한 해치 패턴은 제대로 정렬되지 않을 수 있으며, 그런 경우 적절한 위치에 패턴 시작점을 지정해야 합니다.

패턴 시작점은 다음과 같이 지정할 수 있습니다.

- **현재 도면 원점** : 현재 해치 원점을 그대로 사용합니다.

- **사용자 정의 위치** : 좌표 지정을 클릭하여 그래픽 영역에서 점을 지정하거나 경계 사용 목록에서 위치를 선택합니다. 지정한 위치를 저장하려면 기본값으로 설정을 클릭합니다.

4) 경계 설정

경계는 닫힌 영역을 이루는 도면요소 세트로, 경계에 속해 있지 않은 도면요소는 무시됩니다.

경계는 다음과 같은 방법으로 설정할 수 있습니다.

- **도면요소 지정** : 경계를 이루는 도면요소를 선택할 수 있습니다.
- **점 지정** : 닫힌 영역의 점을 클릭하여 경계를 정의할 수 있습니다.
- **경계 재작성** : 경계를 제거한 후 대치합니다. (EditHatch 사용 시 활성화)
- **경계 도면요소 삭제** : 경계를 이루는 도면요소 세트에서 경계를 제거합니다.
- **경계 도면요소 강조 표시** : 도면에 경계를 표시합니다.

경계에는 해치를 작성하거나 작성하지 않을 수 있는 닫힌 내부 영역이 포함될 수 있으며, 내부 영역은 완전히 경계 영역 내에 있는 닫힌 내부 영역입니다.

5) 복잡한 도면에서 경계 찾기

복잡한 도면 내에서 내부 점을 사용하여 경계를 지정할 때, 도면요소 세트를 지정하면 최적화된 경계 찾기가 가능합니다.

도면요소 세트를 지정하려면 도면요소 그룹을 정의해야 합니다.

6) 해치 표시 옵션 설정

필요에 따라 해치가 작성된 도면요소를 명확하게 표시하고 선택할 수 있도록 하기 위해 다음의 옵션을 사용합니다.

구분	설명
배치	기본적으로 해치는 해치경계를 보다 쉽게 선택할 수 있도록 해치 경계 뒤에 작성됩니다.
투명도	해치 아래의 도면요소가 더 잘 보이도록 해치 투명도를 조절할 수 있습니다. 이 옵션은 특히 단색 채우기를 한 경우에 유용하게 사용됩니다.
주석 축척 조정	해치를 작성하거나 편집할 때, 주석 축척 조정 옵션의 적용 여부를 지정할 수 있습니다.

> **엑서스**
> 명령 : Hatch
> 메뉴 : 홈 〉 그리기 〉 해치

1.2 해치 작성

일부 도면 작업에서는 도면의 판별성과 명확성을 높일 수 있는 해치 패턴이 필요합니다.

Hatch 명령은 닫힌 영역이나 지정한 도면요소를 해치 패턴으로 채우는 명령입니다. 도면을 해치로 채우면 도면에 의미를 부여하고, 재질과 경계를 구분할 수 있습니다.

영역에 해치를 채우는 방법은 다음과 같습니다.

1) 해치 패턴 설정하기

① **홈 〉그리기 〉해치**를 선택하거나 명령 프롬프트에 **Hatch**를 입력합니다.

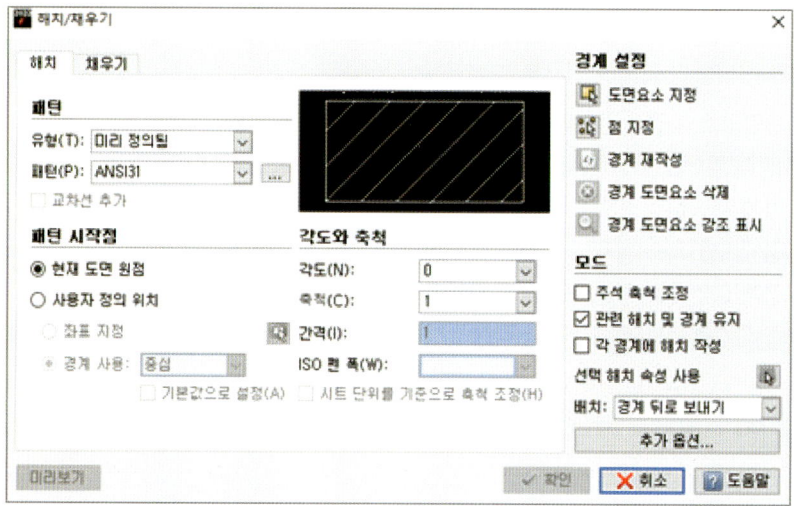

② 패턴의 유형 목록에서 **패턴 유형**을 선택합니다.
- **미리 정의됨** : 특정 산업에서 일반적으로 사용되는 패턴뿐 아니라 ISO 및 ANSI 규격 패턴을 비롯한 미리 정의된 패턴에서 선택할 수 있습니다.
- **사용자 정의** : 사용자가 작성한 패턴 또는 지정된 각도 및 간격으로 결정되는 패턴을 선택할 수 있습니다.

패턴 탭 오른쪽의 미리보기를 선택하여 패턴 스타일을 확인할 수 있습니다.

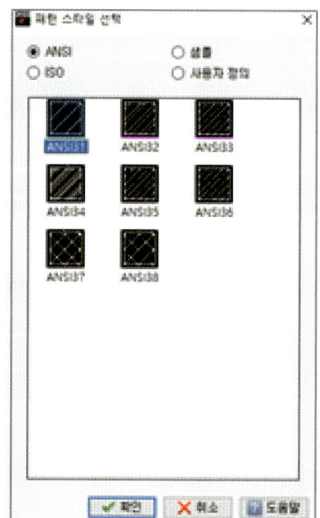

2) 해치 패턴의 각도와 축척 설정하기

① 각도 목록에서 해치 패턴의 각도를 지정합니다.
- 표준 해치 패턴은 가로 또는 세로 선으로 구성되거나 일정 각도로 작성됩니다.

해치 각도 0도는 가로선을 의미하며, 각도 목록에는 기본적으로 0~360도의 각도 값이 15도 단위로 나뉘어 있습니다. (양수로 각도를 입력하면 패턴이 시계 반대 방향으로 회전됩니다.)

② 축척 목록을 사용하여 해치 패턴의 축척 값을 지정합니다.
- 축척 목록에는 0.25~2까지의 값이 0.25 단위로 나뉘어 있습니다. (해치 패턴의 축척 기본값은 1이기 때문에 2라는 축척 값을 지정할 시 원래 축척의 2배로 늘어나고, 0.25이라는 값을 지정할 시에는 원래 축척의 1/4로 줄어듭니다.)

3) 해치 패턴 시작점 설정하기

① 패턴 시작점에서 다음 중 하나를 지정합니다.
- **현재 도면 원점** : 현재 해치 원점을 그대로 사용합니다.
- **사용자 정의 위치** : 좌표 지정을 클릭하여 그래픽 영역에서 점을 지정하거나 경계 사용 목록에서 위치를 선택합니다. (지정한 위치를 저장하려면 기본값으로 설정을 클릭합니다.)

4) 해치 패턴의 경계 설정하기

① 경계 설정에서 경계를 지정할 방법을 선택합니다.

구분	아이콘	설명
도면요소 지정		경계를 이루는 도면요소를 선택할 수 있습니다.
점 지정		닫힌 영역의 내부를 클릭하여 경계를 지정할 수 있습니다.
경계 재작성		경계를 제거한 후 대치합니다. (EditHatch 명령 사용 시 활성화)
경계 도면요소 삭제		경계를 이루는 도면요소 세트에서 경계를 제거합니다.
경계 도면요소 강조 표시		도면에 경계를 표시합니다.

5) 해치 패턴 옵션을 추가로 사용자 정의하기

① 해치 및 경계에 대한 **추가 옵션**을 지정합니다.

> **엑서스**
> 명령 : Hatch
> 메뉴 : 홈 〉 그리기 〉 해치

1.3 영역 채우기 작성

FillArea 명령을 사용하여 닫힌 영역이나 지정한 도면요소를 단색 또는 그라데이션으로 채울 수 있습니다. 해치와 같이 영역 채우기는 도면에 의미를 부여하고, 재질과 영역을 구별하는 데 도움이 됩니다.

1) 영역 채우기 작성하기

① **홈 > 그리기 > 영역 채우기**를 클릭하거나 명령 프롬프트에 **FillArea**를 입력합니다.

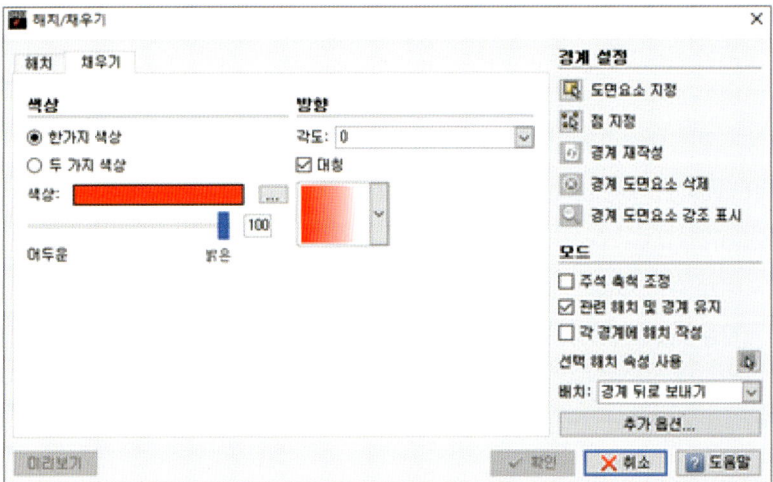

② 한 가지 색상 또는 두 가지 색상을 클릭하여 그라데이션 색상을 설정하고, 선 색상을 클릭하여 색상을 선택한 후 슬라이더를 통해 밝기를 조절합니다.

단색 채우기를 작성하려면 **한 가지 색상**을 클릭하고 슬라이더 옆 필드 값에 50을 입력합니다.

③ 슬라이더 오른쪽의 **스타일 목록**에서 그라데이션 색 스타일을 선택합니다.

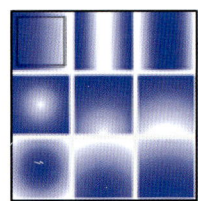

④ 필요한 경우, 각도를 설정하여 방향을 변경하고 **대칭** 옵션을 선택하여 경계 내 패턴이 대칭이 되도록 할 수 있습니다.

⑤ 경계 설정을 지정합니다.

⑥ 다음 옵션을 사용자 정의합니다.

구분	설명
주석 축척 조정	채워진 영역을 작성하거나 편집할 때, 주석 축척 조정이 적용되도록 지정합니다.
관련 해치 및 경계 유지	해치 패턴의 경계가 바뀔 경우, 해치 패턴이 자동으로 업데이트됩니다. (기본값)

⑦ **미리보기**를 클릭하여 적용하기 전에 색상 설정을 확인합니다.

⑧ **확인**을 클릭하여 채우기 설정을 적용합니다.

> **엑서스**
> 명령 : FillArea
> 메뉴 : 홈 > 그리기 > 영역 채우기

2) 예제 연습도면 – 해치(Hatch) 작성

Hatch 명령을 사용하여 아래 도면을 작성하시오.

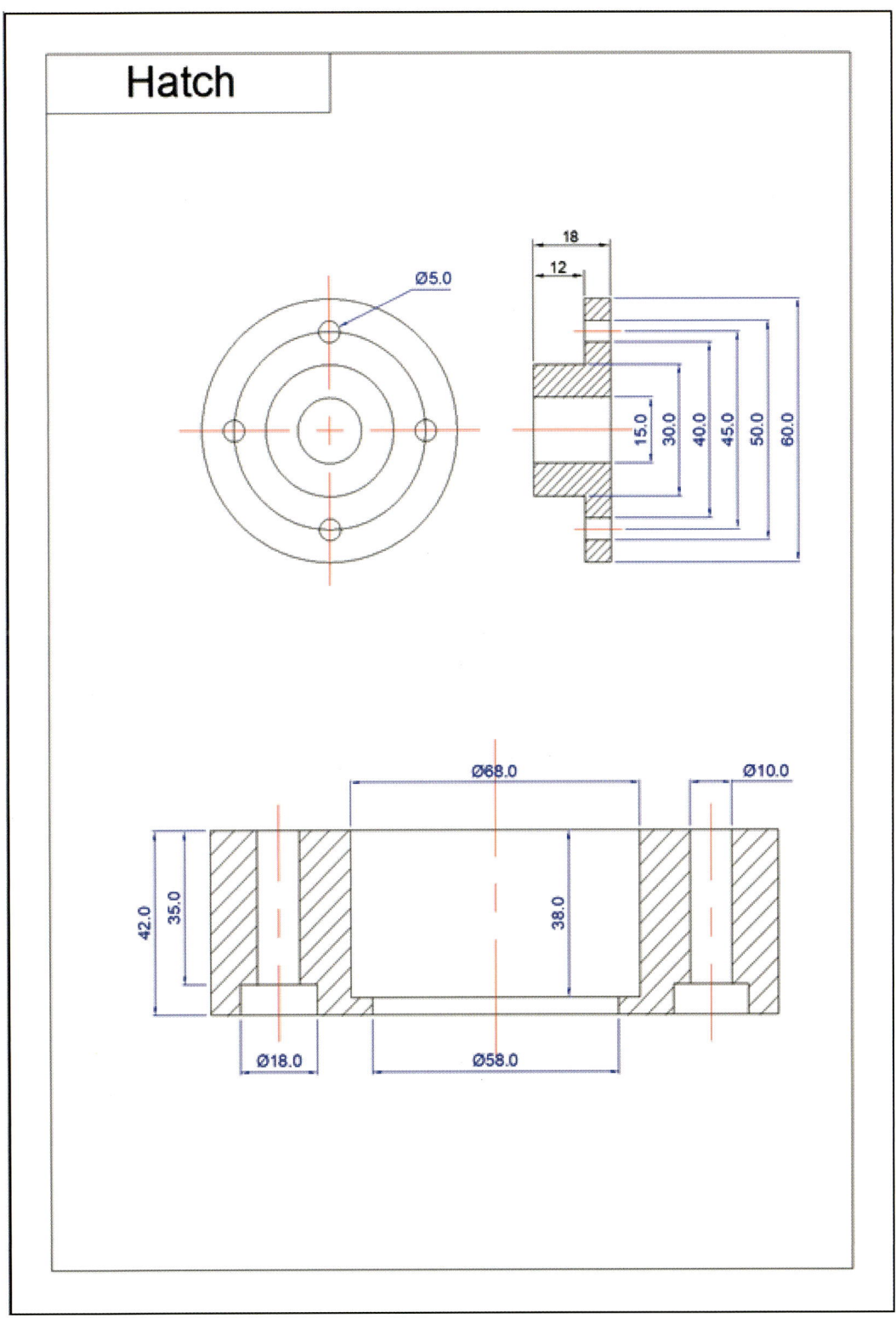

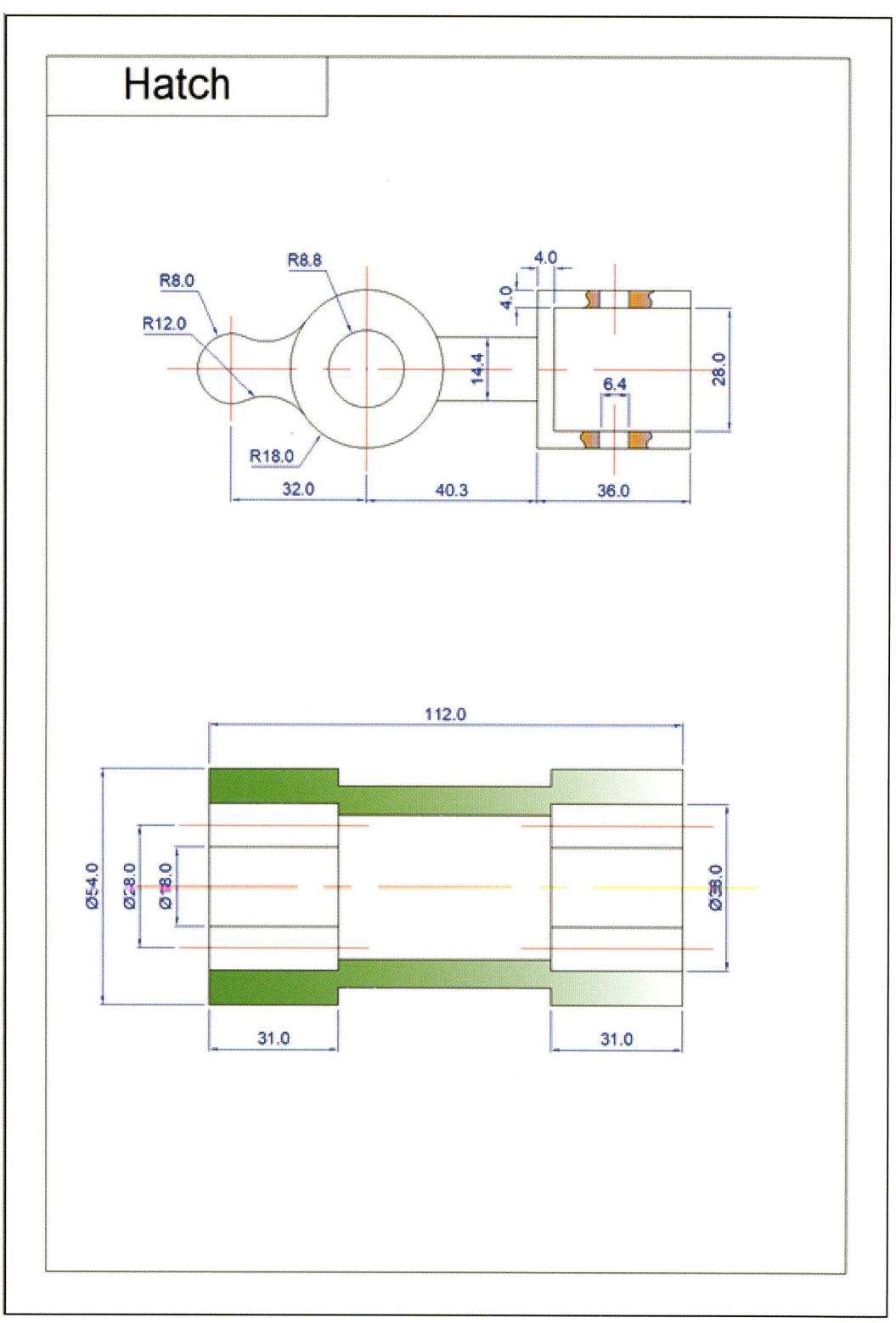

1.4 해치 및 채우기 편집

해치 패턴, 단색 채우기, 또는 그라데이션을 수정할 수 있습니다.

1) 해치 패턴이나 영역 채우기 편집하기:

① **홈 〉 수정 〉 해치 편집**을 선택하거나 명령 프롬프트에 **EditHatch**를 입력합니다.
② 기존에 작성된 해치를 선택합니다.
③ 해치/채우기 대화상자에서 해치 탭을 선택하여 해치를 편집하거나, 채우기 탭을 선택하여 영역 채우기를 편집합니다.
- 편집할 도면요소 세트에 도면요소를 더 추가할 수도 있습니다.
- 해치를 채우기로 변경하거나, 반대로 하려면 해치/채우기 대화상자에서 해치 또는 채우기를 클릭하고 적용할 패턴이나 채우기를 선택합니다.

> **엑서스**
> 명령 : EditHatch
> 메뉴 : 홈 〉 수정 〉 해치 편집

2) 해치 및 그라데이션 채우기에 대한 추가 옵션 설정

내부 점을 지정하여 해치 경계를 설정할 때는 경계를 이루는 도면요소가 탐지됩니다. 이 경우 추가 옵션을 사용하여 경계 자동 탐지를 제어할 수 있으며, 추가 옵션의 경우 다음과 같습니다.
- 닫힌 내부 경계 찾기 또는 무시
- 해치가 작성될 때 사용된 경계 유지 또는 삭제
- 간격이 있는 경계에 대한 해치 작성
- 경계 탐지를 위해 분석할 도면요소 세트 지정

필요에 따라, 해치가 작성된 도면요소를 명확히 표시하기 위해 원점 및 투명도 옵션을 사용합니다.

3) 닫힌 내부 경계 찾기 또는 무시하기

① **홈 〉 그리기 〉 해치**를 선택하거나 명령 프롬프트에 **Hatch**를 입력합니다.
② **모드** 항목에서 **추가옵션**을 클릭합니다.
③ **내부 영역 찾기**를 클릭하여 닫힌 내부 경계를 찾습니다.
④ 해치 표시 스타일 옵션을 선택합니다.

구분	아이콘	설명
내부	◯	바깥쪽 영역에만 해치 패턴을 작성합니다.
내부/외부	◯	영역 사이에 번갈아 해치 패턴을 작성합니다. (바깥쪽 영역부터 시작, 기본값)
무시	◯	내부 구조를 무시하고 전체 영역에 해치를 작성합니다. (해치 선이 문자, 블록 속성, 2D 솔리드를 통과)

아래 그림은 내부, 내부/외부, 무시 스타일을 보여줍니다.

[내부]　　　　　　　　　　[내부/외부]　　　　　　　　　　[무시]

4) 해치가 작성될 때 사용된 경계 유지하기

① 경계 유지를 클릭하여 해치가 작성될 때 삭제되는 닫힌 윤곽선을 그대로 유지합니다.

② 유형 목록에서 경계 윤곽선을 **폴리선**으로 작성할지 **영역**으로 작성할지를 선택합니다.

5) 간격이 있는 경계에 대한 해치 작성하기

① 최대 간격 크기를 지정합니다.

명령이 정의된 값보다 작은 간격은 무시하고 경계를 닫힌 것으로 간주하여 해치를 작성합니다.

> **참고**
> 경계 정의를 위해 선택한 도면요소 간에 간격이 있는 경우 명령을 통해 해치가 작성되지 않습니다.

6) 경계 탐지를 위해 분석할 도면요소 세트 지정하기

가) 경계 그룹 작성

① 항목에서 **활성 바둑판식 뷰**를 선택합니다.

② 그래픽 영역에서 경계 그룹으로 지정할 도면요소를 선택합니다.

나) 그래픽 영역에서 선택

① **그래픽 영역에서 선택**을 클릭합니다.

② 그래픽 영역에서 경계 그룹으로 지정할 도면요소를 지정하고 **Enter** 키를 누릅니다.

7) 해치 기본 원점 설정하기

① 기본 원점 설정을 선택합니다.
- **현재 선택 사용** : 현재 Hatch 명령으로 지정한 해치의 원점을 사용합니다.
- **원본 사용** : 기존 해치의 원점을 사용합니다.

8) 다음 해치의 대상 도면층 설정하기

① 활성(기본값) 옵션으로 지정된 경우, 현재 활성화된 도면층에 해치 또는 채우기를 적용하거나, 도면층 목록에서 다음 해치 또는 채우기 대상을 선택합니다.

9) 해치 또는 채우기 투명도 지정하기

① 투명도에서 해치 또는 채우기의 투명도를 지정합니다.

- **현재 선택 사용** : 현재 선택된 도면요소의 투명도를 적용합니다.
- **By Layer** : 현재 도면층의 투명도를 적용합니다.
- **By Block** : 해치나 채우기가 포함된 블록의 투명도를 적용합니다.
- **값 지정** : 텍스트 박스에 값을 입력하거나, 슬라이더를 사용하여 지정하는 투명도 설정을 사용합니다. (0~90% 사이의 값을 지정하며, 0%는 불투명을 의미)

10) 경계 해치 작성 및 채우기에 대한 동작 옵션 설정

필요에 따라, 해치가 작성된 도면요소를 더 잘 표시하고 선택하기 위해 다음 옵션을 사용합니다.

가) 주석 축척 조정

해치 또는 그라데이션을 작성하거나 편집할 때 주석 축척 조정 적용 여부를 결정합니다. 레이아웃 시트에서 뷰포트의 축척을 변경하면 해치 도면요소는 자동으로 해치 크기를 유지합니다. 이 속성은 레이아웃 시트의 뷰포트에서 유사한 패턴 크기를 보장합니다.

나) 관련 해치 및 경계 유지

경계가 변경되면 해치 패턴 및 그라데이션이 자동으로 업데이트됩니다. (기본값) 주석 축척 조정을 선택한 경우에는 이 옵션을 사용할 수 없습니다. 기본적으로 해치와 그라데이션은 경계에 연결되어 있기 때문에 경계가 변경되면 자동으로 업데이트됩니다. 언제든지 연결을 제거하고 해당 경계에 대해 독립적인 해치와 그라데이션을 작성할 수 있습니다.

다) 각 경계에 해치 작성

여러 영역의 경계를 동시에 추가할 경우 같은 속성을 가진 별개의 해치 또는 채워진 영역이 생성됩니다. 하나로 연결된 해치 또는 그라데이션이 필요한 경우에는 이 옵션을 사용하지 마십시오.

라) 선택 해치 속성 사용

선택한 해치 도면요소와 동일한 속성을 가진 해치 또는 채우기가 생성됩니다.

마) 배치

기본적으로, 해치와 채우기는 경계를 보다 쉽게 선택할 수 있도록 해당 경계 뒤에 작성됩니다. 경계의 뒤 또는 앞은 물론, 다른 모든 도면요소의 뒤 또는 앞에도 해치와 채우기를 작성할 수 있습니다. 맨 뒤로 보내기, 맨 앞으로 가져오기, 경계 뒤로 보내기(기본값), 경계 앞으로 가져오기 또는 지정 안 함 중에서 선택합니다.

> **엑서스**
> 명령 : Hatch
> 메뉴 : 홈 〉 그리기 〉 해치

02 문자 작업

문자를 추가하여 도면에 상세 정보나 주석을 추가할 수 있습니다.

2.1 문자 스타일 작업

TextStyle 명령을 사용하여 도면의 문자 스타일에 대한 작성, 편집, 활성화, 삭제 작업이 가능하며, 도면에 노트나 기본 노트를 추가할 때 활성화된 문자 스타일이 사용됩니다.

1) 문자 스타일 작성하기

① **주석 〉 문자 〉 문자 스타일**을 클릭하거나 **TextStyle**을 입력합니다.

옵션의 '제도 스타일' 창이 표시되고 **문자** 탭이 확장됩니다.

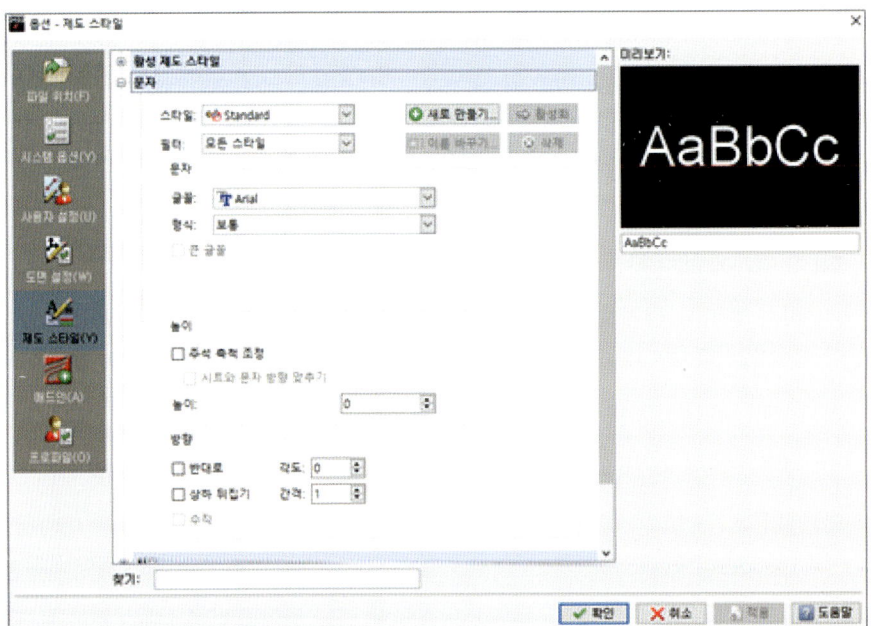

② 새로 만들기를 클릭하여 **새 문자 스타일 작성** 창에 새 문자 스타일의 이름을 입력하고 **확인**을 클릭합니다.

③ 작성된 새 문자 스타일이 **스타일** 탭에 표시됩니다.

④ **문자** 탭에서 다음을 설정합니다.
- **글꼴** : 설치된 트루타입 글꼴을 모두 나열합니다.
- **형식** : 글꼴에 적용할 수 있는 형식을 나열합니다. 문자 스타일을 작성하는 동안, 선택한 글꼴에 해당하는 기본 글꼴 스타일이 표시됩니다. 스타일의 기본 이름을 변경할 경우 새 기본 이름이 더 이상 제시되지 않으며, 변경된 이름이 새 기본값이 됩니다.
- **큰 글꼴** : 저장된 shx 파일 중 큰 글꼴이 포함된 모든 파일을 나열합니다.

⑤ **높이** 탭에서 다음 옵션을 설정할 수 있습니다.
- **주석 축척 조정** : 노트 및 기본 노트의 주석 축척 조정 적용 여부를 지정합니다.

- **시트와 문자 방향 맞추기** : 레이아웃 시트의 뷰포트에서 노트 및 기본 노트의 방향이 시트의 방향을 따르는지를 결정합니다.
- **높이 또는 시트 문자 높이**
  - a. **높이** : 주석 축척 조정이 적용되지 있지 않는 경우, 선택한 글꼴이 사용되는 문자를 삽입할 때 변경할 수 없는 고정된 글꼴 높이를 설정합니다.
  - b. **시트 문자 높이** : 주석 축척 조정이 적용되는 경우, 선택한 글꼴이 사용되는 문자를 삽입할 때 사용자가 변경할 수 없는 고정된 글꼴 높이를 설정합니다.

⑥ **방향**에서 다음을 설정합니다.
- **반대로** : 문자를 좌우 대칭시켜 표시합니다. (노트가 아닌 기본 노트에만 적용)
- **상하 뒤집기** : 문자를 상하 대칭시켜 표시합니다. (노트가 아닌 기본 노트에만 적용)
- **수직** : 문자를 세로로 정렬합니다. (노트가 아닌 기본 노트에만 적용)
- **각도** : 글자를 가로선(X축)을 기준으로 기울이는 정도를 정의합니다.
- **간격** : 글자의 높이를 기준으로 폭의 비율을 조절합니다.

2) 문자 스타일 편집하기

문자 스타일을 편집하면 해당 문자 스타일을 사용하는 기존의 모든 문자 요소가 자동으로 업데이트되어 수정된 문자 스타일 옵션이 반영됩니다.

① **주석 〉 문자 〉 문자 스타일**을 클릭하거나 TextStyle을 입력합니다.
② 스타일에서 문자 스타일을 선택합니다.
③ **문자 탭**과 **방향 탭**의 옵션을 설정합니다.

3) 문자 스타일 활성화하기

활성 문자 스타일은 노트와 기본 노트 명령에 사용됩니다.
① **주석 〉 문자 〉 문자 스타일**을 클릭하거나 TextStyle을 입력합니다.
② 스타일에서 문자 스타일을 선택합니다.
③ **활성화**를 클릭합니다.

4) 문자 스타일 이름 바꾸기

① **주석 〉 문자 〉 문자 스타일**을 클릭하거나 TextStyle을 입력합니다.
② **스타일**에서 문자 스타일을 선택 후 **이름 바꾸기**를 클릭합니다.
③ **문자 스타일 이름 바꾸기** 창에 새 문자 스타일 이름을 입력하고 확인을 클릭합니다.

5) 문자 스타일 삭제하기

현재 도면에 사용되고 있는 문자 스타일은 삭제할 수 없습니다.
① **주석 〉 문자 〉 문자 스타일**을 클릭하거나 TextStyle을 입력합니다.
② **스타일**에서 문자 스타일을 선택합니다.
③ **삭제**를 클릭합니다.

엑서스

명령 : TextStyle
메뉴 : 주석 〉 문자 〉 문자 스타일

6) 예제 실습 - 문자(Text) 작성

Text 명령을 사용하여 아래 도면을 작성하시오.

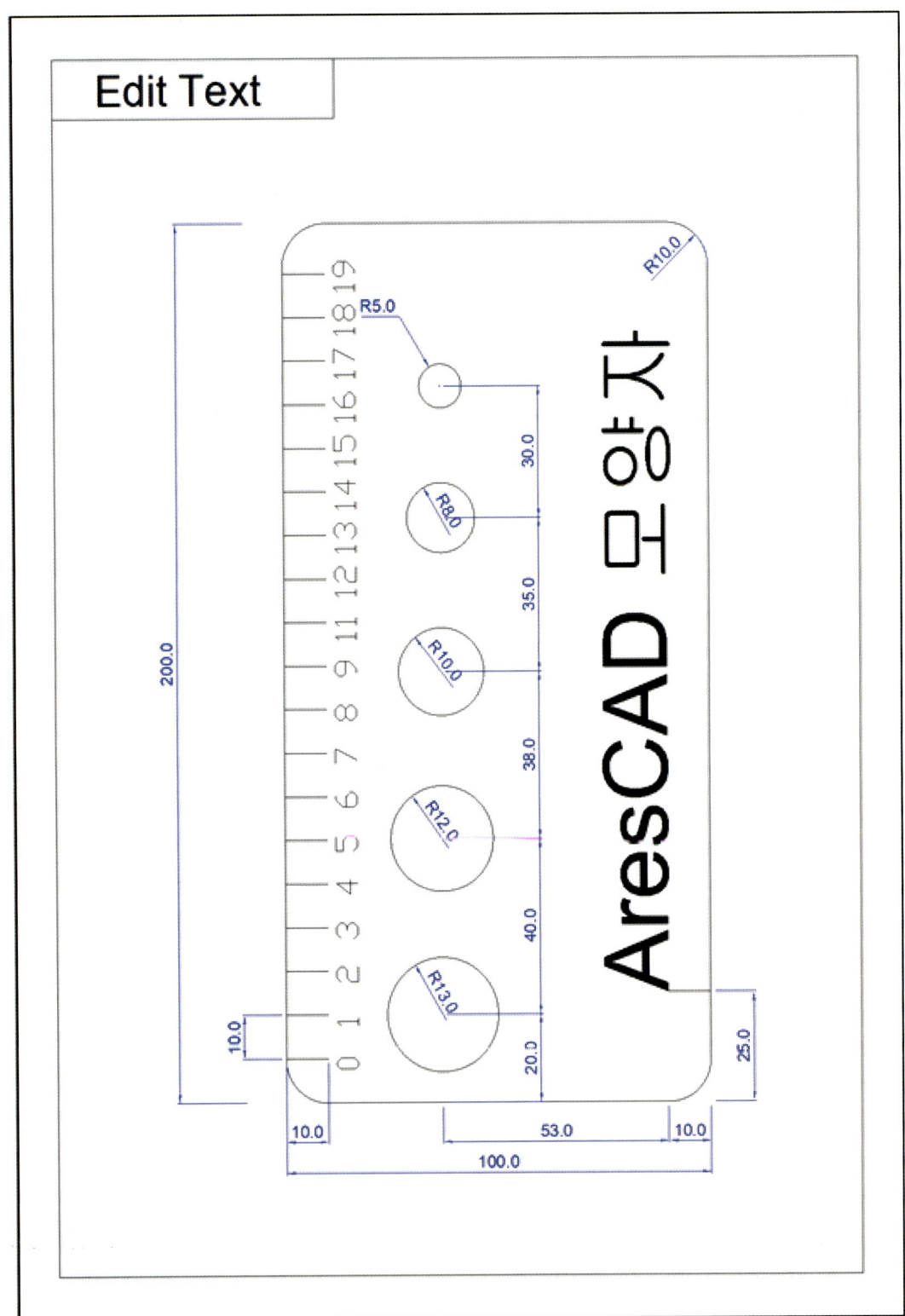

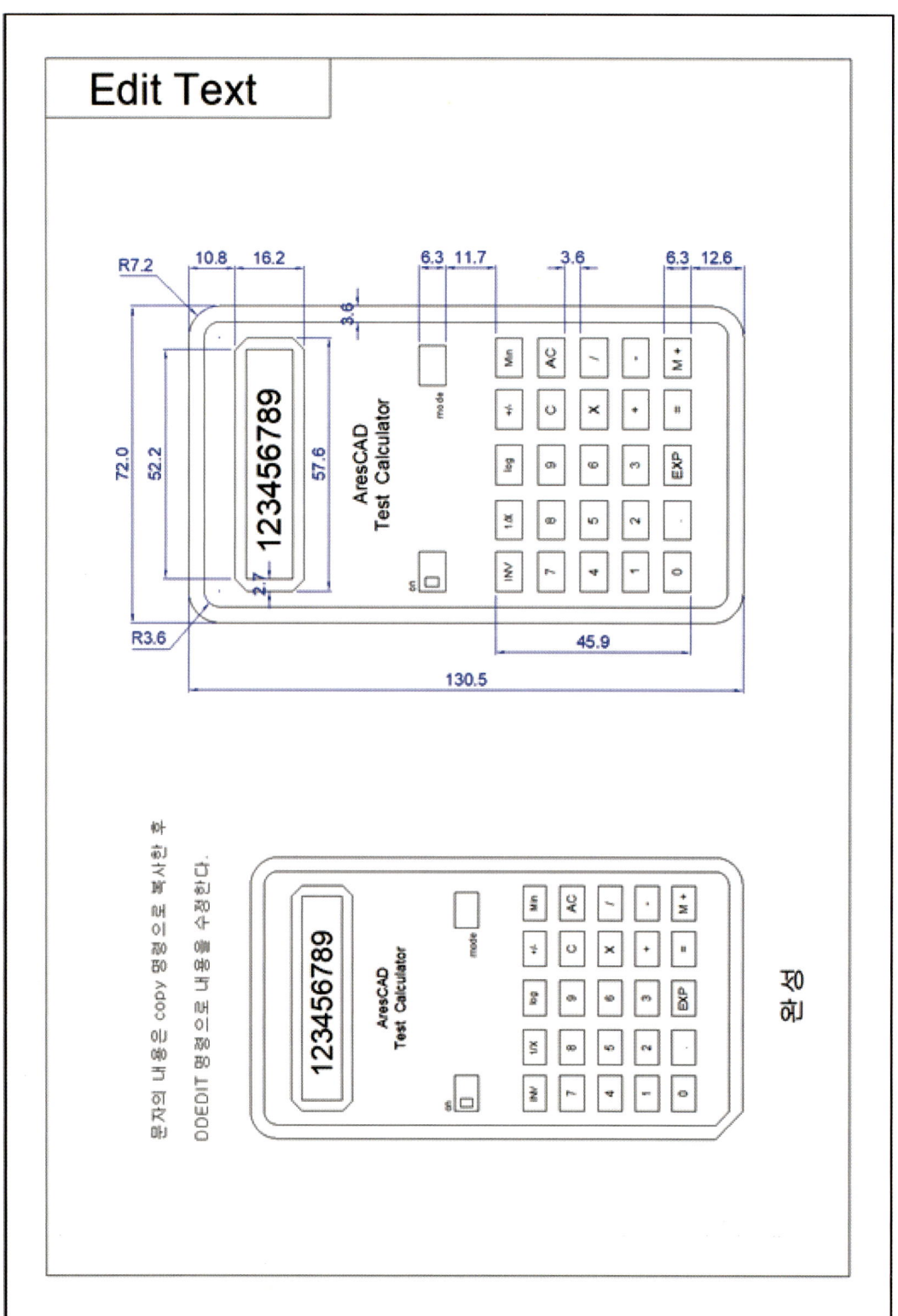

2.2 노트 작성

Note (MText) 명령을 사용하여 문자 요소를 삽입할 수 있습니다.

1) 노트 작성하기

① **주석 > 문자 > 노트**를 클릭하거나 명령 프롬프트에 **Note**를 입력합니다.
② 그래픽 영역에서 텍스트 박스의 첫 번째 구석을 클릭합니다.
③ 텍스트 박스의 반대편 구석을 클릭하거나, 다음 옵션을 지정합니다.

구분	설명
각도(A)	노트의 삽입 각도를 지정합니다.
높이(H)	노트 내에서 사용되는 문자 높이를 지정합니다.
양쪽 맞춤(J)	노트 텍스트 박스에서 문자 맞춤을 지정합니다. · 수직 정렬 : 위, 중간, 아래 · 수평 정렬 : 왼쪽, 중심, 오른쪽
선 간격(L)	노트 내에서 사용되는 선 간격을 지정합니다. 선 간격은 특정 문자줄 기준선에서 다음 문자줄 기준선까지의 수직거리입니다. · 최소 : 행에서 가장 큰 글꼴에 맞추기 위한 최소한의 선 간격을 설정합니다. · 동일 : 고정 선 간격 거리 또는 비율을 설정합니다. 단락 내의 모든 선 간격을 균등하게 하려면 정확한 간격을 사용하고 행에서 가장 큰 문자가 충분히 들어갈 정도의 큰 간격을 지정합니다.
문자 스타일(ST)	문자 스타일을 지정합니다.
폭(W)	텍스트 박스의 폭을 지정합니다.

④ 문자를 입력하고 형식을 지정합니다.
- 노트 서식을 사용하여 형식을 지정합니다.
- 오른쪽 클릭하여 다음 옵션을 사용할 수 있습니다.

구분	설명
문자 가져오기	ASCII 문자 파일(*.txt) 또는 서식 있는 문자 파일(*.rtf)에서 문자를 삽입합니다.
단락 합치기	선택된 단락을 하나로 병합합니다.
서식 제거	선택된 문자에서 문자 서식 제거, 단락 서식 제거 또는 모든 서식 제거를 수행할 수 있습니다.
특수문자 붙여넣기	클립보드에서 문자 서식 없이 붙여넣기, 단락 서식 없이 붙여넣기 또는 아무 서식 없이 붙여넣기를 수행할 수 있습니다. 서식을 사용하여 클립보드에서 문자를 붙여 넣으려면 바로 가기 메뉴에서 붙여넣기를 클릭합니다.

> **참고**
> 바로가기 메뉴에 대한 기타 옵션은 노트 서식에서 사용할 수 있습니다.

> **엑서스**
> 명령 : Note
> 메뉴 : 주석 > 문자 > 노트

2.3 노트 서식 사용하기

노트 서식을 사용하여 노트, 지시선 및 스마트 지시선을 편집하고 형식을 지정합니다.

1) 노트 서식 열기

노트 입력 중 마우스 오른쪽 버튼을 클릭하여 팝업 메뉴를 불러온 뒤, 팝업 메뉴에 있는 편집기 설정 > 도구 모음 표시를 차례로 클릭합니다.

2) 노트 서식을 사용하여 문자 형식 지정하기

다음과 같이 필요에 따라 옵션을 지정합니다.

구분	아이콘	설명
문자 스타일	Standard	문자 스타일을 지정합니다.
문자 글꼴	Arial	SHX 파일 또는 트루타입 글꼴 파일을 사용하여 서체를 지정합니다.
문자 높이	2.5000	다음 문자 또는 선택한 문자의 문자 높이를 지정합니다. 목록에서 값을 선택하거나 값을 입력합니다.
굵게	B	다음 문자 또는 선택한 문자의 형식을 굵게 지정합니다.(트루 타입 글꼴에만 적용 가능합니다.)
기울임꼴	I	다음 문자 또는 선택한 문자에 기울임꼴 형식을 지정합니다.(트루 타입 글꼴에만 적용 가능합니다.)
밑줄	U	다음 문자 또는 선택한 문자에 밑줄 형식을 지정합니다.
윗줄	O	다음 문자 또는 선택한 문자에 윗줄 형식을 지정합니다.
취소선	S	다음 문자 또는 선택한 문자에 취소선 형식을 지정합니다.(문자 중간을 통과하는 선을 그립니다.)
스택/스택 취소		분수 또는 공차를 나타내는 선택된 문자를 스택하거나 스택을 취소합니다.
선 색상	ByLayer	다음 문자 또는 선택한 문자에 색상을 지정합니다.
눈금자	☑ 눈금자	노트 경계 상단에 눈금자를 표시합니다.
필드 삽입		커서 위치에 필드를 삽입합니다.

추가 옵션	▼	• 찾기/바꾸기 : 문자열을 검색하고 바꿀 수 있습니다.
		• AutoCAPS : 새 문자를 대문자로 작성합니다.
		  기존 문자의 대/소문자를 변경하려면 문자를 강조 표시한 다음
		  오른쪽 클릭하고 대/소문자 변경을 클릭합니다.
		• 문자 세트 : 선택한 문자에 적용할 코드 페이지를 지정합니다.
		• 편집기 설정 : 항상 WYSIWYG로 표시, 도구 모음 표시, 문자 강조색
		  등을 설정할 수 있습니다.
		• 배경 마스크 : 노트 배경에 불투명한 배경색을 지정합니다.

실행 취소	↶	이전에 지정한 문자 편집 또는 형식 지정을 제거합니다.
다시 실행	↷	실행 취소를 시작하기 전의 상태로 복원합니다.
복사	🗐	강조 표시된 문자를 클립보드로 복사합니다.
잘라내기	✂	강조 표시된 문자를 제거하고 클립보드로 문자를 복사합니다.
붙여넣기	📋	클립보드의 문자를 삽입합니다.
대문자	A	문자의 대/소문자를 대문자로 변경합니다.
소문자	a	문자의 대/소문자를 소문자로 변경합니다.
선 간격	≣▼	문자 줄 사이의 간격을 변경합니다. 선 간격 인수는 전체 노트에 적용됩니다. 메뉴에서 다음 옵션을 선택합니다.
단락 정렬	≣▼	단락의 수평 정렬을 변경합니다.
글머리 기호와 목록	≣▼	다음 문자 또는 선택한 문자를 글머리 기호 목록, 번호 목록 또는 문자 목록(대문자 또는 소문자)으로 정하거나 목록 속성을 해제합니다.
정렬	T▼	삽입 지점을 기준으로 맞춤 및 정렬을 설정합니다.
기호 삽입	&▼	커서 위치에 기호(각도, +/−, 지름을 비롯해 줄 바꿈 없는 공백 같은 기타 기호 및 글자)를 입력합니다.
기울기 각도	A⁄ 0.0000	문자 기준선을 기준으로 한 글자의 기울임을 지정합니다. 기울기가 양수(+)면 오른쪽 방향, 음수(−)면 왼쪽 방향으로 기울어집니다.(+85 ~ −85 범위 내에서 적용)
추적 인수	Av 1.0000	글자 간의 거리를 확대(>1.0)하거나 축소(<1.0)합니다.
폭 비율	A 1.0000	문자의 글자 폭에 대해 확대(>1.0) 또는 축소(<1.0)를 지정합니다.
도움말	?	도움말 항목을 표시합니다.
확인	✓	기본 노트 작성을 끝냅니다.

> 👆 **참고**
>
> NoteOptions 명령을 사용하여 기본 노트를 바로 편집할 것인지 아니면 명령 창에서 편집할 것인지 지정할 수 있습니다.

2.4 눈금자 사용

눈금자는 노트 서식과 함께 나타나며, 노트 경계 상단에 위치해있습니다.

노트 형식 지정 눈금자를 사용하면 노트에 대한 단락 들여쓰기 및 탭 중지를 설정할 수 있으며, 기본적으로 새 노트 작성을 시작하면 나타나는 눈금자에는 단락 들여쓰기 또는 탭 중지가 적용되어 있지 않습니다.

새 노트 작성을 시작하기 전에 미리 설정한 단락 들여쓰기 및 탭 중지 옵션은 이후 작업하는 모든 노트에 적용됩니다. 다음은 첫 번째 줄 들여쓰기, 왼쪽 들여쓰기, 오른쪽 들여쓰기, 2개의 왼쪽 탭 중지가 설정된 예입니다.

1) 단락 들여쓰기 설정하기

들여쓰기 설정은 입력하면 다음 단락에도 적용됩니다.

① 포인터를 단락에 놓고 형식을 지정하거나 여러 개의 단락을 선택합니다.
② 눈금자에서 들여쓰기 마커를 밉니다.

구분	마커	설명
첫 번째 줄 들여쓰기		단락의 첫 번째 줄이 시작되기를 원하는 위치로 밉니다.
왼쪽 들여쓰기		왼쪽에서 단락의 두 번째 줄과 이어지는 모든 줄이 시작되기를 원하는 위치로 밉니다. (≒내어쓰기)
오른쪽 들여쓰기		오른쪽에서 단락의 모든 줄이 끝나기를 원하는 위치로 밉니다.

2) 탭 중지 설정하기(눈금자)

① 마우스 커서를 탭 중지를 설정할 단락에 위치시킵니다.
② 눈금자 왼쪽 끝에 있는 탭 선택기를 사용하려는 탭 유형이 표시될 때까지 클릭합니다.

구분	아이콘	설명
왼쪽	L	• 다음 문자의 시작 위치를 설정합니다. • 입력하면 문자는 오른쪽으로 이동합니다.
가운데	⊥	• 문자 중간의 위치를 설정합니다. • 입력하면 문자는 이 위치에서 중간으로 이동합니다.
오른쪽	⌐	• 다음 문자의 시작 위치를 설정합니다. • 입력하면 문자는 왼쪽으로 이동합니다.
소수	⊥	• 소수점을 중심으로 숫자를 정렬합니다. • 자릿수와 독립적으로 소수점은 동일 위치에 있습니다. • 숫자는 동일한 유형에 대해 정렬할 수 있습니다. • 마침표(.), 쉼표(,) 또는 공백으로 구분합니다.

③ 탭 중지를 배치하려는 위치에서 눈금자를 클릭합니다.
  탭 중지를 클릭하거나 드래그하면 도구 설명에서 왼쪽으로부터 정확한 위치가 표시됩니다.

④ 필요에 따라 ③을 반복합니다.

> **참고**
> 여러 단락을 선택하면 첫 번째 단락으로부터의 탭 중지만 눈금자에 표시됩니다.

3) 탭 중지 위치 변경하기

눈금자를 따라 기존 탭 중지를 왼쪽 또는 오른쪽으로 드래그합니다.

4) 탭 중지 제거하기

탭 중지를 눈금자(위 또는 아래)로 드래그합니다. 마우스 버튼을 놓으면 탭 중지가 사라집니다.

5) 단락 들여쓰기 및 탭 중지 설정하기

① 눈금자를 두 번 클릭합니다.
② **단락 옵션** 창이 열립니다. 탭 중지는 사용자가 클릭한 위치에서 설정됩니다.

> **참고**
> 문서 맨 위를 따라 이동하는 가로 눈금자가 표시되지 않을 경우 노트 서식에서 눈금자를 클릭합니다.

2.5 노트에서 문자 단락 형식 지정

단락 옵션 대화상자를 사용하여 노트에 대한 단락 정렬, 들여쓰기, 선 간격 및 탭 중지를 설정합니다. 단락 옵션 대화상자는 지시선 또는 스마트 지시선의 문자를 편집할 경우에도 동일하게 나타납니다.

1) 문자 단락 서식 지정하기

① 마우스 커서를 문자 단락 서식을 지정할 단락에 위치시킵니다.
② **노트 서식**의 **줄 간격** 옵션 중 **단락 옵션**을 클릭합니다.
③ **단락 옵션**에서 단락 옵션을 설정합니다.
　・**정렬**에서 다음 단락 정렬 중 하나를 설정합니다.

구분	설명
없음	개별 단락에 대한 정렬을 설정하지 않습니다.
노트 형식 지정	・팝업 도구 모음에서 정렬 도구를 사용하여 전체 노트에 대한 정렬을 설정합니다. ・노트의 삽입 지점을 기준으로 양쪽 맞춤 및 정렬을 결정합니다. ・단락 정렬은 노트 정렬보다 우선합니다.
왼쪽	・단락을 왼쪽으로 정렬합니다. ・단락의 왼쪽 모서리는 왼쪽 여백과 같은 높이입니다.
가운데	・단락을 가운데로 정렬합니다.
오른쪽	・단락을 오른쪽으로 정렬합니다. ・단락의 오른쪽 모서리는 오른쪽 여백과 같은 높이입니다.
양쪽 맞춤	・단락을 양쪽에 맞춰 조정합니다. ・이 단락은 왼쪽 및 오른쪽 여백을 따라 균등하게 정렬됩니다.

- **들여쓰기**에서 단락 들여쓰기를 설정합니다.

구분	설명
왼쪽	• 전체 단락에 대한 왼쪽 들여쓰기를 설정합니다.
오른쪽	• 전체 단락에 대한 오른쪽 들여쓰기를 설정합니다.
첫 번째 줄	• 단락에서 첫 번째 줄에 대한 여분의 왼쪽 들여쓰기를 설정합니다.

- **간격**에서 단락 간격 및 줄 간격 옵션을 설정합니다.

구분	설명
앞	• 단락 앞 추가 간격을 설정합니다.
뒤	• 단락 뒤 추가 간격을 설정합니다.
선 간격	• 문자 줄 사이의 간격을 변경합니다. • 선 간격 인수는 선택된 단락에 적용됩니다. • 메뉴에서 인수 값(1.0, 1.5 또는 2.0), 최소, 고정, 다중 등의 옵션을 선택합니다.
설정 값	• 선택된 단락에서 개별 선 사이에 사용할 간격 값을 설정합니다. • 최소 또는 고정을 선택할 경우, 값을 도면 단위로 지정합니다. • 다중을 선택할 경우 0.25 ~ 4.00의 범위에서 인수를 지정합니다.

- **탭**에서 **탭 중지**를 설정합니다.

④ **확인**을 클릭합니다.

> 참고
> 눈금자를 사용하여 들여쓰기를 설정하고 눈금자를 두 번 클릭하여 단락 옵션 창을 표시할 수 있습니다.

2) 탭 중지 설정하기

① 마우스 커서를 탭 중지를 설정할 단락에 위치시킵니다.
② **노트 서식**의 선 간격 옵션 중 **단락 옵션**을 클릭합니다.
③ **단락 옵션** 창의 **탭**에서 탭 중지 옵션을 설정합니다.

- 사용할 탭 중지 유형을 선택합니다.

구분	아이콘	설명
왼쪽	L	• 다음 문자의 시작 위치를 설정합니다. • 입력하면 문자는 오른쪽으로 이동합니다.
가운데	⊥	• 문자 중간의 위치를 설정합니다. • 입력하면 문자는 이 위치에서 중간으로 이동합니다.
오른쪽	⌐	• 다음 문자의 시작 위치를 설정합니다. • 입력하면 문자는 왼쪽으로 이동합니다.
소수	⊥	• 소수점을 중심으로 숫자를 정렬합니다. • 자릿수와 독립적으로 소수점은 동일 위치에 있습니다. • 숫자는 동일한 유형에 대해 정렬할 수 있습니다. • 마침표(.), 쉼표(,) 또는 공백으로 구분합니다.

- 도면 단위로 측정되는 문자의 왼쪽 여백에서 상대적인 탭 중지 위치를 설정합니다.
- 소수 탭 중지를 사용하기로 선택한 경우 소수 탭 스타일을 설정합니다. (마침표(.), 쉼표(,) 또는 공백으로 구분합니다.)
- 추가를 클릭합니다. (탭 중지는 탭 목록에 나타납니다.)
- 필요에 따라 이전 단계를 반복합니다.

④ **확인**을 클릭합니다.

3) 탭 중지 삭제하기

① 마우스 커서를 탭 중지를 삭제할 단락에 위치시킵니다.
② **노트 서식**의 선 간격 옵션 중 **단락 옵션**을 클릭합니다.
③ **단락 옵션**의 **탭 중지** 하단에 위치한 목록에서 삭제할 항목을 선택합니다.
④ **삭제**를 클릭합니다. (모든 탭 중지를 삭제하려면 모두 삭제를 클릭합니다.)
⑤ **확인**을 클릭합니다.

2.6 노트에서 스택 문자 사용

노트, 지시선 및 스마트 지시선에서 분수 및 공차를 나타내는 스택 문자를 사용할 수 있습니다. 슬래시(/), 우물 정(#) 또는 꺽쇠(^)로 구분된 숫자를 분수 및 공차를 나타내는 문자로 변환할 수 있습니다.

구분	설명	예시
슬래시(/)	문자를 가로 선으로 분리하여 스택합니다.	1/3 → $\frac{1}{3}$
우물 정(#)	문자를 사선으로 분리하여 스택합니다.	1#2 → $^1/_2$
꺽쇠(^)	문자를 분리선 없는 공차로 스택합니다.	+0.25^-0.25 → $^{+0.25}_{-0.25}$

스택 문자를 작성 및 수정하는 도구는 다음과 같습니다.

구분	설명
스택/스택 해제	문자를 스택하거나, 스택 된 문자의 스택을 해제합니다. (노트 서식)
스택 속성	분자, 분모, 위치, 축척, 스택 문자의 유형을 설정합니다.
자동 스택 기본값	자동 스택 기본값 옵션을 설정합니다.
스택 옵션	스택 문자의 크기 및 정렬을 설정합니다.

1) 스택/스택 해제

노트, 지시선 및 스마트 지시선에서 분수 및 공차를 나타내는 스택 문자를 사용하거나, 해제할 수 있습니다.
① 분수 및 공차로 변환할 문자를 스택 문자 형식(x#y, x/y 또는 x^y)으로 입력

② 입력한 문자를 드래그한 뒤, **노트 서식** 대화상자의 '스택/스택 해제' 클릭
③ 스택 해제 시에는 스택 된 문자를 드래그한 뒤, **노트 서식** 대화상자의 **스택/스택 해제** 클릭

2) 스택 속성 설정

스택 속성 창을 사용하여 노트, 지시선 및 스마트 지시선의 스택 문자 설정을 변경합니다. 분자, 분모, 위치, 축척, 스택 문자의 유형을 설정할 수 있습니다.

가) 스택 속성 설정하기

① 스택 된 문자를 마우스 오른쪽 버튼으로 클릭하고, **스택 속성**을 클릭합니다.
② **유형** 탭에서 **속성**을 클릭합니다.
③ 필요에 따라 분자와 분모를 편집합니다.
④ 위치에서 분수 및 공차에 대한 정렬을 지정합니다.

구분	설명
맨 위	분수 또는 공차 기준선과 문자 기준선을 맨 위를 기준으로 정렬합니다.
중앙	분수 또는 공차 기준선과 문자 기준선을 중앙을 기준으로 정렬합니다. (기본값)
맨 아래	캡 높이(대문자의 맨 위)와 분수 또는 공차의 위쪽을 정렬합니다.

⑤ 축척에서 분수 및 공차 크기를 25 ~ 125%의 범위에서 현재 문자 스타일 크기의 비율로 지정합니다.
⑥ 유형에서 스택 문자 유형을 지정합니다.

구분	설명
분수(수평)	수평선으로 분리된 분자와 분모를 스택합니다.
분수(사선)	사선으로 분리된 분자와 분모를 스택합니다.
공차	문자를 숫자 사이에 선이 없는 공차로 스택합니다.
소수	문자를 숫자 사이에 선이 없는 공차로 스택하고, 양쪽 숫자에 대한 소수점을 정렬합니다.

⑦ 미리보기에서 결과 스택 문자를 확인합니다.
⑧ 문자를 자동으로 스택하려면 자동 스택을 클릭합니다.
⑨ **확인**을 클릭합니다.

3) 자동 스택 기본값 설정

노트, 지시선 및 스마트 지시선에서 분수 및 공차를 나타내는 문자를 자동으로 스택하는 기본값을 설정합니다.

가) 자동 스택 기본값 설정하기

① 분수 및 공차로 변환할 문자를 스택 문자 형식으로 입력하고, 공백(Space Bar)을 입력합니다.
② **자동 스택 기본값** 대화상자에서 **분수 및 공차 자동 스택**을 선택 또는 선택 취소하여 문자를 입력할 때의 자동 스택 여부를 설정합니다.
③ 정수와 스택 된 문자 사이의 공백을 지우려면 **선행 공백 제거**를 선택합니다.

④ "x/y" 스택 부분에서 x/y 형식으로 문자를 사선 분수로 변환할 것인지 수평 분수로 변환할 것인지에 대한 옵션을 지정합니다.
⑤ 스택 문자를 입력할 때 **자동 스택 기본값** 창을 자동으로 표시할지에 대한 여부를 설정합니다.
⑥ **확인**을 클릭합니다.

나) 자동 스택 기능이 비활성화된 경우에 자동 스택 기본값 설정하기
① 스택 된 문자를 마우스 오른쪽 버튼으로 클릭하고, **스택 속성**을 클릭합니다.
② **유형** 탭에서 **자동 스택**을 클릭합니다.
③ **자동 스택 기본값** 창이 표시되면 옵션을 설정합니다.

4) 스택 옵션 설정하기

StackOptions 명령을 사용하여 일반 문자 높이를 기준으로 스택 문자 분수 높이를 결정할 수 있습니다.
① 명령 프롬프트에 **StackOptions**를 입력합니다.
② **크기** 옵션을 지정합니다.
③ 스택 문자의 크기를 25 ~ 125%의 범위에서 현재 문자 스타일 크기의 비율로 지정합니다.
④ **정렬** 옵션을 지정합니다.
⑤ 스택 문자 수직 정렬에 대한 옵션을 지정합니다.
- **맨 위** : 분수 또는 공차 기준선과 문자 기준선을 맨 위를 기준으로 정렬합니다.
- **중앙** : 분수 또는 공차 기준선과 문자 기준선을 중앙을 기준으로 정렬합니다.(기본값)
- **맨 아래** : 캡 높이(대문자의 맨 위)와 분수 또는 공차의 위쪽을 정렬합니다.

> **엑서스**
> 명령 : StackOptions

2.7 기본 노트 작성

위치, 맞춤, 방향, 높이 및 문자 스타일을 원하는 대로 지정하여 문자 줄을 작성할 수 있습니다. 문자를 입력할 때 형식 지정 옵션을 적용하려면 기본 노트 형식 지정 팝업 도구 모음을 사용합니다.

1) 기본 노트 작성하기

① **주석 〉 문자 〉 기본 노트**를 클릭하거나 명령 프롬프트에 **SimpleNote**를 입력합니다.
② 그래픽 영역에서 첫 번째 문자 줄의 시작 위치를 지정합니다. 또는, Enter를 눌러 도면에 이미 있는 기본 노트 중 가장 최근에 입력한 문자 줄 아래에 계속해서 문자를 입력하거나 옵션을 설정합니다.
③ **문자 높이**를 지정합니다.
④ **문자 각도**를 지정합니다.
⑤ **문자 줄**을 입력합니다.
⑥ Enter를 눌러 다음 문자 줄을 입력합니다.
⑦ Enter를 두 번 눌러 명령을 끝냅니다.

2) 기본 노트 설정하기

① **주석 〉 문자 〉 기본 노트**를 클릭하거나 명령 프롬프트에 **SimpleNote**를 입력합니다.

② **설정(E) 옵션**을 입력합니다.
③ **옵션** 탭에서 다음을 설정합니다.
- **스타일** : 문자 스타일을 지정합니다.
- **높이** : 문자 크기를 지정합니다.
- **각도** : 삽입 각도를 지정합니다.

④ 삽입 방향 탭에서 삽입 점을 기준으로 문자 줄의 위치와 정렬 옵션을 지정합니다.
⑤ **확인**을 클릭합니다.
⑥ 그래픽 영역에서 문자 줄의 시작 위치를 지정합니다. (문자 커서 I 가 그래픽 영역에 표시됩니다.)
⑦ 도면에 추가할 **문자**를 입력합니다.

> **참고**
> NoteOptions 명령을 사용하여 기본 노트를 바로 편집할 것인지, 아니면 대화상자에서 편집할 것인지 지정할 수 있습니다.

2.8 기본 노트 서식 사용하기

기본 노트 서식을 사용하여 기본 노트를 편집하고 형식을 지정합니다. 기본 노트 형식 지정 옵션은 전체 기본 노트에 적용됩니다.

1) 기본 노트 서식 열기

기본 노트 입력 중 마우스 오른쪽 버튼을 클릭하여 팝업 메뉴를 불러온 뒤, 팝업 메뉴에 있는 편집기 설정 〉 도구 모음 표시를 차례로 클릭합니다.

2) 기본 노트 서식을 사용하여 문자 형식 지정하기

다음과 같이 필요에 따라 옵션을 지정합니다.

구분	아이콘	설명
문자 스타일	Standard	문자 스타일을 지정합니다.
문자 높이	A 2.5000	문자 줄의 높이를 지정합니다.
문자 각도	0	문자 줄의 삽입 각도를 지정합니다.
선 색상	ByLayer	기본 노트의 색상을 지정합니다.
필드 삽입		커서 위치에 필드를 삽입합니다.
추가 옵션		• 찾기/바꾸기 : 문자열을 검색하고 바꿀 수 있습니다. • 편집기 설정 : 항상 WYSIWYG로 표시, 도구 모음 표시, 문자 강조색 등을 설정할 수 있습니다.
실행 취소		이전에 지정한 문자 편집 또는 형식 지정을 제거합니다.
다시 실행		실행 취소를 시작하기 전의 상태로 복원합니다.
복사		강조 표시된 문자를 클립보드로 복사합니다.

잘라내기	✂	강조 표시된 문자를 제거하고 클립보드로 문자를 복사합니다.
붙여넣기	📋	클립보드의 문자를 삽입합니다.
대문자	A	문자의 대/소문자를 대문자로 변경합니다.
소문자	a	문자의 대/소문자를 소문자로 변경합니다.
정렬	I▼	삽입 지점을 기준으로 맞춤 및 정렬을 설정합니다.
기울기 각도	A/ 0.0000	문자 기준선을 기준으로 한 글자의 기울임을 지정합니다.
폭 비율	A 1.0000	문자의 글자 폭에 대해 확대(>1.0) 또는 축소(<1.0)를 지정합니다.
도움말	?	도움말 항목을 표시합니다.
확인	✓	기본 노트 작성을 끝냅니다.

2.9 기본 노트 및 주석 편집

EditAnnotation 명령을 사용하여 다양한 유형의 문자 요소(노트, 기본 노트, 치수 문자, 지시선 주석, 블록 속성, 블록 속성 정의)를 편집할 수 있습니다.

1) 문자나 주석 편집하기

① 명령 프롬프트에 **EditAnnotation**을 입력합니다.
② 그래픽 영역에서 문자 요소를 선택합니다.
③ 선택하는 문자 또는 주석 요소 유형에 따라 적절한 편집 대화상자가 표시됩니다.
   다음과 같이 선택한 도면요소에 따라 다릅니다.

구분	설명
SimpleNote	SimpleNote 명령을 사용하여 작성된 문자의 경우 형식 지정을 위해 기본 노트 서식을 사용하여 문자를 편집합니다.
Note	Note 명령을 사용하여 작성된 문자의 경우 형식 지정을 위해 노트 서식을 사용하여 문자를 편집합니다.
MakeBlockAttribute	MakeBlockAttribute 명령을 사용하여 작성한 속성 정의의 경우 블록 속성 편집 대화상자에서 도면요소를 편집합니다.
EditBlockAttribute	EditBlockAttribute 명령을 사용하여 편집할 수 있는 속성을 가진 블록의 경우 블록 속성 값 편집 대화상자에서 도면요소를 편집합니다.
Leader/SmartLeader	• Leader 또는 SmartLeader 명령을 사용하여 작성한 지시선의 경우 노트 편집 대화상자에서 문자를 편집합니다. • 치수의 경우 노트 편집 대화상자에서 치수 문자를 편집합니다.

엑서스

명령 : EditAnnotation

2.10 노트 편집 옵션 설정

NoteOptions 명령을 활용하여 Note 및 SimpleNote 명령을 사용한 텍스트 편집의 기본 설정을 정의할 수 있습니다.

1) 노트의 문자 편집 옵션 설정하기

① 명령 프롬프트에 **NoteOptions**를 입력합니다.
② 옵션을 **노트 편집기(N)** 로 지정합니다.
③ 다음 **옵션**을 지정합니다.
- **바로(I)** : 그래픽 영역에 바로 노트를 입력하고 노트 서식을 사용하여 문자 형식을 지정하도록 설정합니다.
- **대화상자(D)** : 위쪽에 형식 지정 옵션이 있는 대화상자에 노트를 입력하도록 지정합니다. 대화상자 기반 편집은 바로 입력할 때 확인하기 어려운 회전된 문자를 배치하거나 수정해야 하는 경우 등에 적용합니다.
- **외부 편집기(E)** : 외부 문자 편집기 또는 워드 프로세서에서 노트를 작성하도록 지정합니다. 외부 편집기 옵션을 선택할 경우 틸드 기호(~)를 입력하여 '파일 찾아보기' 창을 열어 파일의 경로와 이름을 지정합니다.

2) 기본 노트의 문자 편집 옵션 설정하기

① 명령 프롬프트에 **NoteOptions**를 입력합니다.
② 옵션을 **기본 노트 편집기(S)** 로 지정합니다.
③ 다음 **옵션**을 지정합니다.
- **대화상자(D)** : 위쪽에 형식 지정 옵션이 있는 대화상자에 노트를 입력하도록 지정합니다.
- **바로(I)** : 그래픽 영역에 바로 노트를 입력하고 노트 서식을 사용하여 문자 형식을 지정하도록 설정합니다.
- **고급(A)** : 기본 노트를 바로 작성하고 고급 옵션을 통해 그래픽 영역의 다른 곳을 클릭하여 실행 중인 명령 내에서 다음에 사용할 문자의 새 시작점을 지정하도록 설정합니다. (기본값)

3) 문자 편집 표시 옵션 설정하기

① 명령 프롬프트에 **NoteOptions**를 입력합니다.
② 옵션을 **표시 옵션(D)** 으로 지정합니다.
③ 다음 **옵션**을 지정합니다.
- **정의대로(A)** : 문자를 바로 편집하는 경우, 문자가 너무 작아 읽을 수 없거나 읽기 힘든 각도로 회전되어 있더라도 정의된 그대로 표시합니다.
- **읽기 쉽게(E)** : 문자를 편집하는 중 해당 문자의 내용 및 편집 상황을 쉽게 확인하기 위해서 작은 문자는 임의로 확대시키고, 읽기 힘든 각도의 문자는 임의로 회전시켜 읽기 쉽게 표시합니다.

엑서스
명령 : NoteOptions

2.11 필드 삽입

주석의 필드를 작성하여 수정일, 도면 이름 및 만든 이와 같은 표시 정보를 추가합니다. 예를 들어 필드를 사용하여 제목 블록의 문자를 정확하게 유지할 수 있습니다.

도면을 저장하거나, 인쇄하거나, 재생성하면 필드가 자동으로 업데이트됩니다.

1) 필드 삽입하기

① **삽입 〉 데이터 〉 필드**를 클릭하거나 명령 프롬프트에 **Field**를 입력합니다.
② **필드** 대화상자의 **일반** 탭에서 삽입할 필드 옵션을 지정합니다.
- **범주** : 필드 목록에서 필드 이름을 범주(날짜/시간, 문서 또는 기타) 별로 구분합니다.
- **이름** : 삽입할 필드를 결정합니다.
- **형식** : 필드 문자의 형식(문자열의 경우 소문자 또는 대문자, 날짜 필드의 경우 날짜 형식)을 지정합니다.

③ **확인**을 클릭합니다.
④ 그래픽 영역에서 필드의 삽입 점을 지정합니다.
- 노트 및 기본 노트에 필드를 추가할 수 있고, 필드 이름을 BlockAttribute 정의의 기본값으로 사용할 수 있습니다.
- 공차에서는 필드를 사용할 수 없습니다.

> **엑서스**
> 명령 : Field
> 메뉴 : 삽입 〉 데이터 〉 필드

2.12 필드 정보 업데이트

RebuildField 명령을 사용하여 주석의 필드를 수동으로 업데이트할 수 있습니다.

1) 필드 정보 업데이트하기

① **삽입 〉 데이터 〉 필드 재생성**을 클릭하거나 명령 프롬프트에 **RebuildField**를 입력합니다.
② 그래픽 영역에서 도면요소를 지정합니다.
③ **Enter** 키를 누르면 주석에 포함된 필드가 업데이트됩니다.

> **엑서스**
> 명령 : RebuildField
> 메뉴 : 삽입 〉 데이터 〉 필드 재생성

2.13 필드 배경 설정

필드에 회색 배경을 표시할지 여부를 지정할 수 있습니다.

1) 필드의 배경 설정하기

① 명령 프롬프트에 **SetFieldDisplay**를 입력합니다.

② **예** 또는 **아니요** 옵션을 입력해 필드에 회색 배경 표시 여부를 지정합니다.

> **엑서스**
> 명령 : SetFieldDisplay

2.14 문자 찾기/바꾸기

도면에서 특정 문자를 찾고, 찾은 문자를 원하는 문자로 바꿀 수 있습니다.

1) 문자 찾기/바꾸기

① 명령 프롬프트에 **Find**를 입력하면 **찾기/바꾸기** 대화상자가 열립니다.
② 찾을 대상에 찾을 문자를 입력합니다.
③ 검색 위치에서 문자를 찾을 위치를 지정합니다. 다음을 대상으로 찾아볼 수 있습니다.
  - 활성 시트/영역
  - 전체 도면
  - 선택 세트(그래픽 영역에서 선택을 클릭하여 도면요소 지정)
④ 변경할 내용이 있다면 **바꿀 내용** 칸에 바꿀 문자를 입력하며, 문자를 찾기만 하고 바꾸지 않으려면 **바꿀 내용** 칸을 비워둡니다.
⑤ **옵션**을 클릭하여 검색 옵션에 포함할 도면요소 유형을 지정할 수 있습니다.
   옵션의 **텍스트 검색** 탭에서 다음 옵션을 선택할 수 있습니다.
   · **블록 특성 값**
   · **치수**
   · **노트(MText) 및 기본 노트(DText)**
   · **외부 참조 도면**
   · **하이퍼링크 주소**
   · **하이퍼링크 텍스트**
   · **테이블**
   · **대/소문자 구분, 전체 단어만 검색, 와일드카드 사용**
⑥ **검색 결과** 탭에서 다음 작업을 수행할 수 있습니다.
  - **찾기**를 클릭하여 찾을 대상 문자 검색
  - **다음 찾기**를 클릭하여 검색 결과 내 다음 문자 검색
  - **바꾸기**를 클릭하여 검색한 문자 바꾸기
  - **모두 바꾸기**를 클릭하여 검색한 문자 모두 바꾸기
  - **확대/축소**를 클릭하여 그래픽 영역에서 현재 문자 위치를 기준으로 화면 확대/축소
⑦ 닫기를 클릭합니다.

> **엑서스**
> 명령 : Find

2.15 철자 검사

도면에서 문자의 맞춤법을 검사할 수 있습니다.

1) 맞춤법 검사하기

① 명령 프롬프트에 **SpellCheck**를 입력합니다.
② 그래픽 영역에서 맞춤법을 검사할 문자 요소를 선택하고 **Enter**를 누릅니다.
③ 맞춤법이 잘못된 문자가 있으면 **맞춤법 검사** 대화상자가 나타납니다.
④ 다음 옵션 중 사용할 옵션을 선택합니다.
- **무시** : 발견된 현재 단어의 추천 단어를 무시합니다.
- **변경** : 현재 단어를 **추천 단어** 탭에서 선택한 단어로 바꿉니다.
- **모두 바꾸기** : 맞춤법이 잘못된 모든 단어를 '추천 단어' 탭에서 선택한 단어로 바꿉니다.
- **추가** : 발견된 단어를 사전에 추가합니다.
- **찾기** : 같은 의미의 단어를 찾습니다.
- **사전 변경** : 맞춤법 검사에 사용할 언어를 변경합니다.

⑤ **닫기**를 클릭합니다.

> **엑서스**
> 명령 : SpellCheck

03 테이블 작업

테이블은 행과 열에 데이터가 포함되는 도면요소입니다. 예를 들어, 제목 블록, 파트 목록, 레전드 (범례), 또는 주석에 테이블을 사용할 수 있습니다. 테이블에는 제목, 머리글, 데이터라는 세 가지 유형의 셀이 있습니다.

테이블 스타일은 테이블의 구조와 형태를 결정합니다. 모든 문자 필드는 텍스트 편집기를 사용하여 편집하거나 형식을 지정할 수 있는 문자 요소입니다.

3.1 테이블 스타일 관리

테이블 스타일을 작성, 수정, 삭제하거나 활성화시킬 수 있습니다.

1) 테이블 스타일 작성하기

① **주석 > 테이블 > 테이블 스타일**을 클릭하거나 **TableStyle**을 입력합니다.
② **새로 만들기**를 클릭합니다.
③ **새 테이블 스타일 작성** 대화상자에서 새 테이블 이름을 입력하고 확인을 클릭합니다.

2) 테이블 스타일 수정하기

① **주석 〉 테이블 〉 테이블 스타일**을 클릭하거나 **TableStyle**을 입력합니다.
② **필터** 옵션에서 다음 옵션을 선택합니다.
 • **모든 스타일** : 도면에 정의된 모든 스타일의 목록을 표시합니다.
 • **도면의 스타일** : 도면의 표에서 참조하는 스타일 목록만 표시합니다.
③ **스타일**에서 테이블 스타일을 선택합니다.
④ **셀 스타일 설정** 옵션 아래 **내용**에서 편집할 셀 유형을 선택합니다.
⑤ **표시** 옵션에서 다음을 설정합니다.
 • **배경색** : 표의 배경색을 설정합니다.
 • **정렬** : 셀에서의 문자 맞춤 및 정렬을 설정합니다.
 • **제목 행 삽입** : 제목을 표시할 별도의 행을 생성합니다.
 • **머리글 행 삽입** : 열 머리글을 표시할 별도의 행을 삽입합니다.
⑥ **문자** 옵션에서 다음을 설정합니다.
 • **색상** : 문자 색상을 설정합니다.
 • **스타일** : 도면에 정의된 모든 문자 스타일을 포함합니다. 문자 스타일 표시를 클릭하여 다음에 사용할 문자 스타일을 정의합니다.
 • **높이** : 문자 크기를 설정합니다.
⑦ **경계** 옵션에서 다음을 설정합니다.
 • **색상** : 경계 색상을 설정합니다.
 • **두께** : 경계 두께를 설정합니다.
 • **적용 대상** : 지정한 색상과 두께를 선택한 테두리에 설정합니다.
⑧ **셀 여백**에서 가로 및 세로 방향의 셀 여백 값을 입력합니다. (도면 단위)
⑨ **테이블 머리글 방향**에서 테이블을 삽입 점을 기준으로 아래 방향으로 작성할지, 위 방향으로 작성할지를 설정합니다.

3) 테이블 스타일 활성화 하기

① **주석 〉 테이블 〉 테이블 스타일**을 클릭하거나 **TableStyle**을 입력합니다.
② **스타일**에서 테이블 스타일을 선택합니다.
③ **활성화**를 클릭합니다.

4) 테이블 스타일 이름 바꾸기

① **주석 〉 테이블 〉 테이블 스타일**을 클릭하거나 **TableStyle**을 입력합니다.
② **스타일**에서 테이블 스타일을 선택합니다.
③ **이름 바꾸기**를 클릭합니다.
④ **테이블 스타일 이름 바꾸기** 창에서 테이블 스타일의 새 이름을 입력합니다.
⑤ **확인**을 클릭합니다.

5) 테이블 스타일 삭제하기

도면의 테이블에서 참조하지 않는 테이블 스타일을 삭제할 수 있습니다.
Clean 명령을 사용하여 참조되지 않는 테이블 스타일을 제거할 수도 있습니다.

① **주석 > 테이블 > 테이블 스타일**을 클릭하거나 **TableStyle**을 입력합니다.
② **스타일**에서 테이블 스타일을 선택합니다.
③ **삭제**를 클릭합니다.
④ **예**를 클릭합니다.

> **엑서스**
> 명령 : TableStyle
> 메뉴 : 주석 > 테이블 > 테이블 스타일

3.2 테이블 작성

도면에 테이블을 작성할 수 있습니다.

1) 테이블 작성하기

① **주석 > 테이블 > 삽입**을 클릭하거나 **Table**을 입력합니다.
② **테이블 삽입** 대화상자의 **테이블 스타일** 탭에서 테이블 스타일을 선택하거나, **테이블 스타일 보기**를 클릭하여 테이블 스타일을 작성하거나 편집합니다.
③ **삽입 방법** 탭에서 다음 옵션을 선택합니다.
  - **구석 설정** : 그래픽 영역에서 테이블의 왼쪽 상단 구석 및 오른쪽 하단 구석을 선택하여 테이블 크기를 지정할 수 있습니다.
  - **위치 설정** : 그래픽 영역에서 테이블이 삽입될 위치를 지정할 수 있습니다.
④ **셀 스타일**에서 셀 스타일(제목, 머리글 또는 데이터)을 설정합니다.
⑤ **확인**을 클릭합니다.
⑥ **그래픽 영역**에서 삽입 점을 지정합니다.
⑦ **노트 서식** 대화상자에서 테이블 제목을 편집합니다.
⑧ **Tab**을 눌러 다음 셀로 이동한 후 **문자**를 입력합니다.
⑨ **확인**을 클릭합니다.

> **엑서스**
> 명령 : Table
> 메뉴 : 주석 > 테이블 > 삽입

2) 예제 실습 - 테이블(Table) 작성

Table 명령을 사용하여 아래 도면을 작성하시오.

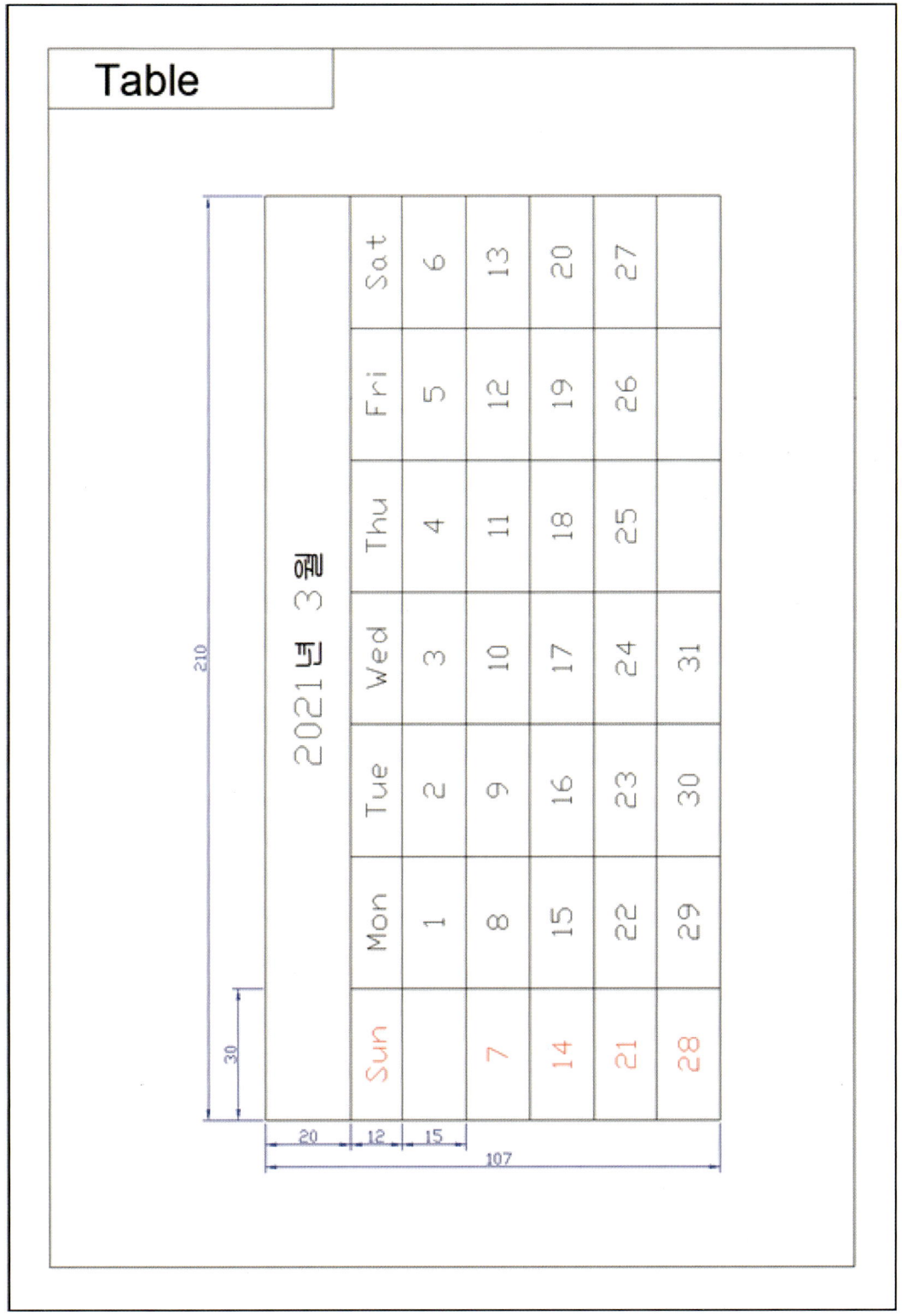

3.3 테이블에서 문자 편집

EditTable 명령을 사용하여 테이블의 문자를 편집합니다. 또한 향상된 형식 지정 옵션을 제공하는 팝업 도구 모음을 사용하여 테이블의 문자를 바로 편집할 수 있습니다.

1) 테이블에서 문자 편집하기

① 명령 프롬프트에 **EditTable**을 입력합니다.
② 그래픽 영역에서 편집할 셀의 문자를 클릭합니다.
③ 입력한 문자를 편집하고 노트 편집 팝업 도구 모음의 형식 지정 옵션을 사용합니다.
④ Tab을 눌러 다음 셀로 이동하거나 Shift + Tab을 눌러 이전 셀로 이동합니다.
⑤ 도구 모음에서 **확인**을 클릭합니다.

2) 테이블에서 문자 바로 편집하기

① 그래픽 영역에서 편집할 표 셀을 두 번 클릭합니다.
② 입력한 문자를 편집하고 노트 형식 지정 팝업 도구 모음의 형식 지정 옵션을 사용합니다.
③ 도구 모음에서 **확인**을 클릭합니다.

> **엑서스**
> 명령 : EditTable

3.4 테이블 셀 편집

테이블의 셀 또는 행과 열을 삽입, 삭제, 병합하거나 크기를 조절할 수 있습니다.

1) 테이블 셀 편집하기

① 테이블 셀을 다음 방법 중 하나를 이용하여 선택합니다.
- 테이블 셀을 클릭합니다.
- **Shift** 키를 누른 상태에서 여러 테이블 셀을 클릭합니다.
- 행 또는 열 머리글을 클릭하여 행 또는 열 전체를 선택합니다.

선택한 테이블 셀은 그립점과 함께 강조 표시되고, 열 및 행 머리글과 사용자 인터페이스 유형에 따른 편집 도구가 나타납니다.

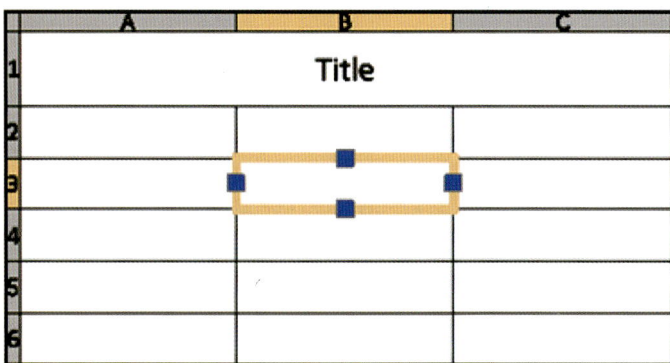

② 리본 탭의 도구를 사용하여 표를 수정합니다.
③ 왼쪽 또는 오른쪽 셀 그립점을 사용하여 선택한 열의 열 너비를 조정하고, 위쪽 및 아래쪽 셀 그립점을 사용하여 선택한 행의 높이를 조정합니다.
④ 선택한 셀을 오른쪽 클릭하여 추가 옵션에 액세스합니다.
- **문자 편집** : 노트 서식 대화상자를 열어 테이블 셀 문자를 편집합니다.
- **셀 콘텐츠 삭제** : 선택한 셀의 모든 문자를 삭제합니다.
- **속성** : 속성 팔레트에서 셀 속성을 수정할 수 있습니다.

⑤ 테이블 외부(바깥 영역)를 클릭하여 편집을 마칩니다.

2) 경계선 모양 수정하기

① 테이블 셀을 다음 방법 중 하나를 이용하여 선택합니다.
- 테이블 셀을 클릭합니다.
- Shift 키를 누른 상태에서 여러 테이블 셀을 클릭합니다.
- 행 또는 열 머리글을 클릭하여 행 또는 열 전체를 선택합니다.

② **테이블 > 셀 > 셀 형식**을 선택합니다.
③ 셀 형식 대화상자에서 다음을 수행합니다.
- **선 색상** : 지정한 경계의 색상을 선택합니다.
- **선 스타일** : 지정한 경계의 선 스타일을 선택합니다.
- **선 가중치** : 지정한 경계의 선 가중치를 선택합니다.
- **적용 대상** : 선택한 선 색상, 선 스타일 및 선 가중치를 지정한 경계에 적용합니다.

3) EditTableCell 명령을 사용하여 셀 편집하기

① 명령 프롬프트에 **EditTableCell**을 입력합니다.
② 테이블 셀을 지정합니다.
③ 셀 또는 셀 범위를 An 또는 An:An 형식으로 지정합니다. 여기서 A는 열 표시 기호를 나타내고 n은 행 번호를 나타냅니다.
④ 명령 옵션(삽입, 제거, 크기, 병합 및 분할)과 하위 옵션을 사용하여 테이블을 수정합니다.
⑤ 종료 옵션을 지정합니다.

4) 그립점을 사용하여 테이블 편집하기

① 테이블 경계선을 클릭합니다.
테이블 경계선이 강조 표시되며 그립점이 나타납니다.

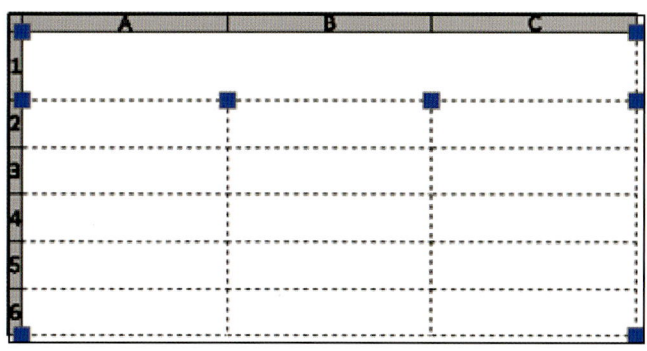

② 그립점을 선택하여 테이블을 수정합니다.
- **왼쪽 위 구석** : 테이블을 이동합니다.
- **오른쪽 위 구석** : 테이블을 가로로 늘입니다.
- **왼쪽 아래 구석** : 테이블을 세로로 늘입니다.
- **오른쪽 아래 구석** : 테이블을 가로 및 세로로 늘입니다.
- **열 상단** : 테이블의 열 너비를 조정합니다.

③ 테이블 외부(바깥 영역)를 클릭하여 편집을 마칩니다.

> **엑서스**
> 명령 : EditTableCell

3.5 표 셀에서 수식 사용

표의 셀에서 다른 셀의 값을 기반으로 계산되는 수식을 사용할 수 있습니다. 수식이 포함된 셀에는 계산된 값이 표시됩니다.

수식이 오류를 반환할 경우 셀에 "####"이 표시됩니다. 수식은 식에 지정된 셀의 값을 기반으로 값을 계산하는 식입니다.

또한, 식을 삽입하여 지정된 셀 및 셀 범위의 값을 기반으로 결과를 계산할 수 있습니다. 수식은 항상 등호(=)로 시작해야 하며 다음과 같은 기호를 포함할 수 있습니다.

그립점 위치	설명
SUM	정의된 셀의 값 합계를 계산합니다.
Average	정의된 셀의 값 평균을 계산합니다.
Count	정의된 셀의 수를 셉니다.

1) 수식 입력 시 셀 지정

수식 입력 시 셀 및 셀 범위를 선택하여 지정할 수도 있고, 열 및 행 레이블을 사용해 지정할 수도 있습니다. 수식 입력 시 셀 표기 및 지정 방법은 다음과 같습니다.
- **A1, D2** : 수식 입력 시 셀을 지정하여 사용할 시, 해당 열의 문자와 행의 번호를 사용합니다.
- **A2:B4** : 수식 입력 시 셀 범위를 지정하여 사용할 시, 해당 범위의 첫 번째 셀과 마지막 셀을 콜론(:)으로 구분하여 사용합니다.
- **Sum(A2:B2, A3:B3)** : 수식 내 여러 셀 범위를 지정하여 사용할 시, 표에 있는 하나 이상의 셀 범위를 쉼표(,)로 구분하여 수식을 입력합니다.

병합된 셀의 경우, 병합된 셀 범위 중 가장 좌측 상단에 위치했던 셀의 셀 번호를 사용합니다. 또한, 병합된 셀 범위에 각각의 값이 포함되어 있으면 가장 좌측 상단에 위치했던 셀의 값만 표시됩니다. 예를 들어 셀 범위 A1:G8의 다음 표에서 셀 A3~C4를 병합하면, 병합된 셀은 A3라고 식별되며 해당 셀에는 A3에 있었던 값이 표시됩니다.

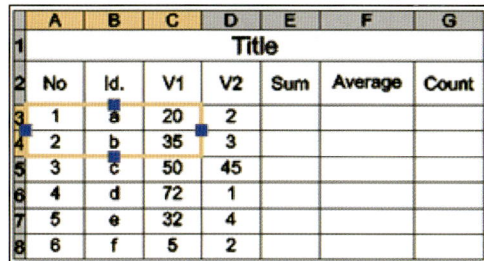

[셀 범위 A3:C4 병합]   [병합 결과]

2) 셀 데이터 유형 변경하기

모든 셀에는 지정된 데이터 유형이 있습니다. 기본 데이터 유형은 일반이지만 속성 팔레트에서 또는 표 상황별 리본의 편집 도구를 사용하여 이를 변경할 수 있습니다.

① 그래픽 영역에서 테이블 셀 내부를 클릭하여 선택합니다.
② 리본 메뉴에서 **테이블 〉 데이터**를 클릭하고 데이터 유형을 선택합니다.

3) 수동으로 수식 삽입하기

① 테이블 내의 셀을 선택하여 바로 편집합니다.
   셀 내부를 클릭하여 선택하고 등호(=)를 입력하거나, 셀을 두 번 클릭하면 셀이 편집 모드로 전환되고 편집 도구가 나타납니다.
② 수식을 입력합니다. 다음 예와 같이 함수를 사용할 수 있습니다.

수식 예시	설명
=Sum(C3:D8)	C, D열의 3~8행에 있는 셀의 값의 총합을 계산합니다.
=Average(C3:D8)	C, D열의 3~8행에 있는 셀의 값의 평균을 계산합니다.
=Count(C3:D8)	C, D열의 3~8행에 있는 셀의 수를 계산합니다.
=(C3+D8)/2	셀 C3과 D3의 값을 더하고 그 결과를 2로 나눕니다.

③ **Enter** 키를 눌러 결과를 계산합니다.

> 참고
>
> 수식은 등호(=)로 시작해야 합니다.

4) 수식 도구를 사용하여 수식 삽입하기

테이블 리본에서 다음과 같은 도구를 사용하여 데이터 유형과 수식을 삽입할 수 있습니다.

구분	설명
데이터	사용 가능한 데이터 유형을 나열합니다.
수식 f_x	사용 가능한 함수를 나열합니다.

① 표 셀 내부를 클릭하여 선택합니다.
② 다음 중 하나를 수행합니다.

- **테이블** : 테이블 리본에서 "수식" 도구를 클릭하고 사용할 수식을 선택합니다.
- **테이블 편집** : 테이블 편집 상황별 도구 모음에서 "수식" 도구를 클릭하고 사용할 수식을 선택합니다.
- **팝업 메뉴** : 마우스를 우 클릭하여 팝업 메뉴를 호출하고, 수식 탭의 합계, 평균, 수, 셀 등을 클릭합니다.

③ 선택한 수식에 해당하는 셀 또는 셀 범위를 지정합니다.
④ **Enter** 키를 눌러 결과를 계산합니다.

5) EditTableCell 명령을 사용하여 수식 삽입하기

EditTableCell 명령을 사용하여 수식을 삽입하고 셀의 데이터 유형을 변경할 수 있습니다.

① 명령 프롬프트에 **EditTableCell**을 입력합니다.
② 그래픽 영역에서 테이블을 작성합니다.
③ 명령 프롬프트에서 수식을 삽입할 셀을 An 형식으로 지정합니다. (A: 열 기호, n: 행 번호)
④ 수식 옵션을 지정합니다.
⑤ 지정된 셀에 수식을 삽입합니다.
⑥ 필요에 따라 ⑤를 반복합니다.
⑦ **종료**를 지정하여 명령을 닫습니다.

6) 셀의 데이터 유형 변경하기

① 명령 프롬프트에 **EditTableCell**을 입력합니다.
② 그래픽 영역에서 테이블을 작성합니다.
③ 셀 또는 셀 범위를 An 또는 An:An 형식으로 지정합니다.
④ 데이터 유형 옵션을 지정합니다.
⑤ 데이터 유형을 각도, 통화, 날짜, 십진수, 일반, 노트, 백분율, 점, 정수 중에서 지정합니다.
⑥ 종료를 지정하여 데이터 유형 선택을 종료합니다.
⑦ 종료를 지정하여 명령을 닫습니다.

7) 수식을 다른 셀에 복사

수식을 같은 테이블 내의 다른 셀에 복사할 수 있습니다. 셀 범위는 복사할 셀의 위치에 따라 변경됩니다. 동일한 셀 범위를 유지하려면 열 기호 및 행 번호 앞에 달러 기호($)를 삽입합니다.

	A	B	C	D	E	F	G
1					Title		
2	No	Id.	V1	V2	Sum1	Sum2	Sum3
3	1	a	20	2	=sum(C3:C7)	=sum($C3:$C7)	
4	2	b	35	3	=sum(C4:C8)	=sum($C3:$C7)	
5	3	c	50	45			
6	4	d	72	1			
7	5	e	32	4			
8	6	f	6	2			

구분	원본 셀	복사된 셀
E3→E4 복사	Sum(C3:C7)	Sum(C4:C8)
F3→F4 복사	Sum($C3:$C7)	Sum($C3:$C7)

3.6 테이블 내보내기

ExportTable 명령을 사용하여 테이블을 CSV(쉼표로 구분된 형식)으로 내보냅니다.

CSV는 ASCII 파일 형식으로, 스프레드시트 또는 데이터베이스 소프트웨어용 테이블 형식 데이터를 저장합니다. 쉼표는 셀 값을 구분하며, 스트링에는 작은따옴표가 사용됩니다.

Microsoft Excel이나 기타 CSV 호환 응용프로그램에서 CSV 파일을 가져올 수 있습니다.

Y	Model		Price
1997	M1 A4	x	3000.00
1999	M2 M3		4900.00
1999	M3 A5	x	5000.00

"Y","Model","","Price""1997","M1 A4","x","3000.00""1999","M2 M3","","4900.00""1999","M3 A5","x","5000.00"

[테이블]   [.csv 형식]

1) 테이블 내보내기

① 그래픽 영역에서 내보낼 테이블을 지정합니다.
② 다음 중 하나를 수행합니다.
   • 마우스를 우 클릭하여 **팝업 메뉴**를 호출하고, **테이블 내보내기**를 클릭합니다.
   • 명령 프롬프트에 **ExportTable**을 입력합니다.
③ 대화상자에서 다음을 지정합니다.
   • **저장 위치** : 파일을 저장할 폴더를 지정합니다.
   • **파일 이름** : 파일의 이름을 입력합니다.
④ **저장**을 클릭합니다.

엑서스
명령 : ExportTable

CHAPTER 11 해치, 문자, 표 작업

04 음성 노트 삽입

VoiceNote 명령을 사용하여 음성 노트를 녹음하고 도면에 삽입할 수 있습니다.

4.1 음성 노트 작성하기

① **주석 〉 개정 〉 음성 노트**를 클릭하거나 명령 프롬프트에 **VoiceNote**를 입력합니다.
② 그래픽 영역에서 음성 노트를 삽입할 위치를 지정합니다.
③ VoiceNote 창이 표시되며, 음성을 녹음하거나 문자를 입력할 수 있습니다.
④ **기록**버튼을 클릭하여 음성을 녹음합니다.
⑤ 음성 노트를 입력하고 나면 **확인** 버튼을 클릭합니다.
⑥ 음성 노트가 포함된 블록이 지정한 위치에 삽입됩니다.

1) 음성 녹음

음성 노트 창에는 네 개의 오디오 컨트롤(기록, 재생, 일시 중지, 중지)이 있으며, 기록을 클릭하고 중지를 누를 때까지 음성이 녹음됩니다. 또한, 오디오를 새로 녹음하면 이전의 녹음이 완전히 지워지며, 재생 컨트롤을 선택하여 녹음된 음성을 재생할 수 있고, 오디오를 녹음하거나 재생할 때 일시 중지 및 중지 컨트롤을 필요에 따라 사용할 수 있습니다.

단, 음성을 녹음하려면 장치에 적절한 마이크, 오디오 소프트웨어 등이 구성되어 있어야 하며, 음성 확인 등을 위해 녹음된 음성을 재생하려면 스피커 장치도 필요합니다.

2) 음성 노트 편집

도면에서 음성 노트가 포함된 블록을 클릭하면 음성 노트 창에 녹음된 음성 및 입력된 문자가 표시됩니다. 음성 노트 대화상자에서 재생 버튼을 클릭하여 오디오 녹음을 재생하거나 문자(있을 경우)를 읽을 수 있습니다.

또는, 이전 녹음을 덮어쓸 새 음성을 녹음하거나 입력된 문자를 편집할 수 있습니다. 편집된 음성 녹음 및 문자는 확인 버튼을 누르면 업데이트됩니다.

3) 음성 노트 제거

삭제하려는 음성 노트가 포함된 블록을 선택하고, delete 키를 누르면 도면에 첨부된 음성 혹은 문자를 포함한 음성 노트를 제거할 수 있습니다.

음성 노트가 첨부된 채로 도면을 저장할 수 있지만, 타 CAD 프로그램에서는 재생할 수 없으며, 음성 노트는 크기에 제한이 없습니다.

또한, 복잡한 도면에서는 별도의 도면층을 생성하여 음성 노트를 삽입하면 찾기 쉽습니다.

> **엑서스**
> 명령 : VoiceNote
> 메뉴 : 주석 〉 개정 〉 음성 노트

05 도면요소에 하이퍼링크 추가

Hyperlink 명령을 사용하여 도면요소에 하이퍼링크를 추가하거나 기존 하이퍼링크를 수정합니다. 하이퍼링크는 현재 도면에 있는 웹 사이트, 전자 메일 주소, 도면 파일로 이동할 수 있게 해줍니다.

5.1 하이퍼링크 창 열기

① **삽입 〉 데이터 〉 하이퍼링크**를 클릭하거나 명령 창에 **Hyperlink** 명령을 입력합니다.
② 그래픽 영역에서 하이퍼링크를 적용할 도면요소를 지정한 후 Enter를 누릅니다.

5.2 기존 파일 또는 웹 페이지 하이퍼링크 작성하기

① 하이퍼링크 대화상자에서 **기존 파일** 또는 **웹 페이지**를 클릭합니다.
② **문자**에 하이퍼링크 설명을 입력합니다. 링크 자체로 식별하기 어려운 경우 이 문자를 사용합니다.
③ 주소에 하이퍼링크를 입력하거나, **다음**을 클릭합니다.

구분	아이콘	설명
현재 폴더	-	현재 폴더 기준으로 하이퍼링크 대상 파일을 선택합니다.
찾아본 페이지	-	웹 브라우저의 최근 사용 목록에서 웹 페이지를 선택합니다.
최근 파일	-	최근에 사용한 파일 목록에서 파일을 선택합니다.
웹브라우저 열기	🔍	웹 브라우저를 열고 웹 사이트 주소를 검색합니다.
파일 찾아보기	🔍	"열기" 창에서 파일을 선택합니다.
대상 프레임	대상 프레임(G)	하이퍼링크를 추가할 대상 도면 파일의 위치를 지정합니다.

④ **확인**을 클릭합니다.

5.3 전자 메일 주소 하이퍼링크 작성하기

① **하이퍼링크**에서 **전자 메일 주소**를 클릭합니다.
② 전자 메일 주소에 주소를 입력하거나, 최근 전자 메일 주소 목록에서 메일 주소를 선택합니다.
③ 제목에 메일 제목을 설정할 문자를 입력합니다.
④ **확인**을 클릭합니다.

5.4 하이퍼링크 열기

Ctrl 키를 누른 채 하이퍼링크가 포함된 도면요소를 클릭합니다.

5.5 하이퍼링크 삭제하기

① **삽입 〉 데이터 〉 하이퍼링크**를 클릭하거나 **Hyperlink**를 입력합니다.
② 삭제하려는 하이퍼링크가 포함된 도면요소를 지정한 후 **Enter**를 누릅니다.
③ 대화상자에서 문자와 주소 입력 항목을 지웁니다.
④ **확인**을 클릭합니다.

> **엑서스**
>
> 명령 : Hyperlink
> 메뉴 : 삽입 〉 데이터 〉 하이퍼링크
> 키보드 바로가기 : Ctrl + K

치수 작성 및 수정

CHAPTER 12

CHAPTER 12

치수 작성 및 수정

도면요소 측정치나 도면요소 관계를 표시하는 여러 개의 치수 도구가 있습니다. 기본적으로 치수는 도면요소와 연관됩니다. 도면요소의 형상을 수정하면 치수가 변경 사항을 반영하여 업데이트됩니다. 일반적으로 치수는 다음으로 구성됩니다.

- **치수선 또는 호**
- **측정된 도면요소로 연장되는 치수 보조선**
- **치수 문자**

세로좌표 치수, 지시선, 기하 공차는 치수 문자와 지시선으로 구성됩니다. 치수는 치수 스타일을 기반으로 합니다.

치수 스타일은 특정 산업이나 분야의 규격이 적용된 명명된 기본값 세트입니다.

01 치수 스타일 작업

DimensionStyle 명령을 사용하여 치수 스타일을 작성하고 수정합니다. 치수 스타일은 치수 모양을 제어합니다. 치수 스타일을 정의하면 치수에 대한 주석 축척 조정을 적용할 수 있습니다.

1.1 치수 스타일 관리

1) 새 치수 스타일 작성하기

① **주석 〉 치수 〉 치수 스타일**을 클릭하거나 **DimensionStyle**을 입력합니다.
② **새로 만들기**를 클릭합니다.
③ 새 치수 스타일 작성 대화상자에서 다음 옵션을 설정합니다.
  - **이름**에 값을 입력합니다.
  - **기준**의 목록에서 기존 치수 스타일을 선택합니다.
  - **적용 대상**에서 치수 유형을 선택합니다.
  - **확인**을 클릭합니다.

④ **치수**에서 치수 스타일을 설정합니다. 아래 치수 스타일 설정을 참고하십시오.
⑤ **확인**을 클릭합니다.

2) 치수 스타일 수정하기

① **주석 〉 치수 〉 치수 스타일**을 클릭하거나 DimensionStyle을 입력합니다.
② **스타일**에서 수정할 치수 스타일을 선택합니다.
③ **치수**에서 치수 스타일을 설정합니다.
④ **활성화** 또는 **확인**을 클릭합니다.

3) 활성 치수 스타일 설정하기

① **주석 〉 치수 〉 치수 스타일**을 클릭하거나 DimensionStyle을 입력합니다.
② **스타일**에서 활성화할 치수 스타일을 선택합니다.
③ **활성화**를 클릭합니다. 활성 치수 스타일 옆에 화살표가 표시됩니다.
④ **확인**을 클릭합니다.

4) 치수 스타일 비교하기

① **주석 〉 치수 〉 치수 스타일**을 클릭하거나 DimensionStyle을 입력합니다.
② **차이**를 클릭합니다.
③ 치수 스타일 차이 찾기 대화상자의 **비교와 대상**에 각각의 치수 스타일을 선택합니다.
④ **복사**를 클릭하여 차이를 복사하거나 **닫기**를 클릭합니다.

5) 치수 스타일 설정 재정의하기

활성 치수 스타일의 설정을 임시로 변경할 수 있습니다.
이 변경으로 치수 스타일 설정이 수정되지는 않습니다. 설정 재정의는 현재 활성화된 다른 치수 설정이 없는 경우에만 적용됩니다.
① **주석 〉 치수 〉 치수 스타일**을 클릭하거나 DimensionStyle을 입력합니다.
② **스타일**에서 재정의할 치수 스타일을 선택합니다.
③ **활성화**를 클릭합니다.
④ **재정의 설정**을 클릭합니다.
⑤ 치수 스타일 재정의를 설정합니다.
⑥ **확인**을 클릭합니다.

6) 치수 스타일 이름 바꾸기

① **주석 〉 치수 〉 치수 스타일**을 클릭하거나 DimensionStyle을 입력합니다.
② **스타일**에서 이름을 바꿀 치수 스타일을 선택합니다.
③ **이름 바꾸기**를 클릭합니다.
④ 치수 스타일 이름 바꾸기 대화상자에서 선택한 치수 스타일에 새 이름을 지정하고 **확인**을 클릭합니다.

7) 치수 스타일 삭제하기

① **주석 〉 치수 〉 치수 스타일**을 클릭하거나 DimensionStyle을 입력합니다.
② **스타일**에서 삭제할 치수 스타일을 선택합니다.

③ **삭제**를 클릭합니다.

> **엑서스**
> 명령 : DimensionStyle
> 메뉴 : 주석 〉 치수 〉 치수 스타일

1.2 치수 스타일 설정

1) 각도 치수

① 각도 치수 설정
- **형식** : 주요 각도 단위 형식(십진 도수, 도/분/초, 그레이드 또는 라디안)
- **정밀도** : 소수점 자릿수를 설정합니다.
- **0 표시** : 각도 치수에서 소수점 자리를 제거할 수 있습니다.

② 호 길이 기호
- 호 길이 치수의 기호 표시를 설정할 수 있습니다.

2) 화살표

- **시작 화살표** : 치수의 시작 화살표 머리를 지정합니다.
- **끝 화살표** : 치수의 끝 화살표 머리를 지정합니다.
- **지시선 화살표** : 치수의 지시선 화살표 스타일을 설정합니다.
- **크기** : 화살표 머리 크기를 설정합니다.

3) 이중 치수

이 옵션은 두 번째 사용 치수인, 대체 치수 방법을 제어합니다. 이 모드에서는 미터법과 Imperial 값으로 이중 치수를 설정할 수 있습니다.

① **이중 치수 표시** : 치수의 시작 화살표 머리를 지정합니다.

② **이중 치수 설정**
- **형식** : 대체 단위 형식을 설정합니다.
- **정밀도** : 소수점 자릿수를 설정합니다.
- **단위 변환 승수** : 단위 변환에 사용할 승수를 설정합니다.
- **근삿값으로 반올림** : 반올림 값을 지정할 수 있습니다.
- **접두사 및 접미사** : 치수 값에 접두사와 접미사를 지정할 수 있습니다.

③ **0표시**
- **선행 0 숨기기 및 후행 0 숨기기** : 선행 및 후행 0을 억제할 수 있습니다.
- **0피트 숨기기 및 0인치 숨기기** : 형식을 건축, 건축(스택) 또는 공학으로 설정할 경우 0피트와 0인치를 숨길지 여부를 지정할 수도 있습니다.

④ **삽입**
- **주 단위 뒤 및 주 단위 아래** : 대체 단위를 주 치수 값 뒤 또는 주 치수 값 아래에 배치할지 여부를 지정합니다.

4) 맞춤

맞춤 옵션은 치수 보조선 사이에 문자와 화살표 공간이 부족할 경우 치수를 배열할 방법을 결정합니다.

① **형상**
- **공간상 제약이 있으면 선택한 도면요소를 치수 보조선 밖으로 이동** : 치수 보조선 안에 문자와 화살표 공간이 부족할 경우 치수 보조선 밖으로 이동할 첫 번째 도면요소를 지정할 수 있습니다.
- **화살표 숨기기** : 치수 보조선 안에 화살표 크기가 맞지 않을 경우 화살표를 숨깁니다.

② **치수 문자**
- **치수 문자가 기본 위치에 있지 않으면 이동** : 치수 문자가 기본 위치에 있지 않으면 다음 위치로 이동할 수 있습니다.

③ **치수 축척**
- **주석 축척 조정** : 사용자가 정의한 치수 스타일을 적용하는 치수에 주석 축척 조정을 사용하는지 여부를 지정합니다. 스타일에서 주석 치수 스타일은 아이콘으로 표시됩니다.
- **축척 인수** : 치수 스타일 설정의 전체 축척을 지정합니다. 축척 인수는 문자와 화살표 머리 크기를 포함한 크기, 거리, 간격에 영향을 미칩니다.
- **시트에 따라 치수 축척 조정** : 현재 뷰포트와 도면 시트 간의 축척을 기준으로 축척 인수를 설정합니다.

④ **추가 옵션**
- **치수 보조선 사이에 치수 정렬** : 화살표 머리가 치수 밖에 있는 경우라도, 치수 보조선 사이에 치수선이 유지되도록 합니다.
- **문자 배치 지정** : 치수 문자 위치를 직접 조정할 수 있습니다. 가로 양쪽 맞춤 설정은 무시됩니다.

5) 선형 치수

① **형식** : 주 선형 단위 형식을 설정합니다.
② **정밀도** : 소수점 자릿수를 설정합니다.
③ **분수 표시** : 분수 단위의 스택 표시를 설정합니다.
④ **소수 구분 기호** : 형식이 10진수로 설정된 치수의 소수 구분 기호를 설정합니다.
⑤ **근삿값으로 반올림** : 반올림 값을 지정할 수 있습니다.
⑥ **접두사 및 접미사** : 치수 문자 앞이나 뒤에 문자열을 입력할 수 있습니다. 예를 들어, 접미사 필드에는 측정 단위를 표시할 수 있습니다.
⑦ **측정 축척**
- **축척 인수** : 모든 선형 치수 문자(지름, 반지름, 좌표와 같은 치수 문자 포함)를 지정된 축척 인수로 곱합니다. 각도 치수와 플러스/마이너스 공차 값은 영향을 받지 않습니다. 이 설정은 특히 연관되지 않은 치수 지정에 적용됩니다.
- **시트 치수 따르기** : 측정 축척 인수를 시트에서만 작성된 치수에 적용합니다.

⑧ **0 표시**
- **선행 0 숨기기 및 후행 0 숨기기** : 십진수 선형 치수에서 소수점 자리를 제거할 수 있습니다.
- **0피트 숨기기 및 0인치 숨기기** : 형식을 **건축**이나 **공학**으로 설정할 경우 0피트(**0피트 숨기기**)와 0인치(**0인치 숨기기**)를 숨길지 여부를 지정할 수도 있습니다.

6) 선

① 0 치수선 설정

- **스타일** : 치수선의 선 스타일을 설정합니다.
- **가중치** : 치수선의 선 가중치를 설정합니다.
- **색상** : 치수선의 선 색상을 설정합니다.
- **오프셋** : BaselineDimension 명령을 사용하여 기준선 치수를 적용할 때 치수선의 오프셋 거리를 설정합니다.
- **시작 화살표를 넘어선 거리** : 틱이나 건축과 같은 특정 화살표 머리를 적용할 때 치수 보조선을 넘어 치수선이 연장되는 거리를 설정합니다.
- **숨기기** : 첫 번째 치수선과 화살표 머리를 표시할지 여부를 결정합니다.

② 치수 보조선 설정

치수 보조선은 측정된 요소의 둘레 밖으로 치수를 연장하는 선으로, 치수가 이러한 둘레 제한 밖으로 연장되는 것을 전제합니다.

- **스타일** : **치수 보조선** 1과 **치수 보조선** 2의 선 스타일을 설정합니다.
- **가중치** : 치수 보조선의 선 가중치를 설정합니다.
- **색상** : 치수 보조선의 선 색상을 설정합니다.
- **오프셋** : 도면요소와 치수 보조선이 시작되는 점 사이의 오프셋 거리를 설정합니다.
- **치수선을 넘어선 거리** : 치수 보조선이 치수선을 넘어서는 거리를 설정합니다.
- **숨기기** : 첫 번째 및 두 번째 치수 보조선을 숨깁니다.
- **고정 길이** : 치수 보조선의 고정 길이를 설정할지 여부를 지정합니다. 길이에 값을 설정합니다.

③ 치수 분할

- **분할 간격** : SplitDimension 명령을 사용하여 다른 도면요소와 교차하는 치수선과 보조선을 분할할 때의 기본 간격 폭을 지정합니다.

7) 원형/지름 치수

① 중심 마크 표시

- **없음, 마크대로, 중심선대로** : 원의 중심점을 나타내는 마크를 정의하고 중심 마크에 대시나 짧은 선을 추가할지 여부를 지정합니다.

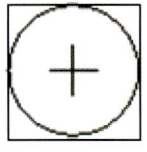 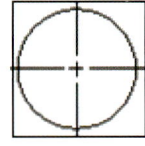

마크대로   중심선대로(도면 표준에 따름)

- **크기** : 중심, 지름, 반지름 치수에 대한 중심 마크의 크기를 지정할 수 있습니다.

② 반지름 치수 조그

- **각도** : 조그 반지름 치수에서 치수선의 가로 세그먼트의 각도를 결정합니다.

8) 문자

① 문자 설정
- **스타일** : 치수 문자 스타일을 설정합니다.
- **색상** : 치수 문자 색을 설정합니다.
- **채우기** : 치수 문자 배경색을 설정합니다.
- **높이** : 치수 문자 높이를 설정합니다.
- **분수 축척** : 일반 치수 문자 높이를 기준으로 공차 값의 문자 높이에 대한 축척 인수를 설정합니다.
- **치수 문자 프레임** : 치수 문자 둘레에 프레임을 표시합니다.

② 문자 위치
- **수평 및 수직** : 치수 문자의 수평 및 수직 위치를 설정합니다.
- **치수선과의 간격** : 치수선과 문자의 간격을 설정합니다.

③ 문자 맞춤
치수 문자를 다음 옵션으로 맞출 수 있습니다.

1	ISO 규격 사용
2	수평 정렬
3	치수선에 맞춤

9) 공차

① 공차 설정
- **계산** : 다음과 같은 공차 생성 형식을 설정합니다.

구분	내용
기본	단일 값의 추가 치수 측정 및 편차를 상자 안에 표시합니다.
편차	치수 측정에 별도의 +, − 편차 값을 붙입니다.
한계	최댓값과 최솟값을 위아래로 표시합니다.
없음	공차 값을 생성하지 않습니다.
대칭	단일 값의 양수 및 음수 편차를 나타내는 치수 측정에 +/− 공차 값을 붙입니다.

- **정밀도** : 소수점 자릿수를 설정합니다.
- **최댓값 및 최솟값** : 양수 또는 음수 공차 값을 설정합니다.
- **축척** : 공차 축척을 설정합니다.
- **세로 문자 맞춤** : 공차 문자 자리 맞춤을 지정합니다.
- **0 표시** : **선행 0 숨기기** 및 **후행 0 숨기기**를 지정하여 십진수 공차 치수에서 소수점 자리를 제거할 수 있습니다.

② 이중 치수
- **정밀도** : 기하 공차의 대체 치수에 대한 소수점 자릿수를 설정합니다.
- **0 표시** : **선행 0 숨기기** 및 **후행 0 숨기기**를 지정하여 십진수 대체 치수에서 소수점 자리를 제거할 수 있습니다.

CHAPTER 12 치수 작성 및 수정

> **엑서스**
> 명령 : 치수 스타일
> 메뉴 : 주석 〉 치수 〉 치수 스타일

1.3 치수 문자 편집 및 형식 지정

ParallelDimension 명령어를 사용하여 치수를 작성하는 동안 치수 문자를 편집하거나 형식을 지정할 수 있습니다.

ParallelDimension 명령은 두 개의 점을 지정하거나 치수를 부가할 도면요소를 지정한 후 치수선 위치를 지정하는 프롬프트가 나타납니다. 노트, 문자, 또는 각도 옵션을 지정하여 치수선 위치를 다시 지정하는 프롬프트가 나타나기 전에 치수 문자를 편집할 수 있습니다.

1) 각도

각도 옵션은 치수 문자의 각도를 변경합니다.
치수 문자의 각도를 지정하는 프롬프트가 나타납니다. 회전 각도를 입력합니다.
도면요소 스냅 기능을 사용하여 치수 문자를 측정된 도면요소에 정렬할 수 있습니다.

2) 노트

노트 옵션을 사용하면 노트 편집 대화상자에서 다중행 텍스트 편집기를 사용하여 치수 문자를 변경할 수 있습니다.
문자를 변경하거나 문자를 추가할 수 있으며, 코드 및 유니코드 문자열을 제어하여 특수 문자나 기호를 추가할 수 있습니다.
글꼴을 수정하거나 서체(굵게, 기울임꼴)를 수정하거나 치수에 밑줄을 추가할 수도 있습니다.

3) 문자

문자 옵션을 사용하여 치수 문자를 변경할 수 있습니다.
생성된 측정치를 문자열에 그대로 유지하려면 괄호(〈〉)를 사용하여 표현합니다.

1.4 도면요소 치수 작성

SmartDimension 명령을 사용해 도면요소를 지정하여 치수를 작성합니다.
선, 폴리선 세그먼트, 호, 원 및 링에 명령을 적용할 수 있습니다.

- 좌표계의 축에 평행한 선형 도면요소의 경우 정렬된 치수(평행 치수)가 작성됩니다. 좌표계의 축에 평행하지 않은 선형 도면요소의 경우, 포인터의 이동에 따라 정렬된 치수(두 점 간 절대 거리 측정)와 수평 또는 수직 치수(두 점 간 수평 또는 수직 거리 측정) 중 하나가 작성됩니다.
- 곡선 도면요소는 반지름, 지름, 선형, 각도 및 호 길이 치수 작성합니다.

1) 도면요소 치수 작성하기

① **주석 〉 치수 〉 스마트**를 클릭하거나 SmartDimension을 입력합니다.
② 그래픽 영역에서 치수를 작성할 도면요소를 선택합니다.

③ 클릭을 통하여 치수선을 배치합니다.

원이나 **호**에 다른 치수 유형을 사용하려면 다음 옵션 중 하나 지정합니다.

- **지름** : 지름 치수를 작성합니다.
- **반지름** : 호나 원의 반지름 치수를 작성합니다.
- **선형** : 원 지름의 선형 치수를 작성하거나, 호의 두 끝점 간 정렬된 수평 또는 수직 치수를 작성합니다.
- **각도** : 호의 양 끝점 간의 각도 치수를 작성합니다.
- **호 길이** : 호의 길이 치수를 작성합니다.
- **잠금** : 포인터가 움직이는 곳에 관계없이 현재 치수 유형을 결정합니다.
- **잠금 해제** : 사용한 선형 치수 유형을 잠금 해제합니다.

④ **Enter**를 누릅니다.

> **엑서스**
> 명령 : SmartDimension
> 메뉴 : 주석 〉 치수 〉 스마트

1.5 평행 치수 작성

ParallelDimension 명령은 정렬된 평행 치수를 작성합니다.

평행 치수는 축의 상대 위치와는 상관없이, 두 점 사이의 절대 거리를 측정하고 레이블을 표시하는 선형 치수 유형입니다. 좌표계의 주 축에 있지 않은 즉, 좌표계의 X, Y, 또는 Z축에 평행하지 않은 선, 모서리, 또는 공백의 치수를 지정할 수 있습니다.

1) 평행 치수 작성하기

① **주석 〉 치수 〉 평행**을 클릭하거나 **ParallelDimension**을 입력합니다.
② 첫 번째와 두 번째 보조선 원점을 지정하거나 **Enter**를 누른 후 치수를 부가할 도면요소를 지정합니다.
③ 그래픽 영역에서 클릭하여 치수선을 배치하거나 **각도, 노트**, 또는 **문자** 옵션을 사용합니다.

> **엑서스**
> 명령 : ParallelDimension
> 메뉴 : 주석 〉 치수 〉 평행

1.6 선형 치수 작성

LinearDimension 명령은 수평 치수, 수직 치수, 회전된 선형 치수를 작성합니다.

1) 선형 치수 작성하기

① **주석 〉 치수 〉 선형**을 클릭하거나 **LinearDimension**을 입력합니다.
② 첫 번째와 두 번째 보조선 원점을 지정하거나 **Enter**를 누르고 치수를 부가할 도면요소를 지정합니다.
③ 그래픽 영역에서 클릭하여 치수선을 배치하거나 다음 옵션을 지정합니다.

- **각도, 노트, 또는 문자** : 치수 문자 편집 및 형식 지정을 참고합니다.
- **수평** : 수평 선형 치수를 작성합니다. 지정된 점 사이의 수평 거리가 측정되고 치수선은 X축에 평행합니다.
- **회전** : 치수선에 대해 지정한 각도를 기준으로 기울어진 치수를 작성합니다.
- **수직** : 수직 선형 치수를 작성합니다. 지정된 점 사이의 수직 거리가 측정되고 치수선은 Y축에 평행합니다.

> **엑서스**
> 명령 : LinearDimension
> 메뉴 : 주석 〉 치수 〉 선형

1.7 호 길이 치수 작성

ArcLengthDimension 명령은 호 길이 치수를 작성합니다. 이 명령은 호와 폴리선의 호 세그먼트를 따르는 거리를 측정합니다.

1) 호 길이 치수 작성하기

① **주석 〉 치수 〉 호 길이**를 클릭하거나 **ArcLengthDimension**을 입력합니다.
② 그래픽 영역에서 호나 폴리선의 호 세그먼트를 선택합니다.
③ 클릭하여 치수 호 선을 배치하거나 다음 옵션을 지정합니다.
- **지시선** : 치수선에서부터 호의 중심을 향해 호까지 작성된 치수에 지시선을 추가합니다.
- **부분** : 호 일부의 길이 치수를 부가할 수 있습니다. 호에서 두 점을 지정합니다.

> **엑서스**
> 명령 : ArcLengthDimension
> 메뉴 : 주석 〉 치수 〉 호 길이

1.8 세로좌표 치수 작성

OrdinateDimension 명령은 세로좌표 점 치수를 작성합니다.

명령을 실행하면 X 또는 Y 좌표가 지시선과 함께 표시되어 X 데이터 또는 Y 데이터 치수가 작성됩니다. X 또는 Y 좌표의 값은 기능 위치라고 하는, 지정한 점으로 정의됩니다.

1) 세로좌표 치수 작성하기

① **주석 〉 치수 〉 세로좌표**를 클릭하거나 **OrdinateDimension**을 입력합니다.
② 그래픽 영역에서 기능 위치(측정될 점)를 지정합니다.
③ 지시선 끝점을 지정하거나 다음 옵션을 지정합니다.
- **X 데이터** : 지시선 끝점을 설정한 위치와 상관없이 X 세로좌표를 측정합니다.
- **Y 데이터** : 지시선 끝점을 설정한 위치와 상관없이 Y 세로좌표를 측정합니다.
- **0으로 설정** : 지정된 데이터 위치는 **참조** 옵션을 적용하는 모든 다른 세로좌표 치수가 측정되는 기준점을 결정합니다.

- **참조** : 지정된 데이터 위치는 **0으로 설정** 옵션으로 지정한 0 위치를 기준으로 하는 X 또는 Y 세로좌표에 의해 측정됩니다.
- **각도, 노트,** 또는 **문자** : 치수 문자 편집 및 형식 지정을 참고합니다.

> **엑서스**
> 명령 : OrdinateDimension
> 메뉴 : 주석 〉 치수 〉 세로좌표

1.9 반지름 치수 작성

RadiusDimension 명령은 원과 호의 반지름 치수를 작성합니다. 반지름 치수 작성 방법은 지름 치수 작성 방법과 같으며, 치수 모양은 현재 치수 스타일 설정에 따라 다릅니다.

1) 반지름 치수 작성하기

① **주석 〉 치수 〉 반지름**을 클릭하거나 **RadiusDimension**을 입력합니다.
② 그래픽 영역에서 **호** 또는 **원**을 지정합니다.
③ 클릭하여 치수 호 선을 배치하거나 옵션을 지정합니다.

> **엑서스**
> 명령 : RadiusDimension
> 메뉴 : 주석 〉 치수 〉 반지름

1.10 조그 치수 작성

JoggedDimension 명령은 원과 호의 조그(꺾기)된 반지름 치수를 작성합니다.

조그된 치수선은 대개, 시트가 너무 작아 반지름 치수의 실제 중심점을 표시할 수 없을 때 사용합니다.

명령을 실행하면 지정한 원과 호의 반지름이 측정되고 앞에 반지름 기호가 붙은 치수 문자가 표시됩니다.

1) 조그 치수 작성하기

① **주석 〉 치수 〉 조그**를 클릭하거나 **JoggedDimension**을 입력합니다.
② 그래픽 영역에서 호 또는 원을 지정합니다.
③ 중심점 재정의 점을 클릭하거나 입력합니다.
④ 클릭하여 치수 호 선을 배치하거나 옵션을 지정합니다.
⑤ **조그** 위치를 클릭하거나 입력합니다.

> **엑서스**
> 명령 : JoggedDimension
> 메뉴 : 주석 〉 치수 〉 조그

1.11 지름 치수 작성

DiameterDimension 명령은 원과 호의 지름 치수를 작성합니다.

원에 적용되는 선형 또는 평행 치수와는 달리(역시 지름이 표시됨), 측정 선이 표시되지 않고 값과 도면요소 간의 관계를 보여주는 단일 치수선이 작성됩니다.

1) 지름 치수 작성하기

① **주석 > 치수 > 지름**을 클릭하거나 DiameterDimension을 입력합니다.
② 그래픽 영역에서 **호** 또는 **원**을 지정합니다.
③ 클릭하여 치수 호 선을 배치하거나 옵션을 지정합니다.

> **엑서스**
> 명령 : DiameterDimension
> 메뉴 : 주석 > 치수 > 지름

1.12 각도 치수 작성

AngleDimension 명령을 사용하여 도면의 각도 치수를 지정합니다.

이 명령을 사용하여 하나의 꼭지점을 가진 두 변 사이의 내각 치수 및 외각 치수를 작성할 수 있습니다.

1) 선에 대한 각도 치수 작성하기

① **주석 > 치수 > 각도**를 클릭하거나 AngleDimension을 입력합니다.
② 그래픽 영역에서 첫 번째와 두 번째 선을 지정합니다.
③ 그래픽 영역을 클릭하여 치수 호 선을 배치하거나 옵션을 지정합니다.

2) 호에 대한 각도 치수 작성하기

① **주석 > 치수 > 각도**를 클릭하거나 AngleDimension을 입력합니다.
② 그래픽 영역에서 호를 선택합니다.
③ 그래픽 영역을 클릭하여 치수 호 선을 배치하거나 옵션을 지정합니다.

3) 원에 대한 각도 치수 작성하기

① **주석 > 치수 > 각도**를 클릭하거나 AngleDimension을 입력합니다.
② 그래픽 영역에서 원을 선택합니다. 지정하는 점은 각도의 첫 번째 치수보조선을 결정합니다.
③ 두 번째 각도 점을 선택합니다. 그러면 원의 중심이 각도의 정점이 되어 정의됩니다.
④ 그래픽 영역을 클릭하여 치수 호 선을 배치하거나 옵션을 지정합니다.

4) 정점에 대한 각도 치수 작성하기

① **주석 > 치수 > 각도**를 클릭하거나 AngleDimension을 입력합니다.
② Enter를 눌러 정점을 지정합니다.
③ 그래픽 영역에서 각도 정점을 선택합니다.
④ 두 개의 다른 점을 선택하여 각도를 정의합니다.

⑤ 그래픽 영역을 클릭하여 치수 호 선을 배치하거나 옵션을 지정합니다.

> **엑서스**
> 명령 : AngleDimension
> 메뉴 : 주석 〉 치수 〉 각도

1.13 기준선 치수 작성

BaselineDimension 명령은 같은 기준선을 공유하는 일련의 평행 선형 치수를 작성합니다. 기준선 치수를 사용하면 체인 내에서 여러 개의 개별 치수로 연장되는 두 끝점 사이의 누적 치수를 확인할 수 있습니다.

이 유형의 치수는 관련 선형, 각도, 또는 세로좌표 치수가 도면에 있다는 것을 전제로 합니다.

1) 기준선 치수 작성하기

① **주석 〉 치수 〉 기준선**을 클릭하거나 **BaselineDimension**을 입력합니다.
② 그래픽 영역에서 다음 요소를 선택합니다.
  • 명령 프롬프트에 따라 두 번째 보조선 원점 또는 기준선 치수(선형, 각도, 또는 세로좌표 치수)
  • 후속 보조선 원점으로 지정할 점
③ 필요한 경우 **실행 취소** 옵션을 지정하여 현재 명령 실행 중 마지막으로 입력한 연속 치수를 제거합니다.

> **엑서스**
> 명령 : BaselineDimension
> 메뉴 : 주석 〉 치수 〉 기준선

1.14 연속 치수 작성

ContinueDimension 명령은 이전 또는 지정한 치수의 보조선에서 선형, 각도, 또는 세로좌표 치수를 연속해서 작성합니다.

연속 치수는 한 개의 긴 치수를 총 측정에 합하는 짧은 세그먼트로 분할합니다.

이 명령은 기존 치수가 연속되거나 연장되는 선형 치수의 변형입니다. 두 번째 치수가 기존 치수에 연결되어 치수 체인을 형성합니다.

이 유형의 치수는 기존 선형, 각도, 또는 세로좌표 치수가 체인의 기준 역할을 하는 것으로 가정합니다.

1) 연속 치수 작성하기

① **주석 〉 치수 〉 계속**을 클릭하거나 **ContinueDimension**을 입력합니다.
② 그래픽 영역에서 다음 요소를 선택합니다.
  • 명령 프롬프트에 따라 두 번째 보조선 원점 또는 기준선 치수(선형, 각도, 또는 세로좌표 치수)
  • 후속 보조선 원점으로 지정할 점. 치수 지정이 쉽게 도면요소 스냅을 사용합니다.
③ 필요한 경우 **실행 취소** 옵션을 지정하여 현재 명령 실행 중 마지막으로 입력한 연속 치수를 제거합니다.

> **엑서스**
> 명령 : ContinueDimension
> 메뉴 : 주석 〉 치수 〉 계속

1.15 중심 마크 작성

CenterMark 명령을 사용하여 원이나 호의 중심에 표식을 추가합니다. 중심을 중심 표식(점)이나 중심선(중심과 교차하는 점선)으로 표시할 수 있습니다.

1) 중심 마크 작성하기

① **주석 〉 치수 〉 중심 마크**를 클릭하거나 **CenterMark**를 입력합니다.
② 원이나 호를 선택합니다.

> **엑서스**
> 명령 : CenterMark
> 메뉴 : 주석 〉 치수 〉 중심 마크

02 지시선 및 기하 공차 작업

Leader 명령을 사용하여 주석을 도면요소에 연결하는 지시선을 작성할 수 있습니다.

지시선에는 두 가지 유형이 있는데, 다중 지시선과 기본 지시선입니다. 다중 지시선은 다중 지시선 스타일을 기반으로 합니다.

기하 공차를 작성하여 도면에 데이터 피처 기호와 데이터 대상을 배치할 수 있습니다.

2.1 SmartLeader 작성

SmartLeader 명령을 사용하여 주석을 도면요소에 연결하는 지시선을 작성할 수 있습니다. 지시선은 치수 문자나 주석이 해당 도면요소 옆에 맞지 않을 경우 유용합니다. 선택적으로, 단일 또는 다중 문자줄, 기하 공차, 블록 참조, 또는 다른 지시선의 사본을 지시선 끝점에 배치할 수 있습니다.

지시선을 직선 세그먼트나 스플라인 곡선으로 작성합니다. 기본적으로, 지시선의 시작점은 사용자 정의할 수 있는 화살표 머리입니다.

1) 스마트 지시선 작성하기

① **주석 〉 치수 〉 스마트 지시선**을 클릭하거나 **SmartLeader**를 입력합니다.
② 첫 번째 지시선 점을 입력하거나 선택적으로 Enter를 눌러 **지시선 형식 지정** 대화상자를 사용하여 지시선 설정을 사용자 정의합니다. 주석 첨부 문자를 사용자 정의하려면 대화상자의 **주석** 탭을

사용합니다.
- 주석 첨부 문자의 **유형**을 클릭합니다.

구분	내용
블록	지시선의 정점을 지정한 후 지시선에 추가하기 위한 블록 삽입 프롬프트가 나타납니다.
도면요소 복사	지시선의 정점을 지정한 후 단일 또는 다중 문자줄, 블록, 또는 기하 공차를 지시선 끝에 지정할 수 있습니다.
참고	주석 문자 입력 프롬프트에서 노트 형식 지정 팝업 도구 모음을 열어 주석을 입력하고 형식을 지정할 수 있습니다.
공차	기하 공차 대화상자에서 지시선 끝에 공차를 기입할 피처 제어 프레임을 작성할 수 있습니다.
없음	주석이 없는 지시선을 작성하여 도면요소 사이에 지시선을 작성할 수 있습니다.

- **노트 옵션**에서 **노트** 옵션을 사용할 경우의 주석 표시를 사용자 정의합니다.

구분	내용
왼쪽 맞춤	왼쪽 맞춤을 선택할 경우 줄 폭을 입력하지 않습니다. 문자 줄을 자동 줄바꿈이 되지 않는 상태로 길이 제한 없이 입력할 수 있습니다.
폭 지정	문자를 입력하기 전에 주석 폭 입력 프롬프트가 나타납니다. 편집 도구에서 필요에 따라 자동으로 줄바꿈을 입력합니다.
문자 틀 표시	주석 둘레에 문자 틀을 표시합니다.

- **설정 재사용**을 지정합니다.

구분	내용
현재 항목 재사용	다음에 재사용을 지정하고 나면 자동으로 적용됩니다.
다음에 재사용	다음 SmartLeader 명령 사용 시 작성하는 다음 주석을 재사용합니다.
재사용 안 함	기본값

- 문자 배치를 사용자 정의하기 위해 지시선의 왼쪽 또는 오른쪽에 오는 문자의 첨부 경로를 지정합니다.

③ 지시선을 사용자 정의하려면 **화살표/선** 탭을 사용합니다.
- **지시선 유형**을 클릭합니다.

구분	내용
직선형	지정하는 지시선 점 사이에 직선을 작성합니다.
스플라인	지정하는 지시선 점을 사용하여 스플라인을 작성합니다.

- **첫 번째 세그먼트**와 **두 번째 세그먼트**에 대한 **각도 설정**을 지정합니다.

구분	내용
15°, 30°, 45° 또는 90°	특정 각도를 지정합니다.
수평	세그먼트가 수평이 되게 합니다.
구속 없음	각도 제한이 없습니다.

- **정점 설정**을 지정합니다.

구분	내용
제한 없음	정점 최대 목록을 사용할 수 없게 됩니다.
정점 최대	주석 문자 입력 프롬프트가 나타나기 전에 지시선의 점 개수를 지정합니다.

- **화살표 유형** 목록에서 화살표 머리 유형을 선택합니다.
④ 여러 개의 지시선 점을 선택하고 **Enter**를 눌러 지시선을 완성합니다.
⑤ **폭 지정** 옵션을 설정했다고 가정하면, 주석 문자의 폭을 지정합니다.
⑥ 주석 문자의 첫 번째 줄을 입력하거나 **Enter**를 눌러 노트 형식 지정 팝업 도구 모음을 사용하여 주석을 입력하고 형식을 지정합니다.

> **엑서스**
> 명령 : SmartLeader
> 메뉴 : 주석 〉 치수 〉 스마트 지시선

2.2 지시선 작성

Leader 명령을 사용하여 주석을 도면요소에 연결하는 지시선을 작성할 수 있습니다. 지시선은 치수 문자나 주석이 해당 도면요소 옆에 맞지 않을 경우 유용합니다. 선택적으로, 단일 또는 다중 문자줄, 기하 공차, 블록 참조, 또는 다른 지시선의 사본을 지시선 끝점에 배치할 수 있습니다.

지시선을 직선 세그먼트나 스플라인 곡선으로 작성합니다. 기본적으로, 지시선의 시작점은 사용자 정의할 수 있는 화살표 머리입니다.

1) 지시선 작성하기

① 명령 프롬프트에 **Leader**를 입력합니다.
② 그래픽 영역에서 다음 요소를 선택합니다.
- **지시선의 시작점**
- **지시선의 다음 점**
- **또 다른 점을 선택하거나 옵션 지정**

구분	내용
참고	지시선에 문자를 추가할 수 있습니다. 문자 줄을 입력하거나 Enter를 눌러 옵션을 지정합니다.

설정	직선이나 스플라인을 지시선 선 스타일로 설정하고 지시선 시작점에 화살표 머리를 사용할 지 여부를 지정할 수 있습니다.
실행 취소	최근에 작성한 지시선 세그먼트를 제거합니다.

③ **Enter**를 누릅니다.

> **엑서스**
> 명령 : Leader

2.3 다중 지시선 작성

MultiLeader 명령을 사용하여 다중 지시선을 작성합니다.

다중 지시선은 현재 다중 지시선 스타일을 사용합니다. 명령 실행 중에 임시로 다중 지시선 스타일 설정을 재정의할 수 있습니다.

1) 다중 지시선 작성하기

① **주석 > 다중 지시선 > 다중 지시선**을 클릭하거나 **MultiLeader**를 입력합니다.
② 필요에 따라 다음 옵션을 지정합니다.
- **화살표 머리 먼저** : 화살표 머리 위치를 지정한 다음 연결선 위치, 내용 순으로 지정합니다.
- **연결선 먼저** : 연결선 위치를 지정한 다음 화살표 머리 위치, 내용 순으로 지정합니다.
- **내용 먼저** : 문자 상자의 반대편 두 구석을 지정한 다음 노트 형식 지정 팝업 도구 모음을 사용하여 내용을 편집한 후 화살표 머리 위치를 지정합니다.
- **설정** : 명령 기본 설정을 지정합니다.

③ 선택한 옵션에 따라 그래픽 영역에서 화살표 머리, 연결선 위치 또는 내용을 지정합니다.
④ 프롬프트에 따라 **MultiLeader** 명령을 끝냅니다.

2) 다중 지시선 설정 지정하기

① **주석 > 다중 지시선 > 삽입**을 클릭하거나 **MultiLeader**를 입력합니다.
② 설정 옵션을 지정합니다.
③ 옵션을 지정합니다.
- **지시선 유형** : 다음 중 하나를 지정합니다.

구분	내용
직선	지정하는 지시선 점 사이에 직선을 작성합니다.
스플라인	지정하는 지시선 점을 사용하여 스플라인을 작성합니다.
없음	지시선 없이 지시선 내용을 작성합니다. EditMultiLeaders 명령을 사용하여 나중에 지시선을 추가합니다.

- **연결선** : 다음을 지정합니다.

구분	내용
예	다중 지시선 끝에 수평 연결선을 그리며, 연결선 길이를 지정합니다.
아니오	다중 지시선 끝에 수평 연결선을 그리지 않습니다.

- **콘텐츠** : 내용 유형을 지정합니다.

구분	내용
블록	다중 지시선 끝에 블록을 삽입합니다.
노트	다중 지시선 끝에 노트를 삽입합니다.
없음	지시선에 주석을 첨부하지 않고 MultiLeader 명령을 종료합니다.

- **정점** : 시작점과 끝점을 포함하여 지시선의 정점 개수를 지정합니다.
- **첫 번째 각도** : 첫 번째 지시선 세그먼트의 방향을 제한하는 각도를 지정합니다.
- **두 번째 각도** : 두 번째 지시선 세그먼트의 방향을 제한하는 각도를 지정합니다.
- **종료** : 옵션 설정을 종료합니다.

④ **다중 지시선**을 작성합니다.

> **엑서스**
> 명령 : 다중 지시선
> 메뉴 : 주석 > 다중 지시선 > 삽입

2.4 다중 지시선 수정

EditMultiLeader 명령을 사용하여 다중 지시선에 지시선을 추가하거나 다중 지시선에서 지시선을 제거합니다. 다중 지시선에는 둘 이상의 지시선이 있을 수 있습니다.

1) 다중 지시선에 지시선 추가하기

① **주석 > 다중 지시선 > 지시선 추가**를 클릭하거나 **EditMultiLeader**를 입력합니다.
② 지시선 추가 옵션을 지정합니다.
③ 그래픽 영역에서 다중 지시선을 선택합니다.
④ 다중 지시선에 첨부된 새 지시선의 화살표 머리 위치를 지정합니다.
⑤ 지시선을 추가하려면 ④를 반복하고 명령을 종료하려면 **Enter** 키를 누릅니다.

2) 다중 지시선에 지시선 제거하기

① **주석 > 다중 지시선 > 지시선 제거**를 클릭하거나 **EditMultiLeader**를 입력합니다.
② **지시선 제거** 옵션을 지정합니다.
③ 그래픽 영역에서 다중 지시선을 선택합니다.
④ 다중 지시선의 기존 지시선을 지정합니다.
⑤ 다중 지시선에서 지시선을 제거하려면 ④를 반복하고 명령을 종료하려면 **Enter** 키를 누릅니다.

> **엑서스**
> 명령 : EditMultiLeader
> 메뉴 : 주석 〉 다중 지시선 〉 지시선 추가 또는 지시선 제거

2.5 다중 지시선 스타일 작업

MultiLeaderStyle 명령을 사용하여 도면에서 다중 지시선 스타일을 작성, 편집, 활성화, 이름 바꾸기 또는 삭제 작업하여 다중 지시선 스타일은 다중 지시선 모양을 제어합니다.

1) 다중 지시선 스타일 작업하기

① **주석 〉 다중 지시선 〉 다중 지시선** 스타일을 클릭하거나 **MultiLeaderStyle**을 입력합니다.

2) 새 다중 지시선 스타일 작성하기

① **옵션** 대화상자의 **제도 스타일** 페이지에서 **다중 지시선**을 확장합니다.
② **새로 만들기**를 클릭합니다.
③ **새 다중 지시선 스타일 작성** 대화상자에서 새 이름을 입력하고 **확인**을 클릭합니다.
④ **형식** 아래에서 다음을 지정합니다.

- **선 유형** 지정하기

구분	내용
직선	지정하는 지시선 점 사이에 직선을 작성합니다.
스플라인	지정하는 지시선 점을 사용하여 스플라인을 작성합니다.
없음	지시선 없이 지시선 내용을 작성합니다. EditMultiLeaders 명령을 사용하여 나중에 지시선을 추가합니다.

- **선 설정** 지정하기

구분	내용
스타일	지시선의 선 스타일을 지정합니다.
색상	지시선의 선 색상을 지정합니다.
가중치	지시선의 선 가중치를 지정합니다.

- **화살표 머리** 설정 지정하기

구분	내용
화살표 유형	지시선의 시작점에 화살표 머리 기호를 지정합니다.
크기	화살표 머리 크기를 지정합니다.

⑤ **설정** 아래에서 다음을 설정합니다.
- **정점 옵션** 설정하기

구분	내용
제한 없음	정점 개수에 제한이 없는 지시선을 지정합니다.
정점 최대	지시선의 최대 정점 개수를 지정합니다. 이 옵션은 제한 없음을 선택한 경우에만 사용할 수 없습니다.

- **각도 옵션** 설정하기

구분	내용
첫 번째 세그먼트	첫 번째 지시선 세그먼트의 방향을 제한하는 각도를 지정합니다.
두 번째 세그먼트	두 번째 지시선 세그먼트의 방향을 제한하는 각도를 지정합니다.

- **연결선 옵션** 설정하기

구분	내용
연결선 포함	다중 지시선 내용에 수평 연결선을 추가합니다.
길이	연결선의 고정 길이를 지정합니다.

- **축척 옵션** 설정하기

구분	내용
주석 축척 조정	다중 지시선 스타일이 주석인지 여부를 지정합니다.
시트에 따라 다중 지시선 축척 조정	**주석 축척 조정**을 취소한 경우, 축척 인수는 시트 작업공간에 대한 모델 작업공간 뷰포트의 비율을 기준으로 합니다.
축척 인수	다중 지시선의 고정 축척 인수를 지정합니다.

⑥ **내용** 아래에서 다음을 지정합니다.
- **내용 유형** 지정하기

구분	내용
블록	다중 지시선 끝에 블록을 삽입합니다.
노트	다중 지시선 끝에 노트를 삽입합니다.
공차	다중 지시선 끝에 공차를 삽입합니다.
없음	지시선에 주석을 첨부하지 않고 MultiLeader 명령을 종료합니다.

- **블록**을 선택한 경우 다음과 같은 블록 속성을 지정합니다.

구분	내용
블록 이름	다중 지시선 내용의 블록을 지정합니다.
색상	블록 내용의 색상을 지정합니다.
축척	블록 삽입을 위한 축척 인수를 지정합니다.

- **노트**를 선택한 경우 다음과 같은 옵션을 지정하여 문자 모양을 결정합니다.

구분	내용
미리 정의된 노트	다중 지시선 내용의 기본 문자를 지정합니다.
스타일	다중 지시선 문자 스타일을 지정합니다.
색상	다중 지시선 문자 색상을 지정합니다.
각도	다중 지시선 문자의 회전 각도를 지정합니다.
높이	다중 지시선 문자의 높이를 지정합니다.
왼쪽 맞춤	다중 지시선 문자를 항상 왼쪽에 맞출지 여부를 지정합니다.
문자 틀 표시	다중 지시선 문자를 틀로 둘러쌉니다.
지시선 첨부	문자를 수평/수직, 왼쪽/오른쪽, 맨 위/맨 아래, 위치를 지정합니다.

- **공차**를 선택한 경우 다음 옵션을 지정합니다.

구분	내용
지시선으로 공차 첨부	공차와 지시선을 연결할 위치를 지정합니다.

3) 다중 지시선 스타일 편집하기

다중 지시선 스타일을 편집하면 해당 다중 지시선 스타일을 사용하는 기존의 모든 다중 지시선 요소가 자동으로 업데이트되어 수정된 스타일을 반영합니다.

① **옵션** 대화상자의 **제도 스타일** 페이지에서 **다중 지시선**을 확장합니다.
② **스타일**에서 다중 지시선 스타일을 선택합니다.
③ **형식, 설정** 및 **콘텐츠** 아래에서 옵션을 설정합니다.

4) 다중 지시선 스타일 활성화하기

활성 다중 지시선 스타일은 MultiLeaders 명령에 사용됩니다.

① **옵션** 대화상자의 **제도 스타일** 페이지에서 **다중 지시선**을 확장합니다.
② **스타일**에서 다중 지시선 스타일을 선택합니다.
③ **활성화**를 클릭합니다.

5) 다중 지시선 스타일 이름 바꾸기

① **옵션** 대화상자의 **제도 스타일** 페이지에서 **다중 지시선**을 확장합니다.
② **스타일**에서 다중 지시선 스타일을 선택합니다.
③ **이름 바꾸기**를 클릭합니다.
④ **다중 지시선 스타일 이름 바꾸기** 대화상자에서 새 이름을 입력하고 **확인**을 클릭합니다.

6) 다중 지시선 스타일 삭제하기

① **옵션** 대화상자의 **제도 스타일** 페이지에서 **다중 지시선**을 확장합니다.
② **스타일**에서 다중 지시선 스타일을 선택합니다.
③ **삭제**를 클릭합니다.

> **참고**
> 다중 지시선 스타일은 해당 글꼴 파일에 대한 참조로만 도면 파일과 함께 저장됩니다.

> **엑서스**
> 명령 : MultiLeaderStyle
> 메뉴 : 주석 > 다중 지시선 > 다중 지시선 스타일

2.6 기하 공차 작성

Tolerance 명령을 사용하여 도면에 데이터 표시 기호 및 기본 치수 노트를 작성하고 삽입할 수 있습니다.

1) 기하 특성 기호

기호	특성	유형
⊕	위치	위치
◎	동심 또는 동축	위치
═	대칭	위치
∥	평행	방향
⊥	직각도	방향
∠	각도	방향
⌀	원통도	형식
▱	평도	형식
○	원형도	형식
─	직선도	형식
⌒	곡면 프로파일	프로파일
⌒	선 프로파일	프로파일
↗	원형 런아웃	런아웃
↗↗	총 런아웃	런아웃

2) 재질 조건 기호

기호	정의	유형
Ⓜ	최대 재질 조건, 피처는 한계에 지정된 최대 재질 양을 포함합니다.	MMC
Ⓛ	최소 재질 조건, 피처는 한계에 지정된 최소 재질 양을 포함합니다.	LMC
Ⓢ	피처 크기에 상관없이, 피처는 지정된 한계 내에서 어떤 크기든 될 수 있음을 나타냅니다.	RFS

3) 공차 작성하기

① **주석 〉 치수 〉 공차**를 클릭하거나 **Tolerance**를 입력합니다.
② 대화상자의 해당 목록에서 기하 특성과 재질 조건(**M.C.**) 사양의 기호를 선택합니다. **지름**을 선택하여 지름 기호를 켭니다.
③ 해당 문자 상자에 공차 값을 입력하여 지정을 완료합니다.
④ 필요에 따라 데이터 값을 입력하고 적절한 재질 조건 기호를 선택합니다.
⑤ **데이터 식별자**를 입력합니다.
⑥ 공차의 **높이**를 입력합니다.
⑦ 필요한 경우 **투영 공차 영역** 기호를 추가합니다.
⑧ **확인**을 클릭합니다.
⑨ 그래픽 영역을 클릭하여 공차를 삽입합니다. 공차가 그래픽 영역에 표시됩니다.

> **엑서스**
> 명령 : Tolerance
> 메뉴 : 주석 〉 치수 〉 공차

2.7 기하 공차 편집

EditTolerance 명령을 사용하면 공차를 수정할 수 있습니다.

1) 공차 편집하기

① **주석 〉 치수 〉 공차 편집**을 클릭하거나 **EditTolerance**를 입력합니다.
② 그래픽 영역에서 편집할 공차를 선택합니다.
③ **기하 공차** 대화상자에서 설정을 수정합니다.
④ **확인**을 클릭합니다.

> **엑서스**
> 명령 : EditTolerance
> 메뉴 : 주석 〉 치수 〉 공차 편집

03 치수 수정 및 편집

3.1 치수 수정

EditDimension 명령을 사용하여 치수 문자의 위치, 각도, 값을 변경합니다. 치수 보조선의 방향을 변경할 수도 있습니다.

1) 치수 수정하기

① 명령 프롬프트에 **EditDimension**을 입력합니다.

② 다음 옵션을 지정합니다.

구분	내용
각도	기존 치수의 치수 문자를 회전합니다. 회전 각도를 지정합니다. 회전된 치수 문자를 그 기본 방향으로 되돌리려면 각도를 0°로 입력합니다.
홈	치수 문자의 이동이나 회전을 취소하고 그 원래의 위치로 되돌립니다.
이동	기존 치수의 치수선과 문자를 한 번의 작업으로 위치를 바꿉니다.
새로 만들기	치수 문자 값을 수정합니다. 문자 값 또는 ◇를 입력하여 생성된 측정치를 나타냅니다. 치수를 생성된 측정치로 되돌리거나 생성된 측정치에 접두사나 접미사를 추가할 수 있습니다.
기울기	기존 선형 치수의 방향을 수정합니다. 보조선의 새 각도를 입력합니다.

③ 업데이트할 치수를 선택합니다.

④ **Enter**를 누릅니다.

> **엑서스**
> 명령 : EditDimension

3.2 치수 방향 수정

ObliqueDimension 명령을 사용하면 기존 선형 치수의 방향을 수정할 수 있습니다.

1) 치수 방향 수정하기

① 명령 프롬프트에 **ObliqueDimension**을 입력합니다.

② 값을 입력하거나 그래픽 영역을 클릭하여 보조선에 대한 기울기 각도를 설정합니다.

③ 수정할 치수를 지정합니다.

④ **Enter**를 누릅니다.

> **엑서스**
> 명령 : ObliqueDimension

3.3 교차되는 도면요소에서 치수선과 보조선 분할

SplitDimension 명령을 사용하여 다른 도면요소와 교차하는 치수 도면요소의 치수선과 보조선을 분할합니다. 분할한 치수선과 보조선을 결합할 수도 있습니다.

다른 도면요소와 교차하는 모든 위치에서 치수선과 보조선을 자동으로 분할할 수도 있고 교차되는 도면요소를 하나씩 선택하여 분할 위치를 개별적으로 지정할 수도 있습니다.

선, 폴리선, 호, 원, 타원, 스플라인, 지시선, 노트, 기본 노트 및 기타 치수에서 치수 분할을 작성할 수 있습니다. 분할이 블록 또는 참조의 일부인 경우 이러한 유형의 도면요소에서도 분할이 작성됩니다. 분할한 치수를 다시 결합하는 경우 동일한 도면요소를 선택할 수 있습니다.

1) 교차되는 도면요소에서 치수선과 보조선 분할하기

① **주석 〉 치수 〉 치수 분할**을 클릭하거나 SplitDimension을 입력합니다.
② 다음 중 하나를 수행합니다.
- 그래픽 영역에서 치수 도면요소를 선택합니다.
- **다중** 옵션을 지정한 다음 그래픽 영역에서 치수 도면요소를 선택하고 Enter를 눌러 선택을 완료합니다.

③ 필요에 따라 다음 옵션 중 하나를 지정합니다.

옵션	설명
기본 간격	기본 간격을 사용하여 치수를 분할합니다.
간격 지정	시작점과 끝점을 지정하여 개별 사례에 분할 간격을 적용할 수 있습니다. 여러 치수선과 보조선을 분할하는 경우에는 이 옵션을 사용할 수 없습니다.
결합	분할한 치수선과 보조선을 결합합니다.
종료	옵션 설정을 종료합니다.

④ Enter 키를 눌러 다른 도면요소와 교차하는 모든 위치에서 치수선과 보조선을 자동으로 분할하거나 교차되는 도면요소를 하나씩 지정하여 분할 위치를 개별적으로 결정하고 Enter를 눌러 명령을 끝냅니다.

2) 분할한 치수선과 보조선 결합하기

① **주석 〉 치수 〉 치수 분할**을 클릭하거나 SplitDimension을 입력합니다.
② 다음 중 하나를 수행합니다.
- 그래픽 영역에서 치수 도면요소를 선택합니다.
- **다중** 옵션을 지정한 다음 그래픽 영역에서 치수 도면요소를 선택하고 Enter를 눌러 선택을 완료합니다.

③ **결합** 옵션을 지정합니다.
④ Enter 키를 눌러 교차되는 도면요소에서 분할된 모든 위치에서 치수선과 보조선을 자동으로 결합하거나 특정 분할 위치에서 교차되는 도면요소를 하나씩 지정하여 치수선과 보조선을 다시 결합하고 Enter를 눌러 명령을 끝냅니다.

3) 치수 분할을 위한 기본 간격 설정하기

① **주석 〉 치수 〉 치수 스타일**을 클릭하거나 DimensionStyle을 입력합니다.
② **선 〉 치수 분할**을 확장합니다.
③ **분할 간격**에서 SplitDimension 명령을 사용하여 다른 도면요소와 교차하는 치수선과 보조선을 분할할 때의 기본 간격 폭을 설정합니다.

엑서스

명령 : SplitDimension
메뉴 : 주석 〉 치수 〉 치수 분할

3.4 치수 화살표 뒤집기

FlipArrows 명령을 사용하여 치수 화살표의 위치를 변경할 수 있습니다.

화살표나 틱을 사용하는 모든 치수에 이 도구를 적용할 수 있습니다.

치수를 선택하면 치수 화살표나 틱 근처에 노드가 표시됩니다. 노드를 클릭하면 치수의 화살표가 뒤집어집니다.

1) 치수 화살표 뒤집기
① 명령 프롬프트에 **FlipArrows**를 입력합니다.
② 그래픽 영역에서 치수를 선택합니다.

2) 치수 그립을 사용해 치수 화살표 뒤집기
① 그래픽 영역에서 치수를 선택합니다.
② 뒤집으려는 화살표를 사용해 치수선에 있는 치수 노드를 클릭합니다.

> **엑서스**
> 명령 : FlipArrows

3.5 치수 문자 편집

EditDimensionText 명령을 사용하여 단일 치수의 치수 문자를 이동하거나 회전합니다.

여러 개의 치수를 편집하려면 EditDimension 명령을 사용합니다.

1) 치수 문자 편집하기
① **주석 〉 치수 〉 치수 문자 편집**을 클릭하거나 **EditDimensionText**를 입력합니다.
② 치수를 선택합니다.
③ 다음 정렬 옵션을 선택합니다.

구분	내용
각도	치수 문자를 지정한 각도로 그 중심을 기준으로 회전합니다.
중심	문자를 치수 내 가운데 맞춤 위치로 이동합니다.
홈	치수 문자의 이동을 취소하고 그 원래의 위치로 되돌립니다.
왼쪽	문자를 치수 내 왼쪽 맞춤 위치로 이동합니다.
오른쪽	문자를 치수 내 오른쪽 맞춤 위치로 이동합니다.

> **참고**
> EditDimension 명령을 사용하여 치수 문자의 위치, 각도, 값을 변경합니다. 치수 보조선의 방향을 변경할 수도 있습니다.

> **엑서스**
> 명령 : EditDimensionText
> 메뉴 : 주석 〉 치수 〉 치수 문자 편집

2) 치수 문자를 원 위치로 되돌리기

ResetDimensionText 명령을 사용하여 치수 문자 이동을 취소하고 그 원래의 위치로 되돌립니다.

① 명령 프롬프트에 **ResetDimensionText**를 입력합니다.
② 그래픽 영역에서 다시 정렬할 치수를 선택합니다.
③ **Enter**를 누릅니다.

> **엑서스**
> 명령 : ResetDimensionText

3) 치수 문자 이동하기

MoveDimensionText 명령을 사용하여 치수 문자를 이동합니다.

① 명령 프롬프트에 **MoveDimensionText**를 입력합니다.
② 그래픽 영역에서 치수를 선택합니다.
③ 그래픽 영역에서 클릭하여 새 문자 위치를 지정합니다.

> **엑서스**
> 명령: MoveDimensionText

4) 치수 문자 회전하기

RotateDimensionText 명령을 사용하여 지정한 치수의 치수 문자를 회전합니다.

① 명령 프롬프트에 **RotateDimensionText**를 입력합니다.
② 치수 문자를 회전할 각도를 입력합니다.
③ 그래픽 영역에서 치수를 선택하고 **Enter**를 누릅니다.

> **엑서스**
> 명령 : RotateDimensionText

3.6 치수 팔레트를 사용하여 치수 문자 수정

치수 팔레트는 치수를 삽입 또는 선택할 경우에 나타나며 치수 문자의 속성과 형식을 변경할 수 있습니다.

속성 팔레트로 이동하지 않고 팔레트에서 공차, 정밀도 및 형식을 변경할 수 있습니다.

팔레트는 다른 치수(예 참조 치수 또는 공차)에 대한 형식 설정을 재사용하는 데 유리합니다.

둘 이상의 치수를 선택하면 팔레트에서 지정한 속성 및 형식은 모든 치수에 적용됩니다.

팔레트는 선형, 각도, 반지름, 지름, 호 길이 및 세로 좌표 치수에 적용됩니다.

1) 치수 팔레트 표시하기

① 그래픽 영역에서 치수를 삽입하거나 선택합니다.
   치수 팔레트 도구는 포인터 오른쪽 위에 나타납니다.
② **치수** 팔레트를 표시할 수 있는 도구 위로 포인터를 이동합니다.
③ 포인터를 고정하려면 팔레트에서 아무 곳이나 클릭합니다.

2) 치수 팔레트 개요

치수 팔레트에는 다음과 같이 세 가지 영역이 있습니다.

① 맨 위의 버튼을 사용하여 치수 문자와 공차의 속성 및 형식을 변경할 수 있습니다.

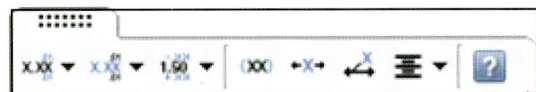

② 치수 팔레트 중간의 문자 상자를 사용하여 치수 문자의 왼쪽, 오른쪽, 위쪽 및 아래쪽에 문자를 추가할 수 있습니다. 치수 문자는 이 영역의 중심에 위치하고 있으며, 사용자가 직접 치수 문자를 재정의할 수 있습니다.

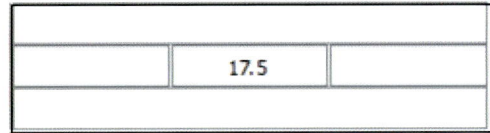

공차 유형(대칭, 편차, 또는 한계)을 적용할 경우 추가 문자 상자는 치수 문자 상자 뒤에 삽입됩니다.

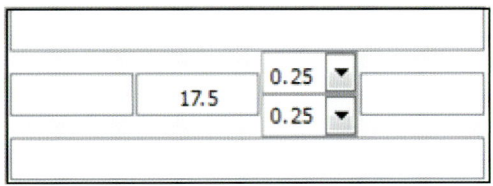

③ 맨 아래에 있는 버튼을 사용하면 이후 사용을 위해 치수 문자와 공차의 모양 및 형식에 대한 즐겨찾기를 관리할 수 있습니다.

3) 치수 문자와 공차의 속성 및 형식

옵션	버튼	설명
공차 표시	x.xx ▼	공차 형식(대칭, 편차, 한계, 기본 또는 없음)을 지정합니다. 공차 형식을 참조하십시오. 사용 가능한 선택 항목은 치수 유형에 따라 다릅니다.
단위 정밀도	x.xx ▼	치수 값의 정밀도를 0 ~ 8의 소수점 이하 자릿수로 설정합니다.
공차 정밀도	1.50 ▼	공차의 소수점 자릿수를 설정합니다. (**공차 표시**가 **대칭** 또는 **편차**로 설정된 경우에만 사용 가능)
괄호 추가	(xx)	치수 문자를 괄호로 묶습니다. 참조 치수는 괄호 안에 표시됩니다.
치수 문자 가운데 맞춤	←X→	치수 문자를 치수 보조선 사이의 가운데에 둡니다. 이 옵션은 EditDimension 명령에서 Home 옵션을 사용하는 것과 유사합니다. 이 경우 치수 문자의 이동을 실행 취소하고 원래 위치로 되돌립니다.
치수 문자 오프셋	↙X	치수 문자 이동 동작을 결정합니다. 해제한 경우 치수선 위치는 치수 문자의 이동을 따릅니다. 선택한 경우 지시선은 이동된 치수를 원래 위치에 남아 있는 치수선에 연결합니다.
문자 양쪽 맞춤	≡ ▼	치수 문자의 가로 및 세로 양쪽 맞춤을 설정합니다.

4) 공차 형식

공차 형식은 다음을 포함합니다.
- **대칭** : 단일 값의 양수 및 음수 편차를 나타내는 치수 측정에 +/- 공차 값을 붙입니다.
- **편차** : 치수 측정에 별도의 +/- 편차 값을 붙입니다.
- **한계** : 최댓값과 최솟값을 위아래로 표시합니다.
- **기본** : 단일 값의 추가 치수 측정 및 편차를 상자 안에 표시합니다.
- **없음** : 공차 값을 생성하지 않습니다.

5) 치수 문자 즐겨찾기 관리

치수 문자를 반복하여 형식 지정하는 경우 치수 문자 즐겨찾기를 사용합니다.
유형이 .dimfvt인 도면 또는 파일에 즐겨찾기를 저장할 수 있습니다.

옵션	버튼	설명
기본값 적용		선택한 치수를 원래 상태로 되돌립니다. 치수 요소와 관련된 치수 스타일은 해당하는 전체 요소에 적용됩니다.
즐겨찾기 추가 또는 업데이트		도면에 저장된 즐겨찾기를 추가 또는 업데이트합니다. 대화상자에서 이름을 지정하거나 기존 이름을 선택합니다.
즐겨찾기 삭제		도면에 저장된 즐겨찾기를 삭제합니다. 대화상자에서 삭제할 즐겨찾기 이름을 지정합니다.
즐겨찾기 저장		.dimfvt 유형 파일로 즐겨찾기를 저장합니다. 즐겨찾기를 파일로 저장하기 전에 도면에서 명명된 즐겨찾기를 적용해야 합니다.
즐겨찾기 로드		.dimfvt 유형 파일에서 즐겨찾기를 로드합니다. 같은 이름을 가진 즐겨찾기가 도면에 있는 경우, 도면의 즐겨찾기 및 모든 관련 치수는 즐겨찾기 파일의 설정에 의해 업데이트됩니다.
즐겨찾기 목록		최근에 적용된 치수 문자 및 공차 설정, 그리고 최근에 저장된 즐겨찾기의 목록을 보여줍니다. 각 항목에 대해 도구 설명에 치수 값 파라미터가 표시됩니다.

6) 치수 팔레트 옵션 설정하기

치수 팔레트의 사용을 켜거나 끄고 치수 문자 즐겨찾기 파일에 대한 경로를 설정할 수 있습니다.
① 명령 프롬프트에 **DraftingOptions**를 입력합니다.
② **치수 팔레트**를 확장합니다.
③ 치수 팔레트 사용을 클릭하여 **치수** 팔레트를 켜거나 끕니다.
④ **즐겨찾기 라이브러리 경로**에서 치수 문자 즐겨찾기 파일(*.dimfvt 파일)에 대한 경로를 설정합니다.
   찾아보기를 클릭하여 치수 문자 즐겨찾기 파일 폴더로 이동합니다.
⑤ **확인**을 클릭합니다.

3.7 치수 문자 값 수정

ReplaceDimensionText 명령을 사용하여 치수 문자 값을 수정합니다.

1) 치수 문자 수정하기

① 명령 프롬프트에 **ReplaceDimensionText**를 입력합니다.
② 새 치수 문자 값을 입력합니다.

문자 값을 입력하거나 **<>**를 입력하여 생성된 측정치를 나타냅니다. 치수를 생성된 측정치로 되돌리거나 생성된 측정치에 접두사나 접미사를 추가할 수 있습니다.

③ 그래픽 영역에서 치수를 선택하고 Enter를 누릅니다.

> **엑서스**
> 명령 : ReplaceDimensionText

3.8 치수 스타일 변수 재정의

OverrideDimensionStyle 명령을 사용하여 치수 스타일 변수의 설정을 변경하고 활성 치수 스타일을 수정하지 않고 치수에 설정을 적용합니다.

1) 치수 스타일 변수 재정의하기

① 명령 프롬프트에 **OverrideDimensionStyle**을 입력합니다.
② 재정의할 치수 스타일 변수의 이름을 입력합니다.
③ 새 값을 입력합니다.
④ 치수 스타일 변수와 값을 계속 입력하고, 입력을 마치면 Enter를 누릅니다.
⑤ 그래픽 영역에서 설정을 재정의할 치수를 지정합니다.
⑥ Enter를 누릅니다.

2) 치수 스타일 재정의 취소하기

① 명령 프롬프트에 **OverrideDimensionStyle**을 입력합니다.
② 재정의 지우기 옵션을 지정하여 설정한 치수 스타일 재정의를 취소합니다.
③ 그래픽 영역에서 설정을 재정의할 치수를 지정합니다.
④ Enter를 누릅니다.

> **엑서스**
> 명령 : OverrideDimensionStyle

3.9 치수 재생성

RebuildDimension 명령을 사용하여 활성 치수 스타일을 지정한 치수에 적용할 수 있습니다. 활성 치수 스타일은 이전에 지정한 치수에 적용한 치수 스타일을 영구히 무시합니다.

1) 치수 재생성하기

① **주석 〉 치수 〉 재생성**을 클릭하거나 **RebuildDimension**을 입력합니다.
② 그래픽 영역에서 치수를 선택하고 **Enter**를 누릅니다.

> **엑서스**
> 명령 : RebuildDimension
> 메뉴 : 주석 〉 치수 〉 재생성

3.10 치수 연관

RelateDimension을 사용하여 치수와 도면요소의 관계를 다시 설정합니다. 새 도면을 작성하고 치수 요소를 수정하면 관련 치수가 도면요소의 변경을 반영하여 그 위치와 문자가 업데이트됩니다. 기존 도면을 열 때 가끔 치수가 도면요소와 연관되어 있지 않은 경우가 있습니다.

1) 치수와 도면요소의 관계 다시 설정하기

① **주석 〉 치수 〉 치수 재연관**을 클릭하거나 **RelateDimension**을 입력합니다.
② 그래픽 영역에서 치수를 선택하고 **Enter**를 누릅니다.
③ 첫 번째 지정 요소에 대해 프롬프트를 따르거나 Enter를 눌러 다음 치수로 건너뜁니다.
- **선형 및 정렬된 치수** : 첫 번째, 두 번째 보조선 원점을 선택합니다. 해당 도면요소가 선형 치수와 다시 연관되게 지정할 수도 있습니다.
- **반지름 및 지름 치수** : 호 또는 원을 선택하여 반지름 또는 지름 치수와의 관계를 다시 설정합니다.
- **3점 각도 치수** : 각도 정점, 첫 번째 각도 끝점, 두 번째 각도 끝점을 선택합니다. 호와 원이 각도 치수와 연관되게 지정할 수도 있습니다.
- **두 선 각도 치수** : 첫 번째 선과 두 번째 선을 선택하여 두 선을 기반으로 도면요소를 각도 치수에 연관시킵니다.
- **세로 좌표 치수** : 새 기능 위치를 선택하여 세로좌표 치수를 점으로 다시 설정합니다.
- **지시선 치수** : 지시선의 새 연관점을 선택합니다.
④ 치수 문자가 자동으로 업데이트됩니다.
⑤ 한 개 이상의 치수를 선택한 경우 필요에 따라 ③을 반복합니다.

> **엑서스**
> 명령 : RelateDimension
> 메뉴 : 치수 〉 치수 재연관

ARES CAD

구속 작업

CHAPTER 13

CHAPTER 13

구속 작업

구속을 사용하면 도면요소를 파라메트릭 방식으로 제어할 수 있습니다.

구속은 도면요소의 **기하 속성** 및 **치수 속성**을 지정하여 적용할 수 있으며, 구속 적용 시 기하 어셈블리의 쉐이프 및 위치가 수정됩니다.

구속을 사용할 경우 다음 항목의 가시성을 제어할 수 있습니다.
- **구속 아이콘**
- **동적 치수**

추가적인 도구를 통해 다음을 수행할 수 있습니다.
- **구속 삭제**
- **치수 구속 매개변수 관리**
- **구속 설정 관리**

01 기하 구속 적용

GeometricConstraint 명령을 사용하여 1개 또는 2개의 도면요소에 대해 기하 구속을 적용할 수 있습니다.

1) 기하 구속을 적용하려면

① 명령 프롬프트에 **GeometricConstraint**를 입력합니다.
② 옵션을 지정합니다.
옵션은 개별적인 기하 구속 명령에 의해 제공되는 **선택 항목**에 따라 달라집니다.

구분	설명
일치(C)	도면요소의 두 점에 일치하는 기하 구속을 정의하거나 특정 도면요소의 점을 특정 도면요소에 구속시킵니다.
동일선(COL)	선과 선형 폴리선 세그먼트가 동일선에 있도록 합니다.
동심(CON)	호, 원, 타원 또는 타원형 호의 중심점이 일치하도록 합니다.
같음(E)	여러 선을 동일한 길이로 구속하거나 여러 호 또는 원을 동일한 지름으로 구속합니다.

고정(F)	도면요소의 점과 도면요소가 고정된 위치를 유지하도록 합니다.
수평(H)	선과 선형 폴리선 세그먼트 또는 여러 쌍의 점들이 현재 좌표계의 X축과 평행이 되도록 합니다.
평행(PA)	두 선 또는 선형 폴리선 세그먼트가 서로에게 평행이 되도록 합니다.
직교(P)	두 선 또는 선형 폴리선 세그먼트가 서로 직교가 되도록 합니다.
부드럽게(SM)	스플라인이 다른 스플라인, 호, 선 또는 폴리선과 유체 기하 연속성을 이루도록 합니다.
대칭(S)	두 도면요소 또는 도면요소의 두 구속점이 대칭선을 기준으로 대칭이 되도록 합니다.
접점(T)	한 도면요소가 다른 도면요소와 접하도록 합니다.
수직(V)	선과 선형 폴리선 세그먼트 또는 여러 쌍의 점들이 현재 좌표계의 Y축과 평행이 되도록 합니다.

③ 명령 프롬프트를 따라 명령을 진행합니다.

엑서스
명령 : GeometricConstraint

1.1 기하 구속 이해

기하 구속은 도면요소 간의 의존성 및 제한을 강제 설정하는 관계를 정의합니다.

기하 구속에는 두 가지 유형으로 단일 기하 도면요소에 작용하는 유형 및 두 기하 도면요소 간의 관계를 정의하는 유형이 있습니다.

예를 들어 고정, 수평 및 수직 기하 구속은 단일 도면요소에 작용하고 직교, 평행, 접점 등은 두 도면요소를 제어합니다.

또한, 기하 구속은 2D 도면요소에만 적용할 수 있습니다.

1) 구속점

기하 구속 명령을 사용하고 커서를 도면요소 위로 이동할 경우, 선택 가능한 구속점이 아이콘과 함께 표시됩니다.

다음 표에는 기하 구속을 적용할 수 있는 도면요소 유형이 나열되어 있습니다.

도면요소 유형	구속점
선(L)	끝점, 중간점
선형 폴리선 세그먼트	끝점, 중간점
원	가운데 맞춤
호(A)	끝점, 중간점
폴리선 호	끝점, 중간점
타원(E)	가운데 맞춤

타원형 호	끝점, 중간점
스플라인(S)	끝점
기본 노트	삽입점, 정렬점
노트(N)	삽입점
블록(B)	삽입점
속성 정의	삽입점

2) 구속 아이콘

구속 아이콘에서는 도면요소와 연결된 기하 구속 아이콘이 그룹화 되어있습니다.

위의 구속 아이콘에서는 선형 도면요소에 대해 수평, 평행 구속과 동일선, 대칭 구속이 정의되어 있습니다.

구속 아이콘은 필요에 따라 구속 아이콘을 표시하거나 숨길 수 있으며, 구속 아이콘의 위치를 기본 위치로 변경할 수도 있습니다.

1.2 일치 구속조건 정의

GcCoincident 명령을 사용하여 도면요소의 두 점에 대한 일치 기하 구속을 정의하거나 특정 도면요소의 점을 특정 도면요소에 구속할 수 있습니다.

이 명령은 두 도면요소가 서로에게 맞춰 정렬되어 있도록 합니다.

1) 도면요소에 일치점 정의하기

① **구속 〉기하학적 〉일치**를 클릭하거나 **GcCoincident**를 입력합니다.
② 도면요소에서 첫 번째 구속점을 지정합니다.
③ 다른 도면요소에서 두 번째 구속점을 지정합니다.
  두 번째 구속점을 지정한 도면요소가 첫 번째 구속점을 지정한 도면요소에 일치됩니다.

> **참고**
> 일치 구속점은 파란색 사각형으로 표시되며 구속을 편집하려면 포인터를 사각형 위로 이동하여 일치점에 대한 구속 아이콘을 표시한 후 구속 아이콘을 오른쪽 클릭합니다.

2) 도면요소를 지정한 후 구속점을 지정하여 일치점 정의하기

① **구속 〉기하학적 〉일치**를 클릭하거나 **GcCoincident**를 입력합니다.
② **도면요소** 옵션을 지정합니다.
③ 도면요소에서 첫 번째 구속점을 지정합니다.
④ 다른 도면요소에서 구속점을 지정합니다.
  구속점을 지정한 도면요소가 첫 번째 도면요소의 구속점에 일치됩니다.

3) 구속점을 지정한 후 도면요소를 지정하여 일치점 정의하기

① **구속 〉기하학적 〉일치**를 클릭하거나 **GcCoincident**를 입력합니다.
② 도면요소에서 첫 번째 구속점을 지정합니다.

③ **도면요소** 옵션을 지정합니다.
④ 도면요소를 지정합니다.
⑤ 지정한 도면요소가 처음에 지정한 구속점에 일치됩니다.

> **엑서스**
> 명령 : GcCoincident
> 메뉴 : 구속 〉 기하학적 〉 일치

1.3 고정 위치 구속조건 정의

GcFix 명령을 사용하여 도면요소의 점과 도면요소가 고정된 위치를 유지하도록 할 수 있습니다.

1) 구속점의 위치를 고정시키려면

① **구속 〉 기하학적 〉 고정**을 클릭하거나 **GcFix**를 입력합니다.
② 도면요소에서 구속점을 지정합니다.

2) 도면요소의 위치를 고정시키려면

① **구속 〉 기하학적 〉 고정**을 클릭하거나 **GcFix**를 입력합니다.
② **도면요소** 옵션을 지정합니다.
③ 도면요소에서 구속점을 지정합니다.
    도면요소가 제자리에 고정됩니다.

> **참고**
> 폴리선 세그먼트의 위치를 고정한 경우, 세그먼트가 제자리에 고정되지만 다른 세그먼트의 형상은 수정할 수 있습니다.

> **엑서스**
> 명령 : GcFix
> 메뉴 : 구속 〉 기하학적 〉 고정

1.4 수평 구속조건 정의

GcHorizontal 명령을 사용하여 현재 좌표계의 X축에 평행으로 도면요소를 작성하거나 도면요소에 구속점 쌍을 작성할 수 있습니다.

1) 도면요소를 지정하여 수평 구속조건을 정의하려면

① **구속 〉 기하학적 〉 수평**을 클릭하거나 **GcHorizontal**을 입력합니다.
② 도면요소(선, 선형 폴리선 세그먼트, 기본 노트 또는 노트)를 지정합니다.
③ 지정한 도면요소가 현재 좌표계의 X축에 평행으로 정렬됩니다.

2) 두 구속점을 지정하여 수평 구속조건을 정의하려면

① **구속 〉 기하학적 〉 수평**을 클릭하거나 **GcHorizontal**을 입력합니다.

② **2점** 옵션을 지정합니다.
③ 특정 도면요소에서 첫 번째 구속점을 지정합니다.
　이 도면요소는 위치를 그대로 유지합니다.
④ 동일한 도면요소 또는 다른 도면요소에서 두 번째 구속점을 지정합니다.
　두 구속점에 의해 지정된 도면요소가 현재 좌표계의 X축에 평행으로 정렬됩니다.

> **참고**
> 서로 다른 두 도면요소에 구속점을 지정한 경우, 두 번째 구속점에 의해 지정된 도면요소는 두 번째 구속점이 첫 번째 구속점과 동일한 X축에 정렬되도록 이동합니다.

> **엑서스**
> 명령 : GcHorizontal
> 메뉴 : 구속 〉 기하학적 〉 수평

1.5 수직 구속조건 정의

GcVertical 명령을 사용하여 현재 좌표계의 Y축에 평행으로 도면요소를 작성하거나 도면요소에 구속점 쌍을 작성할 수 있습니다.

1) 도면요소를 지정하여 수직 구속조건을 정의하려면

① **구속 〉 기하학적 〉 수직**을 클릭하거나 **GcVertical**을 입력합니다.
② 도면요소(선, 선형 폴리선 세그먼트, 기본 노트 또는 노트)를 지정합니다.
　지정한 도면요소가 현재 좌표계의 Y축에 평행으로 정렬됩니다.

2) 두 구속점을 지정하여 수직 구속조건을 정의하려면

① **구속 〉 기하학적 〉 수직**을 클릭하거나 **GcVertical**을 입력합니다.
② **2점** 옵션을 지정합니다.
③ 특정 도면요소에서 첫 번째 구속점을 지정합니다.
　이 도면요소는 위치를 그대로 유지합니다.
④ 동일한 도면요소 또는 다른 도면요소에서 두 번째 구속점을 지정합니다.
　두 구속점에 의해 지정된 도면요소가 현재 좌표계의 Y축에 평행으로 정렬됩니다.

> **참고**
> 서로 다른 두 도면요소에 구속점을 지정한 경우, 두 번째 구속점에 의해 지정된 도면요소는 두 번째 구속점이 첫 번째 구속점과 동일한 Y축에 정렬되도록 이동합니다.

> **엑서스**
> 명령 : GcVertical
> 메뉴 : 구속 〉 기하학적 〉 수직

1.6 평행 구속조건 정의

GcParallel 명령을 사용하여 두 도면요소가 서로 평행이 되도록 할 수 있습니다.

1) 평행 구속조건을 정의하려면

① **구속 > 기하학적 > 평행**을 클릭하거나 **GcParallel**을 입력합니다.
② 첫 번째 도면요소(선, 폴리선 세그먼트, 기본 노트 또는 노트)를 지정합니다.
   첫 번째 도면요소는 위치, 길이 및 방향을 그대로 유지합니다.
③ 두 번째 도면요소(선, 폴리선 세그먼트, 기본 노트 또는 노트)를 지정합니다.
   두 번째 도면요소가 첫 번째 도면요소와 평행하도록 정렬됩니다.

> **엑서스**
> 명령 : GcParallel
> 메뉴 : 구속 > 기하학적 > 평행

1.7 직교 구속조건 정의

GcPerpendicular 명령을 사용하여 두 요소가 서로 직교가 되도록 할 수 있습니다.

1) 직교 구속조건을 정의하려면

① **구속 > 기하학적 > 직교**를 클릭하거나 **GcPerpendicular**를 입력합니다.
② 첫 번째 도면요소(선, 폴리선 세그먼트, 기본 노트 또는 노트)를 지정합니다.
   첫 번째 도면요소는 위치, 길이 및 방향을 그대로 유지합니다.
③ 두 번째 도면요소(선, 폴리선 세그먼트, 기본 노트 또는 노트)를 지정합니다.
   두 번째 도면요소가 첫 번째 도면요소와 직교가 됩니다.

> **엑서스**
> 명령 : GcPerpendicular
> 메뉴 : 구속 > 기하학적 > 직교

1.8 접점 구속조건 정의

GcTangent 명령을 사용하여 특정 도면요소가 다른 도면요소와 접하도록 할 수 있습니다.

1) 접점 구속조건을 정의하려면

① **구속 > 기하학적 > 접점**을 클릭하거나 **GcTangent**를 입력합니다.
② 첫 번째 도면요소(선, 선형 폴리선 세그먼트, 원, 호, 타원, 타원형 호 또는 폴리선 호)를 지정합니다.
   이 도면요소는 위치를 그대로 유지합니다.
③ 두 번째 도면요소(원, 호, 타원, 타원형 호, 폴리선 호)를 지정합니다.
   두 번째 도면요소가 첫 번째 도면요소와 접하도록 정렬됩니다.

> **참고**
> 도면요소는 서로 닿지 않아도 접할 수 있습니다.

> **엑서스**
> 명령 : GcTangent
> 메뉴 : 구속 > 기하학적 > 접점

1.9 부드럽게 구속조건 정의

GcSmooth 명령을 사용하여 스플라인이 다른 스플라인, 호, 선 또는 폴리선과 유체 기하 연속성을 이루도록 할 수 있습니다.

1) 부드럽게 구속조건을 정의하려면

① **구속 > 기하학적 > 부드럽게**를 클릭하거나 **GcSmooth**를 입력합니다.
② 스플라인 도면요소를 지정합니다.
   스플라인의 시작점 또는 끝점에 구속점이 표시됩니다.
③ 두 번째 도면요소(선, 폴리선 또는 다른 스플라인)를 지정합니다.
   기본 스플라인이 다른 도면요소와 부드럽게 연속성을 이룹니다.

> **엑서스**
> 명령 : GcSmooth
> 메뉴 : 구속 > 기하학적 > 부드럽게

1.10 동일선 구속조건 정의

GcCollinear 명령을 사용하여 선과 선형 폴리선 세그먼트가 동일선에 있도록 할 수 있습니다.

1) 동일선 구속조건을 정의하려면

① **구속 > 기하학적 > 동일선**을 클릭하거나 **GcCollinear**를 입력합니다.
② 첫 번째 도면요소(선 또는 선형 폴리선 세그먼트)를 지정하거나 **다중**을 지정한 후, 첫 번째 도면요소를 지정합니다.
③ 두 번째 도면요소(선 또는 선형 폴리선 세그먼트)를 지정합니다.
④ **다중** 옵션을 사용할 경우, 다른 선형 도면요소가 첫 번째 도면요소와 동일선에 있도록 지정합니다.
⑤ **Enter**를 누릅니다.
   두 번째 및 그 이후의 도면요소가 첫 번째 도면요소와 동일선에 있게 됩니다.

> **엑서스**
> 명령 : GcCollinear
> 메뉴 : 구속 > 기하학적 > 동일선

1.11 동심 구속조건 정의

GcConcentric 명령을 사용하여 호, 원, 타원 또는 타원형 호를 동일한 중심점에 구속할 수 있습니다.

1) 동심 구속조건을 정의하려면

① **구속 〉 기하학적 〉 동심**을 클릭하거나 **GcConcentric**을 입력합니다.
② 첫 번째 도면요소(원, 호, 타원, 타원형 호 또는 폴리선 호)를 지정합니다.
　첫 번째 도면요소는 위치를 그대로 유지합니다.
③ 두 번째 도면요소(원, 호, 타원, 타원형 호 또는 폴리선 호)를 지정합니다.
　두 번째 도면요소의 중심점이 첫 번째 도면요소의 중심점과 일치하도록 이동합니다.

> **참고**
> 폴리선 호를 두 번째 도면요소로 지정한 경우, 지정된 호 세그먼트만 첫 번째 도면요소와 중심점이 일치하게 됩니다. 전체가 이동하는 대신 폴리선의 형상이 변하는 것입니다.

> **엑서스**
> 명령 : GcConcentric
> 메뉴 : 구속 〉 기하학적 〉 동심

1.12 대칭 구속조건 정의

GcSymmetric 명령을 사용하여 두 도면요소 또는 도면요소의 두 구속점이 대칭축을 기준으로 대칭이 되도록 할 수 있습니다.

1) 두 도면요소에 대해 대칭 구속조건을 정의하려면

① **구속 〉 기하학적 〉 대칭**을 클릭하거나 **GcSymmetric**을 입력합니다.
② 첫 번째 도면요소(선, 원, 호, 타원, 타원형 호, 직선 또는 곡선 폴리선 세그먼트)를 지정합니다.
③ 두 번째 도면요소(첫 번째 도면요소와 동일한 유형의 도면요소)를 지정합니다.
④ 대칭선(선 도면요소)을 지정합니다.
　두 번째 도면요소가 대칭축을 기준으로 첫 번째 도면요소와 대칭이 됩니다.

2) 두 구속점에 대해 대칭 구속조건을 정의하려면

① **구속 〉 기하학적 〉 대칭**을 클릭하거나 **GcSymmetric**을 입력합니다.
② **2점** 옵션을 지정합니다.
③ 특정 도면요소에서 첫 번째 구속점을 지정합니다.
④ 특정 도면요소에서 두 번째 구속점을 지정합니다.
⑤ 대칭선(선 도면요소)을 지정합니다.
　두 번째 구속점이 대칭축을 기준으로 첫 번째 구속점과 대칭이 됩니다.

> **엑서스**
> 명령 : GcSymmetric
> 메뉴 : 구속 〉 기하학적 〉 대칭

1.13 같음 구속조건 정의

GcEqual 명령을 사용하여 선 및 선형 폴리선 세그먼트를 동일한 길이로 구속하거나 원, 호 및 폴리선 호를 동일한 반지름으로 구속할 수 있습니다.

1) 같음 구속조건을 정의하려면

① **구속 〉 기하학적 〉 같음**을 클릭하거나 **GcEqual**을 입력합니다.
② 첫 번째 도면요소(선, 선형 폴리선 세그먼트, 원, 호 또는 폴리선 호)를 지정합니다.
③ 두 번째 도면요소(첫 번째 도면요소와 동일한 유형(직선 또는 곡선)의 도면요소)를 지정합니다.
④ 두 번째 도면요소가 첫 번째 도면요소와 같아집니다.

> **엑서스**
> 명령 : GcEqual
> 메뉴 : 구속 〉 기하학적 〉 같음

1.14 기하 구속 아이콘의 가시성 제어

ConstraintBar 명령을 사용하여 기하 구속 아이콘 및 바를 표시하거나 숨길 수 있습니다.

또한, 구속 아이콘을 기본 위치로 재설정할 수도 있으며 구속 아이콘에 도면요소와 연결된 기하 구속 아이콘이 모여 있습니다.

1) 개별 기하 구속 아이콘의 가시성을 제어하려면

① 명령 프롬프트에 **ConstraintBar**를 입력합니다.
② 기하 구속 도면요소를 지정합니다.
③ 필요하면 다른 도면요소에 대해 2단계를 반복합니다.
④ 다음 옵션을 지정합니다.
- **표시** : 지정한 도면요소의 구속 아이콘을 표시합니다.
- **숨기기** : 지정한 도면요소의 구속 아이콘을 숨깁니다.
- **재설정** : 지정한 도면요소의 구속 아이콘 위치를 기본 위치로 변경합니다.

2) 모든 기하 구속 아이콘을 표시하려면

① 명령 프롬프트에 **ConstraintBar**를 입력한 후 **ShowAll**을 지정합니다.

3) 모든 기하 구속 아이콘을 숨기려면

① 명령 프롬프트에 **ConstraintBar**를 입력한 후 **HideAll**을 지정합니다.

4) 모든 기하 구속 아이콘을 재설정하려면

① 명령 프롬프트에 **ConstraintBar**를 입력한 후 **ResetAll**을 지정합니다.

> **참고**
> 기하 구속을 포함하는 도면을 다시 열면 모든 구속 아이콘이 숨겨져 있습니다.
> 구속 아이콘을 다시 표시하려면 ConstraintBar 명령의 ShowAll 옵션을 사용하십시오.

> **엑서스**
> 명령 : ConstraintBar

02 치수 구속 적용

DimensionalConstraint 명령을 사용하여 도면요소 또는 도면요소의 구속점 사이에 치수 구속을 정의할 수 있습니다.

치수 구속은 도면요소의 거리, 길이, 지름, 반지름 및 각도 값을 제어하며 치수 구속의 값을 변경하면 관련된 도면요소의 치수가 변경됩니다.

치수 명령을 사용하여 작성한 연관 치수를 치수 구속으로 변환할 수는 있지만, 반대로 변환하는 것은 불가능합니다.

또한 DimensionalConstraint 명령을 사용하면 이후의 치수 구속 작성에 대해 동적 또는 주석 유형을 설정할 수 있습니다.

1) 치수 구속을 적용하려면

① 명령 프롬프트에 **DimensionalConstraint**를 입력합니다.
② 옵션을 지정합니다.

구분	설명
정렬	도면요소의 두 점 사이의 직선 거리를 구속합니다.
수평	도면요소의 두 점 사이의 수평 거리를 구속합니다.
수직	도면요소의 두 점 사이의 수직 거리를 구속합니다.
선형	도면요소의 두 점 사이의 수평 또는 수직 거리를 구속합니다.
지름	원, 호 또는 곡선 폴리선 세그먼트의 지름을 구속합니다.
반지름	원, 호 또는 곡선 폴리선 세그먼트의 반지름을 구속합니다.
각도	도면요소의 세 구속점 간의 각도 또는 두 선이나 폴리선 세그먼트 간의 각도를 구속하거나, 호 또는 곡선 폴리선 세그먼트의 총 각도를 구속합니다.

옵션은 개별적인 치수 구속 명령에 의해 제공되는 선택 항목에 따라 달라집니다.
③ 명령 프롬프트를 따르십시오.

DimensionalConstraint 명령의 이후 시퀀스는 개별적인 각 명령의 시퀀스와 동일합니다.

2) 연관 치수를 치수 구속으로 변환하려면

① 명령 프롬프트에 **DimensionalConstraint**를 입력합니다.
② **변환** 옵션을 지정합니다.

③ 그래픽 영역에서 연관 치수(선형, 지름, 반지름 또는 각도 치수)를 지정합니다.

연관 치수가 치수 구속으로 대체됩니다.

④ 필요하면 치수 구속 값을 편집합니다.

3) 치수 구속 유형을 설정하려면

① 명령 프롬프트에 **DimensionalConstraint**를 입력합니다.

② **유형** 옵션을 지정합니다.

③ 옵션을 지정합니다.

구분	설명
동적	치수 구속이 인쇄되지 않고, 미리 정의된 치수 스타일을 사용합니다.
주석	치수 구속이 인쇄되며 현재의 사용자 정의 치수 스타일을 사용합니다.

이후의 치수 구속 작성에서는 지정한 유형이 사용됩니다.

동적 및 주석 유형에 대한 자세한 내용은 치수 구속 유형 이해를 참조하십시오.

④ 다른 명령 옵션을 지정하거나 Esc를 눌러 명령을 종료합니다.

> **참고**
> 치수 구속의 유형을 변경하려면 속성 팔레트를 사용합니다.

> **엑서스**
> 명령 : DimensionalConstraint

2.1 치수 구속 유형 이해

다음 두 가지 유형의 치수 구속을 적용할 수 있습니다.

구분	설명
동적	이 유형은 그래픽 영역에만 나타나고, 인쇄되지 않습니다. 사용자 정의 치수 스타일을 필요로 하지 않습니다. 치수 문자가 자동으로 배치됩니다. 동적 치수는 확대하거나 축소할 때 동일한 크기를 유지합니다.
주석	이 유형은 인쇄되고, 현재 치수 스타일을 사용합니다.

또한 치수 구속이 다음 중 어느 것에 해당하는지 결정할 수 있습니다.

구분	설명
구속	형상이 치수로부터 파생됩니다.
파생	치수가 형상으로부터 파생됩니다.

1) 동적 및 주석 치수 구속

동적 치수 구속과 주석 치수 구속은 다음과 같은 차이점이 있습니다.

특징	동적 치수 구속	주석 치수 구속
줌	확대하거나 축소할 때 동일한 크기를 유지합니다.	확대하거나 축소할 때 크기가 변경됩니다.
치수 스타일	고정된 미리 정의한 치수 스타일을 사용합니다.	현재의 사용자 정의 치수 스타일을 사용합니다.
도면요소 속성	도면층, 선 스타일 및 선 색상 설정을 무시합니다.	현재의 도면층, 선 스타일 및 선 색상 설정을 사용합니다.
인쇄 출력	인쇄물에 표시되지 않습니다.	인쇄물에 표시됩니다.

2) 구속 및 파생된 치수 구속

속성 팔레트에서 치수 구속의 **파생** 속성을 설정하면 동적 및 주석 치수 구속으로부터 파생된 구속을 작성할 수 있습니다. 파생된 구속은 그래픽 영역에서 괄호로 표시됩니다.

파생 플래그를 설정한 경우, 치수 구속의 값 또는 식을 편집할 수 없습니다. 구속 값을 수정하려면 상응하는 형상을 변경하면 됩니다.

2.2 치수 구속 매개변수 정의

수학 등식 및 식을 사용하여 치수 구속 형상을 제어할 수 있습니다.

파라메트릭 등식은 다음을 포함합니다.

- **치수 구속의 이름**
- **다음을 사용할 수 있는 식**

1	값
2	사용자 정의 변수 및 기존 치수 구속을 나타내는 변수
3	수학 연산자, 함수 및 상수

1) 치수 구속을 위한 식

치수 구속을 작성하면 도면요소의 치수 또는 도면요소의 점 사이의 치수가 이름=값(예 d1=12.34) 형태의 등식으로 정의됩니다.

이 등식에서 다음과 같이 값을 식으로 대체할 수 있습니다. 이름=식.

- **식 내부에서는 값, 변수, 수학 연산자, 수학 함수 및 상수를 사용할 수 있습니다.**
- **식의 결과는 값입니다.**

변수는 다음 중 하나일 수 있습니다.

- **사용자 정의**(예 length1=12.5)
- **기존 치수 구속의 이름**(예 d2=rad1)

식 및 변수를 정의하고 편집하려면 매개변수 관리자를 사용합니다.

바로 식을 편집할 수도 있습니다.

2) 치수 구속 등식 예

예	설명
d1=rad1	변수 d1을 변수 rad1의 값으로 설정합니다.
d2=rad2*2	변수 rad2에 2를 곱하고 결과 값으로 변수 d2를 설정합니다.
length1=cos(ang1)	사용자 정의 변수 length1을 각도 ang1의 코사인 값으로 설정합니다.
dist1=(length1 + d1) / 2	사용자 정의 변수 length1과 변수 d1을 더하고 2로 나눈 값으로 사용자 정의 변수 dist1을 설정합니다.

3) 구속 이름

치수 구속(동적 구속 및 주석 구속 모두)은 식과 수식에서 사용되는 사용자 정의 변수 외에 이름으로도 식별됩니다.

매개변수 관리자에서는 모든 치수 구속 변수가 이름, 식 및 값과 함께 나열됩니다.

명명 규칙은 다음과 같습니다.

의미	기본 이름	구속
거리	d1, d2, ..., dn	정렬, 수평, 수직
지름	dia1, dia2, ..., dian	지름
반지름	rad1, rad2, ..., radn	반지름
각도	ang1, ang2, ..., angn	각도
사용자 정의	user1, user2, ..., usern	식에서 사용됨

4) 구속 변수 이름을 바꾸려면

① 치수 구속을 지정합니다.
② 속성 팔레트의 구속 아래에서 이름을 편집합니다.

5) 파라메트릭 등식

연산자 및 함수를 사용하여 수식과 등식을 정의합니다.
식은 표준 수학 규칙을 따라 평가됩니다.

6) 연산자

식 및 수식에서 다음 연산자를 사용할 수 있습니다.

예	설명	예	설명
+	더하기	–	빼기(또는 단항 부정)
*	곱하기	/	나누기
^	거듭제곱	%	부동 소수점 모듈로
.	소수 구분 기호	(expr)	식을 정의하기 위한 괄호

7) 함수

식 및 수식에서 다음 함수를 사용할 수 있습니다.

기능	구문
코사인	cos (expr)
사인	sin (expr)
탄젠트	tan (expr)
아크 코사인	acos (expr)
아크 사인	asin (expr)
아크 탄젠트	atan (expr)
하이퍼볼릭 코사인	cosh (expr)
하이퍼볼릭 사인	sinh (expr)
하이퍼볼릭 탄젠트	tanh (expr)
아크 하이퍼볼릭 코사인	acosh (expr)
아크 하이퍼볼릭 사인	asinh (expr)
아크 하이퍼볼릭 탄젠트	atanh (expr)
평방근	sqrt (expr)
시그넘 함수(-1,0,1)	sign (expr)
절댓값	abs (expr)
소수점 자르기	trunc (expr)
가장 가까운 정수로 올림	round (expr)
반내림	floor (expr)
반올림	ceil (expr)
배열에서 가장 큰 요소	max (expr1;expr2) *
배열에서 가장 작은 요소	min (expr1;expr2) *
도-라디안	d2r (expr)
라디안-도	r2d (expr)
로그, 밑수 e	ln (expr)
로그, 밑수 10	log (expr)
지수, 밑수 e	exp (expr)
지수, 밑수 10	exp10 (expr)
멱함수	pow (expr1;expr2) *
임의의 십진수, 0-1	임의
상수 pi	pi
상수 e	e

CHAPTER 13 구속 작업

> **참고**
> OS 형식 설정에 정의된 대로 목록 구분 기호(세미콜론 또는 쉼표)를 사용합니다.

8) 식 평가

표준 수학 규칙에 따라 다음 우선순위를 사용하여 식이 평가됩니다.

① 괄호 안의 식(가장 안쪽의 괄호가 가장 먼저 평가됨)

② 표준 연산자 순서

1	지수
2	곱하기 및 나누기
3	더하기 및 빼기

③ 우선순위가 동일한 연산자는 왼쪽부터 오른쪽으로 평가됩니다.

2.3 빠르게 치수 구속 정의

DcSmart 명령으로 도면요소를 지정하여 치수 구속을 빠르게 생성합니다.

이 명령은 선, 선형 및 곡선 폴리선 세그먼트, 호, 원 및 링에 적용할 수 있습니다.

- 좌표계의 축에 평행한 선형 도면요소의 경우 정렬 구속(평행 구속)이 생성됩니다.
- 좌표계의 축에 평행하지 않은 선형 도면요소의 경우 포인터를 이동하는 위치에 따라 정렬 구속(두 점 사이의 절대 거리 구속) 또는 선형 구속(두 점 사이의 수평 또는 수직 거리 구속)이 생성됩니다.
- 곡선 도면요소의 경우 반지름 구속이 생성됩니다.

1) 치수 구속을 빠르게 정의하기

① 명령 프롬프트에 **DcSmart**를 입력합니다.
② 그래픽 영역에서 도면요소를 지정합니다.
③ 구속 치수선의 위치를 지정합니다.
④ 필요에 따라 ②~③을 반복합니다.
⑤ **Enter**를 누릅니다.

> **엑서스**
> 명령 : DcSmart

2.4 정렬 치수 구속 정의

DcAligned 명령을 사용하여 현재 좌표계를 기준으로 도면요소의 두 점 간 직접 거리를 구속할 수 있습니다.

1) 두 구속점을 지정하여 정렬 치수 구속을 정의하려면

① **구속 > 치수 > 정렬**을 클릭하거나 **DcAligned**를 입력합니다.
② 특정 도면요소에서 첫 번째 구속점을 지정합니다.

③ 특정 도면요소에서 두 번째 구속점을 지정합니다.

　　첫 번째 점이 지정된 동일한 도면요소에 두 번째 점이 있어야 하는 것은 아닙니다.

　　첫 번째와 두 번째 구속점은 치수선 원점을 정의합니다.

④ 치수선 위치를 지정합니다.

　　치수선은 두 구속점에 의해 정의되는 축에 대해 평행으로 작성됩니다.

⑤ 필요하면 치수 매개변수 값을 편집합니다.

⑥ Enter를 누르거나 그래픽 영역 안을 클릭합니다.

2) 도면요소를 지정하여 정렬 치수 구속을 정의하려면

① **구속 〉 치수 〉 정렬**을 클릭하거나 **DcAligned**를 입력합니다.

② **도면요소** 옵션을 지정합니다.

③ 도면요소(선, 선형 폴리선 또는 호)를 지정합니다.

④ 치수선 위치를 지정합니다.

⑤ 필요하면 치수 매개변수 값을 편집합니다.

⑥ Enter를 누르거나 그래픽 영역 안을 클릭합니다.

> **엑서스**
> 명령 : DcAligned
> 메뉴 : 구속 〉 치수 〉 정렬

2.5 수평 치수 구속 정의

DcHorizontal 명령을 사용하여 현재 좌표계를 기준으로 도면요소의 두 점 간의 수평 거리를 구속할 수 있습니다.

1) 두 구속점을 지정하여 수평 치수 구속을 정의하려면

① **구속 〉 치수〉 수평**을 클릭하거나 **DcHorizontal**을 입력합니다.

② 특정 도면요소에서 첫 번째 구속점을 지정합니다.

③ 특정 도면요소에서 두 번째 구속점을 지정합니다.

　　첫 번째 점이 지정된 동일한 도면요소에 두 번째 점이 있어야 하는 것은 아닙니다.

④ 치수선 위치를 지정합니다.

　　치수선은 X축에 평행으로 작성됩니다.

⑤ 필요하면 치수 매개변수 값을 편집합니다.

⑥ Enter를 누르거나 그래픽 영역 안을 클릭합니다.

2) 도면요소를 지정하여 수평 치수 구속을 정의하려면

① **구속 〉 치수〉 수평**을 클릭하거나 **DcHorizontal**을 입력합니다.

② **도면요소** 옵션을 지정합니다.

③ 도면요소(선, 선형 폴리선, 호 또는 타원형 호)를 지정합니다.

④ 치수선 위치를 지정합니다.

⑤ 필요하면 치수 매개변수 값을 편집합니다.

⑥ **Enter**를 누르거나 그래픽 영역 안을 클릭합니다.

> **엑서스**
> 명령 : DcHorizontal
> 메뉴 : 구속 〉 치수〉 수평

2.6 수직 치수 구속 정의

DcVertical 명령을 사용하여 현재 좌표계를 기준으로 도면요소의 두 점 간의 수직 거리를 구속할 수 있습니다.

1) 두 구속점을 지정하여 수직 치수 구속을 정의하려면

① **구속 〉 치수 〉 수직**을 클릭하거나 **DcVertical**을 입력합니다.
② 특정 도면요소에서 첫 번째 구속점을 지정합니다.
③ 특정 도면요소에서 두 번째 구속점을 지정합니다.
　첫 번째 점이 지정된 동일한 도면요소에 두 번째 점이 있어야 하는 것은 아닙니다.
④ 치수선 위치를 지정합니다.
　치수선은 Y축에 평행으로 작성됩니다.
⑤ 필요하면 치수 매개변수 값을 편집합니다.
⑥ **Enter**를 누르거나 그래픽 영역 안을 클릭합니다.

2) 도면요소를 지정하여 수직 치수 구속을 정의하려면

① **구속 〉 치수〉 수직**을 클릭하거나 **DcVertical**을 입력합니다.
② **도면요소** 옵션을 지정합니다.
③ 도면요소(선, 선형 폴리선, 호 또는 타원형 호)를 지정합니다.
④ 치수선 위치를 지정합니다.
⑤ 필요하면 치수 매개변수 값을 편집합니다.
⑥ **Enter**를 누르거나 그래픽 영역 안을 클릭합니다.

> **엑서스**
> 명령 : DcVertical
> 메뉴 : 구속 〉 치수〉 수직

2.7 선형 치수 구속 정의

DcLinear 명령을 사용하여 현재 좌표계를 기준으로 도면요소의 두 점 간의 수평 또는 수직 거리를 구속할 수 있습니다.

1) 두 구속점을 지정하여 선형 치수 구속을 정의하려면

① **구속 〉 치수 〉 선형**을 클릭하거나 **DcLinear**를 입력합니다.
② 특정 도면요소에서 첫 번째 구속점을 지정합니다.
③ 특정 도면요소에서 두 번째 구속점을 지정합니다.

첫 번째 점이 지정된 동일한 도면요소에 두 번째 점이 있어야 하는 것은 아닙니다.

④ 치수선 위치를 지정합니다. X축을 따라 포인터를 이동하여 수직 치수 구속을 정의합니다. Y축을 따라 포인터를 이동하여 수평 치수 구속을 정의합니다.

⑤ 필요하면 치수 매개변수 값을 편집합니다.

⑥ Enter를 누르거나 그래픽 영역 안을 클릭합니다.

2) 도면요소를 지정하여 선형 치수 구속을 정의하려면

① **구속 〉 치수 〉 선형**을 클릭하거나 **DcLinear**를 입력합니다.

② 도면요소 옵션을 지정합니다.

③ 도면요소(선, 선형 폴리선, 호 또는 타원형 호)를 지정합니다.

④ 치수선 위치를 지정합니다. X축을 따라 포인터를 이동하여 수직 치수 구속을 정의합니다. Y축을 따라 포인터를 이동하여 수평 치수 구속을 정의합니다.

⑤ 필요하면 치수 매개변수 값을 편집합니다.

⑥ Enter를 누르거나 그래픽 영역 안을 클릭합니다.

> **엑서스**
> 명령 : DcLinear

2.8 지름 치수 구속 정의

DcDiameter 명령을 사용하여 원, 호 또는 곡선 폴리선 세그먼트의 지름을 구속할 수 있습니다.

1) 지름 치수 구속을 정의하려면

① **구속 〉 치수 〉 지름**을 클릭하거나 **DcDiameter**를 입력합니다.

② 곡선 도면요소(원, 호 또는 곡선 폴리선 세그먼트)를 지정합니다.

③ 치수 위치를 지정합니다.

④ 필요하면 치수 매개변수 값을 편집합니다.

⑤ Enter를 누르거나 그래픽 영역 안을 클릭합니다.

> **참고**
> 지름 또는 반지름 구속이 이미 정의된 도면요소를 지정하면 구속이 이미 존재한다는 메시지가 표시됩니다.

> **엑서스**
> 명령 : DcDiameter
> 메뉴 : 구속 〉 치수〉 지름

2.9 반지름 치수 구속 정의

DcRadial 명령을 사용하여 원, 호 또는 곡선 폴리선 세그먼트의 반지름을 구속할 수 있습니다.

1) 반지름 치수 구속을 정의하려면

① **구속 > 치수 > 반지름**을 클릭하거나 **DcRadial**을 입력합니다.
② 곡선 도면요소(원, 호 또는 곡선 폴리선 세그먼트)를 지정합니다.
③ 치수 위치를 지정합니다.
④ 필요하면 치수 매개변수 값을 편집합니다.
⑤ Enter를 누르거나 그래픽 영역 안을 클릭합니다.

> **참고**
> 지름 또는 반지름 구속이 이미 정의된 도면요소를 지정하면 구속이 이미 존재한다는 메시지가 표시됩니다.

> **엑서스**
> 명령 : DcRadial
> 메뉴 : 구속 > 치수 > 반지름

2.10 각도 치수 구속 정의

DcAngular 명령을 사용하여 도면요소의 세 구속점 간의 각도 또는 두 선이나 폴리선 세그먼트 간의 각도를 구속하거나, 호 또는 곡선 폴리선 세그먼트의 총 각도를 구속할 수 있습니다.

1) 세 구속점 간의 각도 치수 구속을 정의하려면

① **구속 > 치수 > 각도**를 클릭하거나 **DcAngular**를 입력합니다.
② Enter를 눌러 정점을 지정합니다.
③ 도면요소에서 정점 위치에 해당하는 구속점을 지정합니다.
④ 도면요소에서 각도 시작점에 해당하는 구속점을 지정합니다.
⑤ 도면요소에서 각도 끝점에 해당하는 구속점을 지정합니다.
⑥ 치수 위치를 지정합니다.
   이 위치는 내각 또는 외각 측정 여부를 결정합니다.
⑦ 필요하면 치수 매개변수 값을 편집합니다.
⑧ Enter를 누르거나 그래픽 영역 안을 클릭합니다.

2) 두 선 또는 폴리선 세그먼트 간의 각도 치수 구속을 정의하려면

① **구속 > 치수 > 각도**를 클릭하거나 **DcAngular**를 입력합니다.
② 선형 도면요소(선 또는 선형 폴리선 세그먼트)를 지정합니다.
③ 두 번째 선형 도면요소(선 또는 선형 폴리선 세그먼트)를 지정합니다.
   두 선 사이로 포인터를 이동하면 내각 치수 미리보기가 표시됩니다. 두 선 밖으로 포인터를 이동하면 외각 치수 미리보기가 표시됩니다.
④ 치수 위치를 지정합니다.

이 위치는 내각 또는 외각 측정 여부를 결정합니다.
⑤ 필요하면 치수 매개변수 값을 편집합니다.
⑥ **Enter**를 누르거나 그래픽 영역 안을 클릭합니다.

3) 호 또는 곡선 폴리선 세그먼트의 총 각도를 구속하려면

① **구속 〉 치수 〉 각도**를 클릭하거나 **DcAngular**를 입력합니다.
② 곡선 도면요소(호 또는 곡선 폴리선 세그먼트)를 지정합니다.
   포인터를 이동하면 호의 중심점을 정점으로 하여 호의 끝점 사이에 각도 치수가 나타납니다.
③ 치수 위치를 지정합니다.
④ 필요하면 치수 매개변수 값을 편집합니다.
⑤ **Enter**를 누르거나 그래픽 영역 안을 클릭합니다.

> **엑서스**
> 명령 : DcAngular
> 메뉴 : 구속 〉 치수 구속 〉 각도

2.11 치수 구속의 가시성 제어

DcDisplay 명령을 사용하여 치수 구속을 표시하거나 숨길 수 있습니다.

1) 개별 치수 구속의 가시성을 제어하려면

① 명령 프롬프트에 **DcDisplay**를 입력합니다.
② 치수 구속을 지정합니다.
③ 필요하면 다른 도면요소에 대해 2단계를 반복합니다.
④ **Enter**를 누릅니다.
⑤ **표시** 또는 **숨기기**를 지정하여 지정된 동적 치수를 표시하거나 숨깁니다.

2) 모든 치수 구속을 표시하려면

① 명령 프롬프트에 **DcDisplay**를 입력한 후 **ShowAll**을 지정합니다.

3) 모든 치수 구속을 숨기려면

① 명령 프롬프트에 **DcDisplay**를 입력한 후 **HideAll**을 지정합니다.

> **엑서스**
> 명령 : DcDisplay

2.12 치수 구속 매개변수 관리

Parameters 명령을 사용하면 **매개변수 관리자** 팔레트를 표시하여 치수 구속 매개변수를 보거나 수정할 수 있으며, 구속 식 및 변수를 정의 및 수정하고 이름을 변경하고 삭제할 수 있습니다.

매개변수 관리자에는 다음 항목이 나열됩니다.

- 치수 구속의 이름
- 다음을 사용할 수 있는 식

1	값
2	사용자 정의 변수 및 기존 치수 구속을 나타내는 변수
3	수학 연산자, 함수 및 상수

- **식의 결과 값**

  이 목록은 그래픽 영역에 정의된 치수 구속 및 사용자 정의 변수로 그룹화됩니다.

  식 및 변수의 사용에 대한 자세한 내용은 치수 구속 매개변수 정의를 참조하십시오.

1) 매개변수 관리자 팔레트를 표시하려면

① 명령 프롬프트에 **Parameters**를 입력합니다.

2) 사용자 정의 변수를 작성하려면

① **매개변수 관리자** 팔레트에서 **새 사용자 매개변수 만들기**를 클릭합니다.
   사용자 정의 아래에 새 항목이 나타납니다.
② 필요하면 이름에서 변수 이름을 편집합니다.
③ 식에서 값 또는 식을 입력합니다.
   식의 결과 값이 값에 표시됩니다.

3) 치수 구속 또는 사용자 변수를 삭제하려면

① **매개변수 관리자** 목록에서 치수 구속 또는 사용자 정의 변수를 클릭합니다.
② **선택한 매개변수 삭제**를 클릭합니다.
   변수가 도면 또는 식에서 치수 구속에 의해 참조되는 경우, 삭제를 확인하는 메시지가 표시됩니다.

4) 치수 구속 또는 사용자 변수의 이름을 변경하려면

① **매개변수 관리자** 목록에서 치수 구속 또는 사용자 정의 변수를 클릭합니다.
② 이름을 편집합니다.
③ **Enter**를 누르거나 다른 곳을 클릭합니다.

5) 치수 구속 또는 사용자 변수의 식을 편집하려면

① **매개변수 관리자** 목록에서 치수 구속 식 또는 사용자 정의 변수 식을 선택하여 클릭합니다.
② 연산자, 함수, 변수 및 값을 사용하여 식을 편집합니다.
   바로가기 메뉴를 사용하여 함수를 삽입하려면 오른쪽 클릭한 후, **함수**를 클릭하고 함수를 선택합니다.
③ **Enter**를 누르거나 다른 곳을 클릭합니다.

6) 매개변수 관리자 목록을 필터링하려면

① 매개변수 관리자 팔레트에서 필터를 확장합니다.

② 목록에서의 사용자 정의 변수 표시를 제어하려면 다음 옵션 중 하나를 선택합니다.

- **모든 매개변수** : 모든 사용자 정의 변수를 표시합니다.
- **사용된 매개변수** : 식에서 사용되는 사용자 정의 변수만 표시합니다.
- **사용되지 않은 매개변수** : 식에서 사용되지 않는 사용자 정의 변수만 표시합니다. 사용되지 않는 매개변수를 목록에서 제거하려면 오른쪽 클릭한 후 매개변수 삭제를 클릭합니다.

7) 매개변수 관리자 목록을 정렬하려면

- **매개변수 관리자** 목록의 제목 표시줄에서 열 이름(이름, 식 또는 값)을 클릭하여 열 제목을 기준으로 사전 순으로 목록을 정렬합니다.
- 이전 순서로 복원하려면 동일한 열 이름을 다시 클릭합니다.

2.13 매개변수 팔레트 숨기기

HideParameters 명령을 사용하여 매개변수 관리자 팔레트를 숨길 수 있습니다.

1) 매개변수 관리자 팔레트를 숨기려면

① 명령 프롬프트에 **HideParameters**를 입력합니다.

엑서스
명령 : HideParameters

2.14 치수 구속 유형 설정

DcType 명령을 사용하여 이후의 치수 구속에 대해 동적 또는 주석 유형을 설정할 수 있습니다.

1) 치수 구속 유형을 설정하려면

① 명령 프롬프트에 **DcType**를 입력합니다.

옵션을 지정합니다.

구분	설명
동적	치수 구속이 인쇄되지 않고, 미리 정의된 치수 스타일을 사용합니다.
주석	치수 구속이 인쇄되며 현재의 사용자 정의 치수 스타일을 사용합니다.

이후의 치수 구속 작성에서는 지정한 유형이 사용됩니다.

동적 및 주석 유형에 대한 자세한 내용은 치수 구속 유형 이해를 참조하십시오.

엑서스
명령 : DcType

2.15 연관 치수를 치수 구속으로 변환

DcConvert 명령을 사용하여 연관 치수를 치수 구속으로 변환할 수 있습니다.

1) 연관 치수를 치수 구속으로 변환하려면

① 명령 프롬프트에 **DcConvert**를 입력합니다.
② 그래픽 영역에서 연관 치수(선형, 지름, 반지름 또는 각도 치수)를 지정합니다.
연관 치수가 치수 구속으로 대체됩니다.
③ 필요하면 치수 구속 값을 편집합니다.

> **엑서스**
> 명령 : DcConvert

2.16 치수 구속 제어 동작 설정

DcDerived 명령을 사용하면 구속 또는 형상이 서로를 제어하는지 여부를 지정할 수 있습니다. 일반적으로 치수 구속은 형상을 제어하지만, 이 명령을 사용하면 반대로 일반 치수를 사용하는 것처럼 형상이 구속의 값을 제어할 수 있으며 파생된 구속은 문자 주위에 괄호가 표시됩니다. 이 명령은 선택된 도면요소에 적용됩니다.

1) 치수 구속 제어 동작 설정하기

① 명령 프롬프트에 **DcDerived**를 입력합니다.
② 치수 구속 도면요소를 지정합니다.
③ **옵션**을 지정합니다.

구분	설명
파생되지 않음	치수 구속은 형상의 크기를 제어합니다. (기본값)
파생됨	형상은 치수 구속을 제어하고, 구속은 편집될 수 없습니다.
역	선택된 도면요소의 파생되지 않은 설정 또는 파생된 설정을 반대로 합니다.

> **엑서스**
> 명령 : DcDerived

03 기하 및 치수 구속 삭제

DeleteConstraint 명령을 사용하여 도면요소로부터 기하 및 치수 구속을 제거할 수 있습니다.

1) 기하 및 치수 구속을 삭제하려면

① **구속 > 관리 > 삭제**를 클릭하거나 **DeleteConstraint**를 입력합니다.

② 그래픽 영역에서 구속이 정의된 도면요소를 지정합니다.
③ **Enter**를 누릅니다.

> **참고**
> 매개변수 관리자 팔레트를 사용하여 치수 구속을 삭제할 수 있습니다.

> **엑서스**
> 명령 : DeleteConstraint
> 메뉴 : 구속 〉 관리 〉 삭제

04 구속 설정 정의

ConstraintSettings 명령을 사용하여 기하 구속 및 치수 구속에 대한 옵션을 설정할 수 있습니다.

1) 기하 구속 설정을 정의하려면
① 명령 프롬프트에 **ConstraintSettings**를 입력합니다.
② **기하학적**을 확장합니다.
③ **구속 아이콘 설정** 아래에서 그래픽 영역에 표시할 기하 구속을 활성화합니다.
선택을 취소하려면 **모두 지우기**를 클릭하고 모든 기하 구속을 선택하려면 **모두 선택**을 클릭합니다.
④ 다음 사항을 지정합니다.
- 현재 평면에 있는 도면요소에 대해서만 구속 아이콘을 표시할지 여부
- 선택한 도면요소에 구속을 적용한 후 구속 아이콘을 표시할지 여부
- 도면요소가 선택될 때 구속 아이콘을 표시할지 여부
⑤ **구속 아이콘 투명도** 아래에서 그래픽 영역에서의 구속 아이콘에 대한 투명도 비율을 지정합니다.
⑥ **확인**을 클릭합니다.

2) 치수 구속 설정을 정의하려면
① 명령 프롬프트에 **ConstraintSettings**를 입력합니다.
② **치수**를 확장합니다.
③ **치수 구속 형식** 아래에서
- 치수 이름 형식에서 이름, 값 또는 이름 및 식을 선택합니다.
- 주석 구속의 잠금 아이콘 표시 여부를 지정합니다.
④ **옵션 표시** 아래에서 **선택한 도면요소의 숨겨진 동적 구속 표시** 여부를 지정합니다.
⑤ **확인**을 클릭합니다.

> **엑서스**
> 명령 : ConstraintSettings

ARES CAD

레이아웃 시트 작성 및 도면 인쇄

CHAPTER

14

레이아웃 시트 작성 및 도면 인쇄

도면이 완성되면 시트 탭을 적용하여 인쇄할 레이아웃을 작성할 수 있습니다.

01 시트에서 도면 레이아웃

1.1 시트 작성 및 관리

새 시트를 작성하거나 기존 시트를 복사, 저장, 삭제, 이름 바꾸기, 또는 삭제할 수 있습니다. 완성된 도면을 작성하도록, 두 가지 다른 작업공간인 **모델**과 **시트**가 제공됩니다.

시트는 도면의 출력 및 플롯을 설정할 수 있는 페이지입니다.

도면의 시트는 255개까지 개별 탭에서 작성할 수 있습니다. 시트 탭의 이름은 고유해야 합니다.

Sheet 명령을 사용할 때 시트 탭을 관리할 수 있는 옵션이 있습니다. 이들 옵션 중 몇몇은 시트 탭을 오른쪽 클릭하여 사용할 수도 있습니다.

1) 새 시트 작성하기

① 명령 프롬프트에 **Sheet**를 입력하고 **새로 만들기** 옵션을 지정합니다.
② 시트의 이름을 입력합니다.

2) 다른 파일의 시트를 기반으로 새 시트 작성하기

① 명령 프롬프트에 **Sheet**를 입력하고 **템플릿** 옵션을 지정합니다.
② 파일에서 템플릿 지정 대화상자에서 .dwt, .dwg 또는 .dxf 파일을 선택한 후 열기를 클릭합니다.
③ 시트 목록 대화상자에서 시트 이름을 선택하고 확인을 클릭합니다.

3) 시트 복사하기

① 명령 프롬프트에 **Sheet**를 입력합니다.
② **복사** 옵션을 지정합니다.
③ 복사할 시트 이름을 입력합니다.
④ 시트의 이름을 입력합니다.

4) 시트 이름 바꾸기

① 명령 프롬프트에 **Sheet**를 입력합니다.
② **이름 바꾸기** 옵션을 지정합니다.
③ 이름을 바꿀 시트의 이름을 입력합니다.
④ 시트의 이름을 입력합니다.

5) 시트를 도면 템플릿 파일로 저장하기

① 명령 프롬프트에 **Sheet**를 입력합니다.
② **다른 이름으로 저장** 옵션을 지정합니다.
③ 템플릿으로 저장할 시트의 이름을 입력합니다.
블록 정의 정보와 도면층, 선 스타일과 같이 사용되지 않는 도면 속성이 제외된 상태로 템플릿 파일이 저장됩니다.

6) 시트 활성화하기

① 명령 프롬프트에 **Sheet**를 입력합니다.
② **활성화** 옵션을 지정합니다.
③ 활성화할 시트의 이름을 입력합니다.

7) 시트 삭제하기

① 명령 프롬프트에 **Sheet**를 입력합니다.
② **삭제** 옵션을 지정합니다.
③ 삭제할 시트의 이름을 입력합니다.

8) 모든 활성 시트 목록 표시하기

① 명령 프롬프트에 **Sheet**를 입력합니다.
② **?** 옵션을 지정합니다. 활성 시트 목록이 명령 창에 표시됩니다.

> **참고**
> 모델과 시트 탭을 표시하거나 숨길 수 있습니다. 도구 〉 옵션을 클릭합니다. 도면 설정을 클릭하고 표시를 확장한 후 모델 및 시트 탭 표시를 선택하거나 선택 취소합니다.

> **엑서스**
> 명령 : Sheet

1.2 시트에서 뷰포트 작업

Viewport 명령은 시트에서 뷰포트라고 하는 여러 개의 바둑판식 뷰를 생성하고 제어합니다. 시트의 뷰포트는 ViewTiles 명령을 사용하여 작성하는 모델 공간의 바둑판식 뷰와 다릅니다.

시트에서 뷰포트를 생성하고 지우고 이동하고 복사하고 축척을 조정하고 늘릴 수 있습니다.

1) 시트 활성화하기
① 시트 탭을 클릭합니다. (**모델 탭**이 활성된 경우)

2) 사각형 뷰포트 생성하기
① 명령 프롬프트에 **Viewport**를 입력합니다.
② 그래픽 영역을 클릭하여 첫 번째와 두 번째 뷰포트 구석을 설정합니다.

3) 두 개, 세 개 또는 네 개의 뷰포트 생성하기
① 명령 프롬프트에 **Viewport**를 입력합니다.
② 현재 시트에 추가하려는 뷰포트 수에 따라 **2, 3 또는 4** 옵션을 지정합니다.
③ 배열 옵션을 지정합니다.

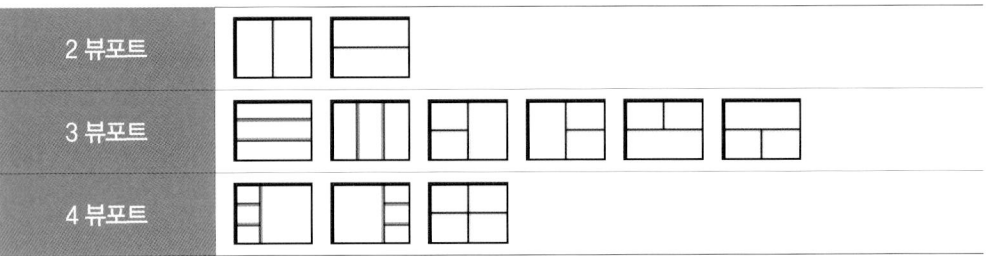

④ 그래픽 영역을 클릭하거나 값을 입력하여 뷰포트의 구석을 설정하거나 **맞춤** 옵션을 지정합니다.

4) 시트를 인쇄 가능 영역선으로 채우는 뷰포트 생성하기
① 명령 프롬프트에 **Viewport**를 입력합니다.
② **맞춤** 옵션을 지정합니다.
　인쇄 가능 영역이 꺼져 있으면 뷰포트가 전체 시트 크기에 맞춰집니다.

5) 닫힌 폴리선, 원, 타원, 닫힌 스플라인, 또는 영역을 뷰포트로 변환하기
① 명령 프롬프트에 **Viewport**를 입력합니다.
② **도면요소** 옵션을 지정합니다.
③ 그래픽 영역에서 뷰포트로 전환할 도면요소를 선택합니다.

6) 다각형 경계로 뷰포트 생성하기
다각형 옵션을 사용하면 뷰포트의 경계를 정의하는 불규칙 형상을 작성할 수 있습니다.
① 명령 프롬프트에 **Viewport**를 입력합니다.
② **다각형** 옵션을 지정합니다.
③ 그래픽 영역을 클릭하여 경계를 정의하는 첫 번째 점을 지정합니다.
④ **그래픽 영역 클릭**으로 추가점을 지정하여 나머지 경계를 정의하거나 다음 **옵션**을 지정합니다.
　• **호** : 프롬프트에 따라 뷰포트 경계로 할 호 세그먼트를 작성합니다.
　• **길이** : 프롬프트에 따라 이전 세그먼트와 같은 각도로 지정한 길이의 선 세그먼트를 작성합니다.
　• **닫기** : 경계를 닫습니다.
　• **실행 취소** : 뷰포트 경계 생성 과정에서 최근에 작성한 세그먼트를 취소합니다.

7) 뷰포트 켜기

① 명령 프롬프트에 **Viewport**를 입력합니다.
② **켜기** 옵션을 지정합니다.
③ 그래픽 영역에서 켜려는 뷰포트를 선택합니다.

8) 뷰포트 끄기

① 명령 프롬프트에 **Viewport**를 입력합니다.
② **끄기** 옵션을 지정합니다.
③ 그래픽 영역에서 끄려는 뷰포트를 선택합니다.

9) 뷰포트 인쇄 옵션 설정하기

① 명령 프롬프트에 **Viewport**를 입력합니다.
② **음영 뷰** 옵션을 지정합니다.
③ 다음 옵션을 지정합니다.
- **현재 표시** : 뷰포트를 화면에 표시된대로 인쇄합니다.
- **숨김** : 뷰포트를 은선을 제거하여 인쇄합니다.
- **렌더링** : 뷰포트를 렌더링 하여 인쇄합니다.
- **실선 표시** : 뷰포트를 실선 표시로 인쇄합니다.

④ 그래프 영역에서 설정을 적용할 뷰포트를 선택합니다.

10) 뷰포트 잠금/잠금 해제하기

① 명령 프롬프트에 **Viewport**를 입력합니다.
② **잠금** 옵션을 지정합니다.
③ 잠그려면 **켜기**를 지정하고 잠금 해제하려면 **끄기**를 지정합니다.
④ 그래프 영역에서 설정을 적용할 뷰포트를 선택합니다.

11) Viewport 명령을 사용하여 저장한 뷰포트 설정 복원하기

① 명령 프롬프트에 **Viewport**를 입력합니다.
② **복원** 옵션을 지정합니다.
③ 복원할 뷰포트 설정의 이름을 입력하거나 다음을 지정합니다.

1	? 옵션을 지정하여 뷰포트 설정을 나열합니다.
2	활성 모델 설정 옵션을 지정합니다.

12) 특정 시트 뷰포트의 뷰를 다른 뷰포트의 뷰에 맞춰 정렬하기

① 시트 탭과 시트 작업공간을 활성화합니다.
② 명령 프롬프트에 **Viewport**를 입력합니다.
③ **정렬** 옵션을 지정합니다.
④ **수평** 또는 **수직** 정렬 모드를 지정합니다.
⑤ 뷰포트 영역에서 정렬 기준점을 지정합니다.
⑥ 또 다른 뷰포트 영역에서 5단계의 뷰포트를 맞춰 정렬할 대상 정렬점을 지정합니다.

> **참고**
> 기준점 및 정렬점을 지정하여 기존 형상을 참조할 때 도면요소 스냅을 사용할 수 있습니다. 이미 다른 뷰포트에 맞춰 정렬한 뷰포트를 이동할 경우 직교 모드가 켜져 있는지 확인합니다.

> **엑서스**
> 명령 : Viewport

1.3 모델 작업공간으로 전환

시트에서 작업할 때 **ModelMode** 명령을 사용하면 시트 작업공간에서 모델 작업공간으로 전환할 수 있습니다.

작업공간이 레이아웃 시트인 경우에도 뷰포트에서 도면요소를 작성하거나 편집할 수 있습니다.

시트에 여러 개의 바둑판식 뷰가 있는 경우 특정 뷰를 클릭하여 활성화할 수 있습니다.

다시 시트 작업공간으로 전환하려면 SheetMode 명령을 사용합니다.

> **참고**
> 모델 탭에서는 ModelMode 명령을 사용할 수 없습니다.

> **엑서스**
> 명령 : ModelMode

1.4 시트 작업공간으로 전환

시트에서 작업할 때 **SheetMode** 명령을 사용하면 모델 작업공간에서 시트 작업공간으로 전환할 수 있습니다.

시트 작업공간에서는 예를 들어, 뷰포트에 모델 뷰 표시, 경계 작성, 제목 블록 삽입, 또는 주석, 파트 목록, 레전드 추가 등의 작업을 합니다.

시트는 도면의 용지 레이아웃을 나타냅니다. 시트 탭에서 여러 개의 레이아웃을 작성할 수 있습니다.

모델 작업공간으로 전환하려면 ModelMode 명령을 사용합니다.

> **참고**
> 모델 탭에서는 SheetMode 명령을 사용할 수 없습니다.

> **엑서스**
> 명령 : SheetMode

1.5 뷰포트에서 도면층 가시성 제어

ViewportLayer 명령은 시트에 있는 뷰포트 내에서 도면층의 가시성(표시 여부)을 제어합니다. 이 명령은 시트에서 지정한 뷰포트에 적용되는 것 외에는 Layer 명령과 기능이 같습니다.

이 명령은 시트 탭에서만 지원되고 시트에서 뷰포트의 모델 쪽에만 작용합니다.

1) 시트 탭에서 뷰포트 활성화하기

① **시트** 탭을 선택합니다.
② 뷰포트 안쪽을 클릭하여 도면층을 억제하려는 뷰포트를 선택합니다.

2) 시트에서 뷰포트의 도면층 억제하기

시트에 있는 한 개 또는 여러 개의 뷰포트에서 한 개 또는 여러 개의 도면층을 억제할 수 있습니다. 특정 뷰포트의 도면층을 화면이나 인쇄 및 플롯 출력물에서 보이지 않게 할 수 있습니다. 억제된 도면층의 도면요소는 재생성되지 않습니다.

① 명령 프롬프트에 **ViewportLayer**를 입력합니다.
② **동결** 옵션을 지정합니다.
③ 그래픽 영역에서 도면요소를 선택하거나 동결할 도면층 이름을 입력합니다.
④ 옵션을 지정합니다.
  - **모두** : 현재 시트 탭에 있는 기존의 모든 뷰포트에서 지정한 도면층을 동결합니다.
  - **선택** : 지정한 도면층을 동결할 뷰포트를 직접 지정할 수 있습니다.
  - **현재** : 현재 뷰포트에서만 지정한 도면층을 동결합니다.
⑤ Enter를 눌러 명령을 끝냅니다.

3) 뷰포트 도면층 동결해제하기

시트의 한 개 또는 여러 개 뷰포트에서 동결된 도면층을 해제할 수 있습니다.

① 명령 프롬프트에 **ViewportLayer**를 입력합니다.
② **동결해제** 옵션을 지정합니다.
③ 동결해제 할 도면층 이름을 입력합니다.
④ 옵션을 지정합니다.
  - **모두** : 현재 시트 탭에 있는 기존의 모든 뷰포트에서 지정한 도면층을 동결해제합니다.
  - **선택** : 지정한 도면층을 동결해제 할 뷰포트를 직접 지정할 수 있습니다.
  - **현재** : 현재 뷰포트에서만 지정한 도면층을 동결해제합니다.
⑤ Enter를 눌러 명령을 끝냅니다.

4) 시트의 뷰포트 도면층 재설정하기

한 개 또는 여러 개의 뷰포트에서 도면층의 표시를 그 기본 설정으로 되돌릴 수 있습니다.

① 명령 프롬프트에 **ViewportLayer**를 입력합니다.
② **재설정** 옵션을 지정합니다.
③ 그래픽 영역에서 도면요소를 선택하거나 재설정할 도면층 이름을 입력합니다.
④ 옵션을 지정합니다.
  - **모두** : 현재 시트 탭에 있는 모든 기존 뷰포트를 재설정합니다.
  - **선택** : 지정한 도면층을 재설정할 뷰포트를 지정할 수 있습니다.
  - **현재** : 현재 뷰포트에서만 재설정할 수 있습니다.
⑤ Enter를 눌러 명령을 끝냅니다.

5) 시트의 모든 뷰포트에서 억제된 한 개 이상의 도면층 작성하기

① 명령 프롬프트에 **ViewportLayer**를 입력합니다.
② **동결된 뷰포인트에서 새 도면층 만들기** 옵션을 지정합니다.
③ 억제할 도면층 이름을 입력합니다.
④ **Enter**를 눌러 명령을 끝냅니다.

6) 새로 작성된 뷰포트에서 한 개 이상의 도면층을 억제하거나 억제 취소하기

① 명령 프롬프트에 **ViewportLayer**를 입력합니다.
② **표시 유형 기본값** 옵션을 지정합니다.
③ 그래픽 영역에서 도면요소를 선택하거나 억제하거나 억제를 취소할 도면층 이름을 입력합니다.
④ 동결을 지정하여 억제하거나 **동결해제**를 지정하여 도면층의 억제를 취소합니다.
⑤ **Enter**를 눌러 명령을 끝냅니다. 억제한 도면층이 사라집니다.

> **엑서스**
> 명령 : ViewportLayer

1.6 시트에서 뷰포트 자르기

ClipViewport 명령을 사용하여 현재 시트에서 불규칙 형상으로 뷰포트의 표시를 자를 수 있습니다.

시트에서 뷰포트를 작성할 때 기본적으로 사각형 경계가 생깁니다. 이 명령을 사용하여 닫힌 요소를 새 경계로 지정하거나 그래픽 영역에서 점을 지정해 새로운 다각형 경계를 정의하여 사각형 경계를 대치할 수 있습니다.

1) 자르기 요소를 지정하여 시트에서 뷰포트 자르기

① 시트를 활성화해서 시트 모드로 전환합니다.
② 명령 프롬프트에 **ClipViewport**를 입력합니다.
③ 자를 뷰포트를 선택합니다.
④ 자르기 경계를 정의하는 요소를 선택합니다. 원, 타원, 닫힌 폴리선, 또는 닫힌 스플라인을 선택할 수 있습니다.

2) 다각형 형상을 정의하여 시트에서 뷰포트 자르기

① 시트 탭을 활성화합니다.
② 명령 프롬프트에 **ClipViewport**를 입력합니다.
③ 자를 뷰포트를 선택합니다.
④ **다각형** 옵션을 지정합니다.
⑤ 불규칙 형상의 첫 번째 점을 선택합니다.
⑥ 계속 점을 선택하여 경계를 정의하거나 옵션을 지정합니다.
  • **호**: 형상의 호 세그먼트를 작성합니다. PolyLine 명령에서와 같이, 호 옵션을 사용할 수 있습니다.
  • **닫기** : 다각형 형상을 닫습니다. 새 경계로 뷰포트가 잘립니다.
  • **길이** : 이전 세그먼트와 같은 방향으로 지정한 길이의 직선 세그먼트를 작성합니다.

- **실행 취소** : 이전 세그먼트를 제거합니다.

⑦ **Enter**를 눌러 다각형 형상을 닫습니다.

> **참고**
> 모델 탭에서는 ClipViewport 명령을 사용할 수 없습니다.

> **엑서스**
> 명령 : ClipViewport

1.7 도면요소를 다른 작업공간으로 이동

ChangeSpace 명령을 사용하여 모델 작업공간과 시트 작업공간 간에 도면요소를 이동합니다.

예를 들어, 이 명령을 사용하여 제목 블록이나 파트 목록을 모델 작업공간에서 시트 작업공간으로 이동할 수 있습니다.

이 명령을 사용하려면 시트 탭을 사용해야 합니다.

선택한 도면요소는 시각적 표시를 유지하기 위해 새 작업공간에 맞게 축척이 조정됩니다. 도면요소 축척 조정은 명령을 실행하는 동안 활성 상태인 뷰포트에 의해 결정됩니다.

1) 도면요소를 다른 작업공간으로 이동하기

① 레이아웃 시트를 클릭합니다.
② 올바른 작업공간에 있는지 확인한 후 이동할 도면요소를 지정합니다.
  - 모델 작업공간에 있는 경우 뷰포트 외부를 두 번 클릭하여 시트 작업공간으로 들어갑니다.
  - 시트 작업공간에 있는 경우 뷰포트 내부를 두 번 클릭하여 모델 작업공간으로 들어갑니다.
③ 명령 프롬프트에 **ChangeSpace**를 입력합니다.
④ 그래픽 영역에서 이동하려는 도면요소를 선택합니다.
⑤ **Enter**를 누릅니다.

> **엑서스**
> 명령 : ChangeSpace

02 주석 축척 조정 작업

2.1 주석 축척 적용

도면에 문자, 치수, 해치 및 블록을 추가할 때 주석 축척 조정 속성을 적용할 수 있습니다. 이를 주석 도면요소라고 합니다. 주석 축척 조정을 사용하면 인쇄물의 문자, 축척, 해치의 크기와 축척을 일관되고 균일하게 유지할 수 있습니다.

주석 도면요소 표시는 모델 탭에서 활성 주석 축척에 의해서 제어되고 레이아웃 시트에서 뷰포트의 주석 축척 속성에 의해서 제어됩니다. 주석 축척을 설정하고 제어하려면 상태 표시줄에서 주석을 클릭합니다.

주석 도면요소와 스타일은 주석 도면요소가 표시되고 인쇄되는 크기와 축척을 제어합니다.

- 노트, 기본 노트 및 치수에 대해 문자 스타일과 치수 스타일을 주석 스타일로 정의하여 주석 축척 조정을 적용합니다.
- 해치, 블록 및 블록 속성에 대해 이러한 도면요소를 작성할 때 주석 축척 조정 속성을 정의합니다.
- 이와 같이 작성된 모든 주석 도면요소를 독립적인 사용 스타일로도 만들 수 있습니다.

이 항목은 다음에 대해 설명합니다.

1	지원되는 도면요소 및 스타일
2	주석 축척 조정 속성
3	상태 표시줄의 주석 버튼
4	주석 축척 조정을 위한 명령

2.2 지원되는 도면요소 및 스타일

다음과 같은 도면요소 유형에 주석 축척 조정을 적용할 수 있습니다.

1	문자(노트 및 기본 노트)
2	치수 및 공차
3	해치
4	블록 정의 및 블록 속성 정의

주석에는 다음과 같은 스타일이 있습니다.

1	문자 스타일
2	치수 스타일

주석 스타일은 주석 도면요소를 작성합니다. 주석 스타일에 기반을 둔 도면요소에는 주석 축척 조정이 자동으로 사용됩니다.

그러나 노트, 기본 노트 및 치수는 사용되는 스타일이 주석이 아니더라도 주석형일 수 있습니다. 주석 스타일을 사용하면 개별 문자 도면요소를 작성한 후에 주석형으로 만드는 것을 피할 수 있습니다.

1) 노트 및 기본 노트

적용한 문자 스타일이 주석 축척을 지원하도록 정의된 경우 노트(지시선 문자 포함) 및 기본 노트에는 주석 축척 조정이 사용됩니다.

문자 스타일을 주석형으로 만들려면 **옵션** 대화상자에서 **제도 스타일 〉 문자 〉 주석 축척 조정**을 클릭합니다.

관련된 문자 스타일이 주석형이 아닌 경우 개별적으로 노트 및 기본 노트를 주석형으로 만들 수 있습니다.

2) 치수 및 공차

적용한 치수 스타일이 주석 축척을 지원하도록 정의된 경우 치수 및 공차에 주석 축척 조정이 사용됩니다.

치수 스타일을 주석형으로 만들려면 **옵션** 대화상자에서 **제도 스타일 > 치수 > 맞춤 > 치수 축척 > 주석 축척 조정**을 클릭합니다.

관련된 치수 스타일이 주석형이 아닌 경우 개별적으로 치수 및 공차 주석을 만들 수 있습니다.

3) 해치

해치 또는 채워진 영역을 작성하거나 편집할 때 이 옵션을 선택하는 경우 해치에 주석 축척 조정이 사용됩니다.

이 속성은 레이아웃 시트의 뷰포트에서 유사한 패턴 크기를 보장합니다.

4) 블록 및 블록 속성

블록 및 블록 속성을 작성할 때 이 옵션을 선택하는 경우 블록 삽입 및 연관된 블록 속성에 주석 축척 조정이 사용됩니다.

2.3 주석 축척 속성

주석 축척 조정을 지원하는 도면요소 유형은 **주석 축척** 속성을 포함합니다. **속성** 팔레트를 사용하여 속성을 수정할 수 있습니다.

1) 개별 도면요소를 주석형으로 만들기

① 그래픽 영역에서 주석 축척 조정을 지원하는 도면요소를 지정합니다.
② **속성** 팔레트에서 **주석** 속성을 **예**로 설정합니다.
　추가 옵션이 표시됩니다. 주석 축척에서 활성 주석 축척을 설정합니다.
③ **주석 축척 편집**을 클릭하여 도면요소에 주석 축척을 추가합니다.
④ **주석 도면요소 축척 목록** 대화상자에서:
　• **추가**를 클릭하면 주석 축척이 도면 축척 목록으로부터 도면요소의 축척 목록에 추가됩니다.
　• **삭제**를 클릭하면 도면요소의 축척 목록에서 주석 축척이 제거됩니다.
⑤ **확인**을 클릭합니다.
⑥ 노트, 기본 노트 또는 블록 속성 정의를 선택한 경우 속성 팔레트에서 옵션을 설정합니다.
　• **시트 문자 높이** : 주석 축척 조정에 대해 문자 스타일이 정의되어 있는 경우: 숫자 값은 선택한 **글꼴**이 사용되는 문자 요소를 삽입할 때 사용자가 변경할 수 없는 고정된 높이로 글꼴을 설정합니다.
　• **방향을 시트에 일치** : 레이아웃 시트의 뷰포트에서 노트 및 기본 노트의 방향이 시트의 방향을 따르는지 여부를 지정합니다.

2.4 상태 표시줄의 주석 버튼

상태 표시줄에서 **주석**을 클릭하여 주석 축척을 제어하고 주석 도면요소의 모드를 표시하기 위한 옵션에 액세스합니다.

플라이아웃의 상단에 도면 축척 목록이 표시됩니다. (모델 탭이 활성 상태이거나, 사용자가 레이아웃 시트에서 모델 작업공간을 활성화한 경우) 활성 축척이 목록에 표시되며, 주석 버튼 옆에도 표시됩니다. 다음 항목을 클릭할 수 있습니다.

- 주석 축척을 활성화하기 위한 목록 도면요소.
- 도면 축척 목록을 사용자 정의하기 위한 **축척 목록**.

플라이아웃에서 다음 옵션을 설정할 수 있습니다.

- **참조 축척 표시** : 현재 도면에 외부 참조 도면(References)을 첨부한 경우 References의 축척 목록에는 호스트 도면의 축척 목록에서는 사용할 수 없는 축척이 정의되어 있을 수 있습니다.
- **선택한 도면요소에 대한 모든 주석 축척 표시** : 주석 도면요소(선택한 경우)가 할당된 주석 축척을 모두 표시할지, 아니면 원래 축척만 표시할지 여부를 지정합니다.
- **현재 축척의 주석 도면요소만 표시** : 활성 주석 축척을 지원하는 주석 도면요소만 표시되는지 여부를 지정합니다. 그렇지 않으면 축척에 상관없이 지원하는 모든 주석 도면요소가 표시됩니다.
- **주석 도면요소에 자동으로 축척 추가** : 새 주석 축척을 설정하는 경우 축척이 자동으로 주석 도면요소에 추가될지 여부를 지정합니다.

2.5 주석 축척 조정을 위한 명령

지원하는 도면요소에 대한 주석 축척을 제어하기 위해 적용할 수 있는 명령은 다음과 같습니다.

명령어	내용
AnnEntityScale	지원되는 도면요소에 주석 축척을 지정합니다.
AnnEntityScaleAdd	지원되는 도면요소에 활성 주석 축척을 지정합니다.
AnnEntityScaleRemove	지원되는 도면요소에서 활성 주석 축척을 제거합니다.
AnnReset	주석 도면요소의 축척 표시의 위치를 재설정합니다.
AnnUpdate	주석 도면요소의 스타일 설정을 업데이트합니다.

2.6 지원되는 도면요소에 주석 축척 지정

AnnEntityScale 명령을 사용하여 지정된 주석 도면요소에 대한 주석 축척을 추가하고 제거할 수 있습니다. 주석 도면요소에 여러 개의 축척을 지정할 수 있으며, 축척 표시라고 합니다.

주석 도면요소 위로 포인터를 이동하면 포인터 주변에 아이콘이 표시됩니다. A 아이콘은 도면요소에서 현재 단 하나의 주석 축척만 지원하고 있음을 나타내고, A 아이콘은 도면요소에서 현재 2개 이상의 주석 축척을 지원하고 있음을 나타냅니다.

사용하지 않는 주석 축척을 제거할 수도 있습니다.

1) 지원되는 도면요소에 주석 축척 지정하기

① 명령 프롬프트에 **AnnEntityScale**을 입력합니다.
② 그래픽 영역에서 주석 도면요소를 지정합니다.
③ **Enter**를 누릅니다.

주석 도면요소 축척 목록 대화상자가 나타납니다. 지정된 도면요소에서 사용하는 주석 축척을 표시합니다.

④ 축척 목록 표시를 사용자 정의하려면 옵션을 선택하십시오.
- **모든 축척 표시** : 도면에 정의되어 있는 모든 축척을 표시합니다.
- **공통 축척만 표시** : 모든 선택된 주석 도면요소에서 현재 사용하고 있는 축척을 표시합니다.

⑤ **추가**를 클릭합니다.

축척 목록 대화상자가 열리고 도면 축척 목록이 표시됩니다.

⑥ 목록에서 하나 이상의 축척을 선택하고 **확인**을 클릭합니다.

⑦ **확인**을 클릭합니다.

2) 지원되는 도면요소에서 주석 축척 제거하기

① 명령 프롬프트에 **AnnEntityScale**을 입력합니다.
② 그래픽 영역에서 주석 도면요소를 지정합니다.
③ **Enter**를 누릅니다.
④ 대화상자에서 하나 이상의 주석 축척을 선택합니다.
⑤ **삭제**를 클릭합니다.
⑥ **확인**을 클릭합니다.

> 👉 **참고**
> AnnEntityScale 명령은 모델 탭 또는 레이아웃 시트의 모델 작업공간에서만 사용할 수 있습니다.

> **엑서스**
> 명령 : AnnEntityScale

2.7 지원되는 도면요소에 활성 주석 축척 지정

AnnEntityScaleAdd 명령을 사용하여 도면의 활성 주석 축척을 지원하도록 주석 도면요소를 업데이트할 수 있습니다.

1) 활성 주석 축척 설정하기

① 상태 표시줄에서 주석을 클릭합니다.
② 도면 축척 목록을 나타내는 목록에서 활성화할 주석 축척을 선택합니다.
도면의 활성 주석 축척은 상태 표시줄의 주석 버튼 옆에 표시됩니다.

2) 지원되는 도면요소에 활성 주석 축척 지정하기

① 명령 프롬프트에 **AnnEntityScaleAdd**를 입력합니다.
② 그래픽 영역에서 주석 도면요소를 지정합니다.
③ **Enter**를 누릅니다.

> 👉 **참고**
> AnnEntityScaleAdd 명령은 모델 탭 또는 레이아웃 시트의 모델 작업공간에서만 사용할 수 있습니다.

> **엑서스**
>
> 명령 : AnnEntityScaleAdd

2.8 지원되는 도면요소에서 활성 주석 축척 제거

AnnEntityScaleRemove 명령을 사용하여 도면요소의 주석 축척에서 도면의 활성 주석 축척을 제거합니다.

1) 활성 주석 축척 설정하기

① 상태 표시줄에서 **주석**을 클릭합니다.
② 도면 축척 목록을 나타내는 목록에서 활성화할 주석 축척을 선택합니다.
  도면의 활성 주석 축척은 상태 표시줄의 주석 버튼 옆에 표시됩니다.

2) 지원되는 도면요소에서 활성 주석 축척 제거하기

① 명령 프롬프트에 **AnnEntityScaleRemove**를 입력합니다.
② 그래픽 영역에서 주석 도면요소를 지정합니다.
③ **Enter**를 누릅니다.
  명령을 수행하면 활성 주석 축척이 제거된 도면요소의 수가 표시됩니다.

> **참고**
>
> AnnEntityScaleRemove 명령은 모델 탭 또는 레이아웃 시트의 모델 작업공간에서만 사용할 수 있습니다.

> **엑서스**
>
> 명령 : AnnEntityScaleRemove

2.9 주석 도면요소의 축척 표시 재설정

AnnReset 명령을 사용하면 지정된 주석 도면요소의 모든 축척 표시를 기존의 위치로 재설정할 수 있습니다.

대체 축척 표시는 주석 도면요소에 할당된 축척입니다. 도면요소 그립(EGrips)을 개별적으로 사용하여 축척 표시의 위치를 변경할 수 있습니다.

1) 주석 도면요소의 축척 표시 재설정하기

① 명령 프롬프트에 **AnnReset**를 입력합니다.
② 그래픽 영역에서 주석 도면요소를 지정합니다.
③ **Enter**를 누릅니다.
  지정된 주석 도면요소의 축척 표시는 현재 축척 표시의 위치로 재설정됩니다.

> **참고**
>
> AnnReset 명령은 모델 탭 또는 레이아웃 시트의 모델 작업공간에서만 사용할 수 있습니다.

> **엑서스**
>
> 명령 : AnnReset

2.10 주석 도면요소의 스타일 설정 업데이트

AnnUpdate 명령을 사용하면 업데이트된 문자 스타일 또는 치수 스타일에 일치하도록 기존의 주석 도면요소(노트, 기본 노트, 블록 속성, 치수 및 공차)를 업데이트할 수 있습니다.

1) 주석 도면요소의 스타일 설정 업데이트하기

① 명령 프롬프트에 **AnnUpdate**를 입력합니다.
② 그래픽 영역에서 주석 도면요소를 지정합니다.
③ **Enter**를 누릅니다.
   주석 도면요소가 업데이트되어 현재 스타일 설정이 사용됩니다.

> **참고**
> AnnUpdate 명령은 모델 탭 또는 레이아웃 시트의 모델 작업공간에서만 사용할 수 있습니다.

> **엑서스**
> 명령 : AnnUpdate

03 도면 인쇄 및 플로팅

3.1 인쇄 미리보기

도면이 인쇄되거나 플롯(Plot)될 모양을 미리 볼 수 있습니다.

1) 인쇄 미리보기

① 명령 프롬프트에 **Preview**를 입력합니다.
② 도구 모음을 사용하여 다음을 진행합니다.
   - 도면을 플롯하거나 인쇄
   - 미리보기 초점 이동
   - 확대 또는 축소(기본 상태)
   - 미리보기에서 두 반대점으로 지정한 창으로 줌
   - 미리보기의 원래 뷰로 줌
   - 미리보기 닫기

> **엑서스**
> 명령 : Preview

3.2 인쇄/플로팅

도면을 프린터나 플로터로 인쇄할 수 있습니다. 또한 도면을 파일에 인쇄할 수 있습니다.

1) 프린터나 플로터에 도면을 인쇄/플롯하는 방법 또는 도면을 파일에 인쇄하기

① 명령 프롬프트에 **Print**를 입력합니다.
② 대화상자의 **페이지 레이아웃 옵션**에서 옵션을 선택합니다.
- **빠른 인쇄** : 화면에 표시된 그대로를 시스템 기본 프린터, 기본 용지 크기, **용지 크기에 맞춤**을 선택하고 **범위**를 **현재 뷰**로 설정된 상태로 인쇄합니다.
- **페이지 레이아웃** : 페이지 레이아웃에 저장된 프린터, 용지 크기, 인쇄 축척/범위, 방향 및 여백 조정 설정을 복원합니다.
- **이전 설정** : 이전 인쇄에서 사용한 동일 설정으로 인쇄를 반복합니다.
- **수동 설정** : 현재 인쇄 설정을 지정할 수 있습니다.

③ **프린터/플로터**에서 다음을 설정합니다.
- **이름**에서 출력 장치를 선택합니다. 시스템에서 사용할 수 있는 프린터와 플로터 목록이 표시됩니다. PDF, JPG, PNG, SVG 목록도 표시됩니다.
- **속성**을 클릭하여 프린터 드라이버의 대화상자에서 프린터나 플로터를 설정합니다.
  기본 프린터(PDF, PNG, JPG, SVG 또는 DWF)를 선택한 경우 사용자 정의 용지 크기를 설정할 수 있습니다.
- 프린터 대신 파일로 출력하려면 **파일로 인쇄**를 선택합니다.
- **인쇄 매수**에서 인쇄할 매수를 설정합니다.
- **용지 크기**에서 국제 표준 용지 크기 형식 및 프린터 특정 용지 크기 형식에서 크기를 선택합니다.
- **방향** 아래에서 다음을 진행합니다.

1	세로 또는 가로를 클릭하여 방향을 설정합니다.
2	출력 방향을 뒤집으려면 거꾸로 인쇄를 선택합니다.

④ **범위**에서 인쇄할 영역을 설정합니다.
- 다음 옵션 중 하나를 선택합니다.

구분	내용
모든 형상	표시된 모든 도면요소의 경계 상자로 정의된 범위를 인쇄합니다.
도면 경계	도면 경계(모델이 활성화된 경우)에서 지정한 범위 또는 시트 크기 정의(시트 탭이 활성화된 경우)에서 지정한 범위를 인쇄합니다.
뷰 관리자	선택한 뷰를 인쇄합니다. 이 옵션은 도면에 명명도가 있는 경우에만 사용할 수 있습니다.
현재 뷰	화면에 표시된 도면을 인쇄합니다.
지정	창을 클릭하여 그래픽 영역에서 인쇄 경계로 지정할 두 개의 반대편 점을 선택합니다.

- **지정된 창에 있는 영역만 인쇄**를 선택하여 출력 시트에 남은 공간이 있는지 여부에 관계없이 출력의 지정된 인쇄 범위의 경계에 있는 도면요소를 자릅니다.

⑤ **축척**에서 출력 축척을 설정합니다.
- 다음 옵션 중 하나를 선택합니다.

구분	내용
1	용지 크기에 맞춤을 선택하여 특정 축척을 적용하지 않습니다.
2	용지 크기에 맞춤을 선택 취소한 다음 축척 목록에서 축척을 선택합니다.
3	용지 크기에 맞춤을 선택 취소하고 축척 목록에서 사용자 정의를 선택한 다음 도면 단위에 대한 용지 단위(밀리미터 또는 인치) 간 비율을 설정합니다.

- **선 가중치 축척 조정**을 선택하거나 선택 취소합니다.

⑥ 인쇄하려는 모든 시트를 선택하려면 **선택한 시트 인쇄**를 선택합니다. **시트 선택**을 클릭하여 인쇄할 시트와 사용할 인쇄 설정을 지정합니다.

⑦ **오프셋**에서 **용지 가운데 인쇄**를 선택하여 출력의 위, 아래, 왼쪽, 오른쪽 여백이 같게 조정합니다. 여백을 다르게 하려면 X와 Y 여백을 설정합니다.

⑧ **인쇄 스타일 테이블**에서 다음을 설정합니다.
- **인쇄 스타일 테이블**을 선택합니다.
- **새로 만들기**를 클릭하여 새 인쇄 스타일을 작성합니다.
- **편집**을 클릭하여 선택한 인쇄 스타일을 수정합니다.

⑨ **음영 뷰**에서 다음을 설정합니다.
- **음영 인쇄** : 인쇄 시 음영 모드를 적용합니다.
- **인쇄 품질** : 인쇄 시 품질 수준을 적용합니다. 사용 가능한 옵션은 선택한 프린터에 따라 다릅니다.
- **DPI** : 인쇄 품질 설정에 따라 인쇄되는 인치당 도트 수를 설정합니다.

⑩ **옵션**에서 다음을 설정합니다.
- **시트에서 형상 숨기기** : 뷰포트에 표시된 모델 형상을 은선을 제거한 상태로 인쇄할지 여부를 지정합니다.
- **배경에 인쇄** : 출력이 배경에서 처리되어 도면 작업을 계속할 수 있습니다.
- **시트 마지막 인쇄** : 뷰포트의 모델 형상이나 시트 형상 중 먼저 인쇄할 대상을 지정합니다.
- **시트에 변경 사항 저장** : 대화상자에 적용하는 변경 사항을 시트에 저장합니다.
- **지정된 선 가중치 사용** : 도면층에서 지정된 선 가중치로 도면요소를 인쇄합니다.
- **지정된 인쇄 스타일 사용** : 도면층과 도면요소에 적용된 인쇄 스타일을 적용할지 여부를 결정합니다. 지정된 선 가중치도 인쇄됩니다.
- **스탬프 인쇄** : 도면을 따라 인쇄 스탬프를 인쇄할지 결정합니다.
- **인쇄 투명도** : 도면층 및 도면요소에 적용한 투명도를 인쇄할지 결정합니다.

⑪ 선택적으로 다음을 설정합니다.
- **인쇄 미리보기** : 현재 설정으로 출력될 모양을 미리 볼 수 있습니다. 인쇄 미리보기 대화상자를 엽니다.
- **페이지 레이아웃 저장** : 현재 대화상자 설정을 페이지 레이아웃으로 저장합니다. 페이지 레이아웃에 이름을 지정합니다.
- **시트에 적용** : 현재 시트에 현재 대화상자 설정을 적용합니다. 이 옵션은 시트 탭이 활성화된 경우에만 사용할 수 있습니다.

⑫ **확인**을 클릭하여 문서를 인쇄합니다.

> **엑서스**
> 명령 : Print
> 키보드 바로가기 키 : Ctrl + P

3.3 빠른 인쇄

도면의 현재 뷰를 운영체제(OS)의 기본 출력 장치로 설정된 프린터로 인쇄할 수 있습니다.

QuickPrint 명령은 다른 프롬프트가 나타나지 않고 즉시 실행됩니다. 이 명령은 그래픽 영역의 현재 뷰를 기본 용지 크기에 맞게 축척을 조정하여 인쇄하고 출력은 시트의 가운데로 맞춰집니다.

Print 명령을 사용할 때 설정할 수 있는 다른 설정 및 추가 옵션(인쇄 스타일 및 음영 뷰 인쇄 옵션 등)은 무시됩니다.

1) 그래픽 영역의 현재 뷰 인쇄하기

① 명령 프롬프트에 **QuickPrint**를 입력합니다.

> **엑서스**
> 명령 : QuickPrint

3.4 페이지 레이아웃 관리

페이지 레이아웃은 도면 파일에 저장된 인쇄 설정입니다. 페이지 레이아웃을 정의하여 모델 및 시트의 인쇄 기본값으로 적용할 수 있습니다.

1) 페이지 레이아웃 대화상자 열기

① **시트 〉 시트 〉 페이지 레이아웃 관리자**를 클릭하거나 **PageLayout**을 입력합니다.
- 대화상자에 모델이나 활성 시트와 연관된 사용자 정의 인쇄 설정이 표시됩니다. **설정** 부분에는 선택한 사용자 정의 페이지 레이아웃에 대한 프린터 관련 정보가 표시됩니다.
- 대화상자의 윗부분에 활성 페이지 레이아웃의 이름이 표시됩니다.
- 대화상자의 아래 부분에 있는 **새 시트 작성 시 대화상자 표시**를 사용하여 새 시트를 작성할 때 **페이지 레이아웃** 대화상자를 열 것인 지 여부를 결정할 수 있습니다.

2) 새 페이지 레이아웃 작성하기

① **페이지 레이아웃** 대화상자에서 **새로 만들기**를 클릭합니다.
② **새 페이지 레이아웃** 대화상자에서 다음을 진행합니다.

구분	내용
1	새 페이지 레이아웃의 이름을 입력합니다.
2	기준에서 기존 페이지 레이아웃을 선택합니다. 선택을 기준으로 새 페이지 레이아웃이 작성됩니다.
3	확인을 클릭합니다.

③ **페이지 레이아웃** 대화상자에서 다음을 진행합니다.

구분	내용
1	프린터나 플로터 설정, 용지 크기 선택, 인쇄 축척 및 인쇄 범위를 지정하고 추가 옵션을 설정합니다.
2	확인을 클릭합니다.

④ **닫기**를 클릭합니다.

3) 페이지 레이아웃 편집하기

① **페이지 레이아웃** 대화상자에서 페이지 레이아웃을 선택합니다.
② **편집**을 클릭합니다.
③ **페이지 레이아웃** 대화상자에서 다음을 진행합니다.

구분	내용
1	프린터나 플로터 설정, 용지 크기 선택, 인쇄 축척 및 인쇄 범위를 지정하고 추가 옵션을 설정합니다.
2	확인을 클릭합니다.

④ **닫기**를 클릭합니다.

4) 페이지 레이아웃 활성화하기

① **페이지 레이아웃** 대화상자에서 현재 시트에 사용하려는 페이지 레이아웃을 선택합니다.
② **활성화**를 클릭합니다.
③ **닫기**를 클릭합니다.

5) 페이지 레이아웃 가져오기

① **페이지 레이아웃** 대화상자에서 **도구**를 클릭하고 **가져오기**를 클릭하여 다른 도면 파일(.dwg), .dxf 파일 또는 도면 템플릿 파일(.dwt)에 포함된 페이지 레이아웃을 로드합니다.
② **열기** 대화상자에서 가져오려는 페이지 레이아웃이 포함된 파일 이름을 선택하고 **열기**를 클릭합니다.
③ **페이지 레이아웃 가져오기** 대화상자에서 페이지 레이아웃 이름을 선택합니다.
  선택한 페이지 레이아웃이 현재 도면의 페이지 레이아웃에 추가됩니다.
④ **확인**을 클릭합니다.
⑤ **닫기**를 클릭합니다.

6) 페이지 레이아웃 삭제

① **페이지 레이아웃** 대화상자에서 페이지 레이아웃을 선택합니다.
② 마우스 오른쪽 클릭 후 **삭제**를 클릭합니다.
③ **닫기**를 클릭합니다.

엑서스

명령 : PageLayout
메뉴 : 시트 〉 시트 〉 페이지 레이아웃 관리자

3.5 인쇄 구성 설정

페이지 레이아웃 대화상자를 사용하여 신규 또는 기존 페이지 레이아웃을 구성 및 편집할 수 있습니다. 이 대화상자는 페이지 레이아웃 관리자에서 호출됩니다.

1) 페이지 레이아웃 설정하기

① **페이지 레이아웃** 대화상자의 **프린터/플로터**에서 다음을 설정합니다.
   - **이름**에서 출력 장치를 선택합니다. 시스템에서 사용할 수 있는 프린터와 플로터 목록이 표시됩니다. PDF, JPG, PNG, SVG 목록도 표시됩니다. 이 내장 플로터들은 지정된 형식으로 파일을 인쇄합니다.
   - **속성**을 클릭하여 프린터 드라이버의 대화상자에서 프린터나 플로터를 설정합니다.

② **용지 크기**에서 국제 표준 용지 크기 형식 및 프린터 특정 용지 크기 형식에서 크기를 선택합니다.

③ **인쇄 축척**에서 다음을 설정합니다.
   - **용지 크기에 맞춤**을 선택하여 지정한 인쇄 범위의 축척을 선택한 용지 영역에 꽉 차게 자동으로 조정합니다. 이 옵션은 모델 탭이 활성화된 경우에만 사용할 수 있습니다.
   - **축척**을 선택하거나 정의합니다. **사용자 정의**를 선택한 경우 용지 단위(**밀리미터** 또는 **인치**) 간의 축척을 도면 단위로 설정합니다.
   - **선 가중치 축척 조정**을 선택하거나 선택 취소합니다. 이 옵션은 시트 탭이 활성화된 경우에만 사용할 수 있습니다.

④ **범위**에서 인쇄할 영역을 설정합니다.
   - **모든 형상** : 표시된 모든 도면요소의 경계 상자로 정의된 범위를 인쇄합니다.
   - **시트(시트 탭이 활성화된 경우에만 사용 가능)** : 시트 크기 정의에 따라 결정된 범위를 인쇄합니다.
   - **도면 경계(모델 탭이 활성화된 경우에만 사용 가능)** : 도면 경계에 따라 결정된 범위를 인쇄합니다.
   - **뷰 관리자** : 선택한 뷰를 인쇄합니다.
   - **지정** : 창을 클릭하여 그래픽 영역에서 인쇄 경계로 할 두 개의 반대편 점을 선택합니다.
   - **현재 뷰** : 화면에 표시된 도면을 인쇄합니다.

⑤ **방향**에서 다음을 선택합니다.
   - **세로 방향** 또는 **가로 방향** 형식을 선택합니다.
   - 출력 방향을 뒤집으려면 **역**을 선택합니다.

⑥ **오프셋**에서 **용지 가운데 인쇄**를 선택하여 출력의 위, 아래, 왼쪽, 오른쪽 여백이 같게 조정합니다. 여백을 다르게 하려면 X와 Y 여백을 설정합니다.

⑦ **인쇄 스타일 테이블**에서 다음을 설정합니다.
   - **인쇄 스타일 테이블**을 선택합니다.
   - **새로 만들기**를 클릭하여 새 인쇄 스타일을 작성합니다.
   - **편집**을 클릭하여 선택한 인쇄 스타일을 수정합니다.

⑧ **음영 뷰**에서 다음을 설정합니다.
   - **음영 인쇄** : 인쇄 시 음영 모드를 적용합니다.
   - **인쇄 품질** : 인쇄 시 품질 수준을 적용합니다. 사용 가능한 옵션은 선택한 프린터에 따라 다릅니다.
   - **DPI** : 인쇄 품질 설정에 따라 인쇄되는 인치당 도트 수를 설정합니다.

⑨ **옵션**에서 다음을 설정합니다.
- **시트에서 형상 숨기기** : 뷰포트에 표시된 모델 형상을 은선을 제거한 상태로 인쇄할지 여부를 지정합니다.
- **배경에 인쇄** : 출력이 배경에서 처리되어 도면 작업을 계속할 수 있습니다.
- **시트 마지막 인쇄** : 뷰포트의 모델 형상이나 시트 형상 중 먼저 인쇄할 대상을 지정합니다.
- **시트에 변경 사항 저장** : 대화상자에 적용하는 변경 사항을 시트에 저장합니다.
- **지정된 선 가중치 사용** : 도면층에서 지정된 선 가중치로 도면요소를 인쇄합니다.
- **지정된 인쇄 스타일 사용** : 도면층과 도면요소에 적용된 인쇄 스타일을 적용할지 여부를 결정합니다. 지정된 선 가중치도 인쇄됩니다.
- **스탬프 인쇄** : 도면을 따라 인쇄 스탬프를 인쇄할지 결정합니다.
- **인쇄 투명도** : 도면층 및 도면요소에 적용한 투명도를 인쇄할지 결정합니다.

⑩ 선택적으로 다음을 설정합니다.
- **인쇄 미리보기** : 현재 설정으로 출력될 모양을 미리 볼 수 있습니다. 인쇄 미리보기 대화상자를 엽니다.
- **페이지 레이아웃 저장** : 현재 대화상자 설정을 페이지 레이아웃으로 저장합니다. 페이지 레이아웃에 이름을 지정합니다.
- **시트에 적용** : 현재 시트에 현재 대화상자 설정을 적용합니다. 이 옵션은 시트 탭이 활성화된 경우에만 사용할 수 있습니다.

⑪ **저장**을 클릭하여 구성 설정을 저장합니다.

3.6 도면 축척 목록 사용자 정의

EditScaleList 명령을 사용해 레이아웃 시트에 대한 인쇄, 페이지 레이아웃 관리 및 뷰포트 축척 조정을 위한 축척 목록을 사용자 정의합니다.

이 축척 목록은 현재 도면에 사용 가능하며 저장됩니다. 이것은 명명된 도면 축척 목록입니다.

또한 템플릿 도면 없이 작성된 새 도면에 대한 도면 축척 목록을 결정하는 기본 축척 목록을 사용자 정의할 수 있습니다.

1) 도면 축척 목록 사용자 정의하기

① 명령 프롬프트에 **EditScaleList**를 입력합니다.
② **도면 축척 목록**을 확장합니다.
③ **추가**를 클릭해 목록에 새 축척을 추가합니다.

구분	내용
1	새 목록 항목의 축척 이름 열에 새 축척의 이름을 입력합니다. 보통 용지 단위에서 도면 단위까지의 비율입니다.
2	용지 단위에 숫자를 입력합니다.
3	도면 단위에 숫자를 입력합니다. 용지 단위와 도면 단위 간 비율은 축척 목록에서 축척 이름을 선택할 때 적용되는 축척을 결정합니다.

④ 목록에서 선택한 항목을 위로 이동하려면 **위로 이동**을 클릭합니다.
⑤ 목록에서 선택한 항목을 아래로 이동하려면 **아래로 이동**을 클릭합니다.
⑥ 목록에서 선택한 항목을 삭제하려면 **삭제**를 클릭합니다.
⑦ 사용자 정의 도면 축척 목록을 기본 축척 목록의 설정으로 바꾸려면 **재설정**을 클릭합니다.
⑧ 축척 목록 사용자 정의 값을 저장하려면 **적용**을 클릭합니다.

엑서스
명령 : EditScaleList

3.7 기본 축척 목록 사용자 정의

옵션 대화상자의 시스템 옵션 페이지에서는 일반 작업 옵션을 정의할 수 있습니다.

1) 일반 옵션 설정하기

① **도구 > 옵션 > 시스템 옵션**을 클릭하거나 **SystemOptions**를 입력합니다.
② **일반**을 확장하여 다음을 설정합니다.
- **실행 취소로 줌과 초점 이동 합치기** : 연속적인 줌과 초점 이동 명령을 **실행 취소** 및 **다시 실행** 명령에 대해 하나의 작업으로 합칩니다.
- **새 시트 작성시 페이지 레이아웃 대화상자 표시** : 새 시트를 활성화할 때 페이지 레이아웃을 설정할 수 있습니다.
- **최대 명령 내역 출력 행** : Enter 키를 누르라는 메시지를 표시하기 전에 명령 기록 창에 표시되는 최대 줄 수를 지정합니다. 긴 목록을 표시하는 명령에 적용됩니다.
- **업데이트 알림 말풍선 표시** : 작업 표시줄의 알림 영역에 풍선을 표시하여 애플리케이션의 새 업데이트가 사용 가능함을 나타냅니다.
- **누락된 외부 참조에 대한 알림 표시** : 도면을 열 때와 하나 이상의 외부 참조 파일이 누락되거나, 손상되어 로드될 수 없는 경우에 팝업 경고를 표시합니다.
- **단일 문서 인터페이스 모드** : 애플리케이션의 한 인스턴스에서 한 번에 하나의 도면만 열 수 있도록 지정합니다.
- **파일 썸네일 크기** : 운영 체제의 파일 관리자 또는 **열기** 대화상자에서 도면을 선택할 때 표시할 파일 썸네일 미리보기 이미지의 크기를 지정합니다. 이 설정은 저장 시 도면 파일에 적용됩니다.

③ **고객 참여 프로그램**에서 **프로그램 개선을 위한 참여와 지원**을 선택하거나 선택 취소하여 고객 참여 프로그램 참여 여부를 결정합니다.
④ **좌표 입력에 대한 우선 순위**를 확장하여 다음을 설정합니다.
- **도면요소 스냅 사용** : 도면요소 스냅 입력으로 좌표 입력이 무시됩니다.
- **좌표 입력 우선** : 도면요소 스냅보다 좌표 입력이 우선시 됩니다.
- **스크립트 실행 시 좌표 입력(키보드)** : 키보드 입력으로 도면요소 스냅 좌표 입력이 무시됩니다.

⑤ 시스템이 프록시 서버를 사용하는 네트워크의 일부인 경우 **프록시 서버 설정**을 확장해서 사양을 설정합니다.
- **유형** : 프록시 서버 유형을 설정합니다. (Socks5, HTTP, HTTP 캐싱, 또는 FTP 캐싱)

- **호스트** : 연결된 호스트의 IP 주소를 설정합니다.
- **포트** : 프록시 서버의 포트를 설정합니다.
- **사용자** : 네트워크 환경에서 식별할 사용자 이름을 지정합니다.
- **비밀번호** : 로그인 비밀번호를 설정합니다.

⑥ **응용 프로그램 언어**를 확장하여 애플리케이션의 사용자 인터페이스, 명령 입력 및 도움말 파일에서 사용하는 언어를 설정합니다. Language 명령을 사용하여 언어를 설정할 수도 있습니다.

2) 표시 옵션 설정하기

① 명령 프롬프트에 **SystemOptions**를 입력합니다.
② **표시**를 확장합니다.
③ **사용자 인터페이스 스타일**을 확장하여 리본, 메뉴, 도구 모음 및 팔레트 인터페이스 요소의 색 테마를 **어둡게** 또는 **밝게** 설정합니다.
④ **화면 옵션**을 확장하여 다음을 설정합니다.
- **스크롤 막대 표시** : 도면 창에서 스크롤 막대를 표시하거나 숨깁니다.
- **큰 아이콘 사용** : 도구 모음에 대해 큰 버튼을 사용합니다.

⑤ **명령 창 문자**를 확장하여 다음을 설정합니다.
- **글꼴** : 명령 창 프롬프트와 메시지의 글꼴을 설정합니다.
- **크기** : 명령 창의 문자 크기를 설정합니다.
- **명령 줄 문자** : 명령 줄에서 프롬프트로 표시될 문자를 설정합니다.

⑥ **자동 완성**을 확장하여 명령 항목의 자동 완성 옵션 설정합니다.
- **가장 가까운 제안 자동 선택** : Enter를 눌렀을 때 입력한 항목과 가장 가까운 명령 또는 변수 이름을 자동으로 선택합니다.
- **제안 목록 표시** : 명령 이름을 입력할 때 제안 목록을 표시할지 여부를 지정합니다.

제안 목록을 표시하는 경우 다음을 설정할 수 있습니다.

구분	내용
제안 목록 지연 시간	명령 이름 제안 목록을 표시하기까지 걸리는 지연 시간(밀리 초 단위)을 설정합니다.
목록에 별칭 포함	제안 목록에 별칭 명령 이름을 포함합니다.
시스템 변수 포함	제안 목록에 시스템 변수 이름을 포함합니다.
중간 문자열 검색 포함	첫 문자뿐만 아니라 전체 명령 이름에서도 입력하는 문자열에 대한 명령 이름을 찾습니다.
중간 문자열 검색 문자	중간 문자열의 문자 수를 지정합니다.

⑦ **도면요소 색상**을 확장하여 모델 및 시트 배경, 커서, 십자선과 같은 사용자 인터페이스 요소의 색을 설정합니다.

다음 옵션을 사용할 수 있습니다.
- **색상** : 선택한 표시 요소에 선택한 색상을 적용합니다.
- **모두 재설정** : 모든 사용자 인터페이스 요소를 기본 색상으로 설정합니다.
- **선택 항목 재설정** : 선택한 표시 요소를 기본 색으로 설정합니다.

⑧ **도면 탭**을 확장하여 다음을 설정합니다.
- **도면 탭 표시** : 도면 창 영역의 상단에서 도면 탭 표시를 제어합니다.
- **표시 설정** : 다음 중 하나를 선택합니다.

구분	내용
목록 보기	작업공간의 非 그래픽 목록을 표시합니다.
패널 미리보기	탭 아래의 각 도면 작업공간(모델 및 레이아웃 시트)에 대한 썸네일이 표시됩니다. (기본)

⑨ **팔레트 자동 숨기기**를 확장하여 팔레트를 숨기거나 표시하기 전 지연 시간(밀리 초)을 설정합니다.

3) 그래픽 영역 옵션 설정하기

① 명령 프롬프트에 **SystemOptions**를 입력합니다.
② **그래픽 영역**을 확장하여 다음을 설정합니다.
- **커서를 십자선으로 표시** : 활성화된 명령이 없어도 포인터를 십자선 모양으로 표시합니다.
- **포인터 크기** : 포인터 역할을 하는 십자선의 크기를 지정합니다. 1에서 100 사이의 값을 설정합니다. 100을 입력하면 십자선이 전체 화면 크기보다 커집니다.
- **도면요소 스냅 툴팁 표시** : 포인터를 도면요소 스냅 모드를 적용할 수 있는 점 위로 이동할 때 툴팁을 표시할지 여부를 결정합니다.
- **배경 표시** : 사용자 정의 뷰의 배경에 색상을 표시할지 여부를 결정합니다.
- **하이퍼링크 포인터, 툴팁, 바로가기 메뉴 표시** : 포인터를 도면요소 위로 이동할 때마다 하이퍼링크, 툴팁, 바로가기 메뉴를 표시할지 여부를 결정합니다.
- **도면요소 투명도 표시** : 도면요소의 투명도를 표시할지 결정합니다. 이 옵션은 인쇄 출력 투명도에 영향을 미치지 않습니다.
- **잠긴 도면층 페이딩** : 잠긴 도면층의 도면요소에 대한 페이딩 크기를 결정합니다. 페이딩을 적용하면 잠금 해제된 도면층의 도면요소와 대조하고 도면 표시의 복잡성을 줄일 수 있습니다. 0%와 90% 사이의 페이드 값을 설정합니다.
- **외부 참조 페이딩** : 외부 참조의 도면요소에 대한 페이딩 크기를 결정합니다. 페이딩을 적용하면 도면의 도면요소와 대조하고 표시의 복잡성을 줄일 수 있습니다. 0%와 90% 사이의 페이드 값을 설정합니다.

4) 열기 및 다른 이름으로 저장 옵션 설정하기

① 명령 프롬프트에 **SystemOptions**를 입력합니다.
② **열기 / 다른 이름으로 저장**을 확장합니다.
③ **기본 파일 형식**을 확장하고 다음을 설정합니다.
- **열 문서 형식** : 도면을 열거나 삽입할 때 또는 참조 도면을 첨부할 때 사용되는 기본 파일 형식(.dwg, .dxf, .dwt)을 설정합니다.
- **문서 저장 형식** : 도면을 저장할 때의 기본 파일 형식(.dwg 또는 .dxf) 및 버전을 설정합니다.
- **원본 파일 유지** : 원본 도면 파일 버전에 백업 파일을 저장할지 여부를 지정합니다.
④ **SmartNew에 사용할 파일 이름**을 확장하여 도면 템플릿 파일(.dwt)의 경로와 이름을 설정합니다. 템플릿 파일을 찾아보려면 **찾아보기**를 클릭합니다.

⑤ **인코딩하여 열기**를 확장하여 도면의 코드 페이지가 컴퓨터 운영 체제의 코드 페이지와 다를 경우 도면을 열 방식을 지정합니다. 코드 페이지는 문자 인코딩을 결정합니다. 옵션을 선택합니다.
  - **기본으로 파일 열기** : 도면의 코드 페이지를 유지합니다.
  - **시스템 코드 페이지로 파일 열기** : 컴퓨터의 운영 체제 코드 페이지로 전환합니다.
  - **파일 코드 페이지 검사 및 프롬프트** : 운영 체제의 코드 페이지와 다른 코드 페이지를 사용하는 도면을 여는 경우 사용할 코드 페이지를 지정할 수 있습니다.
⑥ **인쇄 스타일 유형 열기**를 확장하여 기존 도면을 열 때 사용할 인쇄 스타일을 지정할 수 있습니다.
  - **열린 후 CBT 인쇄 스타일로 변환** : 명명된 인쇄 스타일(.stb 파일)이 사용된 도면이 다음에 열릴 때 색상 종속 인쇄 스타일(.ctb 파일)을 사용하도록 자동 변환되는지 여부를 결정합니다.

5) 열기 옵션 설정하기

① 명령 프롬프트에 **SystemOptions**를 입력합니다.
② **인쇄**를 확장합니다.
③ **로그 파일 인쇄**를 확장하여 다음을 설정합니다.
  - **위치** : 인쇄 및 게시 로그 파일의 경로를 설정합니다. **찾아보기**를 클릭하여 로그 파일 폴더를 찾습니다.
  - **인쇄 로그 저장** : 쉼표로 구분된 값 형식(.csv)으로 저장되는 인쇄 작업 로그 파일을 작성합니다.
  - **로그 스타일(인쇄 로그 저장**을 선택한 경우 사용 가능) : **인쇄당 한 개의 로그**는 모든 인쇄 작업에 대한 정보를 단일 로그 파일에 저장합니다.
④ **인쇄 스타일 파일 위치**를 확장하여 인쇄 스타일 정의 파일의 경로를 설정합니다. **찾아보기**를 클릭하여 인쇄 스타일 파일 폴더를 찾습니다.
⑤ **기본 설정**을 확장하여 다음을 설정합니다.
  - **기본 유형** : 사용자 정의 인쇄 스타일과 **색상 종속 인쇄 스타일** 사용을 설정합니다.
  - **기본 인쇄 스타일** : 기본 인쇄 스타일 파일을 설정합니다.
  - **도면요소의 인쇄 스타일 무시**(**명명된 인쇄 스타일 사용**을 선택한 경우 사용 가능) : 도면요소의 **기본 인쇄 스타일** 테이블을 무시합니다. 사용 가능한 설정은 **기본 인쇄 스타일** 설정에 따라 다릅니다.
  - **0 도면층의 인쇄 스타일 무시**(**명명된 인쇄 스타일 사용**을 선택한 경우 사용 가능) : 도면요소 또는 0 도면층의 **기본 인쇄 스타일** 테이블을 무시합니다. 사용 가능한 설정은 **기본 인쇄 스타일** 설정에 따라 다릅니다.
⑥ **일반 옵션**을 확장하여 다음을 설정합니다.
  - **프린터를 변경할 때 용지 크기 유지** : 인쇄 대화상자에서 프린터를 변경할 때 지정한 프린터에서 지원하는 경우 용지 크기를 유지합니다.
  - **용지 배경 표시** : 시트 탭에서 시트 범위가 회색 배경으로 시각화됩니다.
  - **인쇄 가능 영역 표시** : 시트 탭에서 시트와 연관된 선택한 프린터의 인쇄 불가능한 여백과 인쇄 가능 영역이 대시형 직사각형을 통해 시각화됩니다.
  - **관련된 인쇄 오프셋 지정** : 인쇄 오프셋 설정 방법을 지정합니다.

구분	내용
인쇄 가능 영역	인쇄 가능 영역의 왼쪽 하단 구석을 기준으로 오프셋을 설정합니다.
용지 모서리	용지 모서리의 왼쪽 하단 구석을 기준으로 오프셋을 설정합니다.

6) 자동 저장 및 백업 옵션 설정하기

① 명령 프롬프트에 **SystemOptions**를 입력합니다.
② **자동 저장/백업**을 확장합니다.
③ **자동 저장 파일 위치**를 확장하여 자동으로 작성되는 저장 파일의 폴더를 설정합니다. **찾아보기**를 클릭하여 폴더를 찾습니다.
④ **자동 저장/백업**을 확장하여 다음을 설정합니다.
  - **자동 저장 사용** : 도면을 자동으로 저장합니다. 자동 저장 간격을 분단위로 지정할 수 있습니다.
  - **저장할 때마다 백업 저장** : 문서를 저장할 때마다 백업 사본을 작성할지 여부를 설정합니다.
  - **원래 형식 사용** : 백업 파일을 원본 도면 파일 버전으로 저장할지, 현재 파일 버전으로 저장할지 여부를 지정합니다.

7) 도면 파일 기본값 설정하기

① 명령 프롬프트에 **SystemOptions**를 입력합니다.
② **도면 파일 기본값**을 확장합니다.
③ **블록 삽입 단위**를 확장하고 기본 설정을 설정하여 블록이나 도면을 도면에 삽입할 때의 기본 축척을 결정합니다.
  - **도면요소 삽입 단위** : 소스 콘텐츠 단위를 설정합니다. **단위 없음**을 선택하면 도면요소가 삽입될 때 축척이 적용되지 않습니다.
  - **활성 도면 단위** : 대상 도면 단위를 설정합니다.

3.8 기본 축척 목록 사용자 정의

축척 목록은 레이아웃 시트에서 인쇄하거나 페이지 레이아웃을 관리하거나 뷰포트 축척을 조정하는 경우에 사용할 수 있습니다.

기본 축척 목록은 템플릿 도면 없이 작성하는 새 도면에 대한 도면 축척 목록을 결정합니다.

기존 도면 템플릿 파일의 축척 목록을 변경하려면 도면 템플릿 파일(.dwt)을 열고 템플릿 파일의 도면 축척 목록을 사용자 정의합니다.

1) 기존 축척 목록 사용자 정의하기

① 명령 프롬프트에 **SystemOptions**를 입력합니다.
② **기본 축척 리스트**를 확장합니다.
③ **파일**에 축척 목록 파일인 .xml 파일의 이름과 경로가 표시됩니다.
  필요할 경우 파일 설정을 변경합니다. 찾아보기를 클릭해 축척 목록 파일을 찾습니다.
④ 해당 축척 목록을 표시할 옵션으로 **미터법**과 **영국식** 중에서 하나를 선택합니다.
⑤ **추가**를 클릭해 목록에 새 축척을 추가합니다.
  - 새 목록 항목의 **축척 이름** 열에 새 축척 이름을 입력합니다.
  - **용지 단위**에 숫자를 입력합니다.
  - **도면 단위**에 숫자를 입력합니다.
⑥ 목록에서 선택한 항목을 위로 이동하려면 **위로 이동**을 클릭합니다.

⑦ 목록에서 선택한 항목을 아래로 이동하려면 **아래로 이동**을 클릭합니다.
⑧ 목록에서 선택한 항목을 삭제하려면 **삭제**를 클릭합니다.
⑨ 사용자 정의 기본 축척 목록의 설정을 기본 소프트웨어 설정으로 바꾸려면 **재설정**을 클릭합니다.
⑩ 축척 목록 파일을 다른 이름으로 저장하려면 **내보내기**를 클릭합니다.
⑪ 축척 목록 사용자 정의 값을 저장하려면 **적용**을 클릭합니다.

> **참고**
> 기본 축척 목록에서 기존 축척 사양을 재정의할 수 있습니다. 또한 사용자 정의 도면 축척 목록을 사용자 정의 기본 축척 목록 설정으로 재설정할 수 있습니다.

> **엑서스**
> 명령 : SystemOptions

3.9 인쇄 시 사용자 정의 용지 크기 설정

CustomPaperSize 명령을 사용하여 기본 프린터에 대한 사용자 정의 용지 크기를 설정합니다. 또한 기본 프린터의 표준 용지 크기에 대한 여백 설정을 수정할 수 있습니다.

1) 인쇄할 사용자 정의 용지 크기 설정하기

① 명령 프롬프트에 **CustomPaperSize**를 입력합니다.
② 기본 프린터의 이름을 지정합니다.
③ 대화상자에서 **사용자 정의**를 선택합니다.
④ **추가**를 클릭하여 사용자 정의 용지 크기를 작성합니다.
⑤ **이름**에서 새 사용자 정의 형식 이름을 편집합니다.
⑥ **크기**에서 **폭**, **높이** 및 **단위**(밀리미터 또는 인치)를 지정합니다.
⑦ **여백**에서 위, 아래, 왼쪽, 오른쪽 여백 폭을 지정합니다.
⑧ **확인**을 클릭합니다.
　　기본 프린터의 경우 Print 명령을 사용하여 사용자 정의 크기를 적용할 수 있습니다.

2) 사용자 정의 용지 크기 삭제하기

① 명령 프롬프트에 **CustomPaperSize**를 입력합니다.
② 기본 프린터의 이름을 지정합니다. (PDF, PNG, JPG, SVG 또는 DWF)
③ 대화상자에서 **사용자 정의**를 선택합니다.
④ **이름**에서 삭제할 사용자 정의 형식을 선택합니다.
⑤ **제거**를 클릭합니다.
⑥ **확인**을 클릭합니다.

3) 표준 용지 크기에 대한 여백 설정 수정하기

① 명령 프롬프트에 **CustomPaperSize**를 입력합니다.
② 기본 프린터의 이름을 지정합니다. (PDF, PNG, JPG, SVG 또는 DWF)
③ 대화상자에서 **표준**을 선택합니다.

④ **이름**에서 표준 형식을 선택합니다.
⑤ **여백**에서 위, 아래, 왼쪽, 오른쪽 여백 폭을 지정합니다.
⑥ **확인**을 클릭합니다.

> **참고**
> 기본 프린터를 선택한 경우 속성을 클릭하여 인쇄 대화상자에서 사용자 정의 용지 크기를 설정하는 대화상자에 액세스할 수 있습니다.

> **엑서스**
> 명령 : CustomPaperSize

3.10 인쇄 스타일 테이블 관리

인쇄 스타일 테이블 편집기를 사용하여 인쇄 스타일 테이블을 편집, 추가, 복사, 삭제할 수 있습니다.

1) 인쇄 스타일 테이블 편집기 사용하기

① **PrintStyle**을 입력합니다.
② **인쇄 스타일** 대화상자의 **인쇄 스타일 파일**에서 인쇄 스타일 테이블 파일을 선택하고 **편집**을 클릭합니다.
③ **인쇄 스타일 테이블 편집기** 대화상자에서 인쇄 스타일 테이블에 정의된 인쇄 스타일을 편집합니다.
④ **정보**에서 **설명**에 인쇄 스타일과 그 용도에 대한 설명을 입력합니다.
⑤ **축척**에서 **채우기 패턴 및 비 ISO 선 유형에 축척 사용**을 선택하거나 선택 취소합니다. 이 옵션을 선택한 경우 **축척 인수**를 입력합니다.
⑥ **형식** 아래, **인쇄 스타일** 목록에서 인쇄 스타일을 선택하여 해당 인쇄 스타일을 사용하는 도면요소에 대한 **설정**을 지정합니다.

구분	내용
선 색상	도면요소 선 색상 사용을 선택하거나 특정 선 색상을 지정합니다.
선 스타일	도면요소 선 스타일 사용을 선택하거나 특정 선 스타일을 지정합니다.
선 가중치	도면요소 선 가중치 사용을 선택하거나 특정 선 가중치를 지정합니다.
떨림	떨림(디더링) 사용 여부를 지정합니다. 출력 장치가 디더링을 지원하지 않으면 이 설정이 무시됩니다.
화면	색상 농도 비율을 설정합니다. 이 값은 인쇄 시 용지에 분사될 잉크 양을 결정합니다. 100%는 색상을 그 전체 농도로 표시합니다. 0%는 색상 농도를 0으로 감소시킵니다. (흰색)
펜 #	플롯에 펜을 사용하도록 지정합니다. (펜 플로터 전용) 1에서 32까지의 값을 설정합니다.
끝 세그먼트 강제 설정	선 스타일 축척 조정 여부를 지정하여 선 스타일 패턴을 완성합니다.
끝단 스타일	선 끝에 사용할 스타일을 설정합니다.
구석 스타일	선 결합 시 사용할 스타일을 설정합니다.

회색조	출력 장치가 회색조를 지원할 경우 도면요소의 색상을 회색조로 변환 여부를 결정합니다.
채우기 스타일	사용할 채우기 스타일을 설정합니다.
가상 펜 #	펜 설정을 시뮬레이션하고 프린터의 패널에서 사용자가 조정할 수 있는 속성을 사용할 수 있는 비 펜(non-pen) 플로터를 사용하여 플롯할 때 사용할 펜을 지정합니다.
설명	인쇄 스타일에 대한 추가 정보를 입력합니다.

⑦ **추가**를 클릭해 인쇄 스타일 정의를 인쇄 스타일 테이블에 추가합니다. (이 옵션은 명명된 인쇄 스타일을 편집하는 경우에만 사용 가능)

구분	내용
1	인쇄 스타일 추가 대화상자의 인쇄 스타일 이름에 이름을 입력합니다.
2	확인을 클릭합니다.

⑧ **삭제**를 클릭해 인쇄 스타일 테이블에서 선택된 인쇄 스타일 정의를 제거합니다. (이 옵션은 명명된 인쇄 스타일을 편집하는 경우에만 사용 가능)
⑨ **다른 이름으로 저장**을 클릭하여 인쇄 스타일 테이블을 다른 이름으로 저장합니다.
⑩ **선 가중치 편집**을 클릭하여 도면의 선 가중치를 편집합니다.

구분	내용
1	단위계에서 목록에 표시할 단위를 인치 또는 밀리미터로 선택합니다.
2	선 가중치 목록의 폭 열에서 한 값을 두 번 클릭합니다.
3	0 이상의 값을 입력합니다. (0을 입력하면 선이 프린터가 인쇄할 수 있는 가장 가는 선으로 인쇄됨을 의미)
4	확인을 클릭합니다.

⑪ **확인**을 두 번 클릭합니다.

2) 인쇄 스타일 정의 파일 위치 결정하기

색상 종속 인쇄 스타일(.ctb) 및 명명된 인쇄 스타일(.stb) 테이블 파일은 PrintStyle 폴더에 저장됩니다. 각 파일은 한 개의 테이블을 결정합니다.

① **관리 〉 사용자 지정 〉 옵션**을 클릭하거나 **Options**를 입력합니다.
② 옵션 대화상자에서 **시스템 옵션**을 클릭합니다.
③ **인쇄 〉 인쇄 스타일 파일 위치**를 확장합니다.
④ 인쇄 스타일 정의 파일(.ctb 또는 .stb 파일)의 경로를 설정합니다. **찾아보기** 를 클릭하여 인쇄 스타일 파일 폴더를 찾습니다.
⑤ **확인**을 클릭합니다.

> **엑서스**
> 명령 : PrintStyle

3.11 명명된 인쇄 스타일 관리

인쇄 스타일 테이블은 두 가지 유형 즉, 색상 종속 또는 명명된 인쇄 스타일이 있습니다. **PrintStyle** 명령을 사용하여 명명된 인쇄 스타일을 관리합니다.

새 도면에 **PrintStyle** 명령을 적용하려면 먼저 색상 종속 유형이 아닌, 명명된 인쇄 스타일 사용을 활성화해야 합니다.

인쇄 스타일은 선 색상, 선 스타일, 선 가중치, 디더링, 화면, 회색조, 끝 스타일, 결합 스타일, 펜 플로터 펜 지정에 대한 설정 무시 컬렉션입니다.

1) 명명된 인쇄 스타일 사용 활성화하기

① **관리 > 사용자 지정 > 옵션**을 클릭하거나 **Options**를 입력합니다.
② 옵션 대화상자에서 **시스템 옵션**을 클릭합니다.
③ **인쇄 > 기본 설정**을 확장합니다.
④ 기본 유형에서 명명된 인쇄 스타일 사용을 선택합니다.
⑤ 기본 인쇄 스타일에서 인쇄 스타일 파일 이름을 선택합니다.
⑥ 옵션을 설정합니다.
  - **도면요소의 인쇄 스타일 무시** : 도면요소에 대해 기본 인쇄 스타일을 무시합니다. 사용 가능한 항목은 기본 인쇄 스타일 설정에 따라 다릅니다.
  - **0 도면층의 인쇄 스타일 무시** : 도면요소 또는 0 도면층에 대해 기본 인쇄 스타일을 무시합니다. 사용 가능한 항목은 기본 인쇄 스타일 설정에 따라 다릅니다.

2) 새 도면요소에 활성화할 명명된 인쇄 스타일 설정하기

① 명령 프롬프트에 **PrintStyle**을 입력합니다.
  대화상자에 현재 인쇄 스타일 파일에 설정된 인쇄 스타일과 활성화된 인쇄 스타일이 표시됩니다.
② **인쇄 스타일 파일**에서 활성 시트에 적용할 인쇄 스타일 테이블을 설정합니다.
  첨부 대상은 인쇄 스타일 테이블이 첨부될 탭을 표시합니다. (**모델** 탭 또는 **시트** 탭)
③ 도면요소에 지정할 인쇄 스타일을 선택합니다.

3) 인쇄 스타일 테이블 편집기 사용하기

① 명령 프롬프트에 **PrintStyle**을 입력합니다.
② 대화상자의 **인쇄 스타일 파일**에서 인쇄 스타일 테이블을 선택하고 **편집**을 클릭합니다.
③ **인쇄 스타일 테이블 편집기** 대화상자에서 인쇄 스타일 테이블에 정의된 인쇄 스타일을 추가하고 편집합니다.

> **엑서스**
> 명령 : PrintStyle

3.12 인쇄 스타일 전환

ConvertPrintStyles 명령은 색상 종속 인쇄 스타일을 명명된 인쇄 스타일로, 또는 그 역으로 전환합니다.

1) 인쇄 스타일 전환하기

① 명령 프롬프트에 **ConvertPrintStyles**를 입력합니다.

> **엑서스**
>
> 명령 : ConvertPrintStyles

3.13 일괄 출력 처리

BatchPrint 명령을 사용하여 도면 및 시트 세트를 배치 작업으로 프린터에 전송할 수 있습니다. 나중에 사용하도록 배치 인쇄 작업을 배치 인쇄 목록(*.bpl) 파일에 저장할 수 있습니다.

1) 일괄 인쇄하기

① 명령 프롬프트에 **BatchPrint**를 입력합니다.
② 대화상자에서 다음 옵션을 설정합니다.
- **파일 추가** : 하나 이상의 지정한 도면 파일을 인쇄 작업 목록에 추가합니다.
- **폴더 추가** : 지정하는 폴더의 모든 파일 및 해당 시트를 인쇄 작업 목록에 추가합니다.
- **가져오기** : 이전에 저장한 파일로 인쇄 작업 목록을 채웁니다.
- **저장** : 인쇄 작업 목록을 *.bpl 파일에 저장합니다. 각 목록 도면요소에 대해 시트 이름 및 페이지 레이아웃이 파일 이름 및 폴더와 함께 저장됩니다.
- **시트 제거** : 인쇄 작업 목록에서 선택한 파일을 제거합니다.
- **목록 지우기** : 인쇄 작업 목록에서 모든 파일을 삭제합니다.

③ 인쇄 작업 목록에서 다음을 수행합니다.
- **인쇄** 열에서 배치 작업을 통해 인쇄할 시트를 선택하거나 지웁니다. 모든 파일을 선택하거나 지우려면 모두 선택을 클릭합니다.
- **페이지 레이아웃** 열에서 파일 이름(시트 이름) 열에 표시된 해당하는 도면 파일 시트를 인쇄할 때 적용할 페이지 레이아웃을 선택합니다.
- **상태** 열을 확인하여 시트를 인쇄할 수 있는지 여부를 파악합니다.
- **그룹**에서 여러 페이지로 출력 파일을 그룹화할 단일 도면 시트를 선택합니다.
- **매수** 열에서, 시트별로 인쇄할 매수의 수를 설정합니다.
- 목록 도면요소를 선택합니다. 설정에 프린터/플로터 이름, 용지 크기, 방향, 인쇄 축척 같은 목록 도면요소에 대한 정보가 나타납니다. 이 섹션은 도면의 전체 경로, 전체 도면 이름, 선택된 목록 항목의 전체 시트 이름도 표시합니다.

④ 인쇄 작업 목록에서 선택한 시트를 미리 보려면 **인쇄 미리보기**를 클릭하십시오.
⑤ 기본 프린터 출력의 파일 위치에서 경로를 지정합니다. 이 경로는 출력 파일을 기본 프린터에 저장할 폴더를 설정합니다. (예 *.pdf, *.jpg 및 *.dwf 파일) 경로를 변경하려면 **찾아보기**를 클릭합니다.
⑥ **시작**을 클릭하여 인쇄 작업을 시작합니다.

ARES CAD

도면 창 배열

CHAPTER

15

CHAPTER 15
도면 창 배열

01 도면 창 계단식 배열

모든 도면 창의 크기를 조정하고 제목 표시줄만 보이게 겹쳐 배열할 수 있습니다. 도면 창을 계단식으로 배열한 후에는 가장 앞쪽에 있는 창만 완전히 표시됩니다.

1) 도면 창을 계단식으로 배열하기

① **창 〉 계단식 배열**을 클릭합니다.

02 도면 창 가로 바둑판식 배열

여러 개의 도면 창을 가로 방향으로 배열할 수 있습니다.

1) 도면 창을 가로 바둑판식으로 배열하기

① **창 〉 가로 바둑판식 배열**을 클릭합니다.

03 도면 창 세로 바둑판식 배열

여러 개의 도면 창을 세로 방향으로 배열할 수 있습니다.

1) 도면 창을 세로 바둑판식으로 배열하기

① **창 〉 세로 바둑판식 배열**을 클릭합니다.

ARES CAD

사용자 정의

CHAPTER

16

CHAPTER 16

사용자 정의

이 단원에서는 사용자 인터페이스 및 프로그램 환경의 조정 및 사용자 정의에 대한 내용을 설명합니다.
- 사용자 인터페이스 사용자 정의. 메뉴, 도구 모음, 키보드 바로가기, 마우스 버튼 기능을 추가하거나 수정합니다. 개별 사용자 인터페이스 사용자 지정 파일을 저장하고 로드할 수 있습니다.
- 사용자 설정 및 시스템 옵션 설정. 각기 다른 모드의 설정 및 명령의 기본값을 설정합니다.
- 스크립트 실행. 명령 시퀀스를 자동으로 실행합니다.
- 선 스타일 사용자 정의. 고유한 선 스타일을 정의하고 사용합니다.
- 해치 패턴 사용자 정의. 고유한 해치 패턴을 정의하고 사용합니다.

01 사용자 인터페이스 사용자 정의

1.1 사용자 지정 파일 관리

사용하고 있는 사용자 지정 파일을 관리할 수 있습니다. 사용자 지정 파일은 사용자 인터페이스를 구성하는 요소를 저장합니다.

1) 사용자 지정 파일 관리하기
　① **관리 > 사용자 정의 > 인터페이스**를 클릭하거나 Customize를 입력합니다.
　② **사용자 정의** 대화상자의 **원본**에서 다음 중 하나를 선택합니다.
　　　• 인터페이스 요소를 추가하거나 수정하는 기초가 되는 **모든 사용자 지정 파일**.
　　　• 작업할 특정 사용자 지정 파일(.xml 형식)
　③ 사용자 지정 파일 기본 폴더 이외의 위치에 있는 사용자 지정 파일을 로드하려면 **사용자 지정 파일 로드**를 클릭합니다.
　④ 새 사용자 지정 파일을 작성하려면 **사용자 지정 파일 작성**을 클릭합니다. **사용자 지정 파일 작성** 대화상자에서 다음을 진행합니다.
　　　• **이름**에 새 사용자 지정 파일의 이름을 입력합니다.
　　　• **경로**에 새 파일에 대한 위치를 적용하거나 위치를 찾습니다.

1.2 명령 관리

사용자 정의 대화상자의 **명령** 페이지를 사용하여 사용자 인터페이스 요소에 사용할 명령 및 명령 시퀀스를 관리합니다.

1) 사용자 인터페이스 요소로 사용할 명령 관리하기

① **사용자 정의** 대화상자에서 **명령**을 클릭합니다.
② 명령 목록에 명령을 추가하려면 **명령 추가**를 클릭합니다.
   빈 명령 항목이 새 명령이 들어갈 자리로 명령 라벨이 붙어 명령 목록에 추가됩니다.
   명령 항목 편집에 대한 설명은 아래를 참고하십시오.
③ 명령 목록에서 명령을 제거하려면 **명령 제거**를 클릭합니다.
④ **아이콘 탐색기**를 확장하려면 **아이콘 탐색기 표시**를 클릭합니다.
   필터의 **아이콘 탐색기**에서 **모든 아이콘, 밝은 아이콘, 어두운 아이콘** 또는 특정 아이콘 그룹(예: 명령 아이콘, 치수 아이콘, 확대/축소 아이콘)을 표시할지 여부를 선택합니다.
⑤ **확인**을 클릭합니다.

2) 명령 항목 편집하기

① **사용자 정의** 대화상자의 명령 목록에서 명령 항목을 선택합니다.
② **이름** 필드에서 명령 항목의 라벨을 입력합니다.
③ **명령 스트링**에 명령, 명령 시퀀스 또는 명령 옵션을 입력합니다.
   ^C^C로 식을 시작하면 명령 또는 명령 시퀀스를 호출할 때 실행 중인 명령이 취소됩니다.
④ **아이콘 탐색기**를 확장하려면 **아이콘 탐색기** 표시를 클릭합니다.
⑤ **아이콘 탐색기**에서 밝은 아이콘과 어두운 아이콘을 새 명령 항목의 해당하는 **밝은** 및 **어두운** 필드로 끕니다. 이 아이콘들은 메뉴와 도구 모음에 사용됩니다.
⑥ 아이콘의 위치와 파일 이름이 **밝은 아이콘 위치**와 **어두운 아이콘 위치**에 표시됩니다.
   설명에는 메뉴나 도구 모음의 해당 명령으로 포인터를 이동할 때 상태 표시줄에 표시할 설명을 입력합니다.

1.3 인터페이스 관리

사용자 정의 대화상자의 **인터페이스** 페이지를 사용하여 빠른 실행 도구 모음, 리본 탭 및 패널, 메뉴, 도구 모음을 만들고 수정합니다.

기존 항목을 재배열하고 새 항목을 추가하며 관련 항목 및 명령 시퀀스를 수정할 수 있습니다.

UI 항목을 제거하려면 항목을 선택하고 **제거**를 클릭합니다.

이 단원에서는 다음 내용을 설명합니다.

- 빠른 실행 도구 모음
- 리본 탭 및 패널
- 메뉴 및 도구 모음

1) 빠른 실행 도구 모음

빠른 실행 도구 모음은 자주 사용하는 명령에 액세스할 수 있는 작은 도구 모음입니다.

2) 빠른 실행 도구 모음 관리하기

① **사용자 정의** 대화상자에서 **인터페이스**를 클릭합니다.
② **빠른 실행 도구 모음**을 확장합니다.
③ **빠른 실행 도구 모음**에서 현재 사용자 지정 원본의 빠른 실행 도구 모음 또는 특정 빠른 실행 도구 모음의 표시 여부를 선택합니다.
④ 편집하려는 빠른 실행 도구 모음을 확장합니다.
　도구 모음의 명령 항목과 해당 아이콘이 표시됩니다.
⑤ **명령 탐색기 표시**를 클릭하여 **명령 탐색기**를 확장합니다.
⑥ **명령 탐색기**에서, 명령 항목을 선택하여 빠른 실행 도구 모음으로 끕니다.
⑦ **찾기** 상자를 사용하여 **명령 탐색기**에서 찾을 항목 수를 줄이도록 검색 문자열을 입력합니다.

3) 새 빠른 실행 도구 모음 만들기

① **사용자 정의** 대화상자에서 **빠른 실행 도구** 모음을 확장합니다.
② 빠른 실행 도구 모음 목록에서 오른쪽 클릭하고 새 **빠른 실행 도구 모음**을 클릭합니다.
　새 빠른 실행 도구 모음이 목록에 추가됩니다.
③ 빠른 실행 도구 모음을 오른쪽 클릭하고 이름 바꾸기를 클릭하여 이름을 편집합니다.
④ 빠른 실행 도구 모음에 명령 항목을 추가합니다.

4) 빠른 실행 도구 모음에 명령 추가하기

① **사용자 정의** 대화상자에서 빠른 실행 도구 모음을 확장합니다.
② 새 항목을 삽입하려는 빠른 실행 도구 모음의 위치를 찾습니다.
③ **명령 탐색기 표시**를 클릭하여 **명령 탐색기**를 확장합니다.
④ **명령 탐색기**에서, 명령 항목을 선택하여 빠른 실행 도구 모음으로 끕니다.

5) 빠른 실행 도구 모음에서 항목 이름 바꾸기

① **사용자 정의** 대화상자에서 빠른 실행 도구 모음을 확장합니다.
② 이름을 바꾸려는 항목을 오른쪽 클릭하고 이름 바꾸기를 클릭합니다.
③ 빠른 실행 도구 모음 항목에 대한 새 문자를 입력합니다.

> **참고**
> 항목 뒤에 나오는 명령 시퀀스는 변경되지 않습니다.

6) 빠른 실행 도구 모음에서 항목 삭제하기

① **사용자 정의** 대화상자에서 빠른 실행 도구 모음을 확장합니다.
② 삭제하려는 항목을 오른쪽 클릭하고 **삭제**를 클릭합니다.

7) 리본 탭 및 패널

리본은 제도 및 수정(홈 탭), 삽입 및 보기 등 애플리케이션 기능 범주를 구성하는 탭을 제공합니다.

각 리본 탭은 작업 완료에 필요한 관련 명령 세트에 해당하는 패널로 구성됩니다.

8) 리본 탭 관리하기

① **사용자 정의** 대화상자에서 **인터페이스**를 클릭합니다.
② **리본** 메뉴를 확장한 다음 탭을 확장합니다.
③ **탭**에서 현재 사용자 지정 원본의 **모든 탭** 또는 특정 탭을 표시할지 여부를 선택합니다.
   탭을 확장하여 보거나 편집합니다.
④ 탭 패널이 표시됩니다.
⑤ **리본 탐색기 표시**를 클릭하여 **리본 탐색기**를 확장합니다.
⑥ **탭** 트리 뷰에서 패널을 클릭하여 **패널 미리보기**에서 패널을 봅니다.

9) 새 리본 탭 만들기

① **사용자 정의** 대화상자의 **인터페이스** 페이지에서 **리본**을 확장한 다음 **탭**을 확장합니다.
② **탭** 트리 뷰에서 오른쪽 클릭하고 **새 탭**을 클릭합니다.
   새 메뉴가 목록에 추가됩니다.
③ **리본 탐색기 표시**를 클릭하여 **리본 탐색기**를 확장합니다.
④ 모양의 **표시 문자**에서 탭 이름을 편집합니다.
⑤ 탭에 패널을 추가합니다.

10) 리본 탭에 패널 추가하기

① **사용자 정의** 대화상자의 **인터페이스** 페이지에서 **리본**을 확장한 **다음 탭**을 확장합니다.
② **리본 탐색기 표시**를 클릭하여 **리본 탐색기**를 확장합니다.
③ **리본 패널 탐색기**에서 항목을 선택하여 탭으로 끕니다.

> 👆 참고
>
> 언제든지 탭 트리 뷰 목록의 다른 위치로 패널을 끌 수 있습니다.
> 탭 트리 뷰에서 오른쪽 클릭하여 탭을 만들거나 이름을 바꾸거나 복제하거나 삭제합니다.

11) 리본 패널 관리하기

① **사용자 정의** 대화상자에서 **인터페이스**를 클릭합니다.
② **리본** 메뉴를 확장한 다음 **패널**을 확장합니다.
③ **패널**에서 현재 사용자 지정 원본의 **모든 패널** 또는 **특정 패널**을 표시할지 여부를 선택합니다.
④ 패널을 확장하여 보거나 편집합니다.
   패널 항목이 표시됩니다.
⑤ **리본 탐색기 표시**를 클릭하여 **리본 탐색기**를 확장합니다.
⑥ **패널** 트리 뷰에서 패널을 클릭하여 **패널 미리보기**에서 패널을 봅니다.
⑦ **탭** 트리 뷰에서 명령을 클릭하여 **패널 미리보기**에서 명령 버튼을 강조 표시합니다.

12) 새 리본 패널 만들기

① **사용자 정의** 대화상자의 **인터페이스** 페이지에서 **리본**을 확장한 다음 **패널**을 확장합니다.
② **리본 탐색기 표시**를 클릭하여 **리본 탐색기**를 확장합니다.

③ **패널** 트리 뷰에서 마우스 오른쪽 클릭하고 **새 패널**을 클릭합니다.

새 패널이 목록에 추가됩니다.

④ **모양**의 **표시 문자**에서 패널 이름을 편집합니다.

⑤ 아래 설명된 대로 패널에 새 항목을 추가합니다.

13) 새 리본 패널에 새 항목 추가하기

① **사용자 정의** 대화상자의 **인터페이스** 페이지에서 **리본**을 확장한 다음 **패널**을 확장합니다.

② **리본 탐색기 표시**를 클릭하여 **리본 탐색기**를 확장합니다.

③ **패널** 트리 뷰에서 오른쪽 클릭하고 **새 행**을 클릭합니다.

새 행이 목록에 추가됩니다.

④ **명령 탐색기**에서 명령 항목을 새 행으로 끕니다.

⑤ 모양을 클릭하고 **버튼 스타일**을 지정합니다.

⑥ 패널 요소를 더 추가합니다.

14) 리본 패널 요소

패널에는 다음과 같은 요소가 포함될 수 있습니다.

구분	설명
행	하위 패널, 드롭다운 메뉴 및 명령 버튼을 포함합니다.
하위 패널	패널 내 행으로 구성된 영역을 생성합니다. 드롭다운 메뉴나 명령 버튼은 포함할 수 없습니다.
드롭다운 메뉴	명령 버튼을 포함합니다. 모양에서 드롭다운 동작, 분할 버튼 스타일, 명령의 버튼 스타일을 지정합니다.
명령 버튼	리본 메뉴에서 명령을 실행합니다. 명령 버튼은 보통 아이콘과 연결되어 있습니다. 모양에서 명령 버튼의 버튼 스타일을 지정합니다.
구분 기호	드롭다운 메뉴에서 유사한 명령 그룹을 분리합니다.

15) 패널 요소 배치

새 행, 하위 패널 또는 드롭다운 메뉴를 만들려면 **패널** 트리 뷰를 오른쪽 클릭합니다.

패널에 명령 버튼 또는 컨트롤 요소를 추가하려면 **명령 탐색기**에서 패널 행 또는 패널 드롭다운 메뉴로 끕니다.

16) 드롭다운 메뉴 버튼 및 명령 버튼 모양 설정

리본 탐색기의 **모양** 영역에서는 드롭다운 메뉴 버튼(분할 버튼) 및 명령 버튼의 표시 모드를 지정할 수 있습니다.

① 드롭다운 동작

구분	설명
최근 항목 분할	최근 선택한 드롭다운 메뉴 항목의 아이콘 및 문자를 표시합니다.
최근 항목 분할(정적)	최근 선택한 드롭다운 메뉴 항목의 아이콘을 표시합니다. 단, 문자는 정적 항목입니다. (패널 트리 뷰의 드롭다운 메뉴 제목으로 정의된 텍스트)

분할	고정 아이콘을 사용합니다. 드롭다운 메뉴에 텍스트 항목이 표시됩니다. 아이콘을 지정하지 않은 경우 분할은 최근 항목 분할과 같이 작동합니다.
최근 항목 드롭다운 메뉴	최근 항목 분할과 동일합니다.
드롭다운 메뉴	분할과 동일합니다.

② **분할 버튼 목록 스타일**

드롭다운 메뉴 목록 버튼 표시를 정의할 수 있습니다. 기본값은 아이콘 및 문자지만, **아이콘 및 굵게** 또는 **아이콘**만 지정할 수 있습니다.

③ **버튼 스타일**

다음과 같은 드롭다운 메뉴 버튼 및 명령 버튼에 대한 버튼 스타일을 정의할 수 있습니다. **문자가 포함된 큰 버튼(수직)**, 문자가 없는 큰 버튼, 문자가 포함된 작은 버튼 또는 문자가 없는 작은 버튼 패널의 스택 행에서는 작은 버튼을 사용하지 마십시오.

> 👉 **참고**
> 패널 트리 뷰에서 오른쪽 클릭하여 패널을 만들거나 이름을 바꾸거나 복제하거나 삭제합니다.

17) 메뉴 및 도구 모음 관리하기

① **사용자 정의** 대화상자에서 **인터페이스**를 클릭합니다.
② **메뉴**를 확장합니다.
③ **메뉴**에서 현재 사용자 지정 원본의 **모든 메뉴** 또는 특정 메뉴(예: 파일, 편집 또는 뷰)를 표시할지 여부를 선택합니다.
④ 편집하려는 메뉴를 확장합니다.
   메뉴의 명령 항목과 해당 아이콘 또는 하위 메뉴가 표시됩니다.
⑤ **도구 모음**을 확장합니다.
⑥ **도구 모음**에서 현재 사용자 지정 원본의 **모든 도구 모음** 또는 특정 도구 모음(예: 표준, 도면층 또는 속성)을 표시할지 여부를 선택합니다.
⑦ 편집하려는 도구 모음을 확장합니다.
   도구 모음의 명령 항목과 해당 아이콘이 표시됩니다.
⑧ 메뉴나 도구 모음에서 선택한 명령을 제거하려면 **제거**를 클릭합니다.
⑨ **명령 탐색기**를 확장하려면 **명령 탐색기 표시**를 클릭합니다.
⑩ 메뉴나 도구 모음에 명령이나 옵션을 삽입하려면 **명령 탐색기**에서 항목을 선택하여 메뉴나 도구 모음으로 끕니다.
⑪ **찾기** 상자를 사용하여 **명령 탐색기**에서 찾을 항목 수를 줄이도록 검색 문자열을 입력합니다.

> 👉 **참고**
> 사용자 정의 대화상자의 명령 섹션에서 명령을 추가하고 편집합니다. 인터페이스 섹션에서는 메뉴나 도구 모음 항목 뒤에 나오는 명령이나 명령 시퀀스는 편집할 수 없습니다.

18) 새 메뉴나 도구 모음 만들기

① **사용자 정의** 대화상자에서 **메뉴** 또는 **도구 모음**을 확장합니다.
② 메뉴나 도구 모음 목록에서 오른쪽 클릭하고 **새 메뉴**나 **새 도구 모음**을 클릭합니다.
　새 메뉴나 도구 모음이 목록에 추가됩니다.
③ 메뉴나 도구 모음을 오른쪽 클릭하고 **이름 바꾸기**를 클릭하여 이름을 편집합니다.
④ 아래 설명된 대로 메뉴나 도구 모음에 명령 항목을 추가합니다.

19) 메뉴나 도구 모음에 항목 삽입하기

① **사용자 정의** 대화상자에서 메뉴나 도구 모음을 확장합니다.
② 새 항목을 삽입하려는 메뉴나 도구 모음의 위치를 찾습니다.
③ **명령 탐색기 표시**를 클릭하여 **명령 탐색기**를 확장합니다.
④ **명령 탐색기**에서 명령 항목을 선택하여 메뉴나 도구 모음으로 끕니다.
⑤ 메뉴나 도구 모음을 오른쪽 클릭하고 **새 구분 기호**를 클릭하여 구분 기호를 삽입합니다.
⑥ 메뉴를 오른쪽 클릭하고 **새 하위 메뉴**를 클릭하여 하위 메뉴를 삽입합니다.

20) 메뉴나 도구 모음의 항목 이름 바꾸기

① 사용자 정의 대화상자에서 메뉴나 도구 모음을 확장합니다.
② 이름을 바꾸려는 항목을 오른쪽 클릭하고 **이름 바꾸기**를 클릭합니다.
③ 메뉴나 도구 모음 항목에 대한 새 문자를 입력합니다.

> 👉 **참고**
> 항목 뒤에 나오는 명령 시퀀스는 변경되지 않습니다.

21) 메뉴나 도구 모음의 항목 삭제하기

① 사용자 정의 대화상자에서 메뉴나 도구 모음을 확장합니다.
② 삭제하려는 항목을 오른쪽 클릭하고 **삭제**를 클릭합니다.

1.4 마우스 동작 설정

사용자 정의 대화상자의 **마우스 동작** 페이지를 사용하여 오른쪽 클릭하거나 두 번 클릭할 때 동작을 정의합니다. 공통 및 상황별 바로가기 메뉴를 정의할 수도 있습니다.

1) 오른쪽 클릭 동작 정의하기

① **사용자 정의** 대화상자에서 **마우스 동작**을 클릭합니다.
② **오른쪽 클릭**을 확장합니다.
③ **오른쪽 클릭, Shift+오른쪽 클릭, Ctrl+오른쪽 클릭, Ctrl+Shift+오른쪽 클릭**으로 실행할 메뉴, 명령, 명령 시퀀스 또는 옵션을 선택합니다.

2) 두 번 클릭 동작 정의하기

① **사용자 정의** 대화상자에서 **두 번 클릭**을 확장합니다.
② **항목**에서 항목 유형을 선택합니다.

③ **명령 이름**에서 지정한 항목을 두 번 클릭할 때 실행할 명령을 선택합니다.
④ 항목 유형을 목록에 추가하려면 **추가**를 클릭합니다.
⑤ 명령 이름을 목록의 항목 유형으로 끌기 위해 **명령 탐색기**를 확장하려면 **명령 탐색기 표시**를 클릭합니다.
⑥ 항목 유형을 목록에서 제거하려면 **제거**를 클릭합니다.

3) 바로가기 메뉴 관리하기

① **사용자 정의** 대화상자에서 **마우스 동작**을 클릭합니다.
② **바로가기 메뉴 > 공통** 또는 **상황별**을 확장합니다.
③ **메뉴** 또는 바로가기 메뉴 목록에서 바로가기 메뉴를 선택합니다. 공통 바로가기 메뉴를 편집할 수 있습니다.
- **기본 메뉴**는 활성화된 명령이 없을 때 오른쪽 클릭하면 표시됩니다.
- **편집 메뉴**는 도면요소를 선택한 상태에서 오른쪽 클릭하면 표시됩니다.
- **명령 메뉴**는 명령이 활성화되고 해당 명령에 대해 정의된 바로가기 메뉴가 없을 때 오른쪽 클릭하면 표시됩니다.
- 상황별 메뉴는 특정 명령이 활성화되었을 때 오른쪽 클릭하면 표시됩니다.
④ 바로가기 메뉴에 명령이나 옵션 삽입하기
- **명령 탐색기 표시**를 클릭합니다.
- **명령 탐색기**에서 항목을 선택하여 메뉴나 도구 모음으로 끕니다.
⑤ 명령이나 옵션을 바꾸려면 바로가기 메뉴에서 항목을 선택한 후 **명령**에서 다른 명령이나 옵션을 선택합니다.
⑥ 바로가기 메뉴에서 명령을 제거하려면 바로가기 메뉴에서 항목을 선택하고 **제거**를 클릭합니다.

1.5 키보드 바로가기 관리

사용자 지정 대화상자의 **키보드** 페이지를 사용하여 바로가기 키를 조정합니다.

1) 키보드 바로가기 키 관리하기

① **사용자 정의** 대화상자에서 **키보드**를 클릭합니다.
② **키보드 바로가기 키 > 바로가기 키 및 키보드 바로가기 키 > 키 재정의**를 확장합니다.
③ 목록에 새 바로가기를 추가하려면 **추가**를 클릭하고 목록에 새로 나타나는 행의 **키** 열에서 Ctrl, Alt 또는 Shift 같은 특수 키를 누른 채로 키보드에서 바로가기로 사용할 다른 키를 누릅니다.
④ 기존 명령 시퀀스를 바로가기에 연결하려면 **명령 탐색기 표시**를 클릭하여 **명령 탐색기**를 확장한 다음 명령 시퀀스를 목록의 새 키보드 바로가기 또는 기존 키보드 바로가기로 끕니다.
재정의 키의 경우 기능 설명을 입력하고 **매크로**를 작성합니다.
⑤ 키보드 바로가기를 목록에서 제거하려면 **제거**를 클릭합니다.

> 👉 **참고**
>
> 기본 기능 키, 키보드 바로가기 및 임시 재정의에 대한 요약 정보를 확인하려면 키보드 바로가기 키 부록을 참조하십시오.

1.6 애드인 관리

옵션 대화상자의 **애드인** 페이지에서 다음을 수행할 수 있습니다.

- 사용 가능한 애드인의 상태를 목록에 표시
- 새 애드인을 추가하거나 기존 애드인 제거

1) 애드인 관리하기

① **관리 〉 사용자 지정 〉 옵션**을 클릭하거나 **Options**를 입력합니다.
② **옵션** 대화상자에서 **애드인**을 클릭합니다.
   사용 가능한 애드인의 목록이 표시됩니다.
③ 다음을 사용하여 애드인을 관리합니다.

구분	설명
새로 만들기	파일 선택 대화상자를 엽니다. 로드할 응용프로그램 파일을 선택하고 **열기**를 클릭합니다.
삭제	선택한 애드인을 언로드하고 목록에서 제거합니다.
위로	목록에서 선택한 항목을 위로 이동합니다.
아래로	목록에서 선택한 항목을 아래로 이동합니다.

> **엑서스**
>
> 명령 : Option
> 메뉴 : 관리 〉 사용자 지정 〉 옵션

1.7 사용자 인터페이스 프로파일 관리

사용자 정의 대화상자의 **UI 프로파일** 페이지를 사용하여 사용자 인터페이스 요소(예 빠른 실행 도구 모음, 리본 탭, 메뉴, 도구 모음)와 개별 UI 프로파일(작업공간이라고도 함)의 기타 요소를 관리합니다.

사용자 지정 파일은 사용자 인터페이스를 구성하는 UI 프로파일(작업공간)을 저장합니다. 사용자 지정 파일 관리를 참조하십시오.

1) 사용자 인터페이스 프로파일 관리하기

① **사용자 정의** 대화상자에서 **UI 프로파일**을 클릭합니다.
② 표시에서 다음 중 하나를 선택합니다.
   - 사용자 인터페이스 프로파일을 추가하거나 수정하는 기초가 되는 **모든 UI 프로파일**.
   - 특정 사용자 인터페이스 프로파일.
③ **UI 프로파일**을 확장합니다.
④ 목록에서 사용자 인터페이스 프로파일(작업공간)을 선택합니다.
⑤ 다음 중 하나를 수행합니다.
   - **활성** 열을 두 번 클릭하여 작업공간을 현재 작업공간으로 설정합니다.
   - **새로 만들기**를 클릭하여 새 작업공간을 작성합니다.

- **삭제**를 클릭하여 선택한 작업공간을 제거합니다.
- **확인** 또는 **적용**을 클릭한 후에는 **삭제** 옵션을 취소할 수 없습니다.
- 오른쪽 클릭하고 **이름 바꾸기**를 클릭하여 작업공간 이름을 바꿉니다.
- **설명** 셀을 두 번 클릭하여 작업공간 설명을 추가하거나 편집합니다.

⑥ **적용**을 클릭합니다.

2) 작업공간에 빠른 실행 도구 모음 지정하기

① **사용자 정의** 대화상자의 UI 프로파일 아래에서 **UI 프로파일 > 빠른 실행 도구** 모음을 확장합니다.
② 목록에서 작업공간 항목의 **빠른 실행 도구 모음** 셀을 클릭하고 빠른 실행 도구 모음 이름을 선택합니다.
③ **적용**을 클릭합니다.

3) 작업공간에 리본 탭 지정하기

① **사용자 정의** 대화상자의 **UI 프로파일** 아래에서 **UI 프로파일 > 리본** 탭을 확장합니다.
② **리본 탭 탐색기 표시**를 클릭하여 **리본 탭 탐색기**를 확장합니다.
③ **리본 탭 탐색기**에서 리본 탭 이름을 선택하고 작업공간의 **리본 탭** 셀로 끌어옵니다.
④ 다음과 같이 할 수 있습니다.
- 리본 탭 항목을 리본 메뉴의 다른 위치로 끕니다.
- 리본 탭을 오른쪽 클릭하고 **항목 제거**를 클릭하여 항목을 삭제합니다.

⑤ **적용**을 클릭합니다.

> **참고**
> 메뉴에서 사용하도록 설계된 작업공간에는 리본 탭을 지정하지 마십시오.

4) 작업공간에 메뉴 지정하기

① **사용자 정의** 대화상자의 **UI 프로파일** 아래에서 **UI 프로파일 > 메뉴 바**를 확장합니다.
② **명령 탐색기 표시**를 클릭하여 명령 탐색기를 확장합니다.
③ **메뉴 탐색기**에서 메뉴 이름을 선택하여 작업공간의 메뉴 바 셀로 끌어옵니다.
④ 다음과 같이 할 수 있습니다.
- 메뉴 항목을 메뉴 바의 다른 위치로 끕니다.
- 메뉴 항목을 오른쪽 클릭하고 **항목 제거**를 클릭하여 항목을 삭제합니다.

⑤ **적용**을 클릭합니다.

> **참고**
> 리본에서 사용하도록 설계된 작업공간에는 메뉴를 지정하지 마십시오.

5) 작업공간에 표시할 도구 모음 지정하기

① **사용자 정의** 대화상자의 **UI 프로파일** 섹션에서 **UI 프로파일 > 도구 모음**을 확장합니다.
② **도구 모음 탐색기 표시**를 클릭하여 **도구 모음 탐색기**를 확장합니다.
③ **도구 모음 탐색기**에서 도구 모음 이름을 선택하여 작업공간의 **도구 모음 표시** 셀로 끌어옵니다.
도구 모음 항목의 순서는 중요하지 않습니다.
④ 도구 모음 목록에서 항목을 삭제하려면 항목을 오른쪽 클릭하고 **항목 제거**를 클릭합니다.

⑤ **적용**을 클릭합니다.

> **참고**
> 리본에서 사용하도록 설계된 작업공간의 경우 표시할 도구 모음 목록은 보통 비어 있습니다.

6) 작업공간을 변경할 때 표시할 UI 요소 설정하기
   ① **사용자 정의** 대화상자의 UI **프로파일** 아래에서 UI **프로파일 > 요소**를 확장합니다.
   ② 테이블에서 셀을 두 번 클릭하여 작업공간을 변경할 때 표시할 UI 요소를 선택하거나 선택 취소합니다.
   ③ **적용**을 클릭합니다.

> **참고**
> 메뉴에서 사용하도록 설계된 작업공간에는 리본 탭을 지정하지 마십시오.

02 도구 모음 표시 및 숨기기

도구 모음을 표시하거나 숨길 수 있으며, 도구 모음을 응용프로그램 창에서 편리한 위치로 끌어 놓을 수 있고 메뉴 바 아래 또는 응용 프로그램 창의 왼쪽, 오른쪽 여백으로 고정시킬 수도 있습니다.

1) 도구 모음을 표시하거나 숨기기
   ① 명령 프롬프트에 **Toolbars**를 입력합니다.
   ② **도구 모음 지정** 대화상자에서 표시하거나 숨길 도구 모음을 선택하거나 선택 취소합니다.
   ③ **이름**에 문자를 입력해 도구 모음을 검색합니다.
   ④ **사용자 정의**를 클릭하여 도구 모음을 추가하거나 수정할 수 있는 사용자 정의 대화상자를 엽니다.
   ⑤ 선택한 도구 모음을 영구히 삭제하려면 **삭제**를 클릭합니다.

> **엑서스**
> 명령 : Toolbars

03 사용자 설정 및 시스템 옵션 설정

Options 명령을 사용하여 프로그램 작동 매개변수를 설정하고 명령의 설정 및 바로가기를 사용자 정의하고 이 밖의 설정을 정의할 수 있습니다.

1) 옵션 대화상자에서 특정 옵션을 검색하려면

① **찾기**에서 용어 또는 시스템 변수를 입력하여 관련 옵션을 검색합니다.
② 드롭다운 목록에서 옵션을 선택합니다.
   옵션 대화상자에 옵션이 표시됩니다.

> **엑서스**
> 명령 : Options

3.1 파일 위치 옵션 설정

옵션 대화상자의 **파일 위치** 페이지에서는 기본 경로 및 파일 이름을 설정하고 편집할 수 있습니다.

시스템에서는 도면 또는 임시 파일 위치, 글꼴 파일과 폴더, 사용자 정의 파일과 폴더 등과 같이 파일을 검색하거나 쓸 때 해당 위치를 사용합니다.

1) 파일 위치 보기, 추가, 또는 수정하기

① 명령 프롬프트에 **FileLocations**를 입력합니다.
② 노드를 확장하여 사양을 보거나 설정합니다.

- **도면 지원**

구분	설명
대체 글꼴 파일	현재 글꼴을 사용할 수 없을 때 사용할 글꼴을 설정합니다. 도면의 표준 및 사용자 정의 문자 스타일은 글꼴 파일을 사용합니다.
도면 파일 위치	도면의 검색 위치를 지정합니다. 이 위치는 열기, 저장, 다른 이름으로 저장 또는 다른 파일 명령을 사용할 때 사용됩니다.
도면 템플릿 파일 위치	도면 템플릿 파일 위치를 지정합니다.
외부 참조 파일 위치	외부 참조의 검색 위치를 지정합니다. 이 위치는 AttachDrawing 명령을 실행할 때 사용됩니다.
글꼴 매핑 파일	문자 스타일에 참조된 글꼴 파일을 사용할 수 없는 경우 글꼴 파일 매핑을 정의하는 파일을 설정합니다.
라이브러리 파일 위치	InsertBlock 명령에 대한 블록 검색 위치를 지정합니다.
선 스타일 파일	선 스타일 파일의 검색 위치를 지정합니다.
서식 있는 선 스타일 파일	서식 있는 선 스타일 파일의 검색 위치를 지정합니다.

- **인터페이스**

구분	설명
별칭 파일 위치	별칭 명령 파일의 검색 위치를 지정합니다.
사용자 정의 아이콘 위치	Customize 명령으로 도구 모음과 메뉴에 아이콘을 추가하기 위해 사용할 사용자 정의 아이콘 파일의 검색 위치를 지정합니다.
사용자 지정 파일	Customize 명령의 기반으로 제공되는 기본 사용자 지정 파일의 검색 위치를 지정합니다.
메뉴 파일	메뉴 사용자 지정 파일의 검색 위치를 지정합니다.

- **시스템**

구분	설명
사전 파일	사용자 정의 사전 파일 : SpellCheck 명령에 사용될 사용자 정의 맞춤법 사전의 검색 위치를 지정합니다.
	기본 사전 파일 : SpellCheck 명령에 사용할 사전을 지정합니다. 언어를 선택하고 활성화를 클릭하여 활성 언어 사전을 설정합니다.
글꼴 파일 검색 경로	글꼴 파일의 검색 위치를 지정합니다. 도면의 표준 및 사용자 정의 문자 스타일은 글꼴 파일을 사용합니다.
도움말 파일	Help 명령에 사용될 도움말 파일의 이름과 폴더를 지정합니다.
로그 파일 위치	문서 내역이 저장되는 로그 파일의 위치를 지정합니다.
지원 파일 검색 경로	애드인 애플리케이션, 영역 해치 패턴, 사용자 지정 파일, 도면 파일, 글꼴, 선 스타일 파일의 검색 위치를 지정합니다.

③ 경로나 파일을 선택하고 **찾아보기**를 클릭하여(또는 폴더나 파일 위치 두 번 클릭) 새 항목을 찾습니다.
④ **확인**을 클릭합니다.

> **참고**
> 옵션 대화상자에서 항목을 검색하려면 찾기 옵션을 사용합니다.

> **엑서스**
> 명령 : FileLocations

3.2 시스템 옵션 설정

옵션 대화상자의 **시스템 옵션** 페이지에서는 일반 작업 옵션을 정의할 수 있습니다.

1) 일반 옵션 설정하기

① 명령 프롬프트에 **SystemOptions**를 입력합니다.
② 일반을 확장하여 다음을 설정합니다.

구분	설명
실행 취소로 줌과 초점 이동 합치기	연속적인 줌과 초점 이동 명령을 실행 취소 및 다시 실행 명령에 대해 하나의 작업으로 합칩니다.
새 시트 작성 시 페이지 레이아웃 대화상자 표시	새 시트를 활성화할 때 페이지 레이아웃을 설정할 수 있습니다.
최대 명령 내역 출력 행	Enter 키를 누르라는 메시지를 표시하기 전에 명령 기록 창에 표시되는 최대 줄 수를 지정합니다. 긴 목록을 표시하는 명령에 적용됩니다.
업데이트 알림 말풍선 표시	작업 표시줄의 알림 영역에 풍선을 표시하여 애플리케이션의 새 업데이트가 사용 가능함을 나타냅니다.
누락된 외부 참조에 대한 알림 표시	도면을 열 때와 하나 이상의 외부 참조 파일이 누락되거나, 손상되어 로드될 수 없는 경우에 팝업 경고를 표시합니다.
단일 문서 인터페이스 모드	애플리케이션의 한 인스턴스에서 한 번에 하나의 도면만 열 수 있도록 지정합니다.
파일 썸네일 크기	운영 체제의 파일 관리자 또는 열기 대화상자에서 도면을 선택할 때 표시할 파일 썸네일 미리보기 이미지의 크기를 지정합니다. 이 설정은 저장 시 도면 파일에 적용됩니다. 썸네일 크기는 도면 파일 크기에 영향을 미칩니다. 썸네일 크기 값은 0(소형)~8(대형)까지 설정할 수 있습니다.

③ **고객 참여 프로그램**에서 **프로그램 개선을 위한 참여와 지원**을 선택하거나 선택 취소하여 고객 참여 프로그램 참여 여부를 결정합니다.

④ **좌표 입력 무시**를 확장하여 다음을 설정합니다.

구분	설명
도면요소 스냅 사용	도면요소 스냅 입력으로 좌표 입력이 무시됩니다.
좌표 입력 도면요소 스냅 무시	키보드 입력으로 도면요소 스냅 좌표 입력이 무시됩니다.
스크립트 실행 시 좌표 입력(키보드)	키보드 입력으로 도면요소 스냅 좌표 입력이 무시됩니다. (스크립트에서는 제외)

⑤ 시스템이 프록시 서버를 사용하는 네트워크의 일부인 경우 **프록시 서버 설정**을 확장해서 사양을 설정합니다.

구분	설명
유형	프록시 서버 유형을 설정합니다. (Socks5, HTTP, HTTP 캐싱, 또는 FTP 캐싱)
호스트	새 연결된 호스트의 IP 주소를 설정합니다.
포트	프록시 서버의 포트를 설정합니다.
사용자	네트워크 환경에서 식별할 사용자 이름을 지정합니다.
비밀번호	로그인 비밀번호를 설정합니다.

⑥ **애플리케이션 언어**를 확장하여 애플리케이션의 사용자 인터페이스, 명령 입력 및 도움말 파일에서 사용하는 언어를 설정합니다. Language 명령을 사용하여 언어를 설정할 수도 있습니다.

2) 표시 옵션 설정하기

① 명령 프롬프트에 **SystemOptions**를 입력합니다.
② **표시**를 확장합니다.
③ **사용자 인터페이스 스타일**을 확장하여 리본, 메뉴, 도구 모음 및 팔레트 인터페이스 요소의 색 테마를 **어둡게** 또는 **밝게** 설정합니다.
④ **화면 옵션**을 확장하여 다음을 설정합니다.
  - **스크롤 막대 표시** : 도면 창에서 스크롤 막대를 표시하거나 숨깁니다.
  - **큰 아이콘 사용** : 도구 모음에 대해 큰 버튼을 사용합니다.
⑤ 명령 창 문자를 확장하여 다음을 설정합니다.
  - **글꼴** : 명령 창 프롬프트와 메시지의 글꼴을 설정합니다.
  - **크기** : 명령 창의 문자 크기를 설정합니다.
  - **명령 줄 문자** : 명령 줄에서 프롬프트로 표시될 문자를 설정합니다.
⑥ 자동 완성을 확장하여 명령 항목의 자동 완성 옵션 설정하기
  - **가장 가까운 제안 자동 선택** : Enter를 눌렀을 때 입력한 항목과 가장 가까운 명령 또는 변수 이름을 자동으로 선택합니다. 그렇지 않으면 전체 이름을 입력하거나 제안 목록에서 항목을 선택해야 합니다.
  - **제안 목록 표시** : 명령 이름을 입력할 때 제안 목록을 표시할지 여부를 지정합니다. 제안 목록을 표시하는 경우 다음을 설정할 수 있습니다.

구분	설명
제안 목록 지연 시간	명령 이름 제안 목록을 표시하기까지 걸리는 지연 시간(밀리 초 단위)을 설정합니다.
목록에 별칭 포함	제안 목록에 별칭 명령 이름을 포함합니다.
명령과 별칭을 함께 표시	제안 목록에서 별칭 이름 다음에 명령 이름을 괄호로 표시합니다.
시스템 변수 포함	제안 목록에 시스템 변수 이름을 포함합니다.
중간 문자열 검색 포함	첫 문자뿐만 아니라 전체 명령 이름에서도 입력하는 문자열에 대한 명령 이름을 찾습니다.
중간 문자열 검색 문자	중간 문자열의 문자 수를 지정합니다.

> **참고**
> 명령을 입력하고 제안 목록이 표시되면 해당 목록을 오른쪽 클릭하여 위에서 설명한 옵션을 설정합니다.

⑦ **도면요소 색상**을 확장하여 모델 및 시트 배경, 커서, 십자선과 같은 사용자 인터페이스 요소의 색을 설정합니다.

다음 옵션을 사용할 수 있습니다.

구분	설명
색상	선택한 표시 요소에 선택한 색상을 적용합니다.
모두 재설정	모든 사용자 인터페이스 요소를 기본 색상으로 설정합니다.
선택 항목 재설정	선택한 표시 요소를 기본 색으로 설정합니다.

⑧ 도면 탭을 확장하여 다음을 설정합니다.
- **도면 탭 표시** : 도면 창 영역의 상단에서 도면 탭 표시를 제어합니다.
- **표시 설정** : 다음 중 하나를 선택합니다.

구분	설명
목록보기	작업공간의 비(非) 그래픽 목록을 표시합니다.
패널 미리보기	탭 아래의 각 도면 작업공간(모델 및 레이아웃 시트)에 대한 썸네일이 표시됩니다.(기본)

⑨ **팔레트 자동 숨기기**를 확장하여 팔레트를 숨기거나 표시하기 전 지연 시간(밀리 초)을 설정합니다.

3) 그래픽 영역 옵션 설정하기
① 명령 프롬프트에 **SystemOptions**를 입력합니다.
② **그래픽 영역**을 확장하여 다음을 설정합니다.

구분	설명
커서를 십자선으로 표시	활성화된 명령이 없어도 포인터를 십자선 모양으로 표시합니다.
포인터 크기	포인터 역할을 하는 십자선의 크기를 지정합니다. 1에서 100 사이의 값을 설정합니다. 100을 입력하면 십자선이 전체 화면 크기보다 커집니다.
도면요소 스냅 툴팁 표시	포인터를 도면요소 스냅 모드를 적용할 수 있는 점 위로 이동할 때 툴팁을 표시할지 여부를 결정합니다.
배경 표시	사용자 정의 뷰의 배경에 색상을 표시할지 여부를 결정합니다.
하이퍼링크 포인터, 툴팁, 바로가기 메뉴 표시	포인터를 도면요소 위로 이동할 때마다 하이퍼링크, 툴팁, 바로가기 메뉴를 표시할지 여부를 결정합니다.
도면요소 투명도 표시	도면요소의 투명도를 표시할지 결정합니다. 이 옵션은 인쇄 출력 투명도에 영향을 미치지 않습니다.
잠긴 도면층 페이딩	잠긴 도면층의 도면요소에 대한 페이딩 크기를 결정합니다. 페이딩을 적용하면 잠금 해제된 도면층의 도면요소와 대조하고 도면 표시의 복잡성을 줄일 수 있습니다. 0%와 90% 사이의 페이드 값을 설정합니다. 여기서, 0%는 페이딩이 적용되지 않음을 의미합니다.
외부 참조 페이딩	외부 참조의 도면요소에 대한 페이딩 크기를 결정합니다. 페이딩을 적용하면 도면의 도면요소와 대조하고 표시의 복잡성을 줄일 수 있습니다. 0%와 90% 사이의 페이드 값을 설정합니다. 여기서, 0%는 페이딩이 적용되지 않음을 의미합니다.

4) 열기 및 다른 이름으로 저장 옵션 설정하기

① 명령 프롬프트에 **SystemOptions**를 입력합니다.
② **열기 / 다른 이름으로 저장**을 확장합니다.
③ **기본 파일 형식**을 확장하고 다음을 설정합니다.

구분	설명
열 문서 형식	도면을 열거나 삽입할 때 또는 참조 도면을 첨부할 때 사용되는 기본 파일 형식 (.dwg, .dxf, .dwt)을 설정합니다.
문서 저장 형식	도면을 저장할 때의 기본 파일 형식(.dwg 또는 .dxf) 및 버전을 설정합니다.
원본 파일 유지	원본 도면 파일 버전에 백업 파일을 저장할지 여부를 지정합니다.

④ **SmartNew에 사용할 파일 이름**을 확장하여 도면 템플릿 파일(.dwt)의 경로와 이름을 설정합니다. 템플릿 파일을 찾아보려면 **찾아보기**를 클릭합니다.
⑤ **인코딩하여 열기**를 확장하여 도면의 코드 페이지가 컴퓨터 운영 체제의 코드 페이지와 다를 경우 도면을 열 방식을 지정합니다. 코드 페이지는 문자 인코딩을 결정합니다. 옵션을 선택합니다.

구분	설명
기본으로 파일 열기	도면의 코드 페이지를 유지합니다.
시스템 코드 페이지로 파일 열기	컴퓨터의 운영 체제 코드 페이지로 전환합니다.
파일 코드 페이지 검사 및 프롬프트	운영 체제의 코드 페이지와 다른 코드 페이지를 사용하는 도면을 여는 경우 사용할 코드 페이지를 지정할 수 있습니다.

⑥ 인쇄 스타일 유형 열기를 확장하여 기존 도면을 열 때 사용할 인쇄 스타일을 지정할 수 있습니다.

구분	설명
열린 후 CBT 인쇄 스타일로 변환	명명된 인쇄 스타일(.stb 파일)이 사용된 도면이 다음에 열릴 때 색상 종속 인쇄 스타일(.ctb 파일)을 사용하도록 자동 변환되는지 여부를 결정합니다.

5) 인쇄 옵션 설정하기

① 명령 프롬프트에 **SystemOptions**를 입력합니다.
② **인쇄**를 확장합니다.
③ **로그 파일 인쇄**를 확장하여 다음을 설정합니다.

구분	설명
위치	인쇄 및 게시 로그 파일의 경로를 설정합니다. 찾아보기를 클릭하여 로그 파일 폴더를 찾습니다.
인쇄 로그 저장	인쇄 로그 저장: 쉼표로 구분된 값 형식(.csv)으로 저장되는 인쇄 작업 로그 파일을 작성합니다.
로그 스타일 (인쇄 로그 저장)	인쇄당 한 개의 로그는 모든 인쇄 작업에 대한 정보를 단일 로그 파일에 저장합니다. 이 옵션을 선택 취소하면 각 인쇄 작업에 대한 정보가 개별 로그 파일로 저장됩니다.

④ 인쇄 스타일 파일 위치를 확장하여 인쇄 스타일 정의 파일의 경로를 설정합니다. 찾아보기를 클릭하여 인쇄 스타일 파일 폴더를 찾습니다.
⑤ **기본 설정**을 확장하여 다음을 설정합니다.
- **기본 유형**(현재 도면이 아닌, 새 도면에 대한 동작 결정)

구분	설명
명명된 인쇄 스타일 사용	사용자 정의 인쇄 스타일을 사용합니다.
기본 인쇄 스타일	색상 종속 인쇄 스타일 사용: 색상 종속 인쇄 스타일을 사용합니다.

- **기본 인쇄 스타일** : 기본 인쇄 스타일 파일을 설정합니다.
- **도면요소의 인쇄 스타일 무시(명명된 인쇄 스타일 사용을 선택한 경우 사용 가능)** : 도면요소의 **기본 인쇄 스타일** 테이블을 무시합니다. 사용 가능한 설정은 기본 인쇄 스타일 설정에 따라 다릅니다.
- **0 도면층의 인쇄 스타일 무시(명명된 인쇄 스타일 사용을 선택한 경우 사용 가능)** : 도면요소 또는 0 도면층의 **기본 인쇄 스타일** 테이블을 무시합니다. 사용 가능한 설정은 **기본 인쇄 스타일** 설정에 따라 다릅니다.

⑥ 일반 옵션을 확장하여 다음을 설정합니다.
- **프린터를 변경할 때 용지 크기 유지** : 인쇄 대화상자에서 프린터를 변경할 때 지정한 프린터에서 지원하는 경우 용지 크기를 유지합니다. 이 옵션의 선택을 취소하면 용지 크기에 대해 기본 형식이 표시됩니다.
- **용지 배경 표시** : 시트 탭에서 시트 범위가 회색 배경으로 시각화됩니다.
- **인쇄 가능 영역 표시** : 시트 탭에서 시트와 연관된 선택한 프린터의 인쇄 불가능한 여백과 인쇄 가능 영역이 대시형 직사각형을 통해 시각화됩니다.
- **관련된 인쇄 오프셋 지정** : 인쇄 오프셋 설정 방법을 지정합니다.

구분	설명
인쇄 가능 영역	인쇄 가능 영역의 왼쪽 하단 구석을 기준으로 오프셋을 설정합니다.
용지 모서리	용지 모서리의 왼쪽 하단 구석을 기준으로 오프셋을 설정합니다.

6) 자동 저장 및 백업 옵션 설정하기

① 명령 프롬프트에 **SystemOptions**를 입력합니다.
② **자동 저장/백업**을 확장합니다.
③ **자동 저장 파일 위치**를 확장하여 자동으로 작성되는 저장 파일의 폴더를 설정합니다. **찾아보기**를 클릭하여 폴더를 찾습니다.

④ **자동 저장/백업**을 확장하여 다음을 설정합니다.

구분	설명
자동 저장 사용	도면을 자동으로 저장합니다. 자동 저장 간격을 분단위로 지정할 수 있습니다.
저장할 때마다 백업 저장	문서를 저장할 때마다 백업 사본을 작성할지 여부를 설정합니다.
원래 형식 사용	백업 파일을 원본 도면 파일 버전으로 저장할지, 현재 파일 버전으로 저장할지 여부를 지정합니다.

7) 도면 파일 기본값 설정하기

① 명령 프롬프트에 **SystemOptions**를 입력합니다.
② **도면 파일 기본값**을 확장합니다.
③ **블록 삽입 단위**를 확장하고 기본 설정을 설정하여 블록이나 도면을 도면에 삽입할 때의 기본 축척을 결정합니다.

구분	설명
도면요소 삽입 단위	소스 콘텐츠 단위를 설정합니다. 단위 없음을 선택하면 도면요소가 삽입될 때 축척이 적용되지 않습니다.
활성 도면 단위	대상 도면 단위를 설정합니다.

3.3 기본 축척 목록 사용자 정의

축척 목록은 레이아웃 시트에서 인쇄 또는 **페이지 레이아웃** 관리, 뷰포트 축척을 조정하는 경우에 사용할 수 있습니다.

기본 축척 목록은 템플릿 도면 없이 작성하는 새 도면에 대한 도면 축척 목록을 결정하며, 기존 도면 템플릿 파일의 축척 목록을 변경하려면 도면 템플릿 파일(.dwt)을 열고 템플릿 파일의 도면 축척 목록을 사용자 정의합니다.

1) 기본 축척 목록 사용자 정의하기

① 명령 프롬프트에 **SystemOptions**를 입력합니다.
② **기본 축척 목록**을 확장합니다.
③ **파일**에 축척 목록 파일인 .xml 파일의 이름과 경로가 표시됩니다.
  필요할 경우 파일 설정을 변경합니다. **찾아보기**를 클릭해 축척 목록 파일을 찾습니다.
④ 해당 축척 목록을 표시할 옵션으로 **미터법**과 **영국식** 중에서 하나를 선택합니다.
⑤ **추가**를 클릭해 목록에 새 축척을 추가합니다.
  • 새 목록 항목의 **축척 이름** 열에 새 축척 이름을 입력합니다.
  • **용지 단위**에 숫자를 입력합니다.
  • **도면 단위**에 숫자를 입력합니다.

> 👍 **참고**
> 용지 단위와 도면 단위 간 비율은 축척 목록에서 축척 이름을 선택할 때 적용되는 축척을 결정합니다.

⑥ 목록에서 선택한 항목을 위로 이동하려면 **위로 이동**을 클릭합니다.
⑦ 목록에서 선택한 항목을 아래로 이동하려면 **아래로 이동**을 클릭합니다.
⑧ 목록에서 선택한 항목을 삭제하려면 **삭제**를 클릭합니다.
⑨ 사용자 정의 기본 축척 목록의 설정을 기본 소프트웨어 설정으로 바꾸려면 **재설정**을 클릭합니다.
⑩ 축척 목록 파일을 다른 이름으로 저장하려면 **내보내기**를 클릭합니다.
⑪ 축척 목록 사용자 정의 값을 저장하려면 **적용**을 클릭합니다.

> **참고**
> 기본 축척 목록에서 기존 축척 사양을 재 정의할 수 있습니다. 또한 사용자 정의 도면 축척 목록을 사용자 정의 기본 축척 목록 설정으로 재설정할 수 있습니다.

> **엑서스**
> 명령 : SystemOptions

3.4 사용자 설정 정의

옵션 대화상자의 **사용자 설정** 페이지에서 다음 옵션을 지정할 수 있습니다.

- 제도 옵션
- 구속 설정
- 마우스 옵션
- 별칭 명령

1) 제도 옵션 설정하기

- 옵션 대화상자의 해당 부분을 여는 DraftingOptions 명령을 참고하십시오.

2) 기하 및 치수 구속에 대한 옵션을 설정하려면

- 옵션 대화상자의 해당 부분을 여는 ConstraintOptions 명령을 참고하십시오.

3) 마우스 옵션 설정하기

① 명령 프롬프트에 **UserPreferences**를 입력합니다.
② **마우스 옵션**을 확장합니다.
③ **옵션**을 확장하여 다음을 설정합니다.

구분	설명
마우스 휠 확대 방향 바꾸기	마우스 휠의 확대/축소 방향을 바꿉니다.
클릭-드래그 사용	점을 클릭하고(마우스 버튼을 누른 채) 두 번째 점으로 포인터를 드래그 하여 선택창 또는 교차 선택 방법을 사용할 수 있습니다. 이 옵션을 선택 취소하면 두 점을 각각 클릭하여 선택창이나 교차 선택 방법을 사용할 수 있습니다.
두 번 클릭 편집	그래픽 영역에서 두 번 클릭 편집 동작을 사용할 수 있게 합니다.
오른쪽 클릭하여 바로가기 메뉴 표시	그래픽 영역에서 오른쪽 클릭하면 상황에 맞는 바로가기 메뉴가 표시됩니다.

④ **빠른 Enter 키 누름 동작**을 확장하여 **빠른 오른쪽 클릭 시 Enter 키 사용**을 설정합니다. 그러면 **빠른 클릭 시간**에 설정한 시간으로 클릭할 때 Enter 키 누르기와 같아집니다. 좀 더 누르고 있으면 상황에 맞는 바로가기 메뉴가 표시됩니다.

⑤ **현재 다른 명령을 처리 중입니다**를 확장하여 명령 실행 중의 오른쪽 클릭 동작을 설정합니다.
- 바로가기 메뉴 표시
- 명령 옵션을 사용할 수 있을 때만 바로가기 메뉴 표시
- Enter 키 누르기와 동일(예를 들어, 명령 옵션 적용 또는 명령 종료)

⑥ **선택한 도면요소**를 확장하여 도면요소를 선택하고 활성화된 명령이 없을 때의 오른쪽 클릭 동작을 설정합니다.
- 바로가기 메뉴 표시
- 마지막 명령 반복 실행

⑦ **선택되지 않은 도면요소**를 확장하여 선택한 도면요소가 없고 활성화된 명령이 없을 때의 오른쪽 클릭 동작을 설정합니다.
- 바로가기 메뉴 표시
- 마지막 명령 반복 실행

4) 별칭 작성 및 관리하기

① 명령 프롬프트에 **UserPreferences**를 입력합니다.
② **별칭**을 확장하여 키보드 바로가기 키를 관리합니다.
  별칭 명령의 예로는 선은 L, 원은 C, 호는 A 등이 있습니다.
③ 다음 옵션을 사용합니다.

구분	설명
새로 만들기	별칭 목록에 새 키보드 바로가기 키를 추가합니다. 키보드 바로가기 키와 별칭 이름을 나타내는 명령을 입력할 수 있는 목록에 항목이 추가됩니다.
삭제	별칭 목록에서 선택한 키보드 바로가기 키를 제거합니다.
가져오기	별칭 파일을 가져옵니다. (.xml, .ica, .pgp 파일)
내보내기	.xml 파일을 작성해 별칭 설정을 저장합니다.

> **참고**
> 옵션 대화상자에서 항목을 검색하려면 찾기 옵션을 사용하십시오.

> **엑서스**
> 명령 : UserPreferences

3.5 도면 설정 정의

옵션 대화상자의 **도면 설정** 페이지에서는 특정 도면 명령의 동작, 특정 도면요소의 모양, 현재 도면의 단위 체계를 설정하고, 사용자 정의 좌표계(CCS)를 관리하며 도면 축척 목록을 사용자 정의하고 도면 표준 확인을 설정할 수 있습니다.

1) 특정 도면 명령의 동작 및 선 축척 옵션 설정하기

① 명령 프롬프트에 **DrawingSettings**를 입력합니다.
② 표시를 확장하고 다음을 설정합니다.
- **모델 및 시트 탭 표시** : 모델 및 시트 탭 표시를 켜거나 끕니다.
- **블록 특성 표시**

구분	설명
일반	블록 특성에 정의된 설정을 사용합니다.
설정	블록 특성에 정의된 설정 및 숨김 여부와 상관없이 블록 특성을 표시합니다.
해제	블록 특성을 숨깁니다.

③ 좌표계 아이콘을 확장하고 다음을 설정합니다.
- 아이콘 표시. 모델 및 시트 탭에 좌표계 아이콘을 표시합니다.
- 원점에 아이콘 표시. 항상 그래픽 영역의 원점 위치에 좌표계 아이콘을 표시합니다.
- 표시된 모든 활성 뷰에 변경 사항 적용. 아이콘 표시 및 원점에 아이콘 표시 설정을 모든 뷰에 적용합니다.

④ 썸네일을 확장하여 썸네일 미리보기 업데이트 시기를 지정합니다.

구분	설명
모델 공간 뷰	모델 뷰의 썸네일 미리보기를 업데이트합니다.
시트 뷰	레이아웃 시트 뷰의 썸네일 미리보기를 업데이트합니다.
시트	레이아웃 시트의 썸네일 미리보기를 업데이트합니다.
시트 또는 뷰 작성, 수정 또는 복원	레이아웃 시트 또는 뷰가 작성, 수정 또는 복원되면 썸네일 미리보기를 업데이트합니다.
도면 저장 시	도면이 저장되면 썸네일 미리보기를 업데이트합니다.

모든 옵션을 선택 취소하면 썸네일 미리보기가 업데이트되지 않습니다.
⑤ **확인**을 클릭합니다.

2) 점 요소의 형식과 크기 설정하기

- **옵션** 대화상자의 해당 부분을 여는 **PointFormat** 명령을 참조하십시오.

3) 도면에 사용되는 단위계 설정하기

- **옵션** 대화상자의 해당 부분을 여는 **UnitSystem** 명령을 참조하십시오.

4) CCS 관리하기

- **옵션** 대화상자의 해당 부분을 여는 **CSStyle** 명령을 참조하십시오.

5) 도면 축척 목록 사용자 정의하기

- **옵션** 대화상자의 해당 부분을 여는 **EditScaleList** 명령을 참조하십시오.

6) 현재 도면에 대한 도면 표준 확인 설정하기

- **옵션** 대화상자의 해당 부분을 여는 DrawingStandards 명령을 참조하십시오.

7) 치수 위치 스냅에 대한 기본 설정 지정하기

측정된 선형 도면요소로부터 지정한 거리, 연속 치수선 사이 또는 반경 및 직경 치수에 대해 지정한 각도에 치수선이 오도록 설정할 수 있습니다.

① 명령 프롬프트에 **DrawingSettings**를 입력합니다.
② **치수 스냅 오프셋 거리**를 확장합니다.
③ **오프셋 거리 활성화** 여부를 지정합니다.
④ **오프셋 거리**에서 다음 항목을 설정합니다.
  - 측정한 선형 도면요소로부터 첫 치수선의 오프셋
  - 연속 치수선 사이의 오프셋 거리

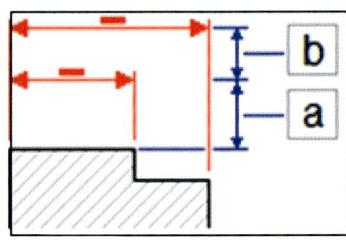

기본 오프셋 거리는 도면요소와 첫 치수선 사이에 0.40인치(10mm)이며 치수 사이는 0.25인치(6mm)입니다.

⑤ **반경/직경 스냅 각도**에서 반경 위치를 따라 반경 및 직경 치수를 드래그 할 때 사용할 스냅 각도 간격을 설정합니다. 기본 스냅 각도는 15°입니다.

8) 중심선 구성 설정하기

① 명령 프롬프트에 **DrawingSettings**를 입력합니다.
② **중심선**을 확장합니다.
③ **확장**에서 중심선이 윤곽선을 정의하는 도면요소를 초과하도록 확장을 지정할 수 있습니다.

9) 화살표 키 이동에 대한 기본 설정 지정하기

① 명령 프롬프트에 **DrawingSettings**를 입력합니다.
② 화살표 키 이동을 확장하고 다음을 설정합니다.

구분	설명
화살표 키 증분	양수 값을 지정하여 화살표 키를 사용해 도면요소를 이동합니다. 선택한 도면요소가 이동하는 거리를 지정합니다. (Shift + 화살표 키) 예를 들어 **화살표 키 증분**을 2.5로 설정하고 Shift + **화살표** 키를 한 번 누르면 선택한 도면요소가 화살표 방향으로 직각으로 2.5 단위만큼 이동합니다.
페이지 위로/아래로 증분	화살표 키 증분에 대한 곱하기 인수를 지정합니다. 예를 들어 **화살표 키 증분**을 2.5로 설정하고 페이지 위로/아래로 증분을 2로 설정한 경우 Shift + 화살표 키를 한 번 누르면 선택한 도면요소가 화살표 방향으로 직각으로 5 단위만큼 이동합니다.

> **참고**
> 옵션 대화상자에서 항목을 검색하려면 찾기 옵션을 사용합니다.

> **엑서스**
> 명령 : DrawingSetting

3.6 제도 스타일 관리

옵션 대화상자의 **제도 스타일** 페이지에서는 문자 스타일, 치수 스타일, RichLine 스타일, 표 스타일을 관리할 수 있습니다.

다음 명령을 실행할 때 사용할 스타일을 설정할 수도 있습니다.

1) 옵션 대화상자에서 제도 스타일 페이지 액세스하기
- 명령 프롬프트에 **DraftingStyles**를 입력합니다.

2) 다음 명령 실행 시 사용할 스타일 설정하기
- **옵션** 대화상자의 해당 부분을 여는 **Styles** 명령을 참고하십시오.

3) 문자 스타일 관리하기
- **옵션** 대화상자의 해당 부분을 여는 **TextStyle** 명령을 참고하십시오.

4) 치수 스타일 관리하기
- **옵션** 대화상자의 해당 부분을 여는 **DimensionStyle** 명령을 참고하십시오.

5) RichLine 스타일 관리하기
- **옵션** 대화상자의 해당 부분을 여는 **RichLineStyle** 명령을 참고하십시오.

6) 표 스타일 관리하기
- **옵션** 대화상자의 해당 부분을 여는 **TableStyle** 명령을 참고하십시오.

> **참고**
> 옵션 대화상자에서 항목을 검색하려면 찾기 옵션을 사용하십시오.

> **엑서스**
> 명령 : DraftingStyle

3.7 설정 프로파일 관리

옵션 대화상자의 프로파일 페이지에서는 지정한 설정을 기준으로 개별 프로파일을 저장하고 프로파일을 관리할 수 있습니다.

1) 설정 프로파일 관리하기

① 명령 프롬프트에 **Profiles**를 입력합니다. 사용 가능한 프로파일의 목록이 표시됩니다.
② 다음을 사용하여 프로파일을 관리합니다.

구분	설명
추가	명명된 프로파일 대화상자를 엽니다. 프로파일의 이름과 설명을 입력합니다.
이름 바꾸기	선택한 프로파일의 이름을 바꿀 수 있습니다. 선택하면 프로파일 이름 바꾸기 대화상자가 열립니다. 프로파일의 새 이름이나 설명을 입력합니다.
삭제	선택한 프로파일을 삭제할 수 있습니다. 활성 프로파일은 삭제할 수 없습니다.
가져오기	내보내기 옵션을 사용하여 디스크에 작성한 프로파일을 읽습니다. 같은 컴퓨터나 다른 컴퓨터에 있는 프로파일을 가져올 수 있습니다.
내보내기	선택한 프로파일을 .xml 파일로 기록합니다.
활성화	선택한 프로파일을 활성으로 설정합니다.
재설정	선택한 프로파일의 값을 기본 설정으로 되돌립니다.

> **엑서스**
>
> 명령 : Profiles 또는 Options
> 메뉴 : 도구 〉 옵션

04 시스템 언어 설정

Language 명령을 사용하여 소프트웨어와 통신할 언어를 설정할 수 있으며, 언어를 변경한 후에는 프로그램을 다시 시작해야 변경된 언어가 적용됩니다.

1) 시스템 언어 설정하기

① 명령 프롬프트에 **Language**를 입력합니다.
② 사용할 언어의 숫자를 지정합니다. (영어 - 2, 한국어 - 13)
   ? 옵션을 지정하여 지원되는 언어를 나열합니다.
③ 작업을 저장하고 **Exit**를 입력하여 소프트웨어를 종료합니다.
④ 소프트웨어를 다시 시작합니다.
   지정한 언어가 사용됩니다.

> **엑서스**
>
> 명령 : Language

05 시스템 변수 설정

SetVariable 명령을 사용하여 현재 시스템 변수 설정을 확인 및 설정하고 변경합니다.

시스템 변수는 도면, 편집, 보기 모드를 비롯해 명령과 함수에 대한 설정 및 기본 설정을 저장합니다. 그중 일부는 명령과 같이 사용될 수 있습니다.

SetVariable 명령을 호출하는 대신, 명령 프롬프트에 시스템 변수 이름을 직접 입력할 수도 있습니다.

1) 명령 시퀀스

변수 이름 입력 프롬프트에서 현재 값을 보고 그 값을 필요에 따라 변경하려는 시스템 변수 이름을 입력합니다.

시스템 변수 중 일부는 정보용으로만 표시되고 변경할 수 없으며, 이러한 변수는 명령 창의 메시지에 **(읽기 전용)**이 표시됩니다.

예를 들어, 다음 명령 시퀀스는 도면 개체의 채우기 모드 켜기를 표시합니다.

```
: SetVariable
옵션: ? 또는
변수 이름 FILLMODE
기본값: 1
FILLMODE의 새 값 입력 0
```

다음 명령 시퀀스는 모든 시스템 변수의 알파벳 목록을 표시하기 위해 필요한 입력을 표시합니다. 이 목록은 F2키를 눌러 액세스할 수 있는 명령 내역 창에 표시됩니다.

```
: SetVariable
옵션: ? 또는
변수 이름 ?
기본값: *
나열할 변수 입력: 〈모든 시스템 변수를 나열하려면 Enter 입력〉
```

다음 예에서는 시스템 변수와 관련된 모든 치수 명령이 나열됩니다.

```
: SetVariable
옵션: ? 또는
변수 이름 ?
기본값: *
나열할 변수 입력: dim*
```

엑서스

명령 : SetVariable

06 응용프로그램 로드

LoadApplication 명령을 사용하여 프로그램에서 사용할 애플리케이션을 찾아 로드합니다. 일반적으로, 애플리케이션이 성공적으로 로드되었는지 메시지가 표시됩니다.

로드할 수 있는 애플리케이션의 종류는 다음과 같습니다.

- Lisp 파일(*.lsp)
- Menu Lisp 파일(*.mnl)
- 애플리케이션 공급업체가 제공한 동적 연결 라이브러리(*.dll)
- 애플리케이션 공급업체가 제공한 Teigha eXtension 파일(*.tx)

1) 애플리케이션 로드하기

① 명령 프롬프트에 **LoadApplication**을 입력합니다.
② 대화상자에서 로드할 애플리케이션 파일을 찾아 **열기**를 클릭합니다.
  해당 소프트웨어용으로 작성된 애플리케이션 파일을 로드해야 합니다.

참고
옵션 대화상자의 애드인 탭을 사용하여 프로그램을 시작할 때마다 로드되는 애플리케이션을 통합하십시오.

엑서스
명령 : LoadApplication

07 플러그인 팔레트 사용

플러그인 팔레트를 사용하여 특정 산업, 활동 또는 후처리 작업(예 렌더링)에 제공되는 애플리케이션 플러그인을 관리하며 플러그인은 소프트웨어 설치 폴더 ㄸPlugins에 설치됩니다.

플러그인 팔레트에는 설치된 플러그인 목록이 이름과 함께 각 플러그인에 대해 다음 정보가 제공됩니다.

플러그인 팔레트에서 다음을 수행할 수 있습니다.

- 플러그인 공급업체의 고객 계정에 액세스합니다.
- 사용권 설정에 액세스합니다. 대화상자에는 버전 번호, 사용권 유형, 만료 날짜와 같은 사용권 정보가 표시됩니다.
- 설치된 플러그인을 관리합니다.

또한 네트워크 사용권 서버를 설정할 수 있습니다.

플러그인 팔레트에는 다음과 같은 섹션이 포함되어 있습니다.

섹션	설명
고객 계정 관리자	플러그인 팔레트에서는 플러그인 공급업체의 고객 계정을 관리할 수 있습니다. 도구 모음에는 표시된 페이지에 따라 필요한 버튼만 표시되고 이 버튼을 사용하여 **플러그인** 팔레트에서 다음 작업을 직접 수행할 수 있습니다. • 사용자 계정 생성 • 계정에 로그인 또는 로그아웃 • 계정관리

플러그인	설치된 플러그인 목록을 표시합니다. 각 플러그인에 대해 다음 정보가 표시됩니다.
	• 사용권 상
	  ❗ 등록 해제됨
	  ✘ 언로드됨
	  🕒 평가판이 곧 만료됨
	• 플러그인 이름
	• 사용 가능한 활성화 유형.
	언제라도 버전, 만료 날짜, 사용권 유형 및 상태 등의 추가 사용권 정보를 표시할 수 있습니다. 또한 각 플러그인을 로드 및 언로드할 수 있습니다.

팔레트 맨 위에서 다음 도구 모음 버튼을 사용할 수 있습니다.

버튼	설명
🔄	플러그인 목록을 새로 고칩니다.
⚙	네트워크 사용권 서버를 설정할 수 있는 **고급 설정 대화상자**에 액세스할 수 있습니다.

또한 도구 모음은 다음 버튼을 포함할 수 있습니다.

버튼	설명
계정 생성	플러그인 팔레트에서 플러그인 공급업체의 계정 생성을 표시합니다. 도구 모음에 **로그인** 버튼이 표시됩니다.
로그인	플러그인 팔레트 내는 사용자 계정에 대한 **로그인** 페이지를 표시합니다. 로그인하면 도구 모음은 **계정 관리** 및 **로그아웃** 버튼을 표시합니다.
계정 관리	브라우저에서 사용자 계정에 대한 고객 계정을 열고 계정을 관리할 수 있습니다.
▭▻	계정에서 로그아웃

1) 플러그인 팔레트 표시하기

① 명령 프롬프트에 **Plugins**를 입력합니다.

2) 플러그인의 사용권 활성화하기

① 명령 프롬프트에 **Plugins**를 입력합니다.

플러그인 팔레트가 표시됩니다.

② 이 플러그인 영역에서 사용권이 활성화되지 않은 플러그인의 활성화 버튼을 클릭합니다.

> **참고**
> 온라인 또는 오프라인으로 사용권을 활성화 할 수 있습니다.

③ 활성화 프로세스를 따라 플러그인을 활성화합니다.

3) 사용권 정보 표시하기

① 명령 프롬프트에 **Plugins**를 입력합니다.

플러그인 팔레트가 표시됩니다.

② **플러그인** 영역에서 로드된 플러그인의 설정 버튼을 클릭합니다.

사용권 정보를 표시하는 대화상자가 나타납니다.

4) 플러그인 로드하기

① 명령 프롬프트에 **Plugins**를 입력합니다.

플러그인 팔레트가 표시됩니다.

② **플러그인** 영역에서 언로드로 표시된 플러그인의 설정 버튼을 클릭합니다.

③ 대화상자에서 **로드**를 클릭합니다.

5) 플러그인 언로드하기

① 명령 프롬프트에 **Plugins**를 입력합니다.

플러그인 팔레트가 표시됩니다.

② **플러그인** 영역에서 로드된 플러그인의 설정 버튼을 클릭합니다.

③ 대화상자에서 **언로드**를 클릭합니다.

> **참고**
> 플러그인을 제거하려면 플러그인 공급업체의 지침을 따르십시오.

6) 네트워크 사용권 서버 설정하기

① 명령 프롬프트에 **Plugins**를 입력합니다.

플러그인 팔레트가 표시됩니다.

② **플러그인** 팔레트의 **대시보드 열기** 버튼을 클릭합니다.

③ **고급 설정** 〉 Flex Server 설정 대화상자에서 NLM(Network License Manager)에 대한 연결 링크 데이터를 설정합니다.

- **서버** 문자 상자에 NLM을 호스팅 하는 컴퓨터의 IP 주소를 입력합니다.

    NLM을 호스팅 하는 시스템이 CAD 애플리케이션을 실행하는 시스템과 같은 경우 localhost를 입력합니다.

- **포트** 문자 상자에 서버에 대한 연결을 설정하는 데 사용되는 포트 번호를 지정합니다.

④ 필요한 경우 **프록시 서버 구성** 탭에서 프록시 서버에 액세스할지 여부를 지정합니다.

⑤ **추가**를 클릭합니다.

엑서스

명령 : Plugins

08 VSTA 관리자의 사용

VSTA 매크로를 기록, 편집 및 실행하려면 VSTA 관리자를 사용합니다.

매크로는 태스크들을 반복 수행하고, 일련의 명령들을 자동화하거나, 명령 옵션을 쉽게 사용할 수 있도록 합니다.

매크로는 Microsoft®Visual Studio Tools for Applications (VSTA)의 내장된 기능을 사용하여 생성되며, 사용자는 매크로를 사용하는데 어떠한 프로그래밍 지식이나 경험이 없어도 됩니다.

1) 매크로를 기록하려면

① 명령 프롬프트에 **VSTAManager**를 입력합니다.
② **VSTA 관리자** 대화상자가 나타납니다.
③ 레코드 버튼을 누릅니다.
④ **VSTA 관리자** 대화상자가 닫힙니다.
⑤ 기록하려는 명령을 실행합니다.
⑥ 명령 프롬프트에 **VSTAManager를 다시 입력하여 VSTA 관리자 대화상자를 다시 엽니다.**
⑦ 중지 버튼을 누릅니다.
　　매크로 기록이 종료됩니다.

2) 매크로를 실행하려면

① 명령 프롬프트에 **VSTAManager**를 입력합니다.
② **VSTA 관리자** 대화상자가 나타납니다.
③ 매크로 이름 목록에서 실행하려는 매크로를 선택합니다.
④ 실행 버튼을 클릭합니다.
　　대화상자가 닫히며 지정한 매크로가 실행됩니다.

3) 매크로를 편집하려면

① 명령 프롬프트에 **VSTAManager**를 입력합니다.
② **VSTA 관리자** 대화상자가 나타납니다.
③ 매크로 이름 목록에서 편집하려는 매크로를 선택합니다.
④ 편집기 시작(**Launch editor**) **옵션을 지정합니다.**
　　Microsoft®Visual Studio Tools for Applications 2.0이 실행되며 기록된 매크로의 코드를 보여줍니다.
⑤ 매크로 코드를 편집합니다.

엑서스
명령 : VSTAManager

09 작업 매크로 실행

일련의 명령을 작업 매크로에 기록하여 반복되는 작업을 자동으로 실행할 수 있습니다.

9.1 작업 매크로 기록 및 실행

작업 매크로는 이전에 기록한 명령 시퀀스의 실행을 자동화합니다.

ActionRecord 명령을 사용하면 명령 시퀀스의 기록을 시작할 수 있으며, 기록을 중지하고 작업 매크로에 이름을 지정하려면 **ActionStop** 명령을 사용합니다.

1) 작업 매크로 기록하기

① 명령 프롬프트에 **ActionRecord**를 입력합니다.
   명령 창에서 커서 주변의 빨간색 원은 명령 실행이 기록되고 있음을 나타냅니다.
② 다른 도면에서 작업 매크로를 다시 사용하기 위한 명령을 실행합니다.
③ 명령 프롬프트에 **ActionStop**을 입력하여 기록을 중지합니다.
④ 작업 매크로 이름을 입력합니다.

2) 작업 매크로 실행하기

① 명령 창에서 작업 매크로의 이름을 입력합니다.
② 기록한 명령 시퀀스가 실행됩니다.

> **참고**
> 대화상자를 작업 매크로에서 여는 명령을 사용할 수 있지만 대화상자에서 수행된 작업은 다시 재생되지 않습니다.

> **엑서스**
> 명령 : ActionRecord, ActionStop

9.2 작업 매크로 관리

이전에 기록한 작업 매크로를 관리할 수 있습니다. 여기에는 작업 매크로의 재생, 복사, 이름 바꾸기, 삭제 등이 포함됩니다.

1) 작업 매크로 관리하기

① 명령 프롬프트에 **-ActionManager**를 입력합니다.
② 작업 이름을 지정합니다.
   ? 옵션을 지정하여 이전에 기록한 작업 매크로를 나열합니다.

③ 다음 옵션을 지정합니다.

구분	설명
복사	지정한 작업 매크로를 다른 이름으로 복사합니다.
삭제	지정한 작업 매크로를 제거합니다.
재생	지정한 작업 매크로를 실행합니다.
이름 바꾸기	지정한 작업 매크로를 새 이름으로 저장합니다.

> **참고**
> 명령 프롬프트에 작업 매크로의 이름을 입력하는 방식으로 작업 매크로를 실행할 수 있습니다.

> **엑서스**
> 명령 : -ActionManager

10 스크립트 실행

스크립트(매크로)는 특정 명령 또는 프로그램 명령의 실행을 한 번에 하나씩 자동화하여 명령을 직접 입력해야 하는 번거로움을 없애줍니다.

10.1 스크립트 파일 실행

스크립트(매크로)는 특정 명령 세트의 실행을 자동화하여 명령을 직접 입력해야 하는 번거로움을 없애줍니다. **LoadScript** 명령을 사용하여 스크립트 파일의 명령 시퀀스를 실행합니다.

1) 스크립트 파일 작성하기

별도의 형식 지정 정보 없이, ASCII 텍스트 형식을 저장할 수 있는 텍스트 편집기나 워드프로세스 프로그램을 사용하여 스크립트 파일을 작성합니다.

① 명령과 그 해당 입력 값을 명령이 실행되는 순서로 파일에 입력합니다. 명령을 공백으로 구분하면 명령이 명령 줄별로 또는 명령별로 실행됩니다.
명령 줄의 끝이나 공백 문자는 이전 항목의 확정으로 해석됩니다.
② 일반 텍스트 형식의 파일을 .scr 파일로 저장합니다.

2) 명령 사용 내역을 복사하여 스크립트 파일 작성하기

① 저장하려는 명령 단계를 수행합니다.
② CommandHistory를 입력하여 별도의 명령 사용 내역 창을 엽니다.
③ 오른쪽 클릭하고 **사용 내역 복사**를 선택합니다.
④ 텍스트 편집기를 엽니다.

CHAPTER 16 사용자 정의

⑤ 명령 단계를 편집기 프로그램으로 붙여 넣습니다.
⑥ .scr 파일로 파일을 저장합니다.

3) 스크립트 파일 실행하기

① 명령 프롬프트에 **LoadScript**를 입력합니다.
② 스크립트를 선택하고 열기를 클릭합니다.

> **엑서스**
> 명령 : LoadScript

10.2 스크립트 실행 일시 중지

스크립트 파일의 **PauseScript** 명령을 사용하여 지정한 시간동안 스크립트 실행을 일시 중지할 수 있습니다.

1) 스크립트 실행 일시 중지하기

① 명령 프롬프트에 **PauseScript**를 입력합니다.
② 다음 명령을 시작하기 전에 일시 중지할 지속 시간을 입력합니다. (밀리 초 단위) 값으로는 0 – 32767 사이의 정수를 입력할 수 있습니다. 값이 1000이면 스크립트를 1초간 일시 중지합니다.

> **엑서스**
> 명령 : PauseScript

10.3 스크립트 실행 다시 시작

ResumeScript 명령을 사용하여 중단된 스크립트 실행을 계속할 수 있으며, **Esc** 또는 **Backspace**를 눌러 스크립트 실행을 중단할 수 있습니다.

1) 중단된 스크립트 다시 시작하기

① 명령 프롬프트에 **ResumeScript**를 입력합니다.

> **엑서스**
> 명령 : ResumeScript

10.4 스크립트 반복

ScriptN 명령은 스크립트 파일을 반복 실행하며, **Esc** 또는 **Backspace** 키를 눌러 중단할 때까지 스크립트를 계속 실행할 수 있습니다.

이 명령은 전시 및 박람회의 데모 실행에 사용되는 스크립트 파일에 유용합니다.

1) 스크립트 반복 실행하기

① 스크립트 파일의 마지막 명령으로 **ScriptN**을 입력합니다.

> **엑서스**
> 명령 : ScriptN

10.5 명령 내역 창 숨기기

HideCommandHistory 명령은 명령 내역 창을 닫습니다.

1) 명령 내역 창 숨기기

① 명령 프롬프트에 **HideCommandHistory**를 입력합니다.

> **엑서스**
> 명령 : HideCommandHistory

11 매크로 기록

RecordMacro 명령을 사용하여 이전에 기록한 명령 시퀀스의 실행을 자동화 할 수 있으며, 열려 있는 모든 도면에서 매크로를 사용할 수 있습니다.

1) 매크로 기록하기

① 명령 프롬프트에 **RecordMacro**를 입력합니다.
   명령 창에서 커서 주변의 빨간색 원은 명령 실행이 기록되고 있음을 나타냅니다.
② 다른 도면에서 매크로를 다시 사용하기 위한 명령을 실행합니다.
③ 기록을 중지하려면 명령 프롬프트에 **StopMacro**를 입력합니다.
④ 매크로 이름을 입력합니다.

> **엑서스**
> 명령 : RecordMacro, StopMacro

12 선 스타일 사용자 정의

LineStyle 명령을 사용하면 도면층 또는 새 도면요소에 선 스타일을 지정할 수 있으며, 선 스타일을 로드하고 관리할 수 있습니다.

선 스타일을 사용하려면 대시-도트 패턴을 정의하는 파일로부터 로드해야 합니다.

1) 선 스타일 파일 및 파일 위치

선 스타일 정의 파일은 .lin 확장자를 사용하는 ASCII 텍스트 파일에 저장되어 있습니다.

2) 선 스타일 정의 파일의 검색 위치 변경하기

① **관리 〉 사용자 정의 〉 옵션**을 클릭하거나 **Options**를 입력합니다.
② 옵션 대화상자에서 **파일 위치**를 클릭합니다.
③ **도면 지원 〉 선 스타일 파일**을 확장합니다.
④ 경로를 선택하고 **찾아보기**를 클릭합니다. (또는 경로 두 번 클릭)
⑤ **폴더 찾아보기** 대화상자에서 새 경로를 찾고 확인을 두 차례 클릭합니다.

3) 선 스타일 파일 구문

파일의 시작 부분에 세미콜론 뒤에 문자를 입력하여 파일에 코멘트를 달 수 있습니다.

① 선 스타일 형식은 다음 두 줄로 이루어집니다.
- 첫 번째 줄 또는 머리글은 별표로 시작하고 선 스타일 이름 뒤에 쉼표가 오고 대시, 공백, 도트 스트링으로 이루어진 선 스타일의 기호 표시를 포함합니다.
- 두 번째 줄 또는 정의 줄은 선 스타일의 기하 설명을 포함합니다.

② 다음 예시는 대시-도트 선 스타일의 정의를 보여줍니다.

- 머리글에는 별표 뒤에 선 스타일(Dashdot)을 포함합니다. 쉼표는 선 스타일의 기호 표시를 구분합니다.
- 두 번째 줄은 선 스타일의 기하 정의를 포함합니다.

③ 모든 대시, 도트, 공백의 정의는 쉼표로 구분합니다.

구분	설명
대시	도면요소는 양수로 표시됩니다. 예를 들면, 0.5는 0.5 도면 단위 길이의 대시("펜 내림")를 나타냅니다.
도트	도트는 0 값으로 표시됩니다.
공백	공백은 음수로 표시됩니다. 예를 들면, −0.25는 선을 그리지 않는 공백("펜 올림")을 나타냅니다.

④ 길이 사양은 선 축척 인수가 1.00으로 설정될 때 도면 단위를 나타냅니다.

13 해치 패턴 사용자 정의

해치는 선의 수를 반복하여 생성됩니다. 이 선들은 특정 각도로 회전하고 다양한 점에서 시작하고 각기 다른 간격으로 조절할 수 있습니다. 또한, 연장된 대시 대신 대시-도트 시퀀스로 생성할 수도 있습니다.
Hatch 명령을 사용하여 패턴 파일에 정의된 해치 패턴을 로드하고 해치 대화상자에서 패턴을 선택할 수 있습니다.

1) 해치 패턴 파일 및 파일 위치

미리 정의된 해치 패턴은 패턴 파일(.pat)에 저장되어 있으며, 패턴 파일을 생성하려면 텍스트 편집기를 사용하여 확장자가 .pat인 파일을 작성합니다.

2) 패턴 파일의 검색 위치 변경하기

① **관리 > 사용자 정의 > 옵션**을 클릭하거나 **Options**를 입력합니다.
② 옵션 대화상자에서 파일 위치를 클릭합니다.
③ **시스템 > 지원 파일 검색 경로**를 확장합니다.

3) 해치 패턴 파일 구문

해치 패턴은 헤더와 해치 패턴 이름으로 구성됩니다. 별표(*)는 해치 패턴 이름의 시작을 나타내고 콤마와 패턴 설명이 뒤에 붙을 수 있습니다.

모든 해치 패턴 정의는 별도의 라인에서 시작되고 다음 요소가 포함됩니다.

참고
선 각도
선이 시작되는 X, Y 좌표
X, Y 오프셋 간격
선 세그먼트 길이

선 세그먼트 길이는 연장형 및 도트형 해치 선에 필요하며, 연속선일 필요는 없습니다.
기록용으로 해치 파일 헤더에 코멘트를 입력할 때 코멘트 라인은 세미콜론으로 시작합니다.

헤더	*해치 패턴 이름 [패턴 설정]
첫 번째 해치 선	각도, X 시작점, Y 시작점, X 간격, Y 간격 [,Ls1, Ls2,..., Lsn]
두 번째 해치 선	첫 번째 해치 선과 같음
n번째 해치 선	첫 번째 해치 선과 같음

카트 윗잔시
ARES CAD

발행일	초판 2021년 7월 30일
편저자	바수돌, 홍영기 지음
발행처	도서출판공나다
ISBN	979-11-973199-2-1
주 소	경기도 파주시 광인사길 149 공나다
전 화	031-935-5772
e-mail	un5227@naver.com
정 가	25,000원

ARES Commander

Korean Distributor / (주)인텔리코리아

Intelli Korea

The ARES® Trinity of CAD
Desktop - Mobile - Cloud
MASTER RESELLER

우편번호 (08505)
서울특별시 금천구 가산디지털 2로 115, 대륭테크노타운 3차 1009호
전화 02-323-0286
팩스 02-2107-3286
http://www.graebert.co.kr

이 책에 나온 모든 로고 Graebert 등의 문서 없이 임의 복제 또는 사진 복사나 다그 복사 및 기타 정보 제작 시스템을 이용하여 원제 당사자가나 응용 원당원 어떤 원당원도 다른 수단이나 기계장치, 기재까지 정도 저도, 재사용이나 재산용에 이용할 수 없습니다.

> 참고
> Customize 명령의 키보드 탭을 통해 키보드 바로가기를 사용자 정의하고 바로가기를 재정의할 수 있습니다.

단축키	설명	참고
Ctrl + 2	디자인 리소스 팔레트를 켜고 끕니다.	DesignResources, HideDesignResources
Ctrl + 9	명령 창을 켜고 끕니다.	CommandWindow, HideCommandWindow
Ctrl + A	현재 뷰포트에서 잠겨있지 않은 모든 도면요소를 선택합니다.	SelectAll
Ctrl + B	도면 실행 중에 스냅 모드를 전환합니다.	스냅
Ctrl + C	도면요소를 클립보드로 복사합니다.	ClipboardCopy
Ctrl + D	도면 실행 중에 동적 CCS를 전환합니다.	동적 CCS
Ctrl + Shift + C	도면요소를 지정된 삽입 기준과 함께 클립보드로 복사합니다.	Copy@
Ctrl + F	흐름 찾기 도움말에서 도움말 찾기 페이지를 엽니다.	찾기
Ctrl + G	도면 실행 중에 격자 표시를 전환합니다.	Grid
Ctrl + I	도면 실행 중에 좌표 표시를 전환합니다.	좌표
Ctrl + K	도면요소에 하이퍼링크를 연결하거나 기존 하이퍼링크를 수정합니다.	하이퍼링크
Ctrl + L	도면 실행 중에 지고 도드를 전환합니다.	직고
Ctrl + N	새로운 도면 파일을 작성합니다.	새로 만들기
Ctrl + O	기존 도면 파일을 엽니다.	열기
Ctrl + P	도면을 플로터, 프린터 또는 파일로 플롯합니다.	Print
Ctrl + Q	소프트웨어를 종료합니다.	종료
Ctrl + R	돌아보지 않고 바로가기 뷰를 순환합니다.	–
Ctrl + S	도면을 현재 파일 이름 또는 지정된 이름으로 저장합니다.	Save
Ctrl + Shift + S	이름이 없는 도면은 파일 이름을 지정하여 저장하거나 현재 도면의 이름을 바꿉니다.	SaveAs
Ctrl + V	클립보드의 데이터를 삽입합니다.	붙여넣기
Ctrl + Shift + V	클립보드에 있는 도면요소를 블록으로 붙여 넣습니다.	PasteAsBlock
Ctrl + X	도면요소를 클립보드로 복사하고 도면요소를 삭제합니다.	잘라내기
Ctrl + Y	이전 U 또는 Undo 명령의 영향을 점진적으로 취소합니다.	다시 실행
Ctrl + Z	최근 명령 영향을 취소합니다. (점진적 취소)	U
Del	도면에서 정의 표시된 도면요소를 지시합니다.	삭제
단축키	모드 끄기를 적용합니다.	직고

CHAPTER 17

키보드 바로가기

01 기능키

기능키	설명	관련 명령
Esc	현재 명령을 취소합니다.	-
F1	온라인 도움말을 표시합니다.	도움말
F2	툴의 명령 창에서 입력한 명령 내역을 표시하거나 숨깁니다.	Commandhistory, HideCommandhistory
F3	온객체스냅을 사용하고 끄고 합니다.	EntitySnap, -EntitySnap
F4	3D 온객체스냅을 사용하고 끄고 합니다.	3DEntitySnap, -3DEntitySnap
F5	등각 투영 평면을 다음 평면으로 전환합니다.	IsometricGrid
F6	동적 좌표계를 활성화하거나 비활성화합니다.	동적 CCS
F7	모눈 표시를 켜고 끕니다.	Grid
F8	직교 모드를 켜고 끕니다.	직교
F9	스냅 모드를 켜고 끕니다.	스냅
F10	극좌표 안내선을 켜고 끕니다.	-
F11	객체스냅 추적을 켜고 끕니다.	-
F12	빠른 입력을 켜고 끕니다.	-
Ctrl + F4	현재 활성 도면 프로그램을 끝내지 않습니다.	기어 닫음
Alt + F4	프로그램을 종료합니다.	종료

02 키보드 바로가기

키보드 바로가기	설명	관련 명령
Ctrl + 0	툴 영역을 최대화하거나 원래 표시 모드로 돌아갑니다.	FullScreen, HideFullscreen
Ctrl + 1	속성 팔레트를 켜고 끕니다.	Properties, HideProperties

CHAPTER

17

치수 기입하기

ARES CAD